VI

CURSO DE
DIREITO CIVIL

Direito de Família

www.editorasaraiva.com.br/direito
Visite nossa página

Álvaro Villaça Azevedo

VI

CURSO DE
DIREITO CIVIL

Direito de Família

2ª edição
2019

ISBN 978-85-53605-40-8

DADOS INTERNACIONAIS DE CATALOGAÇÃO NA PUBLICAÇÃO (CIP)
ANGÉLICA ILACQUA CRB-8/7057

Azevedo, Álvaro Villaça
  Curso de direito civil : direito de família / Álvaro Villaça Azevedo. – 2. ed. – São Paulo : Saraiva Educação, 2019.
  (Curso de direito civil ; v. 6)

1. Direito civil - Brasil 2. Direito de família I. Título.

18-1631   CDU 347(81)

Índice para catálogo sistemático:
1. Brasil : Direito civil   347(81)

SOMOS | **saraiva** jur

Av. das Nações Unidas, 7.221, 1º andar, Setor B
Pinheiros – São Paulo – SP – CEP 05425-902

SAC | 0800-0117875
De 2ª a 6ª, das 8h às 18h
www.editorasaraiva.com.br/contato

Direção executiva	Flávia Alves Bravin
Direção editorial	Renata Pascual Müller
Gerência editorial	Roberto Navarro
Consultoria acadêmica	Murilo Angeli Dias dos Santos
Edição	Eveline Gonçalves Denardi (coord.)
	Daniel Pavani Naveira
Produção editorial	Ana Cristina Garcia (coord.)
	Luciana Cordeiro Shirakawa
	Rosana Peroni Fazolari
Arte e digital	Mônica Landi (coord.)
	Claudirene de Moura Santos Silva
	Fernanda Matajs
	Guilherme H. M. Salvador
	Tiago Dela Rosa
	Verônica Pivisan Reis
Planejamento e processos	Clarissa Boraschi Maria (coord.)
	Juliana Bojczuk Fermino
	Kelli Priscila Pinto
	Marília Cordeiro
	Fernando Penteado
	Mônica Gonçalves Dias
	Tatiana dos Santos Romão
Novos projetos	Fernando Alves
Projeto gráfico	Fernanda Matajs
Diagramação e revisão	Microart Design Editorial
Capa	Mônica Landi
Pintura de capa	Arco de Tito
	Evelina Villaça
	2018
	Técnica mista, 100 x 180 cm
Produção gráfica	Marli Rampim
	Sergio Luiz Pereira Lopes
Impressão e acabamento	Corprint

Data de fechamento da edição: 30-11-2018

Dúvidas? Acesse www.editorasaraiva.com.br/direito

Nenhuma parte desta publicação poderá ser reproduzida por qualquer meio ou forma sem a prévia autorização da Editora Saraiva. A violação dos direitos autorais é crime estabelecido na Lei n. 9.610/98 e punido pelo art. 184 do Código Penal.

CL | 605447 | CAE | 630900

OBRAS PUBLICADAS

1. *Curso de direito civil*: teoria geral do direito civil: parte geral. 2. ed. São Paulo: Saraiva, 2019.
2. *Curso de direito civil*: teoria geral das obrigações e responsabilidade civil. 13. ed. São Paulo: Saraiva, 2019.
3. *Curso de direito civil*: teoria geral dos contratos típicos e atípicos. 4. ed. São Paulo: Saraiva, 2019.
4. *Curso de direito civil*: contratos. São Paulo: Saraiva, 2019.
5. *Curso de direito civil*: direito das coisas. 2. ed. São Paulo: Saraiva, 2019.
6. *Curso de direito civil*: direito de família. 2. ed. São Paulo: Saraiva, 2019.
7. *Curso de direito civil*: direito das sucessões. São Paulo: Saraiva, 2019.
8. *Código Civil comentado*. Coord. Álvaro Villaça Azevedo. Negócio jurídico. Atos jurídicos lícitos. Atos ilícitos. São Paulo: Atlas, 2003. v. 2 (arts. 104 a 188).
9. *Código Civil comentado*. Com Gustavo René Nicolau. Coord. Álvaro Villaça Azevedo. Das pessoas e dos bens. São Paulo: Atlas, 2007. v. 1 (arts. 1º a 103).
10. *Estatuto da família de fato*. 3. ed. São Paulo: Atlas, 2011.
11. *Código Civil anotado e legislação complementar*. Com Sílvio de Salvo Venosa. São Paulo: Atlas, 2004.
12. *Comentários ao Código Civil*. Coord. Antonio Junqueira de Azevedo. Do bem da família, da união estável; da tutela e da curatela. São Paulo: Saraiva, 2003. v. 19 (arts. 1.711 a 1.783).
13. *Comentários ao novo Código Civil*. Coord. Sálvio de Figueiredo Teixeira. Das várias espécies de contrato. Da compra e venda. Do compromisso de compra e venda. 2. ed. Rio de Janeiro: Forense, 2012. v. VII (arts. 481 a 532).
14. *Exercícios práticos de direito civil*: teoria geral das obrigações. 4. ed. Belém: Cejup, 1987.
15. *Bem de família*: com comentários à Lei 8.009/90. 6. ed. São Paulo: Atlas, 2010.
16. *Dever de coabitação, inadimplemento*. 2. ed. São Paulo: Atlas, 2009.
17. *Contratos inominados ou atípicos e negócio fiduciário*. 3. ed. Belém: Cejup, 1988.
18. *Tratado da locação predial urbana*. Com Rogério Lauria Tucci. São Paulo: Saraiva, 1988. 2 v.
19. *Direito privado*: casos e pareceres. Belém: Cejup, 1986. v. 1; 1988. v. 2; 1989. v. 3.
20. *Do concubinato ao casamento de fato*. 2. ed. Belém: Cejup, 1987.
21. *Prisão civil por dívida*. 3. ed. São Paulo: Revista dos Tribunais, 2012.
22. *Negócio fiduciário*. *Revista Trimestral de Direito Privado*, São Paulo: Recta, ano 1, v. 1, p. 25-81, 1970.
23. 295 verbetes na *Enciclopédia Saraiva de Direito*. São Paulo: Saraiva, 1977-1982 (78 v.).

SUMÁRIO

Obras publicadas 5

Prefácio 19

1. Direito de família 21
    1   Conceito de Direito de Família 21
    2   Origens e organização da família 22
    3   Significado da palavra família 24
    4   Localização do Direito de Família no Código Civil de 2002 25
    5   Características principais do Direito de Família 26
        5.1   Breve estudo das características 26
        5.2   Divisão do Direito de Família para tratamento legislativo (Código Civil de 2002) 27
    6   Direito de Família na Constituição 27
        6.1   Generalidades 27
        6.2   União estável e casamento religioso 28
        6.3   Chefia da sociedade conjugal 30
        6.4   Divórcio 30
        6.5   Filiação 31
        6.6   Código de Defesa do Consumidor 31
        6.7   Importância da Constituição de 1988 no Direito de Família 31

2. Casamento (histórico) 33
    1   Generalidades 33
    2   Noções do casamento no Direito Romano 33
        2.1   Lineamentos sobre o conceito e a natureza jurídica do casamento romano. Co-niunctio e *affectio*. *Communicatio divini et humani iuris* 33
    3   Noções do casamento canônico 42
        3.1   Conceito de matrimônio, sua natureza jurídica e seus fins 42
    4   Autonomia do casamento religioso 47
        4.1   Necessidade de seu resgate 47

	4.2	Natureza contratual típica estatutária	49
5	Estatutos religiosos		50
	5.1	Generalidades	50
	5.2	Estatuto católico	51
	5.3	Estatuto judaico	51
	5.4	Estatuto islâmico ou muçulmano	56
	5.5	Estatuto espírita kardecista	58
	5.6	Estatuto protestante	61
	5.7	Reconhecimento estatal	61

3. Esponsais 63

1	Conceito e atualidade	63
2	Rescisão ou rompimento de noivado e jurisprudência	64

4. Casamento civil 67

1	Evolução do casamento			67
	1.1	Origem		67
	1.2	Propagação do casamento de fato		68
		1.2.1	Inglaterra	68
		1.2.2	Escócia	69
		1.2.3	Estados Unidos da América do Norte	70
		1.2.4	Rússia e México	71
		1.2.5	Portugal e Brasil	72
2	Conceito e natureza contratual			72
3	Principais fins e efeitos jurídicos do casamento			77
4	Casamento religioso com efeitos civis			80
	4.1	Escorço histórico		80
	4.2	Legislação atual		83
	4.3	Jurisprudência		84
	4.4	Projeto de atual Código Civil e Código Civil de 2002		88
	4.5	Conclusão		89
5	Capacidade para o casamento			91
6	Limitações matrimoniais			92
	6.1	Generalidades		92
	6.2	Diferença entre incapacidade e impedimento		92
	6.3	Impedimentos matrimoniais		92

	7	Causas suspensivas (impedientes)	95
	8	Habilitação para o casamento	97
	9	Celebração e provas do casamento	99

5. Invalidade do casamento civil 107

	1	Generalidades	107
	2	Casamento nulo	108
	3	Casamento anulável	109
		3.1 Em razão de idade	109
		3.2 Em razão de vício da vontade	110
		3.3 Por incapacidade de consentimento	123
		3.4 Por revogação do mandato	123
		3.5 Por incompetência da autoridade celebrante	124
		3.6 Processo de nulidade e de anulação	124
		3.7 Casamento putativo	126
		3.8 Diferenças entre casamento nulo e anulável	127
		3.9 Alterações profundas no sistema atual	128

6. Efeitos pessoais do casamento 130

	1	Generalidades	130
	2	Deveres de ambos os cônjuges	131
	3	Dever de fidelidade	131
	4	Dever de coabitação	132
	5	Dever de mútua assistência	134
	6	Dever dos cônjuges com relação à sua prole	135
	7	Dever de respeito e consideração mútuos	135
	8	Considerações finais	135
	9	Normas de ordem pública que regem a convivência conjugal	136
	10	Direção e domicílio da família	139

7. Concubinato 140

	1	Considerações iniciais	140
	2	Breves aspectos históricos	140
	3	Causas do concubinato	141
	4	Conceito e espécies de concubinato	142
	5	Concubinato e sociedade de fato	144
	6	Regulamentação do concubinato	145

8. União estável		147
1	Constituição de 1988	147
2	Casamento de fato, união estável e casamento religioso	147
3	Meu entendimento quanto ao casamento religioso	148
4	Orientação da Jurisprudência após a Constituição de 1988	148
5	Análise da Lei n. 8.971/94 (primeira regulamentação da união estável)	151
6	Análise da Lei n. 9.278/96 (segunda regulamentação da união estável)	153
7	União estável no Código Civil (arts. 1.723 a 1.727)	159
	7.1 Art. 1.723	159
	7.1.1 Generalidades	159
	7.1.2 Relação aberta ou de companheirismo	161
	7.1.3 Conceito de união estável no atual Código	163
	7.1.4 Separados judicialmente ou de fato	165
8	Art. 1.724 (comentários)	167
9	Art. 1.725	169
	9.1 Generalidades	169
	9.2 Regime patrimonial de bens	170
	9.3 Relações com terceiros	174
10	Art. 1.726	176
	10.1 Comentário	176
	10.2 Conversão da união estável em casamento	176
11	Art. 1.727	178
	11.1 Comentário	178
	11.2 Concubinato no atual Código Civil	178
9. União homoafetiva		180
1	Conceito	180
2. União homossexual na legislação estrangeira		180
3	Evolução no Direito Brasileiro	184
4	Projeto Marta Suplicy e seu Substitutivo na Câmara dos Deputados	188
	4.1 Generalidades	188
	4.2 Análise do Projeto de Lei n. 1.151/95 e de seu Substitutivo	191
5	Evolução da situação atual no Brasil	197
6	Posição atual do Supremo Tribunal Federal	204
7	Posição atual do Superior Tribunal de Justiça	205
8	Minha atual posição	206

10. Espécies de família ... 210
1. Generalidades ... 210
2. Espécies previstas ... 210
3. Uniões paralelas ... 211
4. Uniões homoafetivas ... 211
5. Uniões poligâmicas ... 212

11. Dissolução da sociedade e extinção do vínculo conjugal ... 214
1. Generalidades ... 214
2. Término da sociedade conjugal e extinção do vínculo matrimonial ... 214
3. Separação judicial ... 215
   3.1 Generalidades ... 215
4. Separação judicial litigiosa ... 216
5. Separação judicial consensual ... 219
6. Reconciliação do casal ... 219
7. Uso do sobrenome do cônjuge ... 219
8. Divórcio ... 220
   8.1 Importância das leis do divórcio ... 220
   8.2 Raízes do divórcio automático ... 220
   8.3 Tentativa de adoção do desquite automático ... 222
   8.4 Lei do Divórcio (Lei n. 6.515/77) ... 222
   8.5 Constituição Federal de 1988 e Código Civil de 2002 ... 223
   8.6 Divórcio em cartório ... 224
   8.7 EC do Divórcio ... 225
   8.8 Processos de separação judicial em andamento ... 225
   8.9 Impossibilidade de alegação de culpa ... 226
   8.10 Processo de divórcio e ações desmembradas ... 226
   8.11 Ação de alimentos ... 226
   8.12 Ação de dano moral ... 227
   8.13 Medida cautelar de separação de corpos ... 227
   8.14 Ação de guarda de filhos e visitação ... 228

12. Proteção da pessoa dos filhos ... 230
1. Generalidades ... 230
2. Guarda dos filhos. Conceito e espécies ... 230
   2.1 Guarda compartilhada ... 231
   2.2 Alienação parental ... 235
3. Melhor interesse dos menores ... 237

13. Parentesco 238

1   Conceito de parentesco e espécies 238

      1.1   Linhas e graus de parentesco 239

2   Vínculo de afinidade 240

3   Afeto na relação familiar 240

      3.1   Paternidade biológica e paternidade socioafetiva 240

      3.2   Indenização por abandono afetivo 249

4   Filiação. Conceito e evolução legislativa 251

      4.1   Filiação no Código Civil de 2002 252

      4.2   Filiação havida no casamento (matrimonial) 253

      4.3   Cessão temporária e gratuita de útero 255

      4.4   Negatória de paternidade 257

      4.5   Prova da filiação 258

      4.6   Filiação havida fora do casamento (extramatrimonial) 259

           4.6.1   Introdução 259

           4.6.2   Reconhecimento voluntário 259

           4.6.3   Reconhecimento judicial (investigação de paternidade e maternidade) . 260

           4.6.4   Investigação oficiosa 263

           4.6.5   Efeitos da sentença de procedência 264

5   Adoção 265

      5.1   Generalidades 265

      5.2   Conceito de adoção 266

      5.3   Direito à verdade biológica 267

      5.4   Quem pode e quem não pode adotar 268

      5.5   Quem pode ser adotado 269

      5.6   Requisitos para a adoção e processo judicial 270

      5.7   Adoção internacional 271

      5.8   Adoção *intuitu personae* ou dirigida 272

      5.9   Efeitos pessoais da adoção 274

           5.9.1   Princípio da igualdade entre filhos na sucessão hereditária 274

      5.10   Efeitos patrimoniais da adoção 275

6   Poder familiar 276

      6.1   Evolução da *patria potestas* no Direito Romano 276

      6.2   Conceito e natureza do poder familiar 276

      6.3   Titularidade do poder familiar 277

      6.4   Poder familiar quanto à pessoa dos filhos 278

      6.5   Poder familiar quanto aos bens dos filhos 280

	6.6	Extinção, suspensão e perda do poder familiar	281
		6.6.1 Extinção do poder familiar	281
		6.6.2 Perda ou destituição do poder familiar	282
		6.6.3 Suspensão do poder familiar	283

14. Efeitos patrimoniais do casamento 285

1	Regime de bens. Generalidades	285
2	Pacto antenupcial e alteração do regime de bens	286
3	Direitos e deveres dos cônjuges no regime de bens	287
4	Regime da comunhão parcial de bens	289
5	Regime da separação de bens	292
	5.1 Generalidades	292
	5.2 Regime da separação obrigatória de bens	292
6	Regime da comunhão universal de bens	293
7	Regime de participação final nos aquestos	295
8	Regime matrimonial de bens nas relações empresariais	298

15. Alimentos 299

1	Noções sobre a origem do dever alimentar no Direito Romano	299
2	Dever ou obrigação alimentar?	302
3	Conceito de dever alimentar	303
4	Espécies de dever alimentar	303
5	Fundamentos e pressupostos essenciais do dever alimentar	305
6	Natureza jurídica do dever alimentar	307
7	Alimentos, culpa e EC do Divórcio	308
8	Quem deve prestar e quem pode reclamar alimentos	310
9	Fixação da pensão alimentícia	310
10	Mutação e extinção do pensionamento	311
11	Ação de alimentos	312
12	Alimentos provisórios, provisionais e definitivos	312
13	Alimentos gravídicos	315
14	Prisão civil por dívida de alimentos	316
	14.1 Legislação	316
	14.2 Conceito e natureza jurídica	318
	14.3 Verbas estranhas ao débito alimentar	322
	14.4 Prisão reiterada	323
	14.5 Prazo da prisão	324

	14.6	Lugar da prisão	325
	14.7	Prisão civil de terceiro	326
	14.8	Prisão do devedor de alimentos atualmente	327
15		Direitos e deveres dos avós a alimentos	327
	15.1	Dever alimentar dos avós	327
	15.2	Direito alimentar dos avós	330
	15.3	Prisão civil dos avós. E a prisão civil dos netos?	331
		15.3.1 Conceito e natureza jurídica	331
		15.3.2 Prisão reiterada, prazo e lugar da prisão	332
		15.3.3 Prisão civil dos avós	332
		15.3.4 Prisão civil dos netos?	334
		15.3.5 Minha posição	335

16. Bem de família ... 337

1	Proteção ampla e profícua da família	337
2	Nascimento do bem de família	339
3	Breves antecedentes históricos	339
4	Bem de família no Código Civil de 1916	340
5	Minha antiga proposta doutrinária	341
6	Bem de família no Código Civil de 2002	342
7	Bem de família na Lei n. 8.009/90	346
8	Espécies de bem de família hoje existentes	347

17. Bem de família legal na Lei n. 8.009/90 ... 349

1		Novo bem de família	349
2		Propriedade do casal ou da entidade familiar	349
3		Residência	351
4		Impenhorabilidade e sua extensão	355
5		Bens excluídos da impenhorabilidade e a interpretação jurisprudencial	356
6		Impenhorabilidade dos bens móveis da residência do possuidor	360
7		Oponibilidade aos credores	361
8		Exceções de impenhorabilidade	362
	8.1	Crédito de trabalhadores	362
	8.2	Crédito para construção ou aquisição do imóvel	363
	8.3	Crédito de alimentos	363
	8.4	Créditos tributários, contribuições e obrigações *propter rem*	363
	8.5	Crédito hipotecário	364
	8.6	Aquisição criminosa	364

		8.7	Crédito de fiança locatícia	365
	9		Direito à moradia	366
	10		Aquisição de má-fé de imóvel mais valioso	367
	11		Imóvel rural como bem de família	367
	12		Único imóvel residencial	368
		12.1	Reforço da ideia de residência	368
	13		Bem de família de homossexuais	369
	14		Bem de família internacional (possibilidade de unificação legislativa)	370

18. Tutela ... 372

1	Tutela e curatela no Direito Romano	372
2	Conceito e natureza jurídica de tutela	375
3	Espécies de tutela	376
4	Tutela dos órfãos e por ausência dos pais	376
5	Tutela em caso de perda ou suspensão do poder familiar	377
6	Nomeação de tutor na tutela testamentária	378
7	Tutela a termo ou sob condição	378
8	Ineficácia de nomeação de tutor	379
9	Suspensão do poder familiar	379
10	Tutela legítima	379
11	Tutela dativa	380
12	Única tutela a irmãos órfãos	381
13	Curador especial	382
14	Tutela dos menores abandonados	382
15	Recolhimento a estabelecimento público	382
16	Incapazes, ilegitimados e impedidos de exercer a tutela	383
17	Escusa dos tutores	384
18	Tutela prioritária para parente	386
19	Procedimento da escusa da tutela	386
20	Recurso contra a não admissão da escusa	387
21	Deveres do tutor à pessoa do menor	388
22	Administração dos bens do tutelado	389
23	Nomeação de protutor	391
24	Exercício parcial da tutela	391
25	Responsabilidade do juiz	392
26	Termo de entrega de bens	392
27	Prestação de caução	393

28	Bens do menor e seu sustento	393
29	Arbitramento das despesas do menor	394
30	Outras atribuições do tutor	394
31	Competência do tutor com autorização judicial	396
32	Atuações nulas do tutor	397
33	Débito do menor ao tutor anterior à tutela	399
34	Responsabilidade civil do tutor e reembolso por despesas	399
35	Remuneração do tutor e do protutor	400
36	Bens do tutelado em poder do tutor	400
37	Conversão em títulos, obrigações ou letras	401
38	Retirada de valores depositados oficialmente	402
39	Prestação de contas do tutor	403
40	Balanço anual	405
41	Despesas proveitosas ao menor	405
42	Cessação da tutela	405
43	Gestão do tutor após a cessação da tutela	407
44	Destituição do tutor	407

19. Curatela 410

1	Conceito de curatela	410
2	Espécies de curatela	410
3	Pessoas sujeitas a curatela (art. 1.767)	411
	3.1 Impossibilidade de manifestação da vontade	412
	3.2 Ébrios habituais	412
	3.3 Viciados em tóxicos (toxicômanos)	413
	3.4 Excepcionais sem completo desenvolvimento mental	413
	3.5 Pródigos	413
	3.6 Outras causas de curatela de maiores incapazes	414
4	Interdição. Promoção da curatela pelo Ministério Público (arts. 1.768 e 1.769)	415
5	Processo de curatela	416
	5.1 Legitimidade para requerer a interdição	416
	5.2 Outros interessados na interdição	417
	5.3 Curador à lide	418
	5.4 Exame pessoal do interditando (fase processual)	418
	5.5 Limites da curatela	419
	5.6 Efeitos da sentença de interdição	420
	5.7 Registro da sentença de interdição	420

5.8	Aplicação à curatela das disposições atinentes à tutela	421
5.9	Curatela legítima do cônjuge ou do companheiro	421
5.10	Curatela legítima dos pais	422
5.11	Curatela legítima do descendente	422
5.12	Curatela dativa	423
5.13	Ordem de nomeação do curador	423
5.14	Recolhimento a estabelecimentos adequados	423
5.15	Extensão da autoridade do curador	424
5.16	Curatela do nascituro em nosso sistema atual	424
5.17	Aplicação à curatela dos preceitos da tutela	424
5.18	Proteção do pródigo	424
5.19	Prestação de contas entre cônjuges	425
5.20	Curatela (arts. 84 e 116 do Estatuto da Pessoa com Deficiência)	425
5.21	Tomada de Decisão Apoiada (art. 1.783-A)	426

Referências bibliográficas 429

PREFÁCIO

Meus alunos,

As presentes lições mostram o Direito Civil por meio de esquemas, nas quais está demonstrada, com muita simplicidade, a substância indispensável da matéria central da Ciência do Direito Obrigacional.

Nessas modestíssimas lições, não me moveu intuito de retratar erudição ou pesquisas mais aprofundadas, a não ser o resultado destas num plano acessível.

É como se, na Faculdade de Direito, estivesse a nós, professores e alunos, entregue a responsabilidade de estudo dos institutos jurídicos, por um método racional, objetivo; primeiramente, sentindo suas informações mais genéricas, nos fatos da existência, depois analisando seus elementos, as circunstâncias conhecidas, para, a final, apresentar-se uma síntese à altura do estudo feito, sem o emaranhado das grandes teses, sem a preocupação de muita erudição, mas com o fito de bom entendimento de uma essência duradoura, que não muda porque é simples, como deve ser toda Ciência.

É certo que nosso sonho é o de construir o Templo do Direito, mas, sabem vocês que nenhum edifício se constrói sem um bom alicerce. Por isso, é melhor que sejam bem plantadas as bases da nossa Matéria para que, cada vez mais, e, a partir de agora, comecem vocês, ou reiniciem, a pesquisa bem dirigida, paralelamente a essas lições, a sentirem os meandros do Direito Civil.

O homem não pode construir Ciência só pelas teorias; é preciso, dada a sua posição de ser relativo, que pratique suas ideias, pois não tem ele o condão de descobrir as grandes essências do absoluto. Empiricamente, vai ele palmilhando pelas veredas da vida, descobrindo, na própria matéria da existência, o perfume das melhores flores do jardim do pensamento, da imaterialidade.

Nessa posição de ente relativo é que o homem trabalha na Ciência Jurídica para descobrir, sempre por meio de um trabalho organizado, uma reformulação mais perfeita, no âmbito do Direito, para normatização mais apurada das suas relações.

Esclareço, mais, a vocês que a linguagem de que me utilizei neste trabalho foi a mais direta, a mais simplificada, para que a mensagem de nossa Cadeira possa chegar nítida, como deveria ser a mensagem dos Códigos.

Os defeitos ainda existem, porque tudo o que o homem faz, pela crítica construtiva, deve ser aperfeiçoado, como se o tempo fosse um grande filtro por onde passam todos os fatos da vida, purificando-se para o futuro, a justificar o princípio segundo o qual o tempo resolve todos os problemas (*tempus omnia solvit*).

Mas, movendo-me, nesta obra, gravado no meu peito o idealismo, que não pode perecer ante as imperfeições humanas, lembro, com humildade, a frase de Marco Túlio Cícero, que deve ser o lema dos que transmitem o conhecimento, dos que transmitem mensagens à humanidade, dos que comunicam a soma de experiência vivida para encobrir os erros do passado, numa tentativa de tender ao divino, de olhar para os céus, se não com propósitos de se tornarem absolutos, mas sim com o de evocarem as luzes das estrelas, para a iluminação das mentes, a luz do sol, para se sentir de perto o calor humano, e o nunca acabar do infinito, para se descobrirem as verdades eternas: *Non solum aliquid scire artis est, sed est quaedam ars etiam docendi* ("Não só é de conhecer-se alguma coisa de arte, mas também uma certa arte de ensinar").

O Autor

1 DIREITO DE FAMÍLIA

1 Conceito de Direito de Família

É praticamente impossível conceituar-se o Direito de Família, sendo certo que os juristas, quando ao mister se entregam, terminam por referir o seu conteúdo, o seu objeto, como é o caso do conceito esboçado por Clóvis Beviláqua[1], segundo o qual o "Direito da Família é o complexo das normas que regulam a celebração do casamento, sua validade e os efeitos, que dele resultam, as relações pessoais e econômicas da sociedade conjugal, a dissolução desta, as relações entre pais e filhos, o vínculo do parentesco e os institutos complementares da tutela e da curatela".

Outro conceito muito citado, anterior ao Código Civil Brasileiro de 1916, é o de Lafayette Rodrigues Pereira[2], pelo qual o Direito de Família "tem por objeto a exposição dos princípios de direito que regem as relações de família, no ponto de vista da influência dessas relações não só sobre as pessoas como sobre os bens", mostrando, ainda, que o "casamento, fundamento legítimo da família; o pátrio poder (hoje, poder familiar); o estado civil das pessoas; a tutela, criação artificial para suprir a autoridade do chefe de família (hoje, direção familiar) e a curatela, instituição destinada a proteger os que são inibidos de governar suas pessoas e bens", são "em geral, os assuntos que formam o quadro dos direitos de família", o que faz com base nos ensinamentos de Makeldey e Marezoll.

Baseado, talvez, no conceito de Lafayette, Arnoldo Wald[3], com maior clareza, ensina que "o Direito de Família regula as relações existentes entre os seus diversos membros e as influências que exercem sobre as pessoas e bens".

Podemos, agora, em outras palavras, dizer que o Direito de Família é um complexo de normas jurídicas, morais e, às vezes, religiosas, que orientam esse ramo do Direito Civil, sensível aos fatores locais, que disciplinam as relações entre seus membros, influenciando, tanto no prisma material como imaterial, relacionando-se entre si, com seus filhos e cuidando de seu patrimônio.

Atualmente, existem várias espécies de família no Direito de Família.

---

1. *Código Civil comentado*. 11. ed. atual. por Achilles Bevilaqua. Rio de Janeiro: Livraria Francisco Alves; São Paulo: Ed. Paulo de Azevedo, 1956. v. II, p. 6, n. 1.
2. *Direitos de família*. 2. ed. Rio de Janeiro: Tip da Tribuna Liberal, 1889. p. 1.
3. *Direito civil*: direito de família. 17. ed. reformulada, com a colaboração de Ana Elizabeth Lapa Wanderley Cavalcanti. São Paulo: Saraiva, 2009. v. 5, p. 1.

A partir da Constituição Federal, de 5 de outubro de 1988, reformulou-se completamente a noção de Direito de Família e sua estrutura, a ponto de alguns doutrinadores o chamarem de Direito das Famílias[4].

Tem grande importância, atualmente no Direito de Família, o Instituto Brasileiro de Direito de Família (IBDFAM), ao qual me orgulho de pertencer, fundado em 1997, que apoiou a realização de um projeto de lei pelo Deputado Sérgio Barradas Carneiro, conhecido como o Estatuto das Famílias, como lei extravagante do Código Civil (Projeto de Lei n. 2.285/2007), para substituir, fora do Código, o Livro de Direito de Família. Esse projeto foi apensado ao PL n. 674, de 2007, e que ficou sem andamento, infelizmente, desde 2011.

Pelo art. 226 da atual Constituição, acrescentam-se vários institutos de Direito de Família, ao lado do casamento civil e do religioso, como a união estável, a comunidade formada por qualquer dos pais e seus descendentes (família monoparental) e, mais recentemente, incluído nesse rol pela jurisprudência do Supremo Tribunal Federal, a união homossexual ou homoafetiva, logo depois autorizado o casamento de duas lésbicas pelo Superior Tribunal de Justiça.

Entendo que o art. 226 da Constituição tem disposição meramente enunciativa, em *numerus apertus*. Não é taxativa, em *numerus clausus*, daí essa possibilidade de inclusão jurisprudencial, em interpretação integrativa, bem como de elaboração de leis criativas dessa e de novas formas de casamento, sem alteração do texto constitucional.

Sim, porque não cabe ao Estado dizer ao povo como deve ele constituir sua família.

2 Origens e organização da família

O Direito de Família repousa suas bases em sua mais cara instituição, a família, existindo várias teorias que procuram explicar as suas origens, sendo esse, entretanto, um empreendimento quase impossível em termos de real certeza.

Entendem alguns que a família assenta seus fundamentos no sistema poligâmico, em que um indivíduo possui muitos cônjuges ao mesmo tempo (um homem e várias mulheres, isto é, poliginia, organizando-se a família sob a forma de patriarcado, ou uma mulher e vários homens, ou seja, a poliandria, organizando-se a família sob o tipo de matriarcado), entendendo outros tenha a família se constituído sob base monogâmica, formada pelo par andrógino (um homem e uma mulher).

Contudo, outra teoria há que nega a própria existência da família nos primeiros tempos, pregando, como realidade inicial, a promiscuidade entre seres humanos, o que, ao ver do filósofo Charles Darwin[5], tendo-se em vista o que se conhece sobre o zelo de todos os machos mamíferos, é imensamente improvável.

---

4. Entre os quais, e principalmente, DIAS, Maria Berenice. *Manual de direito das famílias*. 8. ed. São Paulo: Revista dos Tribunais, 2011.
5. Apud COGLIOLO, Pietro. *Filosofia del Diritto Privato*. Firenze: Ed. G. Barbèra, 1888. p. 244.

Analisando essas teorias, existe muito mais razão para pensar-se tenha sido o homem, nos primevos, polígamo polígino, convivendo, assim, um homem com várias mulheres e prole, sob organização familiar em forma de patriarcado poligâmico, para depois ser monógamo.

Segundo informam-nos os sociólogos e autores que cuidaram da matéria, a ideia de ter o ser humano vivido em promiscuidade, numa fase inicial das civilizações, foge a qualquer indagação de sua própria natureza, nada tendo revelado, nesse sentido, as sociedades mais antigas de que se tem conhecimento.

Não é outro o ensinamento de Pietro Cogliolo[6], quando afirma que

> as mais antigas tradições de nossa raça ariana, as narrações bíblicas e de Homero, as mais remotas lembranças históricas tinham firmado, entre nós, comum e inconcussa opinião de que a família primitiva surgiu organizada em patriarcado, isto é, num sistema de mulheres, filhos e servos, sujeitos todos ao ilimitado poder do pai.

Isso porque, acentua esse autor italiano,

> as mais antigas sociedades são inspiradas no respeito e no medo pelo homem sadio mais forte, e todo homem forte na luta pela existência é impelido pelo zelo sexual e se apodera da mulher com exclusão dos outros: a promiscuidade dos sexos e a poliandria são, pois, pouco verossímeis, ainda mesmo junto aos homens primitivos.

A acatar-se a teoria segundo a qual os homens primitivos viveram, inicialmente, em hordas promíscuas, em mera união de sexos, sem quaisquer vínculos sociais ou civis, tem-se de entender que, depois dessa fase, a organização da sociedade familiar deu-se em torno da mulher, ou seja, em forma de poliandria, com a básica ideia de que o pai era desconhecido, segundo informam-nos aqueles que por essa teoria propugnam, que, assim, admitem o matriarcado antes do patriarcado poligâmico, depois monogâmico.

Os exemplos de poliandria (uma mulher e vários homens) são citados por alguns sociólogos como formas de vivência; contudo, se observarmos, veremos que esses casos são esparsos e citados isoladamente como reais, em alguns momentos e lugares de comprovada decadência de costumes, o que não se pode afirmar como base de entendimento de que tenha a poliandria constituído um estágio da evolução da família[7].

Com muita propriedade, mostrando o traço diferenciador entre a prostituição e a poliandria, ensina Pontes de Miranda[8] que

> na história da prostituição não se pode encontrar qualquer forma de família, pois que a prostituição é a negação mesma de organização familial; porém, se

---

6. COGLIOLO, Pietro. *Filosofia del Diritto Privato* cit., p. 243.
7. Consultar AZEVEDO, Álvaro Villaça. *Bem de família*. 6. ed. São Paulo: Atlas, 2010.
8. *Tratado de direito privado*. 2. ed. Rio de Janeiro: Ed. Borsoi, 1956. t. VII, p. 176.

estudarmos a poliandria e a prostituição, concluímos exatamente por uma proposição extraordinariamente reveladora da diferença de repercussão psicológica do poder econômico no homem e na mulher: onde quer que se encontre o *atelier* familial entregue à mulher (preponderância feminina na produção dos meios da vida), sabemos que a mulher impõe a monogamia, em vez de querer a poliandria, ou a promiscuidade; ao passo que, nos momentos de poder econômico ou de capitalismo nas mãos do varão, aparece a prostituição ou a poligamia.

Embora, como vimos, a questão ora estudada seja palco de grandes discussões entre os sociólogos, juristas e quantos tratam da matéria, parece-me clara a ideia de que o homem mais forte, na sociedade primitiva, apossando-se de suas mulheres e prole, formou o primeiro grupo familiar patriarcal poligâmico, tendo poderes ilimitados sobre os membros da família. Após essa posição inicial, com o crescente reconhecimento dos direitos da mulher, predominou a organização familiar sob forma monogâmica. E, depois, de agnática e patrilinear à cognática, com participação das duas linhas, paterna e materna.

3 Significado da palavra família

O termo família, embora encontre sua origem imediata no vocábulo latino *família, ae* (ou *família, as* = genitivo arcaico), por meio de *famelia e famulus*, origina-se, remotamente, do radical *dha*, que significa por, estabelecer, da língua ariana, que se transformou, na passagem ao osco, em *fam*.

Assim, a palavra *dhaman*, que, em sânscrito, significa casa, com a transformação do *dh* em *f*, fez nascer, entre os dialetos do Lácio, como é o caso do osco, o vocábulo *faama*, donde surgiu *famel* (o servo), *famelia* (conjunto de filhos, servos e demais elementos que viviam sob a chefia e proteção de um mesmo *pater*).

Da palavra *famel* derivou *famulus*, com a criação intermediária de *famul*, forma primitiva ou arcaica de *famulus*, donde derivou, provavelmente, *famulia*.

A desinência ou terminação da palavra família indica coletividade.

Tudo mostra, pelo visto, que esse radical *dha* tenha dado origem às palavras: *domus* (casa), no latim, e *domos* (casa), no grego, radical esse que significa unir, construir[9].

Há quem entenda, entretanto, que o termo família encontra origem em *vama*, do sânscrito, que significa casa, habitação, o que é pouco provável.

---

9. GAFFIOT, Félix. *Dictionaire Illustré Latin-Français*. Paris: Ed. Hachette, 1934. p. 652-653; MACHADO, José Pedro. *Dicionário etimológico da língua portuguesa*. Lisboa: Ed. Confluencia, 1952. p. 948; SARAIVA, F. R. dos Santos. *Novíssimo dicionário latino – português*. 7. ed. Rio de Janeiro-Paris: Ed. H. Garnier. p. 473; FERREIRA, Emmanuelis Josephi. *Magnum Lexicon Novissimum Latinum et Lusitanum*. Paris: Vam J. P. Aillaud, Guillard, 1873. p. 274; LEITE, J. F. Marques; JORDÃO, A. J. Novaes. *Dicionário latino vernáculo*. 2. ed. Rio de Janeiro: Ed. Lux, 1956. p. 184 e 331; BAILLY, A. *Dictionnaire Grec-Francais*. Paris: Ed-Libr. Hachette, 1950. p. 531; PEREIRA, Virgílio de Sá. *Direito de família*. 2. ed. Rio de Janeiro: Ed. Freitas Bastos, 1959. p. 32; SILVEIRA, Valdemar César da. *Dicionário de direito romano*. São Paulo: Ed. José Bushatsky, 1957. v. 1, p. 252.

4 Localização do Direito de Família no Código Civil de 2002

O Direito de Família encontra-se no Livro IV da Parte Especial do nosso Código Civil de 2002.

Após o estudo de sua Parte Geral, se se fosse seguir a ordem do Código Civil anterior, de 1916, dever-se-ia estudar o seu primeiro livro da Parte Especial, que era o Direito de Família.

Entretanto, sem o conhecimento do Direito das Obrigações, atualmente no primeiro livro da Parte Especial, torna-se mais difícil a compreensão dos outros livros, que compõem a Parte Especial: O Direito de Empresa, o Direito das Coisas; o Direito de Família e o Direito das Sucessões.

E isso porque, no Direito de Família, encontram-se muitas exceções que devem ser estudadas ao final do curso e tratadas no final do Código, antes do Direito das Sucessões, onde tudo recomeça, com o tratamento dos institutos jurídicos *post mortem*. É o caso, por exemplo, do convalescimento do casamento nulo.

O atual Código bem posicionou a matéria, reservando, em sua Parte Especial, o primeiro livro ao Direito das Obrigações, o segundo ao Direito de Empresa, o terceiro ao Direito das Coisas (Direitos Reais); o quarto ao Direito de Família; o quinto ao Direito das Sucessões, como vinha acontecendo com o Anteprojeto e o projeto de atual Código Civil.

O tratamento jurídico do Livro relativo ao Direito de Família, objeto de consideração neste volume, ficou à cura do Professor Clóvis do Couto e Silva[10].

Destaque-se que, no projeto (art. 634-B), o segundo Livro passou a denominar-se Do Direito de Empresa. Antes era rotulado de Atividade Negocial.

Assim, após o estudo das considerações gerais no Direito Civil, com melhores resultados didáticos, em sua Parte Especial, sentimos a melhor presença, em primeiro lugar, do conhecimento das relações jurídicas obrigacionais (Direito das Obrigações), depois as de direito real (Direito das Coisas), em seguida as relações jurídicas no organismo familiar

---

10. Comissão Elaboradora e Revisora do Anteprojeto de Código Civil, Departamento de Imprensa Nacional, 1972: Miguel Reale, José Carlos Moreira Alves, Agostinho de Arruda Alvim, Sylvio Marcondes, Ebert Vianna Chamoun, Clóvis do Couto e Silva e Torquato Castro. Esse anteprojeto converteu-se no Projeto de Lei n. 634, de 1975; 634-B, depois de aprovada sua redação pela Câmara dos Deputados, em 1984. Esse Projeto tramitou no Senado Federal (Projeto de Lei da Câmara n. 118, de 1984), com redação final em 1997; no Senado, foram indicados para darem sugestões: Miguel Reale, Moreira Alves e Álvaro Villaça Azevedo, o último por indicação do Senador Bernardo Cabral; o Relator no Senado foi Josaphat Marinho; na volta do Projeto à Câmara Federal, foi Relator geral da Comissão Especial o Deputado Ricardo Fiuza; a convite desse Relator Álvaro Villaça Azevedo fez algumas sugestões especialmente, em 13 de setembro de 2000, além de muitos outros professores e juristas; pela Resolução 1 de 2000 do Congresso Nacional, os deputados adequaram o texto do Projeto ao da Constituição Federal, editada em 5 de outubro de 1988. Em 15 de agosto de 2001 a Câmara dos Deputados aprovou, por votação simbólica, sem registro no painel eletrônico, o atual Código Civil, que tramitava no Congresso Nacional há vinte e seis anos; nesse período sofreu muitas emendas; o atual Código Civil foi promulgado em 10 de janeiro de 2002 (Lei n. 10.406) e teve início de vigência, a partir do dia 10 de janeiro de 2003.

(Direito de Família) e, a final, as de direito sucessório (Direito das Sucessões), a cerrar o Código Civil com o fato jurídico da morte, com as consequências dele decorrentes.

Ensinam-nos os doutrinadores que esse critério didático, nessa sequência apresentado, data de 1931 e se inspirou na sistemática do Código Civil alemão.

5   Características principais do Direito de Família

5.1 Breve estudo das características

O Direito de Família apresenta características próprias, assentando suas bases mais nas regras morais e religiosas do que jurídicas.

O povo escolhe e organiza sua família, fundamentando-se nessas tradições antigas ou em concepções modernas e contemporâneas.

O ser humano, dotado de razão, reúne um complexo de direitos e deveres, considerado sempre, em relação a seu próximo.

Entretanto, no capítulo dos direitos, há os que existem na própria pessoa humana, sendo a ela inerentes, os direitos da personalidade, estudados na Parte Geral do Direito Civil, como o direito à vida, à liberdade, ao decoro, ao nome, à imagem, à disposição do próprio corpo, e de tantos outros, que integram o interior da pessoa, indisponíveis. A própria dignidade da pessoa humana integra-se, como aqueles (art. 5º, X, também no Código Civil, arts. 11 a 21), no texto constitucional (art. 1º, III).

Os direitos obrigacionais e reais encontram-se entre os direitos patrimoniais, no âmbito social.

Os direitos de família, entretanto, guardam uma intimidade, que, embora repercutam socialmente, se guardam nas relações existentes no âmbito reservado da família. É como se saíssem dos membros familiares e guardassem a intimidade do lar, protegida e resguardada, antes do impacto social.

Se é verdade que há também um direito patrimonial, no Direito de Família, ele se apresenta com um interesse coletivo, sempre a resguardar a família. O exemplo típico é o do proprietário que, sendo solteiro, pode alienar seu bem imóvel, livremente. Mas, sendo casado, dependerá da outorga do outro cônjuge, marital ou uxória, seja qual for o regime matrimonial, pois a propriedade de pessoa casada existe como infraestrutura da família, visando a protegê-la, por exemplo ante alienação que pode prejudicar a célula familiar ou alguns de seus membros.

Por isso, o Direito de Família é mais sensível às mutações sociais, podendo aplicar-se, diferentemente, de localidade a localidade. Em certos lugares, o sentido religioso é mais acentuado do que em outros, mudando a aplicação da norma com as circunstâncias.

Acrescente-se, ainda, no Direito de Família a existência de normas de ordem pública, pelas quais visa o Estado proteger a célula familiar, como é o caso dos direitos e deveres dos cônjuges ou dos conviventes de não poderem renunciá-los, como a fidelidade, a lealdade a convivência e outros. Isso não quer dizer que o Direito de Família seja ramo do Direito Público, como querem alguns doutrinadores. Isso retiraria dele a característica de Direito Privado, que admite perdão do adultério, por exemplo, não admitindo a intervenção do Direito Público. Também no Direito Privado em geral existem normas de ordem pública que o não desnaturam. São normas de proteção que existem com a atuação do Estado para evitar lesão.

Atualmente alargou-se bastante o conteúdo do Direito de Família, que alberga, ainda que com atuação jurisprudencial, a família homossexual ou homoafetiva.

Ao lado do Direito das Obrigações que é universal quase que imutável, o Direito de Família muda com as concepções sociais e conforme o lugar em que é aplicado.

A família é protegida de tal forma que não pode o Estado ou o particular nela intervir, como assegura o atual Código Civil, sem correspondente no Código de 1916, *verbis*: "Art. 1.513. É defeso a qualquer pessoa, de direito público ou privado interferir na comunhão de vida instituída pela família".

5.2 Divisão do Direito de Família para tratamento legislativo (Código Civil de 2002)

De maneira bastante racional, o Código Civil de 2002 cuidou do Direito de Família (Livro IV) dividindo-o em duas grandes ramas: o direito pessoal (no Título I); o direito patrimonial (no Título II); a união estável (no Título III); e a tutela e a curatela (no Título IV).

No primeiro título, trata o Código do casamento, até sua dissolução; e da proteção à pessoa dos filhos; no segundo título, cuida do regime patrimonial entre os cônjuges: dos alimentos e do bem de família; no título terceiro, regulamenta, em consolidação da matéria anterior, a união estável; e no título quarto dos institutos protetivos do Direito de Família, da tutela e da curatela.

Vou, inicialmente, estudar, no próximo capítulo, o casamento, colocando, ao lado dele, o casamento religioso, a união estável, a convivência da família monoparental e anaparental, encerrando essa primeira etapa com o casamento homossexual ou homoafetivo.

6 Direito de Família na Constituição

6.1 Generalidades

O legislador constituinte vem se preocupando, há algum tempo, com a inserção de matéria relativa ao Direito Civil no texto da Constituição, para dar mais força à possibilidade de regulamentação dos direitos do cidadão.

Por essa razão, prefiro dizer que existe a inclusão do Direito Civil na Constituição, e não dizer que exista um Direito Civil constitucional. Tanto é assim que, no mais das vezes, a matéria civil incluída no texto constitucional exige regulamentação ordinária.

A vantagem dessa inclusão de matéria civil na Constituição é a de assegurar que a legislação ordinária há que regular, sem preteri-la e sem modificar o sentido imposto pela norma maior, a não ser que seja esta modificada.

Destacarei, em seguida, algumas matérias de Direito Civil inseridas na Constituição.

6.2 União estável e casamento religioso

Antes de ser editada a Constituição Federal de 1988, alertava[11], em minha monografia, com antecedência de ano e meio, que, para que se evitassem "discriminações odiosas", deveria o texto constitucional "dizer, simplesmente, que a família terá direito à proteção dos Poderes Públicos".

Isso porque as Constituições anteriores pautaram seus textos no sentido de proteger a família constituída sob casamento civil, silenciando sobre a proteção da família de fato.

Destaque-se, nesse passo, que após ser instalada a Assembleia Constituinte, em 1º de fevereiro de 1987, e eleito seu presidente, Deputado Ulisses Guimarães, havia necessidade da elaboração de um projeto de Constituição constituindo-se, para tanto, a Comissão Afonso Arinos (de Melo Franco), que era seu presidente.

Os trabalhos dessa Comissão não chegaram a ser enviados à Assembleia Constituinte, entretanto, iniciou-se, nela, a edificante tarefa de "democratização da família" como "base da sociedade", com o acolhimento, entre outros, do instituto da união estável, da igualdade de direitos e de deveres entre cônjuges e entre filhos, inclusive adotivos.

Formaram-se, então, várias subcomissões para elaboração de anteprojetos a serem considerados pela Comissão de Sistematização, que, por seu relator, Bernardo Cabral, reuniu esses trabalhos pré-legislativos.

Ressalte-se, aqui, que a subcomissão de família, do menor e do idoso, em seu anteprojeto, de 25 de maio de 1987, sendo seu presidente o Deputado-constituinte Nelson Aguiar, chegou a admitir, no § 1º do art. 1º, que "o casamento civil é a forma própria de constituição da família", em completa discriminação do casamento religioso e da união estável. E isso como se o Estado pudesse assim privilegiar, no texto constitucional, dizendo ao povo como constituir sua família!

No art. 297 do substitutivo do Senador constituinte Bernardo Cabral, embora sem distinguir entre os institutos, assenta-se, melhor que, "a família, constituída pelo casamento ou por união estável, tem proteção do Estado, que se estenderá à entidade familiar formada por qualquer um dos pais ou responsável legal e seus dependentes, consanguíneos ou não". Também nele não se menciona o casamento religioso.

Finalmente, malgrado os inconvenientes mostrados e a análise crítica, adiante, o certo é que a Constituição Federal vigente, de 5 de outubro de 1988, trouxe várias

---

11. *Do concubinato ao casamento de fato*. 2. ed. Belém: Cejup, 1987. p. 251. Consulte-se, ainda, meu livro *Estatuto da Família de fato*. 3. ed. São Paulo: Atlas, 2011.

inovações ao Direito de Família brasileiro, entre as quais, pelo § 3º de seu art. 226, o reconhecimento do concubinato puro, não adulterino nem incestuoso, como forma de constituição de família, como instituto, portanto, do Direito de Família.

Houve por bem, ainda, o legislador constituinte substituir a palavra concubinato pela expressão união estável, para inaugurar nova era de compreensão aos conviventes, respeitando seus direitos e sua sociedade de fato, que sempre existiu, antes do Decreto n. 181, de 1890, sob forma de casamento de fato ou presumido.

Tenha-se presente, ainda, que a Constituição de 1988, mencionando em seu *caput* que a família é a "base da sociedade", tendo "especial proteção do Estado", nada mais necessitava o art. 226 de dizer no tocante à formação familiar, podendo o legislador constituinte ter deixado de discriminar as formas de constituição da família. Sim, porque ao legislador, ainda que constituinte, repito, não cabe dizer ao povo como deve ele constituir sua família.

O importante é proteger todas as formas de constituição familiar, sem dizer o que é melhor.

O ser humano é um ser gregário, que necessita viver em família, cujo modo de constituição ele escolhe, firmando-se um costume admitido em sua coletividade, que vai transpondo gerações. Esse anseio popular, embora nasça de um contrato convivencial, é algo que ultrapassa a noção de instituto jurídico, é um organismo institucional, que se fundamenta no Direito Natural. O Direito humano deve intervir, somente, para evitar lesões, locupletamentos indevidos, fazendo reinar a responsabilidade, ainda mais fortemente, nas convivências livres.

A união estável, concubinato puro, não adulterino e não incestuoso, sempre encontrou esse apoio institucional, na figura antiga do casamento de fato.

Por outro lado, não estendeu essa mesma Constituição ao casamento religioso, como entendo correto, os efeitos do casamento civil, para recuperar sua antiga dignidade ante o Estado. Limita-se ela, por seu art. 226, § 2º, a dizer, da mesma forma que a anterior, que "o casamento religioso tem efeito civil, nos termos da Lei". Esta (Lei n. 1.110/50), entretanto, só admite tal efeito quando pré ou pós existe a habilitação para o casamento civil. Neste caso, o casamento religioso adquire a forma de casamento civil, não é mais casamento religioso.

Assim, tanto o casamento civil como o religioso, com suas formalidades próprias, devem existir, em meu entender, automática e independentemente. O casamento religioso, desse modo, deve vestir-se com as formalidades dos estatutos das respectivas religiões.

A união estável precisava ser regulamentada, e foi, primeiramente, pela Lei n. 8.971/94, que concedeu direito aos companheiros, no tocante a alimentos e à sucessão; e a Lei n. 9.278/96, baseada em projeto meu, que regulamentou a união estável (concubinato puro), para que não existam abusos entre os conviventes, que devem ser livres na convivência, mas responsáveis.

Como visto, tanto a união estável como o antigo casamento de fato ou presumido nasceram, espontânea e naturalmente, na sociedade, isentos de formalismos.

Em verdade, repita-se, a união estável de hoje nada mais é do que o aludido antigo casamento de fato ou presumido, que existiu há quase 4.000 anos até o Decreto n. 181, de 1890, entre nós.

6.3 Chefia da sociedade conjugal

A Constituição Federal de 1988 igualou os cônjuges quanto ao exercício de seus direitos e deveres no § 5º de seu art. 226, eliminando, assim, a chefia masculina da sociedade conjugal.

Com esse entendimento constitucional, o Projeto de Lei da Câmara n. 118, no Senado, de 1984, com sua redação final em 1997, acentua, em seu art. 1.570, que "A direção da sociedade conjugal será exercida, em colaboração, pelo marido e pela mulher, sempre no interesse do casal e dos filhos" (atual art. 1.567 do CC).

6.4 Divórcio

A Emenda Constitucional n. 9, de 28 de junho de 1977, deu nova redação ao § 1º do art. 175 da Constituição Federal, de 24 de janeiro de 1967, após a Emenda n. 1, de 17 de outubro de 1969, possibilitando a admissão do divórcio na legislação ordinária brasileira. Sim, porque antes dessa Emenda, o casamento era de vínculo indissolúvel.

Mesmo assim esse § 1º, aludido, com sua nova redação só possibilitava a dissolução do casamento, nos casos expressos em lei, desde que houvesse "prévia separação judicial por mais de três anos".

Com esse fundamento constitucional editou-se a Lei n. 6.515/77, chamada Lei do Divórcio, que, obedecendo o texto fundamental, admitia o divórcio indireto, após a separação judicial. O divórcio direto era autorizado nos moldes do art. 40, excepcional e transitoriamente (após 5 anos de ruptura de fato do casamento, anteriores à lei).

O divórcio, como pretendido por Nelson Carneiro, viria a existir com a Constituição Federal de 1988, que o admitiu após a prévia separação judicial por mais de um ano, na forma da lei (divórcio indireto) ou após "comprovada separação de fato por mais de dois anos" (divórcio direto).

Desse modo, no processo de divórcio, atualmente, não há que cogitar-se da causa que ocasionou a separação do casal. Bastava a comprovação de que o mencionado prazo ocorrera.

Essa norma constitucional repetiu-se no art. 4º da Lei n. 7. 841/89, bem como no art. 1.580 e seu § 2º, onde se mantinham os mencionados prazos, do Código Civil.

Atualmente, pela Emenda Constitucional n. 66, promulgada pelo Congresso Nacional em 13 de julho de 2010, eliminaram-se todos os referidos prazos do § 6º do art. 226 da Constituição.

Por essa EC n. 66, qualquer dos cônjuges ou o casal pode requerer o divórcio quando quiserem.

Isso, sem se falar no divórcio, que pode ser requerido em Cartório, pela Lei n. 11.441/2007, não havendo filhos menores ou incapazes, atualmente também, independentemente de qualquer prazo.

6.5 Filiação

Há um ano e meio antes do advento da atual Constituição, inspirando-me no Código Familiar para o Estado Mexicano, de Hidalgo, em minha tese já citada[12], lembrava ao então relator da Constituinte, Senador Bernardo Cabral, da necessidade da Constituição igualar os direitos de todos os filhos, inclusive dos adotivos, lembrando o disposto no art. 202 desse mesmo Código de Hidalgo, segundo o qual "Os filhos não recebem qualificativo algum, são iguais ante a lei, a família, a sociedade e o Estado".

O § 6º do art. 227 da nossa Constituição seguiu esse entendimento, proibindo quaisquer designações discriminatórias relativas à filiação, dando a todos os filhos, consanguíneos e adotivos, completa igualdade de tratamento, nesses termos: "Os filhos, havidos ou não da relação do casamento, ou por adoção, terão os mesmos direitos e qualificações, proibidas quaisquer designações discriminatórias relativas à filiação".

6.6 Código de Defesa do Consumidor

A Constituição de 1988 exige que o Estado promova, na forma da lei, a defesa do consumidor (art. 5º, XXXII), estabelecendo seu art. 170, V, o princípio da defesa do consumidor.

Por exigência do art. 48 do Ato das Disposições Constitucionais Transitórias, ficou nosso Congresso Nacional obrigado a instituir, como o foi, o Código de Defesa do Consumidor, que contém normas fundamentais de Direito Privado.

6.7 Importância da Constituição de 1988 no Direito de Família

O Direito de Família, como venho propugnando desde o projeto inicial da Constituição Federal de 1988, e depois com seus arts. 226 e 227, recebeu a maior reformulação de seus fundamentos jurídicos, adaptando-se à realidade presente da vida brasileira.

As Constituições anteriores bradavam pela proteção da família, sob a égide do casamento civil, enquanto o povo constituía sua família pelo concubinato puro.

Acostumou-se o povo brasileiro a assim unir-se, porque a lei sempre o proibiu de desconstituir o vínculo matrimonial, o que só foi possível a partir da Lei n. 6.515, de 26 de dezembro de 1977, possibilitada pela Emenda Constitucional n. 9, de 28 de junho de 1977.

---

12. *Do concubinato ao casamento de fato* cit., p. 49.

O art. 226, citado, reconheceu a união concubinária pura, sob o título de união estável, enumerando o reconhecimento de outras formas de constituição de família, de modo enunciativo em seus §§ 1º a 4º. A tão esperada igualdade de direitos e de deveres entre homem e mulher casados veio firmada no § 5º do mesmo dispositivo constitucional. O § 6º, seguinte, possibilitou o sempre sonhado divórcio direto, por separação de fato, por mais de dois anos, ao lado do divórcio por conversão, sem as odiosas restrições da Lei do Divórcio, que, praticamente, foi lei de separações judiciais, com posterior conversão em divórcio.

Tudo ocorreu até o modelo atual de divórcio direto independentemente do aguardo de qualquer prazo, pela Emenda Constitucional n. 66 (EC do Divórcio), de 13 de julho de 2010, com a possibilidade, ainda, de o divórcio realizar-se em Cartório, nos moldes da Lei n. 11.441/2007.

O divórcio, propriamente, atingiu sua maioridade com a Constituição de 1988.

Por seu turno, o art. 227, por seu § 6º, selou todo um trabalho legislativo anterior, proibindo "quaisquer designações discriminatórias relativas à filiação, inclusive adotiva".

Esses dois artigos, com essas principais modificações, criaram uma imagem mais próxima dos fatos sociais, mais condizentes com a realidade da família brasileira.

Desenvolveu-se, então, arduamente, um trabalho por todos os bem-intencionados que querem adaptar as normas à realidade vivente, para que a lei não seja um material ilusório, irreal e injusto, a aplicar-se contra o que acontece na sociedade. O espelho do passado foi quebrado para a tentativa de uma construção jurídica mais justa e adequada à realidade presente.

Pudemos todos, assim, assistir a essa evolução pela Jurisprudência, consolidada no Superior Tribunal de Justiça, criado pela Constituição de 1988, antecipando, a partir de 1990, principalmente a regulamentação da união estável feita na Lei n. 9.278/96, fundada no meu esboço de projeto, que permanece viva no Código Civil de 2002.

2 CASAMENTO (HISTÓRICO)

1 Generalidades

Destaque-se, inicialmente, que os documentos históricos jurídicos mais antigos, de natureza civil, conhecidos, datam aproximadamente, do ano 3000 antes de nossa era, surgindo, portanto, no final do quarto ou no começo do quinto milênio.

"No segundo milênio", ressalta John Gilissen[1], em sequência,

> as regiões vizinhas despertaram, também, para a história do direito: o Elam, o país dos Hititas, a Fenícia, Israel, Creta, a Grécia. No primeiro milênio, a Grécia e Roma dominam, até que quase todos esses países sejam reunidos no Império Romano, durante os cinco primeiros séculos da nossa era. Mais a oriente, a Índia e a China conhecem também o nascimento de seus sistemas jurídicos nessa época.

No quadro da história do Oriente, acentua Jean Gaudemet[2], seja historicamente, seja por suas instituições, destacam-se, com real importância, quatro povos: da Babilônia, do Egito, dos hititas e dos hebreus.

Deixa claro John Gilissen[3] que, "antes dos romanos, os povos da Antiguidade não tiveram como construir um sistema jurídico coerente".

2 Noções do casamento no Direito Romano

2.1 Lineamentos sobre o conceito e a natureza jurídica do casamento romano. Coniunctio e affectio. Communicatio divini et humani iuris

Referindo-se à essência do casamento romano, *matrimonium*, após asseverar que a concepção deste é bem diversa da moderna, que se inspira em moldes cristãos, Max Kaser[4] ensina que, entre os romanos, não se encarou o matrimônio como uma relação

---

1. GILISSEN, John. *Introdução histórica ao direito.* Lisboa: Fundação Calouste Gulbenkian, 1986. p. 51.
2. *Institution de l'antiquité.* Paris: Ed. Sirey, 1967. p. 12.
3. *Introdução histórica ao direito* cit., p. 52.
4. *Derecho Romano Privado.* Trad. da 5. ed. alemã por José Santa Cruz Teijeiro. Madrid: Instituto Editorial Reus, 1968. p. 256.

jurídica, mas como um fato social, produtor de efeitos jurídicos reflexos, parecido, nesse ponto, com a posse, *possessio*.

Fundamentando-se em L. Mitteis, aponta ainda, esse mesmo autor, que "O casamento supõe uma comunidade de vida do marido e de sua mulher, assegurada pela *affectio maritalis*, ou seja, pela consciência em ambos os cônjuges de que a comunidade que integram é um matrimônio".

Por sua vez, José Cretella Júnior[5], depois de mostrar que os romanos organizaram suas famílias sob base monogâmica, com o poder do marido sobre a mulher, *manus*, e de informar que os hebreus e os egípcios, fundados nesse mesmo poder, *potestas*, conheceram os dois tipos de casamento: *cum manu* e *sine manu*, atesta que "tanto um como outro são formas legítimas de casamento peculiares, em princípio, aos cidadãos romanos", observando, mais, que o casamento repousa num elemento espiritual e psicológico de grande importância – a *affectio maritalis* –, "vontade espontânea dos cônjuges de tratarem-se como marido e mulher".

A afeição conjugal é, desse modo, indispensável fator à própria existência do casamento, pois parece ter sido uma lição dos romanos, plantada como semente de grande espiritualidade, que deu ao matrimônio esse colorido imaterial, entretanto, em um regime de desigualdade de direitos entre o homem e a mulher, mas que viria a ser cultivada, em sentido de constante humanização, sob a influência do cristianismo, como verdadeiro exemplo à formação da família moderna, onde a independência dos membros da família existe, e sob um mútuo controle e respeito de um pelo outro.

Dois conceitos fundamentais houve, no Direito Romano, sobre o casamento, o primeiro, mais antigo, de Modestino, e o segundo, que aparece na época de Justiniano, inserto em suas Institutas. Pietro Bonfante[6] declara que o segundo conceito pode ter surgido, deduz-se, do de Ulpiano, de que foi discípulo Modestino. Assim, Modestino[7] conceitua as núpcias como a união do homem e da mulher, em pleno consórcio de sua vida e comunicação do direito divino e humano[8].

Por outro lado, o segundo conceito, surgido com Justiniano[9], mostra as núpcias, ou matrimônio, como a união do homem e da mulher, contendo uma indivisível comunhão (costume) de vida[10].

---

5. *Curso de direito romano*. 5. ed. Rio de Janeiro: Forense, 1973. p. 113.

6. *Corso di Diritto Romano* – Diritto di Famiglia. Milano: Dott A. Giuffrè, 1963. v. 1, p. 263.

7. Digesto, 23, 2, 1; Corpus Juris Civilis Academicum Parisiense, com notas de C. M. Galisset, Imprimerie E. Capiomont et V. Renault, Paris, 10. ed., 1878, p. 743; El Digesto de Justiniano. Trad. castelhana de A D'Ors, F. Hernandez – Tejèro, P. Fuenteseca, M. Garcia Garrido e V. Burillo. Pamplona: Editorial Aranzadi, 1972. t. II, p. 102.

8. Texto original: "De ritu nuptiarum – Nuptiae sunt conjunctio maris et foeminae, [et] consortium omnis vitae: divini et humani juris communicatio".

9. Institutas, I, 9, 1; Corpus Juris Civilis, c., p. 123; Las Instituciones de Justiniano. Trad. castelhana de F. Hernandez – Tejèro Jorge. Madrid: Universidade de Madrid – Faculdade de Direito, 1961. p. 29.

10. Texto original: "De patria potestate – Nuptiae autem, sive matrimonium est viri et mulieris conjunctio individuam vitae consuetudinem continens".

Poder-se-ia, então, dizer, em fusão desses conceitos, que o casamento romano, além de ser a conjunção carnal do marido com sua mulher, é, também, o pleno consórcio de ambos, sua estreita comunhão de vida.

Dois elementos, assim, destacam-se nesse conceito: um de natureza material, que é a união sexual dos cônjuges, sua íntima convivência; outro de ordem imaterial ou espiritual, que é a comunhão assistencial, enquanto durar a sociedade matrimonial.

Referindo-se a esses dois elementos, Pietro Bonfante[11] esclarece que "Os dois requisitos do matrimônio são portanto a convivência e a intenção, a *conjunctio* ou melhor a *individuam vitae consuetudo*", de um lado, "a *affectio maritalis* ou *uxoris*", do outro; "dois elementos de um estado de fato, que correspondem aos dois elementos da posse, a *possessio naturalis* ou *possessio corpore* (o infeliz *corpus* dos comentadores) e o *animus* ou *affectio possidendi*".

Desse modo, ao lado da *affectio*, que, como elemento subjetivo do casamento, resume o desejo dos cônjuges de viverem como tal, existe a vida em comum, que, certamente, não significa, tão só, a união física dos esposos, mas se insere no sentido da expressão *honor matrimonii*, que, como elemento objetivo, revela, no ensinamento de Alexandre Correia e Gaetano Sciascia[12] "uma série de fatos exteriores inequívocos (coabitação, constituição de dote, posição social etc.", pelos quais se exterioriza a intenção inerente à *affectio maritalis* e *uxoris*", sendo certo, como aduzem, que, prescindindo desses elementos, a comunhão de vida, durável, entre o homem e a mulher, se caracteriza em união concubinária.

Ao lado da *affectio* a *conjunctio* significa, entre outras coisas, união, convivência, casamento, comunhão de vida, cópula, coito, do verbo latino *coniungo, is, xi, ctum, ere*, com sentido de juntar, jungir, atar, unir, pegar, ligar, unir em matrimônio, casar[13], sendo certo que os romanos se referiam à *conjunctio sexualis maris atque feminae*[14], consoante demonstrado por vários textos.

A afeição marital e da mulher, que se consubstancia em seu estado de espírito de se manterem como esposos, é a essência do casamento romano, o elo que alimenta sua vida em comum. Como o casamento romano não se apresenta com o caráter da indissolubilidade, quando se diz que ele é perpétuo quer-se dizer que deva durar, no sentido de que os que se casam tenham, em mira, não uma união passageira, mas duradoura; este o sentido da expressão *Consortium omnis vitae*.

Pietro Bonfante[15] esclarece que o *individua vitae consuetudo e consortium omnis vitae* retratam, a um só tempo, o elemento objetivo e o subjetivo do matrimônio, ou seja, *a convivência e a affectio maritalis*.

---

11. *Corso di Diritto Romano* cit., p. 256.

12. *Manual de direito romano*. Rio de Janeiro: Sedegra Sociedade Editora e Gráfica, s.d., p. 102. (Série Cadernos Didáticos)

13. FERREIRA, Emmanuelis Josephi. *Magnum Lexicon Novissimum Latinum et Lusitanum* cit., p. 153; LEITE, J. F. Marques; JORDÃO, A. J. Novaes. *Dicionário latino vernáculo* cit., p. 106.

14. Vocabularium Iurisprudentiae Romanae iussu Instituti Savigniani compositum – In Memoriam Theodori Mommsen. Berolini: Typis et Impensis Georgii Reimeri, 1903. t. I, p. 918.

15. *Corso di Diritto Romano* cit., p. 263.

No mesmo sentido, demonstra J. Arias Ramos[16] que "O matrimônio romano é uma mera situação de convivência de duas pessoas de distinto sexo", que surge independentemente de qualquer formalidade de ordem jurídica, mantendo-se, entretanto, pela intenção de viverem os cônjuges como marido e mulher, *affectio maritalis*, que não é, tão só, o consentimento primeiro, a introduzir a vida dos cônjuges, mas um estado de vontade cotidiano.

Por sua vez Edoardo Volterra[17], confessando a dificuldade existente quanto à reconstrução do instituto matrimônio romano, alude a que, na compilação justinianeia, seus dois tipos se retratam por normas distintas: o matrimônio da era pagã, cujos textos são referidos, principalmente, no Digesto e nas fontes preteodosianas; e o da época cristã, o novo matrimônio, praticado, em larga escala, nos séculos IV e V, cujos textos aparecem no Código Teodosiano (438 d.C.), de Justiniano e nas Novelas posteodosianas e de Justiniano.

Esse mesmo autor, apoiando-se em decisões de juristas clássicos sobre casos práticos, deduz que esses juristas acolheram o conceito social de matrimônio, transformando-o em relação jurídica. Pondera, ainda, com base tão só em seu elemento subjetivo, que o fundamento do matrimônio clássico é a "recíproca, efetiva, contínua vontade dos cônjuges" de viverem como marido e mulher (*consensus, affectio maritalis, mens coeuntium*), entendendo compreensível que os dois célebres conceitos, mencionados, do instituto em causa, "não contenham enunciações dos modos e menos ainda das formas de celebração ou de constituição do matrimônio, mas delineiem sinteticamente do ponto de vista social (que em direito romano corresponde àquele jurídico) a vida conjugal".

A seguir, Volterra, escudado nas constituições imperiais, que se conservaram nos Códigos Teodosiano e de Justiniano, como também nas Novelas, assegura que, a partir do século IV depois de Cristo, o conceito de matrimônio sofreu marcante transformação, pois que, embora firmado no princípio *consensus facit nuptias* do matrimônio clássico, o pós-clássico reveste o vocábulo *consensus* de um outro significado, ou seja, de não mais existir no sentido de vontade contínua, persistente dos cônjuges, mas de vontade inicial, criadora do vínculo conjugal, que, segundo esse mesmo autor, "existe e persiste independentemente da persistência dos cônjuges e da comunhão de vida conjugal", vínculo esse que se dissolve, tão só, pela morte ou pelo divórcio, vontade dirigida a seu rompimento.

Segundo ele, ainda, deve-se ver nessa manifestação de vontade inicial dos cônjuges, concessão pós-clássica, uma *conventio*, como fonte jurídica do casamento, continuando a mencionar que

> Já no direito justinianeu se manifesta a tendência a estabelecer-se para alguns casos e em circunstâncias particulares as formas pelas quais devia ser criada essa *conventio*, tendência que acentuar-se-á no tardo direito bizantino e que levará depois

---

16. *Derecho Romano*. 11. ed. Madrid: Editorial Revista de Derecho Privado, 1969. v. II, p. 736-737.
17. Matrimonio, Diritto Romano. *Novissimum Digesto Italiano*. 3. ed. Torino: Unione Tipografico – Editore Torinese – Utet, 1957. p. 330-335.

à configuração do matrimônio como um negócio formal e à sua aproximação sempre maior aos contratos.

É certo que, no direito romano, a *affectio* dos cônjuges era o elemento mais importante do matrimônio, entretanto não é de desprezar-se a convivência de ambos, principalmente porque ela se manifesta num complexo de outras situações, como vimos, que se entendem na expressão *honor matrimonii*.

É categórico E. Hólder[18], quando verbera que, "Para a conclusão do matrimônio desligado da *manus*, não existe uma forma jurídica: esse nasce não da declaração formal, mas da atuação de fato da vontade direta à convivência conjugal, como é contida na *domum deductio*". Deveria ocorrer o cumprimento fático da união.

O próprio Pietro Bonfante[19], que admite, como visto, a coexistência dos dois mencionados elementos, como a grande maioria dos romanistas, assevera quanto à "vida em comum, essa não deve ser entendida em sentido materialístico ou mesmo excessivamente literal, mas em um significado ético e social como a efetiva subsistência daquelas relações morais e sociais recíprocas, que se manifestem e se resumem na significativa expressão romana, a *honor matrimonii*".

Mas não se perca de vista a essência do pensamento de Pietro Bonfante[20], que, apoiando-se em Manenti[21], após assentar o conceito de casamento como "o viver junto com intenção marital, e quando estes dois momentos concorrem, o matrimônio existe, quando não, o matrimônio é ausente", acrescenta que o consentimento dos cônjuges não é, pois, o "inicial, mas duradouro, contínuo; onde os Romanos mais que *consensus* o chamam de *affectio*, que indica exatamente uma vontade com esse caráter, nem o matrimônio romano pode dizer-se absolutamente constituído por contrato".

No mesmo sentido Luis Alberto Peña Guzmán e Luis Rodolfo Arguello[22], que, concedendo maior valor à *affectio*, sem desconsiderarem a coabitação dos cônjuges, acrescentam que não se atribuíam "à união as consequências jurídicas reconhecidas por outras legislações", baseando-se na afirmação de Ulpiano, segundo a qual *nuptias non concubitus, sed consensus facit*[23], ou *non enim coitus matrimonium facit, sed maritalis affectio*[24].

Depois de patentear que as características do matrimônio romano eram a convivência e a intenção de ser marido e mulher, seguindo, também, o entendimento da maioria

---

18. *Istituzioni di Diritto Romano*. Trad. do alemão por Dante Caporali. Torino: Ed. Fratelli Bocca, 1887. p. 281.
19. *Corso di Diritto Romano* cit., p. 256-257.
20. *Istituzioni di Diritto Romano*. 4. ed. Mialno: Casa Editrice Dott Francesco Vallardi, 1907. p. 166.
21. *Dell'inapponibilità di condizioni ai negozi giuridico e in specie delle condizioni apposte al matrimonio*. Siena, 1889. p. 40-44; BONFANTE, Pietro. *Istituzioni di Diritto Romano* cit., p. 166, nota de rodapé 1.
22. *Derecho Romano*. 2. ed. Buenos Aires: Tea-Tipografia Editora Argentina, 1966. v. II, p. 477.
23. D. 50, 17, 30. *O coito não faz núpcias, mas o consentimento*.
24. D. 24, 1, 32, 13. *O coito não faz o matrimônio, mas a afeição marital*.

dos romanistas, Ebert Chamoun[25] ressalta a segunda como *espinha dorsal do matrimônio romano*, não sem deixar claro que, embora não dissesse à essência do vínculo matrimonial a *deductio in domum mariti*, marcava ela o início da vida em comum dos cônjuges, sendo "indispensável que a mulher se colocasse à disposição do marido e o ingresso na casa dele era disso a melhor prova", mesmo que o marido estivesse ausente ou passassem os esposos, após, a viver em casas separadas.

Ressalte-se, nesse passo, a ponderação de P. Namur[26], apontando, com base no Digesto, Livro 23, Título II, fragmento 5, que a vida em comum dos cônjuges começava com a colocação da mulher no domicílio de seu marido "mesmo na ausência deste, mas com o seu consentimento", lembrando que, ao contrário, essa mesma *in domum deductio* não poderia existir estando ausente a mulher, pois o domicílio do casal era o do marido.

É certo que a relação sexual não faz o matrimônio, *coitus non matrimonium facit*[27], entretanto, ela faz parte da convivência dos esposos. Embora baste o consentimento destes de fazerem durar sua união conjugal, para que essa durabilidade de sentimento exista, deve paralelamente, existir uma estreita comunhão de vida, um relacionamento material que se confunda com o espiritual, a ponto de não se estabelecerem seus lindes. São dois polos que se atraem e que se completam, em verdadeira integração, isso desde os tempos mais antigos. Na união material, por outro lado, não há que buscar-se, tão só, a sexual, indispensável, quando necessitada, mas uma série de contatos, de carinhos, que cercam o casal e que perpetuam uma afeição, sempre maior, dos esposos.

Se os cônjuges não se aproximam em carinhos, é porque a afeição não existe, criando-se, cada vez mais, um afastamento e uma natural repulsa de um pelo outro, que chega à separação. Então, devemos dizer que cessou a *affectio*? Sim, mas por quê? Porque não mais existe o amor, porque os cônjuges não mais suportam a vida em comum.

Mas, se tão importante foi assim, a *affectio coniugalis*, a ponto de excluir, até, como querem alguns, a coabitação dos cônjuges, não se pode entender que tenham os romanos admitido o *usus*, como um dos tipos de casamento.

Realmente, ensina Gaius[28] que, pelo *usus*, a mulher que permanecesse casada com seu marido, ficava sob a *manus* deste, mostrando que tudo acontecia como se aquela fosse usucapida por este, por posse anual, passando, por isso, a pertencer à família do marido, *loco filiae*, como se fosse filha.

Se a mulher não quisesse se submeter à *manus*, estatuía a Lei das XII Tábuas, deveria, antes de completar um ano de vida em comum com seu marido, dormir três noites fora de casa, interrompendo-se o *usus*, o que se chamava de *trinoctii usurpatio* (usurpação das três noites).

---

25. *Instituições de direito romano*. 4. ed. Rio de Janeiro: Forense, 1962. p. 157. Digesto, Livro 23, Título II, frag. 5.

26. *Cours d'Institutes et d'Histoire Du Droit Romain*. 4. ed. Bruxelles: Bruylant – Christophe & Cie. Éditeurs; Paris: Librairie A. Maresqc Aîné, 1888. t. 1, p. 90.

27. Vocabularium Iurisprudentiae Romanae cit., p. 799.

28. Institutas, I, 111.

Comentando essa obra de Gaius, Alfredo Di Pietro[29], escudado em vários autores, informa que o *usus* e a *confarreatio* foram as primeiras formas de aquisição da *manus*, de origem muito obscura, mas que se deve ter confundido com a ideia de matrimônio, nos primeiros tempos.

Como percebemos, o *usus* era o casamento pela convivência íntima dos cônjuges, por um ano, sem interrupção, o que demonstra que o casamento nascia, nesse caso da posse da mulher, do elemento material, da vida em comum dos esposos.

Assim, mesmo que se queira argumentar com a coexistência, no caso, da *affectio*, como entender-se que, mesmo querendo estar juntos, fisicamente, os cônjuges, não se considerassem casados pelo *usus*, *cum manu*, se não coabitassem por um ano, seguidamente? Não era só a *affectio*, a distância, mas a convivência, mesmo, que, nesse caso, unia o marido e a sua mulher, pela *conventio in manum* (após um ano de coabitação na casa do marido).

O *usus*, ensinam os autores[30], é uma espécie de usucapião, de aquisição pelo uso da *potestas*, sobre a mulher, de casamento pela coabitação contínua, pela convivência íntima, por um ano, sem interrupção.

Mas não era a *manus* que fazia nascer o casamento, e sim a afeição dos cônjuges e sua convivência, sendo certo que além do *usus*, existiam a *confarreatio* e a *coemptio*, todas formas de casamento *cum manu*. Entretanto, também, o casamento *sine manu* era considerado pelos romanos e viria a ser, já em fins da República, a forma típica do matrimônio romano, sem restar a mulher sob o poder marital. Desaparece a *manus*, consequentemente.

"A concretização das justas núpcias", ensina José Cretella Júnior[31], "deve ser considerada nos casamentos *cum manu* e nos casamentos *sine manu*".

Mostram, por sua vez, Luis Alberto Peña Guzmán e Luis Rodolfo Arguello[32], que o matrimônio *cum manu* não importou casamento distinto do *sine manu*, a não ser quanto ao efeito de outorgar ao marido poder semelhante ao do *pater familias*, como titular da *patria potestas*, "não chegando a ser da essência do matrimônio romano, pois unicamente teve a virtude de fazer ingressar a esposa na família do seu cônjuge, submetendo a mesma ao seu poder ou ao do chefe da mesma".

Por outro lado, embora não pertençam ao âmbito deste trabalho os impedimentos matrimoniais, é de lembrar-se que estavam impedidos de se casarem os castrados

---

29. GAIUS, Institutas, tradução, notas e introdução por Alfredo Di Pietro. La Plata: Ediciones Libreria Juridica, 1967. p. 44-45, notas 104 e 105.
30. FIGUEIREDO, Amazonas de. *Tratado de direito romano*. Rio de Janeiro: Livr. Ed. Freitas Bastos, 1930. p. 108; MEIRA, Silvio A. B. *Instituições de direito romano*. 4. ed. São Paulo: Max Limonad. v. 1, p. 176; FRESQUET, R. de. *Traité Élémentaire de Droit Romain*. Paris: A. Marescq et Dujardin, Libraires e Étienne Giraud, Libraire. t. 1, p. 135; SILVEIRA, Valdemar César da. *Dicionário de direito romano*. São Paulo: Ed. José Bushatsky, 1957. v. 1, p. 369, entre outros.
31. *Curso de direito romano* cit., p. 104.
32. *Derecho romano* cit., p. 481.

(*castrati*), sendo certo que o mesmo não acontecia aos estéreis (*spadones*), mostra-nos Charles Mayns[33] com estas palavras: "Os castrados são incapazes de contratar casamento. Essa incapacidade não se estende aos estéreis".

Luis Alberto Peña Guzmán e Luis Rodolfo Arguello[34] ponderam que eram incapazes, absolutamente, de contrair matrimônio os castrados (*castrati*) e os esterilizados (*spadones*) mas "a incapacidade não alcançava aos que nasciam estéreis, isto é, os spadones por natureza que estavam habilitados para contrair matrimônio não obstante seu defeito orgânico".

Aduz Pietro Bonfante[35] que, quanto aos *spadones*, o direito romano, primitivamente, não estabelecia qualquer proibição ao seu casamento.

Os autores costumam mencionar como incapazes de celebração de matrimônio válido os castrados[36], ponderando, ainda, P. Namur[37] que, não podendo esses eunucos contrair matrimônio por absoluta incapacidade de propagar a espécie, "A situação difere para os *spadones*, nos quais a impotência natural, resultante de um defeito de organização, pode ser apenas temporário e é de difícil constatação". Não é outro o sentido da afirmação de Ulpiano[38], que serve de base às ponderações citadas, segundo a qual sempre que uma mulher se casa com um impotente, deve-se fazer distinção se este estava ou não castrado, pois, em caso negativo, existe casamento, em afirmativo, não.

Informa, nesse ponto, com grande oportunidade, F. Mackeldey[39], que "Habitualmente vez-se que a impotência absoluta torna em geral incapaz de contrair casamento, mas o direito romano declara incapazes só os castrados *(castrati)* e não fala dos estéreis *(spadones)*".

Tudo parece levar à ideia de que os castrados, com sua impotência absoluta, *coeundi*, não podiam casar-se porque estavam impossibilitados da íntima convivência, da coabitação, enfim, da realização do ato sexual.

Onde, então, a só importância da *affectio*?

A admitir-se, somente, o elemento subjetivo da afeição dos cônjuges, o seu consentimento seria suficiente à realização matrimonial, independentemente da vida íntima, em comum.

Hoje, suportando os esposos, podem casar-se, sem a prestação fisiológica. A lei não os impede.

---

33. *Cours de Droit Romain*. 5. ed. Bruxelles: Bruylant-Christophe & Cie; Paris: A. Durand & Pedone-Lauriel, 1891. t. 3, p. 8.
34. *Derecho romano* cit., p. 486-487.
35. *Corso di Diritto Romano* cit., p. 266.
36. KASER, Max. *Derecho Romano Privado* cit., p. 260; NÓBREGA, Vandick Londres da. *Compêndio de direito romano*. 5. ed. Rio de Janeiro-São Paulo: Livraria Freitas Bastos, 1969. v. II, p. 382.
37. *Cours d' Institutes et d' Histoire Du Droit Romain* cit., p. 91.
38. D. 23, 3, fr. 39, § 1º.
39. *Manuel de Droit Romain, Contenant la théorie des Institutes*. Trad. da 10. ed. alemã por Jules Beving. Bruxelles: Société Typographique Belge, 1837. p. 284.

Por outro lado, entre os romanos, essa impotência absoluta é impedimento matrimonial e leva seu portador à incapacidade total ao casamento.

Já no Direito Romano, com relação à impotência relativa, *generandi* ou *concipiendi*, não existe a proibição, talvez por não impedir a consumação do matrimônio, segundo meu ver, sendo certo que, quanto à impossibilidade de procriação, pode essa incapacidade natural ser passageira.

Finalmente, resta examinar a parte final do conceito de casamento, de Modestino, onde se refere ao instituto como *divini et humani iuris communicatio*.

Aqui uma situação que não se enquadra em qualquer dos dois elementos conceituais estudados: a afeição (subjetivo) e a convivência (objetivo).

Pietro Bonfante[40], sentindo um eco do conceito de Modestino em uma constituição de Gordiano[41], onde se declara a mulher como *socia rei humanae atque divinae domus suscipitur*, alude sobre a inspiração de ambos no antigo matrimônio que se fazia acompanhar da *manus*. Entretanto, adverte: "mas talvez uma alusão desse tipo seja somente uma interpolação no sentido cristão".

No que se apega, também, mas sem dúvidas, J. Arias Ramos[42], que, acenando ao pensamento contrário de Albertario e Volterra, não vendo estes incompatibilidade de tal conceituação nos clássicos, assevera que é pouco exata a expressão *divini et humani iuris communicatio*, dita por Modestino, "já que o matrimônio não supõe nem igualdade de culto nem comunidade de bens entre os cônjuges", acolhendo, entre as várias explicações dadas ao seu aparecimento nesse texto, a de que não passa a mesma de uma interpolação inspirada no sentido cristão.

Por sua vez, explicando o sentido da expressão *consortium omnis vitae, divini et humani iuris communicatio*, baseando-se em outros textos, ainda, Rudolf von Ihering[43] afirma que "O casamento constituía uma relação sagrada"; ele fundava uma comunhão religiosa entre os dois esposos, e por esse motivo, recebia uma consagração religiosa quando se celebrava", não sendo esse caráter religioso restrito, tão somente, à *confarreatio*, mostrando que a esse casamento antigo é que se aplicava o célebre conceito de casamento romano, concluindo: "definição que aos olhos de um ignorante pareceria exprimir a ideia cristã do casamento; para a época antiga ela era uma verdade, para a época posterior, que a transmitiu a nós, ela não era mais que uma reminiscência". Escuda-se o autor no profundo contraste da vida conjugal, nas duas épocas: primitivamente, os costumes severos; e depois, a frivolidade, a desmoralização e o desavergonhado comportamento.

Ante a suposição de que possa ter havido uma interpolação em referido conceito de casamento, melhor que se acolha o pensamento de Ihering.

---

40. *Corso di Diritto Romano* cit., p. 263.
41. L. 4C. De crim. exp. her. 9, 32.
42. *Derecho Romano* cit., p. 736 e nota de rodapé 637.
43. *L'Esprit du Droit Romain*. Trad. da 3. ed. alemã por O. de Meulenaere. 2. ed. Paris: A. Marescq, Aîné, Éditeur, 1880. t. II, p. 203-204 e notas de rodapé 329 e 330.

3 Noções do casamento canônico

3.1 Conceito de matrimônio, sua natureza jurídica e seus fins

Para que se tenha uma noção geral do matrimônio canônico, mister se torna que busquemos na Bíblia[44], antes de mais nada, a ideia de que Deus, após criar o homem e a mulher, à sua imagem, recomendando-lhes fossem fecundos e que se multiplicassem, declarou que se unissem, sendo uma só carne[45], do que se serviu Jesus para defender o caráter indissolúvel do matrimônio monogâmico, dizendo serem os cônjuges uma só carne: Assim, não são mais dois, mas uma só carne. Portanto, o que Deus ajuntou, não o separe o homem. Essa mesma passagem é revivida pelo Apóstolo São Paulo[46], procurando, na mesma, explicar a união de Jesus com sua Igreja.

Daí o conceito de matrimônio cristão, que nos dá Mário Falco[47]: "a indissolúvel união de um homem e de uma mulher para a plena e exclusiva comunhão de vida corporal e espiritual e para a procriação da prole, que por instituição de Jesus Cristo confere a graça", sendo certo que ao verdadeiro casamento, entre cristãos, acresce, mais, o sacramento, para que se santifiquem suas relações, verificando-se tal hipótese pela própria existência do batismo.

Em expressiva manifestação, Giovanni Cattaui de Menasce[48], após mostrar que o amor conjugal, indissolúvel, pode transformar-se, com o cristianismo, em sacramento, tornando-se os esposos dois em uma só carne, pontifica que estes, "com a sua união física ratificam a vida e a lei da fecundidade da vida", nascendo verdadeira amizade entre os mesmos.

Depois de oferecer o conceito de matrimônio canônico de Knecht, segundo o qual é aquele a união legal de um homem e uma mulher, elevada por Cristo a Sacramento, para a comunhão de vida recíproca e perpétua, não só espiritual, mas também corporal, José Puig Brutau[49], quanto ao Sacramento, ensina que essa matéria se resume na vontade dos contraentes na realização matrimonial, exteriorizada pelas palavras de consentimento, que expressam a entrega do direito sobre seus corpos para os fins do matrimônio.

Sobre essa indissolubilidade do vínculo matrimonial, no Direito Canônico, pondera José João Gonçalves de Proença[50] que, segundo Santo Tomás de Aquino, a cópula não se

---

44. Pentateuco, Gênesis, 1: 27-28; 2: 20-24.
45. Novo Testamento, Evangelho segundo São Mateus, 19: 3-9.
46. Epístola aos Efésios, 5: 31-33.
47. *Corso di Diritto Ecclesiastico*. 2. ed. Padova: Casa Editrice Dott. Antonio Milani – Cedam, 1935. v. 1, p. 207.
48. Persona e Famiglia. *Quaderni di Iustitia*, Roma: Giuffrè, v. 17, 1966, p. 23.
49. *Fundamentos de Derecho Civil*. El Matrimonio y el Régimen Matrimonial de Bienes. Barcelona: Bosch, Casa Editorial, 1967. t. IV, v. I, p. 60.
50. *Relevância do direito matrimonial canônico no ordenamento estadual*: problemas de direito concordatário. Constituição do estado de casado. Coimbra: Livraria Atlântida, 1955. v. I, p. 346.

apresenta como elemento essencial do casamento, mas "passa a ser, no entanto, um seu elemento integrador, pelo qual o ato recebe como que uma maior estabilidade", patenteando-se, nesse entendimento, a influência da escola bolonhesa, da qual foi discípulo Magister Rolandus, depois Papa Alexandre III (1159 a 1181), que, em uma de suas decretais, deixou, indene de dúvidas, firmado que "O matrimônio celebrado é verdadeiro, mas não absolutamente indissolúvel, se não consumado.

Assim, tendo esse caráter indissolúvel, de profundo significado, o casamento se eleva à condição de sacramento, como alude Angela Maria Punzi Nicolò[51], sendo certo, então, concluir-se que não pode existir essa indissolubilidade sem união carnal dos cônjuges.

A Igreja não admite que o contrato matrimonial se separe do sacramento, relativamente às pessoas que este podem receber.

Na expressão de Evaristo Carusi[52], o caráter fundamental e absorvente do matrimônio canônico é a *sacramentalidade*, que se coloca fora do campo do Direito, sendo certo, entretanto, que, no âmbito jurídico, esse instituto é, indiscutivelmente, uma "convenção obrigatória", um "contrato consensual", concluindo que o "livre e real consentimento inicial vinculativo é alçado a sacramento", emergindo dessa concepção, "como consequência intuitiva, a indissolubilidade mais absoluta do vínculo". Alerta que, a par desses dois elementos (*sacramentalidade* e indissolubilidade), para que se aperfeiçoe a construção integral do conceito jurídico do matrimônio canônico, mister se torna a inclusão da cópula, elemento de real valor, que, muito embora não seja "coeficiente constitutivo do vínculo jurídico", nascente este da vontade dos nubentes, liga-se à consecução da finalidade essencial do matrimônio canônico, qual seja a procriação dos filhos. De ver-se, mais, que, sem a união carnal, a indissolubilidade do vínculo matrimonial é relativa, havendo, em casos excepcionais, possibilidade de rescisão vincular, tornando-se absoluta, contudo, com a consumação.

Na famosa Encíclica do Papa Pio XI[53], Casti connubii, de 31 de dezembro de 1930, consubstancia-se o célebre entendimento de Santo Agostinho, segundo o qual, no matrimônio cristão, existem três bens: a *prole*, a *fidelidade* e o *sacramento*, informando-nos Mário Falco[54] que a expressão *bonum prolis* consiste não só na procriação, como na educação da prole de acordo com a doutrina cristã; *bonum fidei* atine à fidelidade dos cônjuges, quanto ao cumprimento do contrato de casamento; e *bonum sacramenti* a significar a indissolubilidade do vínculo matrimonial e da comunhão de vida, sempre, tendo-se em conta o matrimônio ratificado e consumado.

---

51. *Studi per La Revisione Del Concordato*. Aos cuidados da cátedra de Direito Eclesiástico da Universidade de Roma. Pubblicazioni dell'Istituto di Diritto Pubblico della Facoltà di Giurisprudenza. Università degli Studi di Roma, série III, v. 12. Padova: Casa Editrice Dott. Antonio Milani – Cedam, 1970, p. 598.

52. *Effetti Civili dell' Annullamento del Matrimonio Canonico Preconcordatario*. Roma: Athenaeum, 1931. p. 56-59.

53. Colección de Enciclicas y Documentos Pontificios. Tradução para o espanhol pelo Mons. Pascual Galindo. 4. ed. Madrid: Publicaciones de la Junta Tecnica Nacional, 1955. p. 943.

54. *Corso di Diritto Ecclesiastico* cit., p. 209-210.

Fazendo distinção entre o aspecto negocial e vincular do matrimônio, A. Bernardez Canton[55] explica que o matrimônio *in fieri*, é o ato ou negócio jurídico contratual, pelo qual é celebrado, constituindo-se, consequentemente, a relação entre marido e mulher, sendo que, por sua vez, o matrimônio *in facto esse* é a mesma relação, que resulta de sua válida celebração, citando esses aspectos, respectivamente, no Código de Direito Canônico de 1917, nos cânones 1.081 e 1.082, § 1º. Atualmente, examine-se o cânone 1055 do Código de 1983.

A partir do cânone 1.081 ao 1.093, tratava o Código de Direito Canônico de 1917 do consentimento matrimonial, fazendo ver, no § 1º do cânone 1.081, que o casamento é um contrato, sendo imprescindível essa vontade das partes, mostrando-nos os comentadores desse Código, Lorenzo Miguélez Domínguez, Sabino Alonso Morán e Marcelino Cabreros de Anta[56] que o mesmo consentimento "é absolutamente necessário por direto natural".

O Código de Direito Canônico de 1983 no § 1º de seu cânone 1.057 reafirma essa ideia contratual, mostrando que o matrimônio nasce do consentimento dos nubentes, não podendo ser suprida manifestação de vontade por qualquer poder humano.

Comenta, nesse passo, o Padre Jesús S. Hortal[57]:

> O objeto do consentimento é definido nesse cânon como a entrega mútua de um homem e uma mulher para constituir o matrimônio. Há, portanto, uma referência implícita ao que foi dito no cân. 1.055 § 1º, ou seja, à comunhão de toda a vida, que por sua índole natural se ordena ao bem dos cônjuges e à procriação e educação da prole. Encontramos aqui um notável avanço em relação ao Código de 1917. Como se vê, o objeto do consentimento não é uma série de "atos", como se afirmava no velho cân. 1.081, mas a totalidade da pessoa e a sua disponibilidade para uma comunhão de toda a vida.

Esclarece Francesco Finochiàro[58], ao estudar o consenso matrimonial, que:

> [...] a concessão do matrimônio canônico, na qual o elemento da consumação assume relevância muito importante, consiste "em ver na mútua tradição e aceitação das partes, *movida com o consenso matrimonial, a atribuição recíproca de uma espécie de direito real, um direito que, na tradição canônica, é qualificado como* ius in corpus" (direito sobre o corpo).

---

55. *Las Causas Canónicas de Separación Conyugal*. Madrid: Editorial Tecnos, 1961. p. 4.
56. *Código de Derecho Canónico y legislación complementária*. 9. ed. Madrid: Biblioteca de Autores Cristianos, 1974. p. 417, em rodapé.
57. Código de Direito Canônico. *Codex Iuris Canonici*. Promulgado por João Paulo II, Papa. São Paulo: Editora Loyola, 1983. cânone 1.057, rodapé, p. 467.
58. *Il Matrimonio nel Diritto Canonico*. Bolonha: Ed. Il Mulino, 1989. p. 72.

Nascendo o casamento canônico da vontade dos nubentes, vemos que a cópula não é necessária a que o mesmo se aperfeiçoe, mas, segundo já se notava do § 1º do cânone 1.015 (cân. 1.141 e 1.142 do Código Canônico de 1983), ela está ligada à indissolubilidade do vínculo matrimonial.

Por seu turno, as Decretais de Gregório IX[59], que são de 1234, admitiam, expressamente, que o matrimônio se contraísse pelo só consentimento (*Matrimonium solo consensu contrahitur*), mostrando que a capacidade exigida aos nubentes é a da procriação, ou seja, para que se casem, validamente, devem ter eles capacidade física para conceberem e gerarem filhos (*Puberes sunt quoad matrimonium, qui ex habitu corporis concipere et generare possunt*).

O consentimento à união conjugal é ato de vontade dos cônjuges, menciona o § 2º do cânone 1.057 (§ 2º do cân. 1.081 do Código anterior).

Como se dizia, mais claramente no Código anterior, os cônjuges aceitam o direito perpétuo e exclusivo sobre o corpo, à prática de atos "hábeis à geração da prole" (*in ordine ad actus per se aptos ad prolis generationem*).

O cânone 1.061, §§ 1º e 2º, estabelece que o matrimônio é ratificado se não foi consumado; e ratificado e consumado, se os cônjuges realizaram entre si, de modo humano, o ato conjugal apto por si para a geração de prole.

Tratando da natureza jurídica do matrimônio canônico, Mario Calamari[60] esclarece que a doutrina admite e reconhece a palavra *contrato*, referindo-se, tão só, ao momento da celebração matrimonial, significando que as partes são, ao menos, livres para expressarem seu consentimento, que, se legítimo, cria o vínculo, baseando-se nas lições de Cappello, expostas, no *Tractatus canonico-moralis de sacramentis*, em 1923, no capítulo *De Matrimonio*.

Em boa síntese, Giambattista Nappi[61], distinguindo entre ato e estado matrimonial, mostra-nos que o primeiro (ou *matrimonium in fieri*) é o próprio vínculo constitutivo da sociedade conjugal, e que o *matrimonium in facto esse* é a relação jurídica, que do primeiro deriva, ou seja, a sociedade conjugal mesma, arrematando que "matrimônio *in fieri* é portanto a causa do vínculo (relação) jurídico, causa que nasce de um contrato (bilateral), o qual produz os efeitos próprios da sociedade conjugal".

Quanto aos fins do casamento canônico, o cânone 1.096 do Código Canônico, em seu § 1º, assenta que, para que exista o consentimento matrimonial, é preciso que os nubentes não ignorem que o casamento é um consórcio permanente entre homem e mulher, objetivando a procriação da prole, por meio de alguma cooperação sexual.

---

59. Corpus Juris Canonici emendatum et notis illustratum, Gregorii XIII Pont. Max. jussu editum, Libro VII, Augustae Taurinorum, Ex Typographia Regia, 1745, Tomus Secundus, Gregorii Papae IX Decretales, Livro 4, Tít. I, De Sponsalibus et Matrimoniis, Cap. I, p. 537, e Livro 4, II, De Desponsatione Impuberum, Cap. III, p. 547.
60. Il Favor Matrimonii nel processo matrimoniale canonico e civile. In: CALAMANDREI, Piero (dir.). *Studi di Diritto Processuale*. Padova: Casa Editrice Dott. Antonio Milani – Cedam, 1932. p. 9.
61. *Tratato di Diritto Matrimoniale Concordatario e Civile*: Parte Generale e Diritto Concordatario. Milano: Società Editrice Libraria, 1940. v. 1, p. 29.

Distinguia-se, no Código anterior, entre fins primários (essenciais à geração e à educação da prole) e secundários (integrantes do matrimônio, tais a mútua ajuda e o remédio à concupiscência, que facilitam a realização dos primeiros).

Não é esse um critério rígido, que, pode ser quebrado em algumas situações, como o casamento de pessoas de idade avançada.

Após referir esses fins do casamento e comprovar, pela citação de onze monografias, que muito se tem escrito a respeito dessa matéria, Arturo Carlos Jemolo[62] convence-se de que basta, tão só, um dos fins secundários para que o casamento exista e não haja óbices da Igreja, tendo sido tal o da Virgem com São José, que se uniram pelo *mutuum adiutorium*, sendo de aduzir-se, finalmente, que não é proibido, nem reprovado, o casamento de pessoas, que, pela idade, não possam ter filhos.

Em seguida, Jemolo informa que crescia o número de escritores católicos partidários da doutrina, abraçada, principalmente, por A. Doms, em sua obra *Sinn und Zweeck der Ehe* (*Do sentido e do fim do casamento*), publicada em 1935, segundo a qual, em abandono da distinção feita entre fins primários e secundários do matrimônio, dever-se-ia dar, neste, o primeiro lugar ao amor dos cônjuges.

Esse entendimento foi cortado, em seu desenvolvimento, em sua propagação, pelo Decreto do Santo Ofício *De finibus matrimonii*, de 1º de julho de 1944.

Veja-se, entretanto, que, se o que é natural é obra de Deus, os impulsos naturais não podem ser tolhidos, mas, tão só, refreados, controladas, condicionados, no meio social, pois, caso contrário, ter-se-ia que admitir o ato sexual dos cônjuges só para a geração de filhos. Supondo que um casal tenha quatro deles, a assim procederem, ao cabo de quarenta anos de casamento, teriam tido relações íntimas, pouco mais de quatro vezes, o que se apresenta como ilógico, como verdadeiro absurdo do ponto de vista somatopsíquico. Neste pautar de atuação, sim, é que se pode dizer que se está a obrar *contra naturam*. A repercussão da falta de normal funcionamento dos órgãos humanos traz os mais funestos resultados, depressões de toda a sorte, irritabilidade, enfim, um clima incompatível com o amor e a tranquilidade, que devem presidir um lar, tão mais feliz quanto mais apartado da neurose e da artificialidade.

O ato sexual dos cônjuges é o complemento físico do liame espiritual, que os ligam, é o meio de exteriorização do amor, na matéria. Se essa foi a constituição, que Deus deu ao homem, é preciso que este aprenda a ver nela a pureza, não a malícia, sob pena de atentar contra a obra do Criador. Do normal desempenho dos esposos, na sua vida íntima, terão o prêmio da prole, como corolário da felicidade, que deve existir entre ambos. Não é o homem máquina de realizar apetites sexuais, nem de procriar para que se multipliquem os homens sobre a face da terra. O que deve existir na vida conjugal é o comedimento e o amor, o respeito e o amor, a normalidade de procedimento e o amor, contudo isso deve proliferar não só nas relações conjugais, mas também em todas as que se

---

62. Il Matrimonio. In: VASSALI, Filippo (dir.). *Trattato di Diritto Civile Italiano*. Torino: Unione Tipografico – Editrice Torinese – Utet, 1961. v. 3, t. 1, fascículo 1, p. 193.

desenvolvem no palco social, na verdadeira e geral lição de Cristo de amar o homem a seu semelhante.

Nas Decretais de Gregório IX[63] vê-se, também, esse atestado de que o amor é mais importante do que tudo na família, pois ali está escrito que o matrimônio, mesmo contraído com violência, e aqui nenhum ato pela nenhuma vontade, convalesce pela espontânea coabitação dos cônjuges, no sentido de que a intimidade do lar tudo apaga, o mútuo auxílio material e espiritual entre os esposos, sua convivência amorosa, é mais importante do que a própria formalidade, que faz nascer a família (*Matrimonium per vim contractum, cohabitatione spontama convalescit*).

Esse assunto vê-se mais pormenorizado em meu livro *Dever de Coabitação* – Inadimplemento, que deve ser consultado[64].

4 Autonomia do casamento religioso

4.1 Necessidade de seu resgate

Explica Luis Fernandez Clerigo[65] que o matrimônio religioso é o gênero e o sacramental a espécie; e que o matrimônio elevado a sacramento foi instituído por Jesus Cristo.

O mesmo autor classifica os países, conforme admitam, isoladamente ou não, o casamento religioso e civil, da seguinte maneira: (a) *matrimônio puramente religioso* (Grécia, Bulgária, Iugoslávia, Polônia); (b) *matrimônio religioso*, preferentemente, sendo subsidiário o matrimônio civil, ou seja, o primeiro é obrigatório aos que professam a religião oficial; o civil só se aplica subsidiariamente quando um dos, ou ambos, contraentes declare não professar aquela religião (Espanha, Itália, Portugal, Noruega); (c) *matrimônio facultativo*, em que os contraentes são livres de escolher entre o matrimônio celebrado pelo Estado e o celebrado pelo celebrante da religião oficial admitida (Inglaterra, Suécia, Finlândia, Eslováquia, Dinamarca, Irlanda, Haiti e vários Estados Unidos da América do Norte, estes pela extrema liberdade que grava sua legislação); (d) *matrimônio estritamente civil e solene* ante o oficial do Estado e absolutamente independente de qualquer formalidade religiosa (França, Bélgica, Holanda, Alemanha, Suíça, Romênia, Turquia, México, Brasil e, em geral, as demais repúblicas da América Central); (e) *matrimônio estritamente civil e contratual, não solene*, atendendo tão somente ao consentimento e à prova da manifestação da vontade (Rússia Soviética, alguns Estados Unidos da América do Norte e Escócia).

Conclui esse autor, em seguida, que previa, à época (1947), a tendência legislativa em restringir, a cada dia, o âmbito de aplicação das legislações confessionais ao matrimônio, ante o fato de estarem perdendo importância o matrimônio sacramental e o religioso.

---

63. Corpus Juris Canonici emendatum et notis illustratum cit., Tít. I, Cap. XXI, p. 542.
64. AZEVEDO, Álvaro Villaça. *Dever de coabitação* – Inadimplemento. 2. ed. São Paulo: Atlas, 2009.
65. *El derecho de familia en la legislación comparada*. México: Unión Tipográfica Editorial Hispano-Americana – Uteha, 1947. p. 9-11.

Classificando, também, o matrimônio religioso e civil, relativamente aos países que os adotam, anota Giuseppe Prader[66], em 1970, que o matrimônio religioso é obrigatório para os católicos na Espanha, na Colômbia e no Liechtenstein.

Aduz esse autor que uma situação particular se encontra nos países orientais e africanos prevalentemente islâmicos, onde não é conhecido o matrimônio civil e onde a religião informa, por tradição, toda a vida pública. Se o homem pertence a uma Igreja oriental ortodoxa, o casamento com mulher católica deve ser celebrado perante o sacerdote ortodoxo, para que possa ter valor legal, seja para a Igreja, seja para o Estado (como em Israel, Jordânia, Síria, Líbano, Irã, Iraque, Paquistão, Arábia Saudita, Iêmen e Egito). Na Grécia, por exemplo, aponta que, pelo art. 1.367 do Código Civil, o matrimônio entre parte ortodoxa e heterodoxa (cristã não ortodoxa) produz efeitos civis somente se celebrado perante o sacerdote ortodoxo. Tal ocorre também no Egito para os de raça africana. Acentua, ainda, que a declaração de nulidade e o decreto de divórcio dos matrimônios celebrados segundo o rito das Igrejas orientais, em alguns países, como Israel, Jordânia, Líbano, Síria, Irã e Iraque, são da competência exclusiva dos tribunais religiosos; em outros países, ao contrário, são dos tribunais civis, como na Grécia, no Egito e na Etiópia.

Como deixei claro, em todas as minhas manifestações anteriores, entendo que deve voltar a existir o casamento religioso, só com celebração religiosa, ao lado do casamento civil, com os formalismos abrandados, inclusive no tocante à separação e ao divórcio, e ao lado da união estável e de outras formas de constituição de família.

Assim, com maior ou menor liberdade, teríamos o casamento sob todos os seus aspectos históricos e institucionais mais importantes.

A sociedade moderna está repelindo os excessos de formalismos, com tendência ao casamento simples, do passado.

O casamento, na antiguidade, sempre se mostrou pela celebração religiosa ou das próprias partes interessadas, sem participação do Estado.

Assim, a celebração religiosa deve ter autonomia e ser reconhecida pelo Estado, por si só, independentemente de registro civil.

Ao lado desse casamento religioso, sempre existiu o casamento de fato, que corresponde ao casamento clandestino ou de "conhuçudos", pela simples convivência como marido e mulher, que chegou até nós pelas Ordenações do Reino, até a edição do Decreto n. 181, em 24 de janeiro de 1890, que criou os rigores de forma, hoje existentes, instituindo, há pouco mais de 110 anos, o casamento civil. Antes, tudo era natural em matéria de casamento, como sempre foi no passado.

Desse modo, pelas Ordenações existiam o casamento religioso, o clandestino (pela convivência, que corresponde ao concubinato puro, hoje união estável) e o por escritura pública, com duas testemunhas.

A par dessas formas de constituição, existia o concubinato impuro (incestuoso ou adulterino), sempre condenado. Daí o sentido pejorativo da palavra *concubinato*, que se

---

66. *Il matrimonio nel mondo*. Padova: Cedam, 1970. p. 10-23, especialmente p. 22-23.

apagou, paulatinamente, entre nós, como uma reconquista, por nosso povo, do antigo casamento de fato.

O casamento civil, imposto pelo Estado, em 1890, aniquilou todas as aludidas formas naturais de constituição de família, que, há aproximadamente 3.000 anos, vinham sendo praticadas.

A Constituição Federal de 1988 abriu caminho à livre escolha popular de seu modo de convivência familiar, exemplificando as formas que podem ser escolhidas e resgatando a figura do casamento de fato, embora pelo reconhecimento da união estável, que não é casamento, na expressão atual.

Ainda que existam modalidades matrimoniais, mencionadas na lei, pelo Estado, não pode este impedir que a sociedade se utilize das formas tradicionais de constituição familiar.

O poder maior é do povo. O Estado deve regulamentar o que existe, impedindo lesões de direito.

Nesse clima saudável da nova Constituição Federal, regulamentou-se o Estatuto dos Concubinos, pela comentada Lei de 1996, fazendo justiça ao nosso povo, que vivia desnorteado, em um clima de liberdade selvagem, sem responsabilidades que vinham sendo sanadas, com muito esforço, por nossos Tribunais.

O art. 226 da Constituição Federal não é taxativo, portanto, declina ele algumas formas de constituição de família, entre as quais o casamento e a união estável, podendo, assim, outras formas, desde que lícitas e admitidas em nossa sociedade, ser nele incluídas, a meu ver, sem reforma constitucional. Tudo porque, como dito, esse art. 226 não é em *numerus clausus*.

O Poder Legislativo, assim, pode regulamentar, por lei ordinária, ainda, o casamento religioso automático e o casamento entre pessoas do mesmo sexo, que vem sendo admitido por nossa Jurisprudência, seja com a proteção das regras da união estável, aplicadas por analogia, como admitido pelo Supremo Tribunal Federal, seja como casamento, como acolhido pelo Superior Tribunal de Justiça, tal qual comentado neste livro.

Com relação ao casamento religioso, é preciso, portanto, resgatar sua autonomia existencial, sendo ele legítimo anseio de nosso povo, que vive mais sob as regras morais de sua religião do que sob as normas fabricadas pelo Estado.

Essa tendência já vem sendo sentida, ante o descaso do Estado brasileiro no restabelecimento desse mais importante contrato matrimonial, que é o religioso, por suas antigas tradições, castradas pelo citado Decreto n. 181, de 1890.

4.2 Natureza contratual típica estatutária

Assim como o casamento civil encontra sua natureza de contrato típico de Direito de Família, regulado na lei, também a união estável, com alguma disciplina legal, o casamento religioso, das várias religiões existentes, encontra-se regulamentado por seu estatuto religioso próprio.

Apresentam-se, assim, os casamentos religiosos, também com natureza contratual típica, nos moldes de seus respectivos regulamentos religiosos.

A natureza dos casamentos é sempre contratual, pois a vontade dos nubentes está presente para selar sua união ainda que de fato. Antigamente, pela vontade dos pais desses nubentes; atualmente, pela concordância destes. Não havendo essa vontade de um receber o outro como consorte, não há que se falar em casamento ou em união estável.

5 Estatutos religiosos

5.1 Generalidades

Toda religião possui um estatuto próprio ou usos e costumes institucionalizados.

Esses estatutos vêm sendo formados ao longo dos tempos, consolidando-se de civilização em civilização, com força consuetudinária inegável e com o respeito dos cidadãos, que professam, respectivamente, sua crença religiosa.

Essa verdadeira legislação, que nasce e que se assenta nas vicissitudes dessas religiões, tem vida própria, ao lado da legislação das nações. Ambas têm, paralelamente, seus costumes, sua jurisprudência e suas interpretações próprias, que justificam sua existência e sua autonomia.

Esses estatutos religiosos são, portanto, regras próprias de cada religião, normas de conduta moral, sistemas extralegais, que se aplicam, às vezes, como direito positivo, quando a relação jurídica envolve, em torno deles, os integrantes de determinado grupo religioso.

Ficam, às vezes, os Estados inibidos de aplicar sua lei ante relações jurídicas de caráter essencialmente religioso.

Cuidando das pessoas jurídicas de direito eclesiástico, como categoria autônoma, menciona Rubens Limongi França[67] caso interessante, julgado no Supremo Tribunal Federal, com acórdão relatado pelo Ministro Pedro Lessa, em que refere, em 1975, que essa Corte Suprema, à época, há mais de meio século, vinha

> decidindo que as irmandades não se regem apenas pelos seus estatutos particulares, mas, ainda, pelos ditames da hierarquia eclesiástica a que pertencem. De acordo com esses ditames o Bispo tem o direito de exigir a prestação de contas das irmandades, bem assim de supervisionar a sua administração.

Isso porque, embora freiras possam formar uma pessoa jurídica de direito privado, pela atividade social que exercem, nos moldes da religião católica, ficam subordinadas ao Bispo, seu superior hierárquico, de acordo com a legislação canônica. Também seria o

---

67. *Manual de direito civil*. 3. ed. São Paulo: Revista dos Tribunais, 1975. v. 1, p. 171.

caso, por exemplo, de negativa de *habeas corpus* a religioso preso em um convento, por infração a norma religiosa, se esse religioso declara ao juiz que quer continuar subordinado às regras de sua religião.

Nesses casos exemplificados, o juiz aplica o estatuto religioso como se fosse direito positivo.

5.2 Estatuto católico

A religião católica encontra seus fundamentos no Direito Canônico, cujas fontes principais são as Decretais de Gregório IX, com o Livro Sexto de Bonifácio VIII, o *Corpus Iuris Canonici*, inspirado nessas Decretais, o Concílio de Trento, que restaurou o Direito Canônico, o Código de Direito Canônico, de 1917, e o Código de Direito Canônico, vigente, de 1983.

Já tive oportunidade de examinar, em capítulo próprio deste livro, o Direito Canônico, principalmente ao tratar do casamento de fato.

A esse estudo, portanto, reporto-me, nesse passo, lembrando que o casamento religioso católico foi uma das formas mais importantes de constituição de família, reconhecida nas Ordenações Filipinas, até 24 de janeiro de 1890, quando foi editado o Decreto n. 181, que secularizou o casamento, no Brasil.

5.3 Estatuto judaico

A religião judaica encontra-se regulada pelas normas da *Torah*, que são os cinco livros de leis e mandamentos (*Gênesis*, *Êxodo*, *Levítico*, *Números* e *Deuteronômio*), recebidos por Moisés, no Monte Sinai, *destinados* por Deus ao povo de Israel.

"Como outros sistemas de jurisprudência, também a lei judaica tem uma Lei Oral. Realmente, quando se fala da *Torah*, é necessário distinguir entre '*Torah she-Bekhtav* (a Lei Escrita)' e '*Torah she-Ba-al Peh* (a Lei Oral)'", ensina Samuel N. Hoening[68]. A Lei Escrita é a Bíblia, o Pentateuco. Por seu turno, continua o autor, o *Talmud* faz parte da Lei Oral: "A literatura do *Talmud* é uma importante parte da Lei Oral. Não somente tem o *Talmud* preservado as interpretações e tradições da Lei Oral, mas é ele mesmo um elo na cadeia de tradição oral e o vivo testemunho à viabilidade da lei judaica".

Por meio de Adin Steinsaltz[69], esclarece o autor: "O *Talmud* é o repositório de milhares de anos da sabedoria judaica. E a Lei Oral, que é tão antiga e significativa quanto a Lei Escrita, encontra expressão nisto. É um conglomerado de lei, lenda e filosofia, uma mistura de uma lógica única e de vivo pragmatismo de história e ciência, anedotas e humor".

---

68. *The essence of talmudic law and thought*. New Jersey: Northvale; Londres: Jason Aronson, 1993. p. 13, 14 e XVI, respectivamente.
69. *The essential Talmud*. New York: Batam Books, 1976. p. 4.

Bem acentua, por seu turno, Ze'Ev W. Falk[70] que "o *Talmud* é o estudo da lei, mas não somente da lei. Ele inclui as normas práticas, chamadas *Halakhah*, e o conteúdo de ideais, emoções e valores chamado *Agadáh*". "*Talmud* significa conhecimento, estudo, que é um dos mandamentos mais importantes na vida judaica". Essa considera a todos como estudantes; terminado um estudo, inicia-se outro e, assim, seguidamente.

Basicamente, acrescenta Isaac Allen[71], "o *Talmud* é a interpretação do *Torah Moshe*, o qual poderia ter sido ininteligível sem a interpretação Talmúdica".

Dá-nos conta Glória de Fátima Manuel Galbiati[72], escudada em vários autores, que:

> o judaísmo é a religião que conta com aproximadamente quinze milhões de adeptos (Hélio Daniel Cordeiro. *O que é judaísmo*. Brasiliense, 1998. p. 11), das quais 86.416 encontram-se no Brasil, conforme o censo de 1991 (SORJ, Bila. Conversões e casamentos mistos: a produção de novos judeus no Brasil. In: Identidades judaicas no Brasil contemporâneo. Rio de Janeiro: Imago, 1997. p. 70), e que o Talmud foi transmitido, oralmente, até 219 d.C., tendo sido acrescido de estudos rabínicos, quando foi compilado por escrito.

Cuidando do casamento judaico, anota que, "na tradição judaica, o casamento é uma expressão do plano divino, para propagar a raça humana" (*Gênesis*, 1.28) e esclarece que ele é obrigatório para os homens e que, embora não o seja para as mulheres, espera-se que elas se casem. E acrescenta:

> Simbolicamente, o casamento consiste na compra da noiva pelo noivo, que faz o pagamento com um anel de metal precioso, despojado de pedras, para que seu valor possa ser corretamente avaliado e que, aceito pela noiva, implica seu assentimento com a transação. O anel não significa apenas um adorno, mas uma compensação monetária. Após, o noivo pronuncia o voto, que é: Eis que tu me és santificada por este anel, de acordo com as leis de Moisés e de Israel[73].

Cuidando do significado do casamento judaico no âmbito social e religioso, explica Sinaida De Gregorio Leão[74] que:

---

70. *Curso de introdução ao direito talmúdico*. Aula 1. Promovido pela Associação Universitária de cultura judaica (apostila não publicada).
71. *Comparisons between talmudic and American law*. Tel Aviv – New York, 1960. p. 5.
72. *Os efeitos civis do casamento religioso*. Dissertação (Mestrado) – Faculdade de Direito da Universidade de São Paulo, São Paulo, 2000. p. 221-223.
73. ASHERI, Michael. *O judaísmo vivo*. Rio de Janeiro: Imago, 1985. p. 66.
74. *A influência da lei hebraica no direito brasileiro*: casamento e divórcio. Rio de Janeiro: Lumen Juris, 1998. p. 53 e 76-77.

O casamento judaico é concebido como uma união sagrada estabelecida e abençoada por Deus, cujo fim precípuo, mas não único, é a procriação, uma obrigação religiosa e um elemento essencial para a continuidade do povo judeu, transmissor da revelação divina. Dessa forma, o casamento caracteriza-se como modo de constituição da família, célula base da sociedade judaica, onde se assenta toda a transmissão dos valores religiosos e morais judaicos, e onde se pode praticar em primeiro lugar o mandamento do "amor ao próximo". O casamento é justificado não só pela necessidade de reprodução e perpetuação da espécie humana, mas também pela necessidade indispensável de um companheiro(a) para o homem ou para a mulher, e pela necessidade de realização interior do indivíduo. A necessidade de companheirismo é comprovada no livro de Gênesis, 12:18 ("Não é bom que esteja o homem só, far-lhe-ei uma companheira frente a ele"). Na Mishná e no Talmud encontram-se várias assertivas sobre a necessidade do casamento, uma obrigação religiosa (*mitsvá*) para o homem, pois "o homem solteiro vive sem alegria, bênçãos, paz, proteção, e felicidade"; por isso, "o homem deve honrar mais a sua mulher do que ao seu próprio corpo".

O celibato "era considerado uma infração da lei religiosa". Por isso, aduz a autora: "O casamento judaico constitui-se numa relação sagrada, de mútuo respeito, consideração e igualdade, cuja natureza jurídica é de um contrato legal, não apenas de conteúdo espiritual, mas de um contrato que estabelece direitos e deveres para ambos os contraentes, marido e mulher"; e que, "apesar de inicialmente consistir num contrato verbal, é que, o casamento passou, a partir do século V a.E.C., a constituir-se através de um contrato escrito, aperfeiçoado no século II-I a.E.C., materializado através de um documento denominado *ketubah*".

Diversos tipos de matrimônio houve na história e evolução do povo de Israel, reconhecidos pela Bíblia, ensina Mateo Goldstein[75], e que são: a) *matrimônio por captura* (com mulheres cativas, capturadas em guerra – Deuteronômio, cap. XX, versículo 14; cap. XXI, versículos 10 a 14; Juízes, cap. V, versículo 30; cap. XXI, versículos 17 e seguintes); b) *matrimônio sábico* (a mulher continuava a habitar com os seus, e o filho era criado no clã da mãe – Juízes, cap. VIII, versículo 31; cap. IX, versículo 16; cap. XIV, versículos 5 a 9); c) *matrimônio poligâmico* (com várias mulheres, admitido na época da Bíblia, sendo eliminado gradativamente, no tempo, desaparecendo, definitivamente, no final do século X, por força de um rescrito do rabino Gerson, de Metz, que proibiu a poligamia aos judeus do Ocidente); d) *matrimônio monogâmico* (com uma só mulher).

Arremata o autor, em seguida, que:

> Para o matrimônio a Bíblia não contém uma terminologia especial nem disposição alguma a respeito das formalidades e solenidades que deviam cumprir-se; estas

---

75. *Derecho hebreo, a través de La Biblia y el Talmud*. Buenos Aires: Ed. Atalaya, 1947. p. 252-259.

estavam regidas por usos e costumes muito antigos. Ao contrário, o *Talmud* contém uma rica fraseologia para as diversas etapas do matrimônio e numerosos preceitos que regem todas as fases da cerimônia, que carecia de todo significado religioso, sendo eminentemente civil.

A cerimônia de casamento judaico, tal qual se conhece nos dias atuais, remonta à lei rabínica – à *Mishná* e ao *Talmud* – que prescreve o ritual a ser seguido. A partir do início da Era Comum, antes do casamento, podia realizar-se o noivado ou a promessa de matrimônio (*shidukhin* ou *te naim*), um acordo mútuo entre os noivos, que fixava a data e as condições do casamento futuro (*Talmud*, Tratado *Kiddushin*, 63a, 9b), constituindo-se num ato puramente civil, em que o noivo presenteava a noiva com certos objetos de valor (*Talmud*, Tratado *Kiddushin* 50b) e recebia um dote pela noiva, o que correspondia a uma arras esponsalícia, confirmatória da realização do matrimônio, sendo, inclusive, estipulada, a título de cláusula penal, uma multa pela quebra do acordo (*Talmud*, Tosefta de Tratado *Bava Metzia*, 66a), além da restituição dos presentes e do dote arbitrado. Inicialmente consistia num ato verbal (*Talmud*, Tratado *Ketubot*, 102a, e Tratado *Kiddushin*, 9b) relevando-se, sobretudo após o século V, a importância da palavra empenhada; posteriormente, no século XI, passou a ser registrado por escrito (*te'nai shidukhin*), envolvendo todas as condições que por ocasião do casamento seriam apostas na *ketubah*, ou seja, no contrato de casamento (*Shulchan Aruch*, Even Haezer, 51)[76].

O matrimônio propriamente dito (*Nisuim*) tem como base a convenção escrita, "como última fase da evolução do direito matrimonial em Israel", que era redigida antes da cerimônia[77].

Informando sobre a legislação matrimonial, em Israel, acentua Giuseppe Prader[78] que a matéria, que resguarda o estado das pessoas (matrimônio, filiação, adoção e sucessão), é regulada pela lei religiosa da respectiva comunidade e recebida pelo Direito Civil. "O direito religioso hebraico e das outras comunidades religiosas reconhecidas é integrado" por várias leis civis, que menciona. "A religião hebraica é religião de Estado. É assegurada por isso a liberdade de culto a todas as outras religiões, nos limites da ordem pública".

E continua o autor:

> O matrimônio civil não é admitido em Israel e portanto deve ser aplicado o respectivo direito religioso, quanto aos requisitos de substância e de forma do matrimônio, às relações pessoais e patrimoniais dos cônjuges, à filiação, à dissolução ou anulação do casamento, ou seja, o direito canônico para os católicos latinos, o

---

76. LEÃO, Sinaida De Gregorio. *A influência da lei hebraica no direito brasileiro* cit., p. 57.
77. GOLDSTEIN, Mateo. *Derecho hebreo, a través de La Biblia y el Talmud* cit., p. 257-258. Esse autor fornece a fórmula do casamento israelita.
78. *Il matrimonio nel mondo* cit., p. 304-305.

direito canônico oriental para os católicos orientais, o *hexabiblos* (que é um extrato das coleções de leis dos imperadores bizantinos até 1345) para os ortodoxos, as tradições escritas e os costumes para as outras igrejas orientais cismáticas. Se os esposos pertencem a religião diversa, o matrimônio deve ser na forma e segundo os ritos da que é professada pelo homem.

E mostra que os que não professam alguma religião não podem casar-se em Israel, não sendo admitido o casamento civil. O casamento dos hebreus, cidadãos israelitas e residentes em Israel, regula-se pelo direito religioso hebraico.

O Tribunal de Justiça de São Paulo, por sua 3ª Câmara, em 23 de julho de 1970, por unanimidade de votos, sendo relator o Desembargador Lafayette Salles Júnior[79], julgou questão interessante, relacionada com casamento religioso, celebrado pelo rito israelita, em Milão, em que foi pedida a declaração de inexistência jurídica desse casamento, por falta de transcrição no registro civil milanês, como é de rigor na legislação desse local. Existe "carência, na Itália, de valor civil dos casamentos religiosos antes de sua transcrição no respectivo registro".

Esclarece-se, nesse acórdão, que na Itália existem dois regimes legislativos que possibilitam a produção de efeitos jurídicos aos matrimônios religiosos. Para os católicos, existe a Lei n. 847, de 1929, que dá cumprimento à Concordata entre o Estado italiano e a Santa Sé. Para outros cultos religiosos, "admitidos e tolerados", existe a Lei n. 1.159, de 1929. Pondera-se, ainda, nesse julgamento, que:

> Tanto no enlace católico como no de outro culto admitido, torna-se necessária a transcrição do ato concernente à cerimônia nupcial no ofício de estado civil. Sem tal transcrição, o casamento deixará de possuir eficácia no ordenamento jurídico italiano. A Lei n. 847, em seu art. 8º, marca o prazo de cinco dias para remessa da cópia da cerimônia nupcial para ela ser transcrita no ofício de estado civil. Se inocorre remessa dentro do referido prazo, a Lei n. 847, entretanto, autoriza a transmissão tardia, a qualquer tempo, consoante expressamente dispôs em seu art. 14.

Quanto ao divórcio, segundo a lei hebraica, exceto em caso de adultério, era necessário o mútuo consentimento dos cônjuges. O divórcio diferencia-se do repúdio, que é um ato de deliberação do marido. Um dos casos mais comuns de divórcio acontecia quando ambos os esposos eram inférteis[80].

Como se pode notar, o sistema do casamento hebraico é bastante rígido e pode, plenamente, ser admitido pelo Estado brasileiro, com suficiente autonomia para produzir efeitos jurídicos, independentemente de qualquer celebração de casamento civil.

---

79. *RJTJSP-Lex* 14/62, acórdão já citado neste livro e referido por PEDROTTI, Irineu Antonio. *Concubinato* – união estável. São Paulo: Ed. Universitária de Direito, 1994. p. 55-57.

80. Idem, p. 283.

5.4 Estatuto islâmico ou muçulmano

O Profeta Maomé (em árabe Mohammed, o Louvado) nasceu em 571 e faleceu em 632, tendo tido, aos 40 anos, sua primeira revelação, pelo anjo Gabriel, dos seis primeiros versículos do 96º capítulo (*surata*) do Corão.

Do plural da palavra *mouslim* (devotado a Deus) resultou *muçulmano*, sendo certo que *islamismo* descende do vocábulo *Islam*, do árabe, que significa resignação[81].

Conquistando Meca, Maomé fez destruir todos os ídolos, tendo, em breve tempo, dominado toda a Arábia, decidindo-se a conquistar o Egito, a Grécia e a Pérsia, lembra Lino de Morais Leme[82], acrescentando que o número de islamitas, à época (1962), era de mais ou menos 300.000.000 e que:

> A religião cristã tem em vista apenas a moral: "Dai a César o que é de César e a Deus o que é de Deus", disse Jesus Cristo. A religião muçulmana, porém, reúne o espiritual e o temporal, pois contém uma legislação completa, fundada na revelação: é o Corão dividido em 132 capítulos (*surata*), subdivididos em versículos (*ayets*). Foi ditado em vida de Maomé. Escreveram-nos sobre papiros, ossos de ombros de carneiros e peles de camelos. No califado de Abou-Bekr, sucessor imediato do Profeta, foi feita uma edição completa desse livro.

Em 1970, já informava Giuseppe Prader[83] que, como religião, o islamismo ocupava o segundo lugar no mundo, depois da cristã, revelando a estatística, de então, que acusava a existência de 508.464.000 de muçulmanos. E acrescenta que, pela estrutura teocrática do islamismo, nos países muçulmanos, o direito matrimonial e da família é o religioso islâmico. Realmente, nesses Estados, vige o princípio do estatuto pessoal, pelo qual, mesmo às pessoas pertencentes a outras religiões, o matrimônio é regulado pela religião do marido.

O Direito muçulmano admite a poligamia, podendo o homem ter quatro mulheres legítimas com alguns direitos e honras, além das concubinas, se não se comprometeu a ficar monógamo, bígamo ou trígamo. Tendo o marido mais de uma mulher, cada uma delas tem direito a habitação separada, sendo o regime da separação de bens o único admitido. O casamento dissolve-se pela morte, pela apostasia (abandono da religião), pelo repúdio (*talak*), pelo divórcio consensual e por decisão judicial. A mulher não pode divorciar-se a não ser se autorizada por seu marido ou pelo juiz, ou ainda com um resgate aceito pelo marido[84].

---

81. LEME, Lino de Morais. *Direito civil comparado*. São Paulo: Revista dos Tribunais, 1962. p. 103.
82. *Direito civil comparado* cit., p. 104.
83. *Il matrimonio nel mondo* cit., p. 25.
84. LEME, Lino de Morais. *Direito civil comparado* cit., p. 108.

Em interessante estudo, mostra-nos Carlos Eduardo Abreu Boucault[85] que:

> Luís da Cunha Gonçalves, em comentário ao Decreto de 16 de dezembro de 1880, que teria ressalvas aos usos e costumes dos habitantes não cristãos do distrito de Goa, na Índia Portuguesa, cita o capítulo IV do Corão, que versa sobre a poligamia simultânea: "Diz o Profeta: E se receais que não podereis tratar com honestidade as órfãs, tomai em casamento outras mulheres, como vos aprouver, duas, três, quatro e não mais. Mas, se receais não proceder com equidade para com todas, tomai só uma, além das escravas que tiveres adquirido".

Comenta o autor:

> Essa poligamia, porém, há de ser contraída com a condição de o marido tratar igualmente todas as mulheres e velar pela virtude de todas elas. Do contrário, há de casar com uma só mulher, e ter escravas ou concubinas, que, todavia, não poderão exceder àquele número de quatro, conforme a interpretação mais correta. É de se ver que a poligamia simultânea, ainda em vigor em muitos países de civilização islâmica, preserva idênticas restrições, considerando-se, ainda, que, contrariamente ao que se imagina, sua prática é muito reduzida, em face das dificuldades que tal opção de grupo familiar apresenta, e, ainda, pelo controle social e familiar da ruptura do vínculo conjugal. As hipóteses que ilustram as ocorrências de poligamia simultânea se embasam na impossibilidade de constituição de prole, quando se determina a esterilidade da mulher. Não se destina a poligamia simultânea à realização de intentos contrários à moral do casamento, nem à ética familiar. Por outro lado, é de suma importância enunciar as iniciativas legislativas e o empenho de juristas, doutrinadores muçulmanos, em muitos países como Marrocos, Tunísia, Síria, Turquia, Argélia em criar limitações à poligamia desmotivada, bem como ao divórcio, ou ao repúdio, além da adoção de princípios tendentes à igualdade entre cônjuges e aos direitos da mulher.

Cita esse autor a observação de Domingos Sávio Brandão Lima[86], segundo a qual: "A Argélia, a Jordânia, o Iraque, o Paquistão, o Marrocos e Síria, em legislação recente, procuram coibir os abusos do repúdio e só reconhecem efeitos legais, quando tenha sido proferido perante um juiz religioso ou civil, objetivando ainda tutelar os direitos da mulher".

---

85. Institutos de Direito de família no sistema muçulmano e seu reconhecimento perante o STF do Brasil. *Revista da Associação Paulista do Ministério Público*, São Paulo, n. 11, out. 1997, p. 17-19.
86. O casamento romano e canônico. *Revista de Direito Civil*, São Paulo: Revista dos Tribunais, v. 39, jan.-mar. 1987.

Informa, em seguida, que "o repúdio no direito muçulmano, quando ambas as partes apresentam suas posições perante a corte religiosa, é aceito como divórcio".

Informa, ainda, Giuseppe Prader[87] que o matrimônio, conforme o conceito do Corão, é um contrato privado, que nasce de uma proposta e de uma aceitação e que pode ser dissolvido unilateralmente, pelo marido, repudiando sua mulher, ou por mútuo consentimento dos cônjuges. "Não é um contrato religioso, mesmo se, em regra, venha estipulado em forma religiosa com invocação de Deus e com a leitura do Corão". Atualmente (em 1970): "nos Estados islâmicos, que seguem orientação ocidental, existe a tendência de transformar o contrato matrimonial em um contrato de direito público, tanto que o matrimônio deve ser celebrado e registrado perante um funcionário religioso (*Qadi, Imam*) ou perante dois notários".

É evidente que, no Direito brasileiro, não é possível reconhecer, autonomamente, um casamento, seja religioso ou não, em um regime de poligamia, para possibilitar outro casamento. Todavia, se existir o repúdio ou o divórcio, no regime monogâmico, não havendo comprometimento com outro matrimônio, a produção de efeitos dessa dissolução matrimonial será de se admitir, com possibilidade de nova união.

Ressalte-se, ainda, que o reconhecimento do casamento religioso não pode atentar contra os bons costumes, os princípios gerais de direito e as normas de ordem pública.

Em um regime poligâmico, em que o marido, divorciado de sua mulher, ou a tendo repudiado, continue casado com outra, certamente não poderá casar-se novamente. Entretanto, sua mulher, divorciada ou repudiada, poderá fazê-lo, constituindo nova família, desde que esta não se constitua pelo regime poligâmico.

O importante, no que concerne ao casamento religioso, é que possa ser ele autonomamente admitido, quando não houver infração do sistema normativo.

5.5 *Estatuto espírita kardecista*

Mostra, na doutrina espírita, Benedita Fernandes[88] que:

> a monogamia é conquista de alto valor moral da criatura humana, que se dignifica pelo amor e respeito ao ser elegido, com ele compartindo alegrias e dificuldades, bem-estar e sofrimentos, dando margem às expressões da afeição profunda, que se manifesta sem a dependência dos condimentos sexuais, nem dos impulsos mais primários da posse, do desejo insano.

Por seu turno: "o matrimônio é uma experiência emocional que propicia a comunhão afetiva, da qual resulta a prole sob a responsabilidade dos cônjuges, que se nutrem

---

87. *Il matrimonio nel mondo* cit., p. 27.
88. *Casamento e família*. SOS família. Diversos espíritos. Obra psicografada por Divaldo Pereira Franco. Salvador: Ed. Espírita Alvorada, 1994. p. 27-28.

de estímulos vitais, intercambiando hormônios preservadores do bem-estar físico e psicológico".

Dá-nos conta de importante julgado sobre os efeitos civis de casamento celebrado perante Igreja Espírita Irineu Antonio Pedrotti[89], destacando trecho parcial da sentença do Juiz Geraldo Magela M. da Rocha, prolatada em 13 de abril de 1971:

> Os Estatutos da Igreja Cristã Espírita Universal (fls.) estão devidamente registrados, observando-se, pela sua leitura, que seus princípios religiosos se alicerçam na doutrina kardecista explanada por Allan Kardec em suas obras fundamentais: *O livro dos espíritos* e *O evangelho segundo o espiritismo*. Não há como se negar o caráter de religião ao espiritismo, credo monoteísta cujos pontos básicos de doutrina são: a reencarnação, a comunicação dos espíritos e a pluralidade dos mundos habitados. Tal o prestígio da obra do codificador do espiritismo que, no Brasil, já foram emitidos dois selos em homenagem a Allan Kardec: um, em 1957, por ocasião do 1º Centenário da Codificação do Espiritismo, e outro, em 1969, comemorativo do centenário da morte de Allan Kardec. Por final, não descaracteriza a índole religiosa da Igreja onde se celebrou o casamento o ato de os Estatutos a definirem como entidade beneficente, cultural e espiritual, nem a circunstância de sua mensagem e convocação se dirigirem "aos homens e povos sem distinção de raça, cor, religião e nacionalidade" (v. art. 2º do Estatuto).

No Livro dos espíritos[90], que contém: "os princípios da Doutrina Espírita sobre a imortalidade da alma, a natureza dos Espíritos e suas relações com os homens, as leis morais, a vida presente, a vida futura e o porvir da humanidade (segundo o ensinamento dos Espíritos Superiores, através de diversos médiuns, recebidos e ordenados por Allan Kardec)", por meio de diálogos (perguntas e respostas), consolida-se verdadeiro tratado filosófico. No que tange ao casamento, sobre se seria, ou não, a união permanente de dois seres contrária à lei da Natureza, a resposta é a de que:

> a união livre e fortuita dos sexos pertence ao estado de natureza. O casamento é um dos primeiros atos de progresso nas sociedades humanas porque estabelece a solidariedade fraterna e se encontra entre os povos, embora nas mais diversas condições. A abolição do casamento seria, portanto, o retorno à infância da Humanidade e colocaria o homem abaixo de alguns animais, que lhe dão o exemplo das uniões constantes.

---

89. *Concubinato* – união estável cit., p. 57-60. Acórdão in *RT* 436/230, já citado anteriormente. Nesse julgado, está também o parecer do Procurador de Justiça Antonio C. Bacayuva Cunha, de 3-8-1971, considerando o espiritismo como religião. Destaque-se que Allan Kardec é o pseudônimo do codificador do espiritismo, o francês Hypolite Léon Denizard Rivail.
90. KARDEC, Allan. *Livro dos espíritos*. Trad. de J. Herculano Pires. 3. ed. São Paulo: Feesp, 1987. p. 270-272.

Quanto à poligamia e à monogamia, qual delas é a mais conforme à lei natural? A resposta é a de que:

> se a poligamia estivesse de acordo com a lei natural, devia ser universal, o que, entretanto, seria materialmente impossível em virtude da igualdade numérica dos sexos. A poligamia deve ser considerada como um uso ou uma legislação particular, apropriada a certos costumes e que o aperfeiçoamento social fará desaparecer pouco a pouco.

Destaque-se, nesse passo, o questionamento sobre a indissolubilidade do casamento, no Evangelho (Mateus, XIX: 3-9)[91], com a seguinte lição:

> A não ser o que procede de Deus, nada é imutável no mundo. Tudo o que procede do homem está sujeito a mudanças. As leis da natureza são as mesmas em todos os tempos e em todos os países; as leis humanas, porém, modificam-se segundo os tempos, os lugares e o desenvolvimento intelectual. No casamento, o que é de ordem divina é a união conjugal, para que se opere a renovação dos seres que morrem. Mas as condições que regulam essa união são de tal maneira humanas, que não há em todo o mundo, e mesmo na cristandade, dois países em que elas sejam absolutamente iguais, e não há mesmo um só em que elas não tenham sofrido modificações através dos tempos. Resulta desse fato que, perante a lei civil, o que é legítimo num país e em certa época, torna-se adultério noutro país e noutro tempo. Isso porque a lei civil tem por fim regular os interesses familiares, e esses interesses variam segundo os costumes e as necessidades locais. É assim, por exemplo, que em certos países o casamento religioso é o único legítimo, enquanto em outros o casamento civil é suficiente.

Nota-se, nesse passo, o importante papel que o casamento religioso representa no contexto das civilizações, pois sempre foi ele o mais afinado com os anseios e preceitos éticos da família. Esta tem sua vida na terra, mas sob a inspiração das regras divinas.

Quanto ao divórcio, também questionado no livro sob cogitação e exame, ele:

> é uma lei humana, cuja finalidade é separar legalmente o que já estava separado de fato. Não é contrário à lei de Deus, pois só reforma o que os homens fizeram, e só tem aplicação nos casos em que a lei divina não foi considerada. Se fosse contrário a essa lei, a própria Igreja seria forçada a considerar como prevaricadores aqueles dos seus chefes que, por sua própria autoridade, e em nome da religião, impuseram

---

91. KARDEC, Allan. *O evangelho segundo o espiritismo*. Trad. de J. Herculano Pires. 11. ed. São Paulo: Feesp. Cap. XXII, p. 265-268.

o divórcio em várias circunstâncias. Dupla prevaricação, aliás, porque praticada com vistas unicamente aos interesses materiais, e não para atender à lei do amor.

5.6 Estatuto protestante

No protestantismo, "a Reforma deixou em vigor o *Corpus Juris Canonici*, nos pontos em que as regras de Direito não entram em conflito com os princípios da Igreja evangélica", acentua Lino Leme[92], ressaltando que:

> entre as modificações introduzidas pelo protestantismo, figura a de que o casamento é uma instituição civil, sem caráter sacramental, ou, como diz Lutero, "uma causa exterior e mundana, como o vestuário, o alimento e a casa, submetido à autoridade secular. Daí a possibilidade do divórcio, justificando-se-o por adultério, com o Evangelho de S. Mateus (V, 32, e XIX, 9), S. Marcos (XI, 16), e pelo abandono malicioso, com a Epístola aos Coríntios (1, VII, 15)".

Nesse sistema de tipo protestante ou anglo-saxão, o matrimônio religioso não é reconhecido como regulado pelas normas das variadas religiões, mas tão somente enquanto os nubentes são livres para manifestar seu consentimento perante seu celebrante religioso ou perante o oficial civil[93].

O certo é que, para ter autonomia, quanto ao casamento religioso, é preciso que o Estatuto seja de religião reconhecida e regulada ao longo do tempo, como verdadeira instituição vivida por um povo.

5.7 Reconhecimento estatal

O casamento religioso, principalmente o católico, como visto, foi reconhecido pelas Ordenações Filipinas, de 1603, até 24 de janeiro de 1890, com o advento do Decreto n. 181, que secularizou o casamento, no Brasil. Desse marco legislativo até o presente, só foi reconhecido, pelo Estado brasileiro, o casamento civil.

É certo que a Constituição de 16 de julho de 1934 admitiu, ao lado do casamento civil, também o religioso, desde que registrado (art. 146); o mesmo acontecendo nas Constituições de 1946, de 1967, inclusive após a Emenda de 1969. A Constituição atual, de 1988, reconheceu efeito civil ao casamento religioso "nos termos da lei" (art. 226, § 2º).

Ora, como tive oportunidade de demonstrar neste livro, somente em 16 de janeiro de 1937, com a Lei n. 379, regulamentou-se minuciosamente o casamento religioso, atualmente regulado pela Lei n. 1.110/50, que revogou a legislação anterior.

---

92. *Direito civil comparado* cit., p. 141.
93. FRADER, Giuseppe. Op. cit., p. 16.

Como restou evidenciado, nessa lei, admite-se efeito civil ao casamento religioso, desde que se proceda à prévia habilitação para o casamento perante o oficial do registro civil, seguindo-se o preceituado no Código Civil; ou desde que se realize posteriormente a ele essa habilitação perante o mesmo oficial (arts. 2º a 6º). Não há dúvida de que o casamento religioso com efeito civil, atualmente, é casamento civil, dado o cumprimento de todas as exigências plasmadas na legislação específica.

Os procedimentos registrais encontram-se nos arts. 71 a 75 do capítulo atinente ao "Registro do Casamento Religioso para Efeitos Civis", da Lei de Registros Públicos – Lei n. 6.015/73. Em seus arts. 67 a 69 regulamenta-se, atualmente, o processo de habilitação para o casamento civil.

O Código Civil não cuidou do casamento religioso.

O Projeto de novo Código Civil n. 634, de 1975, que tomou o n. 634-B, em 1984, quando aprovado na Câmara dos Deputados e depois n. 118, quando ingressou no Senado, onde foi aprovado em sua redação final, em 1997, no tocante ao casamento religioso, assenta, em seu art. 1.512, que "o casamento religioso, que atender às exigências da lei para a validade do civil, equipara-se a este, desde que inscrito no registro próprio, produzindo efeitos a partir da data de sua celebração".

Sempre entendi que o casamento religioso, para ter a validade do civil, equiparando-se a este, deverá independer de registro. O Estado deve reconhecê-lo, ante a certidão de que foi celebrado pela entidade religiosa, na forma de seus próprios estatutos.

Daí ter recomendado[94] à Comissão Senatorial a seguinte redação ao mencionado art. 1.512: "O matrimônio religioso terá a mesma validade que o civil, equiparando-se a este desde que inscrito no registro da entidade religiosa de sua celebração, produzindo efeitos a partir desta; provando-se pela competente certidão do registro religioso".

Ante essa sugestão, propus, também, a eliminação do art. 1.513, com todos os seus parágrafos.

Sempre acentuei que os Estatutos Religiosos têm validade, perante o Direito, porque, embora sendo extralegais, não contrariando a legislação vigente, regulamentam a conduta religiosa, como comportamento essencial da sociedade. Por essa razão, a lei deverá reconhecer a autonomia do casamento religioso, celebrado com seus rituais e exigências estatutárias, inscrito no registro próprio de cada religião.

Só assim terá plena validade o preceito constitucional que concede liberdade de crença nos seguintes termos do inciso VIII do art. 5º da Constituição Federal de 1988: "ninguém será privado de direitos por motivo de crença religiosa ou de convicção filosófica ou política, salvo se as invocar para eximir-se de obrigação legal a todos imposta e recusar-se a cumprir prestação alternativa, fixada em lei".

---

94. AZEVEDO, Álvaro Villaça; SANTOS, Regina Beatriz Tavares da Silva Papa dos (com pensamento contrário). Sugestões ao Projeto de Código Civil – Direito de Família (quando tramitava sob o n. 118 no Senado Federal). 1ª parte. *RT* 730, p. 11-47, especialmente p. 14-15. A redação final desse Projeto no Senado ocorreu em 1997.

3 ESPONSAIS

1 Conceito e atualidade

Os esponsais são a promessa recíproca de casamento futuro entre pessoas, em determinado prazo. Costuma-se dizer que o contrato de esponsais se denomina noivado.

Geralmente o contrato é verbal e se ostenta com o anel de noivado (aliança), na mão direita dos nubentes.

No Direito Romano, destaca-se o conceito de Florentino[1], segundo o qual "Os esponsais são a menção e a promessa de futuras núpcias (*sunt mentio et repromissio futurarum nuptiarum*)".

Esse anel de noivado era conhecido entre os romanos como arras esponsalícias (*arrhae sponsaliciae*). Arras significa sinal ou princípio de pagamento, dadas para confirmar um negócio. As arras são um sinal exterior para comprovar uma vontade dirigida à realização negocial. Por seu turno, as arras esponsalícias eram a confirmação de um casamento futuro, mostrando-se exteriormente como intenção de celebração deste.

No Direito Romano, o contrato verbal (*sponsio*) realizava-se, principalmente, entre os pais dos nubentes na presença de parentes e amigos, com a entrega do referido anel de noivado.

E isso, sem lembrar que a *sponsio* é uma promessa solene por meio de palavras trocadas (*verba*) entre credor e devedor, em que havia uma resposta ante uma pergunta (prometes dar-me cem? Prometo – *spondesne mihi centum dare? Spondeo*).

Quem prometia as aludidas arras era o *sponsor* (futuro esposo) e quem concordava, respondendo, era a *sponsa* (futura esposa).

O não cumprimento desse compromisso ensejava ação de perdas e danos (*actio sponsu*).

Essa maneira primitiva de pré contratar o casamento quase desapareceu na atualidade, embora remanesça em alguns países.

Acentua Ênio Santarelli Zuliani[2] que

---

1. D. Livro XXIII, tít. I, frag. 1 (3 inst.).
2. Direito de família e responsabilidade civil. *Revista Magister de Direito Civil e Processual Civil*, Porto Alegre: Magister Editora, v. 45, nov.-dez. 2011, p. 70-71.

Os costumes foram se alterando e a etapa do comprometimento oficioso dos futuros cônjuges perdeu a importância e o *glamour*, até porque os interessados, com maior senso prático, preferem a experiência da coabitação provisória, antes da solenidade nupcial, como teste mais confiável de uma adaptação. Apesar de ser pouco festiva a inserção da aliança na mão direita, o fato é que o noivado continua tendo significado no direito civil, caracterizando um compromisso que vincula determinados interesses (tutela de confiança).

Permaneceu, assim, no Brasil e entre os povos, esse costume de selar esse período de prévia união (noivado), com a ostentação do anel na mão direita, como modo de dar uma satisfação à comunidade, como é também costume de transferir esse anel à mão esquerda após o casamento. É uma maneira prática de demonstrar o *status* individual familiar, sociedade.

Atualmente, algumas legislações acolhem expressamente o instituto dos esponsais outras há que o proíbem.

No Brasil, a título de ilustração, os esponsais foram regulamentados pela Lei de 6 de outubro de 1784, e deveria constituir-se por escritura pública, cujo descumprimento ocasionava o ressarcimento dos prejuízos. A Lei de 1890, que secularizou o casamento civil, não regulamentou o instituto, como também o Código Civil de 1916 e o de 2002.

Assim, o Brasil, seguindo o exemplo da legislação francesa, silencia sobre esse tratamento legislativo, o que significa que esses dois sistemas permitem tacitamente a existência dos esponsais.

2 Rescisão ou rompimento de noivado e jurisprudência

Essa rescisão ou rompimento de noivado implica, quando injustificado, certamente, ato ilícito capitulado no art. 159 do Código Civil de 1916 e nos arts. 186 e 187 do Código Civil de 2002.

Pelo sistema indenizatório, a presença da culpa é inafastável, trazendo consigo o ato ilícito e abusivo, merecedor de ressarcimento.

É certo que ninguém é obrigado a casar-se; todavia, existindo uma promessa de casamento, o seu não cumprimento culposo, pode acarretar prejuízos ao outro nubente. Registre-se, nesse passo, que com o advento da Constituição Federal de 5 de outubro de 1988 (art. 5º, V e X) consagrou-se definitivamente no Brasil a indenização por danos morais, já prevista no Projeto de atual Código Civil e, depois, no CC de 2002 (art. 186).

Nossos Códigos Civis guardam artigos que se relacionam com os esponsais, como é o caso do 546 do atual, que cuida da doação feita em contemplação de casamento futuro, que repete o texto do art. 1.173 do Código Civil de 1916, do seguinte teor:

> A doação feita em contemplação de casamento futuro com certa e determinada pessoa, quer pelos nubentes entre si, quer por terceiro a um deles, a ambos, ou aos

filhos que, de futuro, houverem um do outro, não pode ser impugnada por falta de aceitação, e só ficará sem efeito se o casamento não se realizar.

Assim, a doação ficará sem eficácia se o casamento não se realizar. Surge, daí, sério problema, quanto à necessidade ou não de restituição dos presentes de noivado. Em Roma a restituição era obrigatória, pois a doação vinculava-se à cláusula *si nuptiae sequantur* (se se seguirem as núpcias).

No Brasil, embora não haja obrigatoriedade expressa de restituição, existe o costume de devolver.

Seria deselegante o presente de núpcias acompanhar-se de cláusula condicional, em caso de não realização do casamento. Daí existir essa condição nesses casos de doação, já que esta se faz tendo em vista o casamento futuro. É uma condição de direito (*conditio iuris*). Principalmente se essa doação for de grande valor, como a de um imóvel onde irão habitar os nubentes, ou a de um anel de noivado, de brilhantes, ou a de um automóvel etc.

Dá-nos conta Caio Mário da Silva Pereira[3] que a jurisprudência francesa ainda entende pela restituição dos presentes, que "permaneceriam *sem causa* nas mãos dos noivos" (Henry De Page, entre outros).

A doutrina tem entendido que para que exista indenização devem ocorrer três requisitos: a) que o próprio arrependido tenha feito a promessa de casamento (não seus pais); b) que não haja motivo justo para a rescisão do compromisso; e c) que exista dano.

Caso ocorrido na França retrata o de uma noiva que abandonou um emprego público, por exigência de seu noivo, deixando sua residência do interior, vindo para casar-se em Paris, tendo seu noivo desistido inopinadamente do casamento, sem qualquer razão.

Os exemplos mostram que despesas são feitas antes da realização do casamento, como reserva de salão de festa, realização de convites, contratação de serviços de *buffet*, vestido de noiva, decoração etc. Precisam ser ressarcidas.

Há um caso concreto em que a noiva comprou um terreno e o noivo construiu nele. Com o rompimento do noivado, foi a noiva condenada a ressarcir o valor da construção que se incorporou ao seu terreno[4].

No tocante à indenização por dano moral, em caso de rompimento de noivado, é preciso que se comprove humilhação, ofensa à honra do ofendido, violência física ou moral, agressão à sua dignidade pessoal. É indispensável a ocorrência de dolo.

No direito anglo-americano a quebra da promessa de casamento (*breach of marriage promisse*) é objeto de vultosas indenizações.

---

3. *Instituições de direito civil*: direito de família. 16. ed. rev. e atual. por Tânia da Silva Pereira. Rio de Janeiro: Forense, 2006. v. V, p. 72.
4. TJSP, Apel. Cív. 804-1-Capital, 1ª Câm. Civ., rel. Des. Octavio Stucchi, v.u., em 26-2-1980, *RT* 542/55. Outro caso idêntico: TJSC, AC 2003.00.1101-Criciúma, 4ª Câm. de Dir. Civ., rel. Des. Ronaldo Moritz Martins da Silva, j. 7-12-2009.

A 4ª Câmara de Direito Privado do Tribunal de Justiça do Estado de São Paulo julgou caso polêmico em que foi negada indenização por dano moral em ruptura de esponsais. Votou vencido Ênio Santarelli Zuliani[5], que concedia dano moral à moça de Barretos que pagou todos os gastos com a cerimônia, sendo surpreendida menos de quinze dias da data do casamento, com um telefonema evasivo do noivo, desistindo do enlace.

Realmente essas situações são muito vexatórias, principalmente se ocorrem sem motivo plausível. Mesmo assim não é justo que um dos noivos se locuplete à custa das despesas realizadas pelo outro.

Situação vexatória, também com grande abalo moral, existe quando o noivo ou a noiva são abandonados no momento da cerimônia matrimonial.

---

5. Direito de família e responsabilidade civil cit., p. 71-72.

4 CASAMENTO CIVIL

1 Evolução do casamento

1.1 Origem

Na antiguidade, a família era, em geral, constituída por meio de celebrações religiosas ou por meio de simples convivência, conhecida como casamento de fato.

No Direito Romano, a mulher passava a integrar a família de seu marido, pela *conventio in manum*, sujeitando-se à *manus*, que era o poder marital, por uma das seguintes formas de constituição familiar: a) pela *confarreatio*, que consistia em uma cerimônia religiosa, reservada ao patriciado, com excessivas formalidades, com a oferta a Júpiter de um pão de farinha (*panis farreum*), que os nubentes comiam, juntos, realizada perante dez testemunhas e perante o Sacerdote de Júpiter (*flamen Dialis*); b) pela *coemptio*, casamento privativo dos plebeus, que implicava a venda simbólica da mulher ao marido, assemelhando-se, pela forma, à *mancipatio*; e c) pelo *usus*, que era o casamento pela convivência ininterrupta do homem e da mulher, por um ano, em estado possessório, que, automaticamente, fazia nascer o poder marital, a não ser que, em cada período de um ano, a mulher passasse três noites fora do lar conjugal (*trinoctii usurpatio*), como já estudado anteriormente.

Além dessas formas de casamento, existiu o concubinato, em Roma, regulamentado, de modo indireto, à época do Imperador Augusto, pelas "Lex Iulia" e "Papia Poppaea de maritandis ordinibus".

Embora tendo reprovado o concubinato, como forma de constituição de família, a Igreja Católica tolerou-o, quando não se cuidasse de união comprometedora do casamento ou quando incestuosa, até sua proibição pelo Concílio de Trento, em 1563.

Ressalte-se, em verdade, que a existência do casamento, nos moldes de antigamente, sem os formalismos exagerados de hoje, não possibilitava, praticamente, a formação familiar sob o modo concubinário.

Realmente, bastava que um homem convivesse com uma mulher, por algum tempo, como se casados, com ou sem celebração religiosa, para que se considerassem sob casamento. Isso, porque, nessa época, o concubinato puro, não adulterino nem incestuoso, que foi utilizado, até adotar, hoje, o nome de união estável, como modo de constituição de família, era o casamento de fato, provado por escritura pública ou por duas testemunhas.

Esse o casamento de fato, que, sob a singela forma de convivência no lar, selava a união dos cônjuges, sob o pálio do Direito Natural.

O concubinato, portanto, existia, somente, adulterino, como concorrente e paralelamente ao casamento, de modo excepcional e desabonador da família.

Em matéria de casamento, no Brasil, vigoravam as regras religiosas do Direito Canônico.

Todavia, desrespeitando essa lei natural e simples, da convivência, entendeu o legislador de criar formalismos ao casamento, concebendo-o de modo artificial, na lei, quando, em verdade, ele é um fato social, que a legislação deve regular, somente no tocante a seus efeitos, para impedir violações de direitos.

Assim, editou-se, no Brasil, o Decreto n. 181, de 24 de janeiro de 1890, que secularizou o casamento. A partir dele, o formalismo tomou conta da legislação brasileira, em matéria de casamento, reeditando-se o sistema no Código Civil.

Com isso, deixou o Estado brasileiro não só de considerar o casamento de fato (por mera convivência duradoura dos cônjuges), bem como o casamento religioso, que, por si só, sem o posterior registro, era, e é, considerado concubinato puro, hoje, união estável. Não tem ele existência autônoma, independente, como antes desse Decreto de 1890.

1.2 Propagação do casamento de fato

1.2.1 Inglaterra

Essa espécie de casamento de fato, pela simples convivência, da antiguidade, que se cristalizou no *usus* do Direito Romano, transmitiu-se via Germânia, à Inglaterra.

O direito inglês adotou, por muito tempo, a lei canônica, em matéria de casamento, tendo deixado a regulamentação deste à Igreja. No que concerne à formação do casamento, portanto, sofreu esse instituto jurídico marcante influência de fatores históricos, mormente em razão das reformas por que passou a Igreja do Ocidente.

De lembrar-se que, segundo a antiga teoria canônica, um casamento existia a partir de quando um homem e uma mulher se tornassem uma só carne, não havendo necessidade da intervenção da Igreja ou de clérigos para a validade da celebração matrimonial.

Assim, até que adviesse a legislação estatutária, a lei matrimonial era a canônica, que possibilitava a realização das núpcias com grande facilidade e ausência de cerimonial, embora se recomendasse a concretização desse ato *in facie Ecclesiae* (perante a Igreja).

O casamento era, desse modo, considerado como um ato essencialmente de vontade dos cônjuges a uni-los (*consensual union*), fundado ou nos *sponsalia per verba de praesenti*, que implicava o consentimento direto dos nubentes, ou nos *sponsalia per verba de futuro*, em que havia o consentimento dos nubentes a um casamento futuro (promessa de casamento), seguido de relação sexual.

Diante dos abusos, que vinham ocorrendo, em matéria de celebração matrimonial, e contra forte oposição, no ano de 1753, sob o Reinado de George II, uma lei editou-se, de Lorde Hardwicke, declarando nulos todos os casamentos que não fossem oficiados ante um ministro da Igreja anglicana e conforme o cerimonial desta.

Só os membros da família real, os judeus e os quakers ficaram com o privilégio de se casarem segundo seus ritos particulares. Os outros ingleses que, por motivos próprios, se recusavam a recorrer ao ministério de um pastor anglicano, tiveram como último recurso, para não se sujeitarem a essa imposição, casar-se em Jersey ou na Escócia, de um modo mais ou menos clandestino. Desse modo agiam os dissidentes protestantes e católicos romanos.

Essa lei de Lorde Hardwicke tornou impossível contratar casamento clandestino válido, pois ela determinava que qualquer casamento, celebrado sem publicação de banhos, durante três domingos consecutivos, era nulo; que qualquer casamento celebrado em outro lugar que não a Igreja ou capela pública, em que os banhos tivessem sido regularmente publicados, deveria ser anulado, caso não existisse uma licença especial do arcebispado de Canterbury, para sua celebração em outro lugar; e que qualquer pessoa que celebrasse casamento sem publicação de banhos ou licença deveria considerar-se culpada de delito grave e incursa na pena de 14 anos de desterro.

Assim, o objetivo principal dessa lei de 1753 era o de assegurar que todos os casamentos fossem públicos e realizados solenemente, de acordo com os rituais da Igreja da Inglaterra, na paróquia pertencente a um dos nubentes, na presença de um clérigo e duas testemunhas.

Ressalte-se, nesse ponto, por outro lado, que as Cortes de Justiça inglesas sempre reconheceram a validade dos casamentos de Gretna Green, realizados na Escócia, até o advento do estatuto de 1939, que proibiu o casamento contraído *per verba de praesenti*, na presença de uma testemunha, que, por tradição, era, frequentemente, o ferreiro da primeira cidade da fronteira, pelo menos até que o atestado de residência fosse exigido por Estatuto, em 1856[1].

Pondera, ainda, Bromley que uma pessoa, residente na Inglaterra, poderia contrair, validamente, matrimônio, por procuração, em um país em que se permitisse o casamento de *common law*. E se esse casamento fosse, inicialmente, invalidado, por sua falta de formalidade, a lei inglesa reconheceria seu efeito sanando a irregularidade.

1.2.2 Escócia

Na Escócia, como dito anteriormente, tal qual na Inglaterra, também existiu e existe o casamento de fato ou de *Common Law*, conhecido como "casamento apressado", como o que se realizava em Gretna Green, como já citado.

Na Escócia, mantiveram-se os princípios romanos, em matéria de casamento, reduzindo-se, assim, à mais completa simplicidade as prescrições matrimoniais, eliminando-se os entraves de sua realização, quer de fundo, quer de forma.

---

1. BROMLEY, P. M. *Family law*. Londres: Ed. Butterworths, 1981. p. 27-29.

Paralelamente ao casamento regular, com as formalidades da publicação de banhos, da expedição de um certificado da autoridade eclesiástica, atestando inexistência de oposição ao enlace, e da celebração perante duas testemunhas, existia o casamento irregular.

Chegou-se a tal simplicidade, que, se um rapaz de 14 anos dissesse a uma jovem de 12 anos: "Eu declaro que você é minha mulher", e esta aceitasse, estariam irrevogavelmente casados[2].

Segundo informa Eric Clive[3], os casamentos irregulares podiam, à época, ser registrados, nos termos estabelecidos na Seção 21 da Lei de Casamento da Escócia, de 1977, que exigia, entretanto, que os aludidos matrimônios fossem reconhecidos por sentença judicial.

Como fácil de notar, com a exigência de certa duração convivencial dos cônjuges, com hábito e reputação, eliminaram-se, na Escócia, os abusos dos casamentos apressados e destituídos de sentido de convivência duradoura.

Todavia, no atual casamento irregular, há muita exigência dos tribunais e dos doutrinadores que a coabitação deva durar de três a até dez anos. Porém, não se considerou, nesse período, a possibilidade de nascimento de filho, o que consolida, de certo modo, a união matrimonial.

Atualmente, ainda existe o *married on common law*, na Escócia.

1.2.3 Estados Unidos da América do Norte

Antes de serem decretados os Estatutos, existiu nos Estados Unidos da América do Norte a lei comum da terra, herdada da Inglaterra. Essa lei comum foi baseada em precedentes e costumes, formando um corpo completo de regras de conduta.

Nessa lei incluiu-se o que se conhece como casamento de fato (*common law marriage*), que prescinde de qualquer licença e de qualquer cerimônia para sua realização.

Embora a ocorrência desses casamentos de fato ou da *common law* não seja muito numerosa, alguns Estados norte-americanos os reconhecem, outros não[4].

Assim, reconhecem o *common law marriage* os Estados de Alabama, Colorado, Distrito de Colúmbia, Geórgia, Idaho, Iowa, Kansas, Montana, Ohio, Oklahoma, Pensilvânia, Rhode Island, Carolina do Sul e Texas.

Em matéria de *common law marriage*, no Alabama, conceitua-o Charles Cole[5] que essa espécie de casamento, em muitos casos, mais fácil de comprovação, é a coabitação

---

2. BEUCHER, Jean. *La notion actuelle du concubinage: des effects à l'égard de tiers*. Tese de Doutorado. Paris: Ed. Sirey, 1932. p. 121-122.
3. CLIVE, Eric M. *The Law of husband and wife in Scotland*. 2. ed. Ed. W. Green & Son, 1982. p. 77 e 81-82.
4. MARTINDALE-HUBBELL. *Law*: directory. 114. ed. New Jersey: Summit, 1982. v. 8, p. 50-2974.
5. Charles Colle D. *Common law marriage in the United States legal culture*. O assunto desse artigo foi objeto de palestra, em 26-10-1998, no Salão Nobre da Faculdade de Direito da USP, com Álvaro Villaça Azevedo discorrendo, também, sobre o tema, traduzida essa palestra por Maria Cristina Zucchi (conforme *paper*

de casais, com a intenção de serem casados nesses moldes matrimoniais, e devendo, na opinião de muitos acadêmicos e advogados, incluído ele próprio, "continuar dispostos a essa coabitação de boa-fé, entre homem e mulher, com a intenção de viverem juntos como marido e esposa".

1.2.4 Rússia e México

Destaque-se, ainda, entre outros países, a União Soviética, que antes da revolução de outubro de 1917, admitia, tão somente, o casamento religioso, reconhecido pela antiga legislação imperial, que se celebrava segundo os ritos da religião professada pelos nubentes, inscrevendo-se nos livros da Igreja correspondente.

A legislação, a partir daí, secularizou o casamento, passando a reconhecer o casamento civil, devendo o religioso ser registrado para ter validade. Nasceu, também, à época (19-12-1917) regulamentação do casamento, possibilitando o divórcio, que poderia ser requerido individualmente.

O casamento não registrado era conhecido como casamento de fato, impondo a jurisprudência às pessoas que viviam nesse estado matrimonial os mesmos deveres que resultavam do casamento civil, sendo a palavra casamento aplicada, indistintamente, à união de fato, sem formalidades, ao casamento civil e ao religioso[6].

Por seu turno, explicando essa natureza do casamento de fato, em 1927, J. Champcommunal[7].

No México, orienta-nos Raul Ortiz-Urquidi[8], entre outros pontos, que o casamento no código civil do Distrito Federal e dos Territórios, de 1928, não nasce só da mera coincidência de vontades dos nubentes mas também do cumprimento de formalidades exigidas na lei.

Todavia, ao lado desse rigor de forma e de solenidades, que cerca o casamento, esse mesmo Código, por seu art. 1.635, concede direito sucessório à concubina, se ela conviver *more uxorio*, pelo menos pelo prazo de cinco anos imediatamente antes da morte de seu companheiro ou se com ele teve filho.

Se assim é, tal não acontece no Estado Mexicano de Tamaulipas[9], entre outros pontos, que o casamento no Código Civil dispõe, em seu art. 70, que se considera matrimônio "a união, a convivência e a relação sexual continuada de um só homem com uma só mulher" desde que ente eles não existam impedimentos para seu casamento.

---

a mim enviado). Ver, ainda, CRAELEY, John B. Is the honeymoon over for *common law marriage*: a consideration of the continued viability of the *common law marriage*. Cumberland Law Review, Samford University, v. 29, n. 2, p. 399-425, 1998-1999, especialmente p. 405-410 (*Elements of* common law *in Alabama*).

6. ELIACHEVITCH, Brasile; NOLDE, Boris; TAGER, Paul. *Traité de droit civil e commercial des soviets*. Paris: LGDJ, 1930. t. 3, p. 300-307.
7. *Le droit des personnes au pays des soviets*. Paris: LGDJ, 1927. p. 17-18.
8. *Matrimonio por comportamiento*. México: Ed. Stylo, 1955. p. 89 e 91.
9. Cada Estado Mexicano tem seu próprio Código Civil.

Assim, o casamento mexicano de Tamaulipas pode ser registrado ou não.

Como resta evidente, o citado art. 70 reconhece o casamento de fato, não havendo exigência quanto à duração da convivência dos cônjuges. Basta a convivência e a relação sexual continuada.

1.2.5 Portugal e Brasil

Na época do direito luso-brasileiro, do descobrimento do Brasil, em 1500, até o advento do Código Civil Português, de 1867, existem três espécies de casamento: religioso, por escritura e de fato, como vieram do Direito Romano (*confarreatio, coemptio* e *usus*), que passaram a integrar o texto das Ordenações do Reino (Afonsinas, de 1446, Manuelinas, de 1521, e Filipinas, de 1603).

Quando descoberto o Brasil, vigorava em Portugal o casamento religioso, celebrado nos moldes da religião católica, regulado pelo Direito Canônico.

Destaque-se, aqui, o parágrafo 1 do Título 46, do Livro 4º das Ordenações Filipinas, que assenta: "... quando o marido e a mulher forem casados por palavras de presente à porta da Igreja, ou por licença do Prelado fora dela, havendo cópula carnal, serão meeiros em seus bens e fazenda".

Nessa época do direito luso-brasileiro, o Brasil adotava, portanto, além do casamento religioso, o casamento de fato, conhecido também por casamento presumido regulado pela legislação canônica, até o advento do Concílio de Trento, de 1563, e pela legislação portuguesa.

É certo que esse casamento presumido ou de fato continuou existindo nas Ordenações Filipinas, mesmo depois do mencionado Concílio Tridentino que o proibiu.

Existiu, ainda, nesse período, o casamento por escritura, como se observa, também pelo art. 100 da Consolidação das Leis Civis de Augusto Teixeira de Freitas, em que se admite que o casamento se comprova por qualquer outro instrumento público ou por testemunhas, que evidenciem que os cônjuges "estiveram em casa teúda e manteúda; e em pública voz e fama de marido e mulher, por tanto tempo, quanto baste para presumir-se o matrimônio entre eles" (ver, ainda, art. 118, no mesmo sentido, quanto à comunhão de bens).

Finalmente, por força do aludido Decreto n. 181, de 1890, tornou-se obrigatório o casamento civil (art. 108), que revogou todas as formas de casamento, anteriormente admitidas.

2 Conceito e natureza contratual

Quando estudei o conceito de casamento no Direito Romano, essencialmente, o de Modestino[10], destaquei a existência nele de dois elementos fundamentais: a ligação física

---

10. Digesto, Livro 23, Tít. II, frag. 1.

entre os cônjuges (*coniunctio maris et foeminae*) e sua ligação espiritual (*consortium omnis vitae*). De um lado a matéria do outro o espírito.

Clóvis Beviláqua[11] ensina que

> o casamento é um contrato bilateral e solene, pelo qual um homem e uma mulher se unem indissoluvelmente (atualmente, o vínculo matrimonial é dissolúvel), legalizando por ele suas relações sexuais, estabelecendo a mais estreita comunhão de vida e de interesses, e se comprometendo a criar e educar a prole que de ambos nascer.

Por seu turno Virgílio de Sá Pereira[12] funde a ideia de casamento com a própria sociedade, que dele emerge, dizendo que "casamento é a sociedade solenemente contratada por um homem e uma mulher para colocar sob a sanção da lei a sua união sexual e a prole dela resultante".

Entretanto, alerta-nos Henri Ahrens[13] que não é o casamento mera sociedade possibilitadora da procriação de filhos, como também não é simples união sexual, nem meio de aquisição de bens, nem um contrato civil, mas significador de um somatório desses fins, a representar a unidade do ser humano, definindo-se como a "união formada entre duas pessoas de sexo diferente, em vista de uma comunidade perfeita de toda a sua vida moral, espiritual e física, e de todas as relações dela consequentes".

Pontes de Miranda[14], também, não nega, em princípio, em seu conceito de casamento, esse aspecto, quando afirma que

> o casamento é contrato solene, pelo qual duas pessoas de sexo diferente e capazes, conforme a lei, se unem com o intuito de conviver toda a existência, legalizando por ele, a título de indissolubilidade (atualmente, de dissolubilidade) do vínculo, as suas relações sexuais, estabelecendo para seus bens, a sua escolha ou por imposição legal, um dos regimes regulados pelo Código Civil, e comprometendo-se a criar e a educar a prole que de ambos nascer.

De aduzir-se, em complemento ao exposto, o conceito expendido por Eduardo Espínola[15] segundo o qual

> o casamento é um contrato que se constitui pelo consentimento livre dos esposos, os quais, por efeito de sua vontade, estabelecem uma sociedade conjugal que, além

---

11. *Direito da família*. 8. ed. atual. por Isaías Beviláqua. Rio de Janeiro: Ed. Livr. Freitas Bastos. p. 34.
12. *Direito de família*: lições. Rio de Janeiro: Ed. Litho – Typographia Fluminense, 1923. p. 80.
13. *Cours de Droit Natural ou de Philosophie du Droit*. 8. ed. Leipzig: F.A. Brockhaus, 1982. t. 2, p. 275.
14. PONTES DE MIRANDA, Francisco Cavalcanti. *Tratado de direito de família*: direito matrimonial. 3. ed. São Paulo: Max Limonad, 1947. v. 1, p. 93.
15. ESPÍNOLA, Eduardo. *A família no direito brasileiro*. Rio de Janeiro: Ed. Conquista, 1957. p. 49-50.

de determinar o estado civil das pessoas, dá origem às relações de família, reguladas, nos pontos essenciais, por normas de ordem pública.

Esse conceito, como o precedente, entende o caráter contratual do casamento, com peculiaridades próprias, como um contrato de direito de família, *sui generis*, não se confundindo com os contratos comuns do Direito Contratual.

Essa última conceituação de Eduardo Espínola, entretanto, refere situação óbvia, seja a do contrato que se constitui pelo consentimento livre dos esposos. Ora, todo contrato, como um negócio jurídico, tendo como base a vontade, como seu elemento essencial, imprescindível, não pode existir sem a mesma vontade, que deve expressar-se livremente, sob pena de anular-se o negócio por coação, por vício em sua manifestação.

Esse peculiaríssimo contrato matrimonial, em nosso Direito que criava vínculo indissolúvel, por força do revogado § 1º do art. 175 de nossa Constituição anterior, de 1967 (com Emenda de 1969), e que, atualmente, se dissolve pelo divórcio (§ 6º do art. 226 da Constituição de 1988), aperfeiçoa-se com o consenso dos nubentes, em razão do que se instala a família legítima, restando os esposos sob a égide de normas de ordem pública, que lhes regulam os direitos e deveres.

Completando seu entendimento, o mesmo Eduardo Espínola[16] assevera, citando Francesco Degni, que o casamento:

> É, em sua constituição, um verdadeiro contrato, para o qual a própria capacidade dos contratantes é rigorosamente firmada em lei especial; a intervenção da autoridade pública no ato não é constitutiva, mas declaratória ou confirmativa do mútuo acordo, manifestado pelos contraentes, vontade que visa a criação das relações jurídicas, que fundamentam a família de direito.

O próprio Francesco Degni[17] não coloca dúvidas quanto ao fato de ser o casamento um contrato de direito familiar, explicando, entretanto, que esta expressão "serve para distingui-lo de todos os outros negócios jurídicos, que, por isso, não pode ser regulado pelas normas próprias dos contratos propriamente ditos, foi acolhida pela doutrina civilística mais recente e encontrou a sua afirmação também na jurisprudência".

Acentue-se, nessa oportunidade, que, sendo o casamento um contrato de direito de família, criando, de forma *sui generis*, relações patrimoniais e não patrimoniais, gera direitos e deveres entre os cônjuges, que o próprio Código Civil escalona. O inadimplemento de qualquer desses deveres provoca, em meu modo de ver, a rescisão do mesmo contrato, ainda que não se desfaça o vínculo matrimonial, que o mesmo criou. As relações pessoais e patrimoniais, em princípio, desaparecem com a rescisão ventilada, passando

---

16. *A família no direito brasileiro* cit., p. 50 e nota de rodapé 19.
17. *Il Diritto di Famiglia nel nuovo Codice Civile Italiano*. Padova: Cedam, 1943. p. 9.

a existir outro complexo de relações, decorrentes, então, da própria dissolução da sociedade conjugal; ou do vínculo contratual, se for o caso.

Como arremate, digo, afrontando o entendimento segundo o qual toda definição é perigosa (*omnis definitio periculosa est*), em tentativa de conceituação do instituto jurídico do casamento, que ele é um contrato solene, com vínculo dissolúvel, regulado pelo Direito de Família, pelo qual duas pessoas, criando, com ele, a sociedade conjugal, submetem-se a um complexo de direitos e de deveres entre ambos e entre eles e seus futuros filhos, de ordem pessoal e patrimonial.

Com esse conceito, estou atualizando meu entendimento ante a recente transformação no âmbito do Direito de Família, que acolhe, ainda que pela jurisprudência, o casamento homossexual e a possibilidade de adoção de filhos, pelos parceiros homoafetivos, bem como outras uniões.

O tema sobre a natureza jurídica do casamento é dos mais controvertidos, tendo firmado minha posição de compreendê-lo com natureza contratual específica, no âmbito delicado do organismo da família, onde os direitos e deveres entre os seus membros nascem de relações não só patrimoniais, mas ainda extrapatrimoniais. Patrimoniais com o regime de bens entre os cônjuges, extrapatrimoniais como o exercício do poder familiar[18].

Entretanto, para ilustrar este meu curso, nesse estágio, passo a declinar algumas teorias sobre a natureza jurídica do casamento, como a que o encara como fato, como contrato comum, como instituição ou como negócio complexo.

Assim, uma dessas teorias encara o casamento como fato, análogo à posse do direito material, como no Direito Romano. Nele está presente a ligação física entre os cônjuges (*coniunctio*) e a união espiritual (*consortium omnis vitae*). Essa é a concepção russa.

A outra teoria, a contratual, entende o casamento como mero contrato, regido pelas regras comuns deste.

O Código Civil francês, em seus arts. 1.387 e seguintes (modificados pela Lei n. 65.570, de 13-7-1965) disciplina a matéria sobre o *contrato de* casamento, referindo-se, expressamente, também, no art. 1.398, a "... esse contrato...".

Comentando o art. 1.388 desse Código, acentua Troplong[19] que "o casamento une as mãos dos esposos; o contrato de casamento rege seus interesses. O primeiro considera as pessoas; o segundo considera os bens. Cada um deles tem suas regras e sua esfera distinta".

Cite-se, mais, dessa concepção, que a Constituição Francesa de 1.791 estabelecia que "O casamento não é mais do que um contrato civil".

Outra teoria entende o casamento como instituição, com elementos de direito público. Ele nasce da vontade dos nubentes, mas recebe sua forma, normas e efeitos da lei; a liberdade é de realizá-lo, depois impera a lei. Seguem essa doutrina, que entende o

---

18. Consultar AZEVEDO, Álvaro Villaça. *Dever de coabitação* cit.
19. *Le Droit Civil expliqué* – Du Contrat de Mariage. Bruxelles: Ed. Meline, Cans et Compagnie, 1850. t. 1, p. 56.

casamento como instituição social, entre outros, Salvat, Antonio Cicu, Hauriou, Bonnecase, Washington de Barros Monteiro e Maria Helena Diniz.

Comentando essa corrente institucionalista, Jean Carbonnier[20] assinala que o casamento é contrato, mas não um contrato comum, "ele faz mais do que engendrar relações de credor a devedor; ele cria uma família, o estado dos esposos, a legitimidade dos filhos. Daí ser uma instituição", "um todo orgânico, uma espécie de corpo social indo além das vontades individuais".

Outra doutrina é a da Igreja Católica, pela qual o casamento é um contrato indissolúvel a que se agrega a ideia de sacramento, para que se santifiquem suas relações.

Essa posição da Igreja Católica da ligação física do homem e da mulher com a ideia de sacramento pela indissolubilidade da união, mostra-se bem pelas palavras de Jesus, por Mateus[21]: "o homem deixará pai e mãe e se unirá à sua mulher, e os dois formarão uma só carne?" "De modo que eles já não são dois, mas uma só carne" (*duo in carne una*). "Portanto, o que Deus uniu, o homem não separe" (*quod Deus coniunxit, homo non separet*).

Por outro lado, existe a teoria mista ou eclética, que considera o casamento como ato ou contrato complexo, em que está presente o contrato e a instituição.

Para essa corrente o casamento é mais do que um contrato, mas é, como pensam principalmente Rouast, Aubry e Rau, Planiol, Ripert, De Ruggiero, Arnoldo Wald.

Nessa teoria, manifesta-se Alberto Trabucchi[22], dizendo que o matrimônio "é um ato complexo, que se afasta da conformação típica dos negócios de direito privado, porque um dos três sujeitos que o faz existir é necessariamente um sujeito de direito público". "É um ato solene".

Discordo dessa ideia do terceiro sujeito, porque ele não integra a relação jurídica; casam-se, sim, os nubentes, sob a fiscalização do Estado, que existe com esse chamado "terceiro sujeito" em outras relações como a do Tabelião, na compra e venda, quando lavra a escritura pública, e que não é nem vendedor nem comprador.

Portanto, reafirmo, nesse ponto, meu entendimento de que o contrato de casamento é instituto jurídico (não instituição), regido por normas de ordem pública (e não de direito público). Os cônjuges continuam no âmbito do direito privado, podendo inclusive perdoar descumprimento contratual de infidelidade sem que o Estado possa interferir nesse perdão e exigir o rompimento do contato matrimonial. O Estado para às portas das famílias, para respeitar suas relações íntimas exclusivamente de direito privado.

Mostrando a essência do casamento, o Código Civil de 2002 inaugura essa matéria, mencionando que ele "estabelece comunhão plena de vida", com fundamento no princípio da "igualdade de direitos e deveres dos cônjuges" (art. 1.511, sem correspondente no Código de 1916).

---

20. *Droit Civil*. 8. ed. Paris: Presses Universitaires de France, 1969. v. 2, p. 12.
21. *Bíblia Sagrada*. Novo Testamento, Mateus. Trad. Conferência Nacional dos Bispos do Brasil – CNBB. 7. ed. Brasília-São Paulo: Ed. CNBB e Canção Nova, 2008. p. 1.225.
22. *Istituzioni di Diritto Civile*. 15. ed. Padova: Cedam, 1966. p. 270.

A matéria já era cogitada no direito projetado do Código atual, referindo-se, expressamente no § 5º do art. 226 da Constituição Federal de 1988 (esses direitos devem ser exercidos igualmente).

Também, com assento na mesma Constituição, a referência de que o casamento é civil, sendo gratuita a sua celebração (arts. 226, § 1º, e 1.512, *caput*, do CC, sem correspondente no Código anterior).

Nesse ponto, a preferência constitucional e do Código Civil de cuidarem, primeiramente, do casamento civil, embora a abertura da Constituição a outras espécies de realização de família.

O parágrafo único desse citado art. 1.512 estabelece que a habilitação para o casamento, o registro e a primeira certidão, serão isentos de quaisquer custas, taxas ou emolumentos, para as pessoas cuja pobreza tenha sido declarada sob as penas da lei.

Esses princípios são fundamentais, como também o de impossibilidade de interferência na comunhão de vida familiar, retratado, sem outro precedente anterior, no art. 1.513 do Código Civil. Assim, é proibida essa interferência a qualquer pessoa, de direito público ou privado, o que se reitera no § 2º do art. 1.565 do mesmo Código.

Nosso Código Civil atual como o anterior de 1916, deixa nítida a natureza contratual do casamento, quando acentua, em seu art. 1.514 (art. 94 do CC de 1916), que o momento da realização matrimonial é o do acordo de vontade dos nubentes de manterem esse vínculo conjugal que é declarado pelo juiz.

Vê-se que a realização do casamento é baseada exclusivamente nessa vontade recíproca, que é declarada pelo juiz. O casamento se constitui com essa vontade, tendo a atuação do juiz caráter meramente declaratório.

No Código Civil, no art. 1.535 (art. 194 do CC de 1916) são mencionadas as palavras que o celebrante do casamento deve pronunciar, após a declaração de vontade dos nubentes, concordando com ela, nestes termos: "De acordo com a vontade que ambos acabais de afirmar, perante mim, de vos receberdes por marido e mulher, eu, em nome da lei, vos declaro casados".

Daí, então, como dito, a natureza declaratória do ato de celebração. O juiz de casamento ou a autoridade religiosa celebrante, por outorga do Oficial do Registro Civil, declara os nubentes casados, após sua concordância com o casamento.

3 Principais fins e efeitos jurídicos do casamento

Antes já de nosso Código Civil de 1916, João Arruda[23] mencionava que "Das perluxas anotações de Muller, a Strúvio (Exerc. 29, n. 21, n. *a* e *b*) constam três fins principais do casamento: 1º a sociedade dos cônjuges; 2º a propagação da espécie; e 3º *a regularização do instinto sexual*".

---

23. *Do casamento*. São Paulo: Typ. C. Manderbach & Comp, 1911. p. 27.

Pelo Código Canônico atual, de 1983, como vimos, não se distinguem, mais entre fins primários e secundários, eles estão juntos sem que haja qualquer hierarquia entre eles.

A ordem, entretanto, apontada nesse dispositivo canônico como constatei, não é hierárquica, a tal ponto que se pudesse imaginar a precedência de importância de uma finalidade matrimonial com relação à outra.

Lembra Rubens Limongi França[24], com base em Felix Cappello, que "Diferentemente do que possa parecer, os fins secundários, nem por isso deixam de igualmente ser essenciais. A ordem referida o é dentro da comum essencialidade".

Depois de reconhecer a disciplinação das relações sexuais entre os cônjuges, a proteção à prole e a mútua assistência como as três finalidades do casamento, Silvio Rodrigues[25] pondera, que

> Por meio do matrimônio e estabelecendo a sociedade conjugal, propõem-se os cônjuges a se unirem para enfrentar o porvir. Dentro dessa união satisfazem ao desejo sexual que é normal e inerente à sua natureza; a aproximação dos sexos e o natural convívio entre marido e mulher, ordinariamente, suscitam o desenvolvimento de sentimentos afetivos recíprocos, dos quais o dever de se prestarem mútua assistência é mero corolário; da união sexual resulta a prole, cuja sobrevivência e educação reclamam a atenção dos pais. Assim, aqueles fins do casamento estão intimamente ligados à natureza humana. Aliás, esse comportamento dos pais em relação aos filhos, e do homem diante da mulher e vice-versa, manifesta-se de maneira constante e reiterada através de séculos e séculos. Dizer que o fim do casamento é alcançar, dentro da instituição, aquilo que parece ser a vocação do ser humano é apenas repetir o que a história revela.

Expressiva essa observação, porque o ser humano está, sempre, preso às leis naturais, as quais deve, antes de tudo, seguir, para encontrar na vida sua relativa felicidade.

Depois de conceituar a família como uma instituição social, permanente e natural, composta por pessoas ligadas por vínculos jurídicos emanados da relação intersexual e da filiação, Enrique Diaz de Guijarro[26] demonstra, com grande acerto, que há o vínculo familiar biológico, representado pela união sexual, e o vínculo jurídico, mostrando que:

> Como fenômenos humanos, a relação intersexual e a filiação estão sujeitas a uma estrutura normativa – estado legal –, que varia no tempo e no espaço, e

---

24. *Manual de direito civil.* São Paulo: Revista dos Tribunais, 1972. v. 2, t. I, p. 126-127.
25. *Direito civil*: direito de família. 28. ed. rev. e atual. por Francisco José Cahali. São Paulo: Saraiva, 2004. v. 6, p. 23.
26. *Tratado de Derecho de Familia.* Buenos Aires: Tipográfica Editora, 1953. v. I, p. 17-21.

da qual surgem condições e qualificações: A união será matrimônio ou concubinato; a filiação, matrimonial ou extramatrimonial; o parentesco, reconhecido ou desconhecido.

Chega esse mesmo autor à conclusão de que o vínculo biológico é pressuposto básico, com estas palavras:

> É mister destacar, como resulta da definição, que o vínculo jurídico emerge da relação intersexual e da filiação, verdadeiros pressupostos básicos dos que não cabe prescindir em qualquer instante, porque se é possível que um vínculo biológico careça do relativo vínculo jurídico – por negá-lo a lei ante a transgressão de seus princípios de organização do núcleo – ao contrário é impossível que se admita um vínculo jurídico sem que preexista o vínculo biológico: A lei pode subtrair efeitos à realidade; mas não atribuir realidade.

Usando de uma expressão, mais romântica e abrangente em significado, porque a comunhão no amor é total, física e espiritualmente, Guillermo A. Borda[27] entende que os fins normais do matrimônio são a satisfação do amor, a mútua companhia e assistência, a procriação e a educação dos filhos.

Os autores, como visto, sempre colocam em preeminência esse liame fisiológico entre os cônjuges; é o caso de Orlando Gomes[28] que, escudando-se em Doms, por sua vez, citado por Jemolo, coloca como a principal finalidade do casamento a dignificação das relações sexuais, estabilizando-as numa sociedade única e indissolúvel (atualmente, dissolúvel), ostensivamente aprovada e independentemente dos fins da geração para torná-lo compatível com a eminente dignidade da pessoa humana. Juridicamente o fim essencial do casamento é a constituição de uma família legítima, que jamais pode faltar. Melhor, atualmente, falar-se simplesmente de família.

Visando a essas finalidades, como vimos, os nubentes se sujeitam ao regime jurídico do casamento, que, realizado nos moldes da lei, provoca o surgimento de uma série de efeitos jurídicos que serão estudados oportunamente.

Ligam-se, as pessoas, pelo casamento, principalmente, para regularizarem, com isso, seu instinto sexual, não podendo ver frustrado, por negativa de cumprimento, esse dever de convivência.

Mas, a se mencionarem, embora ligeiramente, os efeitos jurídicos do casamento, constato, então, que o principal deles era reconhecido expressamente pelo art. 229 do Código Civil de 1916 o de criar a família legítima e legitimar os filhos comuns, nascidos ou concebidos antes dele.

---

27. *Manual de Derecho de Familia*. 6. ed. Buenos Aires: Editorial Perrot, 1972. p. 24, n. 27.
28. *Direito de família*. 14. ed. rev. e atual. por Humberto Theodoro Júnior. Rio de Janeiro: Forense, 2002. p. 65.

Esse artigo não foi recepcionado no Código Civil de 2002, porque este não discrimina ente família legítima e ilegítima, nem em categoria de filhos, como filhos legítimos e ilegítimos ou legitimados. Quanto a estes, desde a Constituição de 1988, é proibida qualquer discriminação (§ 6º art. 227).

Assenta o art. 1.511 do Código Civil de 2002 que "O casamento estabelece comunhão plena de vida, com base na igualdade de direitos e deveres dos cônjuges", como no texto constitucional (§ 5º do art. 226).

Fazendo nascer a família, o casamento, paralelamente, ocasiona o aparecimento de um complexo de direitos e de deveres entre os cônjuges, e entre estes e seus filhos, de ordem pessoal e patrimonial.

As normas de Direito de Família vêm sofrendo modificações pelos tempos até nossos dias, adaptando-se às situações modernas e contemporâneas, como o relacionamento matrimonial entre o mesmo sexo.

O conceito de família ganha um sentido novo, sendo esta o local de respeito em que vivem pessoas abrigadas em sua intimidade, com regras que se adaptam analogicamente às suas espécies.

Do relacionamento entre seus membros, reafirmo, nascem direitos e deveres que serão estudados adiante.

A essência da finalidade do casamento ou da união familiar é a constituição da família, sobre sérios fundamentos de respeito à pessoa, à sua dignidade é a sua liberdade de convivência.

4 Casamento religioso com efeitos civis

4.1 Escorço histórico

Como já tive[29] oportunidade de demonstrar, ao tempo em que o Brasil foi descoberto, no ano de 1500, vigorava em Portugal o casamento religioso, que veio, a final, em 1603, a celebrar-se sob o rito da religião católica, mantendo-se, então, o sistema tradicional, programado no § 1º do Título 46 do Livro 4º das Ordenações Filipinas, "por palavras de presente à porta da Igreja, ou por licença do prelado, fora dela".

O Concílio Tridentino, terminado em 1563, considerou o casamento, exclusivamente, como um sacramento, situação que foi acolhida em Portugal pelo Decreto de 12 de novembro de 1564 e pela Lei de 8 de abril de 1569.

O Bispado da Bahia, criado em 28 de janeiro de 1550, adotou esse posicionamento português.

Veja-se, ainda, que a Constituição Imperial, de 25 de março de 1824, por seu art. 5º, estabeleceu, como oficial no Brasil, a religião católica.

---

29. AZEVEDO, Álvaro Villaça. *Estatuto da Família de fato* cit., p. 114-116.

Como reforço, em 3 de novembro de 1827, editou-se lei declarando estarem em perfeita observância as disposições do Concílio de Trento e da Constituição do arcebispo da Bahia, sobre o casamento.

Seguindo esse relato histórico, com fundamento nos autores Souza Bandeira, Cândido Mendes de Almeida e Manoel Monte, Bruno de Almeida Magalhães[30] aponta que, por muitos anos, no Brasil, reconheceram-se, só, os casamentos católicos e os celebrados em países estrangeiros, de acordo com suas leis. Até que se admitiu a celebração de casamentos mistos, por autorização, de 19 de setembro de 1848, do Papa Pio IX aos Bispos brasileiros. Assim, podiam estes celebrar casamentos de católicos com protestantes, pelo prazo de 25 anos, sob certas condições e formalidades então prescritas.

Esclarece, ainda, informado por Visconde de Taunay, que, com o surgimento da Lei n. 1.144, de 11 de setembro de 1861, estenderam-se os efeitos civis dos casamentos católicos aos acatólicos, depois de que fossem estes, devidamente, registrados. Essa lei regulamentou-se pelo Decreto n. 3.069, de 17 de abril de 1863. Tal legislação não satisfez, dadas as lacunas e as deficiências de seu texto.

Vários projetos de lei, procurando instituir o casamento civil, foram apresentados, porém sem êxito.

Por sua vez, editou-se, em 7 de março de 1888, o Decreto n. 9.886, que regulamentou a execução do art. 2º da Lei n. 1.829, de 9 de setembro de 1870, que instituiu o registro civil dos nascimentos, dos casamentos e dos óbitos.

Só com a República, entretanto, viria a instituir-se o casamento civil, entre nós, com o Decreto n. 181, de 24 de janeiro de 1890, logo após a separação da Igreja do Estado, que se deu em 7 de janeiro desse mesmo ano. Esse decreto, por seu art. 108, parágrafo único, ressalvou aos contraentes observarem, "antes ou depois do casamento civil, as formalidades e cerimônias prescritas para a celebração do matrimônio pela religião deles". Ressalte-se, entretanto, que esse parágrafo foi revogado, logo depois, pelo Decreto n. 521, de 26 de julho de 1890, que estabeleceu que o casamento civil deveria preceder, sempre, as celebrações religiosas de qualquer culto, punindo a realização dessas cerimônias antes do ato civil (conforme, ainda, o art. 285 do CP, promulgado pelo Decreto n. 847, de 11-10-1890, que, por essa infração, instituía pena de prisão celular de um a seis meses e pena pecuniária).

Por seu turno, o § 4º do art. 72 da Constituição Republicana, de 24 de fevereiro de 1891, só reconheceu o casamento civil, com celebração gratuita, declarando, no § 7º, seguinte, que nenhum culto ou igreja deveria gozar de subvenção oficial, nem ter relações de dependência ou aliança com o governo da União ou dos Estados.

Diante desse preceituado, surgiram dúvidas sobre se poderia o casamento religioso preceder o civil. Mas, com a ideia do casamento civil obrigatório, a matéria perdeu interesse, pois sem ele não haveria que se cogitar de casamento válido. Tanto é verdade que, na elaboração do Código Civil, não se considerou a respeito do casamento religioso.

---

30. *Do casamento religioso no Brasil*. Rio de Janeiro: Ed. A. Coelho Branco Filho, 1937. p. 7-12.

Explicando sobre esse mister, Waldemar Martins Ferreira[31] ensina que:

> a Constituição só reconheceu o casamento civil. Não se preocupou com o religioso. Deixou ao arbítrio de cada casal realizá-lo se e quando lhe aprouvesse. A nenhum dificultou ou impediu o exercício dessa faculdade. Todos os indivíduos e confissões religiosas podiam exercer pública e livremente o seu culto e, mesmo, associarem-se para esse fim, até adquirindo bens, observadas as disposições de direito comum.

Dá-nos conta Washington de Barros Monteiro[32] de que, após a secularização do casamento pelo aludido Decreto n. 181, de 1890, o casamento religioso, do ponto de vista estritamente legal, "não passava de mero concubinato, que não gerava qualquer direito". Pelo ponto de vista da Igreja, o casamento civil era tido como uma união livre, contrária à moral religiosa.

Com o advento da Constituição de 16 de julho de 1934, por seu art. 146, declarou-se, novamente, civil o casamento, com celebração gratuita, possibilitando-se a qualquer casamento religioso, desde que seu rito não contrariasse a ordem pública e os bons costumes, produzir os mesmos efeitos do casamento civil, "desde que, perante a autoridade civil, na habilitação dos nubentes, na verificação dos impedimentos e no processo da oposição dos impedimentos", fossem observadas as disposições da legislação civil e que fosse ele inscrito no Registro Civil, gratuito e obrigatório, portanto.

Como a Constituição de 10 de novembro de 1937 não cuidasse quer do casamento civil, quer do religioso, seria de indagar-se se essa matéria matrimonial, anteriormente versada, teria sido, ou não, revogada.

Nesse ponto, entende pela negativa Pontes de Miranda[33], mostrando que, no caso, permaneceu vigente não só a legislação ordinária, como também o preceituado na Constituição de 1934, que continuou como regramento de legislação ordinária.

Todavia, em 16 de janeiro de 1937, editou-se a Lei n. 379, que regulamentou, minuciosamente, o casamento religioso, para os efeitos civis, facultando aos nubentes requererem ao juiz competente para a habilitação, nos moldes da lei civil, que seu casamento fosse celebrado por ministro religioso, desde que não contrariados a ordem pública e os bons costumes (art. 1º). Essa lei foi modificada pelos arts. 4º e 5º do Decreto-lei n. 3.200/41, que foram, por sua vez, derrogados pelo art. 10 da Lei n. 1.110/50, que revogou a legislação anterior.

De lembrar-se que o § 2º do art. 163 da Constituição Federal de 18 de setembro de 1946 também reconheceu ao casamento religioso efeitos civis, se inscrito no registro público, ainda que "celebrado sem as formalidades" previstas no mesmo dispositivo legal.

---

31. *O casamento religioso de efeitos civis*. São Paulo: Typ. Siqueira – Salles Oliveira, 1935. p. 5.
32. *Curso de direito civil* – direito de família. 36. ed. atual. por Ana Cristina de Barros Monteiro França Pinto. São Paulo: Saraiva, 2001. p. 74.
33. Op. cit., p. 217.

Acrescente-se que o § 3º do art. 175 da anterior Constituição de nossa República Federativa repetiu o texto citado da Constituição de 1946, corroborando a possibilidade do registro posterior do casamento religioso, para equivaler ao civil, desde que o requeresse o casal, cumprindo-se, então, as formalidades relativas à habilitação matrimonial[34].

4.2 Legislação atual

A mencionada Lei n. 1.110/50, em que se invoca, por seu art. 1º, o aludido texto constitucional de 1946, cuida das duas espécies de habilitação: uma prévia (nos arts. 2º e 3º) e outra posterior (nos arts. 4º a 6º).

Assim, realizada a habilitação prévia para o casamento, cumpridas as exigências dos arts. 1.525 a 1.527 do Código Civil (arts. 180 a 182 do CC de 1916), e obtendo os nubentes a certidão de que se encontram aptos a se casarem, podem fazê-lo perante a autoridade civil ou ministro religioso, procedendo-se ao registro do ato, nos moldes legais preconizados. Observando, ainda, o disposto nos arts. 70 a 73 da Lei dos Registros Públicos (Lei n. 6.015/73). Desse modo, entregue pelos nubentes à autoridade eclesiástica a aludida certidão, que ficará arquivada devidamente, o casamento será celebrado, devendo, no prazo de 30 dias, o ministro religioso providenciar, no Registro Civil, o registro do enlace matrimonial. A lei autoriza, ainda, que esse registro possa ser promovido por qualquer interessado.

Todavia, se o casamento religioso se celebrar sem a prévia habilitação, esta poderá realizar-se posteriormente, registrando-se no Registro Público. Para tanto, no requerimento do registro, deverão os nubentes apresentar a prova do ato religioso e os documentos exigidos pelo art. 1.525 do Código Civil (art. 180 do CC de 1916), suprindo-se qualquer eventual falta de requisitos no termo da celebração. Também conforme o que dispõe o art. 74 da citada Lei dos Registros Públicos. Realiza-se, portanto, o mesmo processamento de uma habilitação normal, em que se declara, finalmente, que nada obsta ao registro do casamento religioso já celebrado. Esse registro produzirá efeitos jurídicos a partir da celebração matrimonial (arts. 7º e 75 da Lei dos Registros Públicos).

Atualmente, a Constituição Federal, de 5 de outubro de 1988, estabelece, no § 2º de seu art. 226, que o casamento religioso tem efeito civil, nos termos da lei. Portanto, o casamento continua a ser civil, só a ele se equiparando o religioso, se forem cumpridas as exigências legais. Não só o celebrante religioso, como qualquer pessoa interessada, poderá providenciar seu registro.

Continua devendo ser observada, portanto, toda a legislação examinada, que cuida da matéria.

---

34. Art. 175 da Constituição da República Federativa do Brasil de 1967: "§ 2º O casamento será civil e gratuita a sua celebração. O casamento religioso equivalerá ao civil se, observados os impedimentos e prescrições da lei, o ato for inscrito no Registro Público, a requerimento do celebrante ou de qualquer interessado. § 3º O casamento religioso celebrado sem as formalidades do parágrafo anterior terá efeitos civis, se, a requerimento do casal, for inscrito no Registro Público, mediante prévia habilitação perante a autoridade competente".

Como bem se pode notar, afora as exigências da lei, para que o casamento religioso produza efeitos civis, é fundamental que seja ele levado a registro público. Todavia, esse registro, embora essencial, não é constitutivo do casamento, pois, realizado ele, o matrimônio opera seus efeitos desde quando celebrado. Isso quer dizer, em face da lei atual, que o casamento já existe em latência, no aguardo do cumprimento dessa formalidade. É como se essa união matrimonial fosse nascitura, sob condição de nascer com o registro.

Elucidando sobre esse registro, mostra Antônio Chaves[35] que, antes que ele ocorra, "o casamento praticamente não existe aos efeitos civis", daí resultando a absurda situação de poder o casado religiosamente "contrair casamento civil válido, sob os olhos complacentes do direito". E não é só, aduz, pois, não sendo "inscrito no registro civil", no prazo de três meses, depois dele, somente os nubentes podem requerer esse registro de seu casamento religioso, em conjunto. Cita, em seguida, um caso decidido por nosso Supremo Tribunal Federal, a demonstrar que os casados, no religioso, embora possam colocar-se no estado de casados, simplesmente registrando seu matrimônio, enquanto não o fizerem, continuam solteiros.

4.3 Jurisprudência

A jurisprudência sempre reconheceu, como casamento religioso autônomo, o realizado antes do início de vigência do Decreto n. 181, de 24 de janeiro de 1890, como assentou o Tribunal de Justiça de São Paulo, por sua 6ª Câmara, por unanimidade, em 29 de dezembro de 1959, sendo relator o Desembargador José Frederico[36]. Nesse julgado, reconheceu-se o regime da comunhão de bens, em casamento realizado em 1887, declarando-se a ineficácia do regime de separação de bens em novo casamento do casal sob a égide do Código Civil de 1916; e nestes termos:

> Válido que era o matrimônio religioso realizado ao tempo do Império, em face das normas então reguladoras do Direito de Família, um segundo casamento entre os mesmos cônjuges, realizado já na vigência do Código Civil, não pode, de maneira alguma, provocar a alteração do regime de bens resultante do anterior.

Depois, reconheceu-se o casamento religioso como sociedade de fato[37].

Ressalte-se, também, que nossos tribunais[38] decidiram, em reiteração dos textos legais examinados, que o registro do casamento religioso requer a manifestação de ambos os cônjuges. Aqui, certamente, porque estes não fizeram habilitação prévia, por isso que devem requerê-la posteriormente ao ato religioso.

---

35. Verbete "Casamento religioso". *Enciclopédia Saraiva do Direito*. São Paulo: Saraiva, 1978. v. 13, p. 453.
36. *RT* 296/336.
37. *RT* 301/647, 299/642.
38. *RT* 360/163, 352/95, 327/198; *RF* 204/185, 168/218; *RTJ* 41/49.

Todavia, tendo havido essa prévia habilitação ao casamento, para efeito civil, no cartório competente, o casamento religioso, que se seguir, não estará sujeito, para seu registro, ao prazo de três meses, nem dependerá, para essa providência registral, da autorização de ambos os cônjuges, decidiu o Supremo Tribunal Federal, por unanimidade de votos de sua sessão plenária, sendo relator o Ministro Cunha Peixoto[39]. Isso porque, é claro, cumpriram-se, anteriormente, as exigências legais, no tocante às formalidades do casamento. Com a celebração religiosa, realizada após, saiu o matrimônio de sua fase embrionária, selando-se definitivamente. O registro continua sendo necessário, como ato consequencial, e que a lei permite seja providenciado, a qualquer tempo, por qualquer interessado, porque o casamento já existe antes dele.

Melhor explica o Ministro Cunha Peixoto, em seu voto, no aludido julgado, quando assevera que:

> o art. 3º da Lei n. 1.110/50, invocado como proibitivo do registro do casamento após o decurso de três meses, a partir da habilitação, encontra-se sob a rubrica "habilitação prévia", mostrando, pois, que ele se refere ao prazo de validade da certidão de habilitação, tal qual ocorre com a necessária ao casamento civil. Segundo, porque, como se verifica, embora a má redação do texto, este é o alcance do mencionado art. 3º da Lei n. 1.110/50. Com efeito, faz ele remissão ao § 1º do art. 181 do Código Civil, que estabelece o prazo de três meses de validade para certidão de habilitação do casamento. Desta maneira, inadmissível sustentar que o mencionado dispositivo estabelece um prazo único para a validade da habilitação e para o registro do casamento. É que esta interpretação levaria ao absurdo, o que contraria todas as regras de hermenêutica. Realmente, suponhamos uma certidão de habilitação para casamento expedida em 5 de maio, cujo prazo de validade termina em igual dia do mês de agosto, e que, nesse dia, se realiza o casamento religioso às 20 ou 21 horas, quando o Cartório do Registro, onde houve a habilitação, já se encontrava fechado. A interpretar que o prazo seria também para o registro, no dia imediato, quando o cartório reabrisse, já haveria ocorrido a decadência e, então, só com nova habilitação, e a requerimento do casal, o casamento religioso celebrado na véspera teria os efeitos do civil. Evidentemente, este exemplo mostra ser defeituosa a redação do art. 3º e que o mencionado prazo é para a validade da habilitação e não para o registro.

Ver, atualmente, o art. 1.527 do Código Civil, que não recepcionou o aludido § 1º do art. 181 do Código Civil de 1916.

E completa o mesmo Ministro que:

> nos termos da Constituição, o registro *a posteriori* não é pressuposto de eficácia do ato, mas necessário à sua publicidade, pois, a prevalecer a tese contrária,

---

39. *RT* 531/258. No mesmo sentido, julgado *RTJ* 90/540 (rel. Min. Moreira Alves, j. 18-6-1978).

"ter-se-ia criado", como assinala o Ministro Cordeiro Guerra, "um casamento experimental a prazo fixo, o de 90 dias. Findo esse prazo, não operado o registro, o casamento seria ou não válido, a aprazimento de ambos os nubentes".

Por outro lado, decidiu, certa feita, o Tribunal de Alçada do Estado da Guanabara, sendo relator o Juiz Sampaio de Lacerda[40], que é válido o casamento religioso celebrado com prévia habilitação, perante a Igreja espírita, quando resta comprovada, por seus estatutos, a existência de uma religião, em seu sentido sociológico. Isso porque, nos termos estabelecidos constitucionalmente, não há na lei qualquer restrição. Aduza-se, mais, que o art. 2º da Lei n. 1.110/50 refere-se a autoridade civil ou ministro religioso, não fazendo quanto a este nenhuma discriminação. Destaque-se da sentença de primeira instância, confirmada, por maioria de votos, pelo aludido julgamento, e da lavra do Juiz Geraldo Magela M. da Rocha, o seguinte texto:

> Em plena exuberância e florescimento do ecumenismo, que veio congraçar, sob o mesmo pálio de compreensão e fraternidade, todas as religiões, não deve a Justiça colocar-se à margem do grande movimento universalista, favorecendo critérios de estreito exclusivismo em favor de alguns credos religiosos, em detrimento de outros.

Em sentido contrário, entendeu-se que o casamento religioso é insuscetível de registro civil, quando realizado em centro espírita, pelo fato de não ser considerado religião o espiritismo[41].

O Superior Tribunal de Justiça, por sua 4ª Turma, sendo relator o Ministro Barros Monteiro[42], em 29 de agosto de 1989, decidiu que "o art. 73 da LRP não exige que o requerimento dirigido ao oficial do cartório seja escrito, dessumindo-se daí que pode ser verbal".

Tenha-se presente, também, que o casamento religioso, realizado no Brasil, mesmo que seja reconhecido no estrangeiro, não terá efeitos civis, no Brasil, se não houver a habilitação prévia ao ato ou ao registro, conforme determina o art. 74 da Lei de Registros Públicos, tal como decidiu o Conselho Superior da Magistratura do Tribunal de Justiça de São Paulo, por votação unânime, sendo relator o Desembargador José Alberto Weiss de Andrade[43] Corregedor-Geral de Justiça, em 25 de fevereiro de 1993. Nesse caso, não houve casamento de brasileiro no exterior, mas casamento religioso de brasileiro, no Brasil, confirmado no Tribunal Rabínico de Israel.

Por outro lado, entendeu-se que mesmo o casamento religioso, celebrado nos moldes legais, com efeitos civis, não comporta a adoção do regime da comunhão de bens,

---

40. *RT* 436/230.
41. *RF* 232/172.
42. *RSTJ* 4/1477. No mesmo sentido, decisão de 23-7-1976. *RT* 510/231.
43. *JTJ-Lex* 141/454 (escudado em parecer do Juiz Auxiliar da Corregedoria Vito José Guglielmi).

após a vigência da Lei n. 6.515/77 (do Divórcio), sem a necessária escritura pública (pacto antenupcial)[44].

No tocante à prova do casamento religioso, assentou o Tribunal de Apelação do Estado de São Paulo, sendo relator o Desembargador Macedo Vieira[45] que, com o advento do Decreto n. 181, de 1890, o casamento realizado na Igreja Católica "não prova legalmente o matrimônio".

Isso porque, como restou clarividenciado, a mera celebração religiosa, apartada da habilitação matrimonial, não é autônoma a autorizar efeitos civis ao casamento.

Todavia, decidiu o mesmo Tribunal de Justiça do Estado de São Paulo, sendo relator o Desembargador Lafayette Salles Júnior[46], que não se deve reputar inexistente casamento religioso ainda não registrado, pois ele se apresenta "despido de eficácia que virá no momento da verificação da *conditio* iuris da transcrição". Esse caso enfoca casamento religioso, contraído na Cidade de Milão, na Itália, sob o rito israelita. Foi pedida declaração de sua inexistência jurídica, por não ter sido registrado, como se fazia necessário, no registro civil milanês, sendo certo que, nesse país, carecem de valor civil os casamentos religiosos não transcritos no respectivo registro. Admite-se, entretanto, seu registro tardio.

Percebe-se, assim, a tendência de julgar existente casamento religioso, no âmbito jurídico, condicionando a produção de seus efeitos civis ao registro. Por essas razões, não estando registrado o casamento religioso, julgou o Tribunal de Justiça do Estado da Guanabara, sendo relator o Juiz Francisco Pereira de Bulhões Carvalho[47], que descabe ação civil para declarar sua nulidade ou sua anulação.

Tenha-se presente, ainda, que o prazo para anulação do casamento religioso, com efeitos civis, contraído por incapaz, flui a contar do registro civil do enlace. Entretanto, já se decidiu que o prazo de decadência para propositura da ação de nulidade do mesmo casamento conta-se da data do casamento e não de seu registro[48].

Destaque-se, finalmente, expressivo julgado do Tribunal de Justiça de Minas Gerais, por sua 2ª Câmara, em 19 de agosto de 1986, sendo relator o Desembargador Costa Loures[49], sobre casamento religioso, sem registro para a produção de efeitos civis, que, tendo falecido um dos cônjuges, concedeu ao sobrevivo direito à meação do patrimônio comum.

Assentou, então, essa Corte de Justiça que: "a esposa eclesiástica não se confunde com a mera concubina e, destarte, fica-lhe assegurado, após o falecimento do companheiro, o direito à meação do patrimônio adquirido durante a vivência comum ainda que o casamento religioso não tenha sido registrado para os efeitos civis".

Fundamentou-se assim esse julgado:

---

44. *RT* 623/152 (TJRJ, 6ª CC, rel. Des. Enéas Marzano, v.u., j. 30-12-1986).
45. *RT* 116/139.
46. *RJTJSP* 14/62.
47. *RT* 427/238.
48. *RT* 435/195.
49. *RT* 619/202.

Com efeito, o vigente Código de Direito Canônico estabelece, em seu cânon 1.135: *"utrique coniugi aequum officium et ius est ad ea quae pertinent ad consortium vitae coniugalis"* ("a ambos os cônjuges competem iguais deveres e direitos no que se refere ao consórcio da vida conjugal"). E, se norma constitucional equipara o casamento religioso ao civil, obedecidas as prescrições de lei (CF, art. 175, de 1967, Lei n. 1.110/50), não se perderá de vista aquela norma do Direito Canônico, a estabelecer direitos e deveres iguais para os cônjuges, em confronto com aquele do art. 231 do CC. Assim, pois, não se mostra desarrazoada – antes, de justo equilíbrio e bom senso – a palavra autorizada da Conferência Nacional dos Bispos do Brasil (CNBB) em suas *Orientações Pastorais sobre o Matrimônio*, a dizer que a Igreja "deseja que não faltem ao casamento religioso seus efeitos civis, isto é, o que as leis do País prescrevem como vantagens, garantias, direitos adquiridos, responsabilidades legais, obrigações civis reconhecidas e outros favores no Direito de Família"[50].

Esse fundamento parte da premissa de que a norma da Constituição anterior, de 1967, equiparou o casamento religioso ao civil, obedecidas as prescrições legais; todavia, nesse caso julgado ocorreu ausência do registro para a produção de efeitos civis. Por isso que é importante essa decisão, porque, na verdade, reconheceu o casamento religioso por si só, automaticamente.

Realmente, o casamento religioso mostra a intenção dos nubentes de viverem sob casamento e não em concubinato (união estável), simplesmente. As formalidades e solenidades exigidas nos casamentos religiosos são também rigorosas, não podendo ser desconsideradas pelo Estado.

Por isso é que entendo que, de futuro, deva ser resgatada a autonomia do casamento religioso, para que possa produzir efeitos civis, independentemente de registro civil.

4.4 Projeto de atual Código Civil e Código Civil de 2002

O Projeto n. 118, de 1984[51], em seu art. 1.518, cuidando dos impedimentos matrimoniais, declarava que não podia casar-se quem tivesse contraído casamento religioso com outra pessoa, quando tivesse sido requerido o registro dessa união no Registro Civil (inc. VIII).

Aliás, tal novidade já constava do primitivo projeto, antes de ser aprovado pela Câmara dos Deputados, no art. 1.552, IX.

---

50. Apud Código de Direito Canônico cit., p. 501.

51. O Anteprojeto de Código Civil, Departamento de Imprensa Nacional, de 1972, converteu-se no Projeto de Lei n. 634, de 1975, cuja redação, após emendas, foi aprovada pela Câmara dos Deputados, em 1984, sob n. 634-B (publ. no *DCN* de 17-5-84, supl. ao n. 47, Sugestões Literárias, São Paulo). Este Projeto da Câmara, já aprovado, em 1997, no Senado da República, sob n. 118/84, recebeu várias emendas, inclusive a que suprimiu esse aludido inciso VIII, do atual art. 1.520, com redação final em 1997.

Como bem aponta Yussef Said Cahali[52] referindo-se a este último texto, criou-se, com esse dispositivo de pré-legislação, um impedimento vincular desde o requerimento do registro e não a partir deste, propriamente, sendo certo que essa: "concessão de eficácia antecipada ao simples requerimento contraria a técnica do direito de família, na medida em que cria um impedimento matrimonial 'sob condição' de ser deferido o registro; e destoa da melhor doutrina".

Instituindo essa novidade, porém, fê-lo o projeto sem se preocupar com o tratamento, em seu texto, do casamento religioso, com efeitos civis, retirando-o da lei esparsa.

A Câmara do Senado, entretanto e talvez por essa razão, houve por bem eliminar esse inciso VIII do art. 1.520.

Assim, o art. 1.515 do Código Civil atual, sem correspondente no Código anterior, assenta que o casamento religioso deve atender às exigências da lei para ser válido também como casamento civil, equiparando-se a este, desde que seja registrado no registro civil, retroagindo seus efeitos à data de sua celebração.

Como resta evidente, o Código Civil atual nada fez para tornar autônomo o casamento religioso, mas ratificou que ele deve cumprir as exigências legais (habilitação etc.) para ter efeitos civil.

E o art. 1.516, seguinte, corrobora essa posição, afirmando que o registro do casamento religioso se submete às mesmas exigências para o casamento civil.

O rigor continua, nos §§ 1º e 2º desse artigo, concedendo-se o prazo de 90 dias para que o celebrante comunique o ofício competente, ou qualquer interessado o faça, desde que tenha sido homologada previamente a habilitação para o casamento civil, como regulada pelo Código. Após esse prazo terá que realizar-se nova habilitação.

Tudo para, a final, mencionar que, a qualquer tempo, pode o casal requerer o registro, sempre mediante prévio processo de habilitação.

Formalidade após formalidade, que não trazem a segurança necessária ao casamento, que, por isso, vai deixando de ser a forma preferida pelo povo para unir-se familiarmente.

E acrescenta o § 3º que será nulo esse registro civil do casamento religioso, se antes dele qualquer dos consorciados tiver contraído matrimônio com outra pessoa.

4.5 Conclusão

Interpretando entendimento doutrinário, Yussef Said Cahali[53] lembra que, tendo sido proscrito da seara civil, "o casamento simplesmente religioso passou a se constituir mero concubinato, destituído de existência legal e validade".

---

52. Verbete "Casamento religioso". *Enciclopédia Saraiva do Direito*. São Paulo: Saraiva, 1978. v. 13, p. 460; e *Adultério e desquite*. São Paulo: Lex, 1972. n. 20, p. 79.

53. Verbete "Casamento religioso" cit., p. 457.

Realmente, quando se secularizou o casamento, que passou a existir, tão somente civil, criou-se problema dos mais graves, aponta Washington de Barros Monteiro[54] pois: "do ponto de vista estritamente legal, o casamento religioso não passava de mero concubinato, que não gerava qualquer direito. Por seu turno, perante a Igreja, o casamento civil era também uma união livre, contrária à moral religiosa".

Mostra o mesmo autor, ainda, pelo ensinamento de Francesco Degni, "notórios os inconvenientes, resultantes desse duplo casamento". Assim, quando a mulher se casa civilmente sob a promessa de seu noivo de que se casará também no religioso, não cumprindo sua palavra; ainda, no caso de uma mesma pessoa contrair duplo matrimônio, o civil e o religioso, constituindo duas famílias, uma legítima e outra ilegítima; e, finalmente, quando uma pessoa contrai somente o casamento religioso, para não perder direitos decorrentes de seu estado de solteiro ou de viúvo, em prejuízo da prole, que será ilegítima.

Isso, destaque-se, antes da Constituição Federal de 1988, que eliminou qualquer discriminação entre os filhos (art. 227, § 6º).

Por todos esses inconvenientes, o legislador brasileiro buscou a solução de atribuir efeitos civis ao casamento religioso.

A realidade atesta que o casamento religioso, não registrado, entre nós, atualmente, em face da legislação presente, reveste-se, mesmo, dessa roupagem de concubinato puro (união estável).

Todavia, o que restou patente foi a diferença, em verdade, entre o concubinato e o casamento religioso, que não é encarada pela legislação vigente.

Realmente, no concubinato, os parceiros não se sentem casados e vivem no estado de união livre. No casamento religioso, ao contrário, existe a posse do estado de casado, não entre cônjuges, mas entre pessoas que vivem como se casados fossem, perante a lei civil, sentindo-se como tal.

No casamento religioso, ou bem ou mal, existiu uma celebração oficiada por uma autoridade religiosa.

O que a lei permite, atualmente, é que o casamento religioso seja registrado, para adquirir efeitos civis. Entretanto, como visto, para que surta esse registro, é necessário um processo de habilitação posterior, o que importa, propriamente, o cumprimento dos mesmos requisitos do casamento civil. A diferença é que aquele celebrou-se por ministro religioso e este por autoridade civil, com prévia habilitação. Todavia, também a celebração do casamento civil pode ser deferida à autoridade eclesiástica.

Por isso, *de iure constituendo*, como será mostrado ao final deste livro, há que se admitir na lei essa diferenciação, entendendo-se o casamento religioso como autônomo, valendo por si só, por seus próprios atos constitutivos, no âmbito de cada religião, com seu respectivo estatuto. Desse modo, é de considerar, *de iure constituendo*, a celebração

---

54. *Curso de direito civil* cit., p. 74.

religiosa, sem formalidades registrais no Registro Civil, não mero concubinato, ou união estável, mas casamento autônomo.

5 Capacidade para o casamento

Em capítulo próprio, cuida o Código Civil da capacidade para o casamento, que se caracteriza como a aptidão do nubente, com idade mínima de 16 anos, para contrair matrimônio, desde que exista a competente autorização de seus pais ou de seu representante legal para tanto.

Isso porque os menores, entre 16 e 18 anos de idade, são relativamente incapazes de praticar os atos da vida civil. É certo que pode cessar essa incapacidade pela emancipação (art. 5º, parágrafo único, I).

No direito anterior, havia tratamento desigual ante a idade nupcial. Antes do Decreto n. 181, de 1890, a capacidade matrimonial do homem era aos 14 e da mulher aos 12 anos de idade; na vigência desse mesmo Decreto era de 16 anos para o homem e 14 para a mulher.

O Código Civil de 1916 elevou essa capacidade nupcial para 18 anos para o homem e 16 anos para a mulher.

O art. 1.517 do Código de 2002 inovou relativamente a essa capacidade, atendendo aos preceitos constitucionais de igualdade de 1988, equiparando essa capacidade nupcial nos 16 anos.

Todavia, há exceções, como a que possibilita que os menores de 16 anos se casem, para evitar imposição ou cumprimento de pena criminal ou, ainda, ocorrendo gravidez (art. 1.520).

Lembre-se de que, no caso de casamento para evitar pena criminal, era preciso que a vítima do crime, deflorada ou estuprada, estivesse de acordo com o casamento para evitar pena criminal, caso contrário não se poderia realizar matrimônio sem a vontade positiva dos nubentes. No caso, deveria ser pedido judicialmente o suprimento da idade do menor.

A Lei n. 11.106, de 2005, revogou os incisos VII e VIII do art. 107 do Código Penal, que extinguia a punibilidade nesse caso.

Todavia, manifesta-se Silvio Rodrigues[55] que, em caso de gravidez, "é preferível que o filho, produto dos amores do menor, encontre ao nascer um lar constituído do que privá-lo desse lar, pela anulação do casamento de seus pais".

Essa revogação podia ser pedida pelos pais, tutores ou curadores, atualmente, a Lei n. 13.146/2015 excluiu os curadores desse texto legal.

Afora essa limitação de idade para o casamento do menor, não existe limitação ao casamento do idoso, com mais de 60 anos de idade, devendo, entretanto, esse impasse

---

55. *Direito civil* cit., p. 40.

realiza-se sob o regime obrigatório da separação de bens, que também deve ser observado por quem depender de suprimento judicial para casar-se (art. 1.641, II e III).

6 Limitações matrimoniais

6.1 Generalidades

O Direito Canônico criou a classificação dos impedimentos, dividindo-os em dirimentes absolutos (públicos), que causavam, se não observados, a nulidade do casamento; em dirimentes relativos (privados), cujo descumprimento ensejava a anulabilidade do casamento; e em impedimentos impedientes, que, não observados, levavam à aplicação de penalidades de natureza pecuniária.

Essa classificação foi acolhida pelo Código Civil de 1916, respectivamente, os primeiros, no art. 183, I a VIII; os segundos, no art. 183, IX e XII e os últimos, no art. 183, XIII a XVI.

O Código atual alterou essa situação reagrupando os impedimentos propriamente ditos (antigos dirimentes públicos absolutos), no art. 1.521 (Impedimentos matrimoniais), excluindo-se, tão somente, a restrição imposta ao cônjuge adúltero; as causas suspensivas (antigos impedimentos impedientes), no art. 1.523.

Quanto aos antigos impedimentos dirimentes privados ou relativos, incluíram-se entre as causas de anulação do casamento, no art. 1.550, adiante estudado.

6.2 Diferença entre incapacidade e impedimento

A incapacidade matrimonial é uma inaptidão genérica ao casamento; o incapaz encontra-se, assim, impossibilitado de casar-se com qualquer pessoa, tal o menor de dezesseis anos, sem autorização de seus pais ou de seus representantes legais, até o complemento dos dezoito anos, bem como as pessoas casadas.

O impedimento, por seu turno, é uma falta de legitimação ou de aptidão para o casamento com determinada pessoa, tal é o caso dos ascendentes, que não podem casar-se com descendentes, seja o parentesco natural ou civil. Não existe, nesse caso, incapacidade ao casamento, podendo, afora esse caso, os ascendentes contrair casamento com quem quiserem.

Eles não estão legitimados ao casamento nesse grau de parentesco.

6.3 Impedimentos matrimoniais

Os impedimentos, como tratados no atual Código Civil, são os antigos dirimentes absolutos, pois obstam a realização do casamento, sob pena de, não sendo observados, causarem a nulidade do negócio matrimonial. São causas que impedem o casamento, tamanha a sua gravidade.

O art. 1.521 cuida dessas causas impeditivas matrimoniais, vedando nos seus cinco primeiros incisos, o casamento entre parentes e afins em linha reta, para evitar o incesto (*impedimentum consanguinitatis*); no seu inciso sexto, confirmando a monogamia; e no seu inciso sétimo, evitando o envolvimento do matrimônio com crime.

Quanto à ligação matrimonial entre consanguíneos próximos, deve ela ser evitada, dados, principalmente, os problemas eugênicos dela decorrentes, além da situação moral constrangedora das uniões entre pais e filhos, avós e netos etc. Quanto aos afins, equiparam-se eles aos consanguíneos.

E isso, mesmo que o parentesco seja natural ou civil. Assim, mesmo os pais adotivos não devem casar-se, pois essa atitude poderia implicar verdadeira imoralidade, ao ver de muitos, embora não exista impedimento fisiológico.

Ressalte-se, nesse passo, quanto à afinidade que ela é o vínculo de cada cônjuge ou companheiro com parentes do outro (art. 1.595, *caput*), só constituindo óbice ao casamento quando considerada em linha reta; não podendo matrimoniar-se, portanto, genro e sogra, nora e sogro. A proibição não atinge a linha colateral, podendo casar-se os cunhados.

Realmente, porque na linha reta a afinidade não se extingue com a dissolução do casamento ou da união estável (art. 1.595, § 2º), extinguindo-se, portanto, o cunhadio.

Por seu turno, o adotante não pode casar-se com quem foi cônjuge do adotado e o adotado com quem foi cônjuge do adotante, pois respectivamente estariam equiparados às figuras de sogro e de mãe (inc. III). Aliás, tais situações enquadram-se, atualmente, entre os impedimentos por afinidade em linha reta.

Por outro lado, não podem casar-se os irmãos, unilaterais ou bilaterais, e os demais colaterais, até o terceiro grau inclusive (inc. IV).

Este último dispositivo constava do Código Civil de 1916, proibindo o casamento de colaterais até o 3º grau.

Entretanto, o Decreto-lei n. 3.200/41, permitiu o casamento de colaterais de terceiro grau, desde que precedido de laudo de dois médicos favorável (art. 2º). Tudo para que sejam obviados problemas congênitos (de consanguinidade).

Esse decreto-lei dispôs sobre organização e proteção da família, sendo lei especial que prevalece sobre a geral.

Assim, mesmo com o texto do Código Civil atual, que insiste inadvertidamente em tal proibição, prevalece a lei especial, autorizando, assim, o casamento de tio(a) com sobrinha(o).

Destaque-se que o Projeto n. 6.960/2002 propugnava pela retirada dessa proibição, assentando que fosse permitido o casamento de colaterais de terceiro grau, "quando apresentado laudo médico que assegura inexistir risco à saúde dos filhos que venham a ser concebidos". Esse Projeto, corresponde ao PL n. 276/2007, que pretendia acrescentar um parágrafo ao art. 1.521, admitindo esse casamento de consanguíneos de terceiro grau. Esse projeto foi arquivado.

Ainda que esse laudo seja desfavorável a esse casamento, entendo que este pode ser autorizado com a responsabilidade, civil e penal, assumida pelos nubentes de não conceberem filhos.

Resta, nesse caso, comprovada a preocupação do legislador em zelar pelo caráter genético, que fica, assim, preservado.

Por isso, não vejo a razão de ser dos impedimentos em razão de vínculo de afinidade, que não trazem qualquer risco à consanguinidade.

Nenhuma lei pode ter o condão de, em prol de uma moralidade por ela criada, inibir os puros sentimentos de amor que unem os casais. A não ser para preservar a espécie humana.

No tocante ao impedimento do inciso V, proibindo o casamento do adotado(a) com o filho(a) do pai ou da mãe adotiva, vê-se aí mais uma proibição de ordem moral. Se bem que, nesse caso, o Código Civil de 2002, pela adoção, atribuiu a condição de filho ao adotado (art. 1.626), nascendo daí o impedimento de casamento entre irmãos (mas não consanguíneos).

O inciso VI, por seu turno, do art. 1.521 objetiva a preservação da monogamia, proibindo o casamento às pessoas já casadas. Tudo para que se evite a bigamia, considerada crime pelo art. 235 do Código Penal de 1940.

No inciso VII, finalmente, cuida-se de impedimento que proíbe o cônjuge sobrevivente de casar-se com o condenado por homicídio contra o seu consorte.

Ressalta Silvio Rodrigues[56] que

> o impedimento só abrange homicídio doloso, pois no homicídio culposo não há o intuito de eliminar um dos cônjuges, para desposar o outro, de modo que não existe razão para punir o autor com um impedimento matrimonial, só justificável pelo seu caráter intimidador. É ainda pressuposto da lei que o delinquente tenha sido condenado pelo homicídio ou pela sua tentativa. Se matou mas foi absolvido, ou se o crime prescreveu, extinguindo-se a punibilidade, não se configura o impedimento matrimonial.

Entendo que melhor seria não ter previsto esse dispositivo no nosso sistema legal, como o francês.

Não é correta, a meu ver, a coexistência de duas penalidades, civil e penal, nesse caso.

O casamento é um contrato consensual e existe pela vontade dos nubentes, independentemente de estar um ou outro cumprindo penal criminal. Podem casar-se no cárcere. A atividade civil não deve confundir-se com a penal.

Podem existir crimes mais graves do que o homicídio passional, como a pressão econômica contra alguém para que abandone o seu consorte; ou que cause, pelo adultério a separação conjugal para aproveitar-se da situação de consorciar-se.

---

56. *Direito civil* cit., p. 46.

Pode acontecer o homicídio com a paixão posterior do consorte pelo autor do homicídio e muitas outras situações que a lei ou a moral condena, mas que não supera o amor de alguém.

Ninguém pode ser impedido de viver em matrimônio, regularizando sua convivência.

Atualmente, com a facilidade do divórcio, basta um consorte declarar judicialmente seu direito potestativo de divorciar-se, para que esteja livre para casar-se com quem quiser. E isso sem necessidade de matar o próximo.

A lei deve tender à ausência de casuísmo que a torna injusta por não comportar todas as maquinações humanas.

Tenha-se presente, ainda, que esses impedimentos são declarados na lei em *numerus clausus*, de modo taxativo, não podendo ser interpretados elasticamente, compreendendo outras situações, não previstas pelo legislador, como o vínculo existente entre afilhados e padrinhos.

O casamento em inobservância de qualquer desses impedimentos acarreta sua nulidade absoluta.

O art. 1.548 mencionava as hipóteses de nulidade do casamento, tendo a primeira delas sido revogada pela Lei n. 13.146/2015, ou seja, não será mais nulo o casamento contraído "pelo enfermo mental sem o necessário discernimento para os atos da vida civil".

Como vimos, foi também revogada pela mesma lei essa matéria que era tida como incapacidade absoluta no revogado inciso II do art. 3º do Código Civil.

Nesse caso, entretanto, deve ser protegido esse "incapaz", que pode sofrer perda patrimonial por eventual regime de bens, o chamado "golpe do baú".

Essa perda ou desvantagem deve ser protegida, com anulação do regime de bens, conforme o caso. Ou criação de separação obrigatória.

Até que o casamento seja celebrado, qualquer pessoa capaz pode opô-los. Se, por outro lado, desses impedimentos tiver conhecimento o juiz (de direito ou de paz) ou o oficial de registro, deverá declará-los (art. 1.522).

7 Causas suspensivas (impedientes)

As causas suspensivas existem geralmente para evitar confusão patrimonial, criando sanções aos nubentes, não ocasionando qualquer nulidade do casamento.

Essas causas podem ser arguidas pelos parentes em linha reta de um dos nubentes, sejam consanguíneos ou afins, e pelos colaterais em segundo grau, do mesmo modo, acentua o art. 1.524 do Código Civil.

Não só os impedimentos, mas também as causas suspensivas, devem ser opostos por escrito, no processo de habilitação para o casamento, devendo a declaração ser instruída com as provas do fato alegado ou do local onde podem ser obtidas (art. 1.529 do CC).

As causas suspensivas, constantes do art. 1.523 do CC, embora suspendam, momentaneamente, a celebração matrimonial, não impossibilitam a mesma celebração, acarretando as penalidades previstas em lei que devem ser suportadas pelos nubentes.

A sanção civil ao matrimônio é a sua celebração sob o regime de separação obrigatória de bens (art. 1.641 do CC).

Desse modo, não devem casar-se: I – o viúvo ou viúva que tiver filho do cônjuge falecido, enquanto não fizer inventário dos bens do casal dando partilha aos herdeiros; II – a viúva, ou a mulher cujo casamento se desfez por ser nulo ou ter sido anulado, até dez meses depois do começo da viuvez ou da dissolução da sociedade conjugal, salvo se comprovar o nascimento do filho ou a inexistência de gravidez na fluência desse prazo (parágrafo único do art. 1.523 do CC); III – o divorciado, enquanto não houver sido homologada ou decidida a partilha dos bens do casal; IV – o tutor ou o curador e os seus descendentes, ascendentes, irmãos, cunhados ou sobrinhos, com a pessoa tutelada ou curatelada, enquanto não cessar a tutela ou a curatela, e não estiverem saldadas as respectivas contas. Podem, ainda, os nubentes requerer ao juiz que não lhe sejam aplicadas as causas.

Assim, a causa prevista no inciso I desse art. 1.523 procura evitar que os bens integrantes do casamento anterior, com a morte de um dos cônjuges, possam confundir-se com os do novo casamento do viúvo ou da viúva, se existir descendência; sendo, nesse caso, necessária a partilha desses bens anteriores, aos herdeiros. Se a viúva ou viúvo não tiver filho do cônjuge falecido, não haverá qualquer causa impeditiva.

Nesse caso, deve ser feito inventário e partilha dos bens do casamento anterior.

Assim, não pode o viúvo ou a viúva casar-se novamente sem dar partilha dos bens do casamento anterior. Isso se não ficar comprovada a inexistência de prejuízo, sob pena de ser imposto ao novo casamento o regime da separação obrigatória de bens.

Pode acontecer que não existam bens do casamento anterior ou que este se realize sob o regime da completa separação patrimonial.

Desse modo, deve ser obtida a necessária autorização do juiz (parágrafo único).

Assim, também, quanto à causa mencionada no inciso II, se nulo ou anulado o casamento, a viúva ou a mulher cujo casamento se desfez não pode casar-se até dez meses depois do início da viuvez ou da dissolução da sociedade conjugal, a não ser que, nesse período, nasça um filho, ou se prove que a referida mulher não se encontra grávida. Tudo para que se evite a incerteza quanto à filiação (*turbatio sanguinis*).

Quanto ao inciso III, não podem casar-se os divorciados, antes de regularizarem sua situação patrimonial anterior (homologação da partilha dos bens); a não ser que comprovem a impossibilidade de confusão patrimonial.

Finalmente, o inciso IV não admite o casamento do tutor ou curador e o dos seus descendentes, ascendentes, irmãos, cunhados ou sobrinhos, com pessoa a eles ligadas, até que se saldem as respectivas contas. Sempre evitando conflito de interesses ou a ideia de que possa haver locupletamento indevido ou confusão de interesses sobre relações jurídicas distintas.

O legislador, nesse caso, procura evitar que a pessoa que tem ascendência sobre outra possa obter alguma vantagem ou anuência forçada.

Os nubentes podem pedir ao juiz que não aplique as causas suspensivas mencionadas nos incisos I, III e V, atrás analisadas, provando a inexistência de prejuízo (parágrafo único do art. 1.523 do CC).

8 Habilitação para o casamento

O casamento é o contrato regulado por normas de ordem pública, devendo cercar-se de todos os requisitos estabelecidos em lei, para que, pelo trâmite do processo, que o antecede, sejam declarados os nubentes habilitados para as núpcias.

Esse processo é a habilitação para o casamento, que se inicia com o requerimento assinado pelos nubentes, de próprio punho, ou, a seu pedido, por seus procuradores (art. 1.525 do CC), perante o Oficial do Registro Civil, do domicílio de um dos nubentes, devendo ser instruído com os documentos nesse artigo mencionados:

a) certidão de nascimento dos nubentes ou documento equivalente comprovando sua idade núbil de dezesseis anos (inc. I);

b) ou autorização equivalente, se for o caso (arts. 1.517 e 1.519 do CC), das pessoas sob cuja dependência legal estiverem os nubentes, ou, ainda, ato judicial que o supra (inc. II);

c) declaração de duas testemunhas maiores, parentes ou não, que atestem conhecer os nubentes, afirmando que entre eles não existem impedimentos que os iniba de casarem-se (inc. III);

d) declaração do estado civil, do domicílio e da residência atual dos nubentes e de seus pais se forem conhecidos (inc. IV); e

e) certidão de óbito do cônjuge falecido, de sentença declaratória de nulidade ou de anulação de casamento, transitada em julgado, ou do registro da sentença de divórcio (inc. V).

Todos esses documentos são importantes nesse processo, destacando-se, especialmente, que, pela certidão de nascimento dos nubentes, prova-se a idade destes bem como seu eventual parentesco. Pode acontecer que o interessado não consiga obter esse documento por perda, extravio ou destruição do livro de que foi extraído e outras situações.

Na impossibilidade de apresentação da certidão de nascimento ou de outro documento que a substitua, o interessado deverá providenciar justificação judicial.

Sendo, por outro lado, menor um dos nubentes, necessitará, se tiver mais de 16 anos, de autorização de seus pais ou representante legal para casar-se, ou ante recusa injusta destes, de suprimento judicial da outorga.

Entre esses documentos ressaltam, ainda, a declaração do estado civil, pelo qual os nubentes são solteiros ou viúvos, maiores ou menores, onde os mesmos têm seu domicílio neste ou naquele lugar, residindo em determinada cidade, num Estado ou em outro, dados que são importantes na publicação dos proclamas, identificando os mesmos nubentes.

Há que considerar-se, ainda a eventual declaração de ausência em razão de *morte presumida*.

O § 1º do art. 1.571 do Código Civil menciona que o casamento válido só se dissolve pela morte de um dos cônjuges ou pelo divórcio, aplicando-se a presunção, admitida pelo Código quanto ao ausente.

Lembro[57] que o art. 37 do Código Civil assenta que a declaração de morte presumida só ocorre após dez anos do transito em julgado da sentença que concede a sucessão definitiva, assentando, ainda, o art. 7º do mesmo Código que é possível também a declaração de morte presumida, sem a decretação da ausência, que levam quase à certeza da morte nos casos previstos nos seus incisos I e II (morte de quem estava em perigo de vida, ou que desapareceu em campanha militar, depois de 2 anos do término da guerra).

Diante desses óbices temporais, melhor é que o interessado promova o divórcio direto, requerendo-o ao juízo competente. Assim agindo, estará exercitando seu direito potestativo, que será deferido de imediato, independentemente de citação por editais e outras providências, pois esse requerimento se faz em um processo, com seu procedimento, não sendo considerado ação. Outros assuntos ligados ao divórcio (seus desmembramentos, como alimentos, guarda de filhos, partilha de bens) serão objeto de ações à parte.

Eis uma solução mais rápida e direta.

Só se um dos nubentes for viúvo ou tiver seu casamento declarado nulo ou anulado, com decisão transitada em julgado, ou a sentença do divórcio, é que caberá a certidão de óbito do cônjuge falecido (inc. V do art. 1.525).

Quanto à oposição dos impedimentos vimos que eles podem ser opostos por qualquer pessoa capaz, até a celebração do casamento; já as causas suspensivas (antigos impedimentos impedientes) só podem ser opostos pelos parentes em linha reta de um dos nubentes, sejam consanguíneos ou afins, e pelos colaterais em segundo grau, sejam também consanguíneos ou afins (art. 1.524 do CC).

Por seu turno, o processo de habilitação, realizado perante o oficial do Registro Civil, com a audiência do Ministério Público, deveria ser homologado pelo juiz (art. 1.526 do CC). Atualmente, não há mais necessidade de homologação, nos termos da Lei n. 12.133, de 2009.

Essa inovação do Código de 2002, de exigir a homologação judicial para o casamento, sempre me pareceu um retrocesso à situação anterior, que já estava consolidada nos termos do art. 67 da Lei n. 6.015/73 (Lei de Registros Públicos), em que a habilitação tramitava administrativamente. Somente se houvesse oposição de impedimentos, transformava-se o procedimento em contencioso.

Estando em ordem toda a documentação exigida, o oficial do registro afixará durante 15 dias, ostensivamente, nas circunscrições do Registro Civil, de ambos os nubentes,

---

57. AZEVEDO, Álvaro Villaça. *Teoria geral do direito civil*: parte geral. São Paulo: Atlas, 2012. p. 69, 25 e 26.

o competente edital, devendo ser publicado pela imprensa local, se houver (art. 1.527 do CC), podendo ser dispensada essa publicação em caso de urgência (parágrafo único), por exemplo, em caso de doença grave, de viagem inadiável, de parto e em outras situações urgentes, ouvido sempre o Ministério Público.

Esse edital, que é um resumo do processo de habilitação, retrata a intenção dos nubentes de casarem-se, valendo como uma convocação geral para que qualquer pessoa possa apontar impedimento de que tenha conhecimento.

O art. 1.528, por seu turno, apresenta inovação, por norma de ordem pública, obrigando o oficial do registro a esclarecer os nubentes a respeito dos fatos que podem ocasionar a invalidade do casamento, elucidando sobre as diversas espécies de regimes de bens. Entendo que o oficial deverá certificar essa orientação com a ciência dos nubentes, sob pena de responsabilidade.

Tenha-se, mais, que a pessoa legitimada a opor impedimentos ou causas suspensivas deve indicar ao oficial do registro civil, em que se processa a habilitação para o casamento, qualquer dos fatos mencionados na lei que possam obstar a celebração matrimonial ou de restrição relativa ao regime de bens.

Qualquer das oposições deve ser oposta por declaração escrita e assinada, instruída com as provas do fato arguido ou com indicação do lugar em que possam ser obtidas (art. 1.529 do CC).

Cientificados da oposição, podem os nubentes requerer prazo razoável para ilidir as provas contra eles produzidas, promovendo ações civis e criminais contra o oponente de má-fé (art. 1.530 do CC).

Cumpridas as formalidades e verificando-se a inexistência de fatos obstativos, o oficial do Registro extrairá o certificado de habilitação, que terá eficácia de 90 dias a contar da data em que foi extraído (arts. 1.531 e 1.532 do CC).

Vencido esse prazo, sua revalidação dependerá de novo requerimento, aproveitando-se a prova já realizada.

Se for indeferida a habilitação, caberá aos nubentes a via judicial.

9 Celebração e provas do casamento

Inicialmente, os nubentes devem requerer por petição instituída com a prova da habilitação matrimonial, junto à autoridade que presidirá o ato[58], seja designado dia, lugar e hora, para a realização da cerimônia, com toda a publicidade (art. 1.533 do CC).

O casamento apresenta-se com natureza contratual, fundando-se, essencialmente, na vontade dos nubentes.

---

58. A autoridade competente é estadual: no Estado de São Paulo o casamento é celebrado pelo Juiz de Casamentos (Decreto-lei n. 13.375, de 3-7-1947, e Res. SJDC n. 26, de 24-10-1997); no Estado do Rio de Janeiro, pelo Juiz de Paz (CE, art. 168, e Res. n. 6/97 do Conselho Superior da Magistratura); em outros Estados, como no do Paraná, pelo Juiz de Direito.

Em princípio, o casamento é celebrado na sede do Cartório, a não ser que os contraentes prefiram essa celebração em outro local, desde que concorde o celebrante, presentes pelo menos duas testemunhas parentes ou não dos contraentes, com toda publicidade, a portas abertas (art. 1.534, *caput* e § 1º, do CC). Serão 4 as testemunhas se algum dos contraentes não souber ou não puder escrever (§ 2º).

Estando presentes os contraentes, pessoalmente ou por procurador especial, juntamente com o oficial do registro e com as testemunhas, o celebrante, presidente do ato, ouve dos nubentes a afirmação de que pretendem casar-se, declarará realizado o casamento, com as seguintes palavras: "De acordo com a vontade que ambos acabais de afirmar perante mim, de vos receberdes por marido e mulher" (por cônjuges), "eu, em nome da lei, vos declaro casados".

Como visto, o ato de celebração é meramente declaratório (eu vos *declaro casados*). Tanto que os atos posteriores ao acordo dos nubentes, que se tornaram marido e mulher, podem ser corrigidos. Quando se lavra o assento do casamento este já existe, tanto que o casamento *in articulo mortis* é válido sem a presença do mesmo celebrante, sendo o acordo nupcial testemunhado, nesse caso, por seis testemunhas, como veremos adiante.

Ressalta Caio Mário da Silva Pereira[59] que "A presença do juiz é fundamental, mas sua declaração, sem embargo de boas opiniões em contrário" (Orlando Gomes), "não é indispensável à validade do casamento" (Clóvis Beviláqua, Espínola, Antonio Cicu, Sá Pereira), concluindo: "... o que constitui a núpcia é o consenso – *nuptias consensus facit* – uma vez observadas as formalidades e cumpridas as exigências legais".

Por seu turno, Clóvis Beviláqua[60] acentua que "A intervenção da autoridade pública tem por fim, apenas, homologar a manifestação da vontade dos nubentes, e o cortejo das solenidades, nada mais é do que o modo de dar corpo, repercussão e publicidade ao que resolvem e declaram querer os nubentes".

Washington de Barros Monteiro[61], entretanto, admite que, "pelo nosso direito, o casamento só existe com a afirmação da autoridade celebrante. Nessas condições, ele inexistirá legalmente se o juiz, ou um dos nubentes, vem a sucumbir antes de pronunciada a fórmula vinculatória".

Entendo que, se um dos nubentes falece antes de sua concordância, o casamento inexiste, mas, se sucumbir depois de manifestada sua vontade, o casamento existe, malgrado o juiz venha a falecer antes de sua declaração.

Nesse acordo dos nubentes é que se fundamenta a natureza contratual do matrimônio, como já explicado, no sentido de que o consenso faz *as núpcias* (*consensus facit nuptias*), embora esse contrato seja peculiar do Direito de Família, sendo a ele indispensável a convivência e o intuito de constituição de família.

---

59. *Instituições de direito civil* cit., p. 114-115.
60. *Código Civil comentado* cit., p. 39.
61. *Curso de direito civil* cit., p. 69.

Antes do ato de celebração podem ocorrer causas que provoquem a suspensão da cerimônia, e que são: quando houver oposição de impedimentos, ante uma causa proibitiva grave; quando não se manifestar livremente a vontade de um dos nubentes, ou quando ele se manifestar arrependido ou declarar que sua vontade não é livre e espontânea. Ante qualquer dessas causas suspensivas da cerimônia, não pode ocorrer a retratação nesse mesmo dia, conforme art. 1.538 do Código Civil.

O art. 1.536 do Código Civil corrobora que, logo depois de celebrado o casamento, será lavrado seu assento no livro de registro. Nesse assento, que deve ser assinado pelo celebrante do ato, pelos cônjuges (já casados), pelas testemunhas e pelo oficial do registro, constarão os dados dos incisos I a VII do art. 1.536 do Código Civil, tais: os prenomes, sobrenomes, datas de nascimento, profissão, domicílio e residência atual dos cônjuges (I); os prenomes, sobrenomes, datas de nascimento ou de morte, domicílio e residência atual dos pais (II); o prenome e sobrenome do cônjuge precedente e a data da dissolução do casamento anterior (III); a data da publicação dos proclamas e da celebração do casamento (IV); a relação dos documentos apresentados ao oficial do registro (V); o prenome, sobrenome, profissão, domicílio e residência atual das testemunhas (VI); o regime do casamento, com a declaração da data e do cartório em cujas notas foi lavrada a escritura antenupcial, quando o regime não for o da comunhão parcial, ou o obrigatoriamente estabelecido.

Deve, ainda, transcrever-se integralmente na escritura antenupcial o instrumento de autorização para casar-se (art. 1.537 do CC).

Como pudemos observar, o processo de habilitação para o casamento pode perdurar por muitos dias, podendo a celebração ser de caráter urgente, ficando, nesse caso, de moléstia grave de um dos nubentes, autorizada a autoridade competente a celebrá-lo no local onde estiver o impedido, seja se for o caso, no hospital, ainda que à noite, se for caso de extrema urgência, perante duas testemunhas que saibam ler e escrever.

Nessa situação, a autoridade será substituída pelo seu suplente e o oficial do registro nomeado *ad hoc* pelo celebrante, devendo ser lavrado pelo oficial *ad hoc*, um termo avulso, na falta do oficial, e assinado pelos presentes, que será registrado e arquivado no respectivo Cartório no prazo de cinco dias, perante duas testemunhas (art. 1.539 do CC).

Se o nubente enfermo não puder assinar, serão quatro as testemunhas, como já assinalado no § 2º do art. 1.534 do CC.

O art. 1.540 do Código Civil cuida do casamento *nuncupativo*, ou *in extremis* ou *in articulo mortis*, "quando algum dos contraentes estiver em iminente risco de vida", não sendo possível a presença de qualquer autoridade a que incumba a presidência do ato, ou de seu substituto, "poderá o casamento ser celebrado na presença de seis testemunhas que com os nubentes não tenham parentesco em linha reta, ou, na colateral, até segundo grau".

Têm destacado os autores que a expressão casamento nuncupativo foi empregada por Carlos de Carvalho[62] para nomear o casamento *in extremis vitae momentis*, quando

---

62. Em seu *Direito civil brasileiro recompilado* (p. 408); MONTEIRO, Washington de Barros. *Curso de direito civil* cit., p. 72; conforme ressaltam, ainda: Pontes de Miranda (Direito de família, § 29); Sá Pereira

os nubentes se encontram em iminente perigo de vida (*in articulo mortis*), sem tempo a aguardar o demorado procedimento do processo de habilitação ao casamento. Tal nomenclatura foi utilizada em analogia com o instituto do testamento nuncupativo ou *in extremis*.

Diante desse fato excepcional, ficam dispensadas as formalidades preliminares ao casamento (principalmente o processo de habilitação, como a publicação de proclamas e a presença da autoridade celebrante). O casamento é celebrado pelos próprios contraentes na presença de 6 testemunhas, nos moldes do art. 1.540 do Código Civil, declarando, livre e espontaneamente seu desejo de receberem-se por marido e mulher.

Ainda que exista prova de negligência dos nubentes, que deixaram a celebração à última hora, ou outro motivo, mesmo assim essa celebração é possível, cumpridas as referidas formalidades legais.

Acentua, entretanto, Silvio Rodrigues[63] que, como bem recomenda Washington de Barros Monteiro, deve o juiz ser muito cauteloso no exame desses processos, pois, por meio de casamentos dessa ordem, forjados por aventureiros, despojam-se sucessores do enfermo de direitos hereditários". E acrescenta:

> Vou mais longe. Ao meu ver a admissão do casamento *in extremis* é uma velharia admitida por um sistema que se inspira num excessivo, senão injustificável, zelo pelo interesse individual. Ela representa séria ameaça para a instituição do casamento, pois dispensa formalidades que a lei entende essenciais. Isso sem ter em conta, como já foi apontado, que constitui porta aberta à fraude e à simulação. Por outro lado, visa proteger interesses meramente individuais que os próprios interessados, no mais das vezes, negligenciaram em defender. Assim – parece-me –, deveria ser abolido da legislação positiva, perdendo o legislador de 2002 uma ótima oportunidade para tanto.

Realizado o casamento, por esse modo nuncupativo, devem as testemunhas comparecer perante a autoridade judicial mais próxima, no prazo de dez dias, solicitando a realização de termo, formalizando: "I – que foram convocadas por parte do enfermo"; "II – que este parecia em perigo de vida, mas em seu juízo"; e "III – que, em sua presença, declararam os contraentes, livre e espontaneamente, receber-se por marido e mulher" (*caput* do art. 1.541 do CC).

O procedimento desse processo está nos §§ 1º e 5º, seguintes.

Assim, autuado o pedido e sendo tomadas as declarações das testemunhas, o juiz ordenará as diligências que julgar necessárias, verificando se poderiam ter os contraentes se valido das providências ordinárias, no prazo de 15 dias. Depois, verificada a

---

(*Lições de direito de família*, p. 111); Caio Mário da Silva Pereira (*Instituições de direito civil* cit., p. 117-118 e nota de rodapé 12); finalmente, entre outros, GOMES, Orlando. *Direito de família* cit., p. 113, n. 67.

63. *Direito civil* cit., p. 64-65.

idoneidade dos cônjuges ao casamento, decidirá a autoridade competente, com recurso aos interessados. Se não houver recurso ou passada em julgado a decisão, apesar dos recursos interpostos, o juiz determinará o registro do casamento no livro próprio, retroagindo os efeitos, quanto ao estado dos cônjuges, à data da celebração matrimonial. Serão dispensadas as formalidades desses arts. 1.541, se o enfermo convalescer e puder ratificar o casamento na presença da autoridade competente e do oficial do registro (§ 5º). Cuidando desse casamento em iminente risco de vida, a Lei n. 6.015/73 (dos Registros Públicos), completa em seu art. 76, que a testemunha que não comparecer espontaneamente, poderá ser intimada a fazê-lo, por qualquer interessado (§ 1º) e que, em juízo, deverá ser ouvido o órgão do Ministério Público, devendo ser realizadas as diligências necessárias para a verificação da inexistência de impedimento para o casamento (§ 2º). Ouvidos, depois, em cinco dias os interessados requerentes e o órgão do Ministério Público, o juiz decidirá em igual prazo (§ 3º), cabendo apelação, com ambos os efeitos, dessa decisão (§ 4º).

Quanto à celebração do casamento, ainda, assenta o art. 1.542, seguinte, que esta pode se realizar mediante procuração, desde que por instrumento público com poderes especiais.

O sistema jurídico alemão, por exemplo, exige que os nubentes declarem pessoalmente sua intenção de contrair matrimônio, devendo ambos estar presentes ao mesmo tempo no momento dessa declaração (BGB § 1311), sob pena de anulabilidade (BGB § 1314-1)[64].

No Direito Brasileiro, como visto, a procuração outorgada por instrumento público, exigência formal não requerida pelo Código Civil de 1916, deve conter poderes especiais ao mandatário, para representar o mandante, contraindo núpcias com o outro nubente, sendo, todos muito bem individuados. Podem existir, também, no mandato, cláusulas especiais, como a menção ao regime de bens a ser adotado pelos cônjuges. Caso contrário, valerá o regime oficial do Código, como o regime da comunhão parcial de bens, quando não for exigido outro regime legal, como o da separação obrigatória de bens, quando, por exemplo, um dos nubentes for maior de 60 anos.

Esse tipo de procuração é dada, geralmente, quando os nubentes estão em lugares diversos, em viagem ou realizando alguma missão ou emprego em país estrangeiro.

O mandato é essencialmente revogável e, no caso, não poderá ultrapassar seu tempo de eficácia que é de 90 dias (art. 1.542, § 2º, do CC).

À sua vez, se o mandante revogar o mandato, terá de tornar conhecida essa situação ao mandatário e ao celebrante. Nesse caso, se o casamento se realizar sem que se tenha conhecimento dessa revogação, a vontade do mandatário se exercita, tornando anulável o casamento, conforme o art. 1.550, V, do Código Civil. Todavia, o mandante responde por perdas e danos em razão de seu ato de revogação (§ 1º do art. 1.542 do CC). Mesmo

---

64. Houve revisão no BGB (de 1900) em janeiro de 2002, com alteração de seus parágrafos. Os parágrafos citados são atuais.

assim, entendo que essa revogação possa, em certos casos, ser justificada, para que se evite o mal maior (a celebração matrimonial).

Todavia, o ato, em si, da revogação da procuração provoca prejuízos, que podem ser tanto materiais como morais. Em princípio entendo tão grave a revogação do mandato como o abandono do nubente pelo outro no local da celebração, ao crivo e comentários dos que a ele foram para presenciar a cerimônia.

A revogação desse mandato requer, também, a mesma solenidade: deve ser por instrumento público (§ 4º).

Lembre-se de que desse instrumento de mandato pode valer-se o nubente que não estiver em iminente risco de vida, para ser representado no casamento nuncupativo (§ 2º).

Quanto à prova do casamento celebrado no Brasil, ela existe essencialmente pela certidão do registro civil, extraída do acento que se lavra em seguida à celebração matrimonial.

Sendo justificada a falta ou perda do registro civil, admite-se qualquer outra espécie de prova (art. 1.543 do CC).

Pela certidão de casamento, os cônjuges comprovam fundamentalmente seu estado civil de casados.

Se vier a faltar essa possibilidade de comprovação do casamento, por ter sido destruído o Cartório ou o livro em que se assentou esse ato, em caso de perda ou extravio, deve ser requerida justificação judicial para evidenciar a celebração em repartição pública, como o eleitoral, do trabalho, do imposto sobre a renda, como outro local.

Por sua vez, o casamento de brasileiro, celebrado no estrangeiro, perante as respectivas autoridades ou os cônsules brasileiros, deverá ser registrado 180 dias, a contar da volta de um ou de ambos os cônjuges ao Brasil, no cartório do respectivo domicílio, ou em sua falta, no 1º Ofício da Capital do Estado em que passarem a residir, estabelece o art. 1.544 do Código Civil.

O não cumprimento desse prazo de 180 dias para o registro do casamento no Brasil não invalida o contrato matrimonial.

Se o casamento de brasileiro no exterior ocorrer perante o cônsul brasileiro do local onde tiver seu domicílio, é certo que será feito o competente assento, como se faz no Brasil, e desse assento consular pode ser extraída certidão do casamento, que já se realizou, como se estivesse sendo realizado no Brasil. A não ser que o brasileiro prefira casar-se perante a autoridade do local onde estiver. Nesse caso, provar-se-á o casamento de acordo com a lei do local do casamento, aplicando-se o princípio segundo o qual *locus regit actum*.

Em seguida, o Código Civil cuida da posse do estado de casado, que é o exercício coabitacional, de fato, entre pessoas que vivem como se casados fossem, e são tidos como casados pela sociedade.

Quando analisamos o *usus* no Direito Romano, percebemos, lá, esse tipo de casamento pela posse continuada, que deriva do casamento de fato, da antiguidade.

Esclarece Orlando Gomes[65] que "A posse de estado é a melhor prova do casamento, quando tem cunho confirmatório. Não é suficiente, contudo, se desacompanhada de outra prova da celebração, pois, do contrário, o concubinato poderia converter-se em casamento".

Parece-me que a maior prova do casamento ou de qualquer união de cunho familiar é a convivência, com o intuito de constituição de família. Aliás, não é outro o escopo do legislador que incentiva a conversão da união estável em casamento. Desde o texto constitucional (art. 226, § 3º: "devendo a lei facilitar sua conversão em casamento"), até a regulamentação desse § 3º, pelo meu projeto, que redundou na Lei n. 9.278/96, art. 8º, e que integra o art. 1.726 do Código Civil (conversão da união estável a pedido dos companheiros ao juiz, com assento no Registro Civil).

O excesso de formalidades para o casamento, vem colocando esse instituto em desprestígio na sociedade, que prefere modos mais simples de constituição de família, que não tiram a seriedade do instituto, nem causam desprestígio ao organismo familiar.

Nesse mister, assenta o art. 1.545 do Código Civil que o casamento de pessoas que não possam manifestar vontade ou tenham falecido, na posse do estado de casadas, não pode ser contestado em prejuízo da prole comum, salvo mediante certidão do Registro Civil que prove que já era casada alguma delas, quando contraiu o casamento impugnado.

Mesmo assim, os direitos dos filhos e dos conviventes não se perdem, são adquiridos e patrimonializados no acervo de quem os adquiriu.

Atualmente, até o concubinato impuro (adulterino ou incestuoso) encontra proteção jurídica na Súmula 380 do Supremo Tribunal Federal, quando provado o esforço comum na aquisição de bens ou direitos.

O ser humano merece o respeito e a consideração do Direito, como ser relativo integrante da sociedade.

A posse do estado de casado pode ser prova também, indireta, do casamento, quando for constatada inexistência ou destruição do registro ou do livro desse registro em que estaria lavrado o assento matrimonial.

Certa feita, testemunhou-me Orlando Gomes que, em alguma localidade da Bahia, os casamentos ocorrem somente no Ofício Religioso, pois o civil, em cartório, seria tido como "casamento na polícia".

Esse sentimento popular, segundo ele, sempre teria sido respeitado no Poder Judiciário.

Quanto às provas, o capítulo das do casamento, aponta o art. 1.546 que, quando a evidência da celebração resultar de processo judicial, o registro da sentença no livro do Registro Civil produzirá, quanto aos cônjuges e aos filhos, todos os efeitos civis desde a data do casamento.

Por outro lado, determina o art. 1.547, seguinte, que havendo litígio sobre a existência do casamento, com provas favoráveis e contrárias, em caso de dúvida, o juiz

---

65. *Direito de família* cit., p. 115, n. 70.

julgará em favor do casamento, se os cônjuges viverem ou tiverem vivido na posse do estado de casados.

Tal dispositivo, atualmente, é de fácil aplicação, pois se o casal vivia em união estável é normal que se pretenda a conversão da união de fato em casamento, conforme já ressaltei, atrás.

Aplica-se, nesse caso, o princípio: *in dubio pro matrimonio* (em dúvida, a favor do matrimônio).

5 INVALIDADE DO CASAMENTO CIVIL

1 Generalidades

Como já mencionei[1], cuidando da invalidade do negócio jurídico, o atual Código deveria ter tratado da divisão tripartite da invalidade, da inexistência, da nulidade e da anulabilidade dos negócios jurídicos. Ao contrário, manteve ele a posição do Código anterior, considerando os negócios inválidos em duas categorias: nulos e anuláveis.

Lembre-se, nesse passo, de que foi no âmbito do Direito de Família, que K.-S. Zachariae[2] distinguiu entre condições essenciais e de validade do casamento, criando a teoria dos negócios inexistentes, demonstrando que a falta de um só dos elementos essenciais ao negócio do casamento provoca antes sua inexistência do que sua nulidade. Tal acontece só, em aparência; quando um dos nubentes não está em situação física de declarar sua vontade de contraí-lo.

Destaque-se que o art. 146 do Código Civil francês assenta que "não há casamento se não existe consentimento (*Il n'y a pas de mariage lorsqu'il n'y a point de consentiment*)".

Vê-se, assim, que o negócio é inexistente quando ele não ingressa no mundo jurídico, senão em aparência, mas produz efeitos, que, no mais das vezes, precisam ser apagados judicialmente. Isso porque falta a ele um de seus elementos essenciais e essa aparência produz efeitos, necessitando de ser apagada.

Pondera Rubens Limongi França[3] que negócio inexistente "é aquele que não chegou a configurar-se como ato jurídico, em virtude da falta de um de seus elementos constitutivos".

Assim, como dito, acontece com o negócio sem manifestação de vontade, como ressaltado por K-S Zachariae, já citado como o criador dessa teoria.

Os autores costumam dizer que não há casamento quando os nubentes são do mesmo sexo[4]. Em verdade, não existe casamento tradicional, figura típica, como cuidada no Código Civil, embora, com o mesmo sexo, exista outra espécie de casamento, o homoafe-

---

1. AZEVEDO, Álvaro Villaça. *Curso de direito civil*: teoria geral do direito civil. Parte geral. São Paulo: Atlas, 2012. p. 332-372.
2. *Le Droit Civil Francais*. Trad. da 5. ed. alemã por G. Massé e Ch. Vergé. Ed. Auguste Durand, 1854. t. 1º, § 108, p. 166, nota 3.
3. *Manual de direito civil* cit., 3. ed., p. 311.
4. Ver AZEVEDO, Álvaro Villaça. *Curso de direito civil* cit., 2012, p. 332-338.

tivo, que tem guarida no texto genérico do art. 226 da Constituição Federal, como já expliquei atrás.

Marcel Planiol[5], por exemplo, explica que são só três hipóteses de casamento inexistente, quando há identidade de sexo, defeito de celebração ante o oficial do estado civil e falta absoluta de consentimento.

Tratarei, em seguida, das nulidades e anulabilidades do casamento típico, como programado no Código Civil.

Para melhores noções sobre nulidade e anulabilidade como programado nos negócios jurídicos, em geral, remeto os leitores ao exame da Parte Geral de meu Curso de Direito Civil[6].

2 Casamento nulo

Com a revogação do inciso I do art. 1.548 do Código Civil (nulidade de casamento por enfermidade mental sem o necessário discernimento), a nulidade ficou reduzida ao inciso II desse mesmo artigo (infringência de impedimento).

Essa hipótese de nulidade revogada é distinta da que se enquadra na anulidade, quando a pessoa é incapaz de consentir ou de "manifestar de modo inequívoco o seu consentimento" (art. 1.550, IV).

Pondera, entretanto, Caio Mário da Silva Pereira[7] que "Na prática... existem situações que poderão conduzir a uma perplexidade do julgador, em face de pessoa incapaz de manifestar seu consentimento, por enfermidade mental, a saber se o caso é de nulidade ou de anulabilidade, especialmente em face de pareceres técnicos discordantes", sugerindo que a dúvida seja afastada entendendo-se que a "'nulidade' é do matrimônio do enfermo mental, absolutamente incapaz para os atos da vida civil".

Quanto à nulidade por infringência de impedimento, ela decorre do descumprimento de qualquer dos impedimentos previstos no já analisado art. 1.521 do Código Civil (casamento de ascendentes com descendentes, seja o parentesco natural ou civil; dos afins em linha reta; do adotante com quem foi cônjuge do adotado e do adotado com quem o foi do adotante; dos irmãos, unilaterais ou bilaterais, e dos demais colaterais, até o terceiro grau inclusive; do adotado com o filho do adotante; das pessoas casadas; do cônjuge sobrevivente com o condenado por homicídio ou tentativa de homicídio contra o seu consorte).

Em qualquer dessas situações, é nulo o casamento, podendo intentar-se ação direta de nulidade, por qualquer interessado ou pelo Ministério Público, assegura o art. 1.549 do Código Civil.

---

5. *Traité Élémentaire de Droit Civil.* 4. ed. Paris: Libr. Générale de Droit & de Jurisprudence, 1906. t. 1º, p. 339-340.
6. AZEVEDO, Álvaro Villaça. *Curso de direito civil* cit., 2012, p. 338-370.
7. *Instituições de direito civil* cit., p. 134.

Sim, porque, nessas situações, o descumprimento fere a ordem pública, como a contrariar a sociedade que se vê protegida pela legislação.

3 Casamento anulável

3.1 Em razão de idade

Quando a gravidade do defeito atinge interesse particular, pode ele ser sanado com a convalidação do negócio matrimonial sob pena de invalidar-se totalmente o referido negócio.

Tal é a situação de quem se casa sem atingir a idade mínima (inc. I), de 16 anos, como previsto no art. 1.517, já analisado. Todavia, o casamento não será anulado se dele resultar gravidez (art. 1.551). O cônjuge menor poderá confirmar seu casamento ao atingir a idade mínima exigida para o matrimônio, com a autorização de seus representantes, quando for necessário, ou com suprimento judicial (art. 1.553).

Essa ação anulatória dos menores de 16 anos será requerida, assenta o art. 1.552, pelo próprio cônjuge menor, por seus representantes legais ou por seus ascendentes.

O prazo de propositura dessa ação é de 180 dias, contados do dia em que cessar a incapacidade.

Não será anulado o casamento, entretanto, se os representantes legais do menor tiverem assistido sua celebração ou, de qualquer modo, manifestado sua aprovação.

Parece-me estranho que a lei possibilite ao próprio cônjuge menor pleitear a anulação matrimonial, porque, mesmo sendo incapaz, consentiu com a realização matrimonial.

Do mesmo modo, se anulado o casamento pelas outras pessoas ali aludidas, pode o casal continuar sua união, vivendo em união estável. Melhor seria que se mantivesse o casamento.

O art. 1.550 do Código Civil declinava as hipóteses da anulabilidade do casamento, de modo taxativo.

De mencionar-se, nesse passo, que a Lei n. 13.146/2015 (Estatuto do Deficiente) incluiu um § 2º nesse art. 1.550 que possibilita a pessoa com deficiência mental ou intelectual, em idade núbil, contrair matrimônio manifestando sua vontade diretamente ou por meio de seu responsável ou curador.

Outra restrição está no art. 1.554, que assegura a subsistência do casamento, se ele for celebrado por quem exercer publicamente as funções de juiz, registrando o ato no Registro Civil. Todas situações meramente formais que dão validade ao casamento, independentemente da vontade dos cônjuges.

Por outro lado, se a mulher ficar grávida, não se anulará o casamento. Nesse caso, a capacidade resulta da própria natureza!

Veja-se, mais, que, tendo o menor idade núbil, deve, ainda, ser autorizado pelo representante legal (art. 1.550, II), sob pena de poder ser anulado seu casamento.

A meu ver, a grande capacidade para o casamento é o amor dos cônjuges, que se sentem aptos à criação de sua família. O excesso de regras enfraquece o instituto do casamento, levando os casais à convivência sem ele, em união estável.

O mesmo acontece com a convivência homoafetiva, que existe com ou sem casamento, não obstando a lei, entretanto, a sua existência natural. Melhor que convivam com o casamento do que sem ele. É o que vem preferindo a Jurisprudência, como analisarei no momento próprio.

3.2 Em razão de vício da vontade

Anula-se, ainda, o casamento por vício da vontade nos termos dos arts. 1.556 a 1.558 (art. 1.550, III) do Código Civil.

O art. 1.556 cuida do erro essencial quanto à pessoa do outro cônjuge (art. 218 do Código de 1916).

Por seu turno, o Código Civil declara, no seu art. 1.557, o que considera como erro essencial, repetindo, em seus incisos I a III, as hipóteses previstas no art. 219 do Código anterior, de 1916, constando a necessidade da prova da insuportabilidade da vida em comum no caso de erro de identidade, honra e boa fama (inc. I) e no de ignorância de crime, que não necessita mais ser inafiançável (inc. II). No caso de defeito físico irremediável que não caracterize deficiência, ou de moléstia grave e transmissível (inc. III) não consta, expressamente, essa restrição, mas entendo presente intrinsecamente a necessidade da prova da insuportabilidade da vida em comum. O teor desse inciso III está com a redação da Lei n. 13.146, de 2015.

Sim, porque o amor, em certas circunstâncias, é maior do que esses problemas e, no prazo de ajuizamento da ação, muitas vezes, um cônjuge dá provas ao outro dessa suportabilidade, não podendo, depois disso, anular o casamento.

Assim, em face do inciso I do referido art. 1.557, acontece no erro de identidade, honra e boa fama.

É o caso, por exemplo, de quem se casou com uma prostituta, conhecendo-a como garota de programas, declarando-se muito feliz. Com a viuvez, alega, agora, o cônjuge, em seu segundo casamento, que se casou com uma prostituta, querendo, por essa razão anular seu segundo casamento.

Por seu turno, o antigo inciso IV, defloramento da mulher, ignorado pelo marido, que era também causa anulatória, foi revogado pela Lei n. 13.146/2015.

Todas essas situações podem causar a anulação do casamento, se forem ignoradas pelo cônjuge ofendido antes do matrimônio, com a consequente insuportabilidade da vida em comum.

A análise do Judiciário há que ser feita com muita cautela, devendo merecer esse crédito do legislador, principalmente no que toca às situações em que intervém o fator sexual, pois, como bem aponta Edgard de Moura Bittencourt[8], "a sexualidade por ação ou omissão tem influência marcante na suportabilidade da convivência conjugal", citando o exemplo da mulher, que descumpre o débito conjugal, não podendo esta, por seu entender, "deixar de ser vencida em ação de divórcio, desde que as exigências de seu marido se tenham revelado sem exacerbação dos instintos naturais".

Ainda, no tocante à identidade do cônjuge, sua honra e boa fama, tem a Jurisprudência levado em conta aspectos subjetivos, de caso para caso, com alguma dificuldade interpretativa.

Realmente, ressaltam Arnoldo Wald e Priscila M. P. Corrêa da Fonseca[9] que,

> Deixando de lado o caso típico do exemplo bíblico de Jacó, que, pretendendo casar-se com Raquel, casou-se na realidade com Lia, a teoria do erro essencial no casamento tem sido elaborada pela jurisprudência em meio a numerosas oscilações e baseada nas circunstâncias peculiares de cada caso concreto. Assim, enquanto alguns entendem que um erro sobre a nacionalidade ou a religião do outro cônjuge é essencial, outros negam que essa única razão possa tornar insuportável a vida em comum. Até que ponto o erro em relação à profissão do cônjuge, do seu nome real, de sua condição social, de suas qualidades pessoais, de seu talento artístico pode autorizar a anulação do casamento? E dentro de que limites fatos posteriores ao casamento podem provar que, ao celebrar o matrimônio, o caráter do cônjuge já não era aquele que o outro imaginara?

Desfilam, em seguida esses autores, escudados em Jurisprudência, alguns casos como: a) o erro quanto à profissão, ao nível cultural e à formação universitária não autoriza a anulação do casamento; b) o fato de o marido ser padre católico ou de a mulher ser divorciada no exterior, quando se declarou viúva ou quando existem falsas afirmações sobre a filiação, autorizam a anulação; c) também a gravidez simulada da mulher; d) o distúrbio sexual da mulher e não cumprimento do débito conjugal (homossexualismo); e) o homossexualismo do cônjuge desconhecido pela mulher; f) o desconhecimento do cônjuge de ser o outro usuário de entorpecentes; g) a fuga da noiva, logo após o casamento; h) a inverdade acerca da filiação; i) a recusa a relação sexuais; j) a situação de ser a mulher prostituta; k) a agressividade do marido e sadismo, manifestados após o casamento; e) por outro lado, não autoriza a anulação o longo relacionamento do varão com um homossexual em uma pequena cidade do interior, do conhecimento de todos, presumindo-se o da mulher.

O inciso II do mesmo art. 1.557 do Código Civil considera erro essencial sobre a pessoa do outro cônjuge a ignorância de crime anterior ao casamento, que, por sua natureza, torne insuportável a vida em comum.

---

8. *Família*. Rio de Janeiro: Ed. Alba. p. 55-56.
9. *Direito civil*: direito de família cit., p. 121 e s.

O casamento com autor de crime, cometido anteriormente ao casamento, sendo esse fato desconhecido do outro cônjuge, pode causar essa insuportabilidade convivencial, autorizando-se, nesse caso, a anulação matrimonial.

A imagem de um cônjuge com relação ao outro é muito importante não se chegando a ponto de um querer encontrar no outro seu príncipe ou sua princesa encantados.

Ainda em relação ao deficiente, a Lei n. 13.146/2015 alterou a redação do inciso III do art. 1.557 do Código Civil, que passou a considerar erro essencial sobre a pessoa do outro cônjuge: "a ignorância, anterior ao casamento de defeito físico irremediável que não caracterize deficiência, ou de moléstia grave e transmissível por contágio ou por herança, capaz de pôr em risco a saúde do doutro cônjuge ou de sua descendência".

A Lei de Emergência revogou, ainda, o inciso IV desse art. 1.557, que considerava erro essencial sobre a pessoa do outro cônjuge, se houvesse ignorância, anterior ao casamento, de doença mental grave, que por sua natureza tornasse insuportável a vida em comum ao cônjuge enganado.

Entendo, aqui, outro absurdo da mesma Lei que força a existência do casamento com pessoa portadora de doença mental grave, desconhecida antes do casamento, enfrentando dita insuportabilidade.

Essa insuportabilidade levará fatalmente à dissolução matrimonial, a meu ver, pior.

Resta, antes de tudo, saber a extensão de significado da expressão defeito físico irremediável.

Clóvis Beviláqua[10], depois de ponderar que nosso Código Civil de 1916 (e também o atual) preferiu essa expressão à utilizada pelo Decreto n. 181, de 1890, que falava em impotência, ensina que os autores referem como defeitos dessa ordem o sexo dúbio, as deformações genitais e a impotência, aclarando tratar-se esta última de impotência *coeundi* e não *generandi* ou *concipiendi*, pois a esterilidade não pode considerar-se causa de anulação de casamento, por não ser a procriação fim essencial deste. Pode existir casamento sem prole, não oferecendo a esterilidade, assim, "qualquer obstáculo à união efetiva dos cônjuges, e nessa é que está a essência do matrimônio".

Realmente, os nubentes estudam-se, antes do matrimônio, mas, no mais das vezes, não chegam a conhecer-se, intimamente, mormente com relação ao que os vai unir, física e psiquicamente, no casamento.

Vicente de Faria Coelho[11] faz ver que nossa doutrina e jurisprudência não entendem a lei como se referindo, por exemplo, a um defeito físico irremediável, em uma perna, em um braço, em um olho, em um seio, em um testículo, basificando-se no entender, de Carvalho Santos, Souza Lima e Hélio Gomes.

---

10. *Código Civil comentado* cit., p. 71.
11. *Nulidade e anulação do casamento*. 2. ed. Rio de Janeiro-São Paulo: Livr. Freitas Bastos, 1962. p. 252.

Entretanto, Lourenço Mário Prunes[12] bem se rebela contra o que denomina *respeitáveis lições* quando alude ao julgado do Tribunal de Justiça de São Paulo[13] e ao entendimento de Souza Lima, em sua Medicina Legal, segundo os quais só devem considerar-se defeitos físicos os que impedem a consumação do casamento, obstaculizando a "união efetiva dos cônjuges, não, por exemplo, os que se demonstram por pernas tortas, olho postiço, ausência de um seio, falta de um testículo etc.".

Esse mesmo autor patenteia, com muita razão, que, embora tenha a lei visado, especialmente, os "defeitos físicos gênito-sexuais, a sexualidade, porém, não se contém apenas nos órgãos básicos do ato amoroso". Com propósito, continua ponderando que, "como a libido tem mistérios imensos, é preciso examinar as circunstâncias de cada caso", pois, citando exemplos, admite que possa causar espécie a um dos cônjuges, que deve avaliar a situação e não o louvado ou o Juiz, o fato de ter o outro perna mecânica, ou não ter um seio, ou apresentar-se com olho postiço, ou com quaisquer outros dos enumeráveis defeitos físicos.

Estudando a natureza do defeito, em causa, precisa Virgílio de Sá Pereira[14] que ele deve ser de tal modo a impedir a procriação, finalidade natural do casamento, acentuando, mais, que, sendo a impotência exemplo típico desse defeito, ela vem conceituada nas obras de medicina legal como "a incapacidade de entreter relações sexuais, pois resulta da falta dos órgãos sexuais ou da sua inaptidão para o coito – *impotentia coeundi*, se se trata do homem", clausura ou *arctatio*, se se trata da mulher, depois de se firmar no conceito dado pelo cardeal Soglia, segundo o qual *Impotentiam hoc loco vocamus inhabilitatem vel ex parte viri, vel ex parte foeminae ad matrimonium consummandum perfectamque copulam habendam*.

Parece-me que a ideia de restringir o defeito à impossibilidade de procriação não deve admitir-se, pois esta é uma das finalidades do casamento, mas não a única. É mais importante do que ela a relação sexual, entre os cônjuges, que não podem remediar esta situação, como poderiam a outra, adotando.

A tanto já se referiu Alípio Silveira[15] com estas palavras: "O desejo de ter filhos situa-se em esfera elevada, e pode facilmente sub-rogar-se na adoção e na legitimação adotiva... ou sublimar-se de outra forma, ao passo que o desejo carnal pertence a uma esfera inferior e é de sublimação muito mais difícil, tornando-se, pois, absolutamente insuportável a impotência instrumental", trecho este que, a maior, é mencionado na obra de Vicente de Faria Coelho[16].

---

12. *Anulação do casamento* – erro essencial. 2. ed. São Paulo: Ed. Sugestões Literárias, 1968. p. 185.
13. *RT* 28/35.
14. *Direito de família*: lições. Ed. histórica. 3. ed. atual. Rio de Janeiro: Forense, 2008. p. 247. Tradução: "chamamos, nesta oportunidade, a impotência a inabilidade ou por parte do varão, ou por parte da mulher, à consumação do matrimônio e havendo cópula perfeita".
15. O fato sexual na anulação do casamento. *Revista Forense*, Rio de Janeiro: Forense, v. 111, p. 336.
16. *Nulidade e anulação do casamento* cit., p. 258.

Entretanto, como este mesmo autor adverte[17], houve, por nossa doutrina e jurisprudência, "pacífica exclusão da esterilidade ou mais precisamente da impotência de gerar, do elenco dos defeitos físicos", admitindo a ocorrência de tal fato pelas "valorações complementares", uma vez que, no "puro conceito médico-legal", tanto é defeito físico a impotência instrumental, *coeundi*, como a esterilidade, *generandi* ou *concipiendi*.

Ora, o que varia, é o grau de importância das hipóteses, que existe no campo individual, daí concordar com a necessidade de valorações as mais cuidadosas, principalmente, levando o juiz da causa em consideração o entendimento do cônjuge, que se alega prejudicado, pois é possível, em um lar, que, por motivos psicológicos, embora mantendo normalmente suas relações sexuais os cônjuges, não suporte um destes a esterilidade do outro. Na mulher, principalmente, há este desejo incontido de florear seu ambiente com filhos próprios, talvez um sonho alimentado por toda sua vida.

O Direito há que respeitar essas querenças humanas, pois, como pode um dos cônjuges se decepcionar com a falta de um órgão de seu consorte, tornando-se repugnante a ele qualquer contato físico com o mesmo, pode, também, dar-se a situação em que o sonho de um, de ter sua própria prole, se desvaneça, tornando-se insuportável a vida conjugal. Veja-se o exemplo no drama de Federico Garcia Lorca, em que a esposa Yerma, inutilmente, aguarda, até o desespero e o crime, o dia de ser mãe.

Aliás, como acentua João Luiz Alves[18], a palavra impotência, que constava do Projeto de Clóvis Beviláqua, bem como as que se acrescentaram no Projeto da Câmara, epilepsia, alienação mental de qualquer forma, foram suprimidas do Código, que preferiu a expressão *defeito físico irremediável*, sendo isso de louvar-se, pois, segundo ensina, cabe "à ciência médica, como auxiliar da justiça, dizer, em cada caso, da existência do defeito físico ou da moléstia a que se refere a lei e nas condições prescritas".

Sempre fui pela alteração do dispositivo legal, nesse passo, para que a expressão da lei seja defeito físico ou moléstia grave, que tornem impossível a relação sexual perfeita.

Washington de Barros Monteiro[19], referindo-se aos defeitos físicos irremediáveis, aponta "entre os mesmos o sexo dúbio, as deformações genitais, o infantilismo ou vaginismo e a impotência", esclarecendo que esta é a mais frequente, sendo de três espécies: *coeundi, generandi* e *concipiendi*.

Fundamentando-se em copiosa jurisprudência, que será adiante analisada, destaca esse mesmo Professor que só a primeira categoria de impotência, instrumental, é causa de anulação, do casamento, desde que irremediável, anterior ao matrimônio, e desconhecida pelo cônjuge enganado, pois as outras duas se resumem, respectivamente, na incapacidade para a fecundação e para a concepção.

---

17. *Desquite e anulação de casamento*. 2. ed. São Paulo: Ed. Universitária de Direito, 1972. p. 14.
18. *Código Civil da República dos Estados Unidos do Brasil*. Anotado, revisto e atualizado por Ebert Chamoun. 3. ed. Rio de Janeiro: Ed. Borsoi, 1957. v. 2, p. 50.
19. *Curso de direito civil* cit., p. 99.

Seguindo esse entendimento, Silvio Rodrigues[20], Orlando Gomes[21], Caio Mário da Silva Pereira[22], Clóvis Beviláqua[23], Vicente de Faria Coelho[24], Arnoldo Wald[25], Lourenço Mário Prunes[26], entre outros.

As principais deformações sexuais, no homem, são:

a) ausência do pênis;

b) pênis infantil;

c) pênis gigante, com impossibilidade de relações sexuais;

d) ausência congênita dos testículos (anorquia) ou existência deles, atrofiados, com incapacidade genética;

e) hérnias gigantes;

f) hidrocele (derrame líquido entre as túnicas da vaginal do testículo) e

g) elefantíase do escroto (pele que envolve os testículos); impossibilitadoras, estas três últimas hipóteses, do coito.

Na mulher, impedindo a cópula, podemos mencionar os seguintes defeitos físicos irremediáveis:

a) ausência de vagina, o que raramente ocorre;

b) estreitamento com excesso da vagina, (atresia, angústia, obliteração vaginal);

c) malformações secundárias originárias de inflamações;

d) ulcerações e queimaduras, produzindo cicatrizes e bridas viciosas;

e) tumores dos grandes e pequenos lábios ou da vagina; e

f) prolapsos (procidência) do útero.

O acórdão, de 3 de janeiro de 1952, da 8ª Câmara Cível do Tribunal de Justiça do antigo Distrito Federal, na Apelação 10.867, sendo relator o Desembargador Hugo Auler[27], entre outras matérias, explica que o sentido da palavra impotência, usada no Decreto n. 181, de 24 de janeiro de 1890, e, por inexplicável pudicícia, oculto sob a expressão "defeito físico irremediável", adotada pelo art. 219, do nosso Código Civil, é somente o de inaptidão para o ato da conjunção carnal resultante de mórbida insuscetibilidade de estímulo

---

20. *Direito civil* cit., p. 90-91.
21. *Direito de família* cit., p. 96-97.
22. *Instituições de direito civil* cit., p. 144-145.
23. *Código Civil comentado* cit., p. 71.
24. Op. cit., p. 258-259.
25. *O novo direito de família*. 13. ed., com a colaboração de Luiz Murillo Fábregas e Priscila M. P. Corrêa da Fonseca. São Paulo: Saraiva, 2000. p. 73-74.
26. *Anulação do casamento* cit., p. 186-187.
27. *Revista Forense* 201/159; FRANCESCHINI, J. L. V. de Azevedo; OLIVEIRA, Antonio de Salles. *Direito de família e jurisprudência*. São Paulo: Revista dos Tribunais, 1973. v. I, p. 467-468.

sensorial ou de defeito dos órgãos genitais do homem e da mulher, repelida assim a noção de cópula perfeita, que seria apenas aquela *per se apta ad prolis generationem*.

Não nos cabe, neste curso, estudar os aspectos médicos dos defeitos físicos irremediáveis, mas analisar os que como tais se entendem, em nossa doutrina e jurisprudência.

É, mesmo, impossível escalonar todos esses defeitos, que, à medida que vão surgindo, vão sendo esclarecidos, enquanto se ponderarem suas circunstâncias pela jurisprudência. Contudo, ao lado dos defeitos, que enumeraram, apontam os autores a impotência como o mais importante deles.

Aqui, o concurso médico é de grande valia para informação da Ciência Jurídica, entretanto esta possui conotações próprias, não se resumindo em um tratado de Medicina, mas em estudos os mais variados das circunstâncias dos casos, devendo, sempre, o juiz remover os óbices, que nascem e que se engrandecem, criando a desarmonia no lar, o desajustamento conjugal, que, se por assim entender o perito médico, não for curado judicialmente, toma seu curso de correção natural, com meras separações, que vêm trazer essa desarticulação vivencial, em âmbito maior. Realmente, novas situações, não protegidas, aparecem em verdadeira bola de neve, a aumentar, com novas ligações e prole, em rebeldia ao sistema, que lhe é contrário à lógica existencial.

Com rara felicidade e grande percepção da realidade social, após declarar a impossibilidade de declinação de todos os defeitos físicos, dada a vastidão de seu quadro, afirma Lourenço Mário Prunes[28] que sua maior ou menor importância quem sente e avalia é o interessado, não o perito, nem o juiz.

Analisarei, dessa forma, alguns julgados de nossa jurisprudência, objetivando a anulação de casamento por defeito físico irremediável, em completa frustração do dever coabitacional.

Antes, que se refira expressiva lição do Desembargador Hugo Auler[29], respeitante ao paralelo, que traça, entre a impotência *coeundi* e *generandi*, baseando-se no Direito Canônico, a demonstrar que este, desde a sua mais remota legislação até a mais recente, sempre considerou, como causa dirimente do casamento, a impotência, visando, "única e exclusivamente, a ação humana, a *commixtio sexum*, a *unio corporea*, a *carnalis coniunctio*, ou seja, a *inhabilitas ad copulam*, ficando indiferente à ação natural em sua mais grave acepção, que é a *imissio seminis* até a *proligeneratio* e recordando que o bíblico *eritis duo in carne una* constitui o preceito essencial do conúbio conjugal, do qual o *crescere et multiplicari* nada mais é do que um efeito de atividade voluntária dirigida no sentido da conjunção carnal". Embora, *data venia*, não corresponda esse entendimento ao do invocado Direito Canônico, há nele a lógica, que neste não se vê pela maioria dos canonistas.

Por outro lado, tem nossos Tribunais admitido, em reiterados julgamentos, no plano da impotência *coeundi*, não só a instrumental, mas também a funcional, caracterizando o

---

28. *Anulação do casamento* cit., p. 185.
29. Acórdão citado, *RF* 201/159.

fato como erro substancial quanto à pessoa do outro cônjuge, apta a legitimar a anulação matrimonial, desde que anterior a este, ignorada pelo esposo enganado, e irremediável[30].

Mencione-se, em especial, caso raríssimo, julgado pela Primeira Câmara Civil do Tribunal de Justiça de São Paulo, em 14 de novembro de 1967, por votação unânime, no Recurso *ex officio* 159.701, sendo relator o Desembargador Toledo Piza[31], em que se anulou o casamento por ser a mulher, congenitamente, desprovida de vagina, não obstante operação plástica realizada, dotando-a, artificialmente, daquele órgão. Embora, após essa intervenção, tenha sido possível a realização do ato sexual entre os esposos, foi a impotência *coeundi* declarada como defeito físico irremediável, dada a artificialidade da situação criada.

Outro acórdão da Primeira Câmara Civil do Tribunal de Justiça de São Paulo, no Recurso *ex officio* 207.307, da Comarca de Americana, em 12 de fevereiro de 1974, sendo relator o Desembargador Sílvio Lemmi[32], e por unanimidade de seus membros, fundado em copiosa jurisprudência, bem interpreta, em caso de impotência *coeundi*, anterior ao casamento, manifesta e permanente, como causa anulatória do matrimônio, quando conclui que "o cônjuge que se recusa, de modo peremptório e absoluto, ao pagamento do débito conjugal, jamais, em real análise, manifestou a vontade de se casar, tendo querido apenas, com o ato matrimonial, realizar qualquer coisa que não pode ser havida por casamento no sentido jurídico".

O Desembargador Manoel Augusto Vieira Neto[33] ponderou, certa feita, que não se deve conceder a anulação matrimonial se, "ao tempo em que a mulher não podia praticar o coito, o marido mantinha com ela, regularmente, relações incompletas", arredando, com esse argumento, a ideia de realização da cópula entre os cônjuges, por motivação psíquica.

Fazendo, por sua vez, a diferença entre as mencionadas incapacidades, instrumental e funcional, chamadas, às vezes, respectivamente, absoluta e relativa, o Desembargador Alceu Cordeiro Fernandes[34], no acórdão de 22 de setembro de 1961, perante o Terceiro Grupo de Câmaras Civis do Tribunal de Justiça de São Paulo, nos Embargos 100.653, em sua declaração de voto vencido, aclara que a impotência instrumental, ou absoluta, é a que resulta de "atrofia, imperfeição ou mutilação dos órgãos sexuais"; sendo, já, a impotência funcional, ou relativa, a que se manifesta "por um vício fisiológico, em geral do sistema nervoso, que impede o exercício da cópula".

---

30. *RT* 128/257; 146/717; 154/768; 168/620; 177/626; 182/742; 186/102; 191/188; 192/ 266; 196/97; 201/88 e 276; 204/188; 212/237; 213/214; 219/140; 233/253; 242/146; 254/237; 270/248 e 253; 275/324, 342 e 343; 284/351; 287/270; 293/602; 296/282; 297/713; 306/237; 307/299; 320/148; 359/183; 363/110 e 113; 364/94; 389/213 e 347; 397/318; 417/154; 430/55 e 60; *RF* 87/420; 120/115, 159 e 165; 134/159; 137/500; 168/222.

31. *RT* 393/161.

32. *RT* 464/77.

33. *RT* 289/309; 297/222.

34. *RT* 334/104, encontrando-se o acórdão embargado, na mesma revista, 311/219; FRANCESCHINI, J. L. V. de Azevedo; OLIVEIRA, Antonio de Salles. *Direito de família e jurisprudência* cit., p. 473-476.

Assim, entendo, com todo o respeito, que nada pode ser tido como definitivo em matéria de condições pessoais, em ordem de manifestação natural, pois, se é certo que uma situação perdura, às vezes por longo tempo, entre os cônjuges, certo é que a sua tolerância pode estar sendo minada, a ponto de chegar à saturação máxima. Daí, e principalmente, a impossibilidade de copular por defeito psicossomático ser relativa.

De mencionar-se, nesse passo, o acórdão da 4ª Câmara Civil do Tribunal de Justiça de São Paulo, por votação unânime, de 10 de novembro de 1960, na Apelação 101.937, em que foi relator o Desembargador Hoeppner Dutra[35], onde existem fartas lições de juristas notáveis e de não menos mestres da medicina legal, entre estes Nerio y Rojas, Lazzaretti, Felippi, Flamínio Fávero, Souza Lima, Hélio Gomes e Almeida Júnior, destacando-se o último, quando ensina que, "para o fim do casamento, o que interessa é a capacidade sexual de um cônjuge em relação ao outro", arrematando: "De que vale, para a mulher, a potência do marido fora do leito conjugal, se neste sua virilidade malogra?".

Realmente, nesse mencionado caso, cuidou-se de impotência *coeundi* relativa, restando claro da prova dos autos que o cônjuge varão, quando solteiro, teve várias amantes, levando vida boêmia, existindo essa incapacidade sexual, tão somente, com sua mulher, concluindo o decisório que "tornou-se", dessa forma, "intolerável o estado da autora, visto que o casamento não atingiu a sua finalidade natural", o que redundou na sua anulação pleiteada.

Veja-se, mais, que há casos em que o casamento não se consuma por recusa de um cônjuge à coabitação ou ao cumprimento do débito conjugal, com o outro, como aludem os julgadores[36], seja por fuga logo após a celebração matrimonial; ou enquanto não se realiza o casamento religioso, que não se concretiza por ser obstado pelo outro esposo; ou por sentimentos religiosos; ou por coitofobia; ou por outros motivos; devendo anular-se o casamento por erro essencial sobre a pessoa do outro cônjuge.

Concedendo, ainda, essa anulação, tem decidido o pretório que a fobia sexual é considerada defeito físico irremediável, equiparando-se a coitofobia à impotência *coeundi*[37], e que o *officium naturae* é irrecusável, não podendo, portanto, a esposa descumpri-lo, em razão de voto de castidade, que fez[38].

Ilustre-se, nesse ponto, o que vem sendo exposto, com a anulação de casamento *sui generis*, ocorrida na Primeira Câmara Civil do Tribunal de Justiça de São Paulo, no Recurso *Ex Officio* 104.421, por votação unânime, em 24 de fevereiro de 1961, sendo relator o Desembargador Juarez Bezerra[39], união realizada à revelia dos nubentes, por famílias japonesas, segundo seu costume. Realmente, diante desse quadro impositivo, a esposa,

---

35. *RT* 307/299 a 302; FRANCESCHINI, J. L. V. de Azevedo; OLIVEIRA, Antonio de Salles. *Direito de família e jurisprudência* cit., p. 476-477.

36. *RT* 203/228; 204/188; 287/270; 303/148; 323/233; 328/189; 329/250; 341/183; 368/387; 386/131; 390/211; 402/372; 437/88; 438/80; 441/77; RF, 103/96; 146/353; 192/266.

37. *RT* 20/271; 212/237; *RF* 108/96.

38. *RT* 285/287.

39. *RT* 313/203.

após a celebração nupcial, recusou-se, terminantemente, a relacionar-se sexualmente com seu marido, por sentir, nisso, repulsa. Entendeu, então, o Tribunal que seria desumanidade "condenar um homem, são e bem conformado, a ficar para sempre vítima de uma esposa, que, por aversão, lhe recusa a dádiva de seu corpo".

Entretanto, já se decidiu que não é caso de anulação do casamento, mas de decretação de desquite (à época), quando há simples aversão da mulher pelo marido, quando não constatado qualquer defeito físico ou enfermidade mental na perícia médica, que reconheceu a existência, tão só, de "frigidez específica e não geral, removível e não permanente". Veja-se, contudo, que, nesse caso, a demandada declarou-se, em seu depoimento pessoal, o que se corroborou pela mesma perícia, "moça normal, capaz de manter relações com um homem de que venha a gostar"[40].

Aluda-se, mais, nessa oportunidade, que a Primeira Câmara Civil do Tribunal de Justiça de São Paulo, por votação unânime, na Apelação 173.884, da Comarca de Monte Alto, sendo relator o Desembargador Machado Alvim[41], em 16 de fevereiro de 1971, não acolheu pedido de anulação de casamento feito pela esposa, de idade avançada, com suporte em *impotentia coeundi* do marido, este com 67 anos de idade, fundamentando-se o acórdão em reconhecer que essa incapacidade, "pela ordem natural das coisas, deve ser esperada".

Entretanto, esse julgado assim se pautou por falta completa de prova da deficiência fisiológica à consumação do ato sexual, declarando, mesmo, imprestável o laudo pericial médico, fora de qualquer rigor técnico. Em corolário a esse fato é que o Tribunal de São Paulo, por essa mesma Câmara, entendeu de tisnar a pretensão anulatória da apelante, por contar esta, à época do julgamento, com quase 71 anos de idade.

Casos há, acrescente-se, e numerosos, de anulação de casamento, por não consumação deste, muito embora a convivência dos cônjuges exista, por algum tempo[42].

A Primeira Câmara Civil do Tribunal de Justiça do Estado da Guanabara, na Apelação *ex officio* 80.849, em 11 de outubro de 1972, funcionando como relator do caso o Desembargador João José de Queiroz[43], por votação unânime, teve ensejo de anular um casamento, por recusa da esposa ao cumprimento do débito conjugal, demonstrando que, ante esse fato, "da irredutível inconformidade manifestada pela mulher, quanto ao convívio sexual", o que se evidenciou por perícia médica regular, é inegável a existência do erro essencial. Nesse julgamento, que confirmou a tese da respeitável sentença *a quo*, do Magistrado Paulo Malta Ferraz, ponderou o Procurador da Justiça Paulo Dourado de Gusmão, em seu Parecer, que restara incontroversa a prova de recusar-se a mulher ao pagamento do débito conjugal, evitando "as ocasiões em que, normalmente, na roti-

---

40. RT 282/297; FRANCESCHINI, J. L. V. de Azevedo; OLIVEIRA, Antonio de Salles. *Direito de família e jurisprudência* cit., p. 479-480.

41. RT 435/55.

42. RT 153/200; 168/620; 185/185; 189/806; 195/198; 201/222; 233/253; 265/449; 284/351; 334/104; 351/639; 385/116; 405/213; *RF* 87/420; 137/500; 154/275; 158/302; 162/231; 192/202; 201/159.

43. RT 455/225.

na matrimonial, ocorre o ato sexual", recolhendo-se ao quarto só após o adormecimento de seu marido, sendo atestado inequívoco desse seu comportamento sua virgindade, constatada por perícia médica, que, por outro lado, reconheceu a plena capacidade sexual do marido.

Em reforço, lembre-se de importante acórdão da Segunda Turma do Supremo Tribunal Federal, sendo presidente e relator o Ministro Adalício Nogueira[44], no Recurso Extraordinário 67.354, de São Paulo, em 27 de agosto de 1971, presentes à sessão os Ministros Eloy da Rocha, Thompson Flores, Bilac Pinto e Antônio Neder, que retrata caso curioso de anulação de casamento por impotência *coeundi*. Sente-se, nesse mesmo caso, o problema de uma jovem de 18 anos, que se casou com um moço com menos de 30 anos de idade, sendo certo que este não conseguiu consumar relações sexuais com sua esposa, em razão da mencionada incapacidade, malgrado já se passassem seis meses da união. Em seu voto, o Ministro Relator baseou-se, entre outras argumentações, na do acórdão da 4ª Câmara Civil do Tribunal de Justiça de São Paulo[45], em corroboração de seu entendimento, fazendo ver aquele magistrado que essa jurisprudência, que presume a impotência *coeundi*, em face da virgindade da mulher, submetida a exame pericial médico, é, "lucidamente, interpretativa do art. 219, inciso III, do Código Civil" (atualmente, art. 1.557, III, do CC de 2002), esclarecendo que o adjetivo irremediável, a qualificar a expressão *defeito físico*, não há que considerar-se em sentido absoluto, concluindo: "A jovem esposa não há de esperar, indefinidamente, que uma circunstância imprevista e aleatória venha, porventura, beneficiar o companheiro, a fim de que se lhe possibilite preencher uma das finalidades precípuas do matrimônio". Firmou esse acórdão da Magna Corte de Justiça o pensamento de tratar-se, nesse caso, *de uma quaestio iuris e não, simplesmente de uma quaestio facti*.

Certamente, pois a ausência do ato carnal trará ao cônjuge são insuportável convivência com o impotente, o que tem sido, também, reconhecido por nossos tribunais[46].

Ainda, tem-se admitido a anulação do casamento quando o cônjuge, acusado de impotente, se recusa à intervenção cirúrgica para remoção do defeito, ainda que de duvidosa reparabilidade, ou à realização de perícia médica para que o mesmo se constate, mesmo que por motivos religiosos ou filosóficos[47].

Julgou, entretanto, por votação unânime, em 25 de janeiro de 1949, a 2ª Câmara do Tribunal de Justiça do Paraná, na Apelação 4.471, de Curitiba, sendo relator o Desembargador Lacerda Pinto[48], que "a simples recusa em submeter-se a exame médico não constitui indício de defeito físico, pois se explica como respeitável manifestação de pudor".

---

44. *RT* 442/283-287.
45. Publicado na *RT* 189/806, citado por PONTES DE MIRANDA, Francisco Cavalcanti. *Tratado de direito privado*, v. 7, p. 273.
46. *RT* 172/626; *RF* 126/149; 214/71; *RTJESP* 35/417; *AJ* 67/47.
47. *RT* 198/294; 242/147; 278/321; *AJ* 91/439; 94/424.
48. *RF* 124/531; *PJ* 49/306; FRANCESCHINI, J. L. V. de Azevedo; OLIVEIRA, Antonio de Salles. *Direito de família e jurisprudência* cit., p. 419, n. 1.033.

Nesse caso, sob esse manto de pudicícia, o cônjuge acusado de impotente, recusando-se ao exame médico pericial, poderia obstar, indefinida e até dolosamente, a anulação matrimonial, em real prejuízo do outro, que fica impossibilitado de efetuar a prova da irremediabilidade ou irreparabilidade do defeito.

Melhor o acórdão do 3º Grupo de Câmaras Civis do Tribunal de Justiça de São Paulo, no Recurso *Ex Officio* 122.503, de São Paulo, em 3 de maio de 1963, sendo presidente e relator o Desembargador Dimas Rodrigues de Almeida[49], seguido em seu voto pelo Desembargador Euler Bueno, embora vencido o Desembargador Lafayette Salles, que, assim, por maioria de votos, firmou tese em admitir, plenamente justificável, a anulação matrimonial, por impotência *coeundi*, mesmo em face da recusa de um dos cônjuges a submeter-se a exame pericial médico, uma vez que a imputação dessa deficiência, que lhe foi feita, naquele processo, foi, também, "corroborada por outros elementos, ainda que indiretos".

Em face da apontada jurisprudência, vemos que, no geral, o inciso III do art. 219 do Código Civil de 1916 (inc. III do art. 1.557 do atual CC) vem sendo aplicado na estreiteza de seu significado, qual seja, o de que o defeito físico, para ser causa anulatória do casamento, além de dever ser anterior a este e desconhecido pelo cônjuge demandante da anulação, deve ser, finalmente, irremediável, ou seja, insuscetível de cura, de tratamento médico.

A Lei de Emergência, em primeiro lugar, modificou a redação desse inciso III desse art. 1.557, possibilitando a anulação matrimonial, como ali consta, desde que "não caracterize deficiência".

O Anteprojeto de Código Civil de Orlando Gomes, em 1963, abordando o assunto relativo ao erro essencial, em tela, no seu art. 126, que passou ao Projeto, em 1965, como art. 119, sofrendo modificações redacionais, lançou a ideia de que a anulação do casamento deverá ocorrer sempre que se mostre, essencialmente, enganado um cônjuge, quanto às qualidades do outro, a tal ponto que o *conhecimento ulterior* desse erro *torne intolerável a vida em comum*. Com isso procurou esse Anteprojeto substituir, pelo mencionado artigo, os arts. 218 e 219 do Código Civil de 1916 (atualmente, arts. 1.556 e 1.557).

Orlando Gomes foi acusado de haver camuflado, nesse texto, uma verdadeira espécie de divórcio, crítica, aliás, sem qualquer procedência. Esse mesmo autor[50], após esclarecer que ele substituiu o método analítico do Código, com enumeração de hipóteses, pelo mé-

---

49. *RT* 348/156, 558/205, 593/233. Este último acórdão muito expressivo, com a seguinte ementa: "Procedente é a ação de anulação de casamento, ainda que a prova pericial fracasse pela recusa do réu em submeter-se a exame médico, uma vez que, em seu depoimento pessoal, há confissão real de que não contestou a ação por ser verdadeira a alegação da autora quanto à imputação da sua impotência *coeundi*, estando, mais, corroborada por indícios, que geram presunções sólidas, e testemunhas idôneas, evidenciando ocorrência de grave distúrbio psíquico ou psicológico que obsta à consumação de relações sexuais entre os cônjuges. Inocorre nulidade pela inexistência de tentativa de conciliação na ação de anulação de casamento, pois nela não se admite transação" (TJMG, Ap. 61.318, segredo de justiça, 2ª C., rel. Des. Ayrton Maia, j. 6-12-1983, v.u.).

50. *A reforma do Código Civil*. Salvador: Publicações da Universidade da Bahia, 1965. Anteprojeto de Código Civil de 1963, Projeto em 1965. p. 146-147 e 149.

todo sintético, dando ao juiz melhor possibilidade de apreciação do caso, acrescenta que "a grande divergência na conceituação do erro no Direito Matrimonial consiste na determinação de sua medida", entendendo uns que a anulação do casamento só deve existir ante "o erro quanto à pessoa do outro cônjuge", ou seja, "sobre sua identidade física (*error personae*)", admitindo outros a possibilidade dessa anulação ocorrer "quanto a qualidades da pessoa com a qual o matrimônio foi contraído (*error qualitatis personae*)", concluindo que "os que apontam essa incorreção técnica manifestam apenas o temor de que o preceito atinente à anulação do casamento por erro essencial mascare propósito divorcista", asseverando que os que assim pensam esquecem-se de que a causa da anulabilidade, no casamento, deve a este preexistir, enquanto, no divórcio, deve ser superveniente.

Mas o que é providencial, mesmo, no texto projetado de Orlando Gomes é a menção à intolerabilidade da vida em comum. Aqui, o ponto alto do preceito, pois, sentindo as circunstâncias do caso, não deverá o juiz buscar a irremediabilidade de um defeito físico, mas de uma falha de estrutura na constituição do lar, que, por isso, nem chega a merecer esse nome.

Embora com texto mais aperfeiçoado do que o do revogado art. 219 do Código Civil (art. 1.557 do atual), o art. 1.747 do Anteprojeto de 1972, em seu inciso III, repetia, integralmente, o inciso III daquele.

Também é anulável o casamento em virtude de coação, assenta o art. 1.558 do Código Civil (sem correspondente no CC de 1916), "quando o consentimento de um ou de ambos os cônjuges houver sido captado mediante fundado temor de mal considerável e iminente para a vida, a saúde e a honra, sua ou de seus familiares".

A coação, como vício do consentimento, existe quando a vontade do nubente não se manifesta livre e espontaneamente.

Assim, para que o casamento seja anulado é necessário que o nubente tenha sido coagido sob grave temor de um mal considerável e iminente, que coloque em risco sua vida, sua saúde e sua honra, ou de seus familiares.

Expressivo julgado do Tribunal de Justiça de São Paulo, por sua 4ª Câmara, sendo Relator o Desembargador Freitas Camargo[51], de 26 de fevereiro de 1987, anulou, por unanimidade de votos, o casamento de um jovem, com 17 anos, e de uma jovem de 15 anos, casados com suprimento de idade, acusado ele de ter deflorado a moça. O casamento realizou-se sob coação do pai desta, que, violento e intransigente, depois de submeter sua filha a exame médico, forçou a realização matrimonial sob ameaça: "ou casa ou morre!".

A análise desses casos de anulação depende do cuidadoso critério judicial, entendendo o legislador que o mal deve ser "considerável". Estando esse *standard jurídico*, gravado atualmente no Código Civil (art. 1558).

Já no Código Civil de 1916 (art. 99), como no Código Civil atual (art. 152), as circunstâncias de cada caso são importantes, no apreciar a coação, levando-se em conta o sexo, a idade, a condição, a saúde, e o temperamento do coacto "e todas as demais

---

51. *RT* 619/74.

circunstâncias que possam influir na gravidade" da coação. Não um simples temor reverencial[52], mas um temor fundado.

Afirma, e com razão, Maria Helena Diniz[53]:

> Apesar de o Código Civil e de o Código Penal não mais fazerem menção ao rapto, entendemos que não podem contrair matrimônio o raptor ou sequestrador com a raptada ou sequestrada, enquanto esta não se achar fora do seu poder e em lugar seguro, sob pena de anulabilidade do casamento, pois não estará ela em condições de manifestar livremente seu consentimento, uma vez que há presunção *juris et de jure* de coação, que não admite prova em contrário, mesmo na hipótese de rapto consensual (CP, art. 221 – ora revogado pela Lei n. 11.106/2005; cc arts. 1.550, III, e 1.558; *RT* 347/194, isto é, aquele em que a raptada anui em acompanhar o raptor.

3.3 Por incapacidade de consentimento

Anula-se, ainda, o casamento do incapaz de consentir ou de manifestar de modo inequívoco, o consentimento (art. 1.550, IV, do CC).

Pondera Silvio Rodrigues[54], entre as duas situações, que a causa de "limitação ao conhecimento é outra", podendo considerar-se "os surdos-mudos que não receberam instrução própria a lhes possibilitar a livre manifestação de vontade, e, de um modo geral, aqueles sujeitos à curatela prevista ao art. 1.767 (p. ex., ébrios habituais e viciados em tóxicos). O fator relevante, na amplitude das causas inseridas no genérico inciso, é a inaptidão de consentir ou manifestar de modo inequívoco o consentimento".

O art. 4º, II, do Código Civil estabelece que são relativamente incapazes a certos atos "os ébrios habituais e os viciados em tóxicos" (após as revogações feitas pelo Estatuto da Pessoa com Deficiência).

3.4 Por revogação do mandato

O Código Civil permite, por seu art. 1.542, que possa o casamento celebrar-se mediante procuração, por instrumento público, com poderes especiais para representar o mandante no ato matrimonial, valendo esse mandato pelo prazo de 90 dias, podendo essa representação existir até no casamento nuncupativo, em favor do nubente que não estiver em iminente risco de vida (art. 1.542, §§ 2º e 3º).

---

52. *RT* 778/335 e *RJTJSP* 120/38 (desnecessidade de rigor excessivo); é anulável o casamento, mesmo que a coação "consista num simples, mas forte, ou exacerbado, temor reverencial", *RT* 182/250; *RTJPR* 67/142 e 130; *AJ* 90/466 e 91/366; citados por DINIZ, Maria Helena. *Curso de direito civil brasileiro*: direito de família. 27. ed. São Paulo: Saraiva, 2012. v. 5, p. 295-296.
53. *Curso de direito civil brasileiro* cit., p. 296-297.
54. *Direito civil* cit., p. 89, n. 38.

Essa anulação pode ocorrer se aludido prazo tiver se expirado ou, ainda, se o mandatário e o outro contraente não souberam da revogação do mandato e desde que não tenha havido coabitação. Esta presume o consentimento no casamento.

O art. 1.559 do Código Civil acentua que "Somente o cônjuge que incidiu em erro, ou sofreu coação, pode demandar a anulação do casamento, mas a coabitação, havendo ciência do vício, valida o ato, ressalvadas as hipóteses dos incisos III e IV do art. 1.557". Lembre-se de que o apontado inciso IV foi revogado pela Lei n. 13.146, de 2015.

3.5 Por incompetência da autoridade celebrante

No Código Civil de 1916, o casamento perante autoridade incompetente (art. 208) era tratado como nulidade do vínculo, embora pudesse ser sanado esse vício, se não alegado em dois anos.

Atualmente, o casamento nessas circunstâncias é anulável, sem necessidade, portanto, da participação do Ministério Público.

A incompetência de que trata a lei é apenas *ratione loci* (em razão do lugar), já porque se a incompetência for *ratione materiae*, o casamento será inexistente, pois faltará a presença do celebrante (agente capaz).

A hipótese, portanto, prevista no Código anterior (art. 208), como atualmente no inciso VI do art. 1.550 do Código Civil, é a do casamento pelo celebrante que não é competente no lugar da celebração.

Assim, o celebrante competente é o do domicílio dos nubentes que deve sê-lo *ratione materiae* e *ratione personae*.

A alegação dessa nulidade, no prazo de dois anos a contar do casamento, dependia da boa-fé dos cônjuges.

O convalescimento do casamento, se não alegado o vício no citado prazo, demonstra a necessidade de salvar o casamento, que não pode conviver eternamente com essa imperfeição, em detrimento da família.

O Código atual estabelece de modo mais completo e claro, em seu art. 1.554, que o casamento subsiste se "celebrado por aquele que, sem possuir a competência exigida na lei, exercer publicamente as funções de juiz de casamentos e, nessa qualidade, tiver registrado o ato no Registro Civil".

Como se nota, o casamento resulta da vontade dos nubentes, que se encontram de boa-fé.

3.6 Processo de nulidade e de anulação

A decretação de nulidade do casamento, como visto, pelos motivos previstos no art. 1.548, pode ser promovida mediante ação direta, por qualquer interessado ou pelo Ministério Público (art. 1.549 do CC).

Destaque-se que o autor da ação de invalidade matrimonial deve comprovar seu interesse econômico ou moral (art. 4º do CPC). A ação é declaratória, correndo pelo rito ordinário. Qualquer pessoa interessada, material ou moralmente, na nulidade, poderá intentar a ação, como os cônjuges, seus ascendentes, o primeiro cônjuge do bígamo, os filhos do leito anterior, os colaterais sucessíveis, os credores, ou o Ministério Público (art. 1.549, *caput*), embora o Código atual não exija, mais, a presença do curador do vínculo.

Permite o art. 1.562 do Código Civil que, antes do ajuizamento da ação de nulidade ou de anulação ou a de separação judicial, ou a de divórcio direto ou a de dissolução de união estável, possa ser requerida, comprovando sua necessidade, a separação de corpos, que será concedida pelo juiz com a possível brevidade.

Essa medida cautelar de separação de corpos era prevista no inciso VI do art. 888 do Código de Processo Civil, e objetivava a separação provisória de membros da família, que vivem sob o mesmo teto, com riscos graves principalmente de violência à sua integridade física ou moral. A lição desse artigo permanece no art. 303 e s. do Código de Processo Civil de 2015.

Essa medida cautelar de separação de corpos pode ser cumulada com a de alimentos provisionais.

Essa medida de separação de corpos é importante mesmo que já estejam os cônjuges separados de fato, pois, a partir da concessão judicial, extinguem-se os direitos pessoais dos cônjuges ou conviventes (de fidelidade, de lealdade, de coabitação, de solidariedade pessoal – mútua ajuda espiritual e material), nascendo outra sorte de direitos e de deveres, tal o direito a alimentos fora da união familiar.

Lembram Arnoldo Wald e Priscila M. P. Corrêa da Fonseca[55] que a ação anulatória "poderá ser pleiteada cumulativamente com a separação, de modo a permitir a decretação desta, caso o pedido de invalidade venha a ser judicialmente rechaçado".

De aduzir-se que, como após a EC n. 66 (EC do Divórcio), entendem alguns autores, como eu, que foi extinta a figura da separação judicial, poderá haver cumulação com o pedido de divórcio, para que este seja decretado se restar frustrado o pedido de invalidade matrimonial.

Tenha-se presente, ainda, que a sentença que decretar a nulidade do casamento retroagirá à data de sua celebração, sem que se prejudique a aquisição de direitos, a título oneroso por terceiros de boa-fé, nem a resultante de sentença transitada em julgado (art. 1.563 do CC, sem correspondente no Código de 1916).

Os prazos decadenciais para propositura da ação anulatória estão no art. 1.560 do Código Civil, a contar, em regra, da data da celebração do casamento.

No caso do inciso IV do art. 1.550 (do incapaz de consentir ou de manifestar seu consentimento), o prazo é de 180 dias (inc. I do art. 1.560); no que autoridade celebrante incompetente (inc. II), o prazo é de 2 anos; no dos incisos I a IV do art. 1.557 (erro essencial sobre a pessoa do outro cônjuge; ignorância de crime; defeito físico irremediável ou moléstia grave transmissível por contágio ou herança; doença mental grave, com

---

55. *Direito civil* cit., p. 117.

insuportabilidade da vida em comum), o prazo é de 3 anos; se houver coação (inc. IV), o prazo é de 4 anos.

Também é de 180 dias o prazo para anular o casamento dos menores de 16 anos, contado para o menor do dia em que cessar a menoridade. A contar da data do casamento, para os representantes legais ou ascendentes (art. 1.560, § 1º).

No tocante à hipótese estampada no inciso V do art. 1.550, esse prazo de 180 dias é contado a partir da data em que o mandante tiver conhecimento da celebração (sem correspondente no CC de 1916). É o § 2º do art. 1.560.

Os casos mais frequentes de anulação matrimonial são os de erro e de coação. Nessas situações, se houver coabitação dos cônjuges, havendo ciência do vício, desabe a ação. A coabitação, nesse caso, presume perdão, ressalvadas as hipóteses dos incisos III e IV do art. 1.557 (defeito físico irremediável ou moléstia grave e transmissível por contágio ou herança ou, ainda, desconhecimento de doença mental grave).

Quando o casamento for anulado por culpa de um dos cônjuges este perderá todas as vantagens havidas do cônjuge inocente e estará obrigado a cumprir as promessas que fez no pacto antenupcial (art. 1.564 do CC).

Decretada a sentença anulatória, cada cônjuge retirará da sociedade conjugal os bens com os quais nela ingressou, ficando caducas as doações nupciais.

3.7 Casamento putativo[56]

Casamento putativo significa casamento imaginado.

O verbo latino *puto, are* quer dizer imaginar, julgar, pensar.

A lei, por ficção e ante a boa-fé dos contraentes ou de um deles, atribui efeitos de casamento válido ao anulável e mesmo nulo, até a data da sentença que o invalida.

Em princípio o casamento declarado nulo não produz efeitos, porque contraria a ordem pública, recebendo reação negativa da própria sociedade. O mesmo efeito negativo existe se o casamento se declara anulado em face das normas existentes que o tornam anulável.

Cuidava do casamento putativo o Decreto n. 181, de 1890, em seu art. 75, que foi reproduzido pelo art. 221 do Código Civil de 1916, com idêntico texto no art. 1.561 do Código atual.

Assim, por esse dispositivo legal, "Embora anulável ou mesmo nulo, se contraído de boa-fé por ambos os cônjuges, o casamento, em relação a estes como aos filhos, produz todos os efeitos até o dia da sentença anulatória".

Arremata o § 1º desse art. 1.561 que "se um dos cônjuges estava de boa-fé ao celebrar o casamento, os seus efeitos civis só a ele e aos filhos aproveitarão" (parágrafo único do art. 221 do Código de 1916).

---

56. Consulte-se a obra de CAHALI, Yussef Said. *O casamento putativo*. 2. ed. São Paulo: Revista dos Tribunais, 1982.

O § 2º desse art. 1.561 acrescenta ao Código anterior (art. 221) o texto que existia já no parágrafo único do art. 14 da Lei n. 6.515/77 (Lei do Divórcio), com o seguinte texto atual: "se ambos os cônjuges estavam de má-fé ao celebrar o casamento, os seus efeitos civis só aos filhos aproveitarão".

Pondera Silvio Rodrigues[57] que, tendo a Constituição de 1988 equiparado todos os filhos, qualquer que fosse a natureza da filiação (art. 227, § 6º), o tema casamento putativo perdeu muito de seu interesse, no vigente direito brasileiro, tendo conservado esse capítulo de seu Curso, "não só por interesse histórico, mas principalmente porque ele está vivo na maioria das legislações ocidentais".

O casamento putativo demonstra a força do princípio da boa-fé, que supera o princípio da nulidade dos negócios jurídicos, existindo efeitos jurídicos benéficos a premiar o comportamento do cônjuge de boa-fé, mesmo nunca tendo existido o casamento.

Ao se casarem os nubentes, se de boa-fé, ignoravam situações que impediam a validade do casamento, este é, sem dúvida, putativo. Essa ignorância os leva a erro, que pode ser de fato ou de direito.

Em ambos os casos pode ser decretada a putatividade do casamento.

Assim, acontece, por exemplo, se um irmão se casa com sua irmã, desconhecendo o parentesco de ambos descoberto após o casamento; ou se uma pessoa se casa com outra já casada, desconhecendo essa circunstância; entre outras situações.

Dá-nos conta Silvio Rodrigues[58], escudado em jurisprudência do Supremo Tribunal Federal, que essa Corte, em julgado de 1943, admitiu a alegação de erro de direito, "ao anular casamento entre genro e sogra, portanto parentes afins, em linha reta", declarando

> tal casamento putativo. Ora, tratava-se de casamento contraído com infração de impedimento à época titulado absolutamente dirimente (CC/1916, art. 183, II), pois, a despeito de os contraentes serem viúvos, o parentesco persistia, já que a afinidade em linha reta não se extingue com a dissolução do casamento que a originou (CC/1916, art. 335; CC, art. 1.595, § 2º). Portanto, o erro em que incidiram os cônjuges era erro de direito, o que não impediu a sentença de reconhecer a putatividade do casamento.

3.8 Diferenças entre casamento nulo e anulável

No casamento nulo e anulável, eles se apresentam com todos os seus elementos constitutivos, com o cumprimento das formalidades legais; entretanto, podem esses contratos sofrer vícios insanáveis, que os levem à nulidade, ou sanáveis, que possibilitem a declaração de sua anulabilidade.

---

57. *Direito civil* cit., p. 109, n. 49.
58. *Direito civil* cit., p. 113, n. 53 e *RF* 102/155.

Pondera Silvio Rodrigues[59] que

> O problema da anulação de casamento que no passado se revestia de importância transcendental por constituir a única saída, além da viuvez, capaz de libertar alguém de um matrimônio infeliz, perdeu boa parte de sua importância, em virtude do acolhimento, pelo direito brasileiro, do divórcio. Com efeito, em face das dificuldades de obter uma sentença proclamando a ineficácia de um casamento e da enorme facilidade de obter um divórcio os processos anulatórios, hoje infrequentes, tornar-se-ão ainda mais raros.

As diferenças entre casamento nulo e anulável mostram-se nos sem efeitos, sendo a nulidade resultante de infração da ordem pública, contra o interesse geral, podendo a decretação da nulidade, assim, ser pedida por qualquer pessoa, inclusive pelo órgão do Ministério Público. Já a anulação do casamento pode ser pedida pela pessoa interessada, pois, aqui, o interesse ferido é privado, particular.

O negócio nulo é insanável, tal a gravidade do vício que o macula, não produzindo, normalmente, efeito; o casamento anulável produz efeito até sua anulação, caso não seja sanado o defeito que o marca.

A nulidade é, ainda, imprescritível, podendo ser arguida a qualquer momento, ao passo que a anulabilidade não sendo alegada pelo interessado em determinado tempo fixado na lei convalesce de sua doença, evitando-se a decadência.

Observe-se o quadro adiante, que resume as apontadas diferenças:

Invalidade Matrimonial
NULIDADE (art. 1.548)
a) Normas de ordem pública (interesse geral)
b) Insanável
c) Imprescritível
d) Pedida por qualquer pessoa inclusive pelo Ministério Público (art. 1.549)
ANULABILIDADE (art. 1.550 e s.)
a) Interesse particular (privado)
b) Sanável (confirmação, ratificação)
c) Prescritível
d) Declarada (partes interessadas)

3.9 Alterações profundas no sistema atual

O Código Civil traz em seu bojo um sistema de normas complexo, com exigências difíceis de ser observadas, sob pena de anulação do casamento.

---

59. *Direito civil* cit., p. 78, n. 31.

Algumas normas retrógradas e de execução complicada, com grande perda de tempo e de indecisões.

Com a regulamentação da união estável, desde 1996; com a admissão do divórcio direto pela EC n. 66, desde 2010 (exercício de direito potestativo); e, até, com a admissão do casamento homoafetivo pelo Superior Tribunal de Justiça, muitos desses rígidos conceitos caíram, com essas facilidades modernas e acomodações de novos entendimentos e simplificação de convivências. Perderam, desse modo, muito a razão de ser dessas restrições, até aqui estudadas.

Assim, se o casamento é anulado, por alguma das aludidas imperfeições, o casal continua a viver em concubinato ou em união estável, com a recomendação desta lei de 1996 e, atualmente, do próprio Código Civil, de que tudo deve ser feito para sua conversão em casamento. Verdadeiro paradoxo.

É melhor que esteja o casal casado do que vivendo de fato. A família é mais importante do que esses apontados formalismos.

Em última análise o divórcio põe fim a qualquer espécie de casamento, com recomeço de vida mais simples e respeitosa. Todos têm direito de ser feliz, ainda que no plano da relatividade.

Novas famílias vão surgindo exigindo novas regras e mudanças de um novo Direito de Família, com respeito à dignidade humana e às crianças que, de futuro, farão parte dessas novas famílias.

A legislação, mudando, ela é educativa e vai provocando novos comportamentos sociais, com menos regras e mais sentimentos, na formação de uma nova sociedade.

Desponta já um Direito mais arejado que dá preferência ao amor e ao afeto do que ao biológico e ao tradicional, este com penas e restrições odiosas, que diminuem o significado das personalidades, como se esse Direito formal e elaborado pudesse dominar os sentimentos humanos.

6 EFEITOS PESSOAIS DO CASAMENTO

1 Generalidades

O casamento civil regulado no Código Civil, como instituto jurídico típico, produz vários efeitos, não só relativamente aos cônjuges e a seus eventuais filhos, como também a terceiros.

O Código Civil de 1916, por seu art. 229, destacava, como principal efeito do casamento, a criação da família legítima, pelo qual se legitimavam os filhos comuns, nascidos ou concebidos antes de sua celebração (*legitimatio per subsequens matrimonium*).

Pelo Código Civil atual, não existe mais discriminação entre família legítima e ilegítima, bem como entre filhos, o que é proibido pela Constituição Federal de 1988 (art. 227, § 6º).

Assim, o Código Civil atual assenta em seu art. 1.511 que "O casamento estabelece comunhão plena de vida, como base na igualdade de direito e deveres dos cônjuges", como no texto constitucional (§ 5º do art. 226).

O citado art. 226 enumera de forma exemplificativa (não taxativa) os institutos criadores da família, entre os quais o casamento.

Fazendo nascer a família, o casamento, paralelamente, ocasiona o aparecimento de um complexo de direitos e de deveres entre os cônjuges e entre estes e seus filhos, de ordem pessoal e patrimonial.

Esses direitos e deveres entre os cônjuges, "referentes à sociedade conjugal são exercidos igualmente pelo homem e pela mulher" (art. 226, § 5º, da CF/88).

Nem sempre foi assim, já que a mulher casada, no Código anterior era considerada relativamente capaz (art. 6º do CC de 1916), com uma série de restrições, embora de caráter protetivo, mas com cunho altamente discriminatório, ante a posição do marido, tido, então, como chefe da sociedade conjugal (art. 233 do CC de 1916).

Essa infeliz expressão "relativamente capaz" em verdade demonstrava a falta de legitimação da mulher casada à prática de certos atos da vida civil, embora também o marido tivesse algumas limitações para a prática de certos atos, sem o assentimento da mulher.

Contudo, é inegável a posição machista que gravava o texto do Código Civil de 1916.

Assim foi até o advento do Estatuto da Mulher Casada (Lei n. 4.121/62), em evolução até a Lei n. 6.515/77, que instituiu entre nós o divórcio.

O Estatuto da Mulher Casada eliminou quase todas as normas, que discriminavam a mulher casada, com a Lei n. 6.515/77 conferindo a ela outros benefícios, terminando essa evolução com o igualamento dos direitos dos cônjuges na sociedade conjugal (art. 226, § 5º, da CF/88).

Eliminou-se, então, a chefia da sociedade conjugal, que já se esboçara no Projeto de atual Código Civil e firmou-se, definitivamente, no art. 1.567, deste último, com o seguinte texto: "A direção da sociedade conjugal será exercida, em colaboração, pelo marido e pela mulher, sempre no interesse do casal e dos filhos".

Como visto, o casamento produz efeitos de natureza social, como uma célula da sociedade, criando a família e modificando o estado civil dos cônjuges, como um atributo da personalidade, qualificando o cônjuge no contexto social.

Outros efeitos de natureza pessoal serão estudados, por seu turno, neste volume, no curso da exposição. Da mesma forma, os efeitos de natureza patrimonial e outros.

2 Deveres de ambos os cônjuges

"Pelo casamento, homem e mulher assumem mutuamente a condição de consortes, companheiros e responsáveis pelos encargos da família", ressalva o *caput* do art. 1.565 do Código Civil ao iniciar o tratamento da eficácia matrimonial.

Assume o casal, assim com o casamento, deveres de sustentação da família.

Se um ou outro cônjuge quiser poderá acrescer ao seu sobrenome o do outro (§ 1º), sendo livre o planejamento familiar, nos moldes da decisão do casal que só pode receber benefícios de Estado, sem sofrer coerção de qualquer espécie (§ 2º).

Tudo decorrendo da igualdade dos direitos e dos deveres dos cônjuges, reconhecida constitucionalmente.

Nosso legislador civil enumerou, no art. 1.566 do Código, os principais seguintes deveres de ambos os cônjuges: fidelidade recíproca; vida em comum, no domicílio conjugal; mútua assistência; sustento, guarda e educação dos filhos; respeito e consideração mútuos.

3 Dever de fidelidade

Destaque-se, inicialmente, o dever de fidelidade. Percebe-se, desde logo, que o mesmo importa a guarda da fidelidade, na convivência. Sim, porque, se as relações sexuais existem como dever recíproco entre os cônjuges, não pode, consequentemente, um destes realizá-lo fora do matrimônio.

Arnoldo Wald[1], tratando da fidelidade, no âmbito das relações pessoais entre os cônjuges, como um dever recíproco destes, desde o Código Civil de 1916, aponta que ela

---

1. *O novo direito de família*. 13. ed., com a colaboração de Luiz Murillo Fábregas e Priscila M. P. Corrêa da Fonseca. São Paulo: Saraiva, 2000. p. 83.

deve estender-se "no sentido físico e moral, ou seja, como manutenção de relações sexuais exclusivamente com o outro cônjuge e dever de lealdade de cada membro do casal com relação ao outro".

Após mostrar, em continuação, que a infidelidade física ocasiona o adultério, com sanções penal e civil (atualmente, só sanções civis), esclarece o mesmo jurista que, relativamente à fidelidade moral, não estando ela aparelhada com sanção eficaz, às vezes se constitui em justa causa para desquite (atualmente separação, ou divórcio), no entendimento de tal fato configurar injúria grave, como no caso, por ele mencionado, do namoro de um dos cônjuges com terceira pessoa.

Como parece pretender provar esse autor, nosso Código Civil de 1916, em seu art. 231, I (atualmente, art. 1.566, I), referindo-se ao dever recíproco de fidelidade, estaria englobando em seu amplo significado, pelo prisma negativo, a infidelidade física e a moral, que chama de deslealdade, a primeira causando o adultério, previsto no inciso I do art. 317 do mesmo Código (atualmente, art. 1.573, I), a segunda a injúria grave, retratada no inciso III deste mesmo dispositivo legal (atualmente no mesmo inciso do art. 1.573).

Bem lembrado pelo Professor Wald o caráter de exclusividade, entre os cônjuges, de suas relações sexuais, na fidelidade física.

Este dever de fidelidade gira em torno da coabitação, tanto que, se descumprido, deste fato resulta o adultério (relação sexual extraconjugal). Por outro lado, se o cônjuge inocente, conhecendo o adultério, coabitasse com seu consorte adúltero, este estaria perdoando, segundo fazia ver o parágrafo único do art. 319 do Código Civil de 1916 (artigo não recepcionado no Código atual).

A palavra coabitar encontra-se nesse dispositivo legal, segundo nos mostra Pontes de Miranda[2], no sentido de manter relações sexuais.

A fidelidade não deixa de ser assim, o respeito às relações existentes de coabitação entre os cônjuges.

4 Dever de coabitação

Ao lado da fidelidade e integrando-se com ela, surge a coabitação[3], dever que se retrata no Código na expressão *vida em comum no domicílio conjugal*.

Desse modo, é dever recíproco dos cônjuges a convivência, que se resume na satisfação do débito conjugal.

Depois de referir-se ao fato de seguir nosso direito matrimonial, de perto, em muitos aspectos, o Direito Canônico, principalmente no que tange às finalidades do casamento, destacando-se quanto ao aludido dever, a relativa ao remediar a concupiscência

---

2. *Tratado de direito de família* cit., p. 438; no mesmo sentido, Washington de Barros Monteiro (*Curso de direito civil* cit., p. 121) mostra a posição de vários autores nesse sentido.
3. Consultar AZEVEDO, Álvaro Villaça. *Dever de coabitação* cit.

(*remedium concupiscentiae*), Rubens Limongi França[4] critica o enunciado, hoje revogado, do art. 231 do Código de 1916, que se reproduz no inciso II do atual art. 1.566, mostrando que o mesmo "carece da objetividade do Direito Canônico, ao mesmo passo que uma pudicícia desnecessária e injustificada só nos leva a perceber nas entrelinhas da expressão vida em comum a finalidade essencial, respeitável e sagrada, do apaziguamento da concupiscência".

Pelo que se percebe é que esse dever meramente pessoal, sujeita um cônjuge a conviver com o outro, cedendo seu corpo para a satisfação normal dos instintos sexuais deste.

Os juristas, em geral, referem-se à convivência dos cônjuges, considerando o *ius in corpus*, o direito sobre o corpo do outro e vice e versa[5].

Considere-se, assim, o dever de coabitação como da personalidade, como muitos outros que devem ser respeitados pelos cônjuges.

Se um tem direito sobre o corpo do outro e sendo recíproco esse direito, existe, desse modo, um direito – dever de coabitação.

Refira-se, ainda, o direito à liberdade sexual, como da personalidade, como afirma corretamente Francesco Scardulla[6], certo é que pode ele, em princípio, exercer-se sem restrições.

Entretanto, com o casamento, esse direito sofre limitação, só podendo um cônjuge copular com o outro e não mais livremente.

Normal que assim seja, pois o amor entre cônjuges traz, em si, esse desejo de estar junto um do outro, para maior comunhão de vida, com o carinho a apaziguar os grosseiros instintos, que gravam, no fundo, a pessoa humana, que é feixe incompreensível de situações naturais e de instintos, nem ela sabendo de seus reais impulsos congênitos.

Assim, o espírito, a imaterialidade, ajuda, com o contato físico, a permanência de relativa felicidade entre os cônjuges, que, não mostrando aversão física e/ou espiritual e vivendo em clima de amizade e de simpatia recíprocas, podem ter convivência harmônica.

Mas, se a lei limita, em face do casamento, essa liberdade sexual, que o ser humano traz desde quando existe, não pode esse mesmo direito positivo eliminá-la, dando azo à completa impossibilidade da realização dessa exigência natural; daí admitir a separação de corpos dos esposos, que se desavém, cessando o dever de coabitação e, também, os demais, principalmente o de fidelidade, existindo, todos, por causa da sociedade conjugal e em respeito a ela.

Se, como visto, com a restrição à liberdade de satisfação aos impulsos fisiológicos, normais, um cônjuge tem direito sobre o corpo do outro, o não cumprimento do débito conjugal deve, por que motivo seja, acarretar o rompimento das relações conjugais. A separação dos cônjuges é inevitável. O casamento não existe, senão em teoria, e as

---

4. *Manual de direito civil* cit., v. 2, p. 127.
5. Entre os quais SCARDULLA, Francesco. *La Separazione Personale dei Coniugi*. Milano: Giuffrè, 1967. p. 5, e NAPPI, Giambattista. *Trattato di Diritto Matrimoniale Concordatário e Civile* cit., p. 593, que destaco.
6. *La Separazione Personale dei Coniugi* cit., p. 5.

agressões conjugais, no palco da família, principalmente existindo filhos, crescem de tamanho, em assustadora progressão, a ameaçar o ser de tornar ao primitivismo, com péssimos exemplos, em grave perigo de distorções na convivência conjugal.

Fala-se, muito, em destruição de família, ante essas separações, mas o mais perigoso não é a dissolução de uma sociedade conjugal e sim a insegurança, a infidelidade e a irritação dos cônjuges, alimentando animosidade e tisnando a alma pura dos filhos, que percebem o lado dessa incompreensão, mostrada, em crescendo, sob o mesmo teto, por seus próprios pais, matando-lhes a crença na humanidade, na possibilidade de maior controle dos sentimentos e das imperfeições humanas.

Até que o ser humano se espiritualize, definitivamente, há que se evitarem esses choques de sentimentos, cada vez mais enervados pelo progresso, que transmitem uma onda negativa de mal-estar e de angústia. Não deve a lei criar comportamentos ao homem, incompatíveis com os que a natureza o molda, forçando uma convivência conjugal em desrespeito aos próprios direitos da personalidade. A lei deve, assim, humanizando-se, em progressão, criar condições de vida ao homem, que atendam à sua real natureza, para que não se veja ele, no mais das vezes, um contraventor dos ideais preceitos positivos.

Por outro lado, não me parece correto falar em *ius in corpus*, como fazem os juristas, em geral, referindo-se ao dever de coabitação, porque este dever não é direito.

O que existe, como acentuei[7], é um direito-dever da personalidade, sendo o dever uma imposição ao comprimento de algo.

Considere-se, finalmente, que o direito-dever de coabitação não é só subjetivo privado, por viver nas relações pessoais dos cônjuges, no Direito de Família, em princípio, com conveniências, interesses, particulares, mas também positivo, por retratar-se na lei aduzindo-se que essa expressão legislativa é de ordem pública.

5 Dever de mútua assistência

Por seu turno, é também dever dos cônjuges a mútua assistência ou mútuo ajutório, que tanto pode colocar-se no âmbito das relações pessoais como no das patrimoniais dos cônjuges.

Referindo-se, no Direito francês, ao dever de assistência e de socorro (*devoir d'assistence e de secours*), Gabriel Marty e Pierre Raynaud[8] destacam que o dever de assistência "é uma obrigação de fazer que nasce quando um dos cônjuges está doente ou enfermo" ("*malade ou infirme*"). Este dever implica também "o apoio de afeição e de devotamento nas dificuldades da vida".

Já o dever de socorro tem objeto secuniário, explicam, sendo "a obrigação recíproca dos cônjuges de fornecer os recursos que são necessários à vida".

---

7. *Dever de coabitação* cit., p. 119-128.
8. *Droit Civil*: Les Personnes. 2. ed. Paris: Ed. Sirey, 1967. v. 2, t. I, p. 214, n. 192.

Este dever "pode revestir diversos aspectos e variam conforme os esposos vivam em comunidade ou separados".

Acentua Clóvis Beviláqua[9] que esse dever não reside só em cuidados pessoais nas enfermidades, mas também no "socorro na desventura, no apoio na adversidade e no auxílio constante em todas as vicissitudes da existência". Nesses cuidados, inclui-se o de tratar materialmente da família, sustentando-a.

Esse mútuo ajutório deve realizar-se muito à expressão usada nos casamentos católicos, segundo a qual os consorciados devem-se assistência total, material e espiritualmente, nas horas boas e nas ruins, nas alegrias e nas tristezas, nos sucessos e nas derrotas, nos momentos de felicidade e nos de desgraça.

6 Dever dos cônjuges com relação à sua prole

O dever dos cônjuges, pessoal e patrimonial, com relação à sua prole, se existir, está previsto no inciso IV do estudado art. 1.566.

Por ele, estão obrigados ambos os cônjuges ao fornecimento a seus filhos do alimento espiritual e material. Aquele atinente ao aformoseamento moral da prole, sua condução, educação e orientação na vida; este indispensável à própria subsistência.

Por esse dever, os pais atuam na formação moral e ética dos seus filhos, tendo-os sob sua guarda, companhia e vigilância. Por ele, ainda, os cônjuges pais devem alimentar, abrigar e vestir seus filhos arcando com suas necessidades sociais, educando-os.

Para tanto, assenta o art. 1.568 do Código Civil que os cônjuges se obrigam a "concorrer, na proporção de seus bens e dos rendimentos do trabalho, para o sustento da família e a educação dos filhos, qualquer que seja o regime patrimonial".

7 Dever de respeito e consideração mútuos

O Código Civil de 2002 fez por incluir entre os deveres dos cônjuges o respeito e a consideração mútuos, o que implica tratamento de carinho e de compreensão, de cuidados especiais e de entendimento pessoal pelo diálogo, na solução dos problemas individuais; mostra-se esse dever também no comportamento social de valorização dos cônjuges, um pelo outro (inc. V do art. 1.566 do CC).

Cada cônjuge deve respeitar os direitos da personalidade do outro e sua dignidade.

8 Considerações finais

Como dizem os autores, desde os comentários ao revogado art. 231, seria impossível ao legislador esgotar a declinação de todos os direitos e deveres de ambos os cônjuges,

---

9. *Código Civil comentado* cit., p. 87.

que defluem do casamento, ante a qual impossibilidade limitou-se a enunciar os mais importantes. Todavia, essa enunciação é de ordem pública e não pode ser preterida.

Até agora, só mencionei deveres, todavia, se forem recíprocos, basta analisar-se o verso, para que o reverso da mesma medalha mostre o direito do outro.

Vale, nesse ponto, a máxima *ius et officium sunt correlata* (o direito e o dever são correlatos). Assim, a cada dever de um cônjuge corresponde o direito do outro. O direito de um é o dever do outro, sendo verdadeira a recíproca.

Já nas relações entre pais e filhos, os deveres são daqueles, logo de ambos os cônjuges, mas com relação à sua prole.

O que pode acontecer é que um dos cônjuges, representando ou assistindo seu filho menor, acione o outro para provocar o cumprimento de um dever não realizado, como o alimentar, por exemplo. Mas aí a relação jurídica é entre o pai ou a mãe e o filho, credor dessa prestação. A relação, como visto, nasce *ex iure sanguinis*.

Seria de propor, nessa feita, para maior elucidação de exposto, uma classificação dos direitos e deveres dos cônjuges, consoante se mencionam em nosso Código Civil, dividindo-os em duas grandes ramas: primeiramente, direitos e deveres recíprocos entre os cônjuges e, depois, direitos e deveres destes para com sua prole. Tanto uma quanto outra classe se subdividem em amostragem de relações pessoais e patrimoniais.

Nas relações pessoais entre os cônjuges, classificam-se a coabitação, a fidelidade e a assistência imaterial; nas patrimoniais a assistência material.

Nas relações pessoais entre os cônjuges e seus filhos incluem-se a guarda e a educação destes, providências que se enquadram na assistência imaterial; nas patrimoniais o sustento, ou assistência material.

Em esquema, no quadro seguinte:

	Direitos e deveres dos cônjuges		
Recíprocos	Pessoais	Coabitação Fidelidade Assistência imaterial	
	Patrimoniais	Assistência material	
Com a prole	Pessoais	Guarda Educação	Assistência imaterial
	Patrimoniais	Sustento	Assistência material

9 Normas de ordem pública que regem a convivência conjugal

Realizado o contrato, os cônjuges submetem-se, a par da autonomia de sua vontade na vida conjugal, a um sistema legal de ordem pública, que não pode ser modificado por sua vontade.

Realmente, ante a norma de ordem pública queda inoperante a vontade individual, pois aquela visa a proteger interesses gerais, coletivos, além do campo egoístico da individualidade.

O interesse geral, a que visam, no Direito de Família, suas normas proteger, é o atinente à preservação da célula familial. Não se cogita, aí, de uma pessoa, de um só interesse, mas de uma coletividade, convivência íntima, pelo estreitamento dos laços familiares, que necessita de cuidados especiais da lei, de uma tutela sempre vigilante do Estado.

Daí uma das características próprias do contrato de casamento, que nasce da vontade dos cônjuges, mas que, por ela mesma, estes submetem-se a um esquema legislativo protetor do organismo familiar criado.

A vontade dos cônjuges, ulterior ao casamento, pois, estanca em alguns pontos essenciais, que a lei considera intocáveis, inalteráveis.

Não é essa matéria, em ambiente geral, ponto de análise deste livro, a não ser, especificamente, no que concerne à normatização de ordem pública dos direitos e deveres de ambos os cônjuges.

Eduardo Espínola[10] atesta: "É certo que os direitos e deveres dos contraentes não dependem de disposições de sua vontade, estando, em vez, rigorosamente fixados por normas de ordem pública", esclarecendo que esse fenômeno, embora mais frequente no Direito de Família, ocorre em outros contratos de indiscutível natureza privada, em verdadeira restrição ao princípio da autonomia da vontade.

Assim, mesmo no campo do Direito Contratual, já se vai sentindo um maior controle legislativo, pois, como disse[11], em 1965, Se a lei não estabelecer em seu texto um freio, no capítulo da liberdade contratual, o contrato será um meio de verdadeira opressão entre os homens, restando ao Judiciário um controle quase impossível, de difícil realização.

Ressalte-se que, não só o casamento com os direitos e deveres dele decorrentes, como todo o ramo do Direito de Família, inspira-se em normas de ordem pública.

A essa conclusão chega Arnoldo Wald[12], embora negando o caráter contratual do casamento.

Essa maior proteção a que está a família sujeita não a retira do âmbito do Direito Privado, não anula a liberdade individual, de seus membros, mas a restringe mais do que em outras áreas do direito privado, como bem assevera Orlando Gomes[13], ensinando que "O Estado submete as relações familiares a uma disciplina minuciosa, impedindo, ademais, que sejam criadas livremente. Mas, ainda que assim proceda no intuito de proteger a família, nem por isso atrai essas relações para a órbita do Direito Público".

---

10. *A família no direito brasileiro* cit., p. 49.
11. AZEVEDO, Álvaro Villaça. *Contratos inominados ou atípicos*. São Paulo: José Bushatsky Editor, 1975. p. 187-188. (Coleção Jurídica TB). Ver, atualmente, *Teoria geral dos contratos típicos e atípicos*. 3. ed. São Paulo: Atlas, 2009.
12. *O novo direito de família* cit., p. 49-52.
13. *Direito de família* cit., p. 348.

Estando os direitos e deveres recíprocos dos cônjuges sob esse rígido controle normativo, em especial sua convivência, não podem aqueles ser desconhecidos, olvidados, ou objeto de pacto que lhes negue sua eficácia.

Embora escrevendo sobre convenções entre cônjuges de natureza patrimonial, explica Hugo E. Gatti[14] que

> O regime jurídico que regula as relações pessoais emergentes do matrimônio, os deveres recíprocos de convivência, fidelidade e assistência, configuram um sistema estatutário, que integra a ordem pública do direito matrimonial e foge ao livre-arbítrio dos cônjuges. Em princípio é nulo todo pacto ou contrato entre marido e mulher que tenda a excluir, alterar ou simplesmente modificar os deveres recíprocos que surgem do vínculo nupcial.

Por serem regulados por normas cogentes, os direitos e deveres recíprocos entre os cônjuges são inderrogáveis.

Os cônjuges podem, assim, tolerar a ausência de um deles, como do *débito conjugal*, mas não podem contratar sua inexistência durante o tempo em que permanece a sociedade conjugal.

A vida íntima, sexual, desenvolve-se entre os cônjuges das mais diversas maneiras, não sendo lícito a quem quer que seja penetrar nessa intimidade. O que é absurdo para um dos cônjuges pode ser normal para o outro, tendo em vista sua educação, sua condição fisiológica e psíquica e uma série de fatores. A satisfação sexual é um mistério da natureza, que se vai desvendando na vivência íntima.

Nem se fale de idade, de impotência ou de qualquer outro fator, porque há pessoas de idade que são capazes na realização sexual e jovens que não; diferindo o fenômeno de pessoa para pessoa.

Há mistérios da natureza que nenhuma ciência pôde, até agora, desvendar, sendo que, nesse aspecto da vida sexual, o Direito se socorre, na maioria das vezes, da ciência médica, que, como as demais, em muitas oportunidades, fica inoperante ante a Deusa Natureza.

O que mantém o matrimônio íntegro é o amor ou a grande amizade entre os cônjuges, o respeito que se dedicam mutuamente, a admiração que nutrem um pelo outro, em uma série de sentimentos de ventura e de desventura, que os fazem rir ou chorar juntos, na confusão dos afetos espirituais e carnais, em tudo havendo muito de renúncia e de tolerância e de compreensão.

Não se pode, em sã consciência, admitir que os cônjuges tenham disponibilidade contratual sobre suas necessidades convivenciais, sobre suas satisfações íntimas, daí as normas de ordem pública, que nada fazem mais do que assegurar, legalmente, o normal desenvolvimento do fato natural, dos impulsos íntimos, no âmbito do matrimônio.

---

14. *Contratación entre cónyuges.* Buenos Aires: Ed. Abeledo Perrot. p. 8.

Só de caso para caso é que esses problemas da intimidade, no casamento, podem ser aquilatados, no sentido de constatar-se a suportabilidade ou não da vida conjugal. Os nubentes não podem antever seu comportamento coabitacional, que surge acomodando os cônjuges, a partir do casamento.

Assim, mesmo que, antes do casamento, os nubentes idealizem um regime de convivência ou conheçam certas situações, que venham a tornar insuportável sua coabitação, o que deve presidir a solução do problema é a pesagem, de caso para caso, pelo prudente arbítrio do juiz, das circunstâncias fáticas, únicas capazes de informar da possibilidade ou não da convivência conjugal, no momento em que surgir o problema da insatisfação.

O que não se deve permitir, modernamente, é que a sociedade conjugal sem amor, sem a comunicação de um beijo, de um afeto, conturbe o cenário da família, com o mau exemplo da vivência, sem a convivência, da *societas*, sem a *affectio societatis*. Aqui, o mal maior, e mais desastroso, do que o próprio desfazimento da união conjugal, mais honesto e conforme a moral.

10 Direção e domicílio da família

Já ficou evidenciado que a direção da sociedade conjugal é exercida em colaboração pelo marido e pela mulher, sempre no interesse do casal e dos filhos (art. 1.567 do CC), com dever dos cônjuges de colaborar na proporção de seus bens com o sustento da família (art. 1.568 do CC).

Como ambos os cônjuges exercem igualmente os seus direitos e deveres, quando houver divergência na direção do lar, qualquer deles poderá recorrer ao juiz, que verá realmente qual a melhor consideração relativamente aos interesses do casal (parágrafo único do art. 1.567 do CC).

Do mesmo modo caberá a ambos os cônjuges a escolha do domicílio do casal, embora um ou outro possa ausentar-se dele para atender a encargos públicos, ao exercício de sua profissão ou a interesses particulares relevantes, assenta o art. 1.569 do Código Civil.

Na ausência de um dos cônjuges, em lugar remoto ou não sabido, ou, ainda, se encarcerado, por mais de 180 dias, ou interditado judicialmente ou privado episodicamente de consciência, em razão de enfermidade ou de acidente, o outro exercerá com exclusividade a direção da família, administrando consequentemente os bens do casal (art. 1.570 do CC).

Como visto, a igualdade de direitos e de deveres na direção e na administração da família e de seus bens é assegurada pela lei, quando possível, a ambos os cônjuges, desaparecendo a antiga chefia da sociedade conjugal pelo marido, um dos últimos resquícios do machismo do passado.

7 CONCUBINATO

1 Considerações iniciais

Foi aprovado, na Câmara dos Deputados, o Projeto de Lei n. 1.888, de 1991, de autoria da Deputada Beth Azize, em que figurou como Relator o Deputado Edesio Passos, fundamentado, parcialmente, no Esboço de Anteprojeto de lei, de meu livro[1] *Do concubinato ao casamento de fato*.

Esse mesmo Projeto de Lei encaminhou-se ao Senado Federal, tomando o n. 84, de 1994, tendo como Relator o Senador Wilson Martins. Este projeto, mais completo, resgatou artigos do meu aludido Esboço, que tinham sido retirados do Projeto originário, da Câmara dos Deputados.

Tudo, para que fosse regulamentado o concubinato puro, a união estável, prevista no § 3º do art. 226 da Constituição Federal, como uma das formas de instituição da família brasileira.

2 Breves aspectos históricos

Na antiguidade, a família era, em geral, constituída por meio de celebrações religiosas ou por meio de simples convivência.

No Direito Romano, como visto, a mulher passava a integrar a família de seu marido, pela *conventio in manum*, sujeitando-se à *manus*, que era o poder marital, por uma das seguintes formas de constituição familiar: a) pela *confarreatio*, que consistia em uma cerimônia religiosa, reservada ao patriciado, com excessivas formalidades, com a oferta a Júpiter de um pão de farinha (*panis farreum*), que os nubentes comiam, juntos, realizada perante dez testemunhas e perante o Sacerdote de Júpiter (*flamen Dialis*); b) pela *coemptio*, casamento privativo dos plebeus, que implicava à venda simbólica da mulher ao marido, assemelhando-se, pela forma, à *mancipatio*; e c) pelo *usus*, que era o casamento pela convivência ininterrupta do homem e da mulher, por um ano, em estado possessório, que, automaticamente, fazia nascer o poder marital, a não ser que, em cada período de um ano, a mulher passasse três noites fora do lar conjugal (*trinoctii usurpatio*).

---

1. AZEVEDO, Álvaro Villaça. *Do concubinato ao casamento de fato*. 2. ed. Belém do Pará: Ed. Cejup, 1987. p. 280-283.

Além dessas formas de casamento, existiu o concubinato, em Roma, regulamentado, de modo indireto, à época do Imperador Augusto, pelas "Lex Iulia" e "Papia Poppaea de maritandis ordinibus", que era a *licita consuetudo sine causa matrimonii*.

Embora tendo reprovado o concubinato, como forma de constituição de família, a Igreja Católica tolerou-o, quando não se cuidasse de união comprometedora do casamento ou quando incestuosa, até sua proibição pelo Concílio de Trento, em 1563.

Ressalte-se, em verdade, que a existência do casamento, nos moldes de antigamente, sem os formalismos exagerados de hoje, não possibilitava, praticamente, a formação familiar sob o modo concubinário.

Realmente, bastava que um homem convivesse com uma mulher, por algum tempo, como se casados, com ou sem celebração religiosa, para que se considerassem sob casamento. Isto, porque, nessa época, o concubinato puro, não adulterino nem incestuoso, que é utilizado, hoje, como modo de constituição de família, era o casamento de fato, provado por escritura pública ou por duas testemunhas.

Esse o casamento de fato, que, sob a singela forma de convivência no lar, selava a união dos cônjuges, sob o pálio do Direito Natural.

O concubinato, portanto, existia, somente, adulterino, como concorrente e paralelamente ao casamento, de modo excepcional e desabonador da família.

Todavia, desrespeitando essa lei natural e simples, entendeu o legislador de criar formalismos ao casamento, criando-o de modo artificial, na lei, quando, em verdade, ele é um fato social, que a legislação deve regular, somente no tocante a seus efeitos, para impedir violações de direitos.

Assim, editou-se, no Brasil, o Decreto n. 181, de 24 de janeiro de 1890, que secularizou o casamento. A partir dele, o formalismo tomou conta da legislação brasileira, em matéria de casamento, reeditando-se o sistema no Código Civil.

Com isso, deixou o Estado brasileiro não só de considerar o casamento de fato (por mera convivência duradoura dos cônjuges), bem como o casamento religioso, que, atualmente, por si só, sem o posterior registro civil, é união estável (antigo concubinato puro). Não tem ele existência autônoma, independente, como antes desse Decreto de 1890.

3   Causas do concubinato

A par desse sistema formal, com muitos óbices à separação, e a par das dificuldades ao registro do casamento religioso, surgiu, paralelamente, uma nova tendência de constituição de família, pelo concubinato, que existe com grande intensidade nos países latino-americanos.

Ressalte-se, como visto, e mais uma vez, que, entre nós, a falta de registro civil do casamento religioso, base secular de constituição de família, importa concubinato puro ou união estável.

É certo, ainda, que, com o advento do progresso e a agitação nos centros urbanos, diminuiu, sobremaneira e paulatinamente, a tolerância e a compreensão dos problemas aflitivos dos casais, levando-os a esse estado de coisas, aos desquites (atualmente, separações judiciais ou divórcios).

Como crescesse o número de desquites, era preciso que se possibilitasse a existência do divórcio, pela reforma constitucional, que só ocorreu em meados de 1977.

Embora a sociedade brasileira reprovasse o concubinato, também como forma de constituição familiar, no começo do século, o certo é que, com esse número crescente de desquitados, impossibilitados de se casarem, eles constituíram suas novas famílias, à margem da proteção legal, cumprindo o desígnio da lei natural de que o homem é animal gregário e necessita dessa convivência no lar.

Quando surgiu a lei do divórcio, a par de nova filosofia liberal do povo, já a sociedade acostumara-se à família concubinária, depois união estável, que preenche, atualmente, grande espaço de nossa sociedade, e que necessitava de cuidados legislativos.

4 Conceito e espécies de concubinato

Todavia, nesse passo, é indispensável que se conceitue o concubinato, por suas espécies, para diferenciá-las, devidamente.

Em sentido etimológico, *concubinatus*, do verbo *concumbere* ou *concubare* (derivado do grego), significava, então, mancebia, abarregamento, amasiamento, dormir com outra pessoa.

Apresenta-se esse vocábulo, atualmente, com dois sentidos: amplo e estrito. Pelo sentido amplo ou *lato*, significa todo e qualquer relacionamento sexual livre; pelo sentido estrito, é a união duradoura, constituindo a sociedade familiar de fato, com *affectio societatis*, respeito e lealdade recíprocos.

Relativamente a esse sentido amplo, esclarece Jean Beucher[2] que ele surge, sob o título de concubinagem, compreendendo "uma variedade infinita de modalidades" de uniões livres, desde que não sejam "relações puramente passageiras", acidentais e sem continuidade, que os romanos denominavam *stuprum*.

Como se pode aquilatar, esse sentido amplo compreende, inclusive, a concubinagem, com relacionamentos extraconjugais, tal, por exemplo, o adulterino, que leva uma pessoa casada a conviver, concubinariamente, em concorrência com sua vida conjugal.

Daí a necessidade de fixar-se o conceito de concubinato, em sua significação estrita, com fundamento no art. 981 do Código Civil (antigo art. 1.363) onde se assegura que a sociedade de fato nasce do somatório recíproco de esforços, pessoais ou materiais, para a obtenção de fins comuns.

À falta de outro dispositivo legal, mais específico, era nesse dispositivo legal que se encontrava a base da constituição da família de fato, que se mostra pela coabitação dos concubinos, como se casados fossem, presos pela *affectio societatis*, com a

---

2. *La notion actuelle du concubinagem* cit., p. 6-7.

responsabilidade de provisão do lar pelo concubino, com o auxílio de sua mulher, cuidando ambos de sua eventual prole[3].

Por isso que nenhuma sociedade pode existir sem a colaboração e a lealdade dos sócios.

Por seu turno, Antônio Chaves[4] apresenta cinco elementos conceituais caracterizadores do concubinato puro (não incestuoso nem adulterino):

> 1. União fiel, com dedicação recíproca e colaboração da mulher no sustento do lar, na sua função natural de administradora e de provedora, não como mera fonte de dissipação e de despesas; 2. Atitude ostensiva de manutenção de laços íntimos, a aludida notoriedade; 3. Durante um lapso de tempo prolongado; 4. Sem que nenhum dos parceiros esteja vinculado por matrimônio válido, e até mesmo, por outro liame de barregania, e que não se trate de união incestuosa; 5. Sem compromissos recíprocos.

Referindo-se à "recíproca fidelidade", que deve existir entre os conviventes, pondera Ney de Mello Almada[5] que "o requisito da fidelidade", que na união estável "se presume pela convivência ou pela coabitação efetiva entre os concubinos", essa "conduta do par concubinário há de ser regular, sendo inconcebível dualidade de concubinatos. Não se trata, pois, de união meramente erótica, transitória e ofensiva à moral e aos bons costumes".

Já Edgard de Moura Bittencourt[6] ressaltava, há mais de 30 anos, que, "na conceituação do concubinato capaz de gerar direitos, o dever de fidelidade alia-se aos demais elementos de respeitabilidade, como o elemento moral e a honorabilidade. Com a fidelidade recíproca aproxima-se a união livre do matrimônio legal". E acrescenta: "A quebra do dever de fidelidade, antes do longo tempo de união, revela – como parece certo – a inexistência de comunhão de vida e de sentimentos".

Refira-se, finalmente, e em corroboração dos conceitos dados, o de Pinto Ferreira[7], segundo o qual o concubinato "é a união estável e prolongada de homem com mulher, vivendo ou não sob o mesmo teto, sem vínculo pelos laços do casamento, revestindo-se, porém, tal união, necessariamente, de algum requisito, como a notoriedade, fidelidade da mulher e continuidade de relacionamento sexual".

Entendo, apenas, em reforço dos ensinamentos expendidos, que, em vez de falarmos em "fidelidade da mulher", devemos mencionar o dever de lealdade recíproca, pois a

---

3. AZEVEDO, Álvaro Villaça. Verbete "Sociedade concubinária". *Enciclopédia Saraiva do Direito*. São Paulo: Saraiva, 1982. v. 70. p. 12 a 16, especialmente p. 13.

4. *Lições de direito civil*: direito de família. São Paulo: Revista dos Tribunais, 1975. v. 3, p. 12.

5. *Direito de família*. São Paulo: Brasiliense, 1987. p. 86-87; *Manual de direito de família*. São Paulo: Hemeron, 1978. p. 55.

6. *O concubinato no direito*. Rio de Janeiro-São Paulo: Ed. Jurídica e Universitária, 1969. v. 1, p. 148-149.

7. *Investigação de paternidade, concubinato e alimentos*. São Paulo: Saraiva, 1980. p. 113.

lealdade é figura de caráter moral e jurídico independentemente de cogitar-se da fidelidade, cuja inobservância leva ao adultério, que é figura estranha ao concubinato.

Desse modo, a quebra do dever da lealdade entre concubinos implica injúria apta a motivar a separação de fato dos conviventes, dada a rescisão do contrato concubinário.

E o dever, como visto, deve ser recíproco, para que exista igualdade entre os concubinos, pois, caso contrário, poderia parecer que, no concubinato, o homem não devesse ser leal. Como vemos, a dedicação recíproca e leal, bem como a ostensividade de um comportamento de natureza familiar, mostra-se indispensável à solidificação desses laços familiares.

Desse modo, os conviventes, no concubinato puro, não mantêm vida liberal, de contatos íntimos com outras pessoas. Quando existe essa união, deve ser respeitado, reciprocamente, o direito-dever de lealdade.

Com esses dados e elementos, é possível, agora, conceituar o concubinato, abrangendo todas as suas espécies, como a união estável, duradoura, pública e contínua, de um homem e de uma mulher, não ligados por vínculo matrimonial, mas convivendo como se casados, sob o mesmo teto ou não, constituindo, assim, sua família de fato.

Desses elementos surgem as espécies de concubinato: puro, impuro e desleal.

É puro o concubinato, quando se constitui a família de fato, sem qualquer detrimento da família legítima ou de outra família de fato (este poderá rotular-se, também, de concubinato leal). Assim, ocorre, por exemplo, quando coabitam solteiros, viúvos, separados judicialmente ou de fato, divorciados, sob essa forma familiar.

Impuro é o concubinato, se for adulterino, incestuoso ou desleal, como, respectivamente, o de um homem casado, que mantenha, paralelamente a seu lar, outro de fato; o de um pai com sua filha; e o de um concubino formando um outro concubinato.

Ressalte-se, nesse passo, que, segundo meu entendimento, como sempre entendi, se o concubinato for adulterino ou desleal, mas o concubino faltoso estiver separado de fato de seu cônjuge ou de seu concubino anterior, cessará a adulterinidade ou a deslealdade, tornando-se puro seu concubinato, atualmente união estável.

Por seu turno, o concubinato desleal é o que existe em concorrência com outro concubinato; é um segundo concubinato, que concorre com o primeiro.

Sempre admiti que o concubinato puro ou concubinato, simplesmente, ou união estável, na expressão atual de nossa Constituição, deve merecer, por parte dos Poderes Públicos, completa proteção; diferentemente do que deve suceder com o concubinato impuro ou concubinagem. Aduz-se que deste último não devem, em geral, ser protegidos seus efeitos, a não ser ao concubino de boa-fé, como acontece analogamente, com o casamento putativo, e para evitar locupletamento indevido, quando a concubina, mesmo em adultério, aumenta o patrimônio do concubino casado. Neste caso, deve aplicar-se o conteúdo da Súmula 380 do Supremo Tribunal Federal, atualmente revogada em parte.

5   Concubinato e sociedade de fato

Nossas Doutrina e Jurisprudência têm diferenciado a situação concubinária da sociedade de fato.

Realmente, a par do concubinato, vislumbrado em conceito já expendido, a comprovação da existência de sociedade de fato, patrimonial, entre os concubinos, foi exigida pelo Supremo Tribunal Federal, pelo princípio sumulado sob n. 380, para que se possibilitasse a dissolução judicial societária, com a partilha dos bens adquiridos pelo esforço comum.

Em apoio a essa súmula, vinham entendendo nossos Tribunais que o simples concubinato não gerava direitos ao patrimônio do companheiro, sendo indispensável a prova para formação da sociedade de fato, com a efetiva colaboração econômica ou financeira dos concubinos, a realização de seu patrimônio comum.

Em que pese esse posicionamento de torrencial jurisprudência, ele foi alterado pela Constituição de 1988 e legislação subsequente, adiante analisadas. Foi sempre meu entendimento que, sendo o concubinato puro, união estável, bastava a convivência concubinária, para que fosse admitido o condomínio dos bens adquiridos pelo casal, onerosamente, durante a união.

Nesse caso, deve presumir-se o esforço comum dos concubinos, pois não se uniram eles sob mera sociedade de fato, em qualquer empresa em que se vislumbre interesse meramente econômico, mas com o propósito de constituírem sua família. Esta última posição já encontrava respaldo em alguns acórdãos de nossos Tribunais, antes do advento da Constituição Federal de 1988 e das leis que a ela se seguiram.

Mas esse apoio à relação concubinária pura, que pretendi, deve ser retirado quanto ao concubinato impuro ou desleal; nesse caso deve ser exigida prova da aquisição patrimonial, para que se evite o enriquecimento sem causa.

Entretanto, a aludida Súmula 380 do Supremo Tribunal Federal, citada, não diferenciava entre as espécies de concubinato, exigindo essa participação comum, na aquisição proprietária, tanto numa quanto noutra espécie de concubinato. E, exigindo essa participação efetiva, de cunho econômico, a mesma súmula igualava a sociedade concubinária com outra qualquer, alheia aos desígnios familiares, negando o cunho de contribuição espiritual, que existe no lar.

6   Regulamentação do concubinato

É certo que a família de fato vive em maior clima de liberdade, do que a família de direito.

Todavia, a excessiva liberdade, em Direito, é muito perigosa, pois acaba por escravizar o mais fraco. Tudo, porque essa liberdade não pode ser totalmente desapegada de regulamentação, há que ser condicionada, pois ela termina, onde outra começa.

Assim, o Estado tem interesse em proteger as pessoas, evitando lesões de direito.

No fundo, o amor que liga os conviventes, ao primeiro impacto da união, é como a afeição dos sócios em uma empresa qualquer: pode acabar. Entretanto, quando uma sociedade civil ou comercial termina, não é o mesmo que o findar de uma sociedade de família. Esta é mais apegada a regras morais e religiosas, ao Direito Natural, devendo ter uma proteção maior, no âmbito do Direito de Família, para que se respeite a célula, onde, no mais das vezes, com o nascimento de filhos, grava-se a natureza pela descendência, contrariando qualquer reprovação, que possa existir contra essa situação fática.

Na sociedade familiar de fato, como na de direito, os interesses são, preponderantemente, de cunho pessoal e imaterial. Isso, sem se cogitar do interesse maior do Estado, em preservar sua própria existência, mantendo no lar, as famílias, em relativo estado de felicidade e de segurança financeira.

Porém, ao lado dessa liberdade convivencial, impõe-se a responsabilidade, para que, em nome daquela não cresça demais o direito de um concubino ou convivente, a ponto de lesar o do outro.

A família de fato não pode viver sob um clima de liberdade sem responsabilidade, tanto que, mesmo sem estar regulamentada, legalmente, em um só todo, já algumas normas existiam a seu respeito, talhadas na lei, na jurisprudência e na doutrina.

Não se pode, em sã consciência, admitir que o regramento de conduta, na família de fato, seja inibidora da liberdade, porque, em Direito, cuida-se da liberdade jurídica, que vive no complexo do relacionamento humano, com as limitações necessárias.

Realmente, se é lícito que duas pessoas vivam como marido e mulher, sem serem casadas, não há que admitir-se que, em caso de abandono ou de falecimento, bens fiquem em nome de uma delas, embora, por justiça, pertençam a ambos. Essa liberdade seria escravizante a possibilitar lesão, enriquecimento ilícito, o que é incompatível com o pensamento jurídico. Sempre disse que o Estado há que intervir nessas situações, sendo melhor que o fizesse antes, regulamentando a matéria relativa à família de fato. Essa regulamentação, pelo Estatuto da União Estável, que propus, deve mantê-la em sua forma natural, preservando-se a liberdade dos conviventes, mas sob clima de responsabilidade, para que exista segurança, em caso de lesão. Esta deve ser, sempre, prevista, para ser repelida.

Esse foi o meu lema, para a regulamentação do então concubinato: **Liberdade com Responsabilidade**.

8 UNIÃO ESTÁVEL

1 Constituição de 1988

A Constituição de 1988, pelo § 3º de seu art. 226, reconheceu o concubinato puro, não adulterino nem incestuoso, como forma de constituição de família, como instituto, portanto, de Direito de Família.

Houve, por bem, ainda, o legislador constituinte substituir a palavra concubinato, pela expressão **união estável**, para inaugurar nova era de compreensão aos conviventes, respeitando seus direitos e sua sociedade de fato, que sempre existiu, antes do Decreto n. 181, de 1890, sob forma de casamento de fato ou presumido.

Por outro lado, entretanto, não estendeu essa mesma Constituição ao casamento religioso, como entendo correto, os efeitos do casamento civil, para recuperar sua antiga dignidade, ante o Estado. Limita-se ela, por seu art. 226, § 2º, a dizer, do mesmo modo que a anterior, que "O casamento religioso tem efeito civil, nos termos da lei". Esta, entretanto (Lei n. 1.110/50), só admite tal efeito quando pré ou pós-existe a habilitação para o casamento civil.

Assim, tanto o casamento civil como o religioso, com suas formalidades próprias, devem existir, no meu entender, automática e independentemente.

2 Casamento de fato, união estável e casamento religioso

Como visto, tanto a união estável como o antigo casamento de fato nascem, espontânea e naturalmente, na sociedade, isentos de formalismos.

Em verdade, a união estável de hoje, nada mais é, na sua aparência, do que o antigo casamento de fato ou presumido.

Entretanto, no casamento de fato, os conviventes sentem-se casados, como esposos, porque são casados, tal como o casamento da *common law*, que existe hoje em alguns Estados americanos, o por comportamento do Estado de Tamaulipas, no México, o da Escócia e o casamento de fato ou clandestino admitido pelas Ordenações Filipinas, até o advento do aludido Decreto n. 181, de 1890, que instituiu, entre nós, o casamento civil.

Desse modo, pelo casamento de fato, desde o início da convivência, sem quaisquer formalidades de celebração, ainda que religiosas, existe o casamento presumido.

Na união estável, a liberdade dos conviventes é maior, porque vivem como se fossem marido e mulher, mas sem o serem, em verdade. Não existe o estado conjugal, mas, meramente, o convivencial ou concubinário.

Por outro lado, destaque-se que, sob o prisma psicológico, atualmente, as pessoas casadas, só religiosamente, sem que tenha existido registro de seu casamento, embora se sintam casadas, vivem sob o regime da união estável.

3 Meu entendimento quanto ao casamento religioso

Entendo que deveria voltar a existir o casamento religioso, só com celebração religiosa, ao lado do casamento civil, com os formalismos abrandados, inclusive no tocante à separação e ao divórcio.

Assim, com maior ou menor liberdade, teríamos o casamento sob todos os seus aspectos histórico existenciais mais importantes.

A sociedade moderna está repelindo os excessos de formalismo, com uma tendência ao casamento simples, do passado. É certo, pois os rigores de forma, hoje existentes no Brasil, datam do Decreto n. 181, de 1890, que instituiu, somente há pouco mais de cem anos, entre nós, o casamento civil. Antes, tudo era natural em matéria de casamento, como sempre foi no passado.

Todavia, ainda que existam as aludidas modalidades matrimoniais, preferindo a sociedade constituir família sob a forma de união estável, ou outra, não pode o Estado impedi-lo, por qualquer de seus Poderes. O Poder maior é do povo. O Estado deve regulamentar o que existe, impedindo lesões de direito.

Mas, mesmo assim, é preciso que exista a possibilidade de considerar a união estável como uma espécie nova de casamento de fato, que proponho.

Assim, para mim, já com esse espírito de *iure constituendo*, casamento de fato ou união estável é a convivência não adulterina nem incestuosa, duradoura, pública e contínua, de um homem e de uma mulher, sem vínculo matrimonial, convivendo como se casados, sob o mesmo teto ou não, constituindo, assim, sua família de fato.

4 Orientação da Jurisprudência após a Constituição de 1988

Antes de editada a Constituição Federal de 5 de outubro de 1988, e mais remotamente, a Jurisprudência negava quaisquer direitos decorrentes da relação concubinária.

Depois, passou a Jurisprudência a conceder indenização à concubina, por serviços domésticos prestados a seu companheiro.

Finalmente, com fundamento, entre outros, à época, no art. 1.363 do Código Civil de 1916, editou-se a Súmula 380 do Supremo Tribunal Federal, já citada. Por ela, considerou-se, de um lado o concubinato, de outro a sociedade de fato entre concubinos.

Como visto, referido princípio sumulado criou, em nosso direito de família, a "teoria da sociedade de fato", exemplo do que ocorreu na jurisprudência francesa.

Desse modo, não bastava a prova da vida concubinária pura, mas a existência de sociedade de fato entre os concubinos, para justificar-se a partilha de seus bens.

O intuito foi, mesmo, de mostrar a necessidade de uma participação extraconcubinária, na aquisição patrimonial, a título oneroso (não gratuito). Caso contrário, não haveria de fazer-se essa diferenciação entre sociedade concubinária e de fato, pois, esta última pode ocorrer, independentemente de relação familiar, com o somatório de esforços e/ou recursos para a obtenção de fins comuns, numa sociedade civil ou comercial.

Malgrado esse entendimento da necessidade de colaboração da concubina, para o aumento do patrimônio do casal concubinário, com uma visão muito mais econômica do que pessoal, a Constituição Federal de 1988 contribuiu para uma interpretação mais justa nas relações concubinárias.

Assim, o enunciado da Súmula 380 do Supremo Tribunal Federal, com a evolução jurisprudencial ocorrida nessa mais Alta Corte de Justiça, entendeu-se como harmonizado com a orientação consagrada pelo Superior Tribunal de Justiça, conforme se percebe por julgados deste, desde sua instalação, que se deu por obra do legislador constituinte. Destaque-se que, por essa evolução, se começou a admitir a contribuição indireta para a formação do patrimônio dos concubinos.

Julgou-se, então, reiteradas vezes, no Superior Tribunal de Justiça, que a participação, para a formação do patrimônio comum, não necessitava de existir com contribuição em dinheiro, materialmente, mas podia consistir na realização de trabalhos no âmbito doméstico, de cunho eminentemente pessoal.

Destaque-se, nesse ponto, importante decisão do Superior Tribunal de Justiça, de 21 de agosto de 1990, por sua 3ª Turma, sendo relator o Ministro Cláudio Santos[1], em que se reconheceu a "contribuição indireta para a formação do patrimônio do casal" e a "inexistência de dissídio com a Súmula n. 380/STF", com a consequente partilha de bens entre os concubinos.

Em excelente pesquisa, nesse aludido julgado, quanto ao entendimento de nossa Corte Suprema, aponta o mesmo Ministro Cláudio Santos, em sequência, que "apenas o Ministro Leitão de Abreu se posicionou favorável à presunção da sociedade de fato, quando provada a vida 'more uxorio', admitindo, em consequência, o direito à partilha dos bens adquiridos durante o concubinato"[2].

Menciona-se, ainda, nesse acórdão sob análise, decisão da 1ª Câmara Cível do Tribunal de Justiça do Estado do Rio de Janeiro, na Apelação Cível 3.600/88, sendo relator o Desembargador Carlos Alberto Menezes Direito, em que se reconheceu a união estável acolhida, constitucionalmente, como entidade familiar, sendo certo que, provada essa

---

1. *Boletim da AASP* 1766, de 28-10-1992 a 3-11-1992, p. 407-414.
2. RT 540/219.

união, "pela longa convivência comum é cabível a meação dos bens adquiridos na constância desta".

Lembra, então, nesse passo, o Ministro Cláudio Santos que foi relator desse último citado caso, destacando:

> O tema em si, não foi abordado, eis que não conhecido o recurso, porém, em meu voto fiz as seguintes considerações, inclusive, transcrevendo trecho do brilhante voto do relator na instância ordinária: "No que tange à contrariedade ao art. 1.363 do Código Civil, a versar sobre a celebração do contrato de sociedade, não demonstrada está a violação, tanto mais que não cogitou a decisão desse tipo de sociedade mas sim dos efeitos da união estável, com a aparência de casamento". Efetivamente, é a seguinte a fundamentação do acórdão, na lavra do Des. Carlos Alberto Menezes Direito: "É certo que a interpretação construtiva que buscou escólios no art. 1.363 do Código Civil, tende necessariamente a encontrar amparo no fato natural da vida em comum, deslocando-se do cenário meramente econômico". Como anota Álvaro Villaça Azevedo, "litteris": "Mesmo a admitir-se, com a citada Súmula 380, que é indispensável o 'esforço comum' dos concubinos nessa formação de seu patrimônio, há que entender-se esse esforço em sentido amplo, pois, nem sempre ele resulta de natureza econômica, podendo implicar estreita colaboração de ordem pessoal, às vezes de muito maior valia" (cfr. Do Concubinato ao Casamento de Fato, CEJUP, 2. ed. p. 80).

Muitos outros julgados, além dos já citados, surgiram sem a exigência do exercício do trabalho remunerado da companheira, ao tempo da aquisição patrimonial pelo companheiro[3].

Tenha-se presente exemplar acórdão da 2ª Câmara Civil do Tribunal de Justiça do Estado de São Paulo, em 17 de dezembro de 1991, sendo relator o Desembargador Cezar Peluso[4], em que se entendeu que,

> Adquirido patrimônio durante a união estável, sujeita aos princípios jurídicos do direito de família, têm os concubinos, ou ex-concubinos, direito à partilha, ainda que a contribuição de um deles, em geral da mulher, não haja sido direta, ou pecuniária, senão indireta, a qual tanto pode estar na direção educacional dos filhos, no trabalho doméstico, ou em serviços materiais doutra ordem, como na ajuda em termos de afeto, estímulo e amparo psicológico.

Como restou evidenciado, até este ponto de minha exposição, há um ano e meio, aproximadamente, da edição do texto constitucional vigente, em meu citado livro (*Do*

---

3. REsp 361/RJ, 4ª T., rel. Ministro Fontes de Alencar *DJ* de 30-10-1989.
4. *Boletim da AASP* 1765, de 21-10-1992 a 27-10-1992, p. 396.

concubinato ao casamento de fato), defendia eu a necessidade de inserir-se o concubinato puro sob proteção da Lei Maior e de admitir-se a presunção de condomínio dos bens adquiridos onerosamente na constância do concubinato pelo esforço dos concubinos, fosse de caráter econômico (material) ou pessoal (imaterial, espiritual).

Ressalte-se, nesse passo, o texto do art. 10, proposto em meu esboço de Anteprojeto[5]:

> *Patrimônio* – Os bens móveis e imóveis, adquiridos por um ou por outro ou por ambos os concubinos, na constância do concubinato e a título oneroso, são considerados fruto do trabalho e da colaboração comum, passando a pertencer a ambos, em condomínio, e em partes iguais, salvo estipulação contratual escrita, em contrário.

Com a edição da Lei n. 9.278/96, que instituiu, entre nós, o Estatuto dos Concubinos, minha posição doutrinária ficou consolidada, não tendo mais razão de ser, em matéria de direito de família, a partir dela, a diferença entre concubinato puro e sociedade de fato, pois a simples convivência concubinária pura, nos moldes dessa novel legislação, assegurava aos conviventes o direito de propriedade, em igualdade de condições, sobre os bens adquiridos, onerosamente, na constância do concubinato, salvo prova escrita em contrário.

5 Análise da Lei n. 8.971/94 (primeira regulamentação da união estável)

Passo, aqui, a analisar a evolução do tratamento legislativo da união estável, que foi assegurada pela Constituição Federal de 1988, em seu art. 226, § 3º.

Com a edição da Lei n. 8.971/94, regulou-se o "direito dos companheiros a alimentos e à sucessão".

Essa Lei foi o marco inicial dessa regulamentação.

O art. 1º, dessa lei, concedia à companheira ou ao companheiro, na união estável (concubinato puro), após a convivência de cinco anos ou a existência de prole, o direito a alimentos, nos moldes da Lei n. 5.478/68, enquanto não constituísse nova união e desde que provasse a necessidade.

Confesso que, em princípio e pelo meu Esboço de Anteprojeto de "Estatuto dos Concubinos", não fui favorável à concessão de direito a alimentos entre conviventes, a não ser quando contratados, por escrito.

Acontece que já existia uma tendência jurisprudencial à concessão desses alimentos, após a edição da Constituição de 1988; talvez, por esta, em seu art. 226, em seu § 3º, recomendar que a lei facilite a conversão da união estável em casamento.

---

5. AZEVEDO, Álvaro Villaça. Esboço de Anteprojeto cit., p. 281 da aludida monografia *Do concubinato ao casamento de fato*. Belém: Cejup, 1986; 2. ed. de 1987; e p. 27 do n. 4 da Revista Literária de Direito.

Desse modo, concedendo direito alimentar aos conviventes, reconheceu a lei, sob cogitação, os mesmos direitos e deveres, existentes entre cônjuges, constantes da aludida Lei de Alimentos (Lei n. 5.478/68).

Todavia, entre os conviventes, esse direito-dever alimentar surgia, tão somente, após o decurso do prazo de cinco anos ou o nascimento de filho.

O dispositivo, sob análise, estabelecia que o postulante de alimentos comprovasse a necessidade destes; não sendo, portanto, automática a aquisição desse direito alimentar. Estabelecia, ainda, causa de cessação desse pensionamento, com a constituição, pelo alimentando, de nova união, fosse concubinária ou matrimonial.

Porém, esse art. 1º não mencionava a hipótese de mau comportamento do convivente alimentando, que é prevista, corretamente, pela Jurisprudência, como causa de perda da pensão alimentícia. Não é correto que o convivente, que se entregue a maus costumes, como a prostituição, por exemplo, continue a receber alimentos de seu companheiro.

Também não entendo que fosse justo que o convivente culpado da rescisão do contrato concubinário, seja escrito ou não, pudesse pleitear alimentos do inocente, contrariamente como admite o atual Código Civil.

Por seu turno, o art. 2º da lei sob comentário cuidava do direito sucessório dos conviventes, nos parâmetros, mencionados em seus três incisos. Os dois primeiros reeditavam o preceituado no § 1º do art. 1.611 do Código Civil de 1916, que tratava de iguais direitos, mas do cônjuge viúvo, que era casado sob regime de bens diverso do da comunhão universal (usufruto vidual).

Sempre entendi não conveniente essa reafirmação, para os conviventes, do aludido direito a usufruto, pois, na prática, ele estorvava o direito dos herdeiros. Melhor seria tornar o convivente sobrevivo herdeiro, adquirindo sua parte na herança concorrendo com os aludidos filhos *loco filiae* ou *loco filii*, conforme o caso (como filha ou filho). Assim, por exemplo, a (o) sobrevivente, concorrendo com dois filhos, receberia cota da herança correspondente a um terço, ficando cada qual com o seu, sem o atrapalho do usufruto, gravando direito dos filhos herdeiros. Esse critério foi seguido, em princípio, pelo Código Civil de 2002, que revogou completamente essa matéria de usufruto vidual, criando a sucessão "em concorrência", nos moldes do art. 1.790 e 1.829.

Nem para os cônjuges, a meu ver, deveria existir essa espécie de usufruto, pois criava enorme transtorno no relacionamento dos herdeiros-filhos ou netos, que viam obstado seu pleno exercício proprietário, pelo usufruto existente em seus bens, em favor de seus pais ou seus avós.

Pelo atual Código Civil, podemos dizer que o usufruto vidual foi substituído, integralmente, pela concessão de cota-parte da herança ao cônjuge sobrevivo, solução de alta praticidade e de justiça. Também o companheiro é acrescentado no texto do referido Código.

Quanto à sucessão do companheiro (a), vem ela atualmente regulada pelo art. 1.790 do Código Civil, *verbis*:

A companheira ou o companheiro participará da sucessão do outro, quanto aos bens adquiridos onerosamente na vigência da união estável, nas condições seguintes: I – se concorrer com filhos comuns, terá direito a uma quota equivalente à que por lei for atribuída ao filho; II – se concorrer com descendentes só do autor da herança, tocar-lhe-á a metade do que couber a cada um daqueles; III – se concorrer com outros parentes sucessíveis, terá direito a 1/3 (um terço) da herança; IV – não havendo parentes sucessíveis, terá direito à totalidade da herança.

6 Análise da Lei n. 9.278/96 (segunda regulamentação da união estável)

A Lei n. 9.278/96, que regulamentou o § 3º do art. 226 da Constituição Federal, de 5 de outubro de 1988, reconheceu, em seu art. 1º, como familiar, como união estável ou concubinária propriamente, a convivência duradoura, pública e contínua, de um homem e de uma mulher, estabelecida com objetivo de constituição de família.

Com essa Lei, como dito, fundamentada no meu Esboço de Anteprojeto, de 1987, sente-se a evolução do tratamento legislativo, em seu marco inicial, da união estável, adquirindo maior consistência.

O artigo, em pauta, regula a união estável ou concubinária, como vem tratada no art. 1.723 do Código Civil, adiante comentado.

Tanto é verdade que, no § 3º do citado artigo, do texto constitucional, o legislador se refere à união estável entre o homem e a mulher, como entidade familiar.

Desponta, nítido, o conceito de união estável, traçado nesse art. 1º, como pudemos observar. Por ele, desse modo, a união estável é a convivência duradoura, pública e contínua, de um homem e de uma mulher, para a constituição de uma família de fato.

Por seu turno, o art. 2º dessa mesma lei, enumerava os direitos e deveres iguais dos conviventes, tais o respeito e a consideração mútuos (inc. I), a assistência moral e material recíproca (inc. II), a guarda, o sustento e a educação dos filhos comuns (inc. III).

Os direitos e deveres mencionados nos incisos I e II são recíprocos, demonstrando-se não só no tratamento íntimo dos conviventes, mas também em seu relacionamento social.

Assim, podem ser descumpridos os deveres de respeito e de consideração, quando existe conduta injuriosa grave de um dos conviventes, atingindo a honra ou a imagem do outro, com palavras ofensivas, com gestos indecorosos ou com deslealdade.

Por outro lado, a assistência moral é de suma importância, principalmente, na atualidade, em que as pessoas pouco se comunicam no lar, descuidando do companheiro, sem diálogo e sem considerá-lo, em verdadeiro estado de abandono moral. É a vida de um convivente, como se o outro não existisse.

Já a assistência material mostra-se no âmbito do patrimônio, dos alimentos entre conviventes, principalmente. Nesse passo, a mesquinharia, a sovinice, a avareza configuram, certamente, injúria de caráter econômico.

Tanto o dever de assistência material, quanto imaterial, dos companheiros, já estavam previstos no aludido inciso II do art. 2º sob análise, expressamente. Nenhuma dúvida, portanto, de que devam ser respeitados pelos conviventes.

Os direitos e deveres mencionados no inciso III, do dispositivo legal sob análise, são dos conviventes em relação a seus filhos comuns. A guarda dos filhos tem a ver com a posse que seus pais, em conjunto ou isoladamente, em caso de sua separação, exercem, em decorrência de seu poder-dever parental, poder familiar, antigo pátrio poder. O sustento são os alimentos materiais indispensáveis à preservação da subsistência e da saúde, bem como os relativos à indumentária. A educação são os alimentos de natureza espiritual, imaterial, incluindo, não só o ensinamento escolar, como os cuidados com as lições, no aprendizado, no âmbito familiar e de formação moral dos filhos.

Quanto ao art. 3º, embora tenha sido vetado, será objeto de análise, com o texto do último projeto de lei da Câmara (n. 1.888-F/91), que tramitava à época, para melhor entendimento global da lei ora analisada.

Esse artigo refere-se a contrato escrito de que podem valer-se os conviventes, para regular seus interesses (direitos e deveres), principalmente de ordem patrimonial. Podem estabelecer, por exemplo, regras quanto a seus bens, considerando, como particulares, alguns ou todos os bens adquiridos na constância concubinária, prevendo, de modo genérico, seu destino patrimonial, em condomínio ou em estado de separação parcial ou total.

Malgrado o veto desse art. 3º, não estavam obstados os companheiros, como nunca estiveram, até o presente, de programar o regime de seu patrimônio, como podem os cônjuges, no casamento, pactuar seu regime de bens (pacto antenupcial).

Como a união estável é situação de fato, esse contrato escrito pode ser feito a qualquer tempo; o mesmo não ocorre com o casamento, em que o pacto é anterior a este, embora atualmente possa ser alterado o regime de bens entre os cônjuges, durante o casamento.

Também como veremos ao analisar, adiante, o art. 5º da lei, em foco, ele admitia, expressamente, a possibilidade de realização de contrato, por escrito, entre os companheiros; o que atualmente também se admite.

Podem os conviventes, livremente, ainda, assegurar, pelo contrato, outros direitos e deveres, entre si e com relação a seus filhos, existentes ou futuros, outras hipóteses de pensionamento e de seguros; entre outras situações.

Logicamente, e como assentado nesse vetado art. 3º, as normas contratadas não podiam contrariar o preceituado nessa lei emergencial, as normas de ordem pública relativas ao casamento, os bons costumes e os princípios gerais de direito.

A presente lei estabelecia certos parâmetros, em defesa dos concubinos, para que, em sua liberdade convivencial, não ofendessem direitos, um do outro, colocando em risco a estabilidade da família brasileira. Contendo algumas normas de ordem pública, como as relativas ao casamento, não podem ser modificadas pelas partes, sendo cogentes, portanto. As normas dispositivas, por seu turno, autorizam essas alterações, expressamente, como também as que se apresentam em caráter facultativo. No artigo sob análise, sugere-se que "os conviventes poderão" realizar contratos. Está implícito que não são obrigados os concubinos à realização dessas contratações convivenciais; pois, na ausência da convenção, a lei assegura a proteção indispensável, para que se evitem lesões de direito. E, por força do citado art. 5º da mesma lei, os conviventes continuavam podendo realizar contratos.

Vê-se nítida a preocupação do legislador, nesse artigo, de impedir qualquer ofensa às normas reguladoras do casamento civil; porque são cogentes.

Quanto aos bons costumes e aos princípios gerais de direito, devem ser eles preservados em qualquer contratação, inclusive e, principalmente, no âmbito do Direito de Família.

Mesmo com o veto do presente artigo, repita-se, não estavam os conviventes impedidos de realizar contratos de convivência.

O então Presidente da República, Fernando Henrique Cardoso, certamente, ao vetá-lo, quis evitar muitas formalidades previstas na legislação, asseverando:

> a amplitude que se dá ao contrato de criação da união estável importa admitir um verdadeiro casamento de segundo grau, quando não era esta a intenção do legislador, que pretendia garantir determinados efeitos a *posteriori* a determinadas situações nas quais tinha havido formação de uma entidade familiar. Acresce que o regime contratual e as precauções contratuais do projeto não mantiveram algumas das condicionantes que constavam no projeto inicial.

Em verdade, a união estável não é um casamento de segundo grau, ainda que regulado, quanto aos interesses concubinários; é um resquício do casamento de fato, como demonstrado historicamente (sua norma mais próxima, entre nós, é das Ordenações Filipinas).

O contrato é um meio flexível para garantir os concubinos, nesse mar de incertezas e de injustiças em que navegou nossa Doutrina e nossa Jurisprudência.

Nossa ideia era a de que, mantido o Estatuto dos Concubinos, fosse revogada, expressamente, a Lei n. 8.971/94, que nada mais fez do que conceder aos concubinos os mesmos direitos dos cônjuges, ali mencionados.

Quanto ao veto, se tivesse nosso Presidente o intuito de proibir essas contratações, por completo, tê-lo-ia feito, expressamente. Em vez, admitiu a existência desse contrato escrito, na parte final do *caput* do art. 5º, e de seu § 2º.

Não pretendeu, portanto, o Presidente Fernando Henrique eliminar a contratação; preocupou-se em não criar uma nova espécie de concubinato, quando assenta: "não se justifica a introdução da união estável contratual nos termos do art. 3º, justificando-se pois o veto em relação ao mesmo e, em decorrência, também, no tocante aos arts. 4º e 6º".

Em verdade, não se cuidou de criar espécie de concubinato contratual, pois todo ele nasce de um contrato verbal. O certo é que, não sendo escrito, ele não tem o alcance de proteção de que muitos concubinos necessitam. O contrato escrito dá a quem quiser e tiver muitos interesses, a tranquilidade em seu relacionamento. Esse contrato já estava arraigado no uso social, principalmente quando existe, em jogo, patrimônio de alto valor.

Também, o art. 4º foi vetado, à época sob a mesma atrás mencionada justificativa, merecendo análise, entretanto, o texto do projeto final, referido.

Esse artigo cuidava do registro do contrato de convivência no Cartório do Registro Civil de residência de qualquer dos conviventes, com comunicação ao Cartório de Registro de Imóveis, para averbação, caso integrassem a contratação bens imóveis de um ou de ambos os concubinos.

Assentava o dispositivo, sob estudo, que esse registro poderia ser feito, para que o contrato tivesse validade contra terceiros.

Lembre-se de que esses contratos poderiam ser registrados para terem eficácia contra terceiras pessoas. Todavia, essas contratações têm força obrigatória entre os contratantes, independentemente de qualquer registro. Aliás, como vinha acontecendo.

Há mais de 30 anos, vinha eu, então, elaborando esses contratos para salvaguarda dos interesses dos meus clientes, tendo as avenças sido reconhecidas em juízo, inclusive para concessão de alimentos. Nessa longa experiência, em que firmavam essas contratações os concubinos e seus parentes e amigos, como testemunhas, viram os conviventes esses contratos ser recusados nos registros públicos, sob alegação de que eram "casamento em escritório"; nulos, portanto.

Essas avenças sempre foram válidas, porque, baseadas no art. 1.363 do Código Civil de 1916, como contrato de sociedade, em que os conviventes declaram o somatório dos esforços e/ou recursos para o fim específico de criarem sua família de fato. Também se utilizam das regras do condomínio, quando pretendem que a sociedade conceda direitos patrimoniais, discriminando os percentuais ideais de propriedade que devam existir etc.

Valha, então, o princípio da obrigatoriedade dos contratos, consagrado no então vigente art. 928 do Código Civil de 1916 (*pacta sunt servanda*), que continua vivo, embora não recepcionado expressamente no Código Civil de 2002.

Aliás, o art. 5º analisado já mostrava que até o legislador se fez sensível a esse aspecto patrimonial, estabelecendo norma dispositiva no sentido de que, não havendo estipulação em contrato escrito, os bens móveis e imóveis, adquiridos, onerosamente, por um ou por ambos os concubinos, no período em que durar a união estável, são considerados fruto do trabalho e da colaboração comum, pertencendo a ambos, em condomínio e em partes iguais. Sentido que perdura no art. 1.725 do Código Civil atual.

O § 1º desse mesmo artigo estabelecia outra causa de cessação da aludida presunção, qual a de que fossem os bens adquiridos na constância do concubinato, com o produto dos bens adquiridos anteriormente a este.

Cuida-se, nesse caso, de sub-rogação real; uma coisa nova substituindo a antiga. Suponhamos, por exemplo, que o bem antigo, anterior à convivência ou de propriedade exclusiva de um dos conviventes, seja vendido por 100 e que o novo seja adquirido por 200; nesse caso, a sub-rogação será no valor correspondente a 100, tão somente. Tal situação perdura atualmente.

No § 2º desse art. 5º, estabelecia o legislador outra presunção *iuris tantum*, pois, embora a administração do patrimônio comum dos conviventes fosse atribuída a ambos, poderiam estes dispor, diferentemente, conforme suas conveniências, em contrato escrito.

Mais uma vez, nesse ponto, assegurado o direito dos concubinos de regularem seus interesses por contratação escrita, o que é, ainda, perfeitamente possível.

Se um dos conviventes perder a confiança depositada no outro, quanto à administração do patrimônio comum, poderá interpelá-lo, fazendo cessar o fenômeno dessa representação, pedindo prestação de contas.

Embora vetado o art. 6º, seguinte, entendo conveniente comentá-lo para que se tenha a noção completa do Estatuto dos Concubinos.

Esse art. 6º cuidava da dissolução da união estável, por vontade das partes, por morte de um dos conviventes, por rescisão ou por denúncia do contrato. Aliás, essas são causas de extinção dos contratos em geral, inclusive do contrato de casamento, regulado no Código Civil, por normas de ordem pública.

Pela primeira hipótese, os conviventes extinguem a união estável, amigavelmente e por escrito, estipulando, nesse acordo, o que for de seu interesse. Trata-se, nesse caso, de resilição bilateral ou distrato, por escrito, mediante transação (acordo), para extinguir a relação concubinária, sem quebra dos preceitos da lei, sob estudo. Esse acordo escrito é possível, mesmo que não tenha havido contrato escrito de concubinato (§ 1º). Esta situação existe, independentemente de lei.

Exigia o vetado art. 6º, sob análise, se os conviventes tivessem firmado contrato escrito de convivência e averbado em Cartório, que qualquer deles pudesse requerer a averbação do acordo dissolutório da união estável (§ 2º).

Sem essa exigência, o contrato e o distrato, que fossem firmados, não necessitariam constar de Registro Público.

Essa falta de registro, para valer contra terceiros, produz clima de insegurança nos negócios, de alto risco para a sociedade. Sim, porque, por exemplo, se um companheiro vende um bem imóvel do patrimônio concubinário, sem a assinatura de sua consorte, ficará esta prejudicada, caso terceiro, adquirente, esteja de boa-fé. Supondo-se, é claro, que esse imóvel esteja registrado em nome do vendedor, tão somente.

Desse modo, se houvesse, nesse registro imobiliário a averbação do contrato concubinário ou de declaração do estado convivencial, o terceiro adquirente não poderia alegar boa-fé.

A lei poderá, de futuro, mencionar, ainda, a necessidade de que os companheiros, sempre em negociações com bens cadastrados, declarem, em conjunto ou isoladamente, seu estado concubinário, sob pena de cometimento de crime (de omissão ou de falsas declarações).

No § 3º, seguinte, cuidava-se da rescisão, em caso de ruptura da união estável por violação dos deveres constantes dessa lei e do contrato escrito, se existir.

Nesse caso de rescisão, tem-se em mira o inadimplemento culposo da regra legal ou contratada. Sim, porque não há que falar-se em rescisão, sem que exista culpa do que a provocou.

A ausência desse parágrafo, assim, em nada alterava a situação, pois os deveres dos concubinos estavam retratados na lei, como atualmente (art. 1.724) ou poderão constar, também, com outros, do contrato escrito.

Havendo descumprimento culposo desses deveres, estará acarretada a ruptura da contratação, escrita ou verbal.

Por outro lado, declarava o § 4º, vetado, que a denúncia do contrato concubinário, escrito ou verbal, ocorria pela simples separação de fato dos conviventes. Tal pode, ainda, acontecer, quando, sem culpa de qualquer deles, ocorrer dita separação. Sim, porque a denúncia é a resilição unilateral, autorizada pela lei ou pelo contrato, em que a parte exerce o direito de extinguir o contrato, exercício de direito esse que não se coaduna com a ideia de culpa. Nesse caso, a denúncia ou resilição unilateral é imotivada, vazia, pelo simples fato da separação, sem qualquer cometimento ilícito, que possa ter dado causa à rescisão desse contrato.

Sem esse dispositivo legal, haverá de perquirir-se se a separação ocorreu por abandono injustificado, do companheiro, o que configura quebra de dever assistencial, previsto no inciso II do art. 2º, desta analisada lei; ou se o abandono foi justificado ou a deixa do casal concubinário foi consentida, situações em que, ausente de culpa, não existirá ato ilícito.

O art. 7º tratava de prestação de assistência material, de caráter alimentar, em caso de rescisão contratual, que deve ser paga pelo concubino culpado ao inocente, quando este necessitar desse pensionamento.

Entretanto, se a união estável fosse dissolvida por morte de um dos conviventes (parágrafo único), o sobrevivente teria direito real de habitação do imóvel destinado à residência da família, enquanto vivesse ou não constituísse nova união ou casamento.

O direito real de habitação consiste na utilização gratuita de imóvel alheio. O titular desse direito deverá residir, com sua família, nesse imóvel, não podendo alugá-lo, emprestá-lo. É o que se depreende do art. 746 do Código Civil de 1916 (art. 1.414 do atual).

Esse direito era concedido ao concubino sobrevivente, condicionalmente, sob termo ou condição resolutivos. O direito existirá, enquanto viver o titular (termo resolutivo, sempre certo; a morte ocorrerá, mas não se sabe quando) e enquanto não concubinar-se ou não se casar (condição resolutiva, *ex lege* – o evento é futuro e incerto, pois poderá ou não ocorrer novo concubinato ou novo casamento).

O art. 8º dessa Lei atendia à exigência constitucional, contida no § 3º do art. 226, que determina que o legislador tudo fará para facilitar a conversão da união estável em casamento. No mesmo sentido o art. 1.726 do atual Código Civil.

Daí podiam os conviventes, de comum acordo e a qualquer tempo, requerer a conversão de sua união estável em casamento civil, por requerimento ao Oficial do Registro Civil da Circunscrição de seu domicílio. Atualmente o requerimento deverá ser feito diretamente ao juiz de direito.

Como era de esperar-se, o art. 9º eliminava a possibilidade de que as causas relativas ao concubinato fossem da competência das varas comuns.

Esse artigo fixou a competência das Varas de Família, para tratamento das questões concubinárias, assegurando o segredo de justiça.

Com isso, seria de acrescentar-se ao inciso II do art. 189 do Código de Processo Civil, mais essa hipótese legal de admissão de segredo de justiça.

A redação desse art. 155 e de seu inciso II existe como determinada pela Lei n. 6.515/77 (Lei do Divórcio), no seguinte teor: "Art. 155. Os atos processuais são públicos. Correm, todavia, em segredo de justiça os processos [...] II – que dizem respeito a casamento, filiação, separação dos cônjuges, conversão desta em divórcio, alimentos e guarda de menores". Seria de incluir-se a "matéria relativa à união estável" (conforme art. 9º da Lei n. 9.278/96).

Destaque-se, nesse passo, que, por esse artigo, resgatou-se o dever do Estado brasileiro de assegurar ao concubinato puro ou união estável, a natureza familiar do instituto, sempre considerada, e como casamento de fato, até o Decreto n. 181, de 1890. Desse modo, agiu o legislador respeitando as tradições da família brasileira.

Pode, agora, com maior segurança, um concubino pleitear contra o outro medida cautelar de separação de corpos, que vinha sendo admitida, com alguma relutância pelo Poder Judiciário, mormente a partir do art. 226, § 3º, da Constituição que admite a união estável como instituto de Direito de Família.

Por outro lado, o casamento, que, atualmente, realizar-se só perante a autoridade religiosa (Católica, Protestante ou Judaica, por exemplo), e que é considerado concubinato puro ou união estável, se não for registrado, com os procedimentos da habilitação ao casamento civil, passou a ter a mesma proteção concubinária, concedida pela Constituição Federal e pela lei sob comentário.

7 União estável no Código Civil (arts. 1.723 a 1.727)

7.1 Art. 1.723

7.1.1 Generalidades

A primeira lei que regulamentou o § 3º do art. 226 da Constituição Federal, como visto, foi a n. 8.971/94, que assegurava aos concubinos direito a alimentos e à sucessão.

Nessa lei, esboça-se, em seu art. 1º, um conceito de união estável, com seus elementos já analisados.

A segunda lei, que regulamentou o aludido texto constitucional, foi a n. 9.278/96, fundada, no meu esboço de anteprojeto de lei[6], utilizado pela Deputada Beth Azize, em seu Projeto de Lei n. 1.888/91, com a constante presença do grupo CFEMEA, de Brasília, apresentou novo conceito de união estável, que é, na essência, o estampado no ora comentado art. 1.723 do atual Código Civil.

---

6. AZEVEDO, Álvaro Villaça. *Do concubinato ao casamento de fato* cit., p. 280-283.

O concubinato puro (não incestuoso e não adulterino), lançado no texto constitucional de 1988, sob o título de união estável, sob forte influência da minha citada monografia, com sua tese central vingada na jurisprudência, principalmente a partir de 1990, no Superior Tribunal de Justiça, como demonstrado, foi regulamentado pelas duas citadas leis, em 1994 e em 1998.

Na verdade, o artigo em pauta regula a união estável ou concubinária pura, pois a expressão entidade familiar é mais ampla, já que o § 4º do art. 226 da Constituição Federal a ela se refere, também, como a comunidade formada por qualquer dos pais e seus descendentes. Aqui, não existe a presença do casal concubinário.

Tanto é verdade que, no § 3º do citado artigo do texto constitucional, o legislador refere-se à união estável entre o homem e a mulher como entidade familiar.

Essa modificação terminológica ocorreu no projeto dessa lei no Senado, pois, no da Câmara dos Deputados, constava a expressão união estável ("Considera-se união estável o concubinato *more uxorio*...").

Fica clarividenciado, ainda, que o comentado art. 1.723, sob exame, não reconhece a união entre pessoas do mesmo sexo como apta a receber a proteção do Estado como órgão familiar, embora exista projeto da então Deputada Marta Suplicy para regulamentar essa união e julgados que reconhecem a união homoafetiva como constitutiva da família com a proteção analógica das regras da união estável (STF) e, mesmo, como casamento (STJ), como será demonstrado nesse ponto específico.

Tenha-se presente que esse mesmo artigo não estabelece prazo certo para a existência da união estável, devendo, é óbvio, em cada caso, verificar-se se, realmente, existe essa espécie de união de fato, pela posse recíproca dos conviventes, com intuito de formação do lar, desde que a convivência seja duradoura, a demonstrar a existência da família.

Destaque-se, mais, que esse artigo, sob foco, não alude, expressamente, à união estável, pura, ou seja, não incestuosa e não adulterina, a qual, inegavelmente, foi objeto de sua regulamentação.

É certo que o § 3º do art. 226 da Constituição Federal também não especifica nesse sentido; contudo, ambos os dispositivos legais apontam o objetivo de constituição familiar, o que impede que exista concubinato impuro (contra o casamento preexistente de um dos companheiros ou em situação incestuosa) ou concubinato desleal (em concorrência com outro concubinato puro).

Expressivo julgado da 8ª Câmara Ordinária de Direito Privado do Tribunal de Justiça do Estado de São Paulo, sendo relator o Desembargador Debatin Cardoso[7], de 26 de fevereiro de 1997, por votação unânime, salientou que não existe convivência entre companheiros em "relação manifestamente adulterina", citando meu entendimento[8] de

---

7. *JTJ-Lex* 199/12. No mesmo sentido, julgado do TJSP, *RT* 766/230, 6ª Câm., rel. Des. Antonio Carlos Marcato, v.u., j. 11-3-1999.

8. AZEVEDO, Álvaro Villaça. *Do concubinato ao casamento de fato* cit., p. 66.

que deve existir "união duradoura, sem casamento, entre homem e mulher, constituindo-se a família de fato, sem qualquer detrimento da família legítima".

Reafirme-se, nesse passo, que o objetivo maior da união estável, o cerne, mesmo, de seu conceito, é a constituição da família de fato.

7.1.2 Relação aberta ou de companheirismo

Daí não ser união estável a relação aberta, em que os conviventes têm liberdade de relacionamento íntimo com terceiros. Não pode existir intuito de constituição de família nessas condições, mas sim mero companheirismo.

Assim julgou o Tribunal de Justiça do Estado de São Paulo, por sua 7ª Câmara, em 7 de agosto de 1996, por maioria de votos, sendo relator designado o Desembargador Rebouças de Carvalho[9], entendendo inexistente a sociedade de fato concubinária, sem o cumprimento do "dever de fidelidade" (ou, melhor, entendo, do dever de lealdade), "em face do tipo de relacionamento adotado pelo casal". Daí a súmula dessa decisão: "Os requisitos essenciais, para a configuração do concubinato, podem ser resumidos na continuidade das relações sexuais, ausência de matrimônio, notoriedade da união *more uxorio*, honorabilidade, fidelidade, coabitação, durabilidade do relacionamento, assistência mútua e cooperação".

O dever de lealdade e a exclusividade de coabitação são essenciais à demonstração da convivência *more uxorio*, da união estável.

Caracteriza-se a relação aberta, desse modo, com o

> relacionamento embasado em mera amizade, desprovido de comunhão de vida, leito e interesses, como patenteou a 2ª Câmara de Direito Privado do Tribunal de Justiça do Estado de São Paulo, em 4-3-1997, por votação unânime, sendo relator o Desembargador Vasconcellos Pereira[10].
>
> Também esse mesmo Tribunal, agora por sua 6ª Câmara, por votação unânime, sendo relator o Desembargador Almeida Ribeiro[11], julgou, em 10-9-1992, que as pessoas que se envolvem nessa chamada relação aberta assumem relacionamento caracterizado por envolvimento amoroso e companheirismo, por interesse e convivência sociais.

Destaca esse acórdão que

---

9. *JTJ-Lex* 196/158.

10. *JTJ-Lex* 193/36. No mesmo sentido, julgado do Superior Tribunal de Justiça (*RSTJ* 109/203, 4ª T., rel. Min. Fontes de Alencar, não conheceram, v.u., o recurso especial de Goiás, j. 16-12-1997).

11. *RT* 698/73. No mesmo sentido, julgado na *RT* 757/172 (TJSP, 1ª Câm., rel. Des. Alexandre Germano, j. 23-6-1998) e na Ap. Civ. 167.994-1, 6ª Câm., TJSP.

a relação aberta, como o próprio nome está a indicar, define-se, na essência e estruturalmente, pela inexistência de compromisso. O que marca, em realidade, esse tipo de relação, é o descompromisso dos parceiros que convivem na participação e realização de eventos sociais, em função, contudo, do sentido e da repercussão destes, sem prejuízo evidente, de vantagens e benefícios próprios.

Veja-se em Caio Mário da Silva Pereira[12] que a obrigação de fidelidade entre os cônjuges não foi excluída da união estável.

> Dentro de uma interpretação literal, ser fiel é obrigação, apenas, para os cônjuges. Para os companheiros, lhes cabe obediência aos deveres de lealdade, respeito e assistência e de guarda, sustento e educação dos filhos. Não se justifica dar tratamento diverso, quando são valores essenciais nas relações entre os cônjuges e companheiros.

Por outro lado, julgou o Superior Tribunal de Justiça, por sua 3ª Turma que

> O art. 1º da lei n. 9.278/96 não enumera a coabitação como elemento indispensável à caracterização da **união estável**. Ainda que seja dado relevante para se determinar a intenção de constituir uma família, não se trata de requisito essencial, devendo a análise centrar-se na conjunção de fatores presente em cada hipótese, como a *affectio societatis* familiar, a participação de esforços, a posse do estado de casado, a fidelidade, a continuidade da **união**, entre outros, nos quais se inclui a habitação comum. A ausência de prova da efetiva colaboração da convivente para a aquisição dos bens em nome do falecido é suficiente apenas para afastar eventual sociedade de fato, permanecendo a necessidade de se definir a existência ou não da **união estável**, pois, sendo esta confirmada, haverá presunção de mútua colaboração na formação do patrimônio do de cujus e consequente direito à partilha, nos termos do art. 5º da Lei n. 9.278/96.

Julgou, ainda, o Tribunal de Justiça do Estado de São Paulo, por sua 2ª Câmara de Direito Privado[13], *verbis*:

> União Estável – Prova conflitante a respeito da ocorrência de seus requisitos legais, em particular o intuito, de parte do réu, do estabelecimento de uma comunhão de vida com a autora – Recurso do réu provido, decretando-se a improcedência da ação – Prejudicado o da autora que buscava o reconhecimento da união por maior período e a fixação de verba alimentar.

---

12. *Instituições de direito civil* cit., p. 546.
13. Ap. Cív. com Revisão 582.905-4/0-00-Praia Grande, rel. Des. Morato de Andrade, j. 21-10-2008.

Nesse caso, o varão teve vários relacionamentos amorosos, concluindo o *decisum*: "acima de tudo, não se divisa, ao menos, de parte do réu, dado a vários relacionamentos extraconjugais, o intuito de constituição de uma família". E prossegue: "Percebe-se que o réu não teve a intenção de estabelecer uma comunhão de vida com a autora, nem mesmo depois do falecimento de sua esposa, quando já mantinha um outro romance com S., de quem também tinha um filho".

Também o mesmo Tribunal, por sua 5ª Câmara de Direito Privado[14] entendeu, entre outros pontos, pela ausência do "escopo de constituição de família", pois o demandado é "homem a manter vários relacionamentos amorosos, por sinal, convivendo aproximadamente (6) anos com uma mulher chamada Alzira e namorando Clarice por idêntico período".

E continua esse julgado: "Aliás, segundo essas testemunhas arroladas pelo réus, Bernardino era 'farrista' (fl. 96), 'mulherengo' (fl. 97)". "Enfim, portanto, não se tem prova de que entre Bernardino e a apelante houvesse convivência pública, contínua, duradora e com escopo de constituição de família, como exige o art. 1.723 do Código Civil e o fazia o art. 1º da Lei 9.278/1996".

7.1.3 Conceito de união estável no atual Código

O conceito de união estável no atual Código Civil, nos moldes do *caput* do art. 1.723, é o mesmo, constante do art. 1º da Lei n. 9.278/96, em que se apresentam seus elementos essenciais, conforme já analisado.

A união estável não abarca a união homossexual, pois, por conceituação constitucional, que se projetou no art. 1º da Lei n. 9.278/96 e no art. 1.723 do atual Código Civil, é a convivência "entre o homem e a mulher".

A união estável é, também, a convivência pública, contínua e duradoura.

Realmente, como um fato social, a união estável é tão exposta ao público como o casamento, em que os companheiros são conhecidos, no local em que vivem, nos meios sociais, principalmente de sua comunidade, junto aos fornecedores de produtos e serviços, apresentando-se, enfim, como se casados fossem. Diz o povo, em sua linguagem autêntica, que só falta aos companheiros "o papel passado".

Essa convivência, como no casamento, existe com continuidade; os companheiros não só se visitam, mas vivem juntos, participam um da vida do outro, sem termo marcado para se separarem.

Quanto ao prazo para início da eficácia da união estável voltou o legislador do atual Código Civil a preferir não o fixar, dizendo que essa união existe quando duradoura.

Lembre-se de que, no Projeto do atual Código Civil, n. 118, já com a redação final de 1997, dada pelo Senado Federal, voltara a exigência, no seu art. 1.735, da duração da

---

14. Ap. 431.748.4/6-00-Nova Granada, rel. Des. Encinas Manfre, j. 17-5-2006.

convivência dos companheiros e por mais de cinco anos consecutivos, reduzindo-se o prazo para três anos, havendo filho comum (§ 1º), devendo ainda a coabitação existir sob o mesmo teto. Nesse caso, se tivesse sido editado tal entendimento, teria sido revogada a Súmula 382 do Supremo Tribunal Federal, que admite que os companheiros vivam sob tetos distintos.

Quanto ao referido prazo de 5 anos, existe inconveniente, por exemplo, se já estiverem os companheiros decididos a viver juntos, com prova inequívoca (casamento religioso, por exemplo), e qualquer deles adquirir patrimônio, onerosamente, antes do complemento desse prazo. Por outro lado, pode haver início da união já com filho comum!

Destaque-se, ainda, em parênteses, que o Decreto n. 181, de 1890, ao criar o casamento civil, no Direito brasileiro, como único modo de constituição da então "família legítima", tornou ineficazes, ante o reconhecimento do Estado brasileiro, as três formas de constituição de família que constavam nas Ordenações Filipinas (de 1603): o casamento religioso, o casamento por escritura, com duas testemunhas, e o casamento de fato ou clandestino. Este, sendo casamento (atualmente é união estável), que sempre existiu desde a Antiguidade, constituía-se pela simples convivência duradoura. Dizia o texto das Ordenações[15] "Outrosi, serão meeiros, provando que tiverão em casa teúda e manteúda, ou em casa de seu pai, ou em outra, em publica voz e fama de marido e mulher per tanto tempo, que segundo Direito baste para se presumir Matrimonio antre elles, posto que se não provem as palavras de presente" (à porta da Igreja, que era o casamento religioso).

Como visto, as Ordenações não mencionavam prazo certo para esse casamento de fato, hoje união estável, que deveria durar "per tanto tempo".

Realmente, a união estável nasce com o afeto entre os companheiros, constituindo sua família, sem prazo certo para existir ou para terminar.

Em cada caso concreto, deverá o juiz perceber se houve, realmente, ou não, duração suficiente para a existência da união estável.

Todavia, é no intuito de constituição de família que está o fundamento da união estável. Esse estado de espírito de viver no lar pode não existir, por exemplo, no companheirismo, que objetive, além da companhia esporádica, relações sexuais ou sociais, com ampla liberdade de que tenham outras convivências os companheiros, não encarando os afazeres domésticos com seriedade. Nessa situação, pode um casal viver mais de dez anos, sem que se vislumbre união estável. Os Tribunais chamam esse estado de mero companheirismo, de união aberta ou de relação aberta.

Quanto à necessidade de dizer-se que a convivência existe como se "casados fossem" os companheiros, nada há que acrescentar a essa ideia do "*more uxorio*"; todavia ela está contida na expressão "convivência pública, contínua e duradoura", com o objetivo de constituição de família (modo mais moderno de dizer-se dessa relação familiar, um homem e uma mulher, convivendo, seriamente, em família por eles constituída). A convivência

---

15. *Ordenações e Leis do Reino de Portugal*, recompiladas pelo Rei D. Filipe, 9. ed., original de 1603, Coimbra, Real Imprensa da Universidade de Coimbra, 1824, t. 3, p. 81, Livro quarto, título 46, par. 2.

sob o mesmo teto é, às vezes, evitada para que não se causem traumas em filhos; isso acontece até no casamento, principalmente, em segundas núpcias, em que os filhos do casamento anterior não querem aceitar um novo pai ou uma nova mãe! A Súmula 382 do Supremo Tribunal Federal pode até aplicar-se, analogicamente. Ela admite, na união estável, que os companheiros vivam sob tetos diversos.

Tenha-se presente, ainda, que a convivência pública não quer dizer que não seja familiar, íntima, mas sim de que todos têm conhecimento, pois o casal vive, também, com relacionamento social, apresentando-se como marido e mulher.

7.1.4 Separados judicialmente ou de fato

Ponderava eu[16], ainda, sobre o Projeto n. 118, do atual Código Civil, que ele estava a afrontar a maior conquista da Lei n. 9.278/96 e de nossa Jurisprudência, depurada, há mais de cem anos, até 1990, com as mencionadas decisões, principalmente, do Superior Tribunal de Justiça, quando não permitia a existência da união estável, se os companheiros tivessem impedimentos matrimoniais e causas suspensivas (§ 2º do seu art. 1.735). E confirmava esse entendimento, a meu ver absurdo, contrário à própria história do instituto, estabelecendo a diferença entre união estável e concubinato, quando assentava, em seu art. 1.739, que "as relações não eventuais entre o homem e a mulher, impedidos de casar, constituem concubinato" (atualmente, art. 1.727 adiante analisado).

A vigorar este último dispositivo de pré-legislação, dizia eu, estarão impossibilitados de manter convivência em união estável os cônjuges separados de fato ou de direito (separação judicial). Aqui, verdadeiro golpe na história do instituto, porque esse preceito fazia, nesse caso, voltarem as consequências do concubinato, que evoluiu à categoria de concubinato puro, que é hoje a união estável.

Desse modo, quem estivesse separado judicialmente, por exemplo, e não quisesse divorciar-se, teria de viver em concubinato, sem os benefícios da união estável. No Brasil, é situação notória, admitida, atualmente, pela própria sociedade, a existência de novas uniões familiares por pessoas separadas de fato ou judicialmente, que, certamente, estariam desprotegidas, se fosse editado esse texto projetado. Com isso, estaríamos retrocedendo na história e fazendo voltar as injustiças do passado, principalmente contra a mulher brasileira, em agressão ao próprio direito natural. Não se pode legislar contra a realidade social.

Estaria ferido, com isso, o texto constitucional, constante do *caput* do art. 226, que eliminou todas as discriminações contra a família, que é a única destinatária da proteção da Lei Maior. Sim, porque quem convive familiarmente, embora separado de fato ou de direito, de seu cônjuge, não agride outra forma de constituição de família, porque seu casamento já está rompido.

---

16. *Estatuto da Família de fato*. 2. ed. São Paulo: Atlas, 2002. p. 439 e s.

A própria Lei do Divórcio n. 6.515/77, já atestava, no § 1º de seu art. 5º, a possibilidade de ruptura da sociedade conjugal, pela separação de fato do casal prolongada por mais de cinco anos consecutivos, com impossibilidade de sua reconstituição. Esse prazo de cinco foi reduzido para um ano, pela Lei n. 8.408/92.

Por seu turno, a Constituição Federal de 5 de outubro de 1988 possibilitava, pelo § 6º de seu art. 226, a dissolução do casamento civil, após prévia separação judicial por mais de um ano nos casos expressos em lei, ou após comprovada separação de fato por mais de dois anos (divórcio direto). Atualmente, o divórcio direto exerce-se como direito protestativo, independentemente do transcurso de qualquer prazo, como será analisado, no ponto próprio.

Como visto, a separação de fato prolongada, pelos aludidos transcursos de tempo, pode ocasionar a ruptura da sociedade conjugal ou, até mesmo, a dissolução do casamento civil, produzindo efeitos que estariam sendo ilididos pelo texto daquele Projeto n. 118.

A família é o fundamento do próprio Estado, que será sempre forte, quando houver a fortaleza dos sentimentos íntimos e o respeito máximo ao ser humano.

Realmente, o Código Civil nunca definiu o concubinato, nem o puro nem o impuro, este podendo ser adulterino ou incestuoso.

Todavia, a atual união estável é o concubinato puro (não adulterino e não incestuoso).

Desse modo, conceituando esse Projeto o concubinato não fez diferença entre uma e outra espécie: se puro ou impuro.

Na verdade, o concubinato, hoje existente, entre pessoas separadas judicialmente ou de fato, já é qualificado como puro, como união estável, uma vez que o separado, que vive concubinariamente, não tem qualquer relacionamento pessoal de família com seu ex-cônjuge, embora formalmente permaneçam casados. Ora, nesse caso, não existe comprometimento adulterino, pois o dever de fidelidade está extinto, no casamento. Não há, portanto, com o novo relacionamento concubinário, quebra desse mesmo dever.

Assim, sobre essa matéria não há que esperar-se que se estabeleçam normas, pela "experiência" e pela "jurisprudência dos tribunais", pois elas já existem consolidadas, na Doutrina e nos julgados de nossos Tribunais, tendo a Lei n. 8.971, de 29 de dezembro de 1994, em seu art. 1º, já conceituado a união estável como a convivência de "um homem solteiro, separado judicialmente, divorciado ou viúvo...". Sempre entendi que o cônjuge separado de fato se inclui nesse texto, pois a adulterinidade cessa nesse passar de tempo, em que desaparece o dever de fidelidade pela falta de coabitação dos cônjuges.

O próprio Projeto do Governo n. 2.686/96, que visou a unificação das leis sobre união estável, de 1994 e de 1996, que ficou com seu andamento paralisado no Congresso Nacional, possibilitava a união estável entre separados judicialmente e de fato.

Fiz inúmeras críticas a esse art. 1.735 do Projeto (com a redação de 1997, do Senado).

Em palestra que proferi na Câmara dos Deputados a convite do relator do Projeto, Deputado Ricardo Ferreira Fiuza, renovei veementemente essa crítica contra esse artigo, ressaltando, então, que o texto dele, proposto pelo Senado, nos termos da Resolução CN

n. 01/2000[17], corrigia essa distorção; portanto, devendo ser mantido. Os deputados presentes concordaram, unanimemente, com essa posição e, em especial, o Deputado Relator Ricardo Fiuza.

Minha crítica voltou-se, também, contra os prazos de duração convivencial constantes do *caput* e do § 1º desse art. 1.735 do então Projeto. Com esse novo texto proposto, eliminaram-se esses prazos (cinco e três anos).

Depois, em palestras feitas na Faculdade de Direito da Fundação Armando Álvares Penteado – FAAP, a meu convite, o Deputado Ricardo Fiuza, assessorado pelo Advogado Mário Luiz Delgado Régis e pelo Desembargador do Tribunal de Justiça do Estado de Pernambuco, Jones Figueirêdo Alves, acolheu proposta mais simplificada, mas atendendo aos mesmos reclamos, a ser submetida à Câmara dos Deputados, o que foi feito com sucesso.

Assim, acrescentou-se, no § 1º do art. 1.723, a expressão: "ou judicialmente"; eliminou-se o § 3º do aludido art. 1.735 do Projeto.

Voltou, com essa aprovação da Câmara, a reinar mais tranquilidade no texto do art. 1.723 do atual Código Civil, que está sendo comentado.

Assim, embora o § 1º desse artigo mencione que a união estável não se constituirá se ocorrerem os impedimentos do art. 1.521, em seguida exclui que não será aplicado o inciso VI, deste último, no caso de a pessoa casada encontrar-se "separada de fato ou judicialmente".

Esses impedimentos são os absolutamente dirimentes e que causaram a nulidade do casamento.

Por outro lado, no § 2º, as causas suspensivas do art. 1.523 não impedirão a caracterização da união estável.

8   Art. 1.724 (comentários)

O art. 1.724, sob exame, enumera os deveres iguais dos companheiros, tais a lealdade, respeito e assistência, entre eles. Na verdade, são direitos e deveres recíprocos.

Depois, os deveres de guarda, sustento e educação dos companheiros, relativamente aos seus filhos.

Diferentemente da Lei n. 9.278/96, inclui-se o dever de lealdade, pois não existe entre companheiros o dever de fidelidade.

Tive[18] oportunidade de defender o caráter de direito-dever da personalidade da coabitação dos cônjuges. Nesse passo, ante os direitos e deveres recíprocos dos companheiros, posso dizer o mesmo: que eles são uma imposição legal, de ordem pública ("as

---

17. As Emendas do Senado Federal foram alteradas nos termos do art. 139-A da Resolução n. 1, de 1970 – CN, modificado pelo art. 1º da Resolução n. 01/2000 – CN.
18. AZEVEDO, Álvaro Villaça. *Dever de coabitação* cit., p. 119-128.

relações pessoais entre os companheiros obedecerão...") aos companheiros, enquanto durar a união estável.

Começando pelo dever de lealdade, seu descumprimento provoca injúria grave; paralelamente à deslealdade, está, no casamento, o adultério, que implica a quebra do direito-dever de fidelidade.

É certo que não existe adultério entre companheiros; todavia, devem ser eles leais. A lealdade é gênero de que a fidelidade é espécie; aquela figura no âmbito genérico da conduta dos casais, tanto que, muitas vezes, entre cônjuges, não se configurando o adultério, de difícil prova, o mau comportamento de um deles, ainda que faça presumir, às vezes, adultério, já, por si, caracteriza-se como injurioso, apto a autorizar a dissolução da sociedade matrimonial, quando, por esse ato, torna-se, ao inocente, insuportável a vida no lar conjugal.

Também a deslealdade entre companheiros, quando um deles mantém relação sexual ou, simplesmente, namora ou mantém relações íntimas com terceiro, pode causar repulsa de tal ordem que torne insuportável a convivência ao companheiro inocente.

No tocante ao direito-dever de respeito, entre os conviventes, é ele descumprido, quando existe conduta injuriosa grave de um dos companheiros, atingindo a honra ou a imagem do outro, com palavras ofensivas, com gestos indecorosos ou com deslealdade.

Por outro lado, a assistência moral é de suma importância, principalmente, na atualidade, em que as pessoas pouco se comunicam no lar, descuidando do companheiro, sem diálogo e sem considerá-lo, em verdadeiro estado de abandono moral. É a vida de um convivente, como se o outro não existisse.

Cuidando do dever de assistência imaterial entre cônjuges, ressalta Regina Beatriz Tavares da Silva Papa dos Santos[19] que ele implica "a solidariedade que os cônjuges devem ter em todos os momentos da existência e que se manifesta sob as mais variadas formas".

Do mesmo modo, acontece entre os companheiros, que devem manter esse clima de solidariedade, nos bons e nos maus momentos de sua convivência.

Já a assistência material mostra-se no âmbito do patrimônio, dos alimentos entre conviventes, principalmente. Nesse passo, a mesquinharia, a sovinice, a avareza configuram, certamente, injúria de caráter econômico.

Tenha-se presente, nessa feita, decisão do Superior Tribunal de Justiça, por sua 4ª Turma, por unanimidade, de 23 de novembro de 1998, sendo relator o Ministro Barros Monteiro[20], que realça o dever de assistência material pela convivência duradoura, *more uxorio*, e nestes termos:

> A união duradoura entre homem e mulher, com o propósito de estabelecer uma vida em comum, pode determinar a obrigação de prestar alimentos ao

---

19. *Dever de assistência imaterial entre cônjuges*. Rio de Janeiro: Forense Universitária, 1990. p. 109.
20. *RT* 767/198.

companheiro necessitado, uma vez que o dever de solidariedade não decorre exclusivamente do casamento, mas também da realidade do laço familiar.

Destaca o mesmo relator, em seu voto, que esse posicionamento "já predominara" naquele órgão fracionário do Tribunal quando do julgamento do REsp 36.040/RJ, de que foi relator o eminente Ministro Ruy Rosado de Aguiar. Naquela ocasião, S. Exa., o Sr. Ministro Relator, deixara acentuado, com a adesão de seus pares, que

> a união estável é geradora de direitos e obrigações, como a jurisprudência já reconhecia antes da promulgação da Constituição de 1988 – que veio apenas referendar sentimento da nação –, e que depois se consolidou com o texto da Carta e com a edição das Leis n. 8.971/94 e 9.278/96. A união duradoura entre homem e mulher, com o propósito de estabelecer uma vida em comum, consolidada pelo tempo e pelo nascimento de filhos, como acontece no caso dos autos, pode determinar a obrigação de alimentar o companheiro necessitado, pois esse dever de solidariedade decorre do laço familiar e não exclusivamente do casamento.

Tanto o dever de assistência material quanto imaterial, dos companheiros, estão previstos na palavra "assistência" do art. 1.724, sob cogitação. Nenhuma dúvida, portanto, de que devam ser respeitados pelos conviventes.

Os direitos e deveres mencionados no inciso III do dispositivo legal sob análise são dos conviventes em relação a seus filhos comuns. A guarda dos filhos tem que ver com a posse que seus pais, em conjunto ou isoladamente, em caso de sua separação, exercem, em decorrência de seu poder-dever familiar (pátrio poder). O sustento são os alimentos materiais indispensáveis à preservação da subsistência e da saúde, bem como os relativos à indumentária. A educação são os alimentos de natureza espiritual, imaterial, incluindo não só o ensinamento escolar, como os cuidados com as lições, no aprendizado, no âmbito familiar e de formação moral dos filhos.

9   Art. 1.725

9.1 Generalidades

O art. 1.725 do atual Código Civil, procurando evitar o texto do art. 5º da Lei n. 9.278/96, muito mais rico em hipóteses, e úteis, e mais consentâneo com a realidade, acabou por adotar, em tese, o mesmo pensamento do *caput* do aludido art. 5º, com exagerada dose de atecnia.

Lembre-se, inicialmente, de que, após a edição das leis sobre união estável, n. 8.971/94 e n. 9.278/96, o Ministério da Justiça, pelo então Ministro Nelson Jobim, fez publicar, no *Diário Oficial* de 2 de outubro de 1996, o Anteprojeto de Lei sobre o Estatuto da União Estável, também com o propósito de regular o § 3º do art. 226 da Constituição Federal.

Nasceu esse Anteprojeto em razão dos vetos apresentados pelo Presidente da República Fernando Henrique Cardoso, quando da sanção da Lei n. 9.278/96.

A posição desse Projeto do Governo, explica o então Ministro Nelson Jobim, na Exposição de Motivos, tinha em mira harmonizar os textos das leis anteriores, já citadas, de 1994 e de 1996, com a seguinte justificativa: "Na realidade, não obstante as inegáveis qualidades dos projetos de lei que se transformaram na legislação atualmente vigente e, em particular, dos estudos do saudoso Senador Nelson Carneiro e do Professor Álvaro Villaça, a aprovação sucessiva dos dois textos legislativos criou insegurança jurídica para a sociedade brasileira, que se refletiu não somente nos meios jurídicos, mas também em todos os órgãos da imprensa".

Em verdade, entendo que a crise, se é que existiu, veio em razão dos vetos na Lei n. 9.278/96, que tornaram truncado aquele texto, retirando-lhe partes importantes.

No afã de aproximar o instituto da união estável ao do casamento civil, como se fosse aquela um casamento de segundo grau, inseriu o pré-legislador do aludido Projeto de Governo um capítulo sobre regime de bens na união concubinária pura.

9.2 Regime patrimonial de bens

Parte dessa ideia passou para o atual Código Civil, quando este se refere, pelo art. 1.725, sob comentário, à aplicação, "no que couber", do "regime da comunhão parcial de bens".

Embora não se tenha, no atual Código Civil, utilizado todo o capítulo sobre regime de bens, previsto naquele Projeto do Governo, o certo é que constou essa utilização analógica do regime da comunhão parcial de bens, completamente destoante da situação de fato, em que vivem os companheiros.

No meu ponto de vista, mesmo com o texto do art. 1.725 do atual Código Civil, está presente nele o conteúdo do art. 5º da Lei n. 9.278/96, já analisado.

Assim, assenta, simplesmente, o art. 1.725 do atual Código Civil, que, não havendo contrato escrito entre os conviventes, aplica-se às suas relações patrimoniais, no que couber, o regime da comunhão parcial de bens. É o mesmo que dizer que os bens adquiridos onerosamente, pelos conviventes, durante sua união pertencem a ambos, em partes iguais (ou seja, em condomínio) se não houver estipulação contrária em contrato escrito.

Pondera Luiz Edson Fachin[21], nesse ponto, que,

> como o estatuto jurídico da convivência se funda num pacto, a este caberá regular o fruto do trabalho e da colaboração comum. De qualquer modo, o sentido básico da meação está no art. 5º da nova Lei n. 9.278/96, embora se reporte à aquisição a título oneroso, enquanto o art. 3º da lei anterior se referia apenas à colaboração na

---

21. Elementos críticos do direito de família. *Curso de direito civil*. Rio de Janeiro: Renovar, 1999. p. 86.

atividade. Mesmo assim, inexiste aí incongruência. Aqui, percebe-se, os dispositivos se completam, havendo compatibilidade. É certo que diante do novo texto, por força da lei e se nada pactuarem, tornam-se condôminos. Limita-se o universo desse condomínio à aquisição onerosa, o que significa excluir doações ou herança recebida por qualquer dos conviventes.

Destaca Silmara J. A. Chinellato e Almeida[22]:

> A grande inovação parece-me ser a relativa à presunção de serem comuns os bens adquiridos na constância da convivência, salvo convenção em contrário e independentemente de colaboração pecuniária. Atende-se a reclamos da doutrina – registrando-se o trabalho pioneiro e incansável do professor Villaça, nesse sentido – e de alguns acórdãos do TJRJ e STJ, valorizando a participação imaterial do convivente que não exerce trabalho lucrativo. A lei nova afasta, destarte, a Súmula 380 do STF, revivida no art. 3º da Lei n. 8.971/94, revogado por incompatibilidade.

Esse, realmente, o espírito da nova legislação, baseada em meu primitivo esboço de anteprojeto de lei, já mencionado.

Escudada nesse art. 5º, decidiu a 2ª Câmara do Tribunal de Justiça do Estado da Paraíba, em 17 de março de 1997, unanimemente, sendo relator o Desembargador Antonio Elias de Queiroga[23], assentando que é desnecessária "a prova de contribuição de um ou de outro convivente para a aquisição do patrimônio comum, bastando que qualquer deles demonstre, cumpridamente, a existência da união estável".

E acrescenta o mesmo magistrado, em seu voto, a lição de Fernando Malheiros Filho[24]:

> Em vista da regulamentação legal do relacionamento estável, descomplicou-se a atribuição de seus efeitos, reduzido que ficou o espaço para a ação do intérprete, que antes agia ao sabor de seu poder criativo, pela absoluta ausência de assento em legislação. Tal situação sempre permitiu grande diversidade de posições, senão quanto à necessidade do reconhecimento da união estável como instituto jurídico, especialmente na exatidão de sua configuração e na extensão de seus efeitos. Sob o ponto de vista patrimonial, atualmente, é clara a lei para conferir, uma vez reconhecida a união estável, a comunhão dos "bens móveis e imóveis adquiridos por um ou por ambos os conviventes, na constância da união estável e a título oneroso (Lei n. 9.278/96, art. 5º, *caput*)".

---

22. *Tribuna do Direito*, jun. 1996, p. 32-33, especialmente p. 33.
23. *RT* 746/339. No mesmo sentido, *RT* 756/313 (TJGO, 2ª Câm., rel. Des. Fenelon Teodoro Reis, j. 12-5--1998, v.u.).
24. *A união estável, sua configuração e efeitos*. Porto Alegre: Ed. Síntese, 1996. p. 39.

Desse modo, em face do art. 1.725, ora comentado, se os concubinos, ao comprarem um imóvel, por exemplo, quiserem ressaltar direito de um maior do que o do outro, poderão mencionar na escritura pública ou no compromisso particular, dessa aquisição, percentual diferente, como, exemplificativamente, 70% ideal do imóvel para um e 30% para outro. Poderão, também de modo genérico, fazer contrato, programando toda a sua vida econômico-financeira, como possibilita, expressamente, esse artigo.

Veja-se, mais, que a presunção estabelecida nesse artigo é *iuris tantum* (e não *iuris et de iure*), pois admite prova em contrário. Realmente, a união pode ser conturbada, de tal sorte, por um dos concubinos, que reste comprovada sua completa ausência de colaboração, por exemplo, a vida irresponsável, de má conduta ou de prodigalidade; a de mero companheirismo, na relação aberta; a pautada por vícios de embriaguez, de jogo etc.

Assim, o legislador presume a situação de condomínio natural nessa aquisição de bens, como regra; todavia, para que ocorram as referidas exceções, deverão ser elas provadas, judicialmente.

Ainda sob o signo do art. 5º da Lei n. 9.278/76, é interessante lembrar, aqui, a recomendação de Frederico Henrique Viegas de Lima[25], no tocante à averbação da aquisição imobiliária pelos companheiros:

> Tratando-se do Estatuto dos Concubinos, como anteriormente visto, seu art. 5º cria, por vez primeira, o condomínio concubinário de bens imóveis e de bens móveis. Devendo, a partir de então, buscar sua inserção no fólio registral do imóvel, adquirido a título oneroso, por um só dos concubinos, na constância do concubinato. Encontramos no mesmo art. 167, II, 5, da Lei n. 6.015/73 a previsão legal de averbar-se a nova situação relativa ao proprietário do imóvel, adquirido somente em seu nome, na constância do concubinato: "Art. 167. No Registro de Imóveis, além da matrícula, serão feitos:... II – a averbação:... 5) da alteração do nome por casamento ou por desquite, ou ainda, de outras circunstâncias que, de qualquer modo, tenham influência do registro ou nas pessoas nele interessadas". É de concluir-se, com isto, que o contrato de concubinato que declare ser determinado imóvel condominial pelo concubinato, deve ser averbado na matrícula do mesmo. Alterando-se, com isto, a titularidade do mesmo, passando a ser o bem comum a ambos os concubinos, em partes iguais, se de outra forma não dispuser o contrato de concubinato.

Como resta evidente, mesmo tentando substituir o texto do analisado art. 5º da Lei n. 9.278/96, pelo sistema de comunhão parcial de bens, como parece claro no art. 1.725 do atual Código Civil, aquele está presente no modo de realização deste último.

---

25. E por que não casar? (Um aspecto registral do Estatuto dos Concubinos). *Registro de imóveis*: estudos de direito registral imobiliário. Porto Alegre: Sergio Antonio Fabris, 1997. p. 128.

Sim, porque o sistema da comunhão parcial de bens não se coordena com a situação de fato em que se desenvolve a união estável. Esse regime de bens implica, praticamente, a adoção do condomínio de mãos juntas do direito germânico, acolhido excepcionalmente em matéria de casamento, em nosso Código Civil de 1916 (como também no atual Código), nos regimes da comunhão universal e parcial de bens.

Já com a adoção do regime de comunhão parcial de bens, na união estável, salvo estipulação contrária, será permitida a utilização de outro regime patrimonial pelos companheiros, por menção no termo de aquisição, por documento à parte, seja, por exemplo, uma carta, uma declaração ou uma cláusula do contrato de convivência.

É meu entendimento que, pretendendo aproveitar o modelo da comunhão parcial, "no que couber", como mencionado no art. 1.725 do atual Código, acaba o texto voltando ao regime previsto no art. 5º da lei de 1996, relativo ao condomínio, que é o único que atende à possibilidade de constante mutação no patrimônio dos companheiros, inclusive com a possibilidade de alienação judicial para extinção do condomínio, o que é impossível em qualquer regime de bens onde exista comunhão, regulada pelo Código Civil (condomínio de mãos juntas), que deve durar enquanto durar o casamento, ou enquanto os cônjuges de comum acordo não resolverem alienar o bem afetado.

Resta clarividenciado que, mesmo que se equivoquem os companheiros, na aquisição de quaisquer bens, a título oneroso, a regra do art. 1.725 do atual Código Civil é dispositiva, podendo ser alterado, a qualquer tempo, o negócio por contrato escrito entre os adquirentes, modificando, por exemplo, os percentuais ou cotas condominiais entre eles existentes.

O mesmo contrato escrito pode ser utilizado pelos companheiros, para regularem outras situações não patrimoniais, relativas à sua convivência.

O art. 1.725, portanto, admite, expressamente, a possibilidade de realização de contrato, por escrito, entre os companheiros.

Podem os conviventes, livremente, assegurar, pelo contrato, outros direitos e deveres, entre si e com relação a seus filhos, existentes ou futuros, outras hipóteses de pensionamento e de seguros, entre outras situações.

Reafirme-se, finalmente, que o art. 1.725 admite a possibilidade de realização de contrato entre companheiros, para regulamentação de suas relações patrimoniais tal como na lei de 1996. Assenta esse artigo que, na ausência de contratação, aplicar-se-á, no que couber, o regime de comunhão parcial de bens. Malgrado não seja essa a melhor redação, o dispositivo deixa claro que serão dos companheiros os bens, por eles adquiridos, na constância da união estável, a título oneroso, independentemente de prova de esforço comum. Entretanto, não há que existir o rigor do regime de bens por comunhão, como no casamento, que deve perdurar até que este se dissolva; o que leva à conclusão de que, na união estável, o melhor instituto para justificar essa espécie de comunhão patrimonial é o condomínio (não o de mãos juntas). Ajusta-se ele, mais facilmente, à situação de fato, que pode ser alterada pela vontade dos conviventes.

9.3 Relações com terceiros

Sugestão importante, que fiz no já mencionado Seminário de 4 de julho de 2002, na Câmara dos Deputados, foi a da inclusão de um parágrafo único no art. 1.725, que correspondesse ao art. 5º do Anteprojeto de Lei do Governo, que pretendia unificar as Leis n. 8.971/94 e n. 9.278/96, inserido em seu item Relações com Terceiros, do teor seguinte:

> Parágrafo único. Nos instrumentos que vierem a firmar com terceiros, os companheiros deverão mencionar a existência da união estável e a titularidade do bem objeto de negociação. Não o fazendo, ou sendo falsas as declarações, serão preservados os interesses dos terceiros de boa-fé, resolvendo-se os eventuais prejuízos em perdas e danos entre os companheiros e aplicando-se as sanções penais cabíveis.

Já são passados 15 anos sem aproveitamento de minha sugestão. Espero que, de futuro, seja ela acolhida.

Antes, valha a sugestão para ser colocada nos contratos de união estável.

E isso, com a seguinte justificativa: quando foi vetado, pelo Presidente da República, ao sancionar a Lei n. 9.278/96, citada, baseada em meu Anteprojeto (do livro: *Do concubinato ao casamento de fato*), no artigo que mencionava esse relacionamento com terceiros, ficou, em suspenso, a necessidade de cogitar-se da matéria, o que foi feito no aludido Anteprojeto do Governo, quando era Ministro da Justiça Nelson Jobim. O resguardo ao relacionamento dos companheiros com terceiros é indispensável, principalmente para segurança dos negócios. Realmente, se um dos companheiros vende um imóvel, que esteja em seu nome, sendo do casal, estará alienando a parte do outro companheiro sem que seja elidida a boa-fé do terceiro.

Mesmo que não seja criado esse dispositivo legal, de futuro, esse texto pode ser usado como cláusula de contrato de convivência.

Em verdade, entendo que os arts. 5º e 4º desse mencionado Projeto, corrigindo os vetos do Presidente da República, na lei de 1996, são o grande complemento à legislação anterior, pois obrigam os companheiros, conjunta ou isoladamente, em suas relações jurídicas, com terceiros, a declarar a existência de sua união estável e a titularidade do bem negociado. Está, com isso, presente o princípio da boa-fé objetiva, na formação e na execução dos contratos.

Havendo omissão ou sendo falsas essas declarações, serão preservados os interesses dos terceiros de boa-fé, resolvendo-se os eventuais prejuízos em perdas e danos dos companheiros, aplicando-se as sanções penais cabíveis, completa o citado art. 5º do referido Projeto.

É possível que não exista boa-fé do terceiro; por exemplo, no caso de negociar com um dos companheiros, sabendo de sua situação familiar convivencial.

Por outro lado, se o casal concubinário comparece ao negócio de alienação, não haverá prejuízo ao terceiro, mesmo que não declinem sua condição de companheiros. E, nada dizendo, seus direitos e deveres são considerados iguais.

O maior perigo está na alienação unilateral de um bem, por um dos companheiros, ilaqueando a boa-fé do terceiro, em prejuízo da quota ideal do outro companheiro, omitindo ou falsamente declarando seu estado concubinário. Nesse caso, o companheiro faltoso poderá estar, conforme a situação, se o bem for do casal, alienando, *a non domino*, a parte pertencente ao outro, inocente. Esse ato ilícito, verdadeiro estelionato (art. 171 do CP), leva o faltoso, também, no âmbito civil, à necessidade de compor as perdas e danos sofridos pelo companheiro inocente.

Aliás, o pré-legislador poderia ter referido, expressamente, o art. 299 do Código Penal, que tipifica o crime de falsidade ideológica, consistente em omitir, em documento público ou particular, declaração que dele deveria constar, ou nele inserir ou fazer inserir declaração falsa ou diversa da que deveria ser escrita; tudo com a finalidade de prejudicar direito, criar obrigação ou alterar a verdade sobre fato juridicamente relevante.

É certo, como visto, que a omissão ou inserção de que trata o dispositivo penal citado deve ser dolosa, com o intuito de prejudicar, de causar dano. Nessa ação ou omissão está presente a intenção fraudulenta de realização de um ato contrário à lei.

Comentando esse art. 299, ensina Nelson Hungria[26] que

> o sujeito ativo da falsidade ideológica em documento público pode ser, tal como na falsidade material em documento público, um funcionário público, com abuso do cargo, ou um particular, apresentando-se, porém, no primeiro caso, uma agravante especial (parágrafo único do art. 299); enquanto a falsidade ideológica em documento particular exclui a hipótese de funcionário agindo com abuso do cargo.

E completa, elucidando que

> a falsidade ideológica em documento particular ocorre sempre que, tratando-se de documento destinado especialmente a meio de prova de alguma relação jurídica, e estando o seu autor, por isso mesmo, obrigado a dizer a verdade, vem, no entanto, a descumprir tal obrigação, abusando da confiança do outro contratante.

Pondera Heleno Cláudio Fragoso[27] que, sendo o crime praticado por particular, como é pacífico na doutrina italiana, que adota, há de preexistir um "dever jurídico de declarar a verdade".

A viger esse art. 5º do Projeto sob análise, estará nítida a norma de ordem pública, criando esse dever jurídico de mencionar a existência da união estável, por seus companheiros e a titularidade do objeto da negociação ("os companheiros deverão mencionar...").

Desde ora, entretanto, enquanto não surge esse salutar preceito, recomenda-se, a quem negociar com pessoas, que não se declarem companheiros ou conviventes, a

---

26. *Comentários ao Código Penal*. Rio de Janeiro: Forense, 1958. v. 9. p. 276, 277 e 280.
27. *Lições de direito penal*. 2. ed. São Paulo: Ed. Bushatsky, 1965. v. 4, p. 1.016.

providência de exigir, expressamente, do contratante alienante, a menção, no documento de alienação, de seu estado familiar, sob pena de cometimento de ilícito penal, por falsas declarações ou por afirmações que não correspondam à verdade; além da responsabilidade civil pelos prejuízos decorrentes dessa ilicitude.

10 Art. 1.726

10.1 Comentário

O art. 1.726 do atual Código Civil acolheu o disposto no art. 8º da Lei n. 9.278/96, de modo mais simplificado e com melhor redação; submetendo, todavia, a conversão da união estável ao juiz de Direito, excluída a competência direta do Oficial do Registro Civil.

10.2 Conversão da união estável em casamento

O art. 1.726 do atual Código Civil, bem como o art. 8º da Lei n. 9.278/96, atende à exigência constitucional contida no § 3º do art. 226, que determina que o legislador tudo fará para facilitar a conversão da união estável em casamento.

O art. 1.726 facilita menos essa conversão do que o art. 8º da Lei n. 9.278/96, pois determina que as partes devem requerê-la ao juiz de direito. Isso porque é impossível adaptar o fato da união ao registro direto.

Entendia, antes do adendo do atual Código Civil, Paulo Martins de Carvalho Filho[28] que, na forma do citado art. 8º, "requerida a conversão e após o processo de habilitação, o Oficial fará o registro do casamento no livro próprio, independentemente dos atos solenes previstos nos arts. 192 a 194 do CC", bastando, no requerimento de conversão, a declaração dos pretendentes sobre a "existência da união estável; a lei não exige seja o requerimento instruído com prova da união estável, como o contrato, que pode inexistir, ou o reconhecimento judicial; assim se justifica porque a existência da união estável, para os efeitos de sua conversão em casamento, é de interesse exclusivo dos pretendentes".

Pelo Estatuto da União Estável, então, com fundamento no seu art. 8º da Lei de 1996, podiam os conviventes, de comum acordo e a qualquer tempo, requerer a conversão de sua união estável em casamento civil, por requerimento ao oficial do Registro Civil da Circunscrição de seu domicílio.

Todavia, quando da solicitação desse requerimento, certamente, referido oficial deveria abrir processo de habilitação para o casamento, com o cumprimento de todas as regras relativas ao casamento civil. Sim, porque a união estável não possui regras procedimentais para sua constituição. O concubinato puro constitui-se pelo próprio fato da convivência, com o intuito de criação de família.

---

28. Lei n. 9.278 (de 10 de maio de 1996). A união estável. *RT* 734, p. 13-39, especialmente p. 34.

Caso contrário, restaria frustrada a figura do casamento civil, com todos seus rigores; praticamente, bastaria viver o casal em concubinato puro, algum tempo, sem qualquer formalidade, convertendo essa união de fato, também sem qualquer formalidade, em casamento civil. Aquele (concubinato) seria um caminho simplificado a este (casamento civil).

Assinale-se, nesse ponto, que, considerando o advento, à época, da Lei n. 9.278/96, e a necessidade de regulamentar o registro da conversão da união estável em casamento, como previsto na aludida lei, a Corregedoria-Geral da Justiça do Estado de São Paulo, em 5 de agosto de 1996, por seu então Corregedor-Geral da Justiça, Desembargador Márcio Martins Bonilha, resolveu dar ao item 92, de suas Normas de Serviço[29], a seguinte redação:

> Subseção IV – Da Conversão da União Estável em Casamento. 92. A conversão da união estável em casamento deverá ser requerida pelos conviventes ao oficial do Registro Civil das Pessoas Naturais de seu domicílio. 92.1. Recebido o requerimento será iniciado o processo de habilitação previsto nos itens 56 a 79 deste capítulo, devendo constar dos editais que se trata de conversão de união estável em casamento. 92.2. Decorrido o prazo legal do edital, será lavrado o assento da conversão da união estável em casamento, independentemente de qualquer solenidade, prescindindo o ato da celebração do matrimônio. 92.3. O assento da conversão da união estável em casamento será lavrado no Livro B, exarando-se o determinado no art. 70, 1º ao 10, da Lei de Registros Públicos, sem a indicação da data da celebração e o nome e assinatura do presidente do ato, cujos espaços próprios deverão ser inutilizados, anotando-se no respectivo termo que se trata de conversão de união estável em casamento, tal como regulada no art. 8º da Lei Federal n. 9.278, de 10 de maio de 1996. 92.4. A conversão da união estável dependerá da superação dos impedimentos legais para o casamento, sujeitando-se à adoção do regime matrimonial de bens, na forma e segundo os preceitos da lei civil. 92.5. Não constará do assento do casamento, convertido a partir da união estável, em nenhuma hipótese, a data do início desta.

Como resta evidenciado, a conversão da união estável em casamento não podia ser concretizada, em face do aludido art. 8º, sem o processo de habilitação para o casamento civil.

Todavia, cessou a competência do Oficial do Registro Civil, em face do comentado art. 1.726, pois os companheiros não mais devem requerer, perante ele, como preconizava o art. 8º da Lei de 1996.

---

29. Provimento n. 10/96: "Cria subseção à seção V, do capítulo XVII, das Normas de Serviço desta Corregedoria-Geral da Justiça e, neste mesmo capítulo, dá nova redação ao item 1, acrescentando a alínea *l*, bem como acresce os subitens 57.1 e 57.2 ao item 57, suprime o item 90, com a consequente renumeração dos itens 91 e 92 para 90 e 91, dá nova redação ao item 92 e a ele acrescenta subitens".

Pelo atual Código Civil esse requerimento será feito pelos companheiros, perante o juiz, que decidirá sobre a conversão de sua união estável em casamento, examinando as circunstâncias do caso concreto. Se houver deferimento judicial, será feito o consequente assento no Registro Civil. Nessa situação, a determinação da lavratura desse assentamento estará a dispensar o processo de habilitação para o casamento. Isso, sem muita facilitação, porque a matéria estará sob os cuidados do Poder Judiciário, que tomará todas as cautelas para evitar eventuais simulações.

Tanto no sistema anterior (do art. 8º da Lei de 1996) como no do atual Código Civil (art. 1.726) os incômodos são tamanhos, seja com a tramitação do processo de habilitação ou com o aguardo da decisão judicial, que mais fácil seria aos companheiros submeter-se ao processo de habilitação não para conversão de sua união estável em casamento, mas para casar-se.

Sim, porque a conversão automática é impossível, pois jamais poderia a lei mencionar que quem vive em união estável, por tanto tempo ou diante de certas circunstâncias, seja casado. Ninguém pode ser obrigado a casar-se, mormente por determinação legal ou judicial.

À época do casamento de fato, ao contrário, cuidava-se de algo institucional, que estava ligado às tradições dos povos, antes do Decreto n. 181, de 1890, que aniquilou essa atuação histórica.

Por esse Decreto, por imposição de quase quatro mil anos, quem vivesse como marido e mulher, duradouramente (*per tanto tempo*), estava casado (casamento de fato).

11   Art. 1.727

11.1 Comentário

O art. 1.727 do atual Código Civil mostra que, ao lado da união estável, existe o concubinato, referindo-se ao concubinato impuro ou adulterino.

11.2 Concubinato no atual Código Civil

Toda a matéria relativa ao concubinato (conceito, espécie e outras) já foi estudada no capítulo "Concubinato".

Por seu turno, o art. 1.727 do atual Código Civil refere-se, separadamente dos demais artigos, a concubinato, mostrando que, neste, existe cometimento de adultério quando do relacionamento de um homem ou de uma mulher casados com quem não é seu cônjuge.

Certamente que esse artigo trata do concubinato impuro ou adulterino, já que as pessoas que estão impedidas de casar-se, por estarem separadas judicialmente ou de fato (mas não divorciadas), estão excluídas dessa situação concubinária impura, não tendo qualquer relacionamento coabitacional com seu cônjuge.

Já analisei, atrás, o art. 1.723 do atual Código Civil, que, por minha sugestão acolhida, reza em seu § 1º que à união estável não se aplica a incidência do inciso VI, "no caso de a pessoa casada se achar separada de fato ou judicialmente"; e, em seu § 2º, que as causas suspensivas do art. 1.523 "não impedirão a caracterização da união estável".

Mesmo assim, estarão vivendo em concubinato, se for o caso, as pessoas que apresentem os impedimentos do art. 1.521, porque só não incide o inciso VI, nos apontados casos de separação judicial ou de fato.

9 UNIÃO HOMOAFETIVA

1 Conceito

União homoafetiva ou homossexual é a convivência pública, contínua e duradoura entre duas pessoas de mesmo sexo, com o intuito de constituição de família.

O relacionamento homossexual vem existindo em diversas civilizações, desde os primórdios da sociedade.

Esses relacionamentos homoafetivos foram frequentes nas sociedades grega e romana. Existiram na Ásia e em tribos africanas, como também nas Américas, principalmente em comunidades norte-americanas.

Na sociedade grega, lembre-se da obra de Platão, em que se discute sobre o Deus Eros (do amor) onde se refere o

> grotesco da forma esférica do homem primitivo (antes de os deuses o terem dividido em dois, com medo de que a sua força titânica pudesse assaltar o céu, e quando ainda possuía quatro pernas e quatro braços sobre os quais se deslocava a grande velocidade, como sobre pás giratórias), vemos expressa, com a profundidade da fantasia cômica de Aristóteles, a ideia que até agora buscamos em vão nos discursos dos outros. O *Eros* nasce do anseio metafísico de homem por uma totalidade de ser, incessível para sempre à natureza do indivíduo. Este anseio inato faz dele um mero fragmento que, durante todo o tempo em que leva uma existência separada e desamparada, suspira por se tornar a unir com a metade correspondente.

Vê-se nítida a ideia de uma metade buscando a outra metade de um mesmo e único ser. Aí patenteada, a meu ver, a essência da união homossexual.

Contudo, não descobri em minhas pesquisas que, nessa época, ou na Antiguidade, além da prática homossexual, houvesse casamento entre o mesmo sexo, constituindo família, situação bem recente, no século XX, como mostrarei adiante.

2. União homossexual na legislação estrangeira

Informo, nesse passo, que, desde 15 de dezembro de 1973, por decisão da *American Psychiatric Association* e, depois, de outras organizações internacionais, a homossexualidade foi excluída do rol das doenças mentais, também nas publicações da Classificação Internacional de Doenças.

Houve, então, verdadeira reação, no âmbito internacional contra o repúdio à homossexualidade.

Desde 1991, a Anistia Internacional considera violação dos direitos humanos a proibição da homossexualidade.

Muitos países admitem, mais recentemente, o casamento entre o mesmo sexo[1].

Informa Federico R. Aznar Gil[2] que alguns países europeus, como a Dinamarca, Noruega e Suécia, aprovaram leis que equipararam, praticamente, as uniões homossexuais ao casamento heterossexual, com algumas restrições, como é o caso da proibição das adoções.

Na Dinamarca, desde 1984, essa matéria vem sendo estudada por comissões, e, a partir de 1986, foram concedidos alguns direitos patrimoniais às uniões civis homossexuais, que foram legalizadas em 1989, reconhecendo-se, assim, os "casamentos entre pessoas do mesmo sexo".

A Lei dinamarquesa n. 372, de 1º de junho de 1989, da parceria homossexual registrada, que teve início de vigência em 1º de outubro do mesmo ano, prescreve, em seu item 1, que "duas pessoas do mesmo sexo podem ter sua parceria registrada". Cuidando desse registro, no item 2, estabelece que "a parte 1, seções 12 e 13 (1), e cláusula 1 da seção 13 (2) da Lei sobre Formação e Dissolução de Casamento devem ser aplicadas, igualmente, para o registro de parceiros", que só será possível se ambos ou um dos parceiros tiverem residência permanente na Dinamarca e nacionalidade dinamarquesa.

Essa lei foi de iniciativa do Parlamento dinamarquês, que colocou a Dinamarca como primeiro país a adotar essa espécie de legislação.

Esclareça-se que a mesma lei, em seu item 2 (3), deixou o procedimento desse registro a ser regulamentado pelo Ministério da Justiça, o que, parece, não ocorreu, até o presente.

Quanto aos efeitos legais desse registro, assenta-se, em destaque, que a parceria registrada deve produzir os mesmos efeitos legais que o contrato de casamento, devendo ser aplicadas aos parceiros as mesmas disposições que se aplicam aos esposos, com exceção da Lei de Adoção, que não se aplica aos parceiros; também não se aplica a estes a cláusula 3 das seções 13 e 15 da Lei de Incapacidade e Guarda; bem como as disposições de outras leis dinamarquesas que se refiram a um dos cônjuges e de tratados internacionais, a não ser que concordem os outros países participantes.

---

1. *Le Contrat d'Union Civile et Sociale, Rapport de Législation Comparée*, Divisão de Estudos de Legislação Comparada do Serviço dos Negócios Europeus do Senado francês, publicação do Senado francês, outubro de 1997, com 16 páginas; VIEIRA, Tereza Rodrigues. O casamento entre pessoas do mesmo sexo, no direito brasileiro e no direito comparado. *Repertório IOB de Jurisprudência*, n. 14/96, 3/12240, jul. 1996, p. 250-55, especialmente p. 252; GIL, Federico R. Aznar. Las uniones homosexuales ante la legislacion eclesiástica – Legislación europea. *Revista Española de Derecho Canonico*, Universidad Pontificia de Salamanca, n. 138, v. 52, jan.-jun. 1995; publicações de revistas e de jornais, em geral.
2. GIL, Federico R. Aznar. Las uniones homosexuales ante la legislacion eclesiástica cit., p. 161-162.

Quanto à dissolução da parceria, aplicam-se similarmente as disposições, ali indicadas, da Lei sobre Formação e Dissolução do Casamento e da Lei de Administração da Justiça.

A Lei sobre Formação e Dissolução do Casamento, a Lei de Herança, o Código Penal e a Lei de Tributos Hereditários foram emendadas, com a introdução da parceria registrada, pela Lei n. 372, de 1º de junho de 1989, com início de vigência em 1º de outubro de 1989.

Destaque-se, nesse passo, a emenda às seções 9 e 10 da citada Lei do Casamento. Na seção 9, para constar que "uma pessoa que tenha contratado, anteriormente, casamento ou que participe de uma parceria registrada, não pode contrair casamento enquanto o casamento ou a parceria anterior existir". Na seção 10, cuida-se de questão patrimonial, que proíbe a contratação de casamento, por quem tenha sido casado ou parceiro, antes da divisão, ou do início dela, perante a Corte, da propriedade conjunta. Só não se aplica tal disposição se os interessados se uniram sob regime da separação total de bens ou quando uma isenção de divisão for concedida, em casos especiais, pelo Ministro da Justiça.

Preceito semelhante é o da Lei de Herança, que determina a divisão dos bens comuns antes de novo casamento ou registro de parceria (item 2).

No tocante ao Código Penal dinamarquês, emendou-se sua seção 208, para constar como crime a contratação de parceria registrada por quem já for casado ou parceiro (prisão até três anos), entre outras especificações com alterações de penalidades.

A Noruega acompanhou a Dinamarca, aderindo a essa situação em 1993, quase em posição idêntica, pela Lei n. 40, de 30 de abril, que teve início de vigência em 1º de outubro desse mesmo ano. A lei norueguesa, entretanto, permite que os parceiros possam partilhar da "autoridade parental" (poder familiar ou pátrio poder), o que a lei dinamarquesa proíbe.

O Parlamento sueco, por seu turno, reconheceu o *partenariat* desde 1º de janeiro de 1995, quando teve início de vigência a Lei de 23 de junho de 1994, oficializando as uniões entre o mesmo sexo. A responsável pela Lei de Parceria, na Suécia, foi Barbro Westerholm e, em 1995, já estavam oficializadas quase mil uniões. Destaque-se, entretanto, que o Consulado da Suécia, em Paris, não está autorizando uniões homossexuais. Registre-se, entretanto, que, na França, em 1993, concedeu-se a homossexual o direito de se beneficiar do seguro social de seu parceiro.

Essa lei sueca baseou-se em trabalhos da comissão parlamentar, constituída em 1991, contendo quase os mesmos dispositivos da lei dinamarquesa; entretanto, a lei sueca possibilita a intervenção do juiz, para o registro da união, facultativamente, mas exige, obrigatoriamente, essa intervenção em caso de ruptura da mesma união.

De mencionar-se que, dos países escandinavos, só a Finlândia não aderiu à legislação da união registrada de pessoas do mesmo sexo. Houve um projeto de lei, no Parlamento finlandês, em maio de 1996, que foi rejeitado em setembro de 1997.

Prossegue o mesmo doutrinador, mencionando que, na Holanda, em 1991, foram criados registros em alguns municípios, possibilitando que fossem registradas uniões homossexuais, como acontecera em algumas cidades norte-americanas, como São

Francisco[3], sendo certo que, em 16 de abril de 1996, elaborou-se projeto de uniões entre o mesmo sexo, com 70% da opinião pública a favor.

Dá-nos conta o Cfemea[4] de que, na Holanda, houve o "casamento" oficial de dois casais de lésbicas, tornando-se, em fevereiro de 1998, "os primeiros casos de casamento civil legal entre parceiros do mesmo sexo" nesse país, cuja lei que permite a união civil entre homossexuais teve início de vigência em 1º de janeiro de 1998.

E explica, ainda, Federico R. Aznar Gil[5] que "Um dos casamentos foi da cantora Sugar Lee Hoper e a companheira dela. A união legal entre *gays* na Holanda não é exatamente o mesmo que um casamento. Os parceiros não podem adotar crianças, nem as lésbicas podem ser artificialmente inseminadas".

Essa lei encontra suas origens no projeto de lei do Ministro da Justiça, adotado pelo Parlamento Holandês em julho de 1997, que permite aos casais homossexuais, que não podem se casar, bem como aos casais heterossexuais, que não querem casar-se, registrar sua união.

A lei holandesa, diferentemente das escandinavas, não apresenta qualquer registro obrigatório no tocante à nacionalidade dos parceiros.

Em 12 de setembro de 2000 o Parlamento holandês, por sua Câmara Baixa, aprovou projeto que possibilita que pessoas do mesmo sexo contraiam matrimônio. A lei, Bill n. 26672 ingressou na Câmara Alta, para ser promulgada a partir de janeiro de 2001. E o foi.

Na Islândia, o Parlamento adotou um projeto do Governo, em 4 de junho de 1996, possibilitando a duas pessoas do mesmo sexo registrar sua união, tendo tido a lei início de vigência em 27 desse mês e ano.

Essa lei islandesa guarda as mesmas disposições da lei dinamarquesa, possibilitando, também, que os parceiros possam partilhar a "autoridade parental".

Permitem, também, o casamento entre pessoas do mesmo sexo, entre outros, os Países Baixos, em 2001, sendo legal na Bélgica, no Canadá, na África do Sul, na Espanha, e nos estados americanos de Massachusetts e Connecticut, Iowa, Vermont, Maine, New Hamphire.

Em 1998, a Alemanha ampliou os direitos aos casais que vivem juntos e em 2002 registrou o primeiro divórcio legal de homossexuais, no tribunal de instância de Oldenbourg, no norte do país.

Destaque-se que, no estado americano da Califórnia, a Suprema Corte, em 27 de fevereiro de 2004, negou pedido do procurador-geral Billy Lockyer para anulação de mais de 3.500 casamentos gay e suspensão de outros.

No Reino Unido, a Lei de Associação Civil, que permite o casamento entre pessoas do mesmo sexo, teve início de vigência em 5 de dezembro de 2005, com 1.200 cerimônias marcadas nas Prefeituras, na Irlanda do Norte, na Escócia, na Inglaterra e em Gales.

---

3. GIL, Federico R. Aznar. Las uniones homosexuales ante la legislacion eclesiástica cit., p. 161-162.
4. *Jornal do Centro Feminista de Estudos e Assessoria*, Brasília: Cfemea, ano 6, n. 61, p. 2, fev. 1998.
5. GIL, Federico R. Aznar. Las uniones homosexuales ante la legislacion eclesiástica cit., p. 161-162.

Destaco, nesse passo, que, em 11 de fevereiro de 2010, Portugal aprovou a lei que permite o casamento civil entre pessoas do mesmo sexo (Decreto n. 9/XI), na Assembleia da República, sem direito a adoção, segundo amplamente divulgado. Essa lei motivou convite, para que eu realizasse, logo depois de sua promulgação, palestras nas Faculdades de Direito de Coimbra e de Braga, o que foi realizado.

Antes de promulgar a lei, em 17de maio de 2010, o Presidente da República Anibal Cavaco Silva enviou o diploma para o Tribunal Constitucional de modo cauteloso, para análise da constitucionalidade de seus artigos. O acórdão desse Tribunal, pela constitucionalidade dessa Lei, foi publicado em 28 de abril de 2010.

Essa lei alterou a redação do art. 1.577º do Código Civil, definindo o casamento como "o contrato celebrado entre duas pessoas que pretendem constituir família mediante uma plena comunhão de vida".

Em 15 de julho de 2010, por seu turno, a Argentina transformou-se no primeiro país da América Latina a autorizar o casamento entre homossexuais.

A aprovação da Lei pelo Senado, após 14 horas de duros debates, deu-se por 33 votos a favor, 27 contra, com 3 abstenções. Os demais Senadores ausentaram-se, entre eles o ex-presidente Carlos Menem. Essa Lei fora aprovada na Câmara dos Deputados em maio de 2010.

A votação provocou divisões no governo e na oposição, sendo certo que muitos Senadores governistas se opuseram à posição da Presidente da República, Cristina Kirchner, favorável à lei, que segundo ela foi "um marco"[6].

Ressalte-se, ainda, que, na América Latina, o Uruguai conta com lei de união civil, mas não engloba todos os direitos, podendo os uruguaios adotar filhos, mas não se casar.

Com a nova lei argentina conferiu-se o direito de herança entre os homossexuais como também o direito de adotar filhos, registrados em nome de ambos, o de pagar impostos como casal, de pedir crédito utilizando a renda dos dois, podendo ser incluídos no plano de saúde do outro.

3 Evolução no Direito Brasileiro

Do mesmo modo, ainda que se cogite de mera convivência, no plano fático, entre pessoas do mesmo sexo, não se configura a união estável e sim a união homoafetiva autônoma.

Realmente, desde que foram conferidos efeitos ao concubinato, até o advento da Súmula 380 do Supremo Tribunal Federal, sempre a jurisprudência brasileira teve em mira o par andrógino, o homem e a mulher.

---

6. PALACIOS, Ariel. Casamento gay é aprovado na Argentina. *O Estado de S. Paulo*. Disponível em: <http://www.estadao.com.br/noticia_imp.php?req=not_imp582050,0.php>. Acesso em: 2 ago. 2010.

Com a Constituição Federal, de 5 de outubro de 1988, ficou bem claro esse posicionamento, de só reconhecer, como entidade familiar, a união estável entre o homem e a mulher, conforme o claríssimo enunciado do § 3º do seu art. 226[7].

Entretanto o art. 226 não é taxativo em relacionar os modos de constituição de família, sendo mais fácil admitir que, atualmente, a união homoafetiva foi reconhecida no âmbito do Direito de Família, sendo perfeitamente viável incluí-la no rol do art. 226, citado, como uma categoria autônoma. Já disse que o Estado não pode mencionar na Constituição de modo taxativo, como o povo deve constituir sua família. Por essa razão essa relação do art. 226 da Constituição Federal é meramente enunciativa[8].

Muito citada foi a decisão do Juiz José Bahadian, da 28ª Vara Cível da Comarca do Rio de Janeiro, na ação promovida contra o espólio de um pintor e iniciada em 17 de maio de 1988. Nesse processo, reconheceu-se direito do companheiro sobrevivo, em razão do falecimento do outro, após dezessete anos de convivência, à metade do patrimônio por eles amealhado. Patenteou-se, então, a existência de sociedade de fato entre os conviventes e de um patrimônio criado por seu esforço comum. Esta é a decisão de primeiro grau.

Pondere-se, nesse caso, que esse direito à metade do patrimônio do companheiro falecido estava assegurado por testamento deste, assinado em 1985, revogado por outro testamento, firmado pelo testador quando já estava internado, em estado grave, no Memorial Hospital de New York, conforme atestaram algumas testemunhas, e que não estaria ele na plena capacidade de entendimento dos fatos; tudo segundo ampla divulgação, à época, pela mídia.

Em grau de apelação, no Tribunal de Justiça do Estado do Rio de Janeiro, em 8 de agosto de 1989, unanimemente, por sua 5ª Câmara Cível, sendo relator o Desembargador Narcizo A. Teixeira Pinto[9], decidiu-se esse caso, como demonstra a ementa oficial:

> Ação objetivando o reconhecimento de sociedade de fato e divisão dos bens em partes iguais. Comprovada a conjugação de esforços para formação do patrimônio que se quer partilhar, reconhece-se a existência de uma sociedade de fato e determina-se a partilha. Isto, porém, não implica, necessariamente, em atribuir ao postulante 50% dos bens que se encontram em nome do réu. A divisão há de ser proporcional à contribuição de cada um. Assim, se os fatos e circunstâncias da causa

---

7. Com entendimento contrário, Maria Berenice Dias (*União homossexual*: o preconceito e a justiça. Porto Alegre: Livraria do Advogado, 2000. n. 8, p. 147) conclui: "Um Estado Democrático de Direito, que valoriza a dignidade da pessoa humana, não pode chancelar distinções baseadas em características individuais. Injustificável a discriminação constante do § 3º do art. 226 da Constituição Federal, bem como inconstitucional a restrição das Leis n. 8.971/94 e 9.278/96, que regulamentam a união estável, ao se referirem somente ao relacionamento entre um homem e uma mulher". Cita a autora, lastreando seu entendimento, decisões da Justiça gaúcha (*União homossexual* cit., principalmente p. 131-36).
8. AZEVEDO, Álvaro Villaça. *Estatuto da família de fato* cit., 3. ed., p. 240.
9. Jurisprudência brasileira cível e comercial. *União Livre*, Curitiba: Juruá, n. 173, 1994, p. 206-209.

evidenciam uma participação societária menor de um dos ex-sócios, deve ser atribuído a ele um percentual condizente com a sua contribuição.

Como visto, nesse julgado reconheceu-se, tão somente, a sociedade de fato, entre sócios, e não união livre como entidade familiar. Deixou evidenciado esse acórdão que a mesma Câmara, em outra decisão, em que foi relator o Desembargador José Carlos Barbosa Moreira, evidenciou que:

> "'o benefício econômico não se configura apenas quando alguém aufere rendimentos, senão igualmente quando deixa de fazer despesas que, de outra maneira, teria de efetuar' (Apelação Cível 38.956/85). E assim deve ser, porque o esforço comum, que caracteriza a sociedade de fato, pode ser representado por qualquer forma de contribuição: pecuniária ou através da doação de bens materiais, ou ainda por meio de prestação de serviços. Este, sem dúvida, o sentido que o Código Civil brasileiro, ao definir o contrato de sociedade, empresta à locução 'combinar esforços ou recursos para lograr fins comuns' (art. 1.363). Como é de primeira evidência, a expressão 'esforços ou recursos' abrange todas as formas ou modalidades de contribuições para um fim comum". O citado art. 1.363 do Código Civil de 1916 corresponde atualmente ao art. 981 do Código Civil.

E se conclui nesse mesmo decisório que:

> por maior que tenha sido a contribuição do apelado à obra do pintor, não se pode conceber que tenha sido equivalente à que deu o próprio criador dos quadros. E, não tendo sido iguais as cotas de contribuição, não podem ser iguais, como pretende o recorrido, os quinhões na partilha. A participação na divisão deve ser proporcional à contribuição para criação ou aquisição dos bens.

Daí a redução do percentual estabelecido na sentença, de 50% para 25% do patrimônio adquirido pelo esforço comum.

Também o Tribunal de Justiça do Estado de Minas Gerais, por sua 2ª Câmara, em 3 de dezembro de 1996, sendo relator o Juiz Carreira Machado[10] decidiu que "a união de duas pessoas do mesmo sexo, por si só, não gera direito algum para qualquer delas, independentemente do período de coabitação".

Nesse caso, ainda, foi negada indenização por dano moral, reivindicada pelo companheiro sobrevivo, ao pai do falecido, vítima de Aids, malgrado tivesse esse sobrevivente "assumido assistência ao doente, expondo-se publicamente, em face da omissão" desse genitor, "a quem não pode ser atribuída culpa pela enfermidade" contraída por seu filho.

---

10. *RT* 742/393.

Lembra, por seu turno, Rainer Czajkowski[11] que existe, em torno do tema uniões homossexuais, "uma forte carga negativa, de ordem moral e mesmo religiosa na sua avaliação"; por esse motivo, para que isso seja evitado, e "na medida em que o relacionamento íntimo entre duas pessoas do mesmo sexo pode ter efeitos jurídicos relevantes, é mais razoável que se faça uma abordagem jurídica e técnica da questão, e não uma análise moral, porque esta última, além de ser excessivamente subjetiva, concluirá pela negativa de qualquer efeito útil"[12].

Pondere-se, nesse ponto, que, provada a sociedade de fato, entre os conviventes do mesmo sexo, com aquisição de bens pelo esforço comum dos sócios, está presente o contrato de sociedade, reconhecido pelo art. 1.363 do Código Civil de 1916 (atual art. 981), independentemente de casamento ou de união estável, pois celebram contrato de sociedade as pessoas que se obrigam, mutuamente, a combinar seus esforços pessoais e/ou recursos materiais, para a obtenção de fins comuns.

Registre-se, nesse ponto, a celeuma em torno de uma decisão unânime do Superior Tribunal de Justiça, de sua 4ª Turma, sendo relator o Ministro Ruy Rosado de Aguiar[13] que, na verdade, não atribuiu direito de herança a homossexual, mas reconheceu direito à partilha de bens adquiridos, pelos parceiros, em decorrência de sua colaboração comum.

Do mesmo modo, foi normal a decisão unânime da Câmara Especial do Tribunal de Justiça do Estado de São Paulo, sendo relator o Desembargador Dirceu de Mello[14] de 31 de julho de 1997, quando se entendeu deferir a guarda de criança a homossexual, constatando-se que essa circunstância, naquele momento, não era obstáculo à medida, dada a provisoriedade da natureza da guarda, que pode ser revogada a qualquer momento, ante qualquer desvirtuamento na formação psicológica da criança. Entendeu-se que era dificultoso, à época, colocar a criança sob cuidados de uma família substituta.

Registre-se, finalmente, decisão de 20 de agosto de 1998, da 3ª Turma do Tribunal Regional Federal da 4ª Região/RS, por unanimidade, sendo relatora a Juíza Marga Inge Barth Tessler[15], que não reconheceu união estável entre pessoas do mesmo sexo, ante a vedação do § 3º do art. 226 da Constituição Federal; todavia, admitindo a inclusão de parceiro como dependente de outro, em plano de saúde. E isto, ante os princípios constitucionais da liberdade, da igualdade e da dignidade humana. Acentua-se, nesse julgamento, que estão preenchidos os requisitos exigidos pela lei para a percepção do benefício pretendido:

> vida em comum, laços afetivos, divisão de despesas. Ademais, não há que se alegar a ausência de previsão legislativa, pois antes mesmo de serem regulamentadas as

---

11. Reflexos jurídicos das uniões homossexuais. Jurisprudência Brasileira, Juruá, 1995, Separação e Divórcio II, 176, p. 95-107, especialmente p. 107.

12. AZEVEDO, Álvaro Villaça. União homoafetiva. *Revista FAAP-Juris*, n. 5.

13. Apud OLIVEIRA, Euclides Benedito de. Direito de herança entre homossexuais causa equívoco. *Jornal Tribuna do Direito*, abr. 1998.

14. *JTJ-Lex* 198/121.

15. *DJU* de 20-11-1998, p. 585.

relações concubinárias, já eram concedidos alguns direitos à companheira, nas relações heterossexuais. Trata-se da evolução do Direito, que, passo a passo, valorizou a afetividade humana abrandando os preconceitos e as formalidades sociais e legais.

Até, então, quando a união homossexual não era reconhecida como apta à constituição de família, os parceiros deviam acautelar-se com realização de contratos escritos, que esclarecessem a respeito de seu patrimônio, principalmente demonstrando os bens que existiam ou que viessem a existir, em regime de condomínio, com os percentuais estabelecidos ou não. Se for o caso, para que não esbarrem suas convenções no direito sucessório de seus herdeiros, devem realizar testamentos esclarecedores de suas verdadeiras intenções. Podem, ainda, os parceiros adquirir bens em nome de ambos, o que importa condomínio, em partes iguais, ou com menção dos respectivos percentuais.

Todos esses julgados dos nossos Tribunais não reconheceram a união homoafetiva porque se basearam, estritamente no dispositivo constitucional da união estável, quando poderiam ter considerado a união homoafetiva, como modo autônomo de constituição de família como considerado recentemente pelo Superior Tribunal de Justiça, albergado no art. 226 da Constituição Federal, como dispositivo genérico.

4 Projeto Marta Suplicy e seu Substitutivo na Câmara dos Deputados

4.1 Generalidades

A então Deputada Federal Marta Suplicy apresentou o Projeto de Lei n. 1.151, de 1995, que objetiva a disciplinar a "união civil entre pessoas do mesmo sexo".

Como bem pondera a autora desse Projeto[16], não se pode mais negar a existência de relações homossexuais e as diferentes formas de expressão da sexualidade, no Brasil e em outros países, sendo necessário "garantir direitos de cidadania sem discriminar as pessoas devido à sua orientação sexual".

E continua dizendo que seu projeto:

> não se refere ao casamento, nem propõe a adoção de crianças ou a constituição de família. Simplesmente possibilita às pessoas homossexuais que vivem juntas o direito a herança, previdência, declaração comum de imposto de renda e nacionalidade. Basicamente, direitos jurídicos para pessoas que pagam impostos e hoje são ignoradas pela sociedade. [...] A sociedade nos educa para a heterossexualidade como sendo esta a única forma correta e aceita de viver a sexualidade.

---

16. O sol e a peneira. *Manchete*. Rio de Janeiro: Bloch, p. 98, 6 jul. 1996.

Instalou-se uma Comissão Especial na Câmara dos Deputados, para apreciar esse projeto, presidida pela Deputada Maria Elvira, tendo como relator o Deputado Roberto Jefferson.

Prestando depoimento nessa Comissão, Luiz Edson Fachin[17] sugeriu a substituição do termo *união* por outro mais adequado. O relator dessa Comissão entendeu correta essa sugestão, substituindo a palavra "união" por "parceria".

Esse jurista paranaense escrevendo sobre a convivência de pessoas do mesmo sexo, em outubro de 1996, conclui seu artigo, ponderando que:

> humanismo e solidariedade constituem, quando menos, duas ferramentas para compreender esse desafio que bate às portas do terceiro milênio com mais intensidade. Reaprender o significado de projeto de vida em comum é uma tarefa que incumbe a todos, num processo sacudido pelos fatos e pela velocidade das transformações. Em momento algum pode o Direito fechar-se feito fortaleza para repudiar ou discriminar. O medievo jurídico deve sucumbir à visão mais abrangente da realidade, examinando e debatendo os diversos aspectos jurídicos que emergem das parcerias de convívio e de afeto. Esse é um ponto de partida para desatar alguns "nós" que ignoram os fatos e desconhecem o sentido de refúgio qualificado prioritariamente pelo compromisso socioafetivo.

O relator desse projeto, Deputado Roberto Jefferson, votando por sua constitucionalidade e o aprovando, no mérito, nos termos do substitutivo pelo mesmo relator oferecido e, adiante, por nós analisado, entende que "negar aos homossexuais os direitos básicos surgidos" de sua "parceria equivale a repudiar os princípios constitucionais", a saber, "a dignidade da pessoa humana; a justiça e a solidariedade entre os homens; a não discriminação de qualquer espécie; e o respeito aos direitos humanos".

O Parecer da Comissão Especial[18] não foi unânime, mas entendeu pela constitucionalidade e pela aprovação do projeto, com as alterações do Substitutivo e da mesma Comissão.

---

17. FACHIN, Luiz Edson. Aspectos jurídicos da união de pessoas do mesmo sexo. *RT* 732, p. 47-54, especialmente p. 52-53.

18. A Comissão Especial destinada a apreciar e proferir parecer sobre o Projeto de Lei n. 1.151, de 1995, que "disciplina a união civil entre pessoas do mesmo sexo e dá outras providências", em reunião, opinou contra os votos dos Deputados Jorge Wilson, Philemon Rodrigues, Wagner Salustiano, e, em separado, dos Deputados Salvador Zimbaldi e Severino Cavalcanti, pela constitucionalidade, juridicidade e técnica legislativa e, no mérito, pela aprovação, deste, com substitutivo, com complementação de voto, nos termos do parecer do relator. Participaram da votação nominal os Deputados Marilu Guimarães, Roberto Jefferson, Lindberg Farias, Maria Elvira, Jorge Wilson, Severino Cavalcanti, Salvador Zimbaldi, Tuga Angerami, Jair Meneguelli, Sérgio Carneiro, Fernando Lyra, Fernando Gonçalves, Fernando Gabeira, Wagner Salustiano, Philemon Rodrigues e Marta Suplicy. A documentação relativa ao projeto encontra-se reproduzida no apenso de meu livro *Estatuto da família de fato* cit., 3. ed., p. 574-602.

Cumpre destacar, neste passo, primeiramente, o entendimento contrário do Deputado Salvador Zimbaldi:

> A desmoralização que se quer legalizar; o desmantelamento da família, com a instituição desta aberração contrária à Natureza, que criou cada espécie com dois sexos, afronta os mais comezinhos princípios éticos da sociedade brasileira. Ao regulamentar tão estapafúrdia situação, sem mesmo fazer-se uma pesquisa, consultando a população sobre a viabilidade desta legalização, o legislador está indo abalroar a consciência coletiva de nossos cidadãos. Com a criação deste novo estado civil de "emparceirados registrados" estar-se-á lançando a balbúrdia nos meios jurídicos, além da imoralidade atentatória aos nobres princípios da comunidade, e isto tão somente para beneficiar uma minoria. A lei assim como o Estado brasileiro são laicos, bem o sabemos, entretanto não podemos violentar o nosso povo, impingindo-lhe algo que repudia.

Por seu turno, com seu voto também contrário ao Projeto, manifestou-se o Deputado Severino Cavalcanti, sendo, adiante, destacados alguns trechos de seus comentários.

Primeiramente, quanto aos "direitos dos homossexuais", declara ambígua a palavra "direito", no Projeto, comentando:

> O que existe, por pior que seja, não pode ser negado que exista, mas isto não lhe confere automaticamente um direito a essa existência. O fato de existir o crime não lhe outorga direito de existência. Assim, uma situação que existe de fato, não pode passar, por esta simples razão, a uma situação de direito. Este só lhe é conferido em razão de atributos próprios que se conformem com a lei natural e a lei positiva.

Depois, no tocante à referida "segurança na prática da homossexualidade", anota:

> O projeto quer eliminar assim uma certa vergonha, um salutar sentimento de culpa, que poderiam levar a uma mudança de vida, a uma continência sexual sustentada pela graça, mesmo conservando a tendência desviada. Pois Deus nunca falta àqueles que sinceramente desejam cumprir sua lei e pedem o seu auxílio. O projeto, pelo contrário, leva os culpados a uma certa tranquilidade dentro do pecado, eliminando assim, quase completamente, a possibilidade de conversão.

Acrescenta ainda o Deputado que o "caráter profundamente rejeitável do projeto" é o de albergar "um tríplice atentado contra a lei moral" (nos campos individual, social e institucional) e o de "atrair a cólera divina sobre o Brasil", mostrando a posição da Igreja Católica, concluindo: "Uma lei que promove, favorece e estimula a prática de atos contra a natureza está em contraste total com a lei natural. Portanto, não deve ser considerada como lei, mas sim como corrupção da lei. E, enquanto tal, ser repudiada e combatida; e jamais apoiada, acatada ou tolerada".

Ressalte-se, nesse estágio, que a votação desse projeto, sobre a união civil de pessoas do mesmo sexo, não ocorreu na sessão da Câmara do dia 4 de dezembro de 1997, por falta de quórum. A autora do projeto pedira para que fosse esse retirado de pauta, temendo a forte oposição existente à época. Todavia, insistiam, os contrários a esse projeto, em que ocorresse sua votação.

Em 1998 deveria ter sido votado esse projeto, em sessão extraordinária da Câmara, mas não foi, ante ameaça muito forte, principalmente por Deputados católicos e evangélicos, de que seria boicotado o projeto de ajuste fiscal.

O projeto sob estudo ficou sem andamento, ante esses fatos de acirrada oposição a ele. Existe atualmente no Senado Projeto de Lei n. 612, de 2011, da autoria da mesma Marta Suplicy, agora no Senado, procurando alterar os arts. 1.723 e 1.726 do Código Civil, para admitir o reconhecimento legal da união estável entre pessoas do mesmo sexo.

Espero que esse atual Projeto do Senado seja convertido em lei.

4.2 Análise do Projeto de Lei n. 1.151/95 e de seu Substitutivo

Nessa trilha, passaremos à análise dos artigos do Projeto de Lei n. 1.151/95, da Câmara dos Deputados, e de seu Substitutivo, adotado pela Comissão Especial, datado de 10 de dezembro de 1996.

Partirei dos artigos do aludido Substitutivo, que melhorou a redação do Projeto originário, acrescentando alguns dispositivos de real importância.

Assim, no art. 1º assegura-se a duas pessoas do mesmo sexo o reconhecimento de sua "parceria civil registrada", objetivando, principalmente, a salvaguarda de seus direitos de propriedade e de sucessão hereditária.

Essa parceria constitui-se mediante registro em livro próprio nos Cartórios de Registro Civil de Pessoas Naturais (art. 2º) com a apresentação dos documentos dos interessados enumerados no § 1º: declaração de serem solteiros, viúvos ou divorciados; prova de capacidade civil absoluta, por meio de certidão de idade ou prova equivalente; e escritura pública de contrato de parceria civil. O § 2º incluído no Substitutivo repete a necessidade de que se registre a parceria, conforme *caput* do mesmo artigo. O § 3º estabelece a impossibilidade de alteração do estado civil dos contraentes, na vigência do contrato de parceria.

Esse § 3º é de extremo rigor, porque corrobora que o pretendido registro, em livro próprio, no Cartório de Registro Civil, mencionado no *caput* do artigo, não é só para valer contra terceiros, mas cria, perigosamente, um novo estado civil, que não pode ser alterado sem a extinção do contrato de parceria civil registrada. Esse estado civil nem os conviventes possuem, na união estável, que é reconhecida constitucionalmente como forma de constituição de família.

Vê-se, claramente, que, existindo constituição desse estado civil de parceiro ou de parceria, sua desconstituição judicial pode levar muito tempo, sobrecarregando o Poder Judiciário de ações e de processos dessa ordem. Mesmo em caso de morte do parceiro, deverá existir processo judicial para que, seguramente, constate-se esse fato, para que possa ser, por decisão do juiz, desconstituído o estado civil, no competente Registro.

Os ônus que se vão criar, com isso, e os sérios danos à comunidade podem ser antevistos; principalmente se os parceiros se separarem de fato, sem qualquer providência judicial, constituindo novas parcerias de fato.

Entendo a preocupação do pré-legislador em amparar, de certo modo, as parcerias homossexuais; entretanto, essa situação de fato, como é a união estável entre homem e mulher, ficará assoberbada com esses excessos de formalismo, a que o povo brasileiro não está acostumado.

Admito que o registro desses contratos, como defendi a ideia na união estável, é salutar e de alta relevância na salvaguarda de direito de terceiros; mesmo criando novo estado civil, de parceiro civil ao lado do estado civil de solteiro, de casado e de divorciado. Nesse caso, deve também admitir-se o estado de separado judicialmente (hoje modificação do estado de casamento) e o estado de convivente ou companheiro, em relação à união estável entre homem e mulher.

A criação de estado civil novo criará muitos problemas jurídicos à sua desconstituição, mormente com relação às situações de fato, com regulamentação legal dos efeitos jurídicos da convivência, seja na união estável, seja na parceria civil.

Sugiro, pois, ao legislador que leve em conta essas observações, para admitir o registro do contrato de parceria entre o mesmo sexo, como também propus à união estável em meu projeto, vetado, nesse ponto, pelo Presidente da República, mas tão somente para valer contra terceiros.

Cria-se, assim, no clima de liberdade da convivência homossexual, como pretende a então Deputada Marta Suplicy, também um clima de responsabilidade e de justiça, relativamente a essa união, ainda que sem a criação de um novo estado civil, só alterável com a intervenção do Poder Judiciário.

O registro será feito, então, só para valer contra terceiros. Aliás, nesse ponto, chego à conclusão de que o registro mais eficaz é o que se realiza na Circunscrição Imobiliária, em que a averbação das situações jurídicas convivenciais é mais importante, enquanto não houver um cadastramento geral das pessoas, que esteja informado em todo o sistema registral. Tudo, para que se evitem alienações de imóveis, por um dos parceiros, em detrimento do outro ou de terceiros, malgrado exista registro do contrato de parceria, no Cartório de Registro Civil de Pessoas Naturais.

Por seu turno, o art. 3º do Substitutivo e do Projeto dá caráter solene ao contrato de parceria registrada, o qual deverá ser lavrado em Ofício de Notas, pactuado livremente, mas devendo versar sobre "disposições patrimoniais, deveres, impedimentos e obrigações mútuas".

Se houver disposição expressa no contrato, suas regras podem operar retroativamente para contemplar patrimônio comum, formado anteriormente à união (§ 1º, no Substitutivo; parágrafo único, no Projeto).

Inseriu-se no Substitutivo o § 2º desse mesmo art. 3º, pelo qual ficam proibidas disposições sobre adoção, tutela ou guarda de crianças ou de adolescentes, em conjunto, mesmo que sejam filhos de um dos parceiros. Tal providência foi importante para que se evitem traumas de caráter psíquico, principalmente para que não surjam na sociedade filhos, ou crianças, ou adolescentes que se mostrem só com pais ou só com mães. Sim, porque a autora do projeto de lei, embora tenha manifestado posição contrária à adoção pelos parceiros, a proibição da utilização desse instituto jurídico não se fez, expressamente, em seu texto de pré-legislação.

Anote-se que o Projeto originário previa, nos incisos I e II de seu art. 4º, a extinção desse contrato de parceria pela morte de um dos parceiros ou por decreto judicial. Essa decisão, certamente, ocorrerá em caso de rescisão desse contrato, com descumprimento culposo de qualquer de suas cláusulas ou de dispositivos legais, atinentes a essa união, que é a infração contratual, prevista no inciso I do art. 5º do Substitutivo e do Projeto, ou, ainda, em caso de denúncia (resilição unilateral), quando a um dos parceiros não mais convier a convivência. Neste último caso, quando houver alegação, por um dos parceiros, de desinteresse na continuidade da união, conforme previsto no inciso II do art. 5º do Substitutivo e do Projeto.

Nesse ponto, o Substitutivo, mantendo, em seu art. 4º, esses dois incisos, do art. 4º do Projeto, inclui, ainda, um terceiro, para possibilitar, também, essa extinção contratual, por consentimento das partes, desde que homologado pelo juiz. Aqui, então, prevista a figura da resilição bilateral ou distrato, em que os parceiros manifestam o desejo de se separarem, perante o juiz, que homologará esse acordo escrito, verificando se foram cumpridos os requisitos legais e contratuais. Aliás, o Projeto já previa, no § 1º de seu art. 5º, a possibilidade de requererem, de comum acordo, consensualmente, as partes a homologação judicial da extinção de sua união civil.

Mesmo incluindo o aludido inciso III em seu art. 4º, o Substitutivo mantém o mencionado § 1º, agora como parágrafo único de seu art. 5º, que, de modo repetitivo, assegura esse requerimento das partes, consensualmente, amigavelmente, pleiteando a homologação judicial da extinção de sua parceria registrada.

Desse modo, atualmente, esse Substitutivo possibilita a referida extinção contratual por morte ou por via judicial, litigiosa ou amigável.

Ocorrendo a mencionada extinção contratual, a sentença que declarar extinta a parceria deverá conter a partilha dos bens dos parceiros, nos moldes do contrato dos interessados (art. 6º do Projeto e do Substitutivo).

Assinale-se que o art. 7º do Projeto foi eliminado, e exigia a averbação do registro da constituição ou da extinção da união civil, nos assentos de nascimento e de casamento das partes.

O art. 8º do Projeto, ainda, instituía como crime de ação pública, condicionada à representação, "manter o contrato de união civil", referido no aludido Projeto, "com mais de uma pessoa, ou infringir o § 2º do art. 2º", punível com pena de detenção de seis meses a dois anos.

Essa proibição de parceria civil com mais de uma pessoa, do art. 8º, foi reformulada, no Substitutivo, em seu art. 7º, sendo nulo de pleno direito o contrato que se fizer nesses moldes, ou, ainda, quando houver infração ao § 2º do art. 2º do mesmo Substitutivo (falta de registro desse contrato no Registro Civil de Pessoas Naturais).

Estabelece-se, ainda, no parágrafo único desse art. 7º que a infração mencionada em seu *caput* implica cometimento de crime de falsidade ideológica, sujeitando o infrator às penas previstas no art. 299 do Código Penal.

O intuito do pré-legislador foi, em verdade, o de proibir a existência de dois ou mais contratos simultâneos de parceria civil; não, propriamente, o de proibir a existência dessas várias uniões, o que seria impossível.

Desse modo, pode alguém, na prática, ter vários parceiros, o que é impossível de proibir, como acontece com o casamento e o concubinato impuro, ou seja, adulterino ou incestuoso; como pode ocorrer o mesmo com a união estável (concubinato puro) e o concubinato desleal (em concorrência com o primeiro).

Essas situações ocorrem na sociedade independentemente do que queira, ou não, o legislador. O que este pode coibir é o duplo registro civil.

Todavia, para tentar impedir um registro, ante eventual existência de uma parceria civil, com escritura não registrada, é que o Substitutivo, sob cogitação, instituiu o crime de falsidade ideológica para os parceiros que venham a registrar uma parceria, tendo omitido a existência de parceria civil ou de registro de escritura anterior. O crime, portanto, consiste nessa omissão e não na manutenção de duas ou mais parcerias.

Tenha-se presente, ainda, que, existindo registro de uma parceria anterior, o próprio Cartório Civil impedirá o registro de outra escritura. O difícil será, eventualmente, acusar registro anterior, se não houver cadastramento do registro das parcerias.

No art. 8º do Substitutivo (9º do Projeto) alteram-se os arts. 29, 33 e 167 da Lei n. 6.015/73 (Lei de Registros Públicos).

O art. 29, no qual constam os atos que se fazem registrar no Registro Civil de Pessoas Naturais, fica acrescido do inciso IX, que autoriza, também, o registro dos "contratos de parceria civil registrada entre as pessoas do mesmo sexo". No § 1º desse artigo, que cuida das averbações, fica autorizada a averbação da "sentença que declarar a extinção da parceria civil registrada entre pessoas do mesmo sexo".

No art. 33, referido, inclui-se em seu inciso III o livro E, para "registro de contratos de parceria civil registrada entre pessoas do mesmo sexo".

Finalmente, no art. 167, que menciona as atribuições relativas ao Registro de Imóveis, fica acrescido o item 35 (deverá ser item 37, porque, atualmente, já existe o item 35, que foi inserido pela Lei n. 9.514/97, bem como o item 36, acrescentado pela Lei n. 9.785/99; o item 35 atual refere-se ao registro da alienação fiduciária em garantia de coisa imóvel e o item 36 cogita da imissão provisória na posse do Poder Público ou de entidades delegadas, para a execução de parcelamento popular em favor das classes de menor renda), de seu inciso I, pelo qual, além da matrícula, será feito o registro "dos contratos de parceria civil registrada entre pessoas do mesmo sexo que versem sobre comunicação patrimonial, nos registros referentes a imóveis ou a direitos reais pertencentes a qualquer das partes, inclusive os adquiridos posteriormente à celebração do contrato".

Acrescenta-se, ainda, no inciso II desse art. 167, em seu item 14, a averbação, também, das sentenças de extinção de parceria civil registrada entre pessoas do mesmo sexo ao lado das "sentenças de separação judicial, de divórcio, de nulidade ou anulação do casamento", sempre que, em qualquer delas, "nas respectivas partilhas existirem imóveis ou direitos reais sujeitos a registro".

O art. 9º do Substitutivo (art. 10 do Projeto) institui, como bem de família, o imóvel próprio e comum dos contratantes de parceria civil registrada, tornando-o impenhorável, nos moldes da Lei n. 8.009/90.

Essa Lei n. 8.009/90, que regulamenta o bem de família, só considera como tal o "imóvel residencial próprio do casal ou da entidade familiar". Comentando esse dispositivo legal, já ponderei[19] que:

> um dos requisitos a que se constitua, em bem de família, esse mesmo imóvel é que deva ser de propriedade do casal, ou da entidade familiar. [...] Todavia, nada impede que esse imóvel seja de propriedade de um dos cônjuges, se, por exemplo, não forem casados pelo regime de comunhão de bens. O mesmo pode acontecer com um casal de conviventes, na união estável, ou com os integrantes de outra entidade familiar, sendo um só deles proprietário do imóvel residencial, em que vivem. Basta, assim, que um dos integrantes do lar seja proprietário do imóvel residencial, a constituir-se em bem de família.

Como resta evidente, tal dispositivo de pré legislação desvirtuaria, à época, a lei analisada; pois na parceria civil registrada não existia intuito de constituição de família, não existindo lar, o que impediria a existência do bem de família. Entretanto, se tal dispositivo vingasse, teríamos, aí, uma exceção, em completa dissonância com a Lei n. 8.009/90. Sim, porque o bem de família só pode existir no âmbito desta.

Atualmente, não haverá qualquer óbice, ante tal dispositivo, pois o Supremo Tribunal Federal já reconheceu a união homoafetiva como uma das formas de constituição de família e o Superior Tribunal de Justiça já reconheceu o casamento homoafetivo entre duas lésbicas.

Por seu turno, os arts. 10 e 11 do Substitutivo simplificam os textos dos arts. 11 e 12 do Projeto.

Assim, o art. 10 inscreve o parceiro como beneficiário do Regime Geral de Previdência Social, como dependente de seu parceiro segurado, desde que esteja registrado o contrato de parceria civil; extinto este, cancela-se, automaticamente, essa inscrição de beneficiário.

Melhor o texto do Substitutivo, porque prescinde da inclusão, nos §§ 3º e 2º, respectivamente, dos arts. 16 e 17 da Lei n. 8.213/91, de matéria relativa à parceria civil, com a

---

19. AZEVEDO, Álvaro Villaça. *Bem de família* cit., p. 191.

da união estável; também no tocante ao cancelamento dessas união e parceria, com o da inscrição do cônjuge, na situação prevista no mencionado § 2º do art. 17 da citada lei.

Do mesmo modo, no art. 11 do Substitutivo (art. 12 do Projeto), desde que comprovada a parceria civil, o parceiro será considerado beneficiário da pensão prevista no inciso I do art. 217 da Lei n. 8.112/90, que disciplina o regime jurídico dos servidores públicos civis da União, das autarquias e das fundações públicas federais.

O art. 12 do Substitutivo (art. 13 do Projeto) prevê a necessidade de a Administração Pública, estadual, municipal e do Distrito Federal disciplinar, por legislação própria, os benefícios previdenciários de seus servidores que tenham relacionamento de parceria civil registrada com pessoa do mesmo sexo.

Por sua vez, o art. 13 do Substitutivo, como o art. 14 do Projeto, concede direitos sucessórios aos contratantes de parceria civil registrada, nos moldes da Lei n. 8.971/94, relativa à união estável. Todavia, o aludido art. 13 do Substitutivo adapta, em quatro incisos, os casos de sucessão dos conviventes aos dos parceiros.

Assim, o parceiro sobrevivente, desde que não firme novo contrato de parceria civil registrado, terá direito ao usufruto da quarta parte dos bens de seu parceiro falecido, se este tiver filhos; bem como ao usufruto da metade desses bens se não houver filhos, ainda que sobrevivam os ascendentes do mesmo falecido (incs. I e II). Entretanto, se o parceiro falecido não deixar descendentes e ascendentes, terá o sobrevivente direito à totalidade da herança (inc. III). Ressalte-se, nesse ponto, que esses três incisos são adaptações dos três primeiros incisos do art. 2º da Lei n. 8.971/94, já citada.

Como acontece, à época, presentemente, em matéria de união estável, quanto ao aludido inciso III, se editado esse, continuará a existir o absurdo de estarem alijados da herança os colaterais do falecido, relativamente aos bens adquiridos pelo parceiro, morto, antes de constituir a parceria civil registrada e os adquiridos, a título gratuito, durante a união.

O inciso IV desse art. 13 do Substitutivo, sob exame, é a adaptação do art. 3º da mencionada Lei n. 8.971/94 (relativa à união estável). Por ele, se os bens deixados pelo parceiro falecido tiverem resultado de atividade com a colaboração comum do sobrevivente, terá este direito à metade desse patrimônio. Nesse passo, está presente a regra de condomínio na aquisição de bens comuns, sem menção de cota condominial; pois, se essa for estipulada em contrato escrito ou no documento, mesmo, de aquisição, deverá ser respeitada.

O art. 14 do Substitutivo, tratando da matéria cogitada no art. 15 do Projeto, modifica a situação, nesse prevista, para pior. Realmente, pois esse art. 14 procura incluir novo inciso, no art. 454 do Código Civil, que trata, exclusivamente de curatela de cônjuge interdito, não separado judicialmente; nesse caso, o curador será o outro cônjuge. Na falta deste, os três parágrafos, que seguem, escalonam os pais do interdito; na falta desses, o descendente maior, mais próximo, precedendo ao mais remoto; na falta dessas pessoas, o curador escolhido pelo juiz.

Resta evidente que, não sendo a parceria civil registrada considerada casamento entre o mesmo sexo, não há como misturar seu tratamento legislativo com matéria matrimonial. Por isso que, relativamente a essa modificação, melhor seria que permanecesse indene o art. 15 do Projeto Marta Suplicy, que assentava que, em caso de "perda da capacidade civil" de qualquer um dos parceiros, teria o outro a "preferência para exercer a curatela".

O art. 15 do Substitutivo refere-se ao conteúdo do art. 16 do Projeto, objetivando nova redação ao art. 113 da Lei n. 6.815/80, que cuida da situação jurídica do estrangeiro no Brasil. Nesse artigo da apontada lei, no capítulo que trata das condições da naturalização, menciona-se que o prazo mínimo de residência, para concessão da naturalização, ou seja, quatro anos imediatamente anteriores a esse pedido, fixado no art. 112, III, pode ser reduzido, se o parceiro estrangeiro tiver contrato de parceria civil registrada com pessoa de nacionalidade brasileira. A posição do Projeto é a de incluir a matéria no inciso I do referido art. 113 ("ter filho ou cônjuge brasileiro" e "companheira de união civil entre pessoas do mesmo sexo, brasileiro ou brasileira". Essa redação, além de não ser boa, implica, mais uma vez, a mistura de matéria matrimonial com parceria civil registrada, que não é casamento. Melhor, portanto, a posição do Substitutivo, que acrescenta o inciso VI, nesse art. 113, do seguinte teor: "ter contrato de parceria civil registrada com pessoa de nacionalidade brasileira").

O Substitutivo incluiu dois artigos, 16 e 17, estes, sim, de grande utilidade e alcance social.

O art. 16 reconhece aos parceiros o "direito de composição de rendas para aquisição de casa própria", bem como todos os direitos relacionados com "planos de saúde e seguro de grupo".

Como resta evidente, os parceiros podem somar suas economias, para possibilitar, esse somatório, a aquisição de sua moradia, que ficará garantida, como visto, como bem de família, caso essa exceção exista na futura lei. Também, o plano de saúde e de seguro de grupo, feito por um, beneficiará o outro.

Finalmente, o art. 17 do Substitutivo admite aos parceiros a inscrição, um do outro, como dependentes para efeitos de legislação tributária, já que vivem em sociedade de fato, com ganhos e gastos comuns. Aplicam-se, assim, a eles as deduções tributárias.

Os dois últimos artigos do Substitutivo, 18 e 19 (arts. 17 e 18 do Projeto), cuidam, respectivamente, do início de vigência, na data em que for publicada a lei, e da revogação de disposições em contrário.

Todos esses direitos, previstos nesses Projeto e Substitutivo, estão atualmente admitidos por julgados de nossos Tribunais ou na esfera Administrativa, com o selo de reconhecimento das decisões do Supremo Tribunal Federal e do Superior Tribunal de Justiça, a final, comentadas.

5 Evolução da situação atual no Brasil

Importante notar, inicialmente, que a Instrução Normativa do INSS/DC n. 25, de 7 de junho de 2000, estabelece, por força de decisão judicial, procedimentos a serem adotados para a concessão de benefícios previdenciários ao companheiro ou companheira homossexual[20].

Desse modo, por essa Instrução, a pensão por morte e o auxílio reclusão podem ser requeridos por companheiro ou companheira homossexual, com fundamento nas rotinas disciplinadas no Capítulo XII da Instrução Normativa INSS/DC n. 20/2000 (art. 2º).

A comprovação da "união estável e dependência econômica" deverá ser feita mediante os seguintes documentos:

> I – declaração de Imposto de Renda do segurado, em que conste o interessado como seu dependente; II – disposições testamentárias; III – declaração especial feita perante tabelião (escritura pública declaratória de dependência econômica); IV – prova do mesmo domicílio; V – prova de encargos domésticos evidentes e existência de sociedade ou comunhão nos atos da vida civil; VI – procuração ou fiança reciprocamente outorgada; VII – conta bancária conjunta; VIII – registro em associação de classe, onde conste o interessado como dependente do segurado; IX – anotação constante de ficha ou livro de registro de empregados; X – apólice de seguro da qual conste o segurado como instituidor do seguro e a pessoa interessada como sua beneficiária; XI – ficha de tratamento em instituição de assistência médica da qual conste o segurado como responsável; XII – escritura de compra e venda de imóvel pelo segurado em nome do dependente; XIII – quaisquer outros documentos que possam levar à convicção do fato a comprovar (art. 3º).

E completa o art. 4º:

> Para a referida comprovação, os documentos enumerados nos incisos I, II, III e IX do artigo anterior, constituem, por si só, prova bastante e suficiente, devendo os demais ser considerados em conjunto de no mínimo três, corroborados, quando necessário, mediante Justificação Administrativa – JA.

Resta evidente que a enumeração do art. 3º não é taxativa, sendo também clara a importância aos documentos referidos nos incisos I, II, III e IX desse mesmo artigo. As outras provas ali mencionadas são muito fracas, ainda que em grupo de três, como a prova do mesmo domicílio, da procuração ou fiança reciprocamente outorgada ou conta bancária conjunta (dois estudantes de uma república podem apresentar dita documentação, sem serem homossexuais). O que se deve ter em conta é a convivência e a dependência econômica.

---

20. Publicada no *DOU* 110-E, de 8-6-2000, p. 4 (em que se cogitava só de pensão por morte), e republicada no *DOU* 111-E, de 9-6-2000, p. 88 (em que se inclui, também, auxílio reclusão), fundamentada na Ação Civil Pública 2000.71.00.009347-0.

Estudando a situação atual da matéria relativamente à união homoafetiva no Brasil, Flávio Tartuce e José Fernando Simão[21] mostram a existência de duas correntes.

Pela primeira, a união homossexual não constitui entidade familiar, configurando uma sociedade de fato, aplicando-se a ela o Direito das Obrigações, para a solução dos seus problemas. O parceiro é sócio devendo aplicar-se quanto ao prisma patrimonial a regra do esforço comum, com aplicação da Súmula 380 do Supremo Tribunal Federal.

Os parceiros, nessa situação, não podem adotar, a não ser individualmente, não podendo se valer, um do outro, de seguro saúde e de alimentos.

Só haveria afeto e não um núcleo familiar.

Citavam esses autores, como integrantes dessa primeira corrente, Maria Helena Diniz, Sílvio de Salvo Venosa, Inácio de Carvalho Neto e Álvaro Villaça Azevedo. Os mesmos autores, já em 2011[22], ressalvam que Álvaro Villaça Azevedo, filiado a essa primeira corrente, "conforme apontado em palestras e exposições, o Mestre das Arcadas mudou de posição, filiando-se agora à segunda corrente", o que é certamente correto.

Ressalte-se, nesse ponto, o posicionamento jurisprudencial quanto a esse primeiro entendimento, em inúmeros casos[23].

Destaquem-se, mais, julgados que admitem partilha de bens entre companheiros homossexuais, desde que comprovado o esforço comum na aquisição patrimonial[24].

Concedeu-se, ainda, a condição de herdeiro ao companheiro sobrevivo, na ausência de herdeiros sucessíveis, sendo nomeado inventariante[25].

Por outro lado, fundado em precedentes jurisprudenciais, o Tribunal de Justiça do Rio Grande do Sul aplicou, por analogia, à união homoafetiva os princípios constitucionais da dignidade da pessoa humana e da igualdade e os do Código Civil atinentes à união estável[26].

Decisão que merece destaque, do Tribunal de Justiça de São Paulo[27], fundada em precedente do STJ[28], assentou que o Tribunal de Justiça reconhecendo "um relacionamento

---

21. *Direito civil*: direito de família. 7. ed. São Paulo: Método, 2012. v. 5, p. 302-315.
22. *Direito civil*: direito de família. 6. ed. São Paulo: Método, 2011. v. 5, p. 320.
23. STJ, REsp 502.995/RN, 4ª T., rel. Min Fernando Gonçalves, j. 26-4-2005, *REVJUR* v. 332, p. 113; STJ, REsp 148.897/MG, *RSTJ* 110/313; *RT* 756/117; *Lex STJ*, v. 108, ago. 1998, p. 235; STJ, REsp 773.136/RJ, 3ª T., rel. Min. Nancy Andrighi, j. 10-10-2006, *DJ* de 13-11-2006, p. 259 (esforço comum); TJMG, Processo 1.0024.04.537121-8/002, 12ª Câm. Cív., rel. Des. Domingos Coelho, j. 24-5-2006; TJGO, CNC 994-3/194 (200701327426)-Goiânia, 2ª Seção Cív., rel. Des. Carlos Escher, *DJE* de 29-10-2007; casos citados por TARTUCE, Flávio; SIMÃO, José Fernando. *Direito civil* cit., 7. ed., p. 302-304.
24. *RT* 849/379.
25. TJSP, AI 6.337.424.100/SP, 4ª Câm. de Dir. Priv., rel. Des. Teixeira Leite, j. 25-6-2009.
26. TJRS, Apel. Cív. 70.005.488.812, rel. Des. José Carlos Teixeira Giorgis, j. 25-6-2003, *RBD* Fam 31/92.
27. TJSP, Apel. Cív. 478.576-4/4, rel. Des. Ênio Santarelli Zuliani, j. 1º-2-2007; em sentido contrário, TJSP, Apel. Cív. 994.093.422.625-Americana, 7ª Câm. de Dir. Priv., rel. Des. Luiz Antônio Costa, j. 16-12-2009; TJRS, Apel. Cív. 70.026.584.698, 7ª Câm. Cív., rel. Des. José Conrado de Souza Júnior, *DO* de 5-6-2009, *RBDF*10/167, Milton Paulo de Carvalho Filho, Código Civil, cit., p. 1.984.
28. STJ, REsp 395.904/RS, rel. Min. Hélio Quaglia Barbosa, j. 13-12-2005, *DJ* de 6-2-2006.

levado a sério por mulheres resolvidas", "impede que o falso moralismo bloqueie práticas afirmativas de inclusão dos parceiros ao regime dos benefícios das relações heterossexuais, como os proventos de aposentadoria".

Esclareço, de minha parte, que tenho entendido possível, ante a prova da parceria homoafetiva, poderem os parceiros usufruir, um do outro, dos benefícios previdenciários: seguro saúde e pensão junto ao INSS *post mortem*.

Sempre tenho dito a meus clientes homossexuais para lançarem-se como companheiros na carteira de trabalho, declaração que tem fé pública, até prova em contrário, para fazerem jus aos mencionados benefícios previdenciários.

Aconselho-os, também, a fazerem contratos escritos e/ou testamentos, para regularem o regime condominial de seu patrimônio.

Lembre-se, ainda, de Jurisprudência que não admite que o parceiro figure como dependente em plano de saúde[29] ou possa pleitear alimentos[30].

Também não se admitiu habilitação de herdeiro e meeiro em inventário de companheiro homossexual, sendo o direito sucessório restrito a união de homem e mulher[31].

Pela segunda corrente mencionada, a união homoafetiva é entidade familiar, devendo-se aplicar, por analogia, a ela, as regras da união estável, considerando-se a proteção que se deve à pessoa, em face do princípio constitucional da dignidade da pessoa humana.

Defende esse entendimento Maria Berenice Dias, que considera meramente exemplificativa a enumeração dos parágrafos do art. 226 da Constituição Federal de 1988.

Em abono a essa segunda corrente, decidiu o Tribunal de Justiça do Rio Grande do Sul, sendo relatora a Des. Maria Berenice Dias[32], entendendo que a ausência de lei específica sobre o tema não implica ausência de direito.

Destaque-se que a Corregedoria-Geral da Justiça do Rio Grande do Sul, considerando o Parecer n. 006/2004 do Conselho da Magistratura, promoveu a inclusão de um parágrafo único no art. 215 da CNNR-CGJ (Consolidação Normativa Notarial Registral), para possibilitar aos que vivem em comunhão afetiva o registro de documentos que digam respeito a tal relação. A Medida foi publicada no *Diário da Justiça* de 3 de março de 2004.

De registrar-se, nesse passo, que o Tribunal Superior Eleitoral, por seu pleno, reconheceu o relacionamento homossexual de candidata à Prefeitura da cidade de Viseu, no

---

29. TJRJ, Apel. Cív. 2005.001.44730, 2ª Câm. Cív., rel. Des. Jessé Torres, j. 23-11-2005, TARTUCE, Flávio; SIMÃO, José Fernando. *Direito civil* cit., 7. ed., p. 304.

30. TJRJ, Apel. cív. 2007.001.04634, rel. Des. Marcos Alcino A. Torres. 16ª Câm. Cív., j. 24-4-2007, TARTUCE, Flávio; SIMÃO, José Fernando. *Direito civil* cit., 7. ed., p. 304-305.

31. *RT* 812/220 (TJSP, AgIn 266.853.4/8, 4ª Câm, rel. Des. Rebello Pinho, j. 28-11-2002, v.u.); no mesmo sentido: TJRJ, Apel. 10.704/2000, 3ª Câm., rel. Des. Antonio Eduardo F. Duarte, j. 7-11-2000, *DORJ* de 3-5-2001.

32. TJRS, Apel. Cív. 70009550070, 7ª Câm. Cív., j. 17-11-2004, *Boletim IBDFAM* nov.-dez. 2008, Jurisprudência e Nota, p. 11, com voto vencido do Des. Sérgio Fernando de Vasconcellos Chaves.

estado do Pará, com a atual prefeita dessa localidade, para declará-la inelegível em face do art. 14 da Constituição Federal de 1988, cassando o registro dessa candidata[33].

Principalmente o Tribunal de Justiça do Rio Grande do Sul vem admitindo a união homoafetiva com os mesmos elementos da união estável, constituindo uma célula familiar, para ser reconhecida[34]. Havendo outros Tribunais que, também, admitem essa união, como o de Minas Gerais e do Rio de Janeiro[35], com aplicação analógica das regras da união estável e sob fundamento do princípio constitucional da dignidade da pessoa humana.

Sob os mesmos fundamentos, julgou o Tribunal de Justiça de São Paulo, reconhecendo a união homoafetiva, para fins previdenciários[36].

Caso muito importante e citado é o do Superior Tribunal de Justiça[37] que admite que a lei ao possibilitar a união estável entre homem e mulher, não proibiu a união entre dois homens ou duas mulheres, desde que tenha os mesmos requisitos daquela união.

A união homoafetiva, gerando direitos analógicos à união estável permite seja incluído o companheiro dependente em plano de assistência médica do outro[38], devendo haver partilha de bens adquiridos pelos parceiros, com direito recíproco a alimentos, sendo o feito julgado em varas de família[39].

Registre-se, ainda, a proposição do Governador do Estado do Rio de Janeiro, em fevereiro de 2008, junto ao Supremo Tribunal Federal, de uma Ação de Arguição de Descumprimento de Preceito Fundamental (ADPF 132-RJ)[40], no sentido de aplicar-se às uniões homoafetivas o regime das uniões estáveis. Nesse pedido, alegou-se a violação de preceitos fundamentais constitucionais, como o direito à igualdade (art. 5º, *caput*), o direito à liberdade, do qual resulta a autonomia da vontade (art. 5º, II), o princípio da dignidade da pessoa humana (art. 1º, III) e o princípio da segurança jurídica (art. 5º, *caput*).

---

33. Eleições 2004. Disponível em: <http://noticias.terra.com.br/eleições2004/interna/0,OI394809-EI 2542,00. html>, de 1º-10-2004. "Art. 14. [...] § 7º São inelegíveis, no território de jurisdição do titular, o cônjuge e os parentes consanguíneos ou afins, até o segundo grau ou por adoção, do Presidente da República, de Governador de Estado ou Territórios, do Distrito Federal, de Prefeito ou de quem os haja substituído dentro dos seis meses anteriores ao pleito, salvo se já titular de mandato eletivo e candidato à reeleição".

34. TJRS, Apel. Cív. 70012836755, 7ª Câm. Cív., rel. Des. Maria Berenice Dias, j. 21-12-2005; TJRS, Emb. Infr. 70006984348, 4º Grupo de Câm. Cív., rel. Des. Maria Berenice, j. 14-11-2003; TJRS, Apel. Cív. 70005345418, 7ª Câm. Cív., rel. Des. José Carlos Teixeira Giorgis, j. 17-12-2003; *in* Tartuce e Simão, o.c., p. 306 e 307, 7. ed..

35. TJMG, ACi com ReeNec 1.0024.06.930324-6/001-Belo Horizonte, 7ª Câm. Cív., rel. Des. Heloisa Combat, j. 22-5-2007, v.u.; TJRJ, Apel. cív. 2005.001.34933, 8ª Câm. Cív., rel. Des. Letícia Sardas, j. 21-3-2006; TARTUCE, Flávio; SIMÃO, José Fernando. *Direito civil* cit., 7. ed., p. 307.

36. TJSP, CC 170.046.0/6, Ac. 3571525-SP, Câm. Especial, rel. Des. Maria Olívia Alves, j. 16-3-2009, *DJESP* de 30-6-2009.

37. REsp 820.475/RJ, 4ª T., rel. Min. Antônio de Pádua Ribeiro, rel. p/ acórdão Min. Luis Felipe Salomão, j. 2-9-2008; no mesmo sentido: TJRS, Apel. Cív. 70.023.812.423, 8ª Câm. Cív., rel. Des. Rui Portanova, j. 2-10-2008.

38. STJ, Ag. Reg. no Ag. 971.466/SP, 3ª T., rel. Min. Ari Pargendler, j. 2-9-2008.

39. TJRS, Apel. Cív. 70.021.908.587, 7ª Câm. Cív., rel. Des. Ricardo Raupp Ruschel, j. 5-12-2007.

40. TARTUCE, Flávio; SIMÃO, José Fernando. *Direito civil* cit., 7. ed., p. 309 e 310.

Em seu pedido o Governador relata as dificuldades do Estado na concessão administrativa a homossexuais de licenças em razão de doenças de pessoa da família e de auxílio doença e assistência médico hospitalar, entre outros posicionamentos. Tudo com parecer favorável da Advocacia-Geral da União, para anulação das decisões do TJRJ, à época de lavra de José Antonio Dias Tofolli, hoje Ministro do Supremo Tribunal. Em 2009, a Procuradoria-Geral da República ajuizou outra ADPF (178/DF)[41], com o mesmo objetivo, convertida na ADI 4.277/DF, que foram julgadas procedentes recentemente pelo Supremo Tribunal Federal e que são adiante analisadas.

Restava, então, evidente a tendência de nossos Tribunais à consideração da união homoafetiva como instituto do Direito de Família, admitindo-se por analogia o preceituado nos arts. 1.725 e 1.790 do Código Civil, com a admissão em tese do regime patrimonial da comunhão parcial de bens, salvo contrato escrito, e do recebimento de herança pelo companheiro supérstite, quanto aos bens adquiridos onerosamente durante a união.

Daí a possibilidade de adoção pelo casal homossexual, como admitido pelo Tribunal de Justiça do Rio Grande do Sul por decisão pioneira de 5 de abril de 2006[42].

Em 2 de setembro de 2008, admitiu o Superior Tribunal de Justiça a possibilidade jurídica do pedido de reconhecimento de união homoafetiva.

A Quarta Turma desse Tribunal determinou que a Justiça Fluminense retomasse o julgamento de ação requerida por homossexuais, que tinha sido julgada sem análise do mérito. O julgamento foi de 3 votos a 2, com o voto de desempate do Ministro Luís Felipe Salomão. Os Ministros Pádua Ribeiro (relator) e Massami Uyeda votaram a favor do pedido, que fora também negado pelo Tribunal de Justiça do Rio de Janeiro, e os Ministros Fernando Gonçalves e Aldir Passarinho Júnior que entenderam que a Constituição Federal só permite união estável entre homem e mulher como entidade familiar[43], conforme noticiado.

Essa citada notícia destaca, ainda, que o direito patrimonial de casais do mesmo sexo não é novidade no STJ, mencionando-se jurisprudência sobre várias situações: direito do parceiro receber metade do patrimônio obtido pelo esforço comum[44]; direito de receber pensão previdenciária por morte do companheiro falecido[45]; colocação de dependente em plano de saúde[46].

---

41. Idem.
42. TJRS, Apel. Cív. 70013801592-Bagé, 7ª Câm. Cív., rel. Des. Luiz Felipe Brasil Santos, com a participação dos Desembargadores Maria Berenice Dias (Presidente) e Ricardo Raupp Ruschel.
43. Disponível em: <http://www.ibdfam.org.br/?noticias&noticia=2636>, em 4-9-2008.
44. STJ, REsp 148.897, rel. Min. Ruy Rosado de Aguiar, de 1998.
45. STJ, REsp 395.904, 6ª T., rel. Min. Hélio Quaglia Barbosa, j. 13-12-2005; ver, ainda, decisão do STF, deferindo direitos previdenciários ao parceiro homossexual, Origem Pet 1.984/RS, rel. Min. Marco Aurélio, j. 10-2-2003, DJ de 20-2-2003; recentemente o STJ estendeu esses direitos previdenciários à previdência privada, REsp 1.026.981/RJ, rel. Min. Nancy Andrighi, j. 4-2-2010.
46. STJ, REsp 773.136, rel. Min. Humberto Gomes de Barros.

Havia toda uma tendência de nossos Tribunais, a considerar a união homoafetiva no âmbito do Direito de Família, com os benefícios de união estável.

Ressalte-se, atualmente, no âmbito da segunda corrente analisada, o projeto de lei apresentado pelo Deputado Sérgio Barradas Carneiro, elaborado pelo IBDFAM, conhecido como Estatuto das Famílias (Projeto de Lei n. 2.285, de 2007). Esse Projeto de Lei n. 2.285, de 2007, foi apensado ao PL 674, de 2007, paralisado desde 2011, infelizmente.

Esse projeto mostra uma tentativa válida de criar o Estatuto próprio do Direito de Família, destacando-o dos livros, que compõem o Código Civil.

Todavia, no que se refere à matéria relativa às uniões homossexuais, foi ela vetada em todo projeto, pois considerada não integrante do Direito de Família. Tudo para que o projeto fosse aprovado.

O art. 68 desse projeto reconhece a união homoafetiva entre duas pessoas do mesmo sexo, que mantenham convivência pública, contínua, duradoura e com o objetivo de constituição de família, como entidade familiar, aplicando-se, no que couber, as regras relativas à união estável, incluindo-se a guarda e convivência com os filhos, adoção de filhos, direito previdenciário e o direito à herança.

Nota-se, assim, a tendência negativa do Poder Legislativo, que reluta em não admitir a entidade familiar composta de convivência de pessoas do mesmo sexo.

Essa resistência vem sendo sentida, principalmente a partir do projeto de lei apresentado pela então Deputada Marta Suplicy (PL n. 1.151, de 1995), atrás analisado.

Desse modo, já pelas decisões mencionadas do Poder Judiciário, a respeito desse relacionamento homoafetivo, percebe-se que o Poder Judiciário passou além do Poder Legislativo, admitindo, amplamente, a consideração dessa união familiar entre o mesmo sexo.

Os ministros do Supremo Tribunal Federal vinham mostrando entendimento a favor do reconhecimento dessa união homoafetiva, com todos os direitos que dela decorrem como o relativo à adoção de crianças e à concessão de pensionamento, conforme noticiado[47].

Ressalta essa notícia, ainda, que há falta de sintonia nas decisões dos tribunais estaduais e de juízes dos 26 Estados e do Distrito Federal, apresentando divergências sobre o tema. Daí a possibilidade de unificação do assunto mediante súmula editada por essa Suprema Corte.

Tenha-se presente, também, que a Procuradoria-Geral da Fazenda Nacional (PGFN) deu parecer favorável à consulta de uma servidora pública, solicitando a inclusão de sua companheira como dependente para efeito de dedução do Imposto de Renda de Pessoa Física (IRPF). Esse parecer foi aprovado pelo Ministro da Fazenda, Guido Mantega, tendo força normativa por toda a administração federal. Desse modo, a partir do dia 2 de agosto de 2010, o (a) contribuinte que tiver relação estável homossexual de mais de

---

47. Notícia de *O Estado de S. Paulo*, por Mariangela Gallucci, na edição de 22 de agosto de 2009 (sábado), A28, no item Vida & Sociedade.

cinco anos poderá incluir seu parceiro ou sua parceira como dependente na declaração do Imposto sobre a Renda da Pessoa Física, podendo fazer as retificações nas declarações apresentadas nos últimos cinco anos (desde 2006)[48].

Por seu turno, o Ministro da Defesa, Nelson Jobim, informou, no dia 6 de maio, seguinte a esse julgamento, que os direitos dos militares que convivem em parceria do mesmo sexo, serão garantidos pelas Forças Armadas, como no caso de pensão em caso de morte[49].

Como visto, até este ponto, foram ressaltados importantes julgamentos a favor do reconhecimento da união entre homossexuais como entidade familiar.

Já, então, dizia eu[50], não havia como fugir-se à realidade aderindo desde então à mencionada 2ª corrente, atrás citada, em face do que realmente acontece no Brasil, necessitando a união homoafetiva autônoma de proteção e de tratamento jurídico, como mais uma forma de constituição de família, incluída no rol dos parágrafos do art. 226 da Constituição Federal.

6 Posição atual do Supremo Tribunal Federal

Em 5 de maio de 2011, o Plenário do Supremo Tribunal Federal, em ocasião histórica, julgou duas ações diretas de inconstitucionalidade (Arguição de descumprimento de preceito fundamental – ADPF 132/RJ e outra conexa – ADin 4.277), relativas à apreciação de uniões homoafetivas, em que se discutiu a interpretação legitimadora do art. 1.723 do Código Civil, em face da Constituição Federal, permitindo a declaração de sua incidência também sobre a união de pessoas do mesmo sexo, com convivência pública, contínua e duradoura, com o intuito de constituição de família. Ações já anteriormente mencionadas, respectivamente ajuizadas pela Procuradoria-Geral da República e pelo Governador do Rio de Janeiro, Sérgio Cabral.

O julgamento foi pela procedência das ações, admitindo a união de pessoas do mesmo sexo como entidade familiar, nos termos do acórdão, que está para ser publicado.

Por essa procedência votaram a favor dez Ministros: o Relator Carlos Ayres Britto, Ricardo Lewandowski, Carmen Lúcia, Marco Aurélio, Celso de Mello, Luiz Fux, Joaquim Barbosa, Gilmar Mendes, Ellen Gracie e Cezar Peluso; isso porque o Ministro José Antonio Dias Toffoli não votou em razão de impedimento, por ter dado parecer favorável à anulação das decisões do TJRJ, à época, pela Advocacia-Geral da União.

Embora não tendo sido disponibilizados todos os votos, o que pude observar é que eles reconhecem a união homoafetiva como entidade familiar, vendo o art. 226 da Constituição Federal não em *numerus clausus*, mas com texto dispositivo (não taxativo),

---

48. Notícia por Adriana Fernandes, da Agência de *O Estado de S. Paulo*, Economia & Negócios. Disponível em: <http://economia.estadao.com.br/noticias/not_29873.htm>, em 3-8-2010.
49. Conforme *Boletim IBDFAM*, maio-jun. 2011, p. 6.
50. AZEVEDO, Álvaro Villaça. *Estatuto da família de fato* cit., 3. ed., p. 455.

admitindo direitos à pensão alimentícia e previdência, à herança de bens adquiridos em comum e à adoção conjunta.

Aplicam-se à união homoafetiva como entidade familiar "as regras do instituto que lhe é mais próximo, qual seja, a união estável heterossexual, mas apenas nos aspectos em que são assemelhados, descartando-se aqueles que são próprios da relação entre pessoas de sexo distinto, segundo a vetusta máxima *ubi eadem ratio ibi idem jus*, que fundamenta o emprego da analogia no âmbito jurídico" (voto do Ministro Ricardo Lewandowski).

O Ministro relator Carlos Ayres Britto fundamentou seu voto no art. 3º, IV, da Constituição Federal, que proíbe toda discriminação em virtude de sexo, raça, cor, idade, ou por quaisquer outras formas.

7 Posição atual do Superior Tribunal de Justiça

Por sua vez, o Superior Tribunal de Justiça admitiu o casamento homossexual, ao julgar, por sua 4ª Turma, em 25 de outubro de 2011, o recurso de duas mulheres lésbicas do Rio Grande do Sul, que cassara autorização para a realização de casamento civil[51].

Esse julgamento foi acolhido por 4 votos contra 1, o do Ministro Raul Araújo, que entendeu ser a matéria de competência do Supremo Tribunal Federal.

Como visto, o Superior Tribunal de Justiça, ao autorizar o casamento civil entre mulheres[52], facilitou a vida dos "casais" homossexuais, que não mais necessitam de união estável reconhecida.

Assim, de simples proteção de união de família que tinham esses "casais", com aplicação analógica da legislação da união estável, passaram a existir autonomamente como casados (casamento civil), enquadrada a união nas normas sobre esse casamento, no Código Civil.

Em seu voto, o Ministro Relator Luis Felipe Salomão afirmou "que não é possível vetar aos casais homoafetivos os direitos garantidos aos heterossexuais. Impedir que se casassem... seria violar princípios expressos na Constituição".

Entendo que a competência do Superior Tribunal de Justiça foi admitida corretamente, pois julgou matéria de Direito de Família e não exclusivamente de Direito Constitucional, embora estivessem presentes no julgamento vários princípios constitucionais. Aliás, atualmente, esses princípios integram as relações jurídicas, principalmente quando está presente a preservação da dignidade humana.

O casamento civil é instituto jurídico do Direito Civil da Família, que sempre teve proteção, maior ou menor, nos textos constitucionais.

Pontifica-se, assim, o Poder Judiciário a resolver os problemas dos cidadãos, mesmo sem o apoio da legislação específica. Principalmente porque o Poder Legislativo tem sido

---

51. *Tribuna do Direito*, Direito de Família 1º-11-2011, p. 18; REsp 1.183.378.
52. *O Estado de S. Paulo*, reportagem de Felipe Recondo, em 26 de outubro de 2011, Vida, p. A19.

expresso em negar a união homoafetiva, por ele celeremente reprovada, com duros termos dos segmentos religiosos que o integram, desde o projeto da Deputada Marta Suplicy, que era mais suave do que a atual decisão do Superior Tribunal de Justiça, pois não considerava a parceria homossexual como casamento.

Com essas decisões judiciais ainda não vinculativas, cada interessado, para a defesa de seus direitos homoafetivos tem que recorrer ao Poder Judiciário, alegando os precedentes existentes, para que seus direitos sejam reconhecidos.

8   Minha atual posição

Com todas as decisões que se originaram de nossos Tribunais a culminar com esses julgamentos recentes de nossos Tribunais Superiores, reconhecendo a união homoafetiva como entidade de direito de família ora equiparando-a em certas regras, analogicamente, com a união estável, ora como casamento civil, admitiu-se uma realidade social brasileira e mundial, que vem acontecendo e da qual não podemos fugir.

Assim, também o meu enfoque sobre a matéria que sofreu alterações e que merece ser, nessa feita, esclarecido.

A proteção que sempre dediquei à união homoafetiva como sociedade de fato sofre uma transformação a considerá-la atualmente como união de caráter familiar. Assim aconteceu, também, porque o posicionamento social mudou, colocando em ostentação a convivência de pessoas do mesmo sexo que existia em verdadeiro anonimato.

Não pode o jurista fugir à realidade.

O mero comportamento homossexual que sempre existiu na humanidade, mostram-se, atualmente, como núcleos familiares, que merecem o respeito da sociedade, que, em princípio, mostra-se hostil a essa convivência, como em outras situações mostrou-se no passado.

Assim aconteceu, com o repúdio à ideia do divórcio e com a convivência concubinária pura (não incestuosa e não adulterina), em que viviam pessoas desquitadas aos olhos críticos da sociedade, principalmente as mulheres que sofriam discriminações sociais pela sua condição de serem desquitadas e mal vistas como se de mau comportamento.

Restos de um machismo que agoniza atualmente, depois do reconhecimento paulatino dos direitos da mulher, principalmente a partir da Lei n. 4.121/62, conhecida como Estatuto da Mulher Casada.

No tocante ao concubinato puro, muito lutei pela sua defesa, que culminou com a publicação de minha tese intitulada do Concubinato ao Casamento de Fato, publicada um ano e meio antes da Constituição Federal de 1988.

Com meu[53] esforço muito grande junto ao Relator da Constituinte, então Senador Bernardo Cabral, foi incluído o concubinato puro (como era por mim chamado) no texto da mesma Constituição, no § 3º de seu art. 226, com o nome de união estável.

---

53.   AZEVEDO, Álvaro Villaça. *Estatuto da família de fato* cit., p. 240.

O anteprojeto de lei que elaborei na aludida tese foi utilizado como Projeto de Lei, (PL n. 1.888/91), pela Deputada Beth Azize, com o apoio constante do grupo CFEMEA, de Brasília, e que se transformou na Lei n. 9.278/96.

Depois, a matéria foi incorporada ao Código Civil, tendo a união estável recebido o respeito e a aprovação de nossa sociedade, que reprovara, antes, a união concubinária pura.

Atualmente, a grande defesa da união homoafetiva é sua quase equiparação à união estável de um lado e o reconhecimento como casamento, de outro lado, que acolhe especificamente a convivência heterossexual.

A consideração atual de que as regras da união estável devem ser aplicadas analogicamente à união homoafetiva foi o entendimento do Supremo Tribunal Federal ao interpretar o art. 1.723 do Código Civil, diante dos casos concretos que foram apresentados à decisão, como mais recentemente o enquadramento dessa união homoafetiva como casamento, no Código Civil.

Todavia, além dessa interpretação da Corte Suprema e do Superior Tribunal de Justiça, é melhor encarar a união homoafetiva como um instituto jurídico autônomo dentro do contexto enunciativo do art. 226 da Constituição Federal, já que o Tribunal Supremo considerou essa convivência como entidade de Direito de Família.

Bem apreendeu esse espírito o Ministro Ricardo Lewandowski quando referiu em seu cuidadoso e profundo voto, meu entendimento[54]:

> Nesse sentido, aliás, observa o Professor Álvaro Villaça Azevedo que: '[...] a Constituição de 1988, mencionando em seu *caput* que a família é a 'base da sociedade', tendo 'especial proteção do Estado', nada mais necessitava o art. 226 de dizer no tocante à formação familiar, podendo o legislador constituinte ter deixado de discriminar as formas de constituição da família. Sim porque ao legislador, ainda que constituinte, não cabe dizer ao povo como deve ele constituir sua família. O importante é proteger todas as formas de constituição familiar, sem dizer o que é melhor'".

Desse modo, enquanto não for a matéria objeto da legislação própria, a união homoafetiva irá recebendo a proteção como se fosse união estável, por analogia, com os beneplácitos dos arts. 1.723 a 1.725, ou como casamento civil, em cada caso específico, seja respectivamente julgamento do Supremo Tribunal Federal ou do Superior Tribunal de Justiça.

Não poderiam, entretanto, os companheiros homoafetivos, em tese, converter sua união em casamento, nos moldes do art. 1.726 do Código Civil; todavia, ante o julgamento do Superior Tribunal de Justiça, o reconhecimento da união homoafetiva é como casamento, autônomo, como o entendimento do Supremo Tribunal Federal.

---

54. AZEVEDO, Álvaro Villaça. *Estatuto da família de fato* cit., p. 240.

Muitos juízes vinham já, sob interpretação do primeiro julgado do Supremo Tribunal Federal, admitindo a conversão de uniões homoafetivas em casamento, com aplicação analógica do art. 1.726 do Código Civil, como uma decisão em São Paulo e outra em Brasília. Lembre-se de que a Resolução n. 175, do CNJ, de 14 de maio de 2013, ante o reconhecimento pelo Supremo Tribunal Federal, em acórdãos prolatados no julgamento da ADPF 132/RJ e da ADI 4.277/DF, e inconstitucionalidade da distinção de tratamento legal às uniões estáveis de pessoas do mesmo sexo, resolveu que as autoridades competentes não podem recusar a habilitação, celebração de casamento civil ou de conversão de união estável em casamento entre pessoas de mesmo sexo.

Aliás, o que consolida minha posição de que a união homoafetiva é casamento autônomo, podendo enquadrar-se no art. 226 da Constituição Federal.

Se, de futuro, o Poder Legislativo for levado a admitir no Brasil o casamento entre pessoas do mesmo sexo, aí minha sugestão é de que se siga o exemplo português, alternando-se os textos do Código Civil na parte relativa ao casamento civil, acrescentando-se ao lado da palavra "cônjuge" o vocábulo "companheiro"; ao lado da locução "homem e mulher" a expressão "cônjuges e companheiros", esta última palavra também após a expressão "marido e mulher".

Como exemplo, o art. 1.511, ficaria assim redigido: "O casamento 'Civil' estabelece comunhão plena de vida, com base na igualdade de direitos e deveres dos cônjuges 'e dos companheiros'"; o art. 1.514, seria redigido: "O casamento civil realiza-se no momento em que 'duas pessoas' manifestam, perante o juiz, a sua vontade de estabelecer vínculo conjugal, e o juiz 'as' declara 'casadas'"; o art. 1.517, teria o seguinte texto: "As pessoas com 16 (dezesseis) anos podem casar-se exigindo-se autorização de ambos os pais ou de seus representantes legais, enquanto não atingida a maioridade civil"; e assim por diante.

Isso, se não preferir o legislador admitir no atual Estatuto das Famílias, o restabelecimento de seu art. 68 (que foi retirado do Projeto de Lei n. 2.285/2007, criado pelo IBDFAM, e apresentado pelo Dep. Sérgio Barradas Carneiro (PT/BA). Esse Projeto de Lei n. 2.285/2007 foi apensado ao PL 674, de 2007, sem andamento desde 2011, infelizmente.

Eis a íntegra do art. 68 desse Estatuto:

> É reconhecida como entidade familiar a união entre duas pessoas do mesmo sexo, que mantenham convivência pública, contínua, duradoura, com o objetivo de constituição de família, aplicando-se, no que couber, as regras concernentes à união estável. Parágrafo único. Entre os direitos assegurados, incluem-se: I – guarda e convivência com os filhos; II – a adoção de filhos; III – direito previdenciário; IV – direito à herança.

Esse artigo poderia atualizar-se, referindo-se diretamente ao reconhecimento como casamento civil, evitando-se a conversão.

Como o Direito de Família é dinâmico e muda rapidamente com o progresso e com o comportamento da sociedade, é viável que ele se destaque do Código Civil, para ser continuamente adaptado segundo as necessidades sociais. Um Estatuto, fora do Código Civil, este com normas mais duradouras, como o Estatuto da Criança e do Adolescente, o Estatuto da disposição do próprio corpo, o Estatuto do Idoso, o Estatuto do Consumidor, do Deficiente e outros.

O futuro da união homoafetiva parece, assim, que deve ser encarada como casamento civil, como instituto jurídico autônomo, incluído como uma das espécies mencionadas no art. 226 da Constituição Federal (casamento civil atípico).

10 ESPÉCIES DE FAMÍLIA

1 Generalidades

Como já disse, o art. 226 da Constituição Federal apresenta um elenco de famílias, exemplificativamente, de modo enunciativo, e não em número fechado (taxativo, *numerus clausus*).

O legislador constitucional teve em mira a proteção da família, separada, sem restrições e individualmente, respeitados os bons costumes, as normas de ordem pública e os princípios gerais de direito.

A convivência familiar é, portanto, aberta, pois não poderia o legislador declinar todas as formas de sua constituição.

Pela Constituição Federal, as famílias resultam de uma convivência íntima e resguardada dos embates sociais.

2 Espécies previstas

As espécies declinadas no art. 226 da Constituição Federal são: a) decorrente de casamento civil; b) de casamento religioso; c) de união estável; e d) monoparental.

Estudamos, já, a família decorrente de **casamento civil** (§ 1º), que está disciplinada no Código Civil, tendo por fundamento a convivência entre homem e mulher constituindo uma família.

Esse casamento é considerado típico, que vem sendo admitido desde sua criação (secularização do casamento) pelo Decreto n. 181, de 1890, como estudado.

Ao lado do casamento civil, existe o **casamento religioso** (§ 2º), ainda não autônomo, pois, se ele não for objeto de registro civil, será casamento de fato (atualmente união estável).

Esse casamento religioso é encarado por várias religiões que admitem sua existência pela convivência do homem e da mulher, sob os princípios da monogamia e sob as regras morais e religiosas das várias religiões que o admitem. A religião muçulmana admite pluralidade de cônjuges (poligamia, com um homem e até quatro mulheres).

A Constituição Federal alberga, também, a **união estável** (§ 3º), como forma de constituir família, nos moldes regulados pelo Código Civil e já analisados. É uma união de fato, entre um homem e uma mulher, que não chega a ser de direito, até que se converta em casamento civil. É a convivência, como a antiga forma de casamento civil, mas sem casamento. Lembre-se de que o casamento de fato, admitido na antiguidade, foi o *usus* do Direito Romano, que proliferou em várias sociedades, como *married on common law* na Inglaterra, Escócia e em alguns Estados norte-americanos, no México, como casamento de conveniência, e casamento de conhuçudos nas Ordenações do Reino de Portugal.

Outra previsão constitucional é a **comunidade monoparental** (§ 4º), formada por qualquer dos pais e seus descendentes. A Doutrina assim denominou monoparental essa entidade, porque formada por um dos pais na direção da família.

3 Uniões paralelas

Existem, ainda, as uniões paralelas que coexistem com o casamento, chamadas de uniões concubinárias, e com a união estável, que nomeamos de uniões desleais.

Na primeira hipótese, existe o concubinato, paralelamente ao casamento (concubinato impuro ou adulterino), em que existe o direito do concubino a receber os bens adquiridos com o cônjuge adúltero pelo esforço comum, para evitar o enriquecimento indevido. Aplica-se, nesse caso, a Súmula 380 do Supremo Tribunal Federal, que só por essa hipótese não foi totalmente extinta pela legislação sobre união estável.

Na segunda hipótese, existe a união estável desleal (concubinato desleal), em concorrência com outra união estável anterior. Nesses casos, computam-se os direitos adquiridos em cada período concubinário (puro e desleal).

Às vezes, esses relacionamentos familiares paralelos existem na mesma comunidade, convivendo, em algumas oportunidades, cônjuge com concubina e filhos de uma ou outra união. Nesses casos, como visto, leva-se em conta o esforço comum do casal que adquiriu patrimônio com possibilidade de partilha do mesmo, para evitar o enriquecimento injusto.

4 Uniões homoafetivas

As uniões homoafetivas aumentam com a convivência de pessoas do mesmo sexo, constituindo família.

Como já mostrei, a homossexualidade é muito antiga, entretanto esse tipo de constituição de família é recente.

Como vimos, a união homoafetiva recebeu a proteção do Poder Judiciário, primeiramente, pela concessão analógica a ela dos direitos dos que vivem em união estável (essa foi a posição assumida pelo Supremo Tribunal Federal); depois a matéria evoluiu, com a consideração dessas uniões homoafetivas como casamento, pela posição adotada pelo Superior Tribunal de Justiça.

Tudo, como já deixei claro, pelo fato de ter-se negado o Poder Legislativo a regulamentar essa matéria, até o presente, ante fortíssima oposição de correntes religiosas.

5 Uniões poligâmicas

A família monogâmica vem resistindo à convivência de várias famílias, que passam a admitir a poligamia ou por costumes que vêm surgindo na sociedade, com modelos complexos de convivência, como pudemos observar até este ponto, ou mesmo, por atuação religiosa.

Assim, assistimos na sociedade a convivência entre pessoas casadas com conviventes em união estável, ou de conviventes possibilitando várias uniões estáveis concomitantes, a mostrar que o ser humano sente-se fraco entre os vários modelos de constituição familiar, desenvolvendo relações duradouras de caráter poligâmico.

Tudo encontra justificativa na dignidade da pessoa humana, na relatividade de sua existência, e, principalmente, no amor.

Ou são várias famílias que convivem ou são famílias que se formam, sob um mesmo grupo, com pluralidade de cônjuges, como a família muçulmana. Nesta, um homem pode casar-se com várias mulheres legítimas (até quatro)[1], convivendo com suas regras morais e religiosas.

Não se pode fechar os olhos à realidade, pois esse pluralismo familiar existe entre nós, em nossa comunidade.

Vem à balha, nesse ponto, a ponderação de Maria Berenice Dias[2], segundo a qual:

> A família identifica-se pela comunhão de vida, de amor e de afeto no plano da igualdade, da liberdade, da solidariedade e da responsabilidade recíproca. No momento em que o formato hierárquico da família cedeu à sua democratização, em que as relações são muito mais de igualdade e de respeito mútuo, e o traço fundamental é a lealdade, não mais existem razões morais, religiosas, políticas ou naturais que justifiquem a excessiva e indevida ingerência do Estado na vida das pessoas.

Declaro, nesse ponto, que podem ocorrer duas uniões estáveis: as autônomas e as concomitantes.

As uniões autônomas existem individualmente, produzindo efeitos em suas respectivas épocas.

As uniões concomitantes são o somatório de várias uniões autônomas, ao mesmo tempo.

Como há nas uniões estáveis o dever de lealdade e não de fidelidade, como no casamento, entendi sempre que as outras uniões que existem presas à primeira são consideradas desleais, todas com suas consequências jurídicas.

---

1. AZEVEDO, Álvaro Villaça. *Estatuto da família de fato* cit., p. 468-471.
2. *Manual de direito das famílias* cit., 8. ed., p. 55, n. 2.11.

Nossos Tribunais reconheceram duas uniões concomitantes como não admitidas no ordenamento pátrio, pois a segunda "constituída à margem da primeira" é tida como "concubinato ou união estável adulterino"[3].

Esses casos reconhecem as uniões, excepcionalmente, para proteção da família.

O certo é que essas segundas uniões, se comparadas ao casamento putativo ou não, sendo desleais, produzem efeitos válidos, para que se evite enriquecimento indevido.

Atualmente, cogita-se da invalidade de escrituras públicas, que reconhecem as relações poliafetivas, ou seja, as uniões autônomas, mas compostas de vários membros da família, com variedade de sexos, por exemplo, dois homens com uma mulher ou duas mulheres com dois homens e outras combinações.

Temos, sempre que cada um deve viver como quiser mesmo com pluralidade de companheiros dentro da mesma união.

Entretanto, temendo os efeitos dessas uniões, o CNJ já determinou, acolhendo a pedido da Associação de Direito de Família e das Sucessões, contra cartórios e Comarcas paulistas (em São Vicente e em Tupã) por maioria, em 26 de junho de 2018, por seu Plenário, decidiu que essas escrituras não podem ser lavradas, de sociedades familiares de três ou mais pessoas.

Entretanto, entendo que essas escrituras são válidas, embora ineficazes quando atentarem contra as instituições familiares ou sucessórias.

A presidente do CNJ e do STF, ministra Carmen Lúcia ressalvou que o CNJ não tem atribuição para tratar da relação entre as pessoas. "Não temos nada contra a vida de ninguém", declarou, sendo todas "livres de acordo com a constituição". Esse acórdão está por ser publicado[4].

---

3. TJDF, Apel. Cív. 375077920078070001-DF, 6ª T. Cív., rel. Des. José Devino de Oliveira, publ. em 24-6--2009; TJAM, Apel. 20110002228-AM, 3ª Câm. Cív., rel. Des. Aristóteles Lima Thuoy, publ. em 18-8-2011.

4. Manuel Carlos Montenegro, Agência CNJ de Notícias. Disponível em: <http://www.cnj.jus.br/p7fk>, em 26-6-2018.

11 DISSOLUÇÃO DA SOCIEDADE E EXTINÇÃO DO VÍNCULO CONJUGAL

1 Generalidades

Ressalte-se, inicialmente, que grande parte da doutrina brasileira, como eu próprio, tem entendido que, com a edição da EC do divórcio[1], extinguiu-se a separação judicial.

Contudo, há quem entenda que a PEC existiu só para a extinção dos prazos constantes no § 6º do art. 226 da Constituição Federal não tendo ela objetivado a extinção da separação, que não poderia ser extinta tacitamente. A emenda constitucional é claríssima ao assentar que "O casamento civil pode ser dissolvido pelo divórcio"[2]. Em verdade, a PEC existiu para instituir, no direito Brasileiro, o divórcio direto. A redação dá margens à interpretação. Cogita-se, entretanto, que podem os cônjuges preferir sua separação judicial, por exemplo, os católicos, à moda da separação temporal, admitida pelo Código Canônico. Sim, porque, se o católico levar a sério suas crenças religiosas, não poderá pretender o divórcio. Não é o que geralmente acontece. Nesse caso, deve o religioso permanecer em separação de fato.

Todavia, para que exista, excepcionalmente, a separação de fato dos cônjuges, é preciso que ambos manifestem-se nesse sentido, pois um pretendendo o divórcio não poderá ser obstado pelo outro na realização desse direito potestativo.

2 Término da sociedade conjugal e extinção do vínculo matrimonial

Término da sociedade conjugal é diferente de extinção do vínculo matrimonial.

A dissolução da sociedade conjugal não dissolve o casamento, permanecendo o vínculo conjugal que impede os separados de se casarem.

A sociedade conjugal termina com as situações mencionadas no art. 1.571 do Código Civil: pela morte de um dos cônjuges (inc. I); pela nulidade ou anulação do

---

1. Emenda Constitucional n. 66 (EC do divórcio), promulgada pelo Congresso Nacional em 13 de julho de 2010, publicada no dia seguinte no Diário do Congresso.
2. O antigo texto era o seguinte: "§ 6º O casamento civil pode ser dissolvido pelo divórcio, após prévia separação por mais de um ano nos casos expressos em lei, ou comprovada separação de fato por mais de dois anos". O novo texto tratou de toda a matéria aqui estabelecida.

casamento (inc. II); pela separação judicial (inc. III); e pelo divórcio (inc. IV). No mesmo sentido, mencionava o art. 2º da Lei n. 6.515/77 (Lei do Divórcio). Aplica-se, ainda, às referidas hipóteses a presunção prevista no Código, quanto à ausência (§ 1º).

Na verdade, as hipóteses mencionadas nos incisos I, II e IV implicam também a extinção ou dissolução do casamento, do vínculo matrimonial. É o que menciona, em parte, o § 1º desse art. 1.571 ("O casamento válido só se dissolve pela morte de um dos cônjuges ou pelo divórcio...").

Com a mera dissolução da sociedade conjugal, embora cessem principalmente os deveres pessoais dos cônjuges, não se dissolve o vínculo matrimonial, que impede os separados de se casarem. Todavia, se a separação do casal for somente de fato, não impede que qualquer deles possa viver em união estável (art. 1.723, § 1º, do CC).

Já vimos que a morte de um dos cônjuges pode ser real ou presumida.

A morte presumida do ausente foi por mim tratada quando da análise do art. 6º, segunda parte, do Código Civil[3].

Quanto à nulidade ou anulação do casamento, também terminam o vínculo matrimonial, como já estudado atrás, no capítulo da Invalidade do Casamento Civil.

Estudarei, agora, as hipóteses de separação judicial e, em seguida, de divórcio.

3 Separação judicial

3.1 Generalidades

A separação judicial[4] pode ser pedida por um dos cônjuges contra o outro (contenciosa ou litigiosa) ou por ambos, amigavelmente (por acordo ou por mútuo consentimento).

Embora a expressão separação judicial, às vezes, seja utilizada como sinônima da separação litigiosa, como no Código Civil, melhor será, com maior perfeição, utilizar a separação judicial nessas suas duas espécies: litigiosa ou contenciosa e amigável ou por mútuo consentimento.

Sim, porque a separação é judicial, realizada judicialmente, com a ressalva da separação por mútuo consentimento realizada em Cartório de notas, administrativamente, como trataremos adiante.

O efeito primordial da separação judicial é pôr termo aos deveres de coabitação e de fidelidade recíproca e ao regime de bens (art. 1.576 do CC).

---

3. AZEVEDO, Álvaro Villaça. *Teoria geral do direito civil* cit. "Art. 6º A existência da pessoa natural termina com a morte; presume-se esta, quanto aos ausentes, nos casos em que a lei autoriza a abertura da sucessão definitiva", conforme os arts. 37 a 39 do Código Civil. A sucessão definitiva pode ser requerida dez anos da sentença transitada em julgado, da abertura da Sucessão provisória ou provando-se que o ausente conta com oitenta anos de idade, sendo de cinco anos as suas notícias.

4. Antes da Lei do Divórcio (Lei n. 6.515/77), a separação judicial, criada por essa lei, era conhecida como desquite.

Continuam, portanto, a existir os outros deveres conjugais impostos pelo art. 1.566 do Código Civil, ou seja, a mútua assistência de caráter material, pois a imaterial fica difícil de imaginar sem a coabitação; respeito e consideração mútuos, com comportamento de civilidade; bem como o sustento, guarda e educação dos filhos.

Mesmo assim, a mútua assistência material pode sofrer mutações como a cessação ou redução de alimentos conforme o grau de culpabilidade na separação. A matéria de alimentos será estudada, adiante, separadamente.

Melhor entender que os direitos e deveres do casamento cessam com a separação do casal, nascendo outros direitos e deveres decorrentes desta e com conotação diversa dos que existiam durante o casamento.

O procedimento judicial da separação, por seu turno, "caberá somente aos cônjuges", que sendo incapazes, serão representados por seu curador, pelo ascendente ou pelo irmão, completa o parágrafo único desse art. 1.576 do Código Civil.

A sentença de separação judicial importa a separação de corpos do casal e a partilha de seus bens, assenta o art. 1.575, *caput*, do Código Civil, podendo a partilha ser feita por proposta dos cônjuges com homologação judicial ou por decisão do juiz, quando não for possível o acordo (parágrafo único).

4 Separação judicial litigiosa

Separação judicial litigiosa ou contenciosa é a que se realiza por ação de um cônjuge contra o outro, fundamentado em uma motivação prevista na lei.

Realmente, estabelece o *caput* do art. 1.572 do Código Civil que qualquer dos cônjuges poderá propor ação de separação judicial, contra o outro, imputando-lhe ato que importe grave violação dos deveres conjugais, tornando insuportável a vida em comum.

A prova da insuportabilidade da convivência conjugal é praticamente impossível, existindo, tão só, com a propositura da ação, que demonstra a quebra da afeição conjugal. Sim, porque a suportabilidade convivencial decorre de uma situação subjetiva. Às vezes pode existir uma situação agressiva ou injuriosa que seja perdoada ou suportada pelo cônjuge inocente.

Semelhante era a redação do art. 5º da Lei n. 6.515/77 (Lei do Divórcio), que mencionava a expressão conduta desonrosa, que eu sempre entendi como conduta injuriosa, dado ser muito ampla a ideia de desonra, tanto que foi eliminada do texto atual. Essa separação pode, também, ser pedida se um dos cônjuges provar a ruptura da vida em comum, há mais de um ano e a impossibilidade de sua reconstrução (§ 1º). Tal se dá, por exemplo, com o afastamento de um dos cônjuges do lar conjugal, por um ano. A lei acaba por presumir a ruptura matrimonial, após esse período, sempre difícil provar-se a impossibilidade de reconstituição do lar. Esta se mostra, já pela falta de convivência duradoura entre os cônjuges.

O mero afastamento do lar, mesmo que não caracterize abandono do lar, como por exemplo incompatibilidade de gênios, busca de empresa, prisão etc. São situações que conturbam a convivência conjugal.

Por outro lado, é também motivo de separação judicial quando o outro cônjuge for portador de doença mental grave, manifestada após o casamento, e que torne impossível a continuidade da vida em comum, desde que dure mais do que dois anos, sendo essa enfermidade reconhecida de cura improvável (§ 2º do art. 1.572 do CC). Aí os requisitos dessa hipótese: gravidade da doença mental; surgida após o matrimônio; tornando impossível a vida em comum; sendo de cura improvável, com duração de dois anos.

O texto é o mesmo do que o do § 2º do art. 5º da Lei do Divórcio, que, entretanto, previa o prazo de 5 anos de duração da enfermidade. O Código Civil de 2002 perdeu a oportunidade de extinguir essa causa, já que os cônjuges devem suportar esses males de saúde.

Todavia, o § 3º desse dispositivo legal (parecido com o § 3º do art. 5º da Lei do Divórcio) assenta que reverterão ao cônjuge enfermo, que não houver pedido a separação, o remanescente dos bens que levou para o casamento, e se o regime dos bens adotado o permitir, a meação dos adquiridos na constância da sociedade conjugal.

Nesse passo, procura-se compensar a situação do cônjuge enfermo, a quem não pode ser atribuída culpa por sua doença.

Assim, a motivação da separação judicial litigiosa não está fundada somente na culpa, mas também em causa prevista na lei, como analisado (ruptura da vida em comum e doença mental, por exemplo).

Além dos motivos previstos no art. 1.573 (incisos) do Código Civil, o mesmo dispositivo legal, em seu parágrafo único, abre ao juiz a possibilidade de considerar outros fatos que tornem evidente a impossibilidade da vida em comum. Cabe, nesse passo, até, a consideração da incompatibilidade de gênios.

Passo a analisar os motivos que caracterizam a impossibilidade da comunhão de vida, previstos no citado art. 1.573, I a VI.

Um desses motivos é o adultério, que implica a quebra da fidelidade recíproca entre os cônjuges, dever pessoal dos cônjuges, de grande destaque.

Basta pequena observação para notar-se que esse dever importa a guarda da fieldade na convivência. Realmente, as relações sexuais existem como dever recíproco entre os cônjuges não podendo, consequentemente, um deles realizá-lo, extramatrimonialmente[5].

Ressalte-se que o Código Civil de 2002 repetiu o enunciado dos quatro incisos do revogado art. 317 do Código Civil de 1916, acrescentando os incisos V e VI e parágrafo único, adiante estudados.

Arnoldo Wald[6], examinando a fidelidade, no âmbito das relações pessoais entre cônjuges, como um dever recíproco destes, entende-a "no sentido físico e moral, ou seja, como manutenção de relações sexuais exclusivamente com o outro cônjuge e dever de lealdade de cada membro do casal com relação ao outro".

---

5. AZEVEDO, Álvaro Villaça. *Dever de coabitação* cit., p. 11 e s.
6. *Direito civil*: direito de família cit., p. 133, n. 4.1.

Após mostrar, em continuação, que a infidelidade física ocasiona o adultério e constitui justa causa para a separação litigiosa (art. 1.573, I, do CC), esclarece o mesmo jurista que, relativamente à infidelidade moral, ela surge como deslealdade de um cônjuge em relação ao outro, como namoro com terceira pessoa, por exemplo, configurando, conforme o caso, injúria grave, apta a autorizar a separação judicial (art. 1.573, III).

Na infidelidade física é quebrado o caráter de exclusividade, entre os cônjuges, de suas relações sexuais.

Entendo, assim, que a fidelidade é uma forma de respeito às relações existentes de coabitação entre os cônjuges.

Pode ocorrer, ainda, como tem admitido a Doutrina, a infidelidade virtual, estudada por Maria Helena Diniz[7], tal a participação de um cônjuge casado em programas de computador, "voltados a envolvimentos amorosos gerados de laços afetivos – eróticos virtuais". Também a "infidelidade por e-mail e contatos sexuais imaginários com outra pessoa, que não seja seu cônjuge, dando origem não ao adultério, visto faltar a conjunção carnal, mas a conduta desonrosa". Esse laço erótico-afetivo platônico pode ser mais forte do que o relacionamento real, violando a obrigação de respeito e consideração que se deve ter em relação ao consorte.

Outra causa é a tentativa de morte de um dos cônjuges com relação ao outro (inciso II); e a sevícia ou injúria grave (inciso III), como o maltrato físico e moral, como o namoro com terceira pessoa.

Também o abandono voluntário do lar conjugal, durante um ano contínuo (antes o prazo era de dois anos). Aqui presente a intenção de deixar o lar conjugal, onde está presente a culpa.

Outra causa para a separação judicial litigiosa é a condenação por crime infamante e conduta desonrosa (incisos V e VI), que é, como visto, a conduta injuriosa.

Acentua Maria Helena Diniz[8] como crimes infantes, o homicídio por motivo torpe, terrorismo, extorsão mediante sequestro, latrocínio, tortura, tráfico de entorpecentes, estupro, "por causar repulsa no meio social, aviltando seu autor e por acarretar insuportabilidade da vida em comum, diante da revelação do caráter do consorte e de sua má conduta social".

As hipóteses repetem-se e se mostram como situações injuriosas, em condenável casuísmo, incompatível com a legislação moderna.

Nem o próprio Código Civil de 2012 deixa de condenar esse casuísmo, ao assentar no parágrafo único desse art. 1.573, que "o juiz poderá considerar outros fatos que tornem evidente a impossibilidade da vida em comum".

A enumeração das causas desse art. 1.573, portanto, não é taxativa.

Bastaria o Código mencionar a injúria grave e outros fatos considerados pelo juiz.

---

7. *Curso de direito civil brasileiro* cit., p. 318-319.

8. *Curso de direito civil brasileiro* cit., p. 325.

5 Separação judicial consensual

A separação judicial consensual está prevista no art. 1.574 do Código Civil, por mútuo consentimento dos cônjuges, se forem casados há mais de um ano, manifestada perante o juiz, que deverá homologar a convenção.

Pode o juiz recusar essa homologação, se apurar que a convenção não preserva suficientemente os interesses dos filhos ou de um dos cônjuges (parágrafo único).

O art. 4º de Lei n. 6.515/77 (Lei do Divórcio), com o mesmo texto do art. 1.574, citado, prescrevia o prazo de dois anos e o art. 34, § 2º, da mesma Lei apresentava o mesmo texto do mencionado parágrafo único desse art. 1.574.

A separação consensual será requerida por petição firmada por ambos os cônjuges, devendo, em princípio ser assinada na presença de juiz ou, quando não, com as firmas reconhecidas por tabelião (art. 731 do CPC). Essa petição deve ser instruída com a certidão de casamento e com o pacto antenupcial, se houver (art. 731 e incisos do CPC), devendo ser descritos os bens do casal e respectiva partilha, com o acordo quanto à guarda dos filhos menores, se houver, e o regime de visitas, bem como a contribuição para criar e educar os filhos e a pensão devida ao cônjuge que dela necessitar (incisos I a IV).

6 Reconciliação do casal

É lícito aos cônjuges, após sua separação judicial, em quaisquer circunstâncias, restabelecer, a todo tempo, a sociedade conjugal, requerendo ambos em juízo (art. 1.577 do CC).

Essa reconciliação em nada prejudicará os direitos de terceiros, que tenham sido adquiridos antes e durante a separação, seja qual for o regime de bens (parágrafo único).

Aliás, a admitir-se a existência da separação judicial, tem-se presente que ela nasceu em caráter temporário (como existe no Direito Canônico – separação temporal), com a previsão legal de que os cônjuges podem, a qualquer momento restabelecer a sociedade conjugal. Se, entretanto, admitir-se o divórcio como separação conjugal, com a terminação do vínculo matrimonial, a reconciliação só será possível por meio de novo casamento.

7 Uso do sobrenome do cônjuge

Na separação judicial consensual, as partes pedem a homologação de seu acordo onde consta sobre o uso do sobrenome do cônjuge, continuando a usá-lo caso nada conste dessa transação.

No caso de separação judicial litigiosa, o cônjuge declarado culpado nessa ação perde o direito a usar o sobrenome do outro.

Para que essa perda ocorra, deve ser requerida, expressamente, pelo cônjuge inocente (art. 1.578, *caput*, do CC); não podendo essa alteração causar: evidente prejuízo para a sua identificação (inciso I); manifesta distinção entre o seu nome de família e o dos filhos havidos da união dissolvida (inciso II); ou dano grave reconhecido na decisão judicial (inciso III).

Quanto ao inciso I, pode o cônjuge que usar o sobrenome do outro, incorporá-lo à sua personalidade, como o de um pintor, artista, escritor famoso, ou incorporá-lo à sua atividade profissional, comercial ou industrial, de modo a integrar a atuação da empresa.

No tocante ao inciso II, se os filhos forem registrados só com o sobrenome do pai ou da mãe, se um ou outro perder esse sobrenome, ficará distanciado dos filhos, quanto a essa identificação.

O inciso III cuida de admissão por sentença de prejuízo que a falta do sobrenome pode causar ao cônjuge separado que dele se utiliza.

Qualquer das hipóteses declaradas no inciso I, pode servir de exemplo: um profissional de nome reconhecido nacional e/ou internacional; o nome de um estabelecimento comercial com o sobrenome de um cônjuge, de propriedade do outro etc.

8 Divórcio

8.1 Importância das leis do divórcio

As leis do divórcio são muito importantes porque os casais que simplesmente se separavam não podiam constituir novas famílias pelo casamento.

Antes da Lei n. 6.515/77, no Brasil, os casais então desquitados constituíam novas famílias de fato, vivendo, à época, em concubinato puro, não incestuoso e não adulterino, hoje união estável.

Os países passaram por reformas em suas leis do divórcio para a desvinculação total dos cônjuges, que se separavam, ainda que judicialmente.

A importância das reformas modernas na legislação do divórcio é marcante, pois o Direito deve conter todos os remédios para que as famílias se refaçam e se estabilizem, integrando-se no convívio em sociedade.

Há os que não querem divorciar-se, preferindo viver em união estável, sendo separados de seus cônjuges, judicialmente ou de fato, por exemplo, quem é católico e quer conviver no *status* de separação temporal, permitida pelo Código Canônico.

Por outro lado, há casais que, desconstituídos, querer criar nova família, sob casamento, sendo, nesse caso, indispensável o divórcio.

8.2 Raízes do divórcio automático

Já na obra de Homero, em sua Odisseia, sentimos a presença, no Direito Grego, do divórcio automático, quando Ulisses parte para suas aventuras e, passados cinco anos de sua ausência, sua mulher Penélope recebe pedidos de casamento, porque estava divorciada por esse afastamento prolongado de seu marido do lar conjugal.

Mostra-se, nesse passo, a importância da coabitação no casamento[9].

Essa espécie de divórcio existiu no Direito Romano, com o nome de *divortium bona gratia*, previsto na Novela 22, de Justiniano, capítulos IV a VII, ocorrendo, entre outras hipóteses, com o cativeiro, sem que houvesse notícias do aprisionado casado, ausente há mais de cinco anos.

Interrompida a vida comum dos cônjuges, não se podia falar em casamento, mesmo que houvesse intenção de mantê-lo, o que levou Trifonino[10] a dizer que, estando prisioneiro o marido em nada adiantava à sua mulher querer estar casada, continuando a morar na casa daquele. Voltando o marido a Roma, dissolvido seu casamento pelo fato de ter sido cativo, e não podendo esse matrimônio restabelecer-se pelo *ius postliminii* (reaquisição dos direitos pelo ingresso em território romano), o único recurso aos cônjuges seria contraírem novo casamento.

O rompimento do vínculo conjugal, que nascia do fato, dava-se pelo descumprimento do dever de coabitação sem que existisse culpa do inadimplente cativo, por mais que existisse a *affectio maritalis et uxoris* (afeição do marido e da mulher).

Vemos, assim, que esse *divortium bona gratia*, automático, foi acolhido no § 6º do art. 226 da Constituição Federal de 1988, podendo ser requerido por um ou por ambos os cônjuges.

Lembre-se, também, nesse passo, de que o casamento romano *usus*, existente desde a Lei das Doze Tábuas (450 a.C.), nascia pela posse dos cônjuges, depois chamada de *possessio corporis*.

Esse casamento desfazia-se também pela ausência de coabitação (*desuetudo*), vindo a existir, posteriormente, no sistema da *common law* – *Inglaterra, Estados Unidos da América do Norte e ainda na Escócia*. Em mais de dez Estados norte-americanos ele é admitido, com o nome de *common law mariage*, casamento de fato (bastando a convivência dos esposos), desconstruindo-se automaticamente, após o decurso do prazo estabelecido na *common law* de cada Estado. Por exemplo, passados cinco anos, ou dois anos, não havendo coabitação. Esse casamento de fato constitui-se com o passar desse tempo e desfaz-se com a ausência de coabitação.

Na legislação portuguesa, esse casamento de fato existiu nas Ordenações do Reino (Afonsinas, Manuelinas e Filipinas) e, consequentemente, existindo no Brasil, até a secularização do casamento, que se deu pelo Decreto 181 de 1890, que criou o casamento civil, revogando, nesse ponto, as Ordenações Filipinas, de 1603 que, quanto ao mais, continuaram a viver no Brasil até o advento do Código Civil de 1916, com início de vigência um ano depois de promulgado.

---

9. Ver, nesse ponto, AZEVEDO, Álvaro Villaça. *Dever de coabitação* cit., p. 22-39.
10. D. 49, 15, 12, § 4º.

8.3 Tentativa de adoção do desquite automático

Por seu turno, o anteprojeto de Código Civil de 1972, querendo resguardar os concubinos, conviventes, no âmbito das relações patrimoniais, por seu art. 1.989, admitia que, decorridos cinco anos de vida em comum, constituindo um lar, deveria considerar-se patrimônio dos concubinos os bens adquiridos a partir da coabitação, fosse a aquisição em nome de um deles ou de ambos. O mesmo anteprojeto mencionava, ainda, em seu art. 1.990, a possibilidade de existência do concubinato entre concubinos casados, desquitados e não desquitados à época (hoje separados e não separados). O prazo de cinco anos permanece neste último dispositivo a nortear o entendimento do pré-legislador, pois, se um dos concubinos ou ambos fosse casado, deveria estar desquitado, há mais de cinco anos, para que fluísse o efeito patrimonial mostrado no artigo precedente, ou, de outro lado, que a separação de fato do casal tivesse durado, ininterruptamente, por igual tempo.

Sob alegação de ser incompleta essa estatuição, entendeu a Comissão do mesmo anteprojeto, em sua Revisão, por seu supervisor Miguel Reale, de retirar esses artigos, para serem objeto de lei especial, mais completa.

Essa tentativa foi importante, pois, em 1972, já se cogitava dessa separação automática.

Mais tarde, na Lei n. 6.515/77, viria a separação automática, a possibilitar a ruptura da sociedade conjugal, primeiramente pela separação de fato dos cônjuges por cinco anos, reduzido esse prazo a um ano, atualmente extinto, como também o instituto da separação judicial, no meu entender.

8.4 Lei do Divórcio (Lei n. 6.515/77)

No Brasil, a Lei do Divórcio (Lei n. 6.515/77) foi, na verdade, reguladora da separação judicial, com conversão em divórcio. Veio muito tímida, com a hipótese de divórcio direto, quase impossível de ocorrer na prática, tamanha foi a influência da religião católica, contrária ao seu surgimento. Surgiu ela com a mesma timidez da lei italiana do *picolo divorzio*.

Na chamada lei brasileira do divórcio, estabeleceu-se, em seu art. 5º, § 1º, que a separação judicial podia ser pedida por um dos cônjuges se provasse "a ruptura da vida em comum há mais de um ano", tornando-se "insuportável a vida em comum".

É claro que a insuportabilidade convivencial decorre da ausência de coabitação, pelo período apontado na Lei n. 6.515/77, que, quando foi editada era de cinco anos. Essa ruptura era automática; bastava o decurso do prazo para que os cônjuges, em conjunto ou isoladamente, pudessem pedir a separação, à época. Assim, independentemente, da alegação de culpa, pelo simples decurso do tempo.

Essa matéria repetiu-se no Código Civil de 2002, no § 1º do art. 1.572, que exigiu a impossibilidade de reconstituição da vida em comum.

Ora, também nesse caso, a possibilidade de reconstituição do lar dependia dos cônjuges, que, se pediam o divórcio, era porque reconheciam a impossibilidade de convivência. Ninguém pode aquilatar essa impossibilidade, a não ser os próprios cônjuges.

8.5 Constituição Federal de 1988 e Código Civil de 2002

Embora a Lei do Divórcio não tenha agasalhado o sonho do então Senador Nelson Carneiro, a Constituição Federal de 1988 veio a premiar o seu esforço, instituindo, entre nós, o divórcio automático, seguindo exemplo do Direito Grego e do Direito Romano (*divortium bona gratia*), que ocorria pela impossibilidade de convivência dos cônjuges, que se separavam, à época, por mais de cinco anos, sem coabitação, como visto. Era o divórcio automático pela *desuetudo* (falta de convivência).

A Constituição Federal de 1988, corajosamente, adotou esse modelo, no § 6º de seu art. 226, quando mencionava à época que "O casamento civil pode ser dissolvido pelo divórcio, após prévia separação judicial por mais de um ano nos casos expressos em lei", que era o divórcio por conversão, "ou comprovada separação de fato por mais de dois anos". Neste caso, bastava a separação de fato do casal, sem coabitação, por mais de dois anos, para que, em conjunto ou isoladamente, pudessem os cônjuges pedir o divórcio, bastando evidenciar, na presença do juiz, que o decurso desse tempo ocorreu, independentemente de prova de culpa.

A situação permaneceu a mesma no Código Civil de 2002, retratada no art. 1.580 e seu § 2º, onde se mantém aqueles prazos da Constituição Federal à época; atualmente eliminados pela EC n. 66/2010 (EC do Divórcio).

Esse art. 1.580, que prevê em seu *caput* a conversão da separação em divórcio, depois de um ano do trânsito em julgado da sentença ou da decisão concessiva da medida cautelar de separação de corpos, requerida por qualquer das partes.

Essa conversão será decretada por sentença que não se referirá à causa da separação (§ 1º).

O divórcio por comprovada separação de fato por mais de dois anos (§ 2º), poderia ser requerido por um ou por qualquer dos cônjuges. Sempre entendi que após esse prazo o divórcio já estava consumado pela falta de coabitação.

Tudo a admitir-se que não tenha sido extinta a separação judicial pela EC n. 66/2010 (EC do Divórcio), contrariamente ao meu entender.

De toda a maneira, esse prazo de dois anos, para o divórcio, foi extinto por referida EC.

O exercício do divórcio, atualmente, é um direito potestativo.

Quanto ao divórcio, assenta, ainda, o Código Civil (art. 1.579), que ele não modificará os direitos e deveres dos pais relativamente a seus filhos; podendo ser concedido sem que exista partilha de bens (art. 1.581), o que contrariou o art. 31 da Lei n. 6.515/77 (Lei do Divórcio).

Assim, se for decretado o divórcio, sem a partilha dos bens, estes serão partilhados depois, com base no regime existente, que, se for o da comunhão, implicará condomínio dos divorciados até que a partilha ocorra. O condomínio de mãos juntas, que vigora durante o casamento, transforma-se em condomínio comum, que poderá ser extinto quando quiserem os condôminos, conjunta ou individualmente.

Ressalte-se, mais, que o pedido de divórcio competirá somente aos cônjuges. Se o cônjuge for incapaz para propor a ação ou para defender-se, poderá ser representado pelo curador, pelo ascendente ou pelo irmão (art. 1.582 do CC, antigo art. 24 da Lei n. 6.515/77 – Lei do Divórcio).

8.6 Divórcio em cartório

No meu entender e dos que admitem que foi revogada a separação judicial com o advento da EC do Divórcio (EC n. 66/2010), não mais será possível a aplicação da Lei n. 11.441/2007, no tocante a essa separação judicial.

Permanece vigente, assim, a parte em que trata do divórcio pela via administrativa.

Assim, as separações judiciais (consensual ou litigiosa) e a separação extrajudicial foram banidas totalmente do sistema jurídico[11].

Sendo consensual a separação, não havendo filhos menores ou incapazes, possibilita o art. 3º da Lei n. 11.441/2007 (que alterou o Código de Processo Civil de 1973, incluindo-lhe o art. 1.124-A, atualmente art. 733), essa separação via administrativa (em Cartório). Deverá, então, ser lavrada escritura pública com a descrição e a partilha dos bens comuns, com a fixação da pensão devida e a estipulação de como ficará o nome do cônjuge. Esse acordo não necessitará de homologação judicial, podendo a escritura ser levada ao Registro Civil e de imóveis, se for o caso, estando assinada por advogados, sendo gratuita aos pobres, que assim se declararem. O art. 733 do Código de Processo Civil de 2015 acrescentou a extinção consensual de união estável e o nascituro.

A Lei n. 11.441/2007 alterou o Código de Processo Civil de 1973, possibilitando o inventário, a partilha, a separação (para quem admite que esta não foi revogada pela PEC do Divórcio) e o divórcio consensual, via administrativa (em Cartório). No caso do inventário e da partilha, a possibilidade existe quando todos os interessados forem maiores e capazes, não havendo testamento, e pelo modo estabelecido nos modificados arts. 982, 983 e 1.031 do Código de Processo Civil.

O art. 3º dessa lei incluiu o art. 733 no Código de Processo Civil, para possibilitar a separação (para quem admite que esta não foi revogada), e o divórcio consensual,

---

11. TARTUCE, Flávio; SIMÃO, José Fernando. *Direito civil* cit., 7. ed., p. 176 e s.; LÔBO, Paulo Luiz Neto. *Divórcio*. Disponível em: <http://www.ibdfam.org.br/? artigo & artigo= 629>. Acesso em: 17 fev. 2010; DIAS, Maria Berenice. *Divórcio já*. São Paulo: Revista dos Tribunais, 2010. p. 107 e s.; GAGLIANO, Pablo Stolze; PAMPLONA FILHO, Rodolfo. *O novo divórcio*. 1. ed. 2. tir. São Paulo: Saraiva, 2010. p. 55 e s., n. 3.1; PEREIRA, Rodrigo da Cunha. *Divórcio*. São Paulo: Saraiva, 2012. p. 50; entre outros doutrinadores.

quando não houver nascituro, filhos menores ou incapazes, respeitados os prazos então vigentes (atualmente, extintos). Deve ser lavrada escritura pública, com a descrição e a partilha dos bens comuns, com a fixação da pensão devida e a estipulação de como ficará o nome do cônjuge. Esse acordo não necessitará de homologação judicial, podendo a escritura ser levada ao Registro Civil e de Imóveis, estando assinada por advogados, sendo gratuita aos pobres, que assim se declararem.

Esse art. 1.124-A é, atualmente, o art. 733 do Código de Processo Civil.

8.7 EC do Divórcio

A Emenda Constitucional n. 66 (EC do divórcio) foi promulgada pelo Congresso Nacional, em 13 de julho de 2010, sendo publicada no dia seguinte, no Diário do Congresso Nacional, instituindo o divórcio direto na legislação brasileira.

O Projeto foi de iniciativa do Deputado Federal Sérgio Barradas Carneiro (PT/BA), que atendeu o pedido do IBDFAM (Instituto Brasileiro de Direito de Família), feito desde abril de 2007 (Anteprojeto).

Registrava, à época, o IBGE, com dados de 2008, que mais de 153 mil casais se divorciavam por ano.

Essa EC teve por objetivo único eliminar os prazos que existiam no § 6º do art. 226 do texto Constitucional.

Com essa iniciativa o legislador brasileiro criou o divórcio direto, eliminando de nosso sistema jurídico, como demonstrei, a separação judicial de direito, litigiosa, consensual e administrativa.

Antes da EC do Divórcio existiam os prazos para conversão da separação judicial em divórcio, após um ano da separação ou da concessão de cautela de separação de corpos, ou, ainda, dois anos, após a separação de fato, para o divórcio.

Após a EC, o divórcio é imediato, quando quiser o casal ou um dos cônjuges, pois os aludidos prazos foram eliminados.

Na vigência desse prazo extinto de dois anos consecutivos de declaração de fato, para o exercício do direito de divórcio direto, era comum a utilização de declarações de testemunhas, simulando o transcurso do aludido prazo. A promulgação da EC do Divórcio terminou com essa farsa.

Nasceu, assim, no Direito brasileiro o divórcio direto, suscitando muitas questões e dúvidas, que procurarei elucidar em seguida.

8.8 Processos de separação judicial em andamento

Os processos de separação judicial em curso estão sendo convertidos em divórcio, após serem ouvidos os cônjuges litigantes, seja em primeira, seja em segunda instância.

Entendo que, sendo ouvidos ambos os cônjuges, e se favoráveis a manterem o pedido de separação judicial, este deve ser extinto pelo Judiciário sem julgamento do mérito por impossibilidade jurídica do pedido superveniente, já que não é mais admitida a separação judicial com a edição da EC n. 66/2010.

8.9 Impossibilidade de alegação de culpa

Já antes da EC n. 66/2010, as partes, após o decurso dos aludidos prazos, hoje extintos, não podiam discutir um sobre a culpa do outro, devendo, tão somente, então, comprovar o decurso dos mesmos prazos.

Entendo que, se nesse pedido fosse requerido o reconhecimento de outro direito, como o relativamente a alimentos, a dano moral, ao nome, à guarda de filhos, à permanência de um deles no imóvel do casal, como também pode acontecer presentemente, não pode ser obstada a eventual comprovação de culpa, que influir na decisão judicial, quanto aos aludidos assuntos.

Todavia, os pedidos devem ser decididos individualmente, principalmente o de divórcio, que, atualmente, deve ser decretado imediatamente, continuando o processo quanto às demais matérias. Melhor será que cada pedido seja feito individualmente.

8.10 Processo de divórcio e ações desmembradas

Não existe, portanto, ação de divórcio, mas processo de divórcio, que pode ser promovido por um ou por ambos os cônjuges.

Os cônjuges, assim, exercem, individualmente ou em conjunto, um direito potestativo, quando pedem a decretação do divórcio.

Por isso, não há que falar-se em contestação no processo de divórcio, não sendo ação proposta por um contra o outro cônjuge.

O pedido de divórcio deve ser deferido, de plano, pelo juiz, embora possa apresentar outros pedidos, que devem ser desmembrados em ações autônomas. Nestas, sim, ações, deverá ser citado o outro cônjuge para defender-se, seja a ação de alimentos, de guarda de filhos e visitação e outras.

Nestas ações pode ser discutida a culpa do cônjuge ou o que for melhor ao interesse dos filhos etc., observando-se o procedimento de cada demanda.

Repito, quanto ao pedido de divórcio, deverá ser imediatamente decretado em respeito ao direito potestativo do exercente.

8.11 Ação de alimentos

Embora a prova da culpa não seja mais necessária no processo de divórcio, ela subsiste em matéria de alimentos.

Como a matéria deve ser analisada de caso para caso, pode ser que, às vezes, seja necessária a discussão da culpa de um ou de ambos os cônjuges. A matéria sobre Alimentos será tratada adiante, em capítulo próprio.

8.12 Ação de dano moral

Relativamente ao dano moral, entendo que só deverá ser considerado havendo dolo do cônjuge responsável. O ato ilícito de quem comete o dano moral deve ser intencional, pois, em matéria de família é muito difícil localizar-se a simples culpa.

A culpa entre cônjuges e conviventes sempre foi discutível, mesmo em caso de adultério, que, no mais das vezes, é induzido. Geralmente, entre os cônjuges ou conviventes existe o abandono moral, que leva a uma vida ausente de amor e de consideração. Esse clima possibilita a existência da quebra de outro dever convivencial, o da fidelidade.

Há certos casos de crimes de um convivente contra o outro, de injúria, difamação e calúnia, que ensejam ação indenizatória, além da penal, mas isso existe, independentemente de convivência em família.

O dano moral, seja ainda material ou estético, deve ser pleiteado em ação própria, de rito ordinário, com fundamento principal nos arts. 186 e 927 do Código Civil.

8.13 Medida cautelar de separação de corpos

A medida cautelar de separação de corpos, como programada no art. 294 do Código de Processo Civil pode ser requerida antes ou no curso do processo principal, sendo deste dependente.

O Código de Processo Civil de 1973 previa, no inciso VI de seu art. 888[12], como medida provisional, o afastamento temporário de um dos cônjuges da habitação familiar. É conhecida, na prática, como alvará de separação de corpos. A utilidade e indispensabilidade dessa ação cautelar é evidente, pois representa segurança na vida doméstica, principalmente quando cessa o afeto entre os cônjuges e se instala no lar a violência seja física seja psicológica, evitando a lide sob o teto familiar.

Essa medida cautelar de separação de corpos permanece viva (art. 1.562 do CC), e podia ser requerida pelo cônjuge, que provasse sua necessidade, antes de ingressar com ação de nulidade, de anulação de casamento, de separação judicial, de divórcio direto ou de dissolução da união estável, devendo o juiz concedê-la com a possível brevidade, determina o art. 1.562 do Código Civil. Esse pedido cautelar é, como visto, facultativo ("poderá requerer a parte"). Pelo correspondente art. 223 do Código Civil de 1916, que ainda se referia a desquite, a medida era obrigatória antes da propositura das aludidas

---

12. Sem correspondência no CPC de 2015.

demandas ("requererá o autor"). Admite, ainda, esse art. 1.562 do Código Civil o requerimento dessa medida pelos conviventes ou companheiros.

A matéria sobre as medidas cautelares é cogitada no Código de Processo Civil de 2015 que as divide, de um lado, a tutela de urgência, com o procedimento da tutela antecipada, requerida em caráter antecedente (art. 303), com a urgência contemporânea ao ajuizamento da ação, sendo requerida com a petição inicial. Sendo concedida a tutela, deverá ser editada a petição inicial; caso contrário, se indeferida, o juiz determinará a emenda da petição inicial. Se a tutela for efetivada deverá formular-se o pedido inicial, no prazo de 30 dias, no mesmo processo, sem pagamento de novas custas.

De outro lado, a tutela de evidência, nos casos estipulados no art. 311.

A concessão dessa cautelar é importante e útil, também, quando for pedida a conversão da sentença de separação judicial em divórcio, já que o prazo de um ano para tanto se inicia dessa concessão ou do trânsito em julgado da sentença separatória (art. 1.580, *caput*, do CC).

Ressalte-se, nesse ponto, que chegou a não admitir-se essa cautela separatória, quando os cônjuges já estivessem separados de fato com o que nunca concordei, pois essa separação de fato não faz que cessem os deveres pessoais dos cônjuges, como o de fidelidade e de coabitação.

Esse pedido cautelar pode ser requerido antes ou depois do ajuizamento das referidas ações, portanto, de modo preparatório ou incidental.

Para a concessão do alvará de separação de corpos, basta que, em instrução sumária, se comprove a gravidade ou os riscos de continuar a convivência sob o mesmo teto.

O juiz deverá decidir qual dos cônjuges ou conviventes deixará o lar conjugal, analisando cuidadosamente as circunstâncias do caso, vendo quem causa a intranquilidade no lar ou provoca risco de violência física ou moral, não só entre cônjuges ou conviventes, mas também com relação aos seus filhos.

Por seu turno, Carlos Roberto Gonçalves[13] traz à balha circunstância curiosa, a de um cônjuge que adquiriu ou herdou um imóvel residencial, sem comunicação ao outro, não sendo justo que seja ele obrigado a sair desse imóvel por determinação cautelar, sendo ele o proprietário desse mesmo imóvel.

8.14 Ação de guarda de filhos e visitação

No tocante à guarda de filhos, entendo que deverá ser discutida em ação autônoma, pois apresenta o assunto um universo de situações específicas, que, nem sempre, depende da análise da culpa dos pais.

Nesses casos deve levar-se em conta, sempre, o interesse do menor ou do incapaz, que devem ser ouvidos pelo juiz, quando possível, caso não exista acordo dos pais, com

---

13. *Direito civil brasileiro*: direito de família. 7. ed. São Paulo: Saraiva, São Paulo, 2010. v. 6, p. 258.

a presença do Ministério Público, conforme determina o art. 178, II, do Código de Processo Civil. Por isso, a guarda "poderá ser revogada a qualquer tempo, mediante ato judicial fundamentado, ouvido o Ministério Público" (art. 35 do ECA – Lei n. 8.069/90).

Nesse caso de acordo entre os pais, não se faz necessária a presença do Ministério Público, que, pode, entretanto, intervir em qualquer situação anômala.

Sim, porque a guarda de filhos e o sistema de visitação nunca são definitivos, mesmo que existam homologados judicialmente, não fazendo coisa julgada material, podendo ser revistos a qualquer tempo.

Quanto ao direito de visita, entendo sempre direito e não também dever, como vem sendo admitido.

Há casos de condenação de pais que, embora cumprindo o pagamento dos alimentos, regularmente, deixam de visitar seus filhos. Existe, sim, o direito de visita, mas não pode o pai ser condenado por não exercer esse direito, como tendo descumprido o dever de visitação. O pai, assim, não é obrigado a amar seu filho, nem o afeto poderia impor-se por lei ou por decisão judicial.

Essa matéria será mais bem estudada no capítulo referente à guarda de filhos e visitação.

12 PROTEÇÃO DA PESSOA DOS FILHOS

1 Generalidades

Tratarei, nesse passo, acompanhando a sequência do legislador civil, a proteção da pessoa dos filhos na separação ou no divórcio, consensual e litigioso, no tocante à guarda e sustento dos filhos menores.

Destaco, antes, ponderação de Silvio Rodrigues[1], segundo a qual permanece no atual Código Civil a falha do anterior, que não deu importância a problema de alta relevância, ou seja, "o da guarda e mantença do filho menor, quando o casal se encontra separado de fato, mas não judicialmente".

2 Guarda dos filhos. Conceito e espécies

Na separação judicial por mútuo consentimento ou pelo divórcio direto consensual, deverá ser observado o que os cônjuges acordarem sobre a guarda dos filhos menores e o regime de visitas (art. 731, III, do CPC), bem como o valor da contribuição para criá-los e educá-los (mesmo artigo, inciso IV).

Como visto, a concordância dos pais com relação à guarda dos filhos menores é a primeira exigência, para que estes fiquem seguros na guarda paterna ou materna.

Entretanto, o grande fiscal dessa segurança dos filhos é o juiz, que, em qualquer caso, no interesse deles, pode intervir regulando a guarda de maneira diferente, quando houver motivos graves, a critério do juízo (art. 1.586 do CC). O juiz não é obrigado a homologar o acordo dos cônjuges se não forem preservados "suficientemente os interesses dos filhos" menores (art. 1.574, parágrafo único).

Pode ser que o pai ou a mãe que tenha ficado com a guarda do filho menor se entregue a uma vida devassa, ou à bebida ou às drogas, não podendo o menor viver nesse ambiente, podendo o juiz ordenar sua guarda a terceira pessoa), parente (como o avô paterno ou materno ou outro parente) ou estranho à família. Os interesses dos menores devem prevalecer sempre (observados os preceitos do Estatuto da Criança e do Adolescente – ECA, especialmente arts. 1º e 3º).

---

1. *Direito civil* cit., p. 243, 252 e 253; mencionando a iniciativa, nesse ponto, de Washington de Barros Monteiro.

Houve no passado resistência quanto à guarda de menores por pessoas que, viviam em concubinato; todavia, a matéria evoluiu e não podem, hoje, ser admitidos tais preconceitos. Quem cuidar de menores, seja solteiro, casado, separado de fato ou judicialmente, divorciado, convivente em união estável ou companheiro em união homoafetiva, deve fazê-lo no interesse desses menores, preservando sua dignidade e proporcionando-lhes ambiente familiar e social sadios.

O art. 1.588 do atual Código Civil (como o art. 329 do Código anterior) admite que o novo casamento do ex-cônjuge não modifica os direitos e deveres que tenha sobre os filhos menores, que estiverem sob sua guarda, a não ser que fique provado que o filho não vem sendo tratado convenientemente (um *standard* jurídico sempre endereçado ao justo critério do juiz).

O mesmo texto aplica-se também à união estável e a outra união familiar, que se enquadre no texto enunciativo do art. 226 da Constituição, ou que seja reconhecida pela Jurisprudência, como a união homoafetiva.

Ensina Marcel Planiol[2] que "a guarda de uma criança é o direito de retê-la consigo. O pai, guardião de seu filho, pode portanto forçá-lo a habitar com ele, e, se for preciso, fazê-lo voltar ao seu domicílio pela força pública".

"Guardar é, antes de tudo, Amar; estar presente, na medida do possível, comparecer a atos e festividades escolares, religiosas, manter diálogo permanente e honesto com o filho sobre as questões familiares, sobre arte, religião, lazer, cultura, esporte, política", pondera Caetano Lagrasta Neto[3].

O pai ou a mãe que não tenha a guarda de seu filho, poderá visitá-lo e tê-lo em sua companhia, segundo o que for acordado entre os cônjuges ou for fixado pelo juiz no momento da separação conjugal, podendo, ainda, fiscalizar sua manutenção e educação, assenta o art. 1.589 do Código Civil.

Destaco que o Código Civil anterior (de 1916) não cogitava do direito de visitas aos filhos[4].

2.1 Guarda compartilhada

Refiro, em destaque, a espécie de guarda compartilhada, para melhor entendimento da matéria.

Depois de tramitar pela Câmara dos Deputados por iniciativa do então Deputado Tilden Santiago, o Projeto de Lei n. 6.350/2002, que regulamentou a guarda compartilhada

---

2. *Traité Élémentaire de Droit Civil* cit., p. 532, n. 1.660.
3. Processo de família 5. *Direito de família*, com outros autores. São Paulo: Atlas, 2011. p. 84.
4. O Decreto-lei n. 9.701/46 cuidou da guarda dos filhos menores no desquite litigioso, dando aos pais o direito de visitas, quando a guarda fosse deferida a terceiro. Também cuidou do direito de visitas o Estatuto da Mulher Casada (Lei n. 4.121/62), ao alterar o art. 326 do Código de 1916; no mesmo sentido o art. 15 da Lei do Divórcio (Lei n. 6.515/77), com redação semelhante à do atual art. 1.589 do Código Civil.

de filhos de pais separados ou divorciados, foi aprovado em 23 de outubro de 2007 pelo Senado.

O relator desse Projeto no Senado, n. 58/2006, foi o Senador Demóstenes Torres, tendo o texto originário sido alterado em sua redação, por um substitutivo apresentado por esse Senador, razão pela qual o projeto teve que tornar à Câmara dos Deputados.

Defendendo, em Plenário, a aprovação desse projeto o Senador lembrou que, nas separações, geralmente os homens pagam pensão alimentícia, mas pouco participam da educação e da vida dos filhos, em face das limitações impostas em juízo, que, segundo ele, desapareceriam com a aprovação do projeto.

A ideia central é a de que os pais separados dividam a responsabilidade pela educação dos filhos, conhecida como guarda compartilhada.

Na Câmara dos Deputados, referido projeto foi, a final, aprovado em 20 de maio de 2008, tendo sido encaminhado à sanção presidencial.

No dia 13 de junho de 2008, foi sancionada a Lei n. 11.698, para guarda compartilhada dos filhos, alterando-se, com isso, a redação dos arts. 1.583 e 1.584 do Código Civil de 2002, que, adiante, passo a analisar.

O art. 1.583 retrata, assim, que a guarda pode ser unilateral ou compartilhada, enfatizando que a primeira é atribuída a um só dos genitores ou a alguém que o substitua, conceituando a guarda compartilhada como "a responsabilização conjunta e o exercício de direitos e deveres do pai e da mãe que não vivam sob o mesmo teto, concernentes ao poder familiar dos filhos comuns" (§ 1º).

Existem, assim, duas espécies de guarda a unilateral e a compartilhada[5].

A unilateral, atribuída ao genitor que revele melhores condições para exercê-la, propiciando aos filhos saúde física e psicológica e educação (§ 2º com a redação da Lei n. 13.058, de 2014).

A guarda compartilhada é um estágio bem avançado de educação conjunta de filhos por seus pais separados. É preciso um grau de compreensão muito grande por esses pais que dividem decisões procurando melhor vida educacional social e bem-estar dos seus filhos.

Esse tipo de guarda já existia raramente antes dessa lei, quando a guarda unilateral era a adotada, ficando a posse do filho geralmente com a mãe, e a responsabilidade de pagamento de pensão, com o pai.

Cuida-se também da guarda alternada, uma terceira espécie de guarda, ficando a criança um período sob a guarda do pai e outro sob a posse da mãe, o que não é, como visto, guarda compartilhada.

Nesse conjunto de atividades compartilhadas, o juiz utiliza-se de psicólogos, assistentes sociais e pedagogos, procurando buscar o melhor para a criança.

Entendo que a lei se apresenta com um caráter educativo muito importante, pois tentando o juiz a implantação dessa nova espécie de convivência, vai, aos poucos,

---

5. Art. 1.583 do Código Civil, com a redação dada pela Lei n. 11.698/2008.

mostrando à sociedade que a separação dos casais prejudicará menos aos filhos, quanto mais estes se relacionarem com seus pais.

Os filhos sentir-se-ão mais seguros, sentindo a pouca hostilidade de seus pais que devem ser menos egoístas exercendo não só o direito de estar com seus filhos, mas o dever de viver e participar da vida deles.

Assim, entendo que essa forma de convivência cria esse dever de participação na vida dos filhos, que não se sentirão abandonados.

Já existem alguns julgados em nossa Jurisprudência, condenando pais que, friamente, pagam pensão alimentícia a seus filhos, sem o exercício desse dever de visitação e de participação. São condenações por dano moral, quando essa visita não ocorre, com o consequente abandono moral de filho, sem, por exemplo, a participação na vida escolar e social dele etc.

Entretanto, parece-me difícil obrigar os pais a amarem seus filhos, pois o amor não pode originar de obrigação imposta por lei ou decisão judicial.

Todavia, essa falta de afeto não pode retirar dos pais o dever de cuidados especiais na educação de seus filhos.

Os pais separados, portanto, devem educar-se, no sentido de formarem o melhor ambiente para seus filhos vigiando-os e orientando-os nos momentos difíceis e de perigos.

A guarda unilateral ou compartilhada poderá ser requerida por consenso dos pais, em conjunto ou isoladamente, em ação autônoma de separação, de dissolução de união estável, em pedido de divórcio ou em medida cautelar, autoriza o inciso I do art. 1.584 do Código Civil[6].

O juiz concederá a guarda, atendendo às necessidades específicas do filho, ou em razão da distribuição do tempo necessário ao seu convívio com o pai e com a mãe (inciso II do art. 1.584 do CC).

Se na audiência de conciliação não houver acordo quanto à guarda dos filhos, será aplicada sempre que possível a guarda compartilhada podendo o juiz basear-se em informações técnicas (§§ 1º, 2º e 3º seguintes).

O descumprimento imotivado da cláusula de guarda implicará a aplicação das sanções previstas no § 4º, seguinte (redução de prerrogativas atribuídas ao detentor, também quanto ao número de horas de convivência).

Pelo § 5º, seguinte, o juiz poderá havendo a impossibilidade de definir a guarda aos pais, concedê-la a outra pessoa, que "revele compatibilidade com a natureza da medida, considerados de preferência o grau de parentesco e as relações de afinidade e afetividade".

O juiz é o guardião do menor, procurando colocá-lo no melhor ambiente, que lhe seja favorável e onde ele se sinta bem, com afeto adequado[7].

---

6. O *caput* do art. 1.584 apresenta-se com a redação dada pela Lei n. 11.698/2008, bem como foram acrescentados a ele seus incisos I e II e seus §§ 1º a 5º.

7. Melhorou o atual Código, que fugiu da legislação anterior (art. 326 do Código de 1916), e depois substituído pelo art. 10 da Lei do Divórcio – Lei n. 6.515/77, que deferia a guarda ao cônjuge inocente, e não

Por seu turno, a Lei n. 13.058/2014 alterou novamente essa matéria.

Essa lei pretende estabelecer o significado da expressão "guarda compartilhada", entretanto, vê-se no § 2º do seu art. 2º que na guarda compartilhada o tempo de convívio com os filhos deve ser dividido de forma equilibrada com a mãe e o pai, respeitando as condições fáticas e os interesses dos filhos.

Na verdade, o que se pretende nesse dispositivo legal é sucessividade de guarda, já que não se refere a mesma como se fosse simultânea.

Tanto é verdade que a guarda compartilhada deveria ser exercida por ambos os pais sob sua supervisão.

O que a lei estabelece é que os genitores possam isoladamente solicitar informações e/ou prestação de contas (§ 5º) e aí está presente a ideia da desnecessidade dessas informações ligadas à convivência contínua.

Por seu lado, o § 2º do art. 1.584, modificado, não me parece que possa ser aplicada a guarda compartilhada quando não houver acordo entre a mãe e o pai quanto a guarda do filho, pois o juiz não pode aplicar a guarda compartilhada só quando um dos genitores declarar ao magistrado que não deseja a guarda do menor.

Um dos pontos da lei que merece acolhimento é o que estabelece a obrigação de prestação de informação com multas diárias pesadas quando houver descumprimento de prestá-las por qualquer estabelecimento público ou privado.

Por sua vez, o art. 1.634 garante aos pais o pleno exercício do poder familiar, dirigindo a criação e a educação dos filhos, estabelecendo outros deveres de ambos os pais.

Todos esses direitos e deveres estabelecidos nesse dispositivo legal devem ser exercidos, como dito, em conjunto e não isoladamente por seus pais.

Depreende-se daí que em casos de divergências entre eles o juiz será chamado a decidir, sempre no interesse do menor.

A meu ver, portanto, foge do objetivo da regulamentação da guarda compartilhada a orientação do legislador, já que acabou tratando de guarda sucessiva e não de guarda compartilhada.

Esta sempre pôde ser aplicada, mesmo sem essa legislação, desde que analisadas as situações fáticas, de real interesse do menor.

A guarda compartilhada é um estágio bem avançado de educação conjunta de filhos por seus pais separados. É preciso um grau de compreensão muito grande por esses pais que dividem decisões procurando melhor vida educacional, social e bem-estar dos seus filhos.

Destaque-se, por outro foco, que nosso Tribunal de Justiça julgou, sobre guarda de animais (simples ou compartilhada) nas separações de casais, em conflito de

---

ao que tivesse dado causa à separação. Levava-se em conta a culpa do cônjuge. Quando ambos culpados, os filhos ficavam em poder da mãe, com fixação de outros critérios, em completa desconsideração à pessoa dos filhos e de sua dignidade.

competência,[8] tendo reconhecido competente a 3ª Vara de Família e Sucessões do Foro Regional de Jabaquara para julgar sobre a guarda compartilhada de cachorro adotado por ambos durante relacionamento amoroso.

Em outro feito, o mesmo Tribunal, em acórdão citado no caso anterior, ressaltou que a relação afetiva existente entre seres humanos e animais não foi regulada pelo CC, informando o Relator desse caso que "há mais cães de estimação do que crianças em casas brasileiras" (pesquisa do IBGE). Assemelha-se a disputa por um animal de estimação com o conflito de guarda e visitas de uma criança ou adolescente. Nas separações de casais, leva-se em conta o interesse das partes e não do animal.

Veja-se, mais, que o TJRJ chegou a fixar regime de visitas envolvendo animal de estimação[9]. O Tribunal mineiro[10], por seu turno, manteve em decisão de juiz de 1º grau que concedeu guarda de cão de estimação em divórcio de casal, ao varão, que sempre dele cuidou.

2.2 Alienação parental

Foi editada a Lei n. 12.318/2010, dispondo sobre a alienação parental, como "a interferência na formação psicológica da criança ou do adolescente, promovida ou induzida por um dos genitores, pelos avós ou pelos que tenham a criança ou adolescente sob a sua autoridade, guarda ou vigilância para que repudie genitor ou que cause prejuízo ao estabelecimento ou à manutenção de vínculos com este" (art. 2º).

Talvez temendo a generalidade desse texto, o legislador foi casuístico em declinar "formas exemplificativas de alienação parental" em sete incisos, no parágrafo único desse mesmo art. 2º, quais sejam:

> I – realizar campanha de desqualificação da conduta do genitor no exercício da paternidade ou maternidade. II – dificultar o exercício da autoridade parental; III – dificultar contato de criança ou adolescente com genitor; IV – dificultar o exercício do direito regulamentado de convivência familiar; V – omitir deliberadamente a genitor informações pessoais relevantes sobre a criança ou adolescente, inclusive escolares, médicas e alterações de endereço; VI – apresentar falsa denúncia contra genitor, contra familiares deste ou contra avós, para obstar ou dificultar a convivência deles com a criança ou adolescente; VII – mudar o domicílio para

---

8. TJSP, CC 0026423-07.2017.8.26.0000/SP, Câm. Especial, rel. Des. Issa Ahmed, j. 4-12-2017; TJSP, Apel. 1000398-81.2015.8.26.0008, 5ª Câm. de Dir. Priv., rel. Des. J. L. Mônaco da Silva.

9. TJRJ, Apel. 0019757-79.2013.8.19.0208, 22ª Câm. Cív., rel. Des. Marcelo Lima Buhatem, j. 27-1-2015, matéria sujeita a Agr. em REsp 1.174.178/SP, em que foi dado provimento no STJ, para conversão em REsp, pelo Min. Luis Felipe Salomão, em 16-10-2017.

10. TJMG, Proc. 1.0694.02.006976-1/001, rel. Des. Manuel Saramago, j. 13-4-2014.

local distante, sem justificativa, visando a dificultar a convivência da criança ou adolescente com o outro genitor, com familiares deste ou com avós.

Nesse ponto, a lei mostra aspectos negativos que produzem a alienação parental, utilizando-se, principalmente, de expressões "dificultar", "omitir", falsear, "obstar" e "mudar", mostrando o caráter doloso da atuação infratora.

"A prática de ato de alienação parental fere direito fundamental da criança ou do adolescente de convivência familiar saudável", contrariando a necessidade de afeto nas relações familiares, ao mesmo tempo em que representa abuso moral e descumprimento de deveres ligados à autoridade parental ou relativos à guarda e cuidados devidos ao menor e ao adolescente, assenta o art. 3º da Lei analisada.

Este texto concede ao juiz outras hipóteses de reconhecimento da alienação parental: quebra de direito fundamental; necessidade de convivência familiar saudável; quebra de afeto no relacionamento com o genitor e com a família; abuso moral; e descumprimento de deveres de cuidados e de guarda.

O sentido é bem amplo para proteção da criança e do adolescente, que não podem sofrer pressões físicas ou psicológicas, que os indisponham com seus entes familiares.

O juiz deve assegurar ao menor ou adolescente o mínimo de visitação assistida, a não ser se existir iminente risco de prejuízo físico ou moral.

Em caso de alienação parental a ação é autônoma ou incidente, tendo ela tramitação prioritária, ouvindo-se o Ministério Público, para restabelecer o bom relacionamento entre os envolvidos, podendo ser realizado laudo pericial para ampla avaliação psicológica ou biopsicossocial, com entrevistas, exame de documentos e de locais.

O juiz poderá: advertir o alienador; ampliar regime de convivência familiar; multar o alienador; alterar a guarda para compartilhada ou sua inversão; fixar o domicílio da criança ou do adolescente; até, se for o caso, suspender a autoridade parental.

Tudo, sem prejuízo de responsabilidade civil ou criminal do alienador.

Será sempre muito importante a declaração da criança e do adolescente, informando o juízo, para aquilatar-se principalmente se ela está induzida por alguém para agir contra seu pai ou sua mãe ou parente, para que não se estabeleça medida que, em vez de lenitivo, possa provocar a repulsa do menor ou do adolescente.

Muitas vezes existem causas de afastamento entre parentes, que não decorrem de alienação parental, mas de desprezo ou de abandono, com profunda mágoa psicológica, que só pode desaparecer com tratamento adequado.

Logo à repulsa de convivência do menor ou do adolescente, não haverá que se inferir que houve alienação parental, sem os aludidos e cuidadosos exames, pois a preocupação do legislador, em qualquer situação, é o bem-estar do menor ou do adolescente.

Nem se diga que a lei não prevê sanções contra o alienador. Este pode sofrer multa (art. 6º, III) e até ter suspensa sua autoridade parental (art. 6º, VII), além de outras restrições aprovadas na legislação emergencial, como também em geral.

3 Melhor interesse dos menores

De ver-se que o art. 327 do Código de 1916, depois substituído pelo art. 13 da Lei n. 6.515/77 (Lei do Divórcio), já se referiam à possibilidade do Juiz buscar sempre o melhor para os filhos menores, texto que se transcreveu definitivamente no art. 1.586 do Código Civil atual.

"Em nossos tribunais", pondera Silvio Rodrigues[11], "acertadamente, a questão da guarda passou a ser enfocada exclusivamente sob a ótica do bem-estar dos filhos, independentemente das causas do rompimento do casamento", escudando-se em vários julgados que defendem também a possibilidade da mãe culpada na separação ficar com a guarda de filhos menores, em razão do interesse destes.

Também se aplica o disposto no art. 1.584 do Código Civil, quando se tratar de medida cautelar de separação de corpos (1.585); aplicando-se os arts. 1.584 e 1.586 do mesmo Código, havendo filhos comuns no caso de invalidade do casamento (art. 1.587 do CC).

Sempre, como visto, levado em consideração o interesse dos filhos menores.

Essa norma fundamental do "melhor interesse da criança" origina-se entre outros Diplomas Internacionais, da Convenção sobre os Direitos da Criança, acolhida pela Resolução n. L 44 (XLIV) da Assembleia Geral das Nações Unidas, em 20 de novembro de 1989, ratificada pelo Brasil em 24 de setembro de 1990, integrada, assim, no texto constitucional brasileiro, por força do § 2º de seu art. 5º.

O pai ou a mãe que contrair novas núpcias (e acrescento viver em união estável ou em outra união familiar) não perde o direito de guarda, que só é possível por determinação judicial, desde que fique comprovado que os filhos "não são tratados convenientemente" (art. 1.588 do CC).

Termina esse capítulo por mencionar que "As disposições relativas à guarda e prestação de alimentos aos filhos menores estendem-se aos maiores incapazes" (art. 1.590 do CC).

---

11. *Direito civil* cit., p. 251 e nota de rodapé 244.

13 PARENTESCO

1 Conceito de parentesco e espécies

Parentesco é a união familiar de pessoas ligadas pelo sangue ou pelo direito (adoção). Assim, o parentesco pode ser natural ou consanguíneo e civil, resultante da adoção.

Aí o conceito de Clóvis Beviláqua[1], segundo o qual "Parentesco é a relação, que vincula entre si pessoas, que descendem do mesmo tronco ancestral", esclarecendo que desapareceu do direito moderno a relação de parentesco, admitida somente pelo lado masculino, chamada pelos romanos de agnação (*agnatio*), substituído pelo parentesco criado pela natureza, a cognação ou consanguinidade (*cognatio*), produzida pelo mesmo sangue.

Quanto a essas duas espécies de parentesco, estatui o art. 1.593 do Código Civil, que "o parentesco é natural ou civil, conforme resulte de consanguinidade ou de outra origem".

Com essa expressão "de outra origem", o legislador inovou a noção de parentesco criando nova modalidade de filiação, que sempre existiu, mas agora reconhecida por lei.

Ensina Luiz Edson Fachin[2] que esse art. 1.593 acolheu a paternidade socioafetiva, fundada na posse de estado de filho.

Acrescenta Tânia da Silva Pereira[3] que deve ser abandonada a maior ênfase atribuída ao "biologismo da paternidade", considerando-a no âmbito da proteção e do carinho de alguém que acolheu uma pessoa como filho. É o parentesco socioafetivo onde se inclui a adoção afetiva e a inseminação artificial. A essa matéria tornarei mais adiante.

Como advento da Constituição Federal de 1988, desapareceram as odiosas discriminações existentes antes dela: parentesco legítimo (ante os filhos advindos do casamento); ilegítimo (advindo de relações eventuais ou adulterinas). Admitia-se, também o parentesco incestuoso, oriundo de ligações entre consanguíneos próximos.

Todas essas discriminações deixaram de existir, pelo disposto no § 6º do art. 227 da mesma Constituição: "os filhos, havidos ou não da relação do casamento ou por adoção,

---

1. *Código Civil comentado* cit., p. 227. Observação.
2. *Comentários ao novo Código Civil*. Coord. Sálvio de Figueiredo Teixeira. Rio de Janeiro: Forense, 2003 e 2008. v. XVIII, p. 29.
3. *Direito da criança e do adolescente*: uma proposta interdisciplinar. Rio de Janeiro: Renovar, 1996. p. 188.

terão os mesmos direitos e qualificações, proibidas quaisquer designações discriminatórias relativas à filiação"[4].

A partir desse dispositivo constitucional, não só os filhos consanguíneos ficaram igualados em seus direitos, mas também os adotivos.

1.1 Linhas e graus de parentesco

Existem duas linhas: a reta e a colateral.

Na linha reta os parentes são "as pessoas que estão umas para com as outras na relação de ascendentes e descendentes", assenta o art. 1.591 do Código Civil (art. 330 do CC de 1916).

Na linha colateral ou transversal, são parentes as pessoas, até o quarto grau, "provenientes de um só tronco, sem descenderem uma da outra" (art. 1.592 do CC = art. 331 do CC de 1916).

Os parentes em linha reta estão em relação de ascendência e descendência e é contada de modo simples. Subindo a linha ascendente vão surgindo os graus de parentesco, que se contam pelo número de gerações (art. 1.594, primeira parte, do CC). Considerada a pessoa em referência, a linha sobe a seu pai (1º grau) depois ao seu avô (2º grau) e bisavô (3º grau) e assim por diante. A linha descendente desce a seu filho (1º grau), a seu neto (2º grau), a seu bisneto (3º grau) e assim sucessivamente.

Visualizando no quadro anexo, temos:

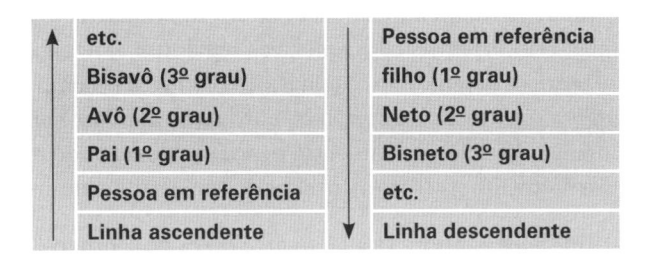

▲ etc.	Pessoa em referência
Bisavô (3º grau)	filho (1º grau)
Avô (2º grau)	Neto (2º grau)
Pai (1º grau)	Bisneto (3º grau)
Pessoa em referência	etc.
Linha ascendente	▼ Linha descendente

Os parentes em linha colateral ou transversal, até quarto grau[5], são oriundos do mesmo tronco ancestral, sem descenderem um do outro (art. 1.592 do CC). Nessa linha conta-se o número de graus, também conforme o das gerações, "subindo de um dos parentes até ao ascendente comum, e descendo até encontrar o outro parente" (2ª parte do art. 1.594 do CC). Como visto, não há parentesco colateral de primeiro grau.

---

4. Insisti muito junto ao Relator da Constituinte, Sen. Bernardo Cabral, para que incluísse esse parágrafo, que é a exata tradução do art. 202 do Código Familiar para o Estado Mexicano de Hidalgo, da autoria de Julián Güitrón Fuente Villa (*Legislatión Familiar del Estado de Hidalgo*. 10. ed. México: Litográfica Alsemo, 1984. p. 47-49): "Os filhos não recebem qualificativo algum, são iguais ante a lei, a família, a sociedade e o Estado". Ver AZEVEDO, Álvaro Villaça. *Do concubinato ao casamento de fato* cit., 2. ed., p. 49; e *Estatuto da família de fato* cit., p. 149-150.

5. O limite do parentesco colateral ia até o sexto grau (art. 331 do CC de 1916).

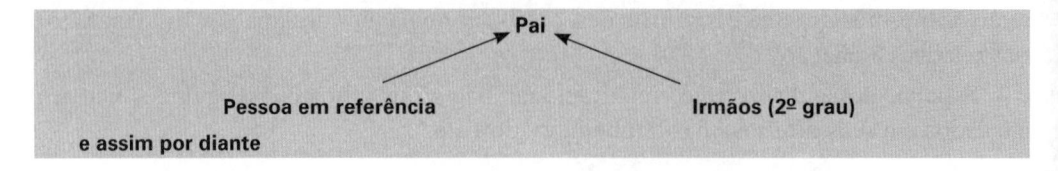

```
                           Pai
                          ↗   ↖
              Pessoa em referência        Irmãos (2º grau)
         e assim por diante
```

Assim, irmãos são parentes colaterais no segundo grau; tio e sobrinho são de terceiro grau; e primos são de quarto grau.

Ressalte-se que, no tocante aos irmãos, podem eles ser germanos ou bilaterais (filhos dos mesmos pais) ou, ainda, unilaterais (irmãos por parte de pai ou de mãe).

2 Vínculo de afinidade

O Código Civil e os juristas, em geral, consideram a afinidade entre as relações de parentesco.

Na verdade, como o próprio Código acaba por admitir, cada cônjuge ou companheiro é ligado aos parentes do outro pelo vínculo da afinidade (art. 1.595); aliás como já admitia o Código anterior (art. 334).

Já lembrava Washington de Barros Monteiro[6], antes do Código atual, que "A palavra *parente* aplica-se apenas aos indivíduos ligados pela consanguinidade; somente por impropriedade de linguagem se pode atribuir tal designação a outras pessoas, como o cônjuge e os afins".

E acrescenta lição de Cunha Gonçalves, explicando que a afinidade é

> relação de índole estritamente pessoal e não se estende além dos limites traçados em lei. Dessa regra decorrem as consequências seguintes: a) nenhum vínculo de afinidade existe entre os parentes dos cônjuges; b) os afins de cada cônjuge não são afins entre si (*affines inter se non sunt affines*, porquanto *affinitas non parit affinitatem*). Assim, concunhados não são afins entre si; no caso de segundo matrimônio, os afins do primeiro casamento não se tornam afins do cônjuge tomado em segundas núpcias.

O vínculo por afinidade, embora o § 1º do art. 1.595 do Código Civil se refira a parentesco, limita-se aos ascendentes, aos descendentes e aos irmãos do cônjuge ou companheiro; dispositivo sem correspondência no Código Civil de 1916.

Destaque-se, mais, que, na linha reta, a afinidade não se extingue com a dissolução do casamento ou da união estável (§ 2º do art. 1.595 do CC).

3 Afeto na relação familiar

3.1 Paternidade biológica e paternidade socioafetiva

Apesar dos avanços da tecnologia biomédica, nos últimos anos, a paternidade biológica exerce um papel secundário no Direito de Família, especialmente quando

---

6. *Curso de direito civil* cit., p. 240, 244 e 245.

confronta com os princípios da afetividade, da igualdade entre os filhos e da dignidade da pessoa humana, que imperam na convivência familiar.

Esses princípios, que fundamentam a paternidade socioafetiva, foram consagrados pelo nosso ordenamento jurídico e, por isso, sobrepõem-se e prevalecem até mesmo ante uma prova biológica, por exemplo, um exame de DNA com resultado positivo, que aponte o verdadeiro genitor, mas que jamais teve uma convivência familiar com os filhos biológicos mencionados no exame.

Em nossa Constituição Federal de 1988, além do art. 1º, III, que aponta a dignidade da pessoa humana como um dos princípios fundamentais de nossa ordem jurídica, destacam-se outros dispositivos que cuidam, especificamente, de relações familiares entre pais e filhos.

Realmente, o art. 227, § 6º, de nossa Constituição, estabelece que todos os filhos são iguais, independentemente de sua origem, incluindo, especialmente, nesse âmbito da igualdade de direitos, os filhos havidos por adoção. O *caput* desse mesmo dispositivo constitucional assegura à criança e ao adolescente o direito à convivência familiar, sem qualquer negligência, crueldade ou discriminação, não sendo prioridade, portanto, a origem genética. O art. 226, § 4º, atribui à comunidade formada por qualquer dos pais e seus descendentes a mesma dignidade de família constitucionalmente protegida.

No âmbito infraconstitucional, nosso Código Civil de 2002, em seu art. 1.593[7], reconhece outras espécies de parentesco civil (outra origem), além do decorrente da adoção, acolhendo, assim, essa nova base de vínculo parental, a paternidade socioafetiva fundada na posse de estado do filho.

Outros dispositivos do Código Civil de 2002 destacam-se também no sentido de acolherem o paradigma da paternidade socioafetiva.

O art. 1.596 estabelece que todos os filhos, independentemente de sua origem, possuem os mesmos direitos, conforme se verifica de sua redação, *verbis*: "Os filhos, havidos ou não da relação de casamento, ou por adoção, terão os mesmos direitos e qualificações, proibidas quaisquer designações discriminatórias relativas à filiação".

O art. 1.597, V, ao presumir concebido na constância do casamento o filho havido por inseminação artificial heteróloga, com a prévia autorização do marido, acaba admitindo uma origem parcialmente biológica desse filho, pois o marido que autorizar a reprodução humana assistida com utilização de sêmen alheio, será um pai exclusivamente socioafetivo, o que não poderá ser impugnado por investigação de paternidade posterior, uma vez que a lei autoriza o aludido procedimento artificial.

O art. 1.605, II, prevê que, na falta ou defeito do termo de nascimento, poderá ser provada a filiação por qualquer modo admissível em direito, especialmente, "quando existirem veementes presunções resultantes de fatos já certos", por exemplo, quando existe um tratamento pessoal e afetivo recíproco entre duas pessoas, como pai e filho e *vice versa*; quando uma pessoa provê a educação e o sustento da que é por ele criada, o

---

7. "Art. 1.593. O parentesco é natural ou civil, conforme resulte de consanguinidade ou outra origem".

que também é conduta típica entre pai e filho; quando duas pessoas se apresentam em público, reciprocamente, como pai e filho, sendo essa convivência pessoal e afetiva, específica e típica do relacionamento entre pai e filho, reconhecida pela sociedade e pela família; entre outros exemplos possíveis.

Esse dispositivo legal consagra a posse de estado de filiação, que abrange as hipóteses do filho de criação e da adoção de fato, esta também denominada "adoção à brasileira".

E o art. 1.614 admite que o filho rejeite o reconhecimento do estado de filiação, requerido posteriormente pelo pai biológico que não efetuou o registro após seu nascimento.

Como se nota, as aludidas normas constitucionais e infraconstitucionais demonstram que a paternidade e a filiação socioafetivas foram acolhidas e consagradas pelo nosso ordenamento jurídico, de maneira a possibilitar o seu reconhecimento, mesmo que não exista vínculo biológico.

Tratando do instituto jurídico da adoção, João Baptista Villela já vislumbrava a afetividade como essência do vínculo da paternidade, ressaltando que

> As transformações mais recentes por que passou a família, deixando de ser unidade de caráter econômico, social e religioso para se afirmar fundamentalmente como grupo de afetividade e companheirismo, imprimiram considerável reforço ao esvaziamento biológico da paternidade[8].

Alerta, ainda, que o equívoco,

> a propósito da investigação de paternidade, está, pois, em não se distinguir que posso obrigar alguém a responder patrimonialmente pela sua conduta – seja esta o descumprimento de um contrato, a prática de um ilícito ou o exercício de uma atividade potencialmente onerosa, como o ato idôneo à procriação –, mas não posso obrigar, quem quer que seja, a assumir uma paternidade que não deseja. Simplesmente porque é impossível fazê-lo, sem violentar, não tanto a pessoa, mas a própria ideia de paternidade. Tem tanto esta de autodoação, de gratuidade, de engajamento íntimo, que não é susceptível de imposição coativa. Pai e mãe ou se é por decisão pessoal e livre, ou simplesmente não se é. Assim, a lei e a Justiça desrespeitam gravemente uma criança, quando lhe dão por pai quem, em ação de investigação de paternidade, resiste a tal condição. Um ser com todos os vícios e crimes, mas que aceite verdadeiramente a paternidade, é preferível àquele que a

---

8. *Desbiologização da Paternidade*, conferência realizada em 9-5-1979 e publicada na *Revista da Faculdade de Direito da Universidade Federal de Minas Gerais*, Belo Horizonte, ano XXVII, n. 21, maio de 1979; texto revisto pelo autor e reproduzido em *Revista Forense Comemorativa – 100 anos*, tomo IV, Direito de Família e Sucessório, Coord. Eduardo de Oliveira Leite e José da Silva Pacheco, Rio de Janeiro, Forense, 2006, p. 244-246.

recuse, ornado, embora, de todos os méritos e virtudes, se se tomar como critério o bem da criança. Imagine-se cada um tendo como pai ou mãe, quem só o é por imposição da força: ninguém experimentará mais viva repulsa, nem mais forte constrangimento. Todo o direito de família tende a se organizar, de resto, sob o princípio basilar da liberdade, tão certo é que as prestações familiais, seja entre cônjuges, seja entre pais e filhos, só proporcionam plena satisfação quando gratuitamente assumidas e realizadas.

Cuidando do tema e referindo-se às bases da filiação socioafetiva, elucida Luiz Edson Fachin[9]:

> O reconhecimento do fundamento biológico da filiação, com o desenvolvimento das técnicas da engenharia genética, a atenuação da presunção *pater is est*, a vedação constitucional ao tratamento discriminatório e o consequente acesso dos filhos outrora ilegítimos ao estatuto jurídico da filiação, em patamar de igualdade com os denominados filhos legítimos, foram significativos avanços do Direito no que tange a questão do estabelecimento da paternidade. Todavia, sendo a paternidade um conceito jurídico e, sobretudo, um direito, a *verdade biológica* da filiação não é o único fator a ser levado em consideração pelo aplicador do Direito: o elemento material da filiação não é tão só o vínculo de sangue, mas a expressão jurídica de uma *verdade socioafetiva*. O elemento socioafetivo da filiação reflete a verdade jurídica que está para além do biologismo, sendo essencial para o estabelecimento da filiação.

E continua:

> O *fato* a ser tomado pelo Direito como filiação não constitui apenas um fato biológico, mas, também, um fato social, que se revela tanto na sua manifestação perante o grupo social, como, especialmente, na esfera psicológica e afetiva dos sujeitos [...] Prepondera, pois, o laço afetivo. A verdade sociológica da filiação se constrói, revelando-se não apenas na descendência, mas no comportamento de quem expende cuidados, carinho no tratamento, quer em público, quer na intimidade do lar, com afeto verdadeiramente paternal, construindo vínculo que extrapola o laço biológico, compondo a base da paternidade[10].

No mesmo sentido, esclarece Maria Berenice Dias[11] que

---

9. *Comentários ao novo Código Civil* cit., p. 24.
10. *Comentários ao novo Código Civil* cit., p. 24-25.
11. *Manual de direito das famílias*. 5. ed. São Paulo: Revista dos Tribunais, 2009. p. 338-339.

A necessidade de manter a estabilidade da família, que cumpre a sua função social, faz com que se atribua um papel secundário à verdade biológica. Revela a constância social da relação entre pais e filhos, caracterizando uma paternidade que existe não pelo simples fato biológico ou por força de presunção legal, mas em decorrência de uma convivência afetiva. Em matéria de filiação, *a verdade real* é o fato de o filho gozar da *posse de estado*, que prova o vínculo parental [...] Constituído o vínculo da parentalidade, mesmo quando desligado da verdade biológica, prestigia-se a situação que preserva o elo da afetividade. Não é outro o fundamento que veda a desconstituição do registro de nascimento feito de forma espontânea por aquele que, mesmo sabendo não ser o pai consanguíneo, tem o filho como seu (destaques do original).

Outro não é o entendimento de nossos Tribunais, que, igualmente, vêm admitindo a paternidade socioafetiva, como se verifica nas decisões adiante citadas:

Apelação Cível. Reconhecimento de paternidade socioafetiva. Criança que foi acolhida aos três meses de idade, criada como se filho fosse ante a impossibilidade biológica do casal em gerar filhos. Adoção não formalizada. A verdade real se sobrepõe à formal, cumprindo-nos conhecer o vínculo afetivo-familiar criado pelo casal e a criança, hoje adulto, ainda que não tenha havido adoção legal. Paternidade socioafetiva que resulta clara nos autos pelos elementos de prova[12].

Apelação Cível. Negatória de paternidade. Paternidade socioafetiva. Ainda que o autor, pai registral, não seja o pai biológico do réu, mantém-se a improcedência da negatória da paternidade, se estabelecida a paternidade socioafetiva entre eles. Em se tratando de relação de filiação, não se pode compreender que seja descartável, ao menos em casos como o presente, onde por vinte anos o réu teve como genitor o autor. Pretensão que afronta o princípio constitucional da dignidade da pessoa humana, porque o réu ficaria sem pai registral, ou seja, sem filiação e sobrenome paterno. Precedentes doutrinários e jurisprudenciais[13].

O código atual abandonou a sistemática e passou a chamar de civil o parentesco decorrente da adoção, aquele vindo de inseminação artificial heteróloga consentida (art. 1597, V) e o vindo da afinidade. É possível aqui incluir, inclusive, a filiação socioafetiva, conforme já reconheceu o Superior Tribunal de Justiça (REsp 83371/RS, julgado em 17.05.2007) e estabelece o enunciado número 256 do Conselho Nacional de Justiça: "Art. 1593: A posse do estado de filho (parentalidade socioafetiva) constitui modalidade de parentesco civil". O parentesco consanguíneo, sem

---

12. TJRS, Apel. Cív. 70023877798, 7ª Câm. Cív., rel. Des. Ricardo Raupp Ruschel, j. 27-8-2008, *DJ* de 3-9-2008.
13. TJRS, Apel. Cív. 70.022.895.072, 8ª Câm. Cív., rel. Des. José Ataídes Siqueira Trindade, j. 5-6-2008, *DJ* de 12-6-2008.

dúvida, garante a inclusão no plano de saúde da requerida. Essa situação não é contestada pela requerida e o comprova o fato de outros filhos do autor serem seus dependentes nele. À filiação civil há de se atribuir o mesmo direito. Isso porque a Constituição Federal equiparou, para todos os efeitos, os filhos, qualquer que fosse a sua categoria (art. 227, § 6º)[14].

[...] aqui está absolutamente configurada uma "adoção à brasileira" em que a pessoa, embora ciente da ausência de vínculo biológico, reconhece o outro como filho. Nesses casos, o que prevalece não é a verdade biológica, mas a socioafetiva, porquanto a pessoa que teve reconhecida a paternidade passa a gozar do estado de filho, que não lhe pode ser retirado simplesmente por ato unilateral do pai registral, como se o ato fosse de mero capricho, o reconhecimento é irrevogável e irretratável, pois caracterizada uma adoção. Em verdade, apenas nas hipóteses de o filho desejar estabelecer a verdade biológica é que a jurisprudência tem admitido a revogação do reconhecimento levado a efeito [...] No mais, desimportante tenha o exame pericial excluído a paternidade, consoante o posicionamento já externado, em ações desse jaez, em que ocorrida típica "adoção à brasileira", o princípio da verdade socioafetiva sobrepuja ao da biológica. Nesse diapasão, escorreita a condução da dilação probatória pelo Juízo *a quo*, porquanto este cuidou em determinar a realização de estudos social e psicológico exatamente para aferir a existência de vínculo afetivo entre as partes[15].

Registre-se, nesse passo, a decisão do Tribunal de Justiça do Ceará[16], que "enfatiza manifestação de vontade exercida pelo pai no reconhecimento de filho que sabia não ser biologicamente seu", *verbis*: "o reconhecimento espontâneo da paternidade por quem sabe não ser o pai biológico tipifica verdadeira adoção (adoção à brasileira), a qual é irrevogável, descabendo postular-se anulação do registro de nascimento, salvo se demonstrada de forma convincente a existência de vício de consentimento, o que inocorreu no caso em foco".

"O estado de filiação não está necessariamente ligado à origem biológica e pode, portanto, assumir feições originadas de qualquer outra relação que não exclusivamente genética. Em outras palavras, o estado de filiação é gênero do qual são espécies a filiação biológica e a não biológica [...] Na realidade da vida, o estado de filiação de cada pessoa é único e de natureza socioafetiva, desenvolvido na

---

14. TJSP, Apelação 527.250-4/8-00, 9ª Câm. de Direito Privado, rel. Des. José Luiz Gavião de Almeida, j. 29-7-2008.
15. TJSP, Apelação com Revisão 534.955-4/1-00, 8ª Câm. de Direito Privado, rel. Des. Joaquim Garcia, j. 8-10-2008.
16. Apel. Cív. 116.24200080601761-Fortaleza, 6ª Câm. Cív., rel. Des. Sérgia Maria Mendonça Miranda, registro em 21-7-2010, citado pela mesma relatora na Apel. Cív. 59402-26.2007.8.06.0001/1, j. 9-9-2011.

convivência familiar, ainda que derive biologicamente dos pais, na maioria dos casos" (Mauro Nicolau Júnior *in* "Paternidade e Coisa Julgada. Limites e Possibilidade à Luz dos Direitos Fundamentais e dos Princípios Constitucionais", Curitiba: Juruá Editora, 2006)[17].

Por isso, Luiz Edson Fachin[18] destaca esse

> reconhecimento pelos tribunais de uma situação que se coloca como base das relações familiares. Se não há dúvida acerca da relevância do reconhecimento dos laços biológicos da filiação, o vínculo que une pais e filhos, e que lhes oferece tais qualificações, é mais amplo que a carga genética de cada um: diz respeito às relações concretas entre eles, o carinho dispensado, o tratamento afetuoso, a vontade paterna em se projetar em outra pessoa, a quem reconhece como filho, não só em virtude do sangue, mas em virtude do afeto, construído nas relações intersubjetivas concretas. Tais relações são, não raro, dotadas de objetiva recognicibilidade, inclusive por inferência de comportamentos concludentes.

Por outro lado, mesmo ressalvando o direito à busca da origem genética na relação familiar socioafetiva, elucida Wania Andréa Luciana Chagas Duarte de Figueiredo Campos[19] que

> a investigação de paternidade é capaz de indicar o pai biológico e não de dar um pai ao investigante. Através da ação judicial o indivíduo tem conhecimento da existência ou não do vínculo biológico. Conhecer a origem significa entender seus traços socioculturais, devendo ser compreendido como um direito fundamental do ser humano. O direito à identidade genética deve ser entendido, com base no princípio da dignidade da pessoa humana, somo elemento intrínseco ao direito da personalidade.

E continua:

> O reconhecimento do direito à identidade genética não implica, necessariamente, gerar uma relação de parentesco, e, por conseguinte, seus efeitos patrimoniais, mas

---

17. STJ, REsp 234.833/MG, 4ª T., rel. Min. Hélio Quaglia Barbosa, j. 25-9-2007, *DJ* de 22-10-2007, p. 276. No mesmo sentido: REsp 450.886/MG, do mesmo relator, j. 4-12-2007, *DJ* de 17-12-2007, p. 173.
18. *Comentários ao novo Código Civil* cit., p. 28-29.
19. O direito à busca da origem genética na relação familiar socioafetiva. In: PEREIRA, Tânia da Silva; PEREIRA, Rodrigo da Cunha (coord.). *A Ética da convivência Familiar e sua Efetividade no Cotidiano dos Tribunais*. Rio de Janeiro: Forense, 2006. p. 356.

dar a quem investiga a possibilidade de conhecer mais sobre si, adequando sua realidade à sua verdade, e, assim, manter uma convivência plena com o meio social que o cerca.

Por essa razão, conclui que

> aos filhos provenientes da adoção, e até mesmo de reprodução assistida heteróloga (considerando a possibilidade nos casos especiais que envolvam a prevenção da própria vida, em razão da saúde), deve ser assegurado o direito ao conhecimento de suas origens, sem que, no entanto, essa identificação importe na desconstituição da paternidade/maternidade da filiação jurídica ou socioafetiva, ou seja, não cause quaisquer efeitos sobre a relação de parentesco, pois não deve haver valoração da identidade biológica sobre os laços afetivos presentes na relação entre pais e filhos[20].

Aliás, nesse sentido, decidiu a 7ª Câmara Cível do Tribunal de Justiça do Rio Grande do Sul, sendo relator o Desembargador Sérgio Fernando de Vasconcellos Chaves[21], que

> a possibilidade de investigação não traz necessariamente sequelas obrigacionais e patrimoniais. Reconhecida a filiação socioafetiva, a investigação de paternidade não leva a desconstituição ou anulação do registro de nascimento, mas se limita a atender a possibilidade de se conhecer a paternidade sem gerar sequelas patrimoniais.

Concluiu-se, ainda, nesse julgado: "Se identificada a paternidade biológica, julgo procedente, mas sem anulação do registro pelo reconhecimento da filiação socioafetiva, o que atende ao direito constitucional de busca da identidade biológica".

Tive oportunidade de dar Parecer em caso, em que, embora tenha sido constatada, por exame pericial de DNA, a paternidade biológica de determinada pessoa não se pode simplesmente ignorar e descartar quarenta anos de convívio intenso e diário de seus filhos biológicos com o pai afetivo, à base de carinho, amor, afeto, dedicação, assistência imaterial e comprometimento recíprocos, com efetiva e constante participação do pai na criação e educação de seus filhos registrados.

Com fundamento nesse meu Parecer, julgou o Tribunal de Justiça do Ceará[22] que, com esteio na doutrina e na jurisprudência, mostra o mesmo Parecer que "os laços de afeto não podem ser olvidados para se anular a titulada 'adoção à brasileira', em prol da gênese biológica".

---

20. O direito à busca da origem genética na relação familiar socioafetiva cit., p. 358.
21. Apelação Cível 70.004.131.520, j. 22-5-2002.
22. TJCE, Apel. Cív. 59402-26.2007.8.06.0001/1, 6ª Câm. Cív., rel. Des. José Mário dos Martins Coelho, j. 9-9-2011.

No mesmo sentido, outros julgados devem ser considerados, reconhecendo que "O reconhecimento da paternidade é ato irrevogável (art. 1º da Lei n. 8.560/92 e art. 1.609 do CC)"[23].

Como demonstram os entendimentos doutrinários e jurisprudenciais citados, a posterior constatação pericial da paternidade biológica, no caso estudado nesse Parecer, não tem o condão de simplesmente descartar e apagar um vínculo jurídico de paternidade e filiação socioafetivas, consolidado por convívio familiar de quarenta anos de afetividade, dedicação e comprometimento do pai na criação e educação dos filhos que registrou como seus.

Daí a possibilidade até de manutenção da paternidade constante do registro, mesmo em detrimento da prova pericial da paternidade biológica, especialmente quando declarada e admitida como fato incontroverso, em processo judicial, a existência de uma sólida e duradoura relação paterno-filial socioafetiva.

Ressalta-se, finalmente, com Paulo Luiz Netto Lôbo[24] que

> A paternidade socioafetiva não é espécie acrescida, excepcional ou supletiva da paternidade biológica; é a própria natureza do paradigma atual da paternidade, cujas espécies são a biológica e a não biológica. Em outros termos, toda a paternidade juridicamente considerada é socioafetiva, pouco importando sua origem. Nas situações frequentes de pais casados ou que vivam em união estável, a paternidade e a maternidade biológicas realizam-se plenamente na dimensão socioafetiva. Sua complexidade radica no fato de não ser um simples dado da natureza, mas uma construção jurídica que leva em conta vários fatores sociais e afetivos reconfigurados como direitos e deveres. Superou-se a equação simplista entre origem genética, de um lado, e deveres alimentares e participação hereditária, de outro. A paternidade é *munus* assumido voluntariamente ou imposto por lei no interesse da formação integral da criança e do adolescente e que se consolida na convivência familiar duradoura.

E complementa:

> Nem toda paternidade socioafetiva resulta da consanguinidade, pois o direito assegura igualdade de direitos e deveres ao pai que assumiu voluntariamente o

---

23. TJRS, Apel. Cív. 70.040.230.336, 7ª Câm. Cív., rel. Des. André Luiz Planella Villarinho, j. 25-5-2001; TJRS, Apel. Cív. 70.039.342.936, rel. Des. Rui Portanova, j. 26-5-2011; TJDFT, Apel. Cív. 2600-03.1.021821-3, 5ª T. Cív., rel. Des. Donizete Aparecido, j. 5-8-2009, *DJ* de 15-10-2009, p. 92; STJ, REsp 1.000.356/SP, 3ª T., rel. Min. Nancy Andrighi, j. 25-5-2010, *DJe* de 7-6-2010; TJRS, Ação Rescisória 70.026.560.961, 4ª G. de Câm. Cív., rel. Des. Rui Portanova, j. 11-12-2009.

24. Paternidade socioafetiva e o retrocesso da Súmula n. 301/STJ. In: PEREIRA, Rodrigo da Cunha (coord.). Família e dignidade humana. *Anais do V Congresso Brasileiro de Direito de Família*. São Paulo: Instituto Brasileiro de Direito de Família – IBDFAM, 2006. p. 808.

estado de filiação nas hipóteses de adoção, de inseminação artificial heteróloga e de posse de estado. Em todas, o estado de filiação assim constituído é inviolável e não pode ser desfeito por decisão judicial, salvo na situação comum de perda do poder familiar (art. 1.638 do Código Civil). A paternidade desaparece em face do genitor biológico em virtude da perda do poder familiar, nas hipóteses de adoção e de declaração judicial de posse de estado de filiação.

Ressalta-se, finalmente, que a "paternidade socioafetiva decorrente da posse de estado de filiação não pode ser contraditada"[25].

3.2 Indenização por abandono afetivo

Por outro lado, o abandono afetivo paterno tem sido reconhecido pelos Tribunais como causador de indenização por danos morais.

Assim, não basta o pagamento regular de pensão alimentícia, mas é preciso que existam cuidados pessoais com os filhos pensionados, como um dever inafastável decorrente da paternidade ou da maternidade.

Os pais não são obrigados a amar seus filhos, mas a cuidar deles, material e imaterialmente. O princípio da dignidade da pessoa humana, previsto no art. 1º, III, da Constituição Federal, de 5 de outubro de 1988, exige esse respeito devido à pessoa. Os direitos e deveres da personalidade devem ser cumpridos, para que se valorize a pessoa com a dignidade necessária no convívio social.

Julgado do Tribunal de Alçada de Minas Gerais[26] "reconheceu ao filho o direito a ter reparados os danos morais decorrentes do abandono paterno, fixando indenização correspondente a 200 salários mínimos", com a seguinte ementa: "Indenização danos morais – Relação paterno-filial – Princípio da dignidade da pessoa humana – Princípio da afetividade". Destaque-se, nesse julgado, que

> O papel dos pais não se limita ao dever de sustento, de prover materialmente o filho com os meios necessários à subsistência orgânica. Vai muito além, para abranger a subsistência emocional, e a função psicopedagógica, de educação e assistência em geral. Na medida em que não é cumprido esse irrenunciável papel, por injustificável ausência paterna, exsurge o dano que há de ser reparado.

Muitas decisões existem nesse sentido[27], como a do juiz Mário Romano Maggioni, da 2ª Vara de Capão da Canoa (RS), de agosto de 2003 (Proc. 1.030.012.032-0) que "con-

---

25. Paternidade socioafetiva e o retrocesso da Súmula n. 301/STJ cit., p. 808-809.
26. TACMG, AC 408.550-5, 7ª Câm. Cível, rel. Juiz Unias Silva, de 1º-4-2004. Relato de Luiz Felipe Brasil Santos, *COAD/ADV*, Seleções Jurídicas, fev. 2005, p. 25.
27. *Revista Consultor Jurídico*, de 14-6-2004.

denou um pai a pagar 200 salários mínimos à filha que alegou abandono material e psicológico" e a do juiz Luís Fernando Cirillo, da 31ª Vara Cível de São Paulo-SP (Proc. 01.36747-0) que "condenou um pai a pagar à filha indenização de R$ 50 mil por danos morais e para custear tratamento psicológico".

Em julgamento do Superior Tribunal de Justiça, pronunciou-se a Ministra Nancy Andrighi[28] que "Amar é faculdade; cuidar é dever". Nesse caso, a decisão favoreceu uma mulher de 38 anos, que litigava há 12 anos, sob fundamento de que ela deveria ter sido cuidada em sua infância e juventude por seu pai, que foi, por esse descuidado, condenado a pagar indenização de 200 mil reais de danos morais.

Essa filha obteve o reconhecimento da paternidade por via judicial.

Declarou a Ministra Relatora em seu voto que "O cuidado é fundamental para a formação do menor e do adolescente [...] Não se discute mais a mensuração do intangível – o amor –, mas sim, a verificação do cumprimento, descumprimento ou parcial cumprimento de uma obrigação legal: cuidar".

E continua:

> entre pais e filhos, além dos vínculos afetivos, existem os legais. [...] entre os deveres inerentes ao poder familiar estão o convívio, o cuidado, a criação, a educação, a transmissão de atenção e o acompanhamento do desenvolvimento sociopsicológico dos filhos. Essas obrigações existem tanto em relação aos filhos biológicos quanto aos adotivos.

E acrescento, também, quanto aos filhos na paternidade e na maternidade afetiva, em que os deveres paterno e materno nascem do amor e do respeito à pessoa, que não pode ser abandonada e esquecida.

Nessa reportagem citada, ressalta-se que o Tribunal de Justiça de São Paulo, nesse caso de abandono afetivo, sendo o pai "abastado e próspero", o havia condenado ao pagamento de danos morais de 415 mil reais, valor que foi reduzido no STJ a 200 mil reais.

Nessa reportagem fui consultado e me manifestei favorável a essa decisão, lembrando, na oportunidade, que "Estamos na era do afeto, tudo é afetivo. A Justiça decide agora sobre uma série de problemas que antigamente não se consideravam".

E acrescentei quanto ao valor da indenização fixada que o juiz leva em conta o poder econômico do pai, destacando "O STJ deve ter avaliado a vida do pai, se ele é um milionário, se leva uma vida de vantagens e se privou sua filha de certos benefícios".

Por seu turno, manifesta-se favoravelmente à indenização decorrente de abandono afetivo, nessa relação entre pais e filhos, Giselda Maria Fernandes Novaes Hironaka[29],

---

28. *Jornal da Tarde*, de 3 de maio de 2012, Reportagem de Mariângela Gallucci, p. 9 A., julgamento do STJ, REsp 1.159.242, 3ª T.

29. Direito ao pai: dano decorrente de abandono afetivo na relação paterno-filial. *Boletim IBDFAM*, jul.-ago. 2005, p. 3.

afirmando que "O dano causado pelo abandono afetivo é, antes de tudo, um dano à personalidade do indivíduo".

Giselda analisa, nessa oportunidade, uma decisão[30] do Tribunal de Justiça de Minas Gerais, comentando que, ao assistir a entrevista dada pela vítima, desse processo, na TV, "Havia a expressão de alguma coisa que poderia ser chamada de dor ou de solidão, mas que era bem mais do que isso".

Em 50 anos de advocacia, tenho presenciado casos dolorosos de rejeição de paternidade, de pessoas que colocam o patrimônio à frente do sentimento ou que usam o interesse material para tirar vantagens indevidas, geralmente à época da morte dos responsáveis.

Reconhecer-se a paternidade, nem sempre, justifica o reconhecimento de direitos materiais.

A dor pelo não reconhecimento do amor é constante nos atos de nossa existência e necessitam de uma indenização, para penalizar a negligência, o descaso, o desamor, que deve ser medido de caso para caso, ainda que sua configuração material seja *pro forma*, simbólica.

Ninguém pode ser obrigado a amar, pois esse é também um direito da personalidade de quem exerce esse sentimento. Por tal razão, como menciona a Ministra Nancy Andrighi, a falta de cuidado deve ser apenada, para que não se desrespeite essa verdadeira responsabilidade social.

Quem gera um filho não está autorizado, pelo Direito Natural, a desprezá-lo, seja qual for a origem desse nascimento, se querido ou não.

O ser humano deve ser respeitado, essencialmente, como obra da Natureza, que precisa ser preservada, além das querelas e das fraquezas do ser humano.

4 Filiação. Conceito e evolução legislativa

Filiação é a relação jurídica que se estabelece entre o filho e seus pais; inversamente, a relação entre pai e filho é chamada de paternidade, e entre mãe e filho, conhecida por maternidade. São pessoas que descendem umas das outras ou ligadas pelo vínculo da adoção.

Na vigência do Código Civil de 1916, fazia-se discriminação odiosa entre filiação natural legítima e ilegítima.

Filhos legítimos eram os nascidos dos pais, durante seu casamento. Os filhos legitimados eram os concebidos por pessoa não casadas, que se casavam posteriormente (*legimatio per subsequens matrimonium*).

Filhos ilegítimos eram os de pessoas não casadas, considerados naturais quando não havia impedimentos matrimoniais entre os pais; ou espúrios por já estar casado um dos pais (filhos adulterinos) ou por existir entre estes relação de impedimentos que obstavam seu casamento (filhos incestuosos), por parentesco próximo.

---

30. TJMG, AC 408.550-5, 7ª Câm. Cív., *DJMG* de 24-4-2004, em que foi advogado Rodrigo da Cunha Pereira.

O art. 358 do Código Civil de 1916 proibia o reconhecimento dos filhos adulterinos e incestuosos e a respectiva investigação de paternidade.

Com o advento do Decreto-lei n. 4.737/42 e após a Lei n. 883/49, admitiu-se o reconhecimento ou investigação de paternidade, depois de dissolvida a sociedade conjugal, por morte ou pelo desquite, à época (art. 1º da mesma Lei n. 883/49).

O art. 2º desta última lei concedia direito à metade da herança que viesse a receber o filho legítimo, a título de amparo social e econômico. Assistia-se, nesse passo, ao verdadeiro absurdo de o Estado conceder benefício com patrimônio alheio.

Foi com o art. 51 da Lei n. 6.515/77 (Lei do Divórcio), que se extinguiu essa absurda discriminação, dando roupagem a esse mencionado art. 2º. Reconheceu-se, nesse caso, assim, a igualdade de direito à herança. Qualquer que fosse a natureza da filiação.

Por sua vez, a Lei n. 7.250/84, acrescentou dois parágrafos ao art. 1º da citada Lei n. 883/49; o primeiro, que permitiu a qualquer dos cônjuges o reconhecimento de filhos havidos fora do casamento, mas em testamento cerrado, aprovado antes ou depois do nascimento do filho, e, nessa parte irrevogável. Num segundo parágrafo, possibilitando ao filho havido fora do casamento ser reconhecido pelo cônjuge separado de fato há mais de cinco anos contínuos.

Esse reconhecimento por testamento cerrado foi outro absurdo legislativo, postergando a notícia do reconhecimento do filho para depois da morte do pai. Verdadeiro reconhecimento secreto!

Absurdo idêntico estabelece-se no aludido § 2º, condicionando o reconhecimento de filho a prazo (após cinco anos de separação). A lei possibilitando, de qualquer modo, a ocultação do reconhecimento.

Editou-se, então, em 5 de outubro de 1988, a atual Constituição Federal que, em seu art. 227, § 6º, igualou, com os mesmos direitos e qualificações, todos os filhos, havidos ou não da relação do casamento, ou por adoção, ficando proibidas quaisquer designações discriminatórias referentes à filiação.

Obedecendo a esse preceito constitucional, a Lei n. 7.841/89, revogou o art. 358 do Código Civil de 1916, que proibia o reconhecimento dos filhos adulterinos e incestuosos.

4.1 Filiação no Código Civil de 2002

A Lei n. 8.069/90 (Estatuto da Criança e do Adolescente), por seu art. 20 acolheu o aludido texto constitucional, que da mesma forma, repetiu-se, integralmente, no art. 1.596 do Código Civil atual, *verbis*: "Os filhos, havidos ou não da relação de casamento, ou por adoção, terão os mesmos direitos e qualificações, proibidas quaisquer designações discriminatórias relativas à filiação".

Destaca Silvio Rodrigues[31] que

---

31. *Direito civil* cit., p. 298-299.

Diferença há, obviamente, entre o filho havido no casamento, aquele havido fora das núpcias e o adotivo. Inexiste, isto sim, por vedação constitucional e legal, diversidade de direitos, qualificações discriminatórias e efeitos diferenciados pela origem da filiação. Assim é que, para os filhos originados de uma relação conjugal, a lei estabelece uma presunção de paternidade e a forma de sua impugnação; para os havidos fora do casamento, criam-se critérios para o reconhecimento, judicial ou voluntário; e, por fim, para os adotados, são estabelecidos requisitos e procedimentos para a perfilhação.

4.2 Filiação havida no casamento (matrimonial)

Na filiação havida no casamento, existe a presunção de paternidade do marido da mãe. No casamento presumem-se as relações sexuais entre os cônjuges e a fidelidade da esposa.

Embora o legislador se refira à filiação havida no casamento, devem-se incluir as relações de fato, como é o caso da união estável, atualmente reconhecida como entidade familiar (art. 226, § 3º, da CF).

A essas relações de fato, portanto, devem aplicar-se as presunções previstas na lei.

Desse modo, não sendo possível provar a paternidade, pelo relacionamento físico dos pais em convívio familiar, presume-se filho o concebido durante essa convivência (*caput* do art. 1.597 do CC).

Aplica-se a presunção admitida entre os romanos, segundo a qual *pater is est quem justae nuptiae demonstrant*, nas situações previstas nos incisos do aludido art. 1.597.

O filho da mulher casada é também o do seu marido ou companheiro.

Essa presunção, embora traga em si a preocupação de integrar o filho na família, dando-lhe a segurança de pertencer a um lar, apresenta-se com natureza relativa (*iuris tantum*), admitindo prova em contrário; matéria adiante estudada.

A maternidade prova-se pelo parto, sendo punido pelo Código Penal (arts. 241 e 242) o parto suposto.

Pelo inciso I desse art. 1.597, presumem-se concebidos na constância do casamento os filhos "nascidos 180 (cento e oitenta) dias, pelo menos, depois de estabelecida a convivência conjugal", bem como, pelo inciso II, os "nascidos nos 300 (trezentos) dias subsequentes à dissolução da sociedade conjugal, por morte, separação judicial, nulidade e anulação do casamento".

Arremata o art. 1.598, seguinte, que,

> Salvo prova em contrário, se, antes de decorrido o prazo previsto no inciso II do art. 1.523, a mulher contrair novas núpcias e lhe nascer algum filho, este se presume do primeiro marido, se nascido dentro dos 300 (trezentos) dias a contar da data do falecimento deste, e, do segundo, se o nascimento ocorrer após esse período e já decorrido o prazo a que se refere o inciso I do art. 1.597.

Com as novas técnicas genéticas, esses dispositivos legais perderam sua atualidade e utilidade, já que o exame de DNA pode atribuir com certeza quase absoluta a filiação.

Por sua vez, no Código Civil de 2002, tentando tratar da fecundação artificial homóloga e heteróloga[32], nos incisos III e V do art. 1.597, no capítulo da filiação, o legislador inseriu matéria de alta complexidade e que deveria existir em um estatuto próprio cuidando de todo o tema envolvente da fecundação assistida.

A homóloga ocorre quando o embrião é constituído do espermatozoide do marido ou do companheiro, aplicado no óvulo da esposa ou da companheira, no próprio corpo desta.

Resta assim evidente que, nessa espécie, o material colhido é próprio do casal, formado pelo casamento ou pela união estável, devendo os doadores estar vivos no momento da inseminação.

Pode acontecer que, feita a inseminação homóloga, venha a falecer um dos doadores, o que não impede, como também ocorre com a fecundação natural, que venha o filho a ter identificação normal, com todos os direitos que são atribuídos, por lei, em razão do seu nascimento.

Essa inseminação é útil, pois, muitas vezes, o casal não é infértil, mas por deficiências físicas ou psíquicas, fica impedido de fecundar naturalmente.

Assim, pelo inciso III do mesmo art. 1.597 do Código Civil, presumem-se, ainda, concebidos, na constância do casamento, os filhos havidos por fecundação artificial homóloga, mesmo que falecido o marido.

Ou seja, por fecundação feita com o óvulo da mulher e o sêmen de seu marido mesmo que este já tenha falecido.

Pelo inciso IV do citado art. 1.597, presumem-se filhos, ainda, os havidos, a qualquer tempo, tratando-se de embriões excedentários, também decorrentes de concepção artificial homóloga.

Ou seja, fecundação com embriões *in vitro*, que foram guardados para serem utilizados posteriormente.

Pelo inciso V desse art. 1.597, são ainda filhos presumidos os nascidos por inseminação artificial heteróloga, quando tiver havido prévia autorização do marido.

Lembre-se de que a inseminação é heteróloga, quando utilizado sêmen de terceiro.

A inseminação heteróloga é, desse modo, a que se realiza com a coleta de material, próprio ou alheio (sêmen e óvulo próprios ou alheios, sêmen próprio e óvulo alheio ou vice-versa), com a resultante de embriões, para implantação em útero alheio, ou, ainda, em útero próprio, com material alheio (sêmen e óvulo; sêmen ou óvulo).

Surge, nesse passo, a figura da "mãe substituta", conhecida como "mãe de aluguel", ou, na Inglaterra, "subrrogate mother", adiante estudada (cessão temporária e gratuita de útero).

---

32. AZEVEDO, Álvaro Villaça. Ética, direito e reprodução assistida. In: DINIZ, Maria Helena; LISBOA, Roberto Senise (coord.). *O direito civil no século XXI*. São Paulo: Saraiva, 2003. p. 55-72.

Pondera Caio Mário da Silva Pereira[33] caber à Doutrina e à Jurisprudência a solução concernente aos direitos sucessórios dos filhos oriundos da fecundação assistida e nascidos após a morte do marido.

Sim, porque a herança transmite-se, desde logo, aos herdeiros legítimos e testamentários, com a morte (art. 1.784 do CC). Sendo a morte o fato gerador da transmissão hereditária, dela participam os nascidos ou já concebidos no momento dela (art. 1.789 do CC). Tenha-se, mais, que da sucessão testamentária participam os filhos não concebidos de pessoas indicadas pelo testador, desde que vivas na abertura sucessória (art. 1.799 do CC), não se aplicando, nesse caso, o tratamento dado ao nascituro (art. 1.779 do mesmo Código).

Portanto, conclui o jurista: "não se pode falar em direitos sucessórios daquele que foi concebido por inseminação artificial *post mortem*; reforma legislativa deverá prever tal hipótese, até mesmo para atender ao princípio constitucional da não discriminação de filhos".

4.3 Cessão temporária e gratuita de útero[34]

A reprodução humana assistida vem sendo realizada, no mundo, com experiências as mais desastrosas, chegando-se ao cúmulo de transformar essa atividade em verdadeira prática comercial, como nos Estados Unidos da América do Norte, em que uma inseminação chega a tabelar-se em US$ 20.000 (US$ 10.000, para a mãe de aluguel; US$ 6.000, para o advogado cuidar do respectivo processo; e US$ 4.000, para o trabalho médico), quando se sabe que, em média, o sucesso de cada tentativa, considerando a mais aprimorada técnica, de caráter internacional, não ultrapassa 18%.

Essa assistência médica tem existido para possibilitar o nascimento de filhos, principalmente, de casais que apresentam problemas de infertilidade, física ou psíquica.

A reprodução humana assistida vem ocorrendo no Brasil, por seu turno, por técnicas médicas, segundo regramento do Conselho Federal de Medicina, pela atual Resolução n. 1.957, de 2010, publicada no *Diário Oficial da União*[35], em 6 de janeiro de 2011, com normas éticas para a utilização das técnicas de reprodução assistida, sem uma legislação própria, que necessita existir, para que se evitem abusos.

O controle dessas técnicas é efetivado pelo Código de Ética Médica, por meio de dita Resolução, que, não tendo força de lei, o seu descumprimento implica sanções de caráter administrativo.

Afirme-se que a reprodução humana assistida, como visto, é a fecundação, com artificialidade médica, informada e consentida por escrito, por meio de inseminação de

---

33. *Instituições de direito civil* cit., p. 318.
34. AZEVEDO, Álvaro Villaça. Barriga de aluguel: inadmissibilidade. *Carta Forense*, p. B 26, dez. 2009.
35. Seção I, p. 79.

gametas humanos, com probabilidade de sucesso e sem risco grave de vida ou de saúde para a paciente e para seu futuro filho.

A reprodução humana assistida, como visto, pode dar-se por inseminação artificial *homóloga* ou *heteróloga*.

Por seu turno, a inseminação *heteróloga* é a que se realiza com a coleta de material, próprio ou alheio, como já estudado.

Na Inglaterra, há notícias de que uma mãe que alugou seu útero para gestar filho alheio, quis exercer o direito de mãe por tê-lo gerado. O Juiz decidiu que esse direito poderia ser reivindicado se a gestação tivesse sido feita a título gratuito, invocando-se o Direito Natural. Decidiu, entretanto, pela entrega do mesmo filho, à mãe contratante, porque a "mãe de aluguel" foi remunerada para gerá-lo.

Ressalte-se minha discordância, quanto às expressões "mãe de aluguel", "útero de aluguel" ou "barriga de aluguel", no Brasil, como vem, praticamente, sendo utilizada, pois aluguel implica a ideia de contraprestação, de remuneração, o que não pode ocorrer em matéria de reprodução humana assistida, principalmente no Brasil.

Quanto à doação de gametas ou de embriões, a mencionada Resolução inicia por declarar sem qualquer caráter lucrativo ou comercial essa mesma doação (IV, 1).

Contudo, bastaria mencionar doação, pois esta é contrato gratuito por natureza.

Aliás, o § 4º do art. 199 da atual Constituição veda qualquer tipo de comercialização dos bens que compõem o corpo, sobre órgãos, tecidos e substâncias humanas, para fins de transplante, pesquisa e tratamento, como também a coleta, processamento e transfusão de sangue e seus derivados. Certamente, aí se incluem as doações de sêmen, de óvulos e de embriões; como também a cessão temporária de útero.

Desse modo, sou favorável, tão somente, à inseminação homóloga, ou seja, realizada com embrião constituído de espermatozoide do marido ou do companheiro, aplicado no óvulo da esposa ou da companheira, no próprio útero destas tudo, sem que existam embriões excedentes. Estes são seres humanos, vidas que devem ser preservadas[36].

É como se, permitam-me dizer, o direito humano estivesse a intrometer-se no direito divino, fazendo, por artifício humano, o que compete à Divina Natureza. Se esta, que é obra de Deus, negou ao homem seu filho, não há que admitir-se a reprodução *in vitro*.

Diante da impossibilidade, em quaisquer circunstâncias, de que se realize a inseminação artificial, com os riscos que apresenta e dificuldades, muito mais artificial mostra-se ela do que o próprio instituto da adoção, que, com o passar do tempo, aperfeiçoou-se, legislativamente, a ponto de constarem os filhos adotivos, na Constituição Federal de 1988 (art. 227, § 6º), em completa igualdade de direitos com os consanguíneos.

Lembre-se de que, ainda que seja homóloga a fecundação, permite a lei que existam embriões "excedentários", o que implica a ideia de permitir vidas humanas em risco, de embriões que podem não ser inseminados e terminem por ser destruídos.

---

36. AZEVEDO, Álvaro Villaça. Ética, direito e reprodução assistida cit.

No caso de "inseminação artificial heteróloga", "com prévia autorização do marido" (inciso V), a situação fica pior, pois a hipótese possibilita que espermatozoide de terceiro seja inseminado artificialmente no óvulo de uma mulher casada, o que excepciona a ideia do parentesco consanguíneo previsto no citado art. 1.593, já que o filho do titular do espermatozoide não será consanguíneo do marido, a não ser *ex lege*.

Ressalte-se, finalmente, que não se cogita de fecundação *in vitro*; todavia, menciona-se a possibilidade de existirem "embriões excedentários, decorrentes de concepção artificial homóloga". Esses embriões estarão, certamente, *in vitro*, e podem, como disse, não ser aproveitados. Se tiverem sido inseminados na mulher, um só poderá nidar, sendo os outros eliminados, mesmo para salvar a vida da gestante; contudo, sem justificativa, pois esse risco de vida foi criado pelos que consentiram nesse tipo de inseminação.

Por outro lado, a locução "inseminação artificial heteróloga" é muito ampla, não tendo sido expressamente proibida a inseminação em útero de terceira pessoa, conhecida como "mãe de aluguel", ainda que não receba remuneração para gestar filho alheio. Na inseminação em útero alheio, se fosse permitido, deveria existir autorização de ambos os cônjuges ou conviventes, nessa cessão temporária do útero.

4.4 Negatória de paternidade

A presunção de paternidade de filho concebido na constância do casamento, como no estudado art. 1.597, I a IV, apresenta-se com caráter relativo, admitindo, portanto, prova em contrário, sendo, assim, uma presunção *iuris tatum*.

Primeiramente, essa presunção apresentava-se, com caráter absoluto, em relação a terceiros, porque só o marido podia intentar ação contestando a paternidade, em tempo determinado no Código Civil (arts. 177, *caput*, ou 178, § 3º e 4º, I, de 1916 – 20 anos ou 2 meses ou, ainda, 3 meses respectivamente). Por ser uma ação de estado, tornou-se imprescritível, com a promulgação do Estatuto da Criança e do Adolescente (art. 27 da Lei n. 8.069/90)[37], com a Súmula 149 do Supremo Tribunal Federal[38] e com o art. 1.601 do Código Civil atual.

Assenta o art. 1.601 do Código Civil de 2002 que "cabe ao marido o direito de contestar a paternidade dos filhos nascidos de sua mulher, sendo tal ação imprescritível (*caput*)". Se for "contestada a filiação, os herdeiros do impugnante têm direito de prosseguir na ação" (parágrafo único).

A titularidade da ação, portanto, é exclusiva do pai.

Destaque-se, nesse passo, o art. 1.599 do Código Civil, pelo qual se ilide a presunção de paternidade com a prova da impotência do cônjuge para gerar, à época da concepção.

---

37. "Art. 27. O reconhecimento do estado de filiação é direito personalíssimo, indisponível e imprescritível, podendo ser exercitado contra os pais ou seus herdeiros, sem qualquer restrição, observado o segredo de justiça".

38. Súmula 149 do STF: "É imprescritível a ação de investigação de paternidade, mas não o é a de petição de herança".

Cuida-se aqui de verdadeira impossibilidade para gerar. Entretanto, essa situação não se aplica à hipótese prevista no inciso V do art. 1.597, que refere a inseminação artificial heteróloga. Não se pode, aí, cogitar de impotência do marido ou exame de DNA, como se dá nas demais hipóteses.

Há outros casos de impossibilidade, como o do marido que realizou vasectomia ou que reside em localidade muito distante (em um outro país, por exemplo).

Tenha-se presente, ainda, que o adultério da mulher, mesmo confessado, não é suficiente para ilidir a referida presunção legal de paternidade (art. 1.600 do CC).

Nem basta a confissão materna para excluir a paternidade (art. 1.602, seguinte).

Este artigo completa o sentido do já estudado art. 1.600, incluindo nele a confissão do adultério.

4.5 Prova da filiação

Prova-se a filiação pela certidão do termo de nascimento registrada no Registro Civil, estabelece o art. 1.603 do Código Civil.

Salvo comprovação de erro ou de falsidade do registro, a ninguém é lícito vindicar estado contrário ao que dele resulta, completa o art. 1.604, seguinte.

Em caso de não ter sido lavrado termo de nascimento, da perda, extravio ou destruição do livro apropriado, ou ante defeito deste, poderá a filiação ser provada por qualquer dos meios admitidos em direito (art. 1.605 do CC), quando houver começo de prova por escrito, provinda dos pais, conjunta ou separadamente (inciso I), ou quando existirem veementes presunções, que resultem de fatos já certos (inciso II). Isso, quando alguém se apresenta na sociedade com estado de filho, como descendente de determinada pessoa, reconhecida publicamente nessa situação de filho, utilizando este o sobrenome do pretenso pai, entre outras situações que façam presumir a paternidade.

A lei refere-se a veementes presunções, em um *standard jurídico* que não deve ser interpretado com tanto rigor pelo juiz que deve convencer-se diante de provas que façam inferir a paternidade.

Há casos de prova escrita de filiação, admitidas, além do registro, como o testamento e as escrituras públicas de reconhecimento ou de emancipação de filho.

Tal prova faz-se também por meio de circunstâncias, de cuidados especiais como filho, como pagamento de alimentos, troca de correspondência, internação como filho, em Hospital, matrícula em escola com pagamento de mensalidades, ou, ainda, pela posse do estado de filho.

Por outro lado, a posse do estado de filho pode acobertar uma paternidade afetiva e não biológica. Portanto, não havendo prova em contrário desse estado de filho, deve ser ele admitido para possibilitar a estabilidade da família e a integração nela do filho.

Tenha-se presente, ainda, que a legitimidade da ação de prova de filiação é atribuída ao filho, enquanto ele viver, passando a seus herdeiros, se ele morrer menor ou incapaz (art. 1.606 do CC). Porém, se iniciada a ação pelo filho, seus herdeiros poderão continuá-la. A não ser que tenha o processo sido julgado extinto (parágrafo único).

4.6 Filiação havida fora do casamento (extramatrimonial)

4.6.1 Introdução

Na filiação havida fora do casamento não existe presunção legal de paternidade, mesmo que os pais tenham convivido em união de fato de longa duração.

O parentesco estabelece-se mais facilmente com a mãe, que atesta fisicamente essa situação de maternidade por sua gestação e pelo parto. Daí a conhecida expressão romana de que a mãe é sempre certa e o pai incerto (*mater semper certa est, pater incertus*).

Daí por que, como, quase sempre, a maternidade consta do termo do nascimento do filho, a mãe só poderá contestá-la, provando a falsidade do termo ou de suas declarações (art. 1.608 do CC).

No tocante a esse citado art. 1.608, devem considerar-se novas formas de gestação, nele não previstas, como vem acontecendo, tal o contrato de gestação, conhecido como "barriga de aluguel", em que a mãe se compromete a gerar filho de outrem, por inseminação artificial, e entregá-lo após o nascimento. Essa matéria necessita de regulamentação. Quem será a mãe: a que gerou material genético fornecido pela mãe contratante do útero ou a esta última.

Os filhos havidos extramatrimonialmente podem ser reconhecidos pelos pais, conjunta ou isoladamente (art. 1.607 do CC).

O reconhecimento dos filhos extramatrimoniais já era admitido pela Lei n. 8.069/90 (art. 26), nos moldes dos arts. 1.607 e 1.608 do Código Civil.

Há duas espécies de reconhecimento de filho: o voluntário (perfilhação) e o judicial (forçado), por meio de sentença.

4.6.2 Reconhecimento voluntário

O reconhecimento voluntário dos filhos extramatrimoniais é a manifestação de vontade solene e pública realizada pelos pais, irrevogavelmente (art. 1.609 do CC): no registro do nascimento (inciso I); por escritura pública ou escrito particular, para ser arquivado em cartório (inciso II); por testamento, ainda que incidentalmente manifestado (inciso III); por manifestação direta e expressa perante o juiz, ainda que o reconhecimento não haja sido o objeto único e principal do ato que o contém (inciso IV), por exemplo, o testemunho em qualquer processo. É também o que dispunha o art. 1º da Lei n. 8.560/92 (sobre investigação de paternidade).

O reconhecimento voluntário é, portanto, um ato pelo qual alguém declara unilateralmente, que outrem é seu filho, produzindo efeitos pela mera manifestação de vontade.

Entre os efeitos mais importantes, destaquem-se o de usar o nome do pai, de poder reclamar alimentos se deles necessitar, a sucessão, o poder familiar e a guarda dos filhos, enquanto menores.

Ressalte-se, nesse passo, o art. 1.614 do Código Civil, que exige, para que o filho maior seja reconhecido, o seu consentimento, dando ao menor a possibilidade de impugnar o reconhecimento, nos 4 anos seguintes à sua maioridade ou sua emancipação.

Tal situação, entretanto, não tira a natureza unilateral do ato, embora até possa perder sua eficácia sem a aludida concordância.

Esse ato de reconhecimento pode preceder o nascimento do filho ou ser posterior ao seu falecimento, quando ele deixar descendentes (parágrafo único do art. 1.609 do CC). É também o que dispõe o parágrafo único do art. 26 da Lei n. 8.069/90 (Estatuto da Criança e do Adolescente).

O reconhecimento, feito por disposição de última vontade, é ato autônomo, sendo válido e produzindo efeitos mesmo se revogado o testamento (art. 1.610 do CC).

Atente-se para o art. 59 da Lei n. 6.015/73 (dos Registros Públicos) que assenta, quanto ao filho extramatrimonial, não poder o nome do pai ser declarado, a não ser que este expressamente autorize e compareça ao ato do registro, ainda que por procurador com poderes especiais para tanto. Se não souber assinar ou na impossibilidade de fazê-lo, mandará que se assine a seu rogo, com duas testemunhas.

Tenha-se, ainda, que o filho extramatrimonial, reconhecido por um dos cônjuges, não poderá residir no lar conjugal sem que o outro cônjuge consinta (art. 1.611 do CC).

O genitor que reconhecer o filho ficará com a sua guarda enquanto menor. Se ambos o reconhecerem e não houver acordo, a guarda ficará com o que der melhores condições em atendimento dos interesses do menor (art. 1.612 do CC).

Nesse passo, reafirma a lei civil a regra do melhor interesse da criança (art. 3º do Decreto n. 99.710/90, nos moldes da Convenção Internacional sobre os Direitos da Criança).

Por outro lado, são ineficazes a condição e o termo, que se coloquem no ato de reconhecimento de filho (art. 1.613 do CC).

Lembre-se, ainda, de que a filiação materna ou paterna pode resultar de casamento declarado nulo, mesmo que não seja reconhecido como putativo (art. 1.617 do CC). Desse modo, mesmo em face da putatividade do casamento, os direitos dos filhos ficam intocáveis.

4.6.3 Reconhecimento judicial (investigação de paternidade e maternidade)

Ao lado do reconhecimento voluntário, espontâneo, existe o reconhecimento forçado ou judicial, em razão de sentença em ação de investigação de paternidade, onde se admite que o autor da demanda é filho do investigado.

Por seu turno a ação de investigação da maternidade acontece, raramente.

O Código Civil de 1916 era taxativo ao enumerar, no art. 363 revogado, os casos em que permitia a investigação de paternidade: quando ocorresse concubinato ao tempo da concepção (inciso I); em caso de rapto da mãe do investigante pelo investigado (inciso II); quando a mãe era raptada pelo suposto pai, à época da concepção (inciso III); quando se comprovassem relações sexuais entre a mãe do investigante com o investigado, à época da concepção (inciso III); e quando existisse documento escrito do suposto pai, reconhecendo a paternidade expressamente (inciso IV).

A prova dessas situações era muito difícil, existindo, à época, algumas defesas como a de que a mãe mantivera relações concubinárias ou sexuais com outros homens, no período da concepção (*exceptio plurium concubentium*).

Outra prova, à época, era o exame de sangue que servia para afastar a paternidade, quando o filho e o suposto pai não faziam parte do mesmo grupo consanguíneo.

Entretanto, quando se constatava que ambos pertenciam ao mesmo grupo de sangue, a conclusão admitia apenas a possibilidade da filiação. As dúvidas eram numerosas, havendo necessidade de veemente prova complementar, que sempre dificultavam a certeza da filiação.

Ressalte-se, nesse ponto, que a Constituição de 1988 modificou profundamente a situação anterior com a grande conquista prevista no § 6º de seu art. 227, igualando todos os direitos dos filhos consanguíneos ou adotivos, o que deu direito aos mesmos, sem qualquer distinção, de investigação de sua paternidade, mesmo na vigência do casamento do pai adúltero.

As provas que vinham sendo realizadas, antes de referido texto constitucional, baseadas na comparação de traços fisionômicos, depoimentos de testemunhas sobre relacionamento sexual e documentos, tornaram-se irrelevantes, como também o exame de sangue. Todavia, essas provas podem trazer subsídios ao juiz para fixar, inicialmente, alimentos provisórios.

Relativamente ao exame de sangue que era realizado anteriormente, com probabilidade de apenas 25% de acerto, atualmente, com a evolução da ciência médica com a descoberta do fator DNA (ácido desoxirribonucleico), a certeza é absoluta (99,9999%)[39].

> Considerando os recursos científicos atuais colocados à disposição da Justiça e o princípio do "melhor interesse da criança", esta presunção (de paternidade) deverá ser considerada no conjunto das provas. Não mais se pode alegar a vulnerabilidade da integridade física para a não realização do exame de DNA, uma vez que num fio de cabelo ou pedaço de unha este exame pode ser realizado, o qual não pode ser considerado prova complementar como era o simples exame hematológico,

lembra Caio Mário da Silva Pereira[40], argumentando mais, com a Súmula 301 do Superior Tribunal de Justiça, aprovada em 18 de outubro de 2004 (rel. Min. Pádua Ribei-

---

39. RODRIGUES, Silvio. *Direito civil* cit., p. 332.
40. *Instituições de direito civil* cit., p. 369.

ro), segundo a qual, "em ação investigatória, a recusa do suposto pai a submeter-se ao exame de DNA induz presunção *iuris tatum* de paternidade".

O Superior Tribunal de Justiça, em 2003[41], chegou a mencionar os critérios que devem ser observados na ação de investigação de paternidade:

> (a) se o exame de DNA contradiz as demais provas produzidas, não se deve afastar a conclusão do laudo, mas converter o julgamento em diligência, afim de que novo teste seja produzido, em laboratório diverso com o fito de assim minimizar a possibilidade de erro resultante, seja da técnica em si, seja da falibilidade humana na coleta e manuseio do material necessário ao exame; (b) se o segundo teste de DNA corroborar a conclusão do primeiro devem ser afastadas as demais provas produzidas, a fim de se acolher a direção indicada nos laudos periciais; e (c) se o segundo teste de DNA contradiz o primeiro laudo, deve o pedido ser apreciado em atenção às demais provas produzidas.

Pode acontecer, entretanto, que o suposto pai se negue à realização do exame de DNA; e que se reitere essa negativa.

Nesse caso, contrapõem-se dois direitos da personalidade: o do filho de saber sobre sua paternidade, de um lado; e, de outro, o da integridade física e a intimidade do suposto pai.

Como o pai não pode ser obrigado a submeter-se a referido exame, deve arcar com sua negativa de realizá-lo.

Por isso, editou-se a mencionada Súmula 301 do Superior Tribunal de Justiça, pela qual a recusa do suposto pai à realização do exame de DNA, leva à presunção relativa de paternidade (*iuris tantum*).

Ponderada é a posição de Caio Mário da Silva Pereira[42], mantendo-se

> entre aqueles que veem, com reserva, a recusa à realização do exame de DNA como presunção da paternidade, sobretudo quando se busca identificar a relação paterno-filial fundada em elementos que vão além da verdade biológica. Outrossim, prejudicada a prova pela recusa do investigado em participar do exame genético, poderá o juiz, excepcionalmente, considerar que os demais elementos convencem da certeza da paternidade.

O art. 1.615, por seu turno, do Código Civil declara que qualquer pessoa, que tenha justo interesse, pode contestar a ação de investigação de paternidade ou maternidade.

---

41. REsp 397.013/MG, 3ª T., rel. Min. Mancy Andrighi, j. 11-11-2003.
42. *Instituições de direito civil* cit., p. 371.

Reafirme-se o contexto do art. 27 do Estatuto da Criança e do Adolescente, seguinte: "O reconhecimento do estado de filiação é direito personalíssimo, indisponível e imprescritível, podendo ser exercido contra os pais ou seus herdeiros, sem qualquer restrição, observado o segredo de justiça".

4.6.4 Investigação oficiosa

Desde 1992, com a edição da Lei n. 8.560, que regulamenta a investigação de paternidade dos filhos havidos fora do casamento, criou-se nova maneira de investigação, conhecida como oficiosa.

A respeito dela, pondera Silvio Rodrigues[43], objetivou-se favorecer "as famílias carentes, sem recursos e talvez constrangidas em buscar a tutela jurisdicional própria em favor do recém-nascido, pelas dificuldades naturais das providências que se fazem necessárias à ação de investigação tradicional".

Transcreve, em seguida, esse jurista o procedimento dessa nova espécie de investigação, constante do art. 2º dessa mesma lei:

> Art. 2º em registro de nascimento de menor apenas com a maternidade estabelecida, o oficial remeterá ao juiz certidão integral do registro e o nome e prenome, profissão, identidade e residência do suposto pai, a fim de ser averiguada oficiosamente a procedência da alegação.
>
> § 1º O juiz, sempre que possível, ouvirá a mãe sobre a paternidade alegada e mandará, em qualquer caso, notificar o suposto pai, independente de seu estado civil, para que se manifeste sobre a paternidade que lhe é atribuída.
>
> § 2º O juiz, quando entender necessário, determinará que a diligencia seja realizada em segredo de justiça.
>
> § 3º No caso do suposto pai confirmar expressamente a paternidade, será lavrado termo de reconhecimento e remetida certidão ao oficial do registro, para a devida averbação.
>
> § 4º Se o suposto pai não atender no prazo de trinta dias a notificação judicial, ou negar a alegada paternidade, o juiz remeterá os autos ao representante do Ministério Público para que intente, havendo elementos suficientes, a ação de investigação de paternidade.
>
> § 5º A iniciativa conferida ao Ministério Público não impede a quem tenha legítimo interesse de intentar investigação visando a obter o pretendido reconhecimento da paternidade.

---

43. *Direito civil* cit., p. 329-330, n. 142.

Esse § 5º, com a nova redação da Lei n. 12010, de 2009, menciona:

> § 5º Nas hipóteses previstas no § 4º deste artigo, é dispensável o ajuizamento de ação de investigação de paternidade pelo Ministério Público se, após o não comparecimento ou a recusa do suposto pai em assumir a paternidade a ele atribuída, a criança for encaminhada para adoção.

Essa Lei incluiu o novo § 6º, nesse mesmo artigo: "§ 6º A iniciativa conferida ao Ministério Público não impede a quem tenha legítimo interesse de intentar investigação, visando a obter o pretendido reconhecimento da paternidade".

O Ministério Público tem legitimação extraordinária para promover, em última análise, havendo provas que assegurem a certeza da filiação, a ação de investigação de paternidade.

Destaque-se, aqui, que na inseminação heteróloga o vínculo é civil, não podendo o pai, que concordou com essa inseminação com sêmen alheio doado, contestar a paternidade do filho. Nesse caso não cabe investigação de paternidade ou de maternidade.

4.6.5 Efeitos da sentença de procedência

"A sentença que julgar procedente a ação de investigação produzirá os mesmos efeitos do reconhecimento; mas poderá ordenar que o filho se crie e eduque fora da companhia dos pais ou daquele que lhe contestou essa qualidade", assenta o art. 1.616 do Código Civil.

No tocante à primeira parte do artigo, surge a questão debatida da relativização da coisa julgada em matéria de ação rescisória.

Como essa decisão envolve o estado da pessoa, e como é imprescindível o exame de DNA para que ele se reafirme definitivamente, fazia referência a isso a proposta do Projeto de Lei n. 6.960/2002, que assim se redigia: "Não fazem coisa julgada as ações de investigação de paternidade decididas sem a realização do exame do DNA", ressalvada a hipótese de recusa injustificada à realização das provas médico-legais.

Caio Mário da Silva Pereira[44] admite essa evolução do Direito Brasileiro no que concerne à possibilidade da promoção de Ação Rescisória, quando não tiver sido feita a prova do DNA, no processo rescindendo.

Argumenta com Galeno de Lacerda[45] que o dogma do respeito à coisa julgada, constante do art. 5º, XXXIV, não é absoluto, porque essa Ação Rescisória "restaura a verdade real na coisa julgada", admitindo "possa ela evidenciar-se através de documento novo", ainda que a produção documental seja "anterior, contemporânea ou posterior" ao julgamento rescindendo.

---

44. *Instituições de direito civil* cit., p. 374-375.
45. *Direito de família:* ações de paternidade, p. 196.

Continua Caio Mário, citando importante acórdão do Superior Tribunal de Justiça[46], admitindo Ação Rescisória, no caso estudado, mesmo depois de vencido o prazo de seu ajuizamento. Quando na época de ajuizado o feito rescindendo não estava disponível o exame do DNA ou não havia notoriedade a seu respeito.

Completa, ainda, Caio Mário, em seguida, referindo comentário, a esse acórdão, por Cristiano Chaves de Faria[47]: "não se pode acobertar com o manto de coisa julgada ações nas quais não foram exauridos todos os meios de provas, inclusive científicos (como o DNA), seja por falta de condições das partes interessadas, por incúria dos advogados, por inércia do Estado-Juiz".

Quanto à segunda parte do analisado art. 1.616 do Código Civil, refere-se ela à possibilidade de o juiz determinar que o filho seja criado e educado fora da companhia dos pais ou daquele que lhe contestou essa qualidade, tudo em face do maior interesse do menor.

É melhor que a criança fique na companhia de quem lhe tenha acolhido, e não repudiado. Aqui, vale mais o apoio ao menor do que a declaração da paternidade biológica, que deve ceder ante a paternidade afetiva.

O pai biológico, entretanto, deve cumprir seus deveres de pai e pagar alimentos ao filho reconhecido.

5 Adoção

5.1 Generalidades

No Código Civil de 1916 a adoção foi regulamentada como um instituto jurídico que supria a deficiência da natureza, dando filho a quem não podia tê-lo.

Assim, assentava o art. 368 desse Código anterior que só podiam adotar os maiores de 50 anos, que não tivessem prole legítima ou legitimada. O adotante deveria ser pelo menos dezoito anos mais velho que o adotado (art. 369, seguinte), só possibilitando o Código que duas pessoas adotassem, se fossem marido e mulher (art. 370).

Foi, então, editada a Lei n. 3.133/57, que retirou da adoção essa ideia egoística de resolver um problema do adotante, que não podia ter filho, dando-lhe um caráter social, de adaptar uma pessoa no lar, possibilitando a adoção por pessoas de mais de trinta anos, com ou sem prole natural.

Todavia, a adoção não envolvia direito sucessório se o adotante tivesse filho. Tal se deu com a nova delação dada ao art. 377 do Código Civil de 1916, pela aludida Lei n. 3.133/57, *verbis*: "Quando o adotante tiver filhos legítimos, legitimados ou reconhecidos, a relação de adoção não envolve a de sucessão hereditária". Esse texto sempre foi de

---

46. REsp 225.436/PR, de 28-6-2001, 4ª T., rel. Min. Sálvio Figueiredo Teixeira.
47. Um alento ao futuro: novo tratamento da coisa julgada nas ações relativas à filiação. *Revista Brasileira do Direito de Família*, n. 13, p. 95.

absoluta inconstitucionalidade, como demonstro no capítulo adiante, que cuida dos efeitos patrimoniais da adoção.

Assim, foi até a Constituição Federal, de 5 de outubro de 1988, que, pelo § 6º do art. 227, igualou, para todos os efeitos, todos os filhos, inclusive os adotivos.

Aponta Carlos Roberto Gonçalves[48] que a adoção disciplinada pelo Código Civil de 1916 "não integrava o adotado, totalmente na nova família", mostrando que, nessa situação pouco satisfatória, tendo os adotantes que partilhar o filho adotivo com a família biológica, ocasionou a prática ilegal de registrarem filho alheio em nome próprio, em verdadeiro "simulacro" de adoção, denominado pela Jurisprudência de "adoção simulada" ou "adoção à brasileira". Paralelamente à Lei n. 3.133/57, foi criada a legitimação adotiva, pela Lei n. 4.655/65, para proteger o menor abandonado, estabelecendo um vínculo de parentesco de primeiro grau, em linha reta, entre adotante e adotado.

Com o registro da sentença no Registro Civil, que concedia a legislação, desligava-se o adotado da família biológica, dando a ideia de que o adotante tivesse tido um filho natural (art. 6º da mesma Lei).

Essa Lei n. 4.655/65 foi revogada pela Lei n. 6.697/79, que instituiu o Código de Menores, substituindo a legitimação adotiva pela adoção plena.

Desse modo, passou a existir a adoção simples, do Código Civil, e a adoção plena, até a edição da Lei n. 8.069/90 (Estatuto da Criança e do Adolescente – ECA), que regulamentou a adoção no Brasil, com a redação dada pela Lei n. 12.010/2009. Esta lei, conhecida como Lei Nacional da Adoção ou Nova Lei da Adoção, modificou a redação dos arts. 1.618 e 1.619 do Código Civil, revogando seus arts. 1.620 a 1.629, consolidando o tratamento da matéria no Estatuto da Criança e do Adolescente (Lei n. 8.069/90), também por ela alterada.

5.2 Conceito de adoção

Adoção é um ato jurídico em sentido estrito (art. 185 do CC), negócio unilateral e solene, com efeitos estabelecidos em lei, pelo qual o adotante inclui em sua família, na condição de filho, pessoa a ela estranha.

Apresenta-se esse ato/negócio com o caráter de ficção jurídica (*fictio iuris*).

Costuma-se, até dizer que essa unilateralidade de atuação é imperfeita, pois reclama-se para sua perfeição o consentimento dos pais ou do representante legal do adotado e, mesmo, o consentimento deste, quando tiver mais de 12 anos (art. 45 do ECA).

Por outro lado, faz parte integrante da adoção, que ela se realize no interesse do adotado. Confira-se o teor do art. 43 do ECA: "A adoção será deferida quando apresentar reais vantagens para o adotando e fundar-se em motivos legítimos".

Veja-se, ainda, que a adoção é ato/negócio jurídico solene, porque, para sua existência, a lei prescreve formalidades que devem ser observadas, sob pena da invalidade.

---

48. *Direito civil brasileiro* cit., p. 366.

O *caput* do art. 47 do ECA é expresso ao mencionar que "O vínculo da adoção constitui-se por sentença judicial, que será inscrita no registro civil mediante mandado do qual não se fornecerá certidão".

O mandato judicial "cancelará o registro original do adotado" (§ 2º), nenhuma observação sobre a origem do ato devendo constar nas certidões registrais (§ 4º). "A sentença conferirá ao adotante o nome do adotante", podendo ser requerida a modificação do prenome, cumpridas as exigências da lei (§ 5º).

Os citados §§ 4º e 5º apresentam-se com a redação determinada pela Lei n. 12.010/2009.

Acentue-se, nesse ponto, que o vínculo da adoção se constitui pela sentença judicial, indispensável, portanto, à sua existência jurídica, produzindo a adoção seus efeitos "a partir do trânsito em julgado da sentença, constitutiva" (§ 7º acrescentado pela citada Lei n. 12.010/2009). Do mesmo modo o § 8º que ordena a manutenção do processo em arquivo ou em microfilme para possibilitar a consulta a qualquer tempo.

"A adoção atribui a condição de filho do adotado, com os mesmos direitos e deveres, inclusive sucessórios, desligando-se de qualquer vínculo com pais e parentes, salvo os impedimentos matrimoniais" (art. 41 do ECA).

Esse efeito da adoção mostra que o filho adotivo, com ela, entra para nova família, desligando-se totalmente da anterior, integrando-se na família do adotante, como se a anterior jamais tivesse existido.

Por isso, a adoção é medida excepcional e irrevogável, devendo ser utilizada depois de esgotados todos os recursos para manter o adotando em sua família natural ou extensa[49].

Esclareço que família natural é formada pelos pais ou qualquer deles e seus descendentes (art. 25 do ECA); sendo família extensa ou ampliada formada mais por parentes próximos que convivem com a criança ou adolescentes com vínculos de afinidade e afetividade (parágrafo único do art. 25 do ECA).

5.3 Direito à verdade biológica

A preservação do processo relativo à adoção existe para possibilitar o direito do adotado para conhecer sua origem biológica.

Essa novidade da Lei, com o art. 48 do ECA, modificado em sua redação pela Lei n. 12.010/2009, é extremamente salutar, porque preserva o direito de identidade do adotado, de saber de sua origem.

Se o processo de adoção faz o adotado separar-se totalmente de sua origem, ela não pode ser apagada para ele sob pena de ferir seu direito da personalidade.

"O acesso ao processo de adoção poderá ser também deferido ao adotado menor de dezoito anos, a seu pedido, assegurada orientação e assistência jurídica e psicológica", conforme o parágrafo único acrescentado pela Lei n. 12.010/2009.

---

49. § 1º acrescentado pela Lei n. 12.010/2009.

Vê-se, aí, todo o respeito do legislador a esse direito de identidade do adotado, preservando sua dignidade[50].

5.4 Quem pode e quem não pode adotar

Podem adotar as pessoas maiores de dezoito anos, independentemente do estado civil, preceitua o art. 42 do ECA, com a redação determinada pela Lei n. 12.010/2009.

Todavia, o adotante tem que ser 16 anos mais velho do que o adotando (§ 3º do art. 42 do ECA).

Para que a adoção seja conjunta, é indispensável que os adotantes sejam casados civilmente ou convivam em união estável, desde que um deles tenha completado 18 (dezoito) anos, "comprovada a estabilidade da família" (art. 42, § 2º, com a redação determinada pela Lei n. 12.010/2009). O Código Civil de 1916 exigia, para essa adoção conjunta, que os adotantes fossem casados por 5 anos.

Essa adoção conjunta evoluiu sobremaneira com a exigência de comprovação da estabilidade familiar, possibilitando salutar integração do adotado, para que este não conviva em ambiente que lhe possa ser adverso.

Se os adotantes forem divorciados, judicialmente separados ou ex-conviventes só poderão adotar, em conjunto se concordarem com a guarda e o regime de visitas e desde que o estágio de convivência tenha sido iniciado durante a convivência familiar, havendo vínculos de afinidade e afetividade (§ 4º seguinte com a redação da Lei n. 12.010/2009), sempre comprovado o "efetivo benefício ao adotando" (§ 5º). Essa lei acrescentou o § 6º, seguinte, pelo qual será concedida a adoção ao adotante se vier a falecer no curso do procedimento, após inequívoca manifestação de vontade de adotar.

Tenha-se presente, ainda, que é admitida adoção individual por homossexual, cumpridas todas as exigências legais, além da prova de afetividade entre adotante e adotando.

Embora a lei se refira à admissão de adoção por homossexuais que vivam em união familiar, há decisões judiciais acolhendo essa convivência como casamento, como demonstro no capítulo específico que cuida das uniões homossexuais.

Destaque-se, nesse passo, a primeira decisão reconhecendo a possibilidade de adoção por pessoas do mesmo sexo, no Tribunal do Rio Grande do Sul, e que vivam em união familiar[51], desde que comprovado o afeto que liga o adotado ao meio familiar.

Esse casamento homoafetivo, assim, por força da Jurisprudência, insere-se no contexto enunciativo do art. 226 da Constituição Federal de 1988, e é, assim, de perfeita constitucionalidade.

---

50. AZEVEDO, Álvaro Villaça. *Curso de direito civil*: teoria geral do direito civil cit., p. 44-47.
51. TJRS, Apel. Cív. 70.013.801.592, 7ª Câm. Cív., rel. Des. Luiz Felipe Brasil Santos, j. 5-4-2005. No mesmo sentido: STJ, REsp 889.852/RS, rel. Min. Luiz Felipe Salomão, j. 27-4-2010.

Por outro lado, o ECA não permite que se coloque em família substituta "pessoa que revele, por qualquer modo, incompatibilidade com a natureza da medida ou não ofereça ambiente familiar adequado" (art. 29).

Afirma Carlos Roberto Gonçalves[52] que,

> sendo a adoção e o reconhecimento de filhos institutos diversos, de efeitos diferentes, não há empeço a que se adotem filhos havidos fora do casamento. Tem-se entendido, com efeito, que nada impede o pai, quando não queira reconhecer seu filho nascido das relações extramatrimoniais, de se utilizar da adoção para lhe dar a qualidade de filho adotivo, como se ele fora um terceiro e estranho. Tal circunstância não impede o filho de não aceitar a adoção e pleitear o reconhecimento judicial da paternidade.

Aduz o § 1º do art. 42 do ECA que "não podem adotar os ascendentes e os irmãos do adotando".

Não podem adotar, ainda, seu pupilo ou curatelado o tutor ou o curador, enquanto não prestar contas de sua administração, saldando eventual débito, com aprovação judicial.

A adoção poderá ser deferida também ao adotante que tiver manifestado de modo inequívoco sua vontade de adotar e que "vier a falecer no curso do procedimento, antes de prolatada a sentença". Novidade introduzida pelo § 5º do art. 42, atualmente § 6º do ECA. É conhecida como adoção *post mortem*.

Podem adotar um dos cônjuges ou conviventes (companheiros) o filho do outro, mantendo-se os vínculos de filiação entre o adotado e o cônjuge ou convivente do adotante e os respectivos parentes (art. 41, § 1º, do ECA).

Reafirme-se, nesse ponto, que a adoção só será admitida se "apresentar reais vantagens para o adotando e fundar-se em motivos legítimos" (art. 43 do ECA).

5.5 Quem pode ser adotado

Resta, nesse passo, tratar da adoção dos maiores de 18 anos, como dispõe o art. 1.619 do Código Civil, com a redação determinada pela Le n. 12.010/2009 (art. 4º da Lei Nacional da Adoção), *verbis*: "A adoção de maiores de 18 (dezoito) anos dependerá da assistência efetiva do poder público e de sentença constitutiva, aplicando-se, no que couber, as regras da Lei n. 8.069, de 13 de julho de 1990 (Estatuto da Criança e do Adolescente)". Também por exigência constitucional do § 5º do art. 227 da Constituição.

No sistema do Código Civil de 1916, a adoção do maior de 18 anos dava-se por escritura pública (art. 375), limitando-se o parentesco ao adotante e adotado (art. 376).

---

52. *Direito civil brasileiro* cit., p. 374.

No regime jurídico atual, todas as adoções dependem de decisão judicial, estando sujeitas aos mesmos parâmetros (art. 47, *caput*, do ECA).

Para poder ser adotado, por seu turno, o adotando deve ser pelo menos, 16 anos mais novo do que o adotante (art. 42, § 3º, do ECA).

5.6 Requisitos para a adoção e processo judicial

Os requisitos para a adoção, exigidos pelo Estatuto da Criança e do Adolescente, já foram estudados e são relativos à idade mínima de 18 anos para adotar (art. 42, *caput*); à diferença de 16 anos entre o adotante e o adotado (art. 42, § 3º); à adoção conjunta só por casados ou por conviventes (companheiros), desde que comprovada a estabilidade familiar (art. 42, § 2º); à adoção conjunta por divorciados, judicialmente separados e, ex-companheiros, desde que acordem sobre a guarda e o regime de visitas e desde que o estágio de convivência tenha sido iniciado durante a convivência, existindo vínculo de afinidade e de afeto com o não detentor da guarda (art. 42, § 4º); ao consentimento dos pais ou do representante legal do adotando (art. 45); à concordância do adotando quando tiver mais de 12 anos de idade, colhida em audiência (art. 28, § 2º); ao indispensável processo judicial (art. 47, *caput*); e às imprescindíveis e reais vantagens para o adotando (art. 43); entre outros estudados.

Outro requisito fundamental da adoção é o processo judicial, já que seu vínculo constitui-se por sentença judicial (art. 47 do ECA). Nesse processo, funcionará obrigatoriamente o poder público, ainda que o adotando seja maior de 18 anos de idade (art. 1.619 do CC, com a redação determinada pela Lei n. 12.010/2009)[53].

O ECA, por seu art. 50, exige que a autoridade judiciária mantenha, "em cada comarca ou foro regional, um registro de crianças e adolescentes em condições de serem adotados e outro de pessoas interessadas na adoção", sendo necessária "prévia consulta" aos órgãos técnicos e ao Ministério Público, que deverão avaliar se os requisitos legais estão preenchidos, entre os quais a compatibilidade com a natureza da medida e a existência de ambiente familiar adequado (art. 29).

Os procedimentos apropriados à adoção de menores de 18 anos de idade estão regulados dos arts. 165 a 170 do ECA, sob a competência da Vara da Infância e da Juventude (art. 148, III). A competência para os procedimentos relativos aos maiores de 18 anos é da Vara da Família e das Sucessões.

Objetivando, principalmente, a adoção dos menores de 18 anos de idade, devem ser atendidos os requisitos constantes dos incisos I a V do art. 165 do ECA.

Assim, o pedido de adoção deverá observar, também, os requisitos específicos (parágrafo único desse art. 165), sendo necessários no requerimento constar os aludidos requisitos para deferimento do pedido.

---

53. "Art. 1.619 A adoção de maiores de 18 (dezoito) anos dependerá da assistência efetiva do poder público e de sentença constitutiva, aplicando-se, no que couber, as regras gerais da Lei n. 8.069, de 13 de julho de 1990 – Estatuto da Criança e do Adolescente".

A petição inicial, nos moldes do art. 156 do ECA, indicará a autoridade judiciária a que for dirigida (inciso I); o nome, o estado civil, a profissão e a residência do requerente e do requerido, sendo dispensada a qualificação em se tratando de pedido formulado pelo Ministério Público (inciso II); a exposição sumária do fato e o pedido (inciso III); e as provas a serem produzidas, com oferecimento do rol e testemunhas e documentos (inciso IV).

O juiz competente para conhecer e julgar as adoções dos menores de 18 anos de idade, como visto, é o da Vara da Infância e da Juventude (art. 148, III, do ECA).

Requisito essencial, para que se conceda a adoção desses menores, é o estágio de convivência, do adotante com a criança ou adolescente, pelo prazo que for estipulado pela autoridade judiciária, conforme as circunstâncias de cada caso (art. 46, *caput*, do ECA).

Esse estágio só poderá ser dispensado se o adotando já estiver sob a tutela ou guarda legal do adotante, em tempo suficiente que possibilite a avaliação de viabilidade da constituição do vínculo (art. 46, § 1º, do ECA, com a redação determinada pela Lei n. 12.010/2009).

A finalidade desse estágio, esclarece Silvio Rodrigues[54] "é comprovar a compatibilidade entre as partes e a probabilidade de sucesso da adoção", devendo realizar-se estudo social e até de perícia, para possibilitar esse sucesso.

Assim, apresentado o relatório social ou o laudo pericial, ouvindo-se, sempre que possível, a criança ou o adolescente, será dada vista do processo ao Ministério Público, pelo prazo de 5 dias seguindo-se em igual prazo a decisão judicial (art. 168 do ECA).

5.7 Adoção internacional

O *caput* do art. 51 do ECA (com a redação determinada pela Lei n. 13.509/2017) cuida da adoção internacional como "aquela na qual a o pretendente da Convenção de Haia, de 29 de maio de 1993, Relativa à Proteção das Crianças e à Cooperação em Matéria de Adoção Internacional, promulgada pelo Decreto n. 3.087, de 21 de junho de 1999", e deseja adotar criança em outro país – parte da Convenção.

Essa adoção de criança ou de adolescente brasileiro ou domiciliado no Brasil somente será efetivada quando estiver comprovado (§ 1º, com a redação da Lei n. 13.509, de 2017) que a colocação em família adotiva é a solução adequada ao caso concreto (inciso I); que foram esgotadas todas as possibilidades da colocação da criança ou do adolescente em família adotiva brasileira com a comprovação, certificada nos autos, da inexistência de adotantes habilitados residentes no Brasil com perfil compatível com a criança ou adolescente, após consulta aos cadastros mencionados nesta lei (inciso II); que, sendo adoção de adolescentes, ele foi consultado e está preparado à adoção (inciso III). Ressalte-se que os brasileiros residentes no exterior terão preferência aos estrangeiros para adoção internacional de criança ou adolescente brasileiro (§ 2º, com a redação da Lei n.

---

54. *Direito civil* cit., p. 345.

12.050/2009). Essa lei, ainda, deu redação ao § 3º, seguinte, pressupondo, em matéria de adoção internacional, a intervenção das autoridades Centrais Estaduais e Federal, atualmente do Ministério da Justiça.

Por seu turno, o art. 52 do ECA, com a nova redação da Lei n. 12.010/2009, relaciona os requisitos fundamentais para essa adoção internacional, observando os procedimentos dos arts. 165 a 170 do ECA.

A colocação em família adotiva estrangeira, como é medida excepcional, só será efetivada por adoção (art. 31 do ECA), sempre assistida pelo Poder Público (art. 227, § 5º, da CF).

O estágio de convivência, na adoção internacional, com duração mínima de 30 dias e no máximo de 45, prorrogável por até igual período, uma única vez, mediante decisão fundamentada da autoridade judiciária (§ 3º do art. 46 do ECA, acrescentado pela Lei n. 12.010/2009), com a redação da Lei n. 13.509, de 2017.

Como visto, a lei cerca de maiores cuidados a adoção internacional.

Contudo, a adoção por estrangeiro residente no Brasil, concede a ele o direito de pleitear a adoção nas mesmas condições dos brasileiros que vivem no Brasil, pois essa adoção "permite que a criança adquira os elementos naturais do país do adotante, sem rompimento marcado por bruscas mudanças. Essas pessoas serão avaliadas em seu cotidiano pela equipe interprofissional do juizado da Infância e Juventude, o que permitirá uma melhor identificação de suas reais pretensões como adotantes", acentua Caio Mário da Silva Pereira[55].

Resta analisar, agora, a adoção por brasileiro residente no exterior, em país que ratificou a Convenção de Haia, como previsto no art. 52-B do ECA, acrescentado pela Lei n. 12.010/2009. Nesse caso, a adoção, realizada em processo de acordo com a legislação vigente no país de residência e atendido o que consta da alínea *c* do art. 17 da mesma Convenção, "será automaticamente recepcionada com o reingresso no Brasil".

5.8 Adoção intuitu personae *ou dirigida*

A adoção *intuitu personae* é a que se dá no intuito de que o adotante é pessoa aconselhável a ser pai, ante o maior interesse do menor.

Nessa adoção, "os pais biológicos da criança escolhem a família que a adotará", segundo o Min. Massami Uyeda, em caso que não considerou essa como "forma espúria de adoção"[56].

Como restou evidenciado, nesse mesmo caso, não se olvidam os nobres propósitos do art. 50 do ECA, que determina a manutenção em comarca ou foro regional,

---

55. *Instituições de direito civil* cit., p. 409.
56. STJ, REsp 1.172.067/MG, 3ª T., rel. Min. Massami Uyeda, j. 18-3-2010.

de um registro de pessoas interessadas na adoção, sendo certo que, recentemente, o Conselho Nacional de Justiça editou a respeito a Resolução n. 54, que prestigia e incentiva esse registro.

Deixou claro o Ministro Relator Massami Uyeda, em seu voto, que a discussão travada no recurso especial centrou-se em saber se deveria observar-se o cadastro de adotantes ou a pretensão dos recorrentes de adotar uma criança que esteve sob sua guarda desde seu nascimento até os seus primeiros oito meses de vida, por determinação judicial.

Ponderou, então, o mesmo Ministro Relator que,

> Indubitavelmente, a existência de cadastro de adotantes, de fato, tende a observar o melhor interesse do menor, além de encerrar inúmeras vantagens ao procedimento legal da adoção na medida em que avalia previamente os pretensos adotantes por uma comissão técnica multidisciplinar, minimiza a possibilidade de eventual tráfico de crianças ou mesmo a adoção por intermédio de influências escusas, bem como propicia igualdade de condições àqueles que pretender adotar.

Conclui, entretanto, que "a preferência das pessoas cronologicamente cadastradas para adotar determinada criança não é absoluta".

Os cadastros devem ser consultados, nos moldes do § 10, incluído no analisado art. 50 do ECA.

Deve aplicar-se primordialmente, nesse caso, o "princípio do melhor interesse do menor, basilar e norteador de todo o sistema protecionista do menor", quando existe vínculo afetivo entre a criança e o futuro pai adotivo, mesmo que ele sequer se encontre cadastrado no aludido registro.

O mais importante que se evidenciou, no mesmo caso, foi a constatação do vínculo afetivo da menor com os pais adotivos, que restou comprovado.

Portanto, nessas situações de melhor interesse do menor, com vínculo afetivo dos pretendentes pais, é perfeitamente possível existir a adoção *intuitu personae* ou dirigida.

Tive oportunidade de presenciar, no longo exercício de minha advocacia, a possibilidade de que pais concordem com essa adoção a determinado casal, dando seu filho, com a condição única de que seja adotado por determinada pessoa, tanto no âmbito nacional como no internacional. Assim, para que o juiz só os destitua do antigo pátrio poder (poder familiar), se em favor do casal adotante, *intuitu personae*.

Por meio de perícias psicossociais tem o juiz a condição de poder aquilatar, inclusive pessoalmente, qual é o real e melhor interesse do adotando.

No mesmo sentido e em casos mais recentes[57], isso vem acontecendo.

---

57. STJ, AgRg em Medida Cautelar 15.097/MG, 3ª T, rel. Min. Massami Uyeda, j. 5-3-2009; e STJ, REsp 837.324/RS, 3ª T., rel. Min. Humberto Gomes de Barros, j. 18-10-2007 ("A autoridade da lista cede, em tal circunstância, ao superior interesse da criança – ECA, art. 6º").

5.9 Efeitos pessoais da adoção

Os efeitos da adoção produzem-se a partir do trânsito em julgado da sentença constitutiva, a não ser no caso do § 6º do art. 42, com força retroativa à data do óbito (art. 47, § 7º, do ECA), que se refere à adoção *post mortem* (se o adotante vier a falecer no curso do procedimento).

O efeito principal da adoção é a criação do parentesco civil, que se equipara ao consanguíneo.

A adoção atribui a condição de filho ao adotado, que, como já estudado, desliga-se de qualquer vínculo com seus pais biológicos e parentes, só perdurando os impedimentos matrimoniais (art. 41, *caput*, do ECA).

Tenha-se presente, ainda, como estudado, que, se um dos cônjuges ou conviventes (ou companheiros) adotar o filho do outro, continuam existentes os vínculos de filiação entre o adotado e o cônjuge ou convivente (ou companheiro) do adotante e os respectivos parentes (§ 1º do art. 41 do ECA).

Por outro lado, o direito sucessório entre o adotado, seus descendentes, o adotante, seus ascendentes, descendentes e colaterais até 4º grau, é recíproco, devendo ser observada a ordem da vocação hereditária (§ 2º do art. 41 do ECA).

Outro efeito pessoal importante da adoção é ficar o filho adotivo sujeito ao poder familiar do adotante, ficando o adotado com o nome deste (art. 47, § 5º, do ECA, com a redação da Lei n. 12.010/2009), podendo ser modificado o prenome, com a observação do disposto no § 6º, seguinte, também com a redação de referida Lei.

5.9.1 Princípio da igualdade entre filhos na sucessão hereditária

Sempre entendi que esse princípio da completa igualdade entre filhos de qualquer espécie existiu desde o advento do Código Civil de 1916, sem prejudicar o envolvimento sucessório entre adotante e adotado.

Entretanto, a doutrina e a jurisprudência sempre foram contrárias a esse entendimento.

Mencionava o art. 377 do Código Civil revogado, que "Quando o adotante tiver filhos legítimos, legitimados ou reconhecidos, a relação de adoção não envolve a de sucessão hereditária" (com a redação então dada pela Lei n. 3.133/57).

Esse art. 377 do Código Civil de 1916 criava diversidade de consideração entre os filhos adotivos e os nascidos de relações biológicas, tendo ele, sempre causado a mim perplexidade, pela discriminação que acolhia. O filho era reconhecido como se fosse essa filiação de segunda classe, uma filiação pela metade.

Tratando da inconstitucionalidade desse art. 377 do revogado Código Civil de 1916, tive[58] oportunidade de reafirmar esse entendimento, escudado em voto do Min. Cezar

---

58. AZEVEDO, Álvaro Villaça. Parecer sobre inconstitucionalidade do art. 377 do revogado Código Civil de 1916, não publicado.

Peluso[59], acompanhado pelo Min. Ayres Britto, segundo o qual não se cuidava naquele caso de aplicação retroativa do art. 227, § 6º, da Constituição Federal, mas de inconstitucionalidade do art. 377 do Código Civil de 1916, como de todas as normas desse Código que distinguiram entre categorias de filhos, violadoras do princípio da igualdade.

Deixou evidenciado, em seu voto, o Min. Peluso que o mencionado art. 227 de nossa Constituição atual "explicitou uma regra que já estava no sistema constitucional, ou seja, a inadmissibilidade de estabelecer distinções para qualquer efeito, entre classes ou qualidades de filhos". Conclui esse Ministro que, "perante o princípio constitucional da isonomia" (presente nas Constituições anteriores), "ou a pessoa seria filho e teria todos os direitos, ou não seria filho", como se pudesse um filho ser melhor do que o outro.

Desde a edição do Código Civil de 1916, existiam princípios constitucionais então vigentes, que impediam a discriminação entre categorias de filhos.

Qualquer lei que discrimine os filhos, estabelecendo restrições quanto a seus direitos é inconstitucional e afronta o princípio de Direito Natural da preservação da dignidade da pessoa humana.

5.10 Efeitos patrimoniais da adoção

Com a adoção, tornam-se parentes o adotante e o adotado, devendo um ao outro, reciprocamente, alimentos, como preceituado no *caput* do art. 1.694 do Código Civil.

Também, no tocante ao direito sucessório, o filho adotivo está igualado com o filho consanguíneo, nos moldes do já estudado art. 227, § 6º, da Constituição Federal.

Nesse sentido, é expresso o § 2º do art. 41 do Estatuto da Criança e do Adolescente, segundo o qual "É recíproco o direito sucessório entre o adotado, seus descendentes, o adotante, seus ascendentes, descendentes e colaterais até o 4º grau, observada a ordem de vocação hereditária".

Lembra Carlos Roberto Gonçalves[60], escudado em Arnaldo Rizzardo[61], que "Desaparece qualquer parentesco com os pais consanguíneos. Por outras palavras, não há sucessão por morte dos parentes de sangue, eis que afastados todos os laços de parentesco", lembrando, mais, que "O filho adotado, do mesmo modo como sucede com os filhos consanguíneos, pode ser deserdado nas hipóteses legais, elencadas no art. 1.962 do código Civil".

É certo, também, que o adotante e/ou a adotante (pai e mãe) tem o direito de usufruto e de administração dos bens do adotado enquanto exercerem o poder familiar (art. 1.689, I e II, do CC), matéria que é desenvolvida no capítulo seguinte do poder familiar.

---

59. STF, Ação Rescisória 1.811/PB, iniciado o julgamento em 16-6-2010, rel. Min. Eros Grau, ver votos do Min. Cezar Peluso e do Min. Ayres Britto, Recivil, Informativo do STF – AR: Filho Adotivo e direito de suceder antes da CF/88. Internet.
60. *Direito civil brasileiro* cit., p. 390.
61. *Direito de família*. 2. ed. Rio de Janeiro: Forense, 2004. p. 593.

6 Poder familiar

6.1 Evolução da patria potestas no Direito Romano

O instituto do pátrio poder, atualmente poder familiar, sofreu profunda transformação.

No Direito Romano, a *patria potestas* era um conjunto de poderes do *pater familias* sobre seus filhos (*filii famílias*).

O pai era o ascendente masculino mais antigo. O *pater*, assim, que tinha poderes sobre os filhos, e que exercia esses poderes não era o pai natural mas que comandava a família romana.

Primitivamente, o *pater familias* tinha poderes ilimitados sobre os filhos, como o direito de vida e morte sobre ele (*ius vitae atque necis*). Desse modo, o *pater* poderia punir os filhos, como entendesse, até com a morte.

Tinha o poder abandonar o filho quando este cometia *delictum* (ato ilícito) contra qualquer pessoa. Para não pagar a indenização devida por ela, o pai podia abandoná-lo (*ius noxae dandi*).

Podia o *pater*, ainda, vender os filhos (*ius vendendi*), transferindo-os pela mancipatio, ou expor os recém-nascidos.

O poder absoluto de vida e morte dos filhos foi depois controlado pelo conselho familiar (*consilium demesticum*), começando a abrandar-se no século I d.C.

Consultando o Digesto, sentimos essa transformação, principalmente na época dos Imperadores Cristãos, desaparecendo esse direito absoluto de vida e morte. Os outros direitos absolutos vão diminuindo, com punições severas contra o *pater* infrator.

Essa evolução pode ser sentida, passo a passo, com as lições dos romanistas e com a análise do Digesto[62], inclusive dos poderes sobre os bens adquiridos pelos filhos.

Esse poder absoluto do *pater familias* começou a declinar durante a República romana, mas só no século II d.C. a ideia de poder atroz foi substituída pela de piedade.

Assim, segundo Marciano[63], o pátrio poder (então) deve consistir em piedade e não em atrocidade (*nam patria potestas in pietate debet, non atrocitate consistere*).

6.2 Conceito e natureza do poder familiar

"O poder familiar é o conjunto de direitos e deveres atribuídos aos pais, em relação à pessoa e aos bens dos filhos não emancipados, tendo em vista a proteção destes",

---

62. Principalmente, FAYER, Carla. *La familia romana*. 1ª Parte. Roma: Ed. L'Erma do Bretschneider, 1994, especialmente p. 282; ver, também, BURDESE, Alberto. *Manuale di Diritto Privato Romano*. 4. ed. Torino: UTET, 1993. p. 256-269, ns. 14 a 18.

63. Digesto L48, tít. 9, lei 5 (livro 14, Institutionum); ver FAYER, Carla. *La familia romana* cit., p. 274-289, principalmente p. 282; ver, também, SILVEIRA, Valdemar César da. *Dicionário de direito romano* cit., v. 2.

conceitua Silvio Rodrigues[64], acrescentando que "O fato de a lei impor deveres aos pais, com o fito de proteger aos filhos, realça o caráter de *munus* público do poder familiar. E o torna irrenunciável".

A expressão poder familiar do Código Civil de 2002 substitui a expressão do Código anterior pátrio poder.

Assim, estabelece o Código atual, em seu art. 1.630, que "Os filhos estão sujeitos ao poder familiar, enquanto menores".

Esse artigo refere-se a todos os filhos: menores não emancipados, reconhecidos e adotivos, independentemente das qualificações e categorias discriminatórias do Código anterior.

Quanto ao filho não reconhecido pelo pai, ficará ele sob o poder familiar exclusivo da mãe, ficando o menor sob tutela, se a mãe não for conhecida ou for incapaz de exercer esse *munus*.

Além de ser *munus* público, porque é função imposta por norma de ordem pública, é irrenunciável, e intransmissível (indelegável[65], inalienável ou indisponível) não podendo sofrer limitação voluntária em seu exercício, como vimos. O poder familiar apresenta outro caráter importante de sua natureza jurídica, sendo também imprescritível, porque pode ser exercido a qualquer tempo.

É conveniente notar que no antigo pátrio poder e no atual poder familiar, a transformação romana não se refletiu na designação dessa atribuição dos pais.

Continua a ser chamada de poder familiar, para fugir da ideia machista de pátrio poder (poder do pai), mas não se despojou do sentido vocabular de poder, que, sendo exercido *in pietate*, transforma-se em dever familiar, melhor ainda em direito-dever dos pais.

Esse dever protetivo dos filhos menores é fundamental na construção da nova família, com os filhos integrados e orientados para o terceiro milênio, na tentativa de realização de um mundo melhor, mais humano, respeitoso e digno.

Estudarei, adiante, as situações legais, de exceção, em que o poder familiar pode ser suspenso ou extinto ou em caso de concordância de colocação em família substituta (art. 166 do ECA).

6.3 Titularidade do poder familiar

Na vigência das Ordenações, praticou-se o sistema romano da *patria potestas*, com a evolução por nós sentida.

A Resolução de 31 de outubro de 1831 declarou que aos 21 anos de idade cessava a menoridade com a aquisição da capacidade para a prática dos atos da vida civil.

Por seu turno, o Código Civil de 1916, em seu revogado art. 380, atribuía o "pátrio poder" ao marido, como chefe de família e na sua falta ou impedimento à sua mulher.

---

64. *Direito civil* cit., p. 356, n. 153.
65. *JSTJ* 123/243 (por tratar-se de ônus).

Com o advento do Estatuto da Mulher Casada (Lei n. 4.121/62), deu-se nova redação ao aludido art. 380, reconhecendo em parte a igualdade jurídica da mulher, mas continuou declarando que o "pátrio poder" competia ao pai, que deveria exercê-lo com a colaboração da mulher.

Sofrendo muitas críticas, saliente-se que o projeto do Código Civil de 1965, da lavra de Orosimbo Nonato, Orlando Gomes e Caio Mário da Silva Pereira, concedia, por seu art. 239, o exercício do "pátrio poder" "em comum pelos pais", representando um grande avanço na matéria.

Lembram os doutrinadores civilistas que já Lafayette Rodrigues Pereira[66] considerava o "pátrio poder" exercido tanto pelo pai quanto pela mãe.

Com o advento da Constituição Federal de 1988, os direitos e deveres relativos à sociedade conjugal passaram a ser exercidos igualmente pelos cônjuges (art. 226, § 5º), desaparecendo a chefia da sociedade conjugal, que era exercida pelo marido.

Daí o art. 21 do Estatuto da Criança e do Adolescente, que menciona o exercício de poder familiar, em igualdade de condições, pelo pai e pela mãe; havendo divergência a matéria deverá ser encaminhada ao Poder Judiciário para decisão.

Finalmente, assentou o art. 1.631 do Código Civil de 2002 que, durante o casamento ou a união estável, o poder familiar compete aos pais, e, exclusivamente a um deles, na falta ou impedimento do outro. Em caso de divergência, deverá ser chamado o Poder Judiciário para resolver a pendência.

Veja-se, mais, que as relações entre pais e filhos ficam inalteradas ante a separação judicial, o divórcio e a dissolução da união estável, menciona o art. 1.632 do Código Civil. Todavia, com a separação do casal, a guarda do filho ficando com um dos cônjuges, em sua companhia, o outro terá direito de visitá-los.

6.4 Poder familiar quanto à pessoa dos filhos

O *caput* do art. 1.634 do Código Civil, cuidando do pleno exercício do poder familiar, menciona que ele compete a ambos os pais, qualquer que seja sua situação conjugal, quanto aos filhos (com redação da Lei n. 13.058, de 2014).

Assim, os pais devem dirigir a criação dos filhos e sua educação (inciso I), cuidando material e moralmente para que eles se desenvolvam e sobrevivam fisicamente saudáveis, com educação adequada à formação de sua personalidade e enriquecimento de seu espírito.

O descumprimento desse dever material de dar sobrevivência ao filho implica crime de abandono material, segundo o art. 244 do Código Penal (com a redação determinada pela Lei n. 10.741/2003)[67].

---

66. *Direitos de família*. Rio de Janeiro: Ed. Freitas Bastos, 1956. § 112.
67. "Art. 244. Deixar, sem justa causa, de prover a subsistência do cônjuge ou de filho menor de 18 (dezoito anos) ou inapto para o trabalho [...]".

Por outro lado, o descumprimento do aludido dever moral de dar instrução primária ao filho menor configura o crime de abandono intelectual, capitulado no art. 246 do Código Penal[68]. Pelo art. 55 do Estatuto da Criança e do Adolescente, "os pais ou responsável tem a obrigação de matricular seus filhos ou pupilos na rede regular de ensino".

Esses dois citados crimes sujeitam o infrator negligente a pena de detenção e multa.

Também a Constituição Federal, em seu art. 229, refere-se ao dever dos pais "de assistir, criar e educar os filhos menores".

Outro dever dos pais (inciso II do mencionado art. 1.634 do CC) é o de ter seus filhos menores em sua companhia e guarda, natural ou compartilhada, para poderem fiscalizar sua atuação (com redação da Lei n. 13.058, de 2014). Quem tiver a guarda, se estiverem separados os cônjuges, será responsável pelos atos ilícitos que ele praticar. Essa responsabilidade é objetiva, nos moldes do inciso I do art. 932 do Código Civil.

Podem os pais, assim, reclamá-los de quem ilegalmente os detenha (inciso VIII do art. 1.634).

Quem tem essa guarda, portanto, não pode confiar seu filho a outrem sabendo que o menor corre risco moral ou material.

O art. 245 do Código Penal proíbe a entrega do menor de 18 anos de idade a pessoa em cuja companhia saiba ou deva saber que o menor fica moral ou materialmente em perigo[69].

Também é dever dos pais dar ou negar seu consentimento para que seu filho se case (inciso III do mesmo art. 1.634 do CC), podendo ser suprido judicialmente esse consentimento, como já estudado (art. 1.519 do CC).

No inciso IV, desse artigo, podem os pais conceder ou negar seu consentimento para seus filhos viajarem ao exterior; e, ainda o inciso V, concederem ou negarem seu consentimento para que os mesmos mudem sua residência permanentemente para outro Município.

Outro dever dos pais e o de nomear tutor a seus filhos menores, "por testamento ou documento autêntico, se o outro dos pais não lhe sobreviver, ou o sobrevivo não puder exercer o poder familiar" (inciso VI do art. 1.634 do CC).

Outro dever, ainda, é o de representar os filhos, até aos 16 anos de idade, nos atos da vida civil, assistindo-os após, nos atos em que forem partes, suprindo-lhes seu consentimento (inciso VII do art. 1.634 do CC).

Essa representação dá-se, como estudado, no art. 3º do Código Civil, ante a absoluta incapacidade do menor, que é proibido de praticar por si qualquer ato da vida civil, sob pena de nulidade (art. 166, I, do mesmo Código). Sendo, por outro lado, relativa a incapacidade (art. 4º do CC), pode o menor praticar o ato, mas sendo assistido, sob pena de poder ser anulado (art. 171, I, do CC)[70].

---

68. "Art. 246. Deixar, sem justa causa, de prover a instrução primária de filho em idade escolar".
69. "Art. 245. Entregar filho menor de 18 (dezoito) anos a pessoa em cuja companhia saiba ou deva saber que o menor fica moral ou materialmente em perigo".
70. Ver AZEVEDO, Álvaro Villaça. *Teoria geral do direito civil* cit., p. 17-22.

Lembre-se de que, havendo colidência entre interesse dos pais com o do filho, no exercício do poder familiar, a requerimento deste ou do Ministério Público, o juiz lhe dará curador especial (art. 1.692 do CC).

Podem os pais, ainda, exigir que os filhos lhes prestem "obediência, respeito e os serviços próprios de sua idade e condição" (art. 1.634, IX, do CC). Cabe, nesse passo, a aplicação de corretivos moderados, pois se os castigos forem imoderados, tal fato caracteriza maus-tratos, com perda do poder familiar (art. 1.638, I, do CC).

6.5 Poder familiar quanto aos bens dos filhos

O Código Civil de 2002 deslocou a matéria relativa ao usufruto e administração dos bens dos filhos para a parte relativa ao direito patrimonial da família (arts. 1.689 a 1.693 do CC), logo em seguida ao regime de bens.

O art. 1.689 do Código Civil estabelece que os pais, enquanto exercerem o poder familiar, são usufrutuários e têm a administração dos bens dos filhos menores (incisos I e II). Sendo usufrutuários desses bens, os pais têm direito às rendas por eles produzidas, ficando delas proprietários.

As rendas auxiliam os pais no pagamento das despesas com a criação e educação dos filhos. Nesse caso, essas rendas, embora se incorporem no patrimônio dos pais, têm essa destinação para essa finalidade.

Por outro lado, como administradores dos bens, devem zelar por eles, não podendo praticar atos de alienação, direta ou indireta (gravar de ônus), a não ser para atender necessidades ou evidente interesse da prole, mas sempre com prévia autorização judicial (art. 1.691 do CC).

Se a alienação ou criação de gravame real ou de obrigação que ultrapasse os limites de mera administração, ocorrer sem autorização judicial, padecerá o ato de nulidade, que só poderá ser pleiteada pelos filhos, pelos herdeiros ou pelo representante legal (art. 1.691, *caput* e parágrafo único, do CC).

Destaque-se, nesse passo, que cabe aos pais, ou de um na falta do outro, representar os filhos menores de 16 anos de idade, ou assisti-los até sua maioridade ou emancipação (art. 1.690 do CC). Se os pais não puderem decidir em conjunto as questões relativas a seus filhos, ante divergência, deverão recorrer ao Poder Judiciário (parágrafo único).

Quando houver colidência do interesse dos pais com o de seu filho, deverá este ou o Ministério Público pedir ao juiz a nomeação de um curador especial, para zelar pelo interesse do menor.

Isso pode ocorrer, por exemplo, quando pai e filho são herdeiros, em face de uma partilha, em que um bem seja de interesse de ambos, como anota Silvio Rodrigues[71].

Se o filho receber herança, geralmente pela morte de um dos pais, será esse patrimônio administrado pelo sobrevivo.

---

71. *Direito civil* cit., p. 365.

Por outro lado, excluem-se do usufruto e da administração dos pais, assenta o art. 1.693 do Código Civil, as exceções que enumera em seus quatro incisos, adiante analisados.

Assim, os bens adquiridos pelo filho havido fora do casamento, antes do reconhecimento (inciso I).

Essa exceção ocorre porque esses bens já pertenciam ao filho menor quando ele foi reconhecido, seja voluntária seja judicialmente, pelo pai. Não pode este, com o reconhecimento, pretender usufruir dos bens do filho ou administrá-los.

Ficam excluídos, ainda, os valores auferidos pelo filho maior de dezesseis anos, no exercício de atividade profissional e os bens com tais recursos adquiridos (inciso II).

O Código Civil de 1916 limitada a exclusão, admitindo-a, tão somente, quanto aos bens adquiridos em serviço militar, no magistério ou em qualquer outra função pública (art. 391, II). O Código atual ampliou a abrangência dessa exclusão, excluindo os valores auferidos "no exercício de atividade profissional". Todavia, com o advento da maioridade aos dezoito anos, extingue-se o poder familiar.

Excepcionam-se, também, os bens deixados ao filho, sob a condição de não serem usufruídos ou administrados pelos pais (inciso III).

Desse modo, a vontade do testador ou do doador impõe-se por meio da condição que exclui os aludidos benefícios.

A deixa testamentária pode prever um fim determinado ao bem, por exemplo, que os benefícios da dádiva sejam para custear a educação do menor. O mesmo ocorre com a doação com encargo que pode objetivar um fim determinado. O encargo em ambas as hipóteses tem de ser cumprido.

Excluem-se, finalmente, do usufruto e da administração dos pais, os bens que couberem aos filhos na herança, quando os pais forem excluídos da sucessão (inciso IV).

Quando o herdeiro é excluído da herança por indignidade, não pode ele ainda que por via indireta (por seus filhos) beneficiar-se desse patrimônio. Os descendentes do excluído da herança sucedem como se este fosse morto, como se tivesse morrido antes da abertura da sucessão, já que são pessoais os efeitos da exclusão por indignidade (art. 1.816 do CC).

6.6 Extinção, suspensão e perda do poder familiar

6.6.1 Extinção do poder familiar

O poder familiar foi instituído pela lei para a proteção, defesa e segurança do filho menor, durante a sua menoridade.

O art. 1.635 do Código Civil declina algumas causas de extinção do poder familiar, entre as quais a morte dos pais ou do filho (inciso I).

A morte do pai não extingue o poder familiar, que continua a ser exercido pela mãe. A extinção ocorre com a morte de ambos. Nesse caso, ficando órfão o filho, ser-lhe-á nomeado tutor. Morrendo o filho, extingue-se o poder familiar.

Essa extinção ocorre, também, pela emancipação (inciso II). Esta pode ocorrer por concessão dos pais ou de um deles, na falta do outro, por escritura pública, independentemente de homologação judicial, ou por decisão do juiz (art. 5º, I, do CC). Pode ser emancipado o menor relativamente capaz, entre 16 e 18 anos.

A maioridade extingue o poder familiar (inciso III), ao complemento dos 18 anos.

Ainda, o mesmo acontece com a adoção (inciso IV), transferindo-se o poder familiar do pai natural ou biológico ao pai adotivo.

Finalmente, a extinção ocorre por decisão judicial (inciso V), conforme as hipóteses previstas no art. 1.638 do Código Civil (casos de perda ou destituição do poder familiar).

6.6.2 Perda ou destituição do poder familiar

O citado art. 1.638 do Código Civil alberga cinco hipóteses de perda ou destituição do poder familiar, adiante analisadas.

Primeiramente, sofre a perda ou destituição do poder familiar o pai ou a mãe que castigar imoderadamente seu filho (inciso I).

Os pais têm o dever de corrigir as atitudes de seus filhos, mas não por meio de castigo excessivo.

Também, sob pena de sofrer essa perda ou destituição, não podem deixar em abandono seu filho (inciso II).

Esclarece o *caput* do art. 23 do Estatuto da Criança e do Adolescente, que não constitui motivo suficiente para a perda ou suspensão do poder familiar a falta ou a carência de recursos materiais.

Esse abandono pode ser material, que prejudica a saúde e a sobrevivência do menor, ou, ainda, moral implicando o descuidado com a educação e moralidade do menor. Daí os crimes previstos nos arts. 244 e 246, do Código Penal, já citados atrás, que cuidam, respectivamente, do abandono material e intelectual. Também são crimes o abandono moral (art. 247), o abandono de incapaz (art. 133) e o abandono de recém-nascido (art. 134).

É o "descaso intencional pela sua criação, educação e moralidade"[72].

Perdem, ainda, o poder familiar os pais que praticarem atos contrários à moral e aos bons costumes (inciso III).

Os filhos menores não podem viver em ambiente promíscuo e inadequado, com comportamento imoral e vida desregrada dos genitores[73], ou sofrendo maus-tratos, por genitora alcoólatra[74] ou alcoólatra que exerce a prostituição[75], todos esses atos causando graves riscos aos menores.

---

72. RODRIGUES, Silvio. *Direito civil* cit., p. 371.
73. TJMG, Ap. 000.151.088-2/00, 2ª Câm. Cív., rel. Des. Abreu Leite, j. 15-2-2000.
74. TJMG, Ap. 232.043-0/00, 5ª Câm. Cív., rel. Des. Hugo Bengtssom, *DJMG* de 28-9-2001; TJRS, Ap. 70.005.902.408, 7ª Câm Cív., rel. Des. Vasconcellos Chaves, *DOERS* de 27-5-2003.
75. TJRS, Ap. 70.003.380.201, 7ª Câm. Cív., rel. Des. Vasconcellos Chaves, *DOERS* de 29-4-2002.

Escudando-se nesses casos de nossa Jurisprudência, atrás citados, lembra, mais Carlos Roberto Gonçalves[76] que muitas outras condutas antissociais reprováveis se incluem na expressão "atos contrários à moral e aos bons costumes".

Lembro-me, no exercício da advocacia, de casos escabrosos, como a manutenção, no domicílio do menor, de local de encontros e de tóxicos, como também de assédio sexual pelos próprios pais no menor de que detêm o poder familiar.

Outra causa de perda do poder familiar prevista nesse analisado art. 1.638 é incidirem os pais, reiteradamente, nas faltas previstas para suspensão do poder familiar (inciso IV).

Os motivos de suspensão do poder familiar já são graves, não podendo persistir sem o risco da perda desse poder, em benefício do menor.

Destaque-se, por outro lado, que o pai ou a mãe que contraírem novas núpcias ou viverem em união estável (e acrescento: ou viverem em qualquer união de caráter familiar) não perde, quanto aos filhos do relacionamento anterior, os direitos ao poder familiar, não podendo o novo cônjuge ou companheiro exercer qualquer interferência nesse exercício (art. 1.636 do CC).

A Lei n. 13.509, de 2017, incluiu o inciso V desse art. 1.638, com outra causa de perda do poder familiar, se os pais entregarem de forma irregular o filho a terceiros para fins de adoção.

Todos os casos de perda do poder familiar, só podem ocorrer por ordem judicial.

Lembre-se de que a Consolidação das Leis do Trabalho (CLT) faz constar em seu art. 437, parágrafo único, a destituição do poder familiar, caso os pais permitam o trabalho dos filhos em locais nocivos à sua saúde ou o exercício de atividades atentatórias à sua moral.

6.6.3 Suspensão do poder familiar

Como "o pátrio poder" (atualmente poder familiar) "é um *munus* que deve ser exercido, fundamentalmente, no interesse do filho, o Estado o controla, estatuindo na lei os casos em que o titular deve ser privado do seu exercício, temporária ou definitivamente. Na primeira hipótese, há suspensão. Na outra, destituição", ensina Orlando Gomes[77].

Acrescenta que ocorre a suspensão em virtude da má conduta do pai ou da mãe (atualmente) ou por acontecimentos involuntários.

A suspensão pode dar-se com medidas previstas no Código Civil ou no Estatuto da Criança e do Adolescente, que revogou o anterior Código de Menores.

Ainda, com fundamento nesse revogado Código de Menores, lembrava Orlando Gomes[78], que a suspensão por fatos involuntários ocorre quando o titular do poder familiar é judicialmente interditado ou quando for declarado ausente.

---

76. *Direito civil brasileiro* cit., p. 413, notas de rodapés 32 a 34.
77. *Direito de família* cit., p. 397-398.
78. *Direito de família* cit., p. 398.

São situações de impossibilidade de atuação, só se ocorrerem a ambos os pais, pois, no impedimento de um, o outro exercerá o poder.

Por fatos voluntários pode acontecer a suspensão do poder familiar, quando houver abuso de autoridade pelo pai ou pela mãe, deixando de cumprir os deveres a eles atribuídos, inerentes a esse poder ou arruinando os bens dos filhos, ou, ainda, colocando em risco a segurança dos menores.

Nesses casos, qualquer parente ou o Ministério Público pode requerer ao Juiz para adotar a medida que for reclamada para segurança do menor e de seus haveres.

Poderá o juiz nesse exercício de proteção do menor até suspender o poder familiar, se julgar conveniente (art. 1.637 do CC).

Suspender-se-á, igualmente, o exercício do poder familiar se o pai ou a mãe for condenado por sentença irrecorrível, por crime cuja pena exceda a 2 anos de prisão (parágrafo único do mesmo artigo).

Além desses deveres dos pais, previstos no Código Civil, que podem ser descumpridos, existem, também, os programados no Estatuto da Criança e do Adolescente (arts. 7º a 24 da Lei n. 8.069/90). São direitos relativos à vida e à saúde, à liberdade, ao respeito e à dignidade e à convivência familiar comunitária, que devem ser respeitados.

Salientem-se, ainda, os deveres contidos no *caput* do art. 227 da Constituição Federal (com a redação determinada pela EC n. 65/2010) da família, da sociedade e do Estado de

> assegurar à criança, ao adolescente e ao jovem, com absoluta prioridade, o direito à vida, à saúde, à alimentação, à educação, ao lazer, à profissionalização, à cultura, à dignidade, ao respeito, à liberdade e à convivência familiar e comunitária, além de colocá-los a salvo de toda forma de negligência, discriminação exploração, violência, crueldade e opressão.

Essa suspensão do poder familiar terá sempre que ser decretada judicialmente, e é temporária, perdurando enquanto for necessária. Esse decreto judicial deve sempre atender o melhor interesse do menor, podendo a suspensão ser total ou parcial, quando direcionada a um aspecto específico, por exemplo, a administração dos bens do menor.

Sendo total a suspensão do poder familiar, ficam privados os pais de todos os direitos a esse poder relativos, como é o caso do usufruto.

Os limites da suspensão serão estabelecidos pelo juiz, que delimita sua extensão e duração, abrangendo ela especificamente o que for determinado na decisão judicial.

Após a suspensão, a critério do juiz, poderá o poder familiar restabelecer-se.

Como assenta o art. 24 do Estatuto da Criança e do Adolescente que tanto a perda como a suspensão do poder familiar serão decretadas judicialmente, "em procedimento contraditório", devem ser observados os trâmites previstos nos arts. 155 a 163 do Estatuto da Criança e do Adolescente, devendo o processo durar 120 dias.

14
EFEITOS PATRIMONIAIS DO CASAMENTO

1 Regime de bens. Generalidades

A par dos efeitos pessoais, podem os cônjuges programar os efeitos de seus bens. Daí, antes de celebrado o casamento, podem os nubentes estipular, quanto ao seu patrimônio, o que lhes aprouver, assenta o *caput* do art. 1.639 do Código Civil.

Tal como no Código anterior, o regime de bens entre os cônjuges começa a vigorar desde a data do casamento (§ 1º), estando o atual Código a admitir sua alteração, conforme adiante explicado (§ 2º).

Esta última admissão, inserida no código atual, colocou-o entre os Códigos mais modernos, facilitando sobremaneira a vida dos cônjuges, que, no correr de sua convivência, muitas vezes, necessitam de modificar seu regime patrimonial.

Essa modificação é permitida, com ressalva de direitos de terceiros, nos Códigos Civis suíço, alemão e austríaco, entre outros.

No Código anterior, muitas vezes ante a irrevogabilidade do regime, e a necessidade de sua alteração, os cônjuges eram obrigados a se separar judicialmente (primeiro, pelo desquite, e, depois, pela separação judicial), convivendo, após, sem casamento, para manterem sua independência patrimonial.

Posso dizer que o regime de bens é um conjunto de normas que regula as relações econômicas dos cônjuges, na constância de seu matrimônio.

Ou, como quer Gérard Cornu[1], é "um conjunto de regras tendo por objeto governar as relações pecuniárias dos esposos".

Assim, conceitua Orlando Gomes[2], dizendo que "Regime matrimonial é o conjunto de regras aplicáveis à sociedade conjugal considerada sob o aspecto dos seus interesses patrimoniais. Em síntese, o estatuto patrimonial dos cônjuges".

O regime de bens é, portanto, um conjunto normativo que regulamenta as relações patrimoniais entre os cônjuges, enquanto durar seu matrimônio.

---

1. *Les Régimes Matrimoniaux*. Paris: Presses Universitaires de France, 1974. p. 14. (Col. Thémis)
2. Op. cit., p. 173.

2. Pacto antenupcial e alteração do regime de bens

Pacto antenupcial "é o contrato solene, realizado antes do casamento, por meio do qual as partes dispõem sobre o regime de bens que vigorará entre elas, durante o matrimônio", pondera Silvio Rodrigues[3].

Os nubentes têm ampla liberdade de escolher o regime de bens de seu casamento, que poderá recair sobre um dos quatro tipos eleitos e regulados pelo legislador de 2002 (Código Civil) ou sobre figura atípica que regulamentem em seu pacto antenupcial.

Esse contrato é solene, porque é da sua substância a escritura pública; assim, preterida essa forma exigida pelo art. 1.653 do Código Civil, será nula de pleno direito a convenção.

O pacto só produz efeitos relativamente a terceiros se for levado a registro, em livro especial, no Registro de Imóveis do domicílio dos cônjuges (art. 1.657 do CC).

Por outro lado, como seu próprio nome expressa, e como assegura o mesmo citado art. 1.653, ele é antenupcial, devendo, portanto, realizar-se antes do casamento. Se o casamento a ele não se seguir, o contrato será ineficaz.

Desse modo, o pacto é gravado com condição suspensiva (*conditio iuris*): só produzirá efeito se o casamento for celebrado e quando o for, desde que os bens nele cogitados ainda existam no patrimônio do nubente.

Também a eficácia do pacto antenupcial, firmado por menor, ficará condicionada à aprovação de seu representante legal, estabelece o art. 1.654 do Código Civil, ressalvadas as hipóteses do regime obrigatório de separação de bens, adiante tratado.

Desse modo, pelo pacto antenupcial, os nubentes escolhem um dos regimes de bens regulados no Código Civil, quando não referem o regime legal, podendo, ainda, estipular um regime misto, com combinações variadas.

A autonomia da vontade das partes, no pacto antenupcial, é de ampla liberdade, contanto que não ofenda "disposição absoluta de lei", caso em que a convenção é nula ou cláusula dela (art. 1.655 do CC).

Assim, é nula a cláusula que determine que um cônjuge possa, no regime da comunhão de bens, alienar imóveis sem a outorga do outro cônjuge; que possibilite negócio com herança de pessoa viva (art. 426 do CC); que desobrigue o cônjuge ao cumprimento de qualquer dos deveres conjugais, como o de coabitação e de fidelidade; que contenha cláusula de renúncia ou limitação dos alimentos em caso de divórcio; entre outros casos de inobservância das normas de ordem pública.

Destaque-se, mais, que, não havendo convenção antenupcial ou sendo nula ou ineficaz, vigorará, quanto aos bens dos cônjuges, o regime da comunhão parcial de bens (art. 1.640 do CC).

Os nubentes poderão escolher seu regime de bens, entre os que constam no Código Civil; poderão fazê-lo, reduzindo a escolha a termo, no processo de habilitação de

---

3. *Direito civil* cit., p. 137, n. 65.

casamento; as demais escolhas deverão obedecer a forma da escritura pública (parágrafo único do art. 1.640 do CC).

O regime escolhido no pacto antenupcial poderá ser alterado durante o casamento, mediante autorização judicial por motivo declarado de ambos os cônjuges, apurando-se as razões invocadas, ressalvados os direitos de terceiros (§ 2º art. 1.639 do CC).

A motivação, que deve constar nesse pedido de alterações, deve ser considerada aprovada pelo juiz, pois são de interesse exclusivo e subjetivo dos cônjuges. Assim, o deferimento dessa alteração deverá conter a ressalva dos direitos de terceiros, que poderão eventualmente pedir que essa homologação seja ineficaz tão somente contra eles.

Resta, a final, ante o art. 2.039 do Código Civil (regra de direito intertemporal) a indagação de ser ou não possível a alteração do regime de bens de casamento celebrado na vigência do Código anterior (de 1916).

Sempre entendi que sim, pois o que o art. 2.039 assenta é que o regime de bens na celebração dos casamentos sob a égide do Código de 1916 é o que foi por ele estabelecido, todavia esses regimes produzem efeitos que se produzem após a vigência do Código de 2002 e que podem ser alterados, salvo se houver sido prevista pelas partes determinada forma de execução (art. 2.035 do Código atual).

Aliás, diga-se, nesse passo, que o Enunciado 260 do Conselho de Justiça Federal, aprovado na III Jornada de Direito Civil (2004), admite que "A alteração do regime de bens prevista no § 2º do art. 1.639 do Código Civil também é permitida nos casamentos realizados na vigência da legislação anterior".

3 Direitos e deveres dos cônjuges no regime de bens

Essa matéria vem inserida a partir do art. 1.642 do Código Civil, como inovação do Código atual, que regula os direitos e deveres dos cônjuges, de natureza patrimonial, no regime de bens.

No art. 1.642 estão mencionados os atos que podem livremente os cônjuges praticar, individualmente, qualquer que seja o regime de bens.

Inicialmente, podem praticar todos os atos de disposição e de administração necessários ao desempenho de sua profissão, com as limitações fixadas no inciso I do art. 1.647, adiante estudadas. Essa atividade profissional, comercial ou autônoma é, portanto, livre, dispensando a outorga do outro cônjuge. Podem, ainda, administrar os bens próprios (inciso II).

Pelo inciso III, seguinte, para que se preserve o patrimônio do casal, um cônjuge pode desobrigar ou reivindicar os imóveis que tenham sido gravados ou alienados sem o seu consentimento ou sem suprimento judicial. No Código anterior, cabia à mulher casada essa incumbência, contra ato do marido. Como ressalvado, essa atuação unilateral não competirá ao cônjuge se tiver havido suprimento judicial, obtido na forma da lei.

Poderá, ainda, um cônjuge atuar sozinho para demandar a rescisão dos contratos de fiança e doação, ou a invalidação do aval, realizados pelo outro com infração do disposto nos incisos III e IV do art. 1.647 (quando realizar fiança, aval ou doação de bens comuns não sendo remuneratória essa doação, ou dos que possam integrar futura meação), a não ser que o regime de bens seja o da separação absoluta. Neste caso, o titular de direito sobre seu exclusivo bem, poderá dele dispor como lhe aprouver, individualmente.

Poderá, finalmente, um cônjuge sozinho reivindicar os bens comuns, móveis ou imóveis doados ou transferidos pelo outro cônjuge ao concubino, desde que não seja provado que esses bens foram adquiridos pelo esforço comum dos concubinos, se o casal estiver separado por mais de cinco anos (inciso V do art. 1.642).

Destaque-se que esse inciso refere-se a bens doados ou transferidos pelo cônjuge a seu concubino, portanto em situação de adultério (concubinato). Nesse ponto, o concubino que adquiriu com o cônjuge adultero patrimônio, não pode perdê-lo pelo simples adultério, com o benefício do cônjuge inocente, pelo princípio de que este não pode enriquecer-se à custa do outro. O esforço comum deve ser considerado no concubinato impuro (adulterino), aplicando-se, nesse caso, a Súmula 380 do Supremo Tribunal Federal.

Por outro lado, se o cônjuge casado encontra-se separado de fato ou judicialmente, sua ligação familiar com outra pessoa, enquadra o casal como vivendo em união estável, conforme o § 1º do art. 1.723 do Código Civil. Assim, a pessoa casada que doar a seu concubino sofrerá o disposto no inciso V do art. 1.642 do Código Civil. Se um cônjuge já estiver separado do outro, não necessitará de esperar 5 anos para viver estavelmente com outro consorte (convivente).

A análise desses dispositivos legais deve ser feita em conjunto. O aludido prazo de 5 anos é resquício do Direito anterior que não deveria constar no atual Código.

Por sua vez, encerrando o enunciado do art. 1.642, seu inciso VI arremata que cada cônjuge, isoladamente, pode praticar todos os atos que não sejam vedados ao casal, expressamente, seja pelo Código Civil ou por legislação extravagante.

As ações fundadas nos incisos III, IV e V desse art. 1.642 competem ao cônjuge e a seus terceiros (art. 1.645 do CC).

No caso dos incisos III e IV desse art. 1.642, o terceiro prejudicado com a sentença favorável ao demandante, terá direito de regresso contra o cônjuge, que realizou o negócio jurídico ou seus herdeiros (art. 1.646 do CC).

Podem, ainda, os cônjuges, um sem a autorização do outro, autoriza o art. 1.643 do Código Civil, comprar, ainda que seja a crédito, os bens necessários à economia doméstica; e obter, por empréstimo, as somas que tais aquisições possam exigir.

As dívidas contraídas para pagamento das pessoas referidas no artigo antecedente obrigam ambos os cônjuges solidariamente (art. 1.644 do CC), porque são de interesse comum do casal e de sua família; portanto devem ser despesas necessárias à manutenção do lar.

Por outro lado, nenhum dos cônjuges pode, sem estar autorizado pelo outro, a não ser que seu regime de bens seja de separação absoluta, praticar os atos que se declinam nos incisos I a IV do art. 1.647, tais: alienar ou gravar de ônus real os bens imóveis (inciso I); demandar como demandante ou demandado acerca desses bens ou direitos (inciso

II); prestar fiança ou aval (inciso III); ou fazer doação, não sendo remuneratória, de bens comuns ou dos que possam integrar futura meação (inciso IV).

A não ser que o bem imóvel seja de propriedade exclusiva do cônjuge (regime da separação absoluta), ou sejam bens particulares (convencionados em pacto antenupcial), nenhum dos cônjuges pode sozinho alienar ou gravar de ônus real os bens imóveis comuns. Existe, nesse caso, um condomínio de mãos juntas, no sentido germânico, que impede a alienação unilateral ou a extinção desse condomínio, por força de norma de ordem pública, enquanto durar o casamento.

Não pode, assim, qualquer dos cônjuges isoladamente pleitear como demandante ou demandado, relativamente a esses bens ou direitos comuns; nem podem prestar fiança ou aval, que possibilitam, em última analise, em fase de execução por inadimplemento, a alienação desses bens.

Completa o art. 1.647, citado, que são válidas as doações nupciais feitas aos filhos quando se casarem ou estabelecerem economia própria (parágrafo único).

O juiz deverá suprir a outorga quando a oposição do cônjuge não tiver motivo justo ou não puder concedê-la (art. 1.648). Motivo justo deve ser entendido pelo juiz diante do caso concreto, como no caso do cônjuge estar em lugar incerto e não sabido, analisadas as circunstâncias do caso. A expressão é verdadeiramente um *standard* jurídico.

Se não ocorrer esse suprimento de outorga, tornará anulável o ato, podendo o outro cônjuge pedir sua anulação no prazo de dois anos depois de terminada a sociedade conjugal (art. 1.649). Para que o ato se torne válido, a aprovação deve ser por instrumento público ou particular autenticado (parágrafo único do art. 1.649).

Só o cônjuge que poderia conceder a outorga, ou seus herdeiros, estão habilitados a pedir a decretação de invalidade dos atos praticados sem outorga, sem consentimento ou sem suprimento judicial (art. 1.650).

Se um dos cônjuges não puder exercer a administração de seus bens, poderá o outro gerir os bens comuns e os do consorte, alienar os bens móveis comuns e alienar os imóveis comuns e os móveis ou imóveis do consorte, mas, neste caso, sempre com autorização judicial (art. 1.651).

Destaque-se, ainda, que o cônjuge que estiver na posse dos bens particulares do outro, será responsável para com este e seus herdeiros, seja como usufrutuário, se o rendimento for comum; seja como procurador, se for mandatário, por mandato expresso ou tácito, para administrar esses bens; seja, ainda, como depositário, não sendo usufrutuário ou administrador (art. 1.615, I a III).

4 Regime da comunhão parcial de bens

No regime da comunhão parcial de bens, permanecem separados os bens existentes, anteriormente ao casamento e os adquiridos após este, a título gratuito, como no caso de recebimento, por um dos cônjuges, de doação ou de herança. Comungam-se os aquestos, ou seja, os bens adquiridos após o matrimônio, a título oneroso.

Os nubentes podem convencionar, pelo pacto antenupcial, escolhendo o regime de bens que vai vigorar em seu casamento, como já estudado.

Não havendo convenção para escolha do regime patrimonial ou sendo nula ou ineficaz, vigorará o regime da comunhão parcial (art. 1.640 do CC), que é, assim atualmente, o regime oficial ou legal.

Esse regime da comunhão parcial de bens é conhecido também como de separação limitada ou relativa.

Quem se casa sem pacto antenupcial casa-se pelo regime legal, acolhido pela lei, da comunhão parcial de bens. Da mesma forma se os nubentes se casam pelo regime da separação obrigatória, também regime legal, nos casos estabelecidos no art. 1.641 do Código Civil, como no casamento de pessoas com mais de sessenta anos.

Assim, coexistem, na comunhão parcial, três patrimônios: o do marido, o da mulher e o comum (aquestos onerosamente adquiridos).

Por isso, acentua o art. 1.658 do Código Civil, sem correspondência no Código anterior, que, "No regime de comunhão parcial, comunicam-se os bens que sobrevierem ao casal, na constância do casamento, com as exceções dos artigos seguintes".

Excluem-se da comunhão (art. 1.659), portanto: os bens que cada cônjuge possuir ao casar-se, e os que lhe sobreviessem na constância do casamento, por doação ou sucessão (gratuitamente) e os sub-rogados em seu lugar (um bem que substitui ao outro, quando da alienação (inciso I); os bens adquiridos com valores exclusivamente pertencentes a um dos cônjuges em sub-rogação dos bens particulares (inciso II); as obrigações anteriores ao casamento (inciso III); as obrigações provenientes de atos ilícitos salvo se aproveitarem ao casal (inciso IV); os bens de uso pessoal, os livros e instrumentos de profissão (inciso V); os proventos do trabalho pessoal de cada cônjuge (inciso VI); e as pensões, meios-soldos, montepios e outras rendas semelhantes (inciso VII).

Maneira objetiva de considerar essas mutações patrimoniais é a declaração patrimonial junto ao Imposto sobre a Renda. Assim, se um cônjuge possui um bem particular e o vende por R$ 300.000,00, esse produto da venda é só seu e poderá ser usado para a aquisição de outro bem. Se o novo bem custar R$ 400.000,00, haverá sub-rogação de R$ 300.000,00 e comunicação quanto ao valor a maior, R$ 100.000,00.

Quanto às obrigações, anteriores ao casamento, com elas arcará o cônjuge que as contraiu.

No tocante às obrigações decorrentes de ato ilícito, não seria justo que as assumisse o cônjuge inocente. Salvo, é claro, que o produto dessa atuação tenha resultado em proveito do casal. Também acontece se um cônjuge em desrespeito a uma norma de trânsito abalroa outro veículo. O prejuízo deverá ser por ele ressarcido.

Também será de cada cônjuge seus bens de uso pessoal, como roupas, relógios, joias, aparelho de som normal; bem como os livros, por exemplo, a biblioteca de um profissional liberal e os instrumentos de profissão de um médico ou dentista.

Quanto aos proventos do trabalho pessoal de cada cônjuge, entendo que esse inciso VI deve ser retirado da legislação, pois é incompatível com ela. Se assim permanecer, nega-se a aquisição a título oneroso, da essência do regime patrimonial. Os cônjuges vivem de seus ganhos, que se somam na aquisição de alimentos e de novos bens, a título oneroso.

Também constituem bens incomunicáveis, como visto, as pensões necessárias à subsistência do pensionado, meios-soldos e montepios, que são modos de pensionamento, bem como outras rendas semelhantes, de caráter pessoal.

Por outro lado, integram a comunhão os bens comunicáveis, previstos no art. 1.660 do Código Civil, tais: os bens adquiridos na constância do casamento, a título oneroso, mesmo que em nome de um só cônjuge (inciso I); os bens adquiridos por fato eventual, com ou sem o concurso de trabalho ou despesa anterior (inciso II), como é o caso do recebimento em jogo, aposta, prêmios, loteria ou sorteio etc.; os bens adquiridos por doação, herança ou legado, em favor de ambos os cônjuges (inciso III); as benfeitorias necessárias, úteis e voluptuárias em bens particulares de cada cônjuge (inciso IV), porque essas benfeitorias, inclusive as acessões, presumem-se realizadas com recursos de ambos os cônjuges; e os frutos civis (rendimentos) ou naturais decorrentes de bens comuns ou particulares de cada cônjuge percebidos na constância do casamento, ou pendentes ao tempo de cessar a comunhão (inciso V).

Esses dois últimos incisos (IV e V), comenta Caio Mário da Silva Pereira[4], "refletem a essência do regime da comunhão parcial de bens, ou seja, entram no patrimônio do casal os acréscimos advindos da vida em comum".

Relativamente às verbas de FGTS, entendo-as incomunicáveis, tratando-se de decorrentes do trabalho de cada cônjuge, como assenta o inciso VI do art. 1.659 do Código Civil. Do mesmo modo a previdência privada (PGBC ou VGBL).

Do mesmo modo, não se comunicam os bens cuja aquisição tiver por título uma causa anterior ao casamento (art. 1.661 do CC).

Pode acontecer que uma lei extravagante estabeleça qualquer hipótese de incomunicabilidade, como é o caso da Lei relativa aos direitos autorais (Lei n. 9.610/98), que assenta, em seu art. 39, que "os direitos patrimoniais do autor, excetuados os rendimentos resultantes de sua exploração, não se comunicam, salvo pacto antenupcial em contrário".

Quanto aos bens móveis, presumem-se adquiridos na constância matrimonial, quando não puder ser feita prova de sua aquisição anterior ao matrimônio (art. 1.662 do CC).

No tocante à administração do patrimônio comum ele compete a qualquer dos cônjuges (art. 1.663 do CC).

Destaca esse artigo que as dívidas contraídas no exercício da administração obriga os bens comuns e os particulares do cônjuge administrador e os do outro cônjuge no que lhe aproveitar (§ 1º). Por outro lado, para a cessão do uso ou gozo dos bens comuns, a título gratuito, é necessária a anuência de ambos os cônjuges (§ 2º). E, em caso de malversação dos bens, o juiz poderá atribuir a administração a apenas um dos cônjuges (§

---

4. *Instituições de direito civil* cit., p. 217.

3º), para evitar perdas no patrimônio do casal, seja por atuação ilícita do administrador ou por atos de má administração.

Novidade do Código atual é o art. 1.664, que responsabiliza os bens comuns dos cônjuges, para atendimento, por um ou por outro, dos encargos da família, das despesas de administração e das decorrentes de imposição legal.

Outra novidade é a do art. 1.665, pelo qual a administração e a disposição dos bens particulares competem ao cônjuge proprietário, salvo disposição contrária no pacto antenupcial.

Por outro lado, as dívidas contraídas por qualquer dos cônjuges na administração de seus bens particulares, em benefício destes, não obrigam o patrimônio comum (art. 1.666 do CC).

5 Regime da separação de bens

5.1 Generalidades

Separação de bens é o regime patrimonial, a vigorar em um casamento, em que cada cônjuge é proprietário de seus bens, de modo absoluto ou relativo.

Isso porque entendo que se enquadra nele, também, a comunhão parcial, que objetiva, diretamente, partes separadas do patrimônio dos cônjuges, como estudado.

Pelo regime da separação de bens, cada cônjuge continua titular dos direitos, que possuía antes de seu matrimônio, bem como dos adquiridos durante o enlace. Vigora o princípio de que cada um é proprietário exclusivo do que é seu. Assim, há dois patrimônios separados: o do marido e o da mulher.

Devem, desse modo, ser consideradas três espécies de separação de bens: a parcial, limitada ou relativa, a obrigatória e a total, ilimitada ou absoluta. Nas três espécies, encontra-se presente a separação no regime matrimonial.

Essa primeira espécie já foi anteriormente estudada: regime da comunhão parcial, ou limitada ou relativa de bens.

Estudarei, a seguir, o regime da separação obrigatória de bens.

5.2 Regime da separação obrigatória de bens

Já estudamos que a comunhão parcial de bens (art. 1.640 do CC) é o regime legal de bens, quando os nubentes não exercem seu direito de escolher; ou quando essa convenção é nula ou ineficaz, e que, quando não puderem os nubentes exercer esse direito, ante imposição da lei (nos casos previstos no art. 1.641 do CC), esse regime é obrigatório.

Assim, o regime legal pode ser facultativo ou obrigatório, no primeiro caso, quando os nubentes puderem eleger outro regime; e, no segundo, quando for imposto por lei.

Esse art. 1.641 do Código Civil estabelece que o regime da separação obrigatória de bens existe, quando as pessoas se casarem sem a observância das causas suspensivas da celebração matrimonial (inciso I); ou quando forem maiores de 60 anos (inciso II); ou, ainda, quando dependerem os nubentes de suprimento judicial para se casarem (inciso III).

Ponderam Arnoldo Wald e Priscila M. P. Corrêa da Fonseca[5], quando se referem ao regime da separação obrigatória de bens, que "sempre que o casamento é realizado com inobservância das causas suspensivas do matrimônio ou ainda quando é contraído por pessoa maior de 60 anos ou por todos aqueles que dependem, para casar, de suprimento judicial, o regime de bens deve necessariamente ser o da separação". Mencionam, ainda, que muito se discutiu, "em doutrina e em jurisprudência, se tal separação é a completa ou se se refere apenas aos bens anteriores ao casamento".

Esclarecem que "A jurisprudência firmou-se no sentido de reconhecer que o regime de separação obrigatória a que aludiam os arts. 226 e 258, parágrafo único, do CC de 1916 só abrangia os bens anteriores ao casamento, não se aplicando aos adquiridos na constância da sociedade conjugal".

Entretanto, aduzem: "Esclarece a Súmula 377 do STF, que: 'No regime da separação legal de bens, comunicam-se os adquiridos na constância do casamento'". E concluem com acerto: "Atualmente, diante da redação conferida no art. 1.641 do atual CC, que, ao contrário do anteprojeto, não excepciona expressamente a comunhão de aquestos, o estatuído pela súmula continuará a prevalecer".

Entendo que esse dispositivo, no tocante aos maiores de sessenta anos aplica-se analogicamente às uniões estáveis, que devem, após essa idade, ser entendidas como reguladas pelo regime patrimonial da separação obrigatória de bens.

Sim, porque na união matrimonial, após essa idade, muitos direitos já se consolidaram na família dos cônjuges ou conviventes, que merecem ser respeitados, mormente ante essa posição nova na convivência dos casais.

6 Regime da comunhão universal de bens

O regime da comunhão universal de bens implica a comunicação de todos os bens presentes e futuros dos cônjuges, bem como de suas dívidas (art. 1.667 do CC).

Até que fosse admitido na legislação brasileira o regime oficial da comunhão parcial de bens, pelo art. 50 da Lei n. 6.515/77 (Lei do Divórcio), vigeu, entre nós, o regime da comunhão universal de bens, que era conceituado no art. 258 do Código Civil de 1916.

No Direito luso-brasileiro, nas Ordenações do Reino de Portugal, especialmente nas Ordenações Filipinas, de 1603, os casamentos realizavam-se "por carta de metade"[6].

---

5. *Direito civil* cit., p. 125-126, n. 8.
6. Ordenações cit., livro 4, título 46.

Lembre-se, nesse passo, de que essas Ordenações foram nosso Código Civil, no período luso-brasileiro, até o início de vigência do Código de 1916 (em 1º de janeiro). Elas estabeleciam, com influência do Direito Canônico, como visto, o regime legal da comunhão de bens, a partir da consumação do casamento[7]. No tocante ao Direito de Família, essas mesmas Ordenações foram revogadas pelo Decreto n. 181, de 1890, que secularizou o casamento, que passou a ser civil. Pelo art. 57 deste Decreto, também o regime era o da comunhão de bens, a partir do dia seguinte ao matrimônio, desde que fosse este consumado.

O Código atual exclui da comunhão (art. 1.668): os bens doados ou herdados com a cláusula de incomunicabilidade e os sub-rogados em seu lugar (inciso I): os bens gravados de fideicomisso e o direito do herdeiro fideicomissário, antes de realizada a condição suspensiva (inciso II); as dívidas anteriores ao casamento, a não ser que provenham de despesas com seus aprestos, ou revertam em proveito comum (inciso III); as doações antenupciais feitas por um dos cônjuges ao outro com a cláusula de incomunicabilidade (inciso IV); e os bens referidos nos incisos V a VII do art. 1.659 (inciso V).

Relativamente às doações, não podem elas realizar-se durante o casamento (*propter nuptias*), para fraudar o regime da separação obrigatória.

Pelo inciso V, mencionado, também ficam excluídos da comunhão os bens que são excluídos no regime da comunhão parcial (bens de uso pessoal, profissionais; os proventos do trabalho pessoal; e as pensões, meios-soldos, montepios e outras rendas semelhantes).

Ressalta, ainda, o legislador civil (pelo art. 1.669) que a incomunicabilidade dos bens atrás mencionadas não se estende aos frutos, quando estes devem ser percebidos ou se vençam durante o casamento.

Tenha-se presente, ainda, que o instrumento de doação pode conter cláusula de reversão, pela qual o bem doado volte ao patrimônio do doador se sobreviver ao donatário (art. 547 do CC). Todavia, assenta o parágrafo único desse artigo que essa cláusula não prevalece em favor de terceiro.

Essa incomunicabilidade, entretanto, refere-se ao bem doado. Para que seja extensiva aos frutos e rendimentos é preciso que essa situação seja expressa no documento de doação. O mesmo acontece em caso de testamento.

Quanto à administração dos bens, aplicam-se as mesmas regras do regime da comunhão parcial (art. 1.670 do CC).

Finalmente, sendo extinta a comunhão, com a divisão do ativo e do passivo, cessará a responsabilidade de cada um dos cônjuges, relativamente aos credores do outro (art. 1.671 do CC).

---

7. Ibidem, livro 4, título 46, § 1º: "E quando o marido e mulher forem casados, por palavras de presente à porta da Igreja, ou por licença do Prelado fora dela, havendo cópula carnal, serão meeiros em seus bens e fazenda".

7 Regime de participação final nos aquestos

O regime de participação final nos aquestos não encontra correspondente no Código Civil de 1916, que, entretanto, regulamentava o regime do dote que foi eliminado, também por sua inaplicabilidade. Esse regime de participação final nos aquestos existe em outros países, como na Alemanha, França, Espanha, Portugal e Argentina.

Por esse regime cada cônjuge possui patrimônio próprio, cabendo a eles, quando dissolvida a sociedade conjugal, direito à metade dos bens adquiridos pelo casal, a título oneroso, na constância do casamento (art. 1.672 do CC).

Esse regime reúne a existência da separação de bens durante o casamento e após a sua dissolução o da comunhão parcial de bens, comungando-se os aquestos adquiridos a títulos oneroso, durante a união.

Cada cônjuge tem a exclusiva administração de seus bens (parágrafo único do art. 1.673 do CC), mas só pode vender os móveis, que, salvo prova em contrário, presumem-se adquiridos durante o casamento (parágrafo único do art. 1.674), pois para os imóveis depende de autorização do outro cônjuge (art. 1.673, parágrafo único). Contudo, a livre disposição dos bens imóveis, desde que particulares, pode ser convencionada no pacto antenupcial (art. 1.656 do CC).

Por outro lado, cada cônjuge mantém em seu patrimônio os bens que possuía ao se casar e os adquiridos, a qualquer título na constância do casamento (art. 1.673, *caput*).

Quando ocorrer a dissolução da sociedade conjugal (por morte de um dos cônjuges, pela separação judicial, pelo divórcio ou pela sentença de anulação), serão apurados os aquestos para serem separados dos patrimônios próprios de cada cônjuge (art. 1.674, *caput*), que são os seguintes: os bens anteriores ao casamento e os que foram sub-rogados em seu lugar (inciso I); os que sobrevierem a cada cônjuge por sucessão ou liberalidade (inciso II); e as dívidas relativas a esses bens (inciso III). Cada cônjuge terá direito à metade desses bens adquiridos onerosamente (art. 1.672 do CC).

Também são incluídos nesses aquestos o valor das doações feitas por um dos cônjuges, sem a indispensável autorização do outro, podendo até ser feita a reivindicação do bem pelo cônjuge prejudicado ou por seus herdeiros (art. 1.675 do CC), bem como outras eventuais alienações em prejuízo da meação.

Incorpora-se ao monte o valor dos bens alienados em detrimento da meação (art. 1.676).

Diante desse emaranhado legislativo, explica Silvio Rodrigues[8]:

> Conforme as circunstâncias fáticas, o cônjuge, com a ruptura da sociedade conjugal, passa a ter uma dívida para com o outro, a ser quitada com a divisão de seus bens, em dinheiro, ou com a venda de seu patrimônio para honrar a participação do outro. Com essa fórmula, a significativa diferença deste para com os outros

---

8. *Direito civil* cit., p. 195.

regimes consiste no fato de que pelo novo modelo a participação se faz sobre os incrementos patrimoniais, mas de forma contábil (apuração de valores), não por meio de comunhão ou condomínio; vale dizer, após a compensação de bens, aquele cônjuge em desvantagem passa a ter um crédito consistente na diferença apurada, e não uma parcela sobre o bem indivisível. Assim, o direito de um não é sobre o acervo do outro, adquirido durante o casamento. Limita-se o direito à participação final sobre o valor de eventual saldo, após a compensação dos acréscimos de ambos os cônjuges, pelos critérios estabelecidos.

Durante o casamento, repita-se, vivem os cônjuges no regime da separação de bens; com a dissolução da sociedade conjugal "reconstitui-se contabilmente uma comunhão de aquestos", lembra Caio Mário da Silva Pereira[9]. Demonstra, mais, que, "Nesta reconstituição nominal (não *in natura*), levanta-se o acréscimo patrimonial de cada um dos cônjuges no período de vigência do casamento. Efetua-se uma espécie de balanço, e aquele que se houver enriquecido menos terá direito à metade do saldo encontrado". Esse novo regime é "um misto de comunhão e de separação. A comunhão de bens não se verifica na constância do casamento, mas terá efeito meramente contábil diferido para o momento da dissolução", completa o mesmo jurista.

Por seu turno, acentua Zeno Veloso[10], nesse regime estudado "não se forma uma massa a ser partilhada; o que ocorre é um crédito em favor de um dos cônjuges, contra o outro, para igualar os acréscimos, os ganhos obtidos durante o casamento".

No tocante às dívidas posteriores ao casamento, que forem contraídas por um dos cônjuges, somente este por elas responderá, a não ser que exista prova de que reverteram, total ou parcialmente, em benefício do outro (art. 1.677 do CC).

Por outro lado, se um dos cônjuges solveu dívida do outro com bens do seu patrimônio o valor desse pagamento será atualizado e imputado à meação do outro cônjuge, na data da dissolução matrimonial (art. 1.678 do CC). Porém, se as dívidas de um dos cônjuges forem superiores à sua meação, elas não obrigam ao outro ou a seus herdeiros (art. 1.686 do CC).

"No caso dos bens adquiridos pelo trabalho conjunto" (melhor diríamos esforço comum, expressão mais utilizada em nossa linguagem jurídica), eles devem ser divididos igualmente entre os cônjuges, no levantamento final do regime (art. 1.679 do CC).

Quanto aos bens móveis, em face de terceiros, presumem-se do domínio do cônjuge devedor, a não ser que sejam de uso pessoal do outro cônjuge (art. 1.680 do CC); quanto aos imóveis são eles de propriedade do cônjuge que os tiver registrado em seu nome (art. 1.681 do CC). Se for impugnada a titularidade, completa o parágrafo único desse mesmo artigo, caberá ao cônjuge proprietário provar essa qualidade.

---

9. *Instituições de direito civil* cit., p. 229.
10. Regimes matrimoniais de bens. In: PEREIRA, Rodrigo da Cunha (coord.). *Direito de família contemporâneo*. Belo Horizonte: Del Rey, 1997. p. 205.

Tenha-se presente, ainda, que o direito à meação é irrenunciável, não pode ser cedido ou penhorado na vigência do regime matrimonial (art. 1.682 do CC).

Se esse regime em estudo dissolver-se por separação judicial ou por divórcio, deve ser verificado o montante dos aquestos à data em que cessou a convivência (art. 1.683 do CC).

Entendo que se eleito esse regime patrimonial na união estável, a mesma regra poderá ser utilizada, por analogia.

Não sendo possível nem conveniente a divisão de todos os bens em natureza, deverá ser calculado o valor de alguns ou de todos para que exista reposição em dinheiro ao cônjuge que não for proprietário. Havendo impossibilidade de realizar-se a reposição em dinheiro, os bens serão avaliados e alienados, por autorização judicial, em montante que baste ao cumprimento dessa obrigação (art. 1.684 do CC).

Se, entretanto, essa dissolução ocorrer por morte do cônjuge, deverá ser verificada a meação do sobrevivente, conforme as regras atrás estudadas deferindo-se a herança aos herdeiros, conforme determina o Código Civil.

Teoricamente, a inclusão desse novo regime de bens, trazido por influência da doutrina estrangeira, ao lado dos outros existentes, é razoável, porém desaconselhável, dados os transtornos imensos que causa.

Acentua, a propósito, Silvio Rodrigues[11] que, na prática,

> considerando a complexidade da apuração contábil proposta, tornando necessária não só a exata identificação dos aquestos como a respectiva valoração, a exigir, ainda, conforme o caso, a realização de perícia, tudo a tornar extremamente lenta e dispendiosa a solução de eventual litígio, a tendência deverá ser por desaconselhar aos nubentes essa opção.

As dificuldades e complicações em sua liquidação[12] tornam o regime não recomendável, sendo essa "experiência internacional não coerente com a estrutura econômica de nosso país, onde, por mais otimistas que sejam os discursos oficiais, vivemos o fantasma da inflação, a qual será sempre o vilão das partilhas de bens neste novo regime matrimonial"[13].

Dá-nos conta, entretanto, Ana Paula Patiño[14] que, malgrado a complexidade das regras, que regulam esse novo regime de bens, que pode torná-lo desinteressante para a grande

---

11. *Direito civil* cit., p. 196.
12. VELOSO, Zeno. *Regimes matrimoniais de bens* cit., p. 207.
13. PEREIRA, Caio Mário da Silva. *Instituições de direito civil* cit., p. 236. Também não muito otimistas quanto ao regime ora estudado, TARTUCE, Flávio; SIMÃO, José Fernando. *Direito civil* cit., p. 164.
14. Regime de bens: a participação final nos aquestos. In: CHINELLATO, Silmara Juny de Abreu; SIMÃO, José Fernando; FUJITA, Jorge Shiguemitsu; ZUCCHI, Maria Cristina (org.). *Direito de família no novo milênio*: estudos em homenagem ao Professor Álvaro Villaça Azevedo. São Paulo: Atlas, 2010. p. 269.

população brasileira, "há muitos casais que o elegeram, na esperança de terem mais liberdade para administrar seu patrimônio particular".

8 Regime matrimonial de bens nas relações empresariais

Estudando sobre o impacto do regime de bens nas relações empresariais, merecem destaque as conclusões tiradas por Maria Helena Diniz[15], adiante referidas.

a) O art. 978 do Código Civil não requer outorga conjugal para que empresário casado possa alienar ou gravar de ônus real imóvel integrante do patrimônio da "empresa", qualquer que seja o seu regime matrimonial de bens, facilitando a circulação de bens empresariais.

b) empresário casado que explorar, em atividade empresarial, imóvel onde resida com sua família para vendê-lo precisará de outorga conjugal, se o regime não for o da separação absoluta de bens, por pertencer ao patrimônio do casal.

c) Há responsabilidade do empresário casado sob o regime de comunhão universal até o limite de sua meação pelos títulos assinados, salvo se comprovar que o seu cônjuge deles tirou proveito.

d) As quotas societárias adquiridas onerosamente durante o casamento do empresário sócio comunicar-se-ão ao seu cônjuge.

e) Pelo art. 1.027 do Código Civil haverá impossibilidade de o ex-cônjuge ou herdeiro do consorte do sócio pleitearem a parte que lhes for cabível imediatamente, pois só poderão concorrer à divisão periódica dos lucros.

f) Os dividendos e ações bonificadas, sendo o regime de comunhão, comunicar-se-ão ao cônjuge do sócio (arts. 1.660, V, e 1.669, do CC) por serem frutos civis dos bens particulares, constituindo patrimônio comum dos cônjuges.

g) Há possibilidade de formação de sociedade entre cônjuges ou entre um deles com terceiro, desde que o regime de bens não seja o da comunhão universal e o da separação obrigatória (art. 977 do CC).

h) Os atos arrolados nos arts. 979 e 980 do Código Civil deverão ser averbados no Registro Civil e no Registro Público de Empresa Mercantis.

---

15. Impacto do regime matrimonial de bens nas relações empresariais. *Direito de família no novo milênio*: estudos em homenagem ao Professor Álvaro Villaça Azevedo. p. 283-284.

15 ALIMENTOS

1 Noções sobre a origem do dever alimentar no Direito Romano

Destaque-se, inicialmente, o ensinamento de Ulpiano[1], quando afirma que "se abrangem, pela palavra alimentos, o comer, o beber, a manutenção do corpo e tudo o que é necessário à vida do homem". E continua: "Labeão diz que 'as vestes também fazem às vezes de alimento'" (*Verbo victus continentur, quae esui, potuique, cultuique, corporis, quaeque ad vivendum homini necessaria sunt. Vestem quoque victus habere vicem, Labeo ait*).

Também Javoleno[2] esclarecia, quanto ao legado de alimentos, que ele "compreende o sustento, as vestes e a habitação, porque sem essas coisas o corpo não pode manter-se; mas não entra no legado o relativo à educação" (*Legatis alimentis, cibaria, et vestitus, et habitatio, debebitur, quia sine his ali corpus non potest; caetera quae ad disciplinam pertinent, legato non continentur*).

A palavra alimento descende da latina *alimentum, i,* que significa sustento, alimento, manutenção, subsistência, do verbo *alo, is, ui, itum, ere* (alimentar, nutrir, desenvolver, aumentar, animar, fomentar, manter, sustentar, favorecer, tratar bem).

Os romanos dos primeiros tempos conheciam os alimentos pela expressão *officium pietatis* (dever de piedade, de caridade), mero dever moral, que depois se desenvolveu com fundamento nos laços de parentesco, transformando-se em dever jurídico, regulamentado em lei.

Na família romana antiga, o *pater familias* era o único e exclusivo sujeito de direitos patrimoniais.

O *pater* dispunha do acervo da família, como seu proprietário, podendo deixar, por testamento, o que bem entendesse e a quem quer que fosse, ainda que em detrimento dos seus filhos. Neste caso, a situação assemelhava-se a verdadeira deserdação.

A *patria potestas*, poder quase absoluto nos primeiros tempos, sofreu atenuação nesse rigor, passando, à época do Imperador Justiniano, a exercer-se piedosamente (*in pietate*).

---

1. *Digesto*, Livro 50, título 16, lei 43.
2. *Digesto*, Livro 34, título 1, lei 6.

A princípio, o poder dos pais sobre os filhos igualava-se ao que tinha sobre seus escravos, podendo rejeitar os recém-nascidos e abandoná-los; todavia, pela Lei das XII Tábuas, não poderia matá-los, pois o direito de vida e morte (*ius vitae atque necis*) sobre os filhos, em medida extrema, dependida de consulta aos membros da família, mais próximos (*concilium propinquorum*). Podia vendê-los como escravos além do Rio Tibre (*trans Tiberim*), bem como exercer a *manus* sobre a nora, casar seus filhos com quem julgasse melhor, exercer a *patria potestas* sobre os netos, obrigar os filhos ao divórcio, dá-los *in mancipio* (vendendo-os por três vezes, para se tornarem *sui iuris*)[3].

A família romana era, portanto, agnática patrilinear, sob o vínculo do poder paterno.

No Direito Romano, existiu dever alimentar, originado de convenção, de disposição de última vontade, de relação familiar, de relação de patronato e de tutela[4].

Esse dever podia nascer, também, acidentalmente, de um delito (ato ilícito), sendo certo que o dever legal de fornecer alimentos repousa suas bases nas relações de parentesco e de patronato[5].

Sendo a família romana, como visto, estruturada sob o poder paterno, o *pater* era a figura máxima, com todos os direitos por ele exercidos, sem qualquer submissão ou dever a seus dependentes.

Daí por que bem explica Yussef Said Cahali[6], apoiado em vários doutrinadores, que "a obrigação alimentar foi estatuída inicialmente nas relações de clientela e patronato, vindo a ter aplicação muito tardia (na época imperial) nas relações de família, por obra de vário Rescritos mediante a *cognitio* dos Cônsules *extra ordinem*".

E acrescenta que, "em realidade, a doutrina mostra-se uniforme no sentido de que a obrigação alimentícia fundada sobre as relações de família não é mencionada nos primeiros momentos da legislação romana".

Para exigir o direito legal a alimentos, que não se fundamentava em ação própria, era necessário que o credor recorresse a uma *extraordinaria cognitio*, que "implicava um poder arbitrário do juiz, na apreciação da demanda, que lhe era submetida"[7].

Ressalte-se que, na ordem jurídica romana, o deve legal recíproco aos alimentos entre determinados parentes teve tardio reconhecimento e limitado, sendo desconhecido no *ius civile antiquum*, e surgindo, a partir do século II d.C., no *ius extraordinarium*, e, continuadamente, se ampliando e se desenvolvendo, até assumir, no sistema justinianeu, caracteres por muitos modos semelhantes aos que existem na legislação contemporânea[8].

---

3. CRETELLA JÚNIOR, José. *Curso de direito romano*. 22. ed. Rio de Janeiro: Forense, 1999. p. 112-113.
4. CAHALI, Yussef Said. *Dos alimentos*. 2. ed. São Paulo: Revista dos Tribunais, 1993. p. 36.
5. MAYNZ, Charles. *Cours de Droit Romain* cit., t. 2, p. 511-513, § 280.
6. *Dos alimentos* cit., p. 36.
7. MAYNZ, Charles. *Cours de Droit Romain* cit., t. 2, p. 512.
8. LAVAGGI, Giuseppe. Verbete "Alimenti". *Enciclopedia del Diritto*. Milano: Giuffrè, 1958. t. II, p. 18-19.

Em notável seleção de textos romanos, elucida Pietro Bonfante[9], entre outros pontos, que o dever alimentar entre pais e filhos é recíproco e independente do pátrio poder; também a mãe tem esse direito a alimentos. Esse dever, continua Bonfante, estende-se, ainda, aos avós paternos e maternos, e vice-versa, sem diferenças. A medida do pensionamento existe em razão da necessidade do sujeito, ou seja, de seu estado de pobreza e de incapacidade ao trabalho. O conteúdo, quando possível, é bastante amplo e não compreende os puros alimentos, ou seja, o quanto necessário à vida e a seus desejos elementares (sustento, vestes e abrigo), mas também os encargos educacionais; o filho não estava obrigado a pagar os débitos paternos. Esse também poderia perder-se por graves ofensas. Os filhos de uma concubina, ou *liberi naturales*, em sentido próprio, conquistaram, por obra do Imperador Justiniano e na legislação das Novelas, direito de sucessão, limitado a um sexto; na ausência de mulher e de filhos legítimos, o direito aos alimentos, ainda em confronto com os filhos legítimos, e o pai pode dar a eles, por testamento, um tutor. Também os filhos espúrios tinham contra a mãe, que é sempre certa, direito e dever aos alimentos.

No Direito Justinianeu, afirma Yussef Said Cahali[10], com fundamento em vários doutrinadores, que

> foi seguramente reconhecida uma obrigação alimentar recíproca entre ascendentes e descendentes em linha reta ao infinito, paternos e maternos na família legítima, entre ascendentes maternos, pai e descendentes na família ilegítima, com exclusão daquela constituída *ex nefariis vel incestis vel damnatis complexibus*; talvez entre irmãos e irmãs; e muito provavelmente pertence a esse período a extensão da obrigação alimentar à linha colateral.

E conclui:

> A disciplina justinianeia da obrigação alimentar representa o ponto de partida da sucessiva e ampla reelaboração do instituto, compilada pelos glosadores, pós-glosadores e comentadores, de que resulta claramente a determinação do círculo da obrigação no âmbito familiar, compreendendo os cônjuges, ascendentes e descendentes, irmãos e irmãs.

Destaque-se a lição de Ulpiano[11], segundo a qual os alimentos extinguem-se com a vida (*alimenta cum vita finiri*).

---

9. *Corso di diritto romano* cit., p. 379-383.
10. Mostra Yussef Said Cahali, nesse passo, com fundamento em vários autores, que existe séria divergência quanto à matéria (*Dos alimentos* cit., p. 38-39).
11. *Digesto*, Livro 2, título 15, lei 8, § 10.

Por outro lado, ensinava Paulo[12] que "parece matar, não só o que afoga o recém-nascido, como também o que o expõe, o que denega a ele alimentos e o que o entrega às casas de misericórdia, que o mesmo não possui".

No Direito Canônico, os alimentos encontram substancial desenvolvimento, "pois tal corpo normativo, inspirado nos princípios evangélicos, estendem esse direito à família ilegítima, aos que se vinculam por parentesco meramente civil (adotante e adotado) e, mesmo, espiritual (padrinho e afilhado)".[13]

2 Dever ou obrigação alimentar?

Em breve exame, procuraremos justificar a expressão que preferimos, dever, e não obrigação alimentar, pois, como tivemos oportunidade de demonstrar, em outro livro[14], sem entrar em desnecessárias polêmicas, a palavra *dever* melhor se ajusta, em seu sentido, às atribuições impostas aos que atuam como devedores, no âmbito do Direito de Família.

Esse o significado que lhe deu Clóvis Beviláqua[15], explicando, melhor, quando respondeu às críticas de Coelho Rodrigues a seu Projeto. E o fez, entre outros pontos, frisando que esse seu Projeto estabeleceu duas categorias de pessoas, as físicas e as jurídicas, sendo diferente o campo de atividade de cada uma, pois o das primeiras é mais extenso, por ter o departamento privativo das pessoas naturais, o Direito de Família, esclarecendo que as "necessidades morais de agir resultantes do direito de família puro se designam, no sistema do Projeto, pelo vocábulo *deveres*, ao passo que se traduzem pela palavra *obrigações* essas mesmas necessidades morais de agir quando se objetivam em relações de ordem econômica".

Entendo que a palavra obrigação se apresenta com um sentido amplo e com um restrito, sendo que, naquele, obrigação equivale a qualquer espécie de dever, seja moral, social, religioso, entre outros, incluindo o dever jurídico, na área do Direito de Família; já, neste, em sentido estrito, o significado da palavra obrigação se cinge ao âmbito, especificamente, do Direito Obrigacional, com o aspecto econômico, que lhe é inerente.

Melhor compreendermos que, no Direito de Família, a utilização da palavra *dever*, como acontece, no art. 1.566 do Código Civil, é preferível, pois ela, de significado mais amplo, abrange o sentido material e moral, que nasce da relação jurídica de caráter alimentar.

Todavia, o próprio Código Civil não se utiliza tecnicamente dessa palavra, pois quando se refere no setor específico sobre alimentos, principalmente, nos arts. 1.697 e

---

12. *Digesto*, Livro 25, título 3, lei 4.
13. COVELLO, Sérgio Carlos. *Ação de alimentos*. São Paulo: Ed. Universitária de Direito, 1987. p. 4.
14. AZEVEDO, Álvaro Villaça. *Dever de coabitação* cit., p. 111-116.
15. Projeto de Código Civil e o Sr. Dr. Coelho Rodrigues, in *Projeto de Código Civil Brasileiro*, Trabalhos da Comissão Especial da Câmara dos Deputados, Imprensa Nacional, Rio de Janeiro, 1902. v. 2, Pareceres e Emendas, p. 270-298.

1.700, também no Código Civil de 1916, nos arts. 398 e 402, alude a obrigação de prestar alimentos.

Prefiro deixar o termo obrigação para significar, somente, as relações jurídicas de caráter essencialmente econômico, do Direito das Obrigações.

3 Conceito de dever alimentar

Alimentos são, em Direito, os valores prestados, em dinheiro ou em espécie, para assegurar a alguém sua sobrevivência.

Nos alimentos, portanto, incluem-se sustento, vestuário, habitação, assistência médica, hospitalar e odontológica, e, ainda, educação, se devidos a menores.

O dever de prestar alimentos não deve confundir-se com certos deveres familiares, de sustento, de assistência e de socorro, tais como os dos cônjuges e os dos pais relativamente a seus filhos, enquanto menores, deveres esses que devem ser cumpridos de modo incondicional. O dever de prestar alimentos *stricto sensu*, desse modo, é o que se impõe em lei "a certas pessoas ligadas pelo vínculo de família, que estejam em determinadas condições, consistindo na prestação do necessário ao sustento de quem o necessita, sem que o direito correspondente seja correlato a um dever inerente ao estado de cônjuge, ou de pai"[16].

Alimentos são, portanto, "prestações, feitas para que quem os recebe possa subsistir, isto é, manter sua existência, realizar o direito à vida, tanto a física (sustentação do corpo), como a intelectual e moral (cultivo e educação do espírito, do ser racional)"[17].

Aliás, nos moldes das Ordenações Filipinas, de 1603[18]: "Se alguns órfãos forem filhos de tais pessoas, que não devam ser dadas por soldadas, o Juiz lhes ordenará o que lhes necessário for para seu mantimento, vestido e calçado, e todo o mais em cada um ano".

4 Espécies de dever alimentar

Os doutrinadores têm classificado os alimentos sob vários critérios: a) quanto à natureza; b) quanto à causa jurídica; c) quanto à finalidade; d) quanto ao momento da prestação; e e) quanto à modalidade da prestação, como bem demonstrado por Yussef Said Cahali[19].

Quanto à natureza, elucida que os alimentos podem ser *naturais*, se estritamente necessários à sobrevivência de uma pessoa (alimentação, cura, vestuário e habitação),

---

16. GOMES, Orlando. *Direito de família* cit., p. 428-429, n. 258.
17. ALMEIDA, Estevam de. *Manual do Código Civil brasileiro*: direito de família. Rio de Janeiro: Jacintho Ribeiro dos Santos, 1925. v. 6, n. 284, p. 314.
18. Livro I, título 88, § 15.
19. *Dos alimentos* cit., p. 16-24.

nos limites do *necessarium vitae*; ou *civis*, se abrangerem outras necessidades, intelectuais ou morais, compreendendo o *necessarium personae*.

E prossegue, esclarecendo que, quanto à finalidade, os alimentos podem ser *provisionais*, ou *in litem*, os concedidos para manutenção do alimentando ou dele e de seus filhos, na pendência do processo; ou, ainda, *regulares* ou *definitivos*, os fixados pelo juiz ou convencionados, por acordo das partes, com prestações periódicas e de caráter permanente.

Explica, ainda, que, quanto ao momento da prestação, os alimentos podem ser *futuros (alimenta futura)*, devidos a partir de uma decisão judicial ou de um acordo; ou *pretéritos (alimenta praeterita)*, anteriores a esses aludidos momentos.

Esclarece, também, que, quanto às modalidades, o dever alimentar é próprio ou impróprio. No primeiro caso, compreende a prestação do que é indispensável, necessário, à manutenção da pessoa; na segunda hipótese, fornecem-se meios idôneos à aquisição de bens necessários à subsistência.

Destacadamente, cuido, agora, de evidenciar, na classificação desse mesmo jurista, que, quanto à causa jurídica do dever alimentar, pode ela surtir da lei, da vontade ou do ato ilícito.

Na primeira situação, em que existe um dever legal, pondera Yussef Said Cahali[20], em continuação, os alimentos, no nosso sistema jurídico, são devidos por direito de sangue (*ex iure sanguinis*), por um vínculo de parentesco ou relação de natureza familiar, ou em razão do casamento. Assim, "só os alimentos legítimos", derivados *ex dispositione iuris*, estão inseridos no Direito de Família.

Nas duas outras situações, nasce o dever alimentar da atividade humana, ou seja, por contrato, por testamento, ou por prática de iliceidade.

Esses atos voluntários, constituídos em decorrência da manifestação de vontade, *inter vivos* ou *causa mortis*, aduz o citado jurista, são, também, chamados "obrigacionais ou prometidos ou deixados", quer sejam resultantes de contrato ou de disposição de última vontade, pertencendo, respectivamente, ao Direito Obrigacional ou Sucessório.

Quanto ao dever alimentar consequente da prática de ato ilícito, representa ele um modo de indenização do dano *ex delicto* (conforme arts. 948, II, e 950 do CC).

Realmente, não cabe o decreto de prisão, por falta de pagamento de prestação alimentícia decorrente de ação de responsabilidade *ex delicto*, como decidiu a 5ª Câm. do 1º TACivSP, por votação unânime, em 18 de julho de 1989, já no CC de 1916, sendo relator o Juiz Manoel de Queiroz Pereira Calças[21].

Os alimentos devidos entre os parentes, salienta Arnoldo Wald[22], que se encontram regulados nos arts. 396 a 400 do Código Civil de 1916, atualmente arts. 1.694 a 1.698, distinguem-se das outras espécies de alimentos, "cuja base não é o parentesco".

---

20. *Dos alimentos* cit., p. 19, 21 e 798.
21. *RT* 646/124.
22. *O novo direito de família* cit., p. 41-42, n. 14.

E acrescenta:

> Mesmo nos alimentos baseados no parentesco, aparece, com uma regulamentação própria, a obrigação de sustento que os pais tem em relação aos filhos que estão sob o seu pátrio poder. Tal obrigação de sustento abrangendo a educação e a criação dos filhos (art. 384 do CC, atual art. 1.690) e a mantença da família (art. 233 do CC, em relação ao marido, e art. 277, em relação à esposa, atualmente, art. 1.568, compete a ambos os cônjuges), é muito mais ampla que a de fornecer alimentos nos casos de parentesco. Assim, o pai (atualmente os pais) não tem, em relação aos filhos menores, apenas o dever de fornecer-lhes o que for essencial para a sua sobrevivência, mas sim o de prover a todas as suas necessidades, de acordo com as possibilidades econômicas do momento e a sua situação social.

5 Fundamentos e pressupostos essenciais do dever alimentar

Diversamente do dever estatal, que implica responsabilidade com caráter de Direito Público[23], de prover à subsistência de pessoas carentes de alimentação, em determinada comunidade, o dever alimentar encontra seu fundamento no organismo familiar, sob os vínculos da consanguinidade e de Direito de Família.

É certo, também, como vimos, que esse dever encontra apoio na vontade, manifestada por contrato, por testamento ou por atuação ilícita.

Todavia, no fundo, o que está sob proteção, nesse dever alimentar, é o direito à vida, em suas mais variadas modalidades.

Menciona Caio Mário da Silva Pereira[24] que o fundamento originário desse dever "é o vínculo da solidariedade familiar (Ruggiero, De Page, Planiol e Ripert, Irmãos Mazeaud) ou de sangue (Quartarone), ou ainda a lei natural (Cunha Gonçalves, Josserand, Pontes de Miranda)".

Cuidando dos fundamentos do dever legal de alimentos, ensina Yussef Said Cahali[25] que, desde a concepção, no ventre materno, já o ser humano mostra-se incapaz de produzir meios necessários à sua manutenção, impondo-se o princípio natural de que deva ser nutrido pelos responsáveis por sua geração.

Destaque-se, nesse passo, a Lei n. 11.804/2008, que disciplina os alimentos gravídicos, consistentes em valores suficientes para a cobertura de despesas adicionais durante o período da gravidez, devidos desde a concepção até o parto. Com o nascimento com vida esses alimentos convertem-se em pensão alimentícia em favor do menor (art. 6º, parágrafo único).

---

23. Especialmente arts. 23, VIII, 208, VII, e 212, § 4º, todos da Constituição de 1988.
24. *Instituições de direito civil* cit., p. 496, n. 425.
25. *Dos alimentos* cit., p. 25.

Aqui presente o direito do nascituro a alimentos.

Mesmo atingindo sua maioridade, os laços de consanguinidade sempre aproximam os parentes, a que, solidariamente, garantam sua sobrevivência, em situações de impossibilidade de se manterem *manu propria*, como doenças e demais incapacidades à sua manutenção.

Ressalta Said Cahali[26], ainda, que

> esse dever de assistência em favor do que se encontrasse necessitado, como simples imperativo moral de solidariedade humana, imposto a quem estivesse em condições de fazê-lo, foi se transformando em obrigação jurídica, como decorrência direta da lei e desde que verificados certos pressupostos estabelecidos na própria Lei.

Assim, ressalta, sob a lição de Silvio Rodrigues[27], que, "desde o instante em que o legislador deu ação ao alimentário para exigir o socorro, surgiu para o alimentante uma obrigação de caráter estritamente jurídico, e não apenas moral".

Quanto aos pressupostos do dever alimentar legal, não pode ele existir sem o vínculo de parentesco entre alimentante e alimentando ou sem o vínculo conjugal ou de convivência entre eles.

Destaque-se que o Supremo Tribunal Federal, por sua 1ª Turma, por unanimidade de votos, em 5 de agosto de 1975, sendo relator o Min. Eloy da Rocha[28], não considerou, em tese, coação ilegal o decreto de prisão, decorrente dos pressupostos de direito.

Realmente, "sem a prova do parentesco ou da obrigação alimentar do devedor, descabe, em qualquer hipótese, a concessão de alimentos provisionais". Como decidiu o Supremo Tribunal Federal[29].

Essa relação, como visto, é natural e deve, desse modo, mesmo com a regulamentação legal, continuar com esse caráter.

Entendo que um cônjuge ou convivente, nas relações de família, não sendo parente do outro, pode receber alimentos, não só porque determinado pela lei, mas em razão do contrato de casamento ou de união estável, existindo a sociedade familiar ou com sua dissolução. Não é esse recebimento, como visto, *ex iure sanguinis*. Adiante, quando tratar da possibilidade de renúncia desse direito alimentar, entre cônjuges ou conviventes, deixarei claro meu entendimento, contrário à Súmula 379 do Supremo Tribunal Federal, que equiparou os alimentos decorrentes da separação judicial (à época, desquite) aos oriundos do parentesco. Essa equiparação, para nós, não tem sentido e contraria o Direito

---

26. *Dos alimentos* cit., p. 26.
27. *Direito civil* cit., p. 375, n. 166.
28. *JSTF-Lex* 1/240; citado nesse julgado, ainda, no mesmo sentido, HC 52.025/RS, rel. Min. Aliomar Baleeiro, publicado no *DJ* de 13-9-1974.
29. *JSTF-Lex* 88/27; *RTJ* 97/738, 91/223, 84/130, 47/106; também o TJSP, *RT* 595/125.

Natural, pois as naturezas dos institutos são, como adiante ficará evidenciado, completamente diferentes.

O art. 1.695 do Código Civil é expresso, ao admitir que os alimentos se devem a quem os pretende, quando este não tem bens suficientes, nem pode prover, pelo seu trabalho, à sua própria subsistência, e quando o alimentante pode fornecer esse pensionamento, sem desfalcar o necessário para o seu sustento.

Entendo que a condição de ser parente, para pedir alimentos a outro, é indispensável. E cônjuge ou convivente, certamente, não é parente de seu outro consorte. Os alimentos do cônjuge ou do convivente são devidos, repito, em razão do contrato que solidifica sua condição de familiar.

Outro pressuposto ao pensionamento, *ex iure sanguinis*, é a necessidade do alimentando, que, conforme o citado art. 1.695, se demonstra pela impossibilidade de ele prover sua própria subsistência, por motivo relevante, como saúde, viagem, idade avançada, entre outros.

Para estar necessitado, portanto, o alimentando deve encontrar-se em estado de necessidade, e não de meras dificuldades financeiras. A finalidade do instituto não é de possibilitar melhor posição social, mas de sobrevivência da pessoa.

O § 1º do art. 1.694 do Código Civil, por seu turno, estabelece que os alimentos devem ser fixados na proporção das necessidades do alimentando e dos recursos do alimentante.

Essa proporcionalidade é fundamental, porque evita que o alimentante venha a não suportar o encargo alimentar que possa ser suficiente ou necessário ao alimentando. Por outro lado, por mais que seja abastado o alimentante, a proporcionalidade não pode chegar ao absurdo de possibilitar o pensionamento do necessitado de alimentos muito além de suas necessidades vitais. Pois, a assim ser, os alimentos estariam a enriquecer o alimentando, perdendo seu objetivo, de satisfazer à sobrevivência dele.

Tanto que a Câmara Criminal Especial do Tribunal de Justiça de São Paulo, por votação unânime, em 8 de julho de 1981, sendo relator o Des. Andrade Junqueira[30], em *habeas corpus*, entendeu como configurado constrangimento ilegal, por ameaça de prisão civil, ante fixação de alimentos em manifesta desproporção com os rendimentos do alimentante.

Por isso que outro indispensável pressuposto do dever alimentar é a possibilidade econômico-financeira do alimentante, que não pode ser condenado a pagar, em detrimento de sua própria subsistência.

6 Natureza jurídica do dever alimentar

Primeiramente é preciso destacar que, desde o enunciado do art. 396 do Código Civil de 1916, o dever de prestar alimentos era recíproco entre parentes ("... podem os parentes exigir uns dos outros os alimentos...").

---

30. *RT* 557/323.

Atualmente, o art. 1.694 do Código Civil de 2002 estendeu essa reciprocidade aos cônjuges ou companheiros, não só aos parentes (consanguíneos), assentando "Podem os parentes, os cônjuges ou companheiros pedir uns aos outros os alimentos de que necessitem para viver de modo compatível com a sua condição social, inclusive para atender às necessidades de sua educação".

Essa reciprocidade implica que o dever alimentar de um a outro deve ser correspondido por este àquele. Logo, não é possível cuidar desse dever sem que se considere que o devedor é também credor, e vice-versa, da prestação de alimentos.

Assim, o que é dever e direito de um é dever e direito de outro.

Também é preciso entender que esse dever, que nascia da consanguinidade, por obra de Deus, do Direito Natural, em que os parentes têm de se ajudar, mutuamente, agora nasce também dos laços familiares entre cônjuges e companheiros (conviventes), cria o binômio dever direito ou direito dever, que, sem dúvida alguma, é da personalidade. Tem a ver com a própria natureza do ser humano.

Esse princípio de solidariedade surge desses laços de sangue, como a comprometer o que nasce à sua ascendência e descendência, no mesmo tronco ancestral na preservação da família, também de responsabilidade dos cônjuges e dos conviventes.

Não seria necessária a lei, para reconhecer essa situação natural, que acompanha o ser humano, em toda sua existência. Todavia, a lei acabou por reconhecer essa responsabilidade, no âmbito dos alimentos, regulamentando os limites de sua atuação. Assim, só os parentes, com o grau de proximidade estabelecido na lei, têm direito dever inquestionável aos alimentos, bem como cônjuges e companheiros.

Os alimentos são um direito dever da personalidade.

O direito dever alimentar, entre parentes, tem como escopo a salvaguarda da própria existência; e quando entre cônjuges conviventes pelo contrato de constituição de família.

7 Alimentos, culpa e EC do Divórcio

A prova da culpa na ação de alimentos é muito relativa, principalmente ante o Código Civil de 2002, que possibilita, em situação excepcional, o culpado requerer essa pensão do inocente, "apenas os bens indispensáveis à subsistência" (art. 1.694, § 2º).

Pode o culpado ser pobre e o credor dos alimentos rico ou com profissão muito lucrativa lembrando que o art. 1.694, *caput*, acentua que os parentes, cônjuges ou companheiros podem pedir alimentos "para viver de modo compatível com a sua condição social, inclusive para atender às necessidades de sua educação".

Pode acontecer, ainda, quanto aos filhos, que estes fiquem na guarda do cônjuge rico, que tem ampla condição de sustentá-los, não necessitando da contribuição do outro (pobre).

Como a matéria deve ser analisada de caso para caso, pode ser que, às vezes, seja necessária a discussão da culpa de um ou de ambos os cônjuges.

Embora a culpa tenha saído da esfera do divórcio, como visto, ela é importantíssima em matéria de alimentos, como mostram os doutrinadores.

Assim, a quebra dos deveres de ambos os cônjuge, como a fidelidade e a lealdade, a coabitação e a mútua assistência, previstos no art. 1.566 do Código Civil, podem ocasionar a perda do direito a alimentos. Também a prática de injúrias graves, como as que se retratam no art. 1.573 do mesmo Código (adultério, tentativa de morte, sevícia ou injúria grave, abandono do lar conjugal, durante um ano contínuo, condenação por crime infamante e conduta desonrosa).

A existência de injúrias entre os cônjuges e os conviventes impossibilitam a manutenção da vida em comum.

Acentua José Fernando Simão[31] que

> Na ação de alimentos, há uma sanção ao cônjuge que descumpre seus deveres conjugais, qual seja, a perda dos alimentos que lhe garantiriam a manutenção do padrão de vida até então existente. O cônjuge culpado continua sendo punido em termos alimentares e só receberá alimentos mínimos à manutenção se não puder prover seu sustento, nem tiver familiares que possam provê-lo.

Neste último caso, de pagamento de pensão ao culpado, o Código Civil de 2002 o assegura no parágrafo único de seu art. 1.704, nestes termos: "Se o cônjuge declarado culpado vier a necessitar de alimentos, e não tiver parentes em condições de prestá-los, nem aptidão para o trabalho, o outro cônjuge será obrigado a assegurá-los, fixando o juiz o *valor indispensável à sobrevivência*".

De mencionar-se, nessa feita, com Flávio Tartuce e José Fernando Simão[32] que, escudados em Maria Helena Diniz, "nossa melhor doutrina já apontava novas modalidades de adultério ou infidelidade, adaptadas à realidade do século XXI", como é o caso do "adultério ou infidelidade virtual – nos casos em que um dos cônjuges mantém contatos amorosos com outra(s) pessoa(s), pela internet. Esses contatos podem ocorrer por meio de 'chats', e-mails, skype, e Google talk (comunicação via telefone e computador), e por comunidades virtuais como o Orkut".

Quanto ao Orkut, pode-se dizer, atualmente, que ele foi preterido no mercado brasileiro (foi a primeira grande rede social no Brasil), sendo superada pelo Facebook. O auge do Orkut ocorreu entre 2004 e 2008.

Entendo verdadeiro absurdo essa possibilidade legal de ter direito a alimentos o cônjuge culpado, ainda que o mínimo necessário à sua sobrevivência, já que o Estado não pode resolver esse problema social pelo outro cônjuge, que sofreu injúrias, adultérios e outras afrontas do cônjuge destinatário de alimentos.

---

31. A Emenda Constitucional n. 66/2010, a revolução do século em matéria de direito de família. A passagem de um sistema antidivorcista para o divorcista pleno, cap. 6 do livro *Direito de família*. São Paulo: Atlas, vários autores, 2011. p. 105.

32. *Direito civil* cit., 6. ed., p. 114.

O culpado, sabendo que terá direito a alimentos, ainda que reduzidos, estará incentivado pela lei às práticas ilícitas contra seu cônjuge, em verdadeiro constrangimento moral desse alimentante, que fica desrespeitado em sua dignidade.

8 Quem deve prestar e quem pode reclamar alimentos

O direito à prestação de alimentos é recíproco entre os parentes, os cônjuges ou companheiros, de que necessitem para manter uma vida compatível com a sua condição social, atendendo, também, às necessidades de sua educação (art. 1.694 do CC).

Quem pleiteia alimentos não pode prover sua mantença pelo seu trabalho, não tendo bens suficientes para tanto; por outro lado, o alimentante pode fornecer esses alimentos sem desfalcar o necessário ao seu sustento (art. 1.695 do CC).

Tenha-se, ainda, que o direito à prestação de alimentos é recíproco entre pais e filhos, e extensivo a todos os ascendentes, recaindo o dever alimentar nos mais próximos em grau, uns em falta dos outros (art. 1.696 do CC).

Na falta dos ascendentes, completa o art. 1.697, seguinte, caberá o dever alimentar aos descendentes, respeitada a ordem da vocação hereditária; e, faltando estes caberá aos irmãos, germanos como unilaterais.

Note-se que este último dispositivo legal restringe o dever alimentar, na linha colateral, somente aos irmãos do alimentando, embora a sucessão legítima atinja os colaterais até quarto grau.

Já o art. 1.698 do Código Civil admite que o chamado em primeiro lugar não possa arcar totalmente com o encargo, autorizando o chamamento dos parentes de grau imediato, sendo várias pessoas concorrendo proporcionalmente a seus recursos, para pagamento complementar. Admite, mais, que intentada a ação contra um, acontecendo essa insuficiência de pagamento por ele, possam os outros ser chamados a integrarem a lide.

Entendo que essa providência processual é louvável, pois, com economia de tempo, possibilita o atendimento do alimentando, sem necessidade de propositura de nova demanda.

9 Fixação da pensão alimentícia

Já vimos que, em matéria de fixação da pensão alimentícia, devem ser observadas duas situações: as necessidades do reclamante e os recursos do devedor da pensão (§ 1º do art. 1.694 do CC).

Pondera Silvio Rodrigues[33] que, sob a perspectiva da necessidade,

> os alimentos poder ser necessários (*necessarium vitae*) representando aqueles indispensáveis à subsistência (alimentação, vestuário, saúde, habitação etc.) ou civis

---

33. *Direito civil* cit., p. 382.

ou *côngruos* (*necessarium personae*), destinados a manter a qualidade de vida do credor de acordo com a condição social dos envolvidos, mantendo, assim, o padrão de vida e *status* social do alimentado, limitada a quantificação, evidentemente, na capacidade econômica do obrigado.

Como estudado, o credor de alimentos não culpado e desprovido de recursos, da separação judicial litigiosa, terá direito à fixação da pensão pelo juiz, com critérios normais (arts. 1.702 e 1.704, *caput*, do CC); se esse credor for culpado, nos moldes do parágrafo único deste último artigo, só terá direito à fixação do valor indispensável à sua sobrevivência. Já critiquei esse parágrafo único, que deveria ser eliminado, bem como o § 2º do art. 1.694, que cuida da mesma matéria.

Com o mesmo sentido desses arts. 1.702 e 1.704, enunciava-se o art. 19 da Lei n. 6.515/77: O cônjuge responsável pela separação judicial (culpado) prestará ao outro, se dela necessitar, a pensão fixada pelo juiz.

A fixação desse valor da pensão apresenta dificuldades, devendo primeiramente basear-se em provas dos recebimentos do alimentante, por comunicação obtida junto ao seu empregador, relativo a seu salário percebido (extraído da folha de pagamento) ou de contrato de trabalho. Se o devedor de alimentos for trabalhador autônomo, suas possibilidades de pagamento devem ser provadas por sua situação de vida, por seu patrimônio e por suas condições de vida, entre outras situações; documento importante, nesse sentido, é sua declaração de rendimentos e de bens junto ao Departamento de Imposto sobre a Renda. Também é importante sua movimentação bancária e comprovantes de seus gastos.

O art. 1.703 do Código Civil estabelece que os cônjuges, separados judicialmente, arcarão com o pensionamento de seus filhos na proporção de seus recursos. No mesmo sentido o art. 20 da Lei n. 6.515/77.

Por outro lado, a pessoa obrigada a pensionar poderá fazê-lo ou dar ao alimentando hospedagem e sustento, sem prejuízo de custear-lhe a educação, quando menor (art. 1.701 do CC).

Competirá ao juiz fixar a forma do cumprimento da prestação, conforme as circunstâncias do caso, completa o parágrafo único do mesmo artigo.

Ressalte-se, aqui, que as prestações alimentícias de qualquer natureza, serão atualizadas, de acordo com o índice oficial, que for regularmente estabelecido, assenta o art. 1.710 do Código Civil.

10 Mutação e extinção do pensionamento

Se, após a fixação do valor dos alimentos, ocorrer mudança na situação financeira do alimentante ou do alimentando, poderá conforme o caso, ser pedida ao juiz redução, majoração ou exoneração desse valor (art. 1.699 do CC).

Aqui, está presente a possibilidade de revisão dos alimentos, a qualquer momento quando surgirem essas mutações, porque a fixação de alimentos não faz coisa julgada em sentido material.

Cabe, assim, a ação revisional para aumentar ou diminuir o valor dos alimentos ou, ainda, para extingui-lo (exoneração).

Por outro lado, o novo casamento do cônjuge devedor de alimentos não extingue o dever constante da sentença de divórcio (art. 1.709 do CC).

Entretanto, com o casamento, a união estável, o concubinato do credor (e acrescento: ou qualquer relação permanente de cunho familiar), cessa o dever de prestar alimentos (art. 1.708 do CC); do mesmo modo extingue-se esse dever se o credor tiver procedimento indigno em relação ao devedor (parágrafo único do mesmo artigo).

É o caso, por exemplo, desse credor entregar-se à prostituição ou às drogas.

11 Ação de alimentos

A ação de alimentos é regulada pela Lei n. 5.478/68 (Lei de Alimentos), que estabelece procedimento especial, para que essa demanda se desenvolva mais rapidamente, com benefício de gravidade declarada pela parte ante impossibilidade de pagamento das custas.

O credor de alimentos, para poder valer-se desse rito especial, deverá provar o parentesco (certidão de nascimento) ou a obrigação de alimentar do devedor, qualificando-o, declarando quanto este ganha e os recursos de que dispõe (art. 2º).

Ele apresenta vantagens, pois concentra os atos judiciais na audiência de tentativa de conciliação, instrução e julgamento (arts. 5º a 12), com fixação desde logo de alimentos provisórios (art. 4º).

Poderá optar o credor, não preenchendo os requisitos dessa legislação especial, ou por sua conveniência, intentar ação de alimentos pelo rito ordinário, cumulando-a, se for o caso, com pedido de investigação de paternidade.

Determina o art. 1.705 do Código Civil, que o filho havido fora do casamento poderá acionar o pai, podendo o juiz determinar que o feito se processe em segredo de justiça, a pedido de qualquer das partes.

12 Alimentos provisórios, provisionais e definitivos

Destaque-se que os alimentos provisionais serão fixados pelo juiz, nos moldes da legislação processual (art. 1.706 do CC).

Cuidando de classificar os alimentos, quanto à sua finalidade, divide-os Rubens Limongi França[34] em provisionais ou *in litem* e regulares, sendo provisionais os que, "num pleito (ação de desquite, nulidade ou anulação de casamento, ou ainda na própria ação de alimentos), se requerem para a manutenção do suplicante, ou deste e de sua prole, durante a pendência judicial"; e regulares os estabelecidos, pelo magistrado ou por acor-

---

34. *Manual de direito civil* cit., v. 2, p. 298.

do das próprias partes (exemplo: desquite amigável), como prestação periódica, de caráter permanente, sujeitos embora a revisão".

Por seu turno, Francisco Fernandes de Araújo[35] promove a diferença, também, entre os alimentos provisionais e provisórios, concluindo que os primeiros também têm caráter provisório, e nisso se confundem com os segundos "provisórios propriamente ditos". "Ambos são de natureza cautelar, mas os provisionais também têm caráter *acessório*, uma vez que se trata de outra ação proposta ou de futura propositura de outra ação".

Antes, esclarece que:

> [...] os provisionais, também chamados preventivos, estavam previstos como *medida cautelar* (arts. 852 e s. do CPC)[35-A], e nessa ação poderiam ou não ser deferidos, liminarmente, os alimentos *provisórios*, a exemplo do que ocorre na ação de alimentos de rito sumário (art. 4º da Lei n. 5.478/68), o que faz perceber, desde logo, uma diferença entre essas duas espécies de alimentos. O parágrafo único do art. 854 do CPC[35-B] cuidava dos alimentos provisórios na própria ação cautelar de alimentos provisionais.

Acrescenta, ainda, que "os *provisórios* são requeridos sempre *durante* a demanda, seja ela *cautelar ou principal*, ao passo que os *provisionais* podem ser pleiteados também *antes* da ação principal. Isso está na própria lei". E, também, na jurisprudência em que se apoia[36].

Esclarece, ainda, que, em sentido geral, tanto os alimentos provisionais quanto os provisórios se destinam a suprir as necessidades do credor, embora aqueles tenham maior alcance quanto a tais necessidades.

Assim, continua,

> alimentos *provisionais* são os necessários à mantença, à roupa, aos remédios, à habitação, *e também às custas e demais despesas feitas em juízo, aos honorários de advogado e execução da sentença*, ao passo que os *provisórios* são para atender às necessidades primárias do alimentando (alimentos naturais), ou outras necessidades *que não as despesas do processo* (alimentos civis). Percebe-se, assim, a maior amplitude dos alimentos provisionais.

Menciona esse doutrinador, ainda, outras diferenças e semelhanças entre os alimentos provisionais e provisórios, que merecem ser examinadas, em seu trabalho citado.

---

35. Algumas questões sobre alimentos provisionais, provisórios e definitivos, in *RT* 634/21.
35-A Sem correspondência no CPC de 2015.
35-B Sem correspondência no CPC de 2015.
36. *RT* 317/266, 148/282 etc.

Controvertem-se, em seus posicionamentos exegéticos, a doutrina e a jurisprudência, sobre se a prisão civil do devedor limita-se aos casos de não pagamento de alimentos provisionais ou se englobam, também, os casos de inadimplemento de alimentos definitivos, fixados em sentença ou objeto de acordo dos interessados.

Cogitando dessa polêmica, Athos Gusmão Carneiro[37], em valioso estudo, promoveu levantamento, mostrando, inicialmente, a posição adotada em vários acórdãos do TJRS, acolhendo entendimento de que a prisão civil, como meio coativo sobre a vontade do devedor, tendente à chamada "execução indireta" ou "imprópria", pode considerar-se como verdadeira "medida extrema que o novo Código de Processo Civil reservou apenas para o caso de não pagamento de alimentos provisionais"[38].

Menciona, em seguida, que mudaram de orientação, pelo menos, a 1ª e a 3ª Câmaras Civis desse mesmo tribunal, passando a admitir a prisão civil também contra o devedor de alimentos definitivos[39].

Realmente, andou divergindo a esse respeito a jurisprudência e a doutrina, como bem demonstra Yussef Said Cahali[40], inclusive mencionando posição que sustenta como somente autorizada dita prisão em se tratando de alimentos fixados definitivamente, defendida, entre outros, por Amílcar de Castro[41], com farta jurisprudência mais antiga.

Decidiu, já após o advento do Código de Processo Civil de 1973, a 2ª Turma do Supremo Tribunal Federal, por unanimidade de votos, em 21 de maio de 1985, sendo relator o Ministro Cordeiro Guerra[42], que esse Pretório Excelso já firmara o entendimento de que a prisão civil do inadimplente de dever alimentar "é cabível, quer se trate de alimentos provisionais, quer se trate de alimentos definitivos".

E acrescenta, ressaltando: "Efetivamente, já houve hesitação quanto à tese que, *data venia*, não encontra qualquer respaldo na lei, na doutrina ou na jurisprudência predominante, notadamente do Colendo STF".

No mesmo acórdão, cita-se decisão de 22 de agosto de 1978, sendo relator o Min. Xavier de Albuquerque[43], em que entendeu que a prisão civil por dívida de alimentos "não

---

37. Ação de alimentos e prisão civil, in *RT* 516/14; *Revista Brasileira de Direito Processual*, Forense, Rio de Janeiro, 1978, v. 16, p. 59; e *Ajuris*, Porto Alegre, v. 13/61.

38. Alinha, então, vários acórdãos nesse sentido: da 1ª Câm. Civ., em 24-6-1975, no HC 24.453, sendo relator o Des. Oscar Gomes Nunes; *RJTJRS* 57/146, 59/218, 61/144.

39. *RJTJRS* 63/160 e 206; HC 28.515, em 9-8-1977, 1ª Câm. Civ., sendo relator o Des. Athos Gusmão Carneiro.

40. *Dos alimentos* cit., p. 628-631.

41. *Comentários ao Código de Processo Civil*. São Paulo: Revista dos Tribunais, 1974. v. 8, n. 522, p. 381; *RT* 404/369, 441/143, 452/332, 468/297, 497/289; *RJTJSP* 18/313, 24/384, 25/418. Podemos citar, ainda, os julgados in *RT* 463/317 e 435/280, que acompanham o mesmo entendimento, sob o Código de Processo Civil de 1939.

42. *JSTF-Lex* 83/339.

43. *RTJ* 87/1.025. Entre muitas outras decisões citadas nesse mesmo julgado: *RTJ* 86/126, 87/67, 102/602, 104/137, 108/171. Em destaque, ainda, nesse voto do Ministro Cordeiro Guerra, decisão da 2ª T. do mesmo

se restringe, após o advento do Código de Processo Civil de 1973, à hipótese de alimentos provisionais".

13 Alimentos gravídicos

Já acentuei[44] que a lei e a jurisprudência têm reconhecido direitos ao nascituro, o que, a meu ver, admite a ele personalidade, ainda que se considere natural.

Por outro lado, já tive[45] oportunidade de mencionar que os direitos da personalidade do nascituro foram assegurados pelo Superior Tribunal de Justiça ao conceder a ele reparação por danos morais, quando perdeu seu pai, vítima de atropelamento por composição férrea[46].

Também reconheceu ao nascituro o Tribunal do Rio de Janeiro o direito de pleitear alimentos e de ingressar com ação investigatória de paternidade, sendo representado por sua mãe[47].

Por seu turno, reconhecendo também direitos do nascituro a alimentos e de sua mãe grávida, a Lei n. 11.804/2008 disciplinou a matéria sobre os alimentos gravídicos, compreendendo valores suficientes para cobrir as despesas adicionais do período de gravidez, desde a concepção até o parto, inclusive relacionados à alimentação especial, assistência médica e psicológica, exames complementares, internações, parto, medicamentos e demais prescrições preventivas e terapêuticas indispensáveis, a juízo do médico, além de outras que o juiz julgue pertinentes (art. 2º).

Esses alimentos devem ser prestados pelo futuro pai e pela mulher grávida, na proporção dos recursos de ambos (art. 2º, parágrafo único).

O Juiz, que estiver convencido da existência de indícios de paternidade, fixará esses alimentos que perdurarão até o crescimento da criança (art. 6º), a partir de quando serão convertidos em pensão alimentícia a favor do menor, até que qualquer das partes requeira sua revisão (art. 6º, parágrafo único).

Muito estranha essa situação da lei converter esses alimentos específicos em pensionamento, que se apresentam com objeto completamente diverso.

Acresce que, pela natureza de alimentos, eles são sempre irrestituíveis, daí sendo necessário o estabelecimento de seu valor, como pensionamento definitivo, substituindo o valor da fixação como alimentos gravídicos.

Excelso Pretório, sendo relator o Min. Moreira Alves, in *RT* 567/226. Acrescento, ainda, os seguintes acórdãos, in *RT* 477/115, 480/287, 486/258, 489/439 491/81, 521/350, 527/93 e 450, 542/314, 567/226, 585/261; *JSTF-Lex* 18/310; *RTJ* 76/116; *RJTJSP* 37/139.

44. AZEVEDO, Álvaro Villaça. *Teoria geral do direito civil* cit., p. 11-12.
45. AZEVEDO, Álvaro Villaça; NICOLAU, Gustavo Rene. *Código Civil comentado*. Coord. Álvaro Villaça Azevedo. São Paulo: Atlas, 2007. v. 1, p. 22.
46. REsp 399.028, 4ª T., rel. Min. Sálvio de Figueiredo Teixeira, j. 26-2-2002.
47. Apel. Cív 1999.001.01187, 7ª Câm. Cív., rel. Des. Luiz Roldão Gomes, j. 25-5-1999.

14 Prisão civil por dívida de alimentos

14.1 Legislação

Com o apoio da exceção contida no inciso LXVII do art. 5º da Constituição de 1988, a prisão civil por dívida alimentar, ao lado do depositário infiel, hoje proibida, permanece, lamentavelmente, a justificar outros textos infraconstitucionais, como o art. 528 do atual Código de Processo Civil.

Revogando os arts. 16, 17 e 18 da Lei de Alimentos, o Código de Processo Civil de 2015 legislou sobre a matéria no art. 528 determinando o prazo de 3 dias ao executado, para pagar o valor da condenação ou provar que o fez ou justificar a impossibilidade desse pagamento.

Em seus parágrafos traz o referido procedimento.

Ante o não pagamento e a falta de justificação, o pronunciamento judicial será levado a protesto, sendo decretada a prisão do devedor de alimentos, com pena de 1 a 3 meses (§ 3º), que será cumprida em regime fechado, ficando o preso separado dos presos comuns (§ 4º).

O débito que pode levar à prisão o devedor de alimentos é o que compreende até as 3 prestações anteriores à propositura da demanda (§ 7º).

O art. 529 do mesmo Estatuto Processual declara, quando o executado for funcionário público, militar, diretor ou gerente de empresa ou, ainda, empregado sujeito à legislação trabalhista, o exequente poderá requerer o desconto em folha de pagamento da importância devida.

Referindo-se a esse modo executório, declara João Claudino de Oliveira e Cruz[48] que

> a consignação em folha de pagamento é, sem dúvida, a melhor forma de execução da obrigação alimentar, como a experiência demonstra. Como determina a lei [determinava, à época, e hoje, do mesmo modo], sempre que for possível, a execução deverá ser feita mediante consignação em folha de pagamento, como acontece quando o executado é servidor público, civil ou militar, ou pertence a profissão regulamentada pela legislação do trabalho.

Basta, portanto, entendermos que o devedor dos alimentos receba seu salário, por meio de folha de pagamento, para que esse desconto se torne viável e eficaz.

Isso quer dizer que a execução da prestação alimentícia deve seguir os parâmetros traçados nessa lei processual, iniciando-se com a penhora. Se esta for em dinheiro, o exequente pode levantar, mensalmente, o valor de seu crédito alimentar. Depois da

---

48. *A nova ação de alimentos*, cit., p. 64, n. 18; ver, também, julgado in *RT* 491/81.

fixação dos alimentos provisionais, o devedor deverá ser citado, para pagar, em três dias, o débito alimentar ou apresentar justificativa de sua impossibilidade de pagá-lo, pois, não havendo esse pagamento ou escusa, o juiz decretará a prisão do devedor.

É certo que, se o devedor de alimentos, citado regularmente, para pagá-los, nada alega, "revelando descaso", resta inevitável o decreto de prisão contra ele[49].

Todavia, havendo justificação da impossibilidade de pagamento pelo devedor, em estado de real dificuldade[50], ou em fase de comprovação dessa alegada impossibilidade[51], ou tendo exercido o direito de escusar-se, sem terem sido afastadas suas razões, descabe qualquer decreto de prisão[52].

Se, entretanto, nada existe em estágio de evidenciação da impossibilidade de pensionamento, essa matéria, sendo de mérito, não pode ser simplesmente alegada, em sede de *habeas corpus*[53].

Mero desemprego, sem a prova da impossibilidade de pagamento, não tem sido considerado, sendo necessária a comprovação de ocorrência de força maior, estranha à vontade do devedor[54].

Por outro lado, decidiram as Câmaras Conjuntas Criminais do Tribunal de Justiça de São Paulo, em 12 de dezembro de 1978, sendo relator o Des. Cunha Bueno[55], por votação unânime, que,

> estando a ação de alimentos em fase de execução e oferecendo o devedor bens à penhora, não pode ser decretada sua prisão civil antes de decidir o juiz sobre aquela oferta. Isso porque a prisão civil do alimentante relapso é exceção à regra de que não haverá prisão civil por dívida, devendo, pois, a medida ter aplicação restrita, obedecendo, na sua aplicação, a todas as cautelas e formalidades legais.

Devem, assim, ser exauridos todos os meios compulsivos, antes do decreto de prisão, assentam inúmeros julgados[56].

---

49. *RT* 515/348.
50. *RT* 443/413, 534/300, 536/273; *RTJ* 69/252, 82/697.
51. *RT* 591/116.
52. *RT* 443/413, 466/313, 476/325, 489/311, 541/367 e 462, 552/325, 554/66, 569/48, 597/367, 645/201; *RJTJSP-Lex* 59/337, 61/380, 63/307, 99/289, 122/442; *RTJ* 94/147, 122/117; *JSTF-Lex* 17/289, 21/295, 130/333; *RSTJ* 24/121.
53. *RT* 473/291, 491/294, 510/353, 520/349, 525/352; *RTJ* 79/877.
54. *RT* 490/287; *RJTJSP-Lex* 113/369.
55. *RT* 529/301. No mesmo sentido, e citado nesse julgamento, o acórdão in *RT* 456/368.
56. *RT* 452/332, 454/325 e 337, 456/368, 468/297, 471/305, 473/295, 474/284, 477/114, 485/277, 489/295, 508/322, 516/285, 529/301, 534/307, 535/275, 544/348, 554/66, 562/67, 563/68, 576/219, 590/94; *RJTJSP* 11/405, 25/418 e 422, 32/221 e 240, 33/215, 36/245, 48/277, 56/291 e 305, 59/337, 60/323 e 318, 97/389, 114/467; *RSTJ* 24/166, entre muitos outros.

Destaque-se, ainda, a decisão da 2ª Câmara Civil do Tribunal de Justiça de São Paulo, em 26 de abril de 1988, por maioria de votos, sendo relator o Des. Cézar Peluso[57], que reconheceu que "não se justifica a modalidade extrema da prisão civil do devedor de alimentos que possui disponibilidades suscetíveis de arresto e penhora cuja efetivação garante a satisfação imediata do credor. Tal modalidade coercitiva só é cabível em caso de frustração de execução pelo devedor". No mesmo sentido, quando o alimentante age com má-fé e recalcitrância, sendo solvente[58].

Muito presente, nesses mencionados julgados, a lição de Yussef Said Cahali[59], segundo a qual

> é certo que a jurisprudência, nas mais variadas circunstâncias (concessão de *habeas corpus*, reforma da decisão que decreta a prisão, ou manutenção da que a denega), vem se firmando no sentido de que a medida coercitiva da prisão civil só deve ser decretada quando esgotados todos os meios comuns da execução por quantia certa contra devedor solvente, incluindo-se assim a possibilidade de oferecimento à penhora de bens em garantia da dívida: como medida extrema somente seria adotada quando não houvesse outra possibilidade de receber o *quantum* devido pelo arresto de bens ou rendas, apresentando-se, então, o constrangimento pessoal como única forma capaz de produzir algum resultado proveitoso.

Lembre-se, nesse caso, do art. 5º, LXVII, da Constituição Federal, que garante: "não haverá prisão civil por dívida, salvo a do responsável pelo inadimplemento voluntário e inescusável de obrigação alimentícia...".

14.2 Conceito e natureza jurídica

A prisão por débito alimentar não é pena, mas meio coercitivo de execução, para compelir o devedor ao pagamento da prestação de alimentos. Essa prisão não existe, portanto, para punir esse devedor, tanto que, pagando-se o débito, a prisão será levantada[60].

Entendo que essa prisão tem seu pressuposto no débito alimentar entre parentes, na relação familiar *ex iure sanguinis*, como já acentuei.

---

57. *RT* 631/115. Em sentido contrário, acórdão in *RT* 670/132.
58. *RT* 535/275.
59. *Dos alimentos* cit., p. 634. No mesmo sentido, OLIVEIRA, Eduardo Alberto de Moraes. A prisão civil na ação de alimentos. *RT* 514/20. Contrários ao entendimento: GOMES, Luiz Flávio. Prisão civil por dívida alimentar (alguns aspectos controvertidos). *RT* 582, p. 10-11; AMORIM, Sebastião Luiz. A execução da prestação alimentícia e alimentos provisionais – Prisão do devedor. *RT* 558/28; PEREIRA, Sérgio Gischkow. Alimentos e prisão. *Ajuris*, Porto Alegre, v. 10/35; e julgados in *RT* 490/277, 489/439; *RJTJSP-Lex* 36/245; entre outros.
60. CRUZ, João Claudino de Oliveira e. *A nova ação de alimentos* cit., p. 68, n. 20.

Portanto, a prisão civil é meio coativo para um parente forçar o recebimento do crédito alimentar do outro parente, nos limites estabelecidos na lei.

Se o art. 1.694 do Código Civil autoriza que os parentes se cobrem de alimentos, reciprocamente, os arts. 1.696 e 1.697, seguintes, mencionam os graus dessa responsabilidade alimentar, quando não houver cumprimento espontâneo. Assim: o direito aos alimentos é recíproco entre pais e filhos, e extensivo a todos os ascendentes, recaindo o dever nos mais próximos em grau, uns em falta de outros; não havendo ascendentes, o dever alimentar caberá aos descendentes, guardada a ordem sucessória; na falta destes, aos irmãos, assim germanos como unilaterais.

Resta evidente que só as aludidas pessoas, e do mesmo tronco ancestral, podem pedir alimentos, umas das outras[61].

O parente necessitado de alimentos poderá reclamá-los, portanto, em primeiro lugar, de seus pais; na falta destes, de seus avós paternos ou maternos; na falta destes, dos bisavós, até esgotar a linha; na falta de ascendentes, dos filhos, netos, bisnetos, sucessivamente; faltando os descendentes, dos colaterais de segundo grau, irmãos germanos (bilaterais) e unilaterais. Assim, tios não devem alimentos a sobrinhos, nem primos se devem, reciprocamente, alimentos.

Por outro lado, os afins, não sendo parentes, também não podem pedir, reciprocamente, alimentos[62].

Do mesmo modo, os cônjuges não são parentes e, por isso, segundo entendo, não têm direitos e deveres recíprocos de alimentos, a não ser direitos e deveres em razão do contrato de casamento, enquanto durar a sociedade conjugal. Todavia, esse dever de provisão do lar, que era do marido, atualmente é de ambos, ante o § 5º do art. 226 da Constituição de 1988. Após a separação judicial e o divórcio, amigáveis ou litigiosos, nascem outros direitos e deveres, decorrentes do acordo ou da sentença, podendo estar incluída pensão alimentícia.

Nesses casos, não há que falar-se em prisão, pois ela foi criada para coagir um parente para pagar alimentos ao outro.

Mesmo em face de sua Súmula 379, que equipara os alimentos oriundos da separação aos devidos entre parentes, proibindo a renúncia do direito aos alimentos, no acordo desse desquite, com o que não concordamos, o STF chega a admitir sua "dispensa", "desistência tácita", quando, por muito tempo, deles não se utilizou a desquitanda (em 14 ou em 20 anos)[63].

Com essa conceituação, por mim justificada, pela qual a prisão do devedor de alimentos só se admite, ante a atual legislação, com o pressuposto de relação entre parentes, analisarei a natureza desse modo de constrangimento pessoal.

---

61. Assim, não há que decretar-se, por exemplo, prisão civil por descumprimento de dever alimentar decorrente de responsabilidade civil por ato ilícito, conforme julgado, nesse sentido, in *RT* 646/124.
62. *RT* 468/175, 418/180.
63. *RTJ* 108/1.351 (com dois outros julgados no mesmo sentido).

Embora a 1ª Turma do Supremo Tribunal Federal, por unanimidade de votos, em 11 de dezembro de 1981, sendo relator o Ministro Clóvis Ramalhete[64], tenha entendido que a prisão por dívida de alimentos não tem finalidade coativa de execução, e deve existir por prazo fixado em lei, com proibição de que se reitere, sendo, assim, "repressão punitiva", preferimos acompanhar o entendimento pelo qual essa medida extrema foi concebida não com caráter penal, de punição, mas para forçar o cumprimento obrigacional – embora lutemos para que esse meio odioso e violento desapareça de nosso texto legal.

Aliás, a 1ª Câmara Cível do Tribunal de Justiça de São Paulo, por votação unânime, em 26 de dezembro de 1978, sendo relator o Des. José Cardinale[65], admitiu que "à prisão civil imposta ao devedor de alimentos não se aplicam dispositivos do Código Penal", já que "não é pena, mas simples meio de coerção com que se busca o cumprimento de obrigação".

O próprio Ministro Cordeiro Guerra, principal colaborador da Lei de Alimentos, defendendo a legitimidade dessa prisão, em voto proferido no RHC 54.796/RJ, assentou: "A prisão do devedor de alimentos é meio coercitivo adequado, previsto em todas as legislações cultas, para obrigar o devedor rebelde aos seus deveres morais e legais a pagar aquilo que, injustificadamente, se nega". Essa orientação guarda consonância com esta observação de Pisapia: "Todas as legislações modernas reconhecem, hoje e para o futuro, a necessidade de recorrer à sanção penal para assegurar o respeito e o cumprimento das obrigações que encontram sua fonte numa relação de família"[66].

A meu ver, a tendência é a de que se humanizem e que se racionalizem os sistemas jurídicos modernos, para que apaguem, definitivamente, em breve futuro, essa lamentável prisão por dívida, como, a final, demonstramos, por substituição do regime selvagem de hoje pelo civilizado e profícuo do amanhã.

O citado entendimento de Pisapia encontra eco, em nossa posição doutrinária, pois não se refere ele à prisão civil, mas às sanções penais, que devem, mesmo, existir nos crimes e nas contravenções contra a família, não, simplesmente, como meio de cumprimento de dever alimentar.

Por seu turno, ensina Pontes de Miranda[67] que nosso direito processual civil concebeu a prisão civil por débito alimentar "não como medida *penal*, nem como ato de *execução pessoal*, e sim como *meio de coerção*".

A prisão sob estudo, como meio coativo de cumprimento obrigacional, está ligada à natureza da prestação alimentar entre parentes, para cumprir um dos eventuais efeitos desta.

---

64. *RT* 564/235.

65. *RT* 527/91. Ver, também, no mesmo sentido, julgamento das Câmaras Criminais Conjuntas do mesmo tribunal, in *RJTJSP* 49/286.

66. GOMES, Luiz Flávio. Prisão civil por dívida alimentar cit., p. 9. Ver, ainda, PISAPIA, Giandomenico. Les Obligations familiales alimentaires et leurs sanctions pénales. *Journées Juridique*, v. 1, p. 316.

67. *Comentários ao Código de Processo Civil.* Rio de Janeiro: Forense, 1976. t. X, p. 483.

A prisão é, assim, de natureza constritiva, agredindo a liberdade do devedor, sendo, portanto, indiscutível modo de execução pessoal por dívida.

É verdade que, desnaturando-se a dívida alimentar entre parentes, torna-se a prisão impossível de aplicar-se, em meu entender.

Em abono do exposto, decidiu o Supremo Tribunal Federal, por sua 1ª Turma, em julgado já anteriormente referido[68], sob outro aspecto, que, não tendo sido pagos os alimentos devidos aos filhos, mesmo ocorrendo acordo, em que ficou assumido, pelo devedor, pai, por confissão, o débito vencido, não lhe retira a natureza de dívida alimentar, mormente tendo-se tornado quantia líquida, não se transformando em dívida de dinheiro.

O devedor, pai, procurou defender-se, alegando que o que era alimentos, com o acordo, transformou-se em "mera obrigação de pagar, quanto a prestações vencidas", uma vez que as filhas passaram da guarda da mãe a ele, pai.

Aponta, nesse mesmo caso, em seu voto, o Min. Clóvis Ramalhete que as prestações alimentárias vencidas, assumidas no acordo, não perderam a natureza de alimentos pelo ato do acordo, sendo certo que a mãe, que não recebeu os alimentos dos filhos, é credora deles. A dívida, portanto, não é em dinheiro, mas de valor. Assim, o saldo do débito tem origem e natureza alimentar.

Viu-se, nesse passo, que o débito alimentar entre parentes, como direito-dever da personalidade, é intransacionável. É certo que pode haver transação (acordo) para fixação do *quantum debeatur*; todavia, a transação tem por objeto direitos patrimoniais privados, consoante resulta do art. 1.035 do Código Civil, não sendo possível que recaia sobre direitos imateriais, sobre o direito à vida, sobre alimentos entre parentes[69].

Entretanto, sendo dívida de alimentos resultante de acordo, em processo de separação judicial amigável, entre os cônjuges, em que o ex-marido obrigou-se, a título de alimentos, a pagar prestações de um carnê, devido a uma financeira, tendo sua ex-mulher desistido de seu crédito alimentar, por declarar-se em condições de custear sua própria sobrevivência, resta evidente que ocorreu novação objetiva, com a extinção do débito alimentar, a partir da referida desistência. Nesse caso, julgado pela 1ª Câmara Cível do Tribunal de Justiça de São Paulo, por votação unânime, em 25 de maio de 1982, sendo relator o Des. Mendes Pereira[70], entendeu-se desse modo: "Alterada a natureza alimentar da pensão, em decorrência de novação havida entre as partes, é incabível a decretação da prisão civil do inadimplente".

---

68. *RT* 564/235-236. No mesmo sentido e do mesmo tribunal, julgados in *RT* 574/282-283; *RTJ* 101/179. Em sentido contrário, julgado do Tribunal de Justiça do Estado do Paraná, em que se entendeu que a prisão decretada, no processo executório de prestação alimentícia pretérita, é "crédito patrimonial, que perdeu sua função de garantia de sobrevivência", in *RT* 670/132, sendo relator o Des. Troiano Netto. Destaque-se, na linha deste mesmo julgado, o do STF, que considerou, também, ao conceder *habeas corpus*, que a dívida de alimentos, pretérita, não se apresenta com a virtude de assegurar a subsistência presente dos alimentandos. Foi relator o Min. Francisco Rezek, in *RT* 645/201.
69. AZEVEDO, Álvaro Villaça. *Curso de direito civil* cit., p. 193.
70. *RT* 562/66.

14.3 Verbas estranhas ao débito alimentar

No tocante ao decreto de prisão por débito alimentar, vêm a doutrina e a jurisprudência encaminhando-se no sentido de admiti-lo, tão somente, quanto ao valor dos alimentos propriamente ditos, sem verbas extraordinárias.

Assim, Edgard de Moura Bittencourt[71], Domingos Sávio Brandão de Lima[72], João Claudino de Oliveira e Cruz[73], entre outros, comungam desse entendimento.

Do mesmo modo, assenta-se na jurisprudência que o débito alimentar deve restringir-se, para os efeitos da efetivação do decreto de prisão, ao pagamento das prestações alimentícias, tão somente. Restam excluídas, desse modo, as verbas referentes a honorários advocatícios e custas processuais, bem como parcelas relativas a filhos já maiores, com erro de cálculo, ilíquidas[74].

Destaque-se trecho do julgamento, pela 1ª Turma do Supremo Tribunal Federal, em 24 de agosto de 1984, por unanimidade, sendo relator o Min. Soares Muñoz,[75] em que se reconheceu que, "sob o pretexto de que o *quantum* da obrigação abrange numerário que, embora ajustado como integrando a pensão alimentícia, não constitui alimentos, no sentido estrito, o paciente recusa-se a satisfazer o total, quando... fácil lhe seria obter a separação da parcela impugnada".

A recomendação, nesses casos, é a de que o devedor de alimentos deposite, pelo menos, a parcela correspondente à pensão alimentícia, propriamente dita, discutindo as demais verbas estranhas, sem o risco do decreto de prisão.

Embora já tenha sido adepto dessa tese, Yussef Said Cahali[76] não mais sustenta esse entendimento, esclarecendo:

> Em nosso direito, mesmo antes da adoção do princípio da sucumbência (Lei n. 4.632, de 18.05.1965), antiga jurisprudência aceitava que "as verbas de custas e honorários se incluem na pensão alimentar e o seu não pagamento autoriza também a prisão civil"; pois, "se não fosse a inclusão antecipada de tais verbas, não poderia a mulher fazer valer judicialmente seus direitos contra o marido, pela carência de recursos essenciais à sustentação da causa: tais despesas se equiparam às que são destinadas diretamente ao sustento do alimentando, tendo em atenção a pessoa deste e não as dos credores por custas e honorários".

---

71. *Alimentos*. 4. ed. São Paulo: Ed. Leud, 1979. p. 117 e nota de rodapé 238.

72. *Alimentos do cônjuge na separação judicial e no divórcio*. Cuiabá: Universidade Federal de Mato Grosso, 1983. p. 131.

73. *A nova ação de alimentos* cit., p. 73.

74. *JSTF-Lex* 112/337 (o mesmo, *RTJ* 125/326), 100/330 (o mesmo, *RTJ* 121/553), 74/438 (o mesmo, *RT* 594/225); *RTJ* 111/1.048; *RT* 454/338, 491/267, 509/332, 524/323, 525/310, 526/428, 529/306, 531/293, 535/276, 539/351, 552/325, 553/75, 559/64, 578/58, 590/94, 670/132.

75. *JSTF-Lex* 74/442.

76. *Dos alimentos* cit., p. 643.

Cita dois acórdãos, muito antigos[77].

Entendo que, sendo uma medida de exceção, a da prisão civil, e de extrema violência, enquanto existir, deve ser utilizada com a maior parcimônia possível, devendo seus casos, previstos em lei, ser analisados de modo restritivo.

O que se considera essencial à vida são os alimentos propriamente ditos.

14.4 Prisão reiterada

Muito se discutiu sobre a possibilidade de ser reiterado, ou não, o decreto de prisão do devedor de alimentos.

Em breve retrospecto histórico, a proibição de reiterar-se o decreto de prisão continha-se no art. 921 do Código de Processo Civil de 1939, que determinava essa vedação se o devedor de alimentos houvesse cumprido, integralmente, pena de prisão, objeto de decisão anterior. Terminava o texto desse art. 921 mencionando: "... mas excluirá a imposição de nova pena de prisão".

Por seu turno, o § 1º do art. 19 da Lei de Alimentos (Lei n. 5.478/68) deu nova redação ao referido art. 921, eliminando essa frase final.

Comentando o fato, João Claudino de Oliveira e Cruz[78] reporta-se à sua manifestação sob o texto antigo, afirmando que ele era justo, "pois, em contrário, o cumprimento da prisão conferiria ao devedor uma verdadeira carta de imunidade para o não cumprimento da obrigação alimentar para o resto de sua vida", concluindo que, eliminada a parte final do art. 921 pela Lei de Alimentos, não havia dúvida de que era, então, possível o decreto de nova prisão, pelo não pagamento de novo débito alimentar. No mesmo sentido, Yussef Said Cahali[79], entendendo que esse aludido dispositivo da Lei de Alimentos "não proibia a reiteração" da pena de prisão.

De recordar-se que, depois, o § 2º do art. 733 do Código de Processo Civil apresentava a seguinte redação: "O cumprimento da pena não exime o devedor do pagamento das prestações vencidas e vincendas; mas o juiz não lhe imporá segunda pena, ainda que haja inadimplemento posterior".

Entretanto, reconheceu o Supremo Tribunal Federal, por sua 2ª Turma, em 28 de setembro de 1976, por unanimidade, sendo relator o Ministro Cordeiro Guerra[80], que o impedimento do mencionado art. 733 "foi revogado" pelo art. 4º da Lei n. 6.014/73, que "restabeleceu" o § 1º do art. 19 da Lei n. 5.478/68.

---

77. Acórdãos in *RF* 116/173 e *RT* 136/155.
78. *A nova ação de alimentos* cit., p. 76.
79. *Dos alimentos* cit., p. 663.
80. *RTJ* 79/448. Em sentido contrário, três acórdãos do TJSP, respectivamente, em 27-12-1974, em 6-5-1975 e em 4-11-1975, in *RT* 473/291, 479/291 e 489/306 (este último só admitindo a nova prisão quando não cumprida integralmente a anterior).

Todavia, para Silvio Rodrigues[81] persistiam dúvidas sobre essa eventual revogação. Na atual redação do § 2º do citado art. 733, dada pelo art. 52 da Lei do Divórcio (Lei n. 6.515/77)[82], excluiu-se a parte final daquele dispositivo citado, derrogando-o. Desapareceu, portanto, a proibição de que se reitere o decreto de prisão. Agora, indene de dúvidas.

Desapareceu, assim, da legislação o caráter proibitivo de nova prisão do alimentante faltoso[83].

O art. 528 do Código de Processo Civil de 2015, em seu § 5º, não reedita a reiteração do decreto de prisão.

14.5 Prazo da prisão

Pelo *caput* do art. 19 da Lei de Alimentos, n. 5.478/68, a prisão do devedor de alimentos pode ser decretada por até 60 dias; e, pelo § 3º do art. 528 do Código de Processo Civil, o prazo máximo para a eficácia da pena de prisão é de 1 a 3 meses, quando se cuidar de alimentos provisionais.

Com relação aos alimentos definitivamente fixados por sentença ou por acordo, é de 60 dias o prazo máximo da prisão do devedor inadimplente, vem decidindo o Supremo Tribunal Federal[84]. E, também, os Tribunais dos Estados[85].

Pondera, e com muita justiça, Adroaldo Furtado Fabrício[86], que "a prisão do alimentante, quanto à sua duração, segue regulada pela lei especial, podendo ser decretada por *até 60 dias*. Impõe essa conclusão o fato de tratar-se... de lei *posterior*, à parte a circunstância de conter regra mais favorável ao paciente de medida excepcional – *odiosa restringenda*". Conclui, ainda, que, em qualquer das hipóteses, legalmente consideradas, "a duração da prisão poderá exceder de 60 dias". Essa posição é acolhida, como *mais acertada*, por Yussef Said Cahali[87].

Aliás, decidiu a 2ª Câmara do Tribunal de Justiça de São Paulo, por votação unânime, em 4 de fevereiro de 1980, sendo relator o Des. Prestes Barra[88], que a decretação de prisão contra devedor de alimentos não pode ultrapassar 60 dias; daí por que reduziram

---

81. *Direito civil* cit. p. 389 e nota de rodapé 201-B.

82. DE MATTIA, Fábio Maria. Modificações introduzidas no direito de família pela Lei n. 6.515. *Justitia* 101/75.

83. *RTJ* 115/1.150 (o mesmo in *RT* 602/240); *RT* 577/65.

84. *JSTF-Lex* 51/363, 61/379 (o mesmo julgado in *RTJ* 104/137), 18/310, 41/344; *RTJ* 115/1.151 (o mesmo julgado in *RT* 602/240), 87/67, 108/171; *RT* 585/261.

85. *RT* 545/347, 556/358, 559/71, 560/220, 601/107.

86. A legislação processual extravagante em face do novo Código de Processo Civil. *Ajuris*, Porto Alegre, v. 3, p. 85, n. 5.1 e 5.4.

87. *Dos alimentos* cit., p. 640.

88. *RT* 541/367. No mesmo sentido os julgados in *RF* 269/50 e *RT* 576/219.

para esse prazo o que condenava o mesmo devedor a 90 dias. Tudo sob fundamento de que essa é a inteligência das Leis n. 5.478/68 e n. 6.014/73 e do art. 733, § 1º, do Código de Processo Civil de 1973.

Por outro lado, é inadmissível que o devedor seja condenado "por tempo indeterminado, isto é, até que seja paga a dívida"[89].

Embora Francisco Fernandes de Araújo[90] não vislumbre exagero em fixar o tempo da prisão em 90 dias, no caso de alimentos provisórios ou provisionais, "porque o devedor será imediatamente colocado em liberdade, tão logo pague o seu débito", pondera que tem adotado, na prática, como magistrado, também, nesses casos, o prazo máximo de 60 dias de prisão, "mesmo porque se mostra difícil perceber o fundamento que teria levado o legislador a adotar critério diverso entre as referidas espécies de alimentos, quanto à prisão do devedor". Todas as espécies de alimentos são, igualmente, necessárias.

E aduzia, explicando:

> A Lei n. 5.478/68 era mais antiga do que o CPC, e a inovação dos três meses de prisão ocorreu neste, e é possível que tal se tenha verificado por ter o legislador sentido a necessidade de um maior rigor a respeito da matéria, elevando, destarte, os limites da prisão. É possível, ainda, que se tenha adotado critério um pouco mais rigoroso para o caso de alimentos provisórios ou provisionais, em relação aos alimentos definitivos, porque nestes já existe um título definido para a imediata execução. São hipóteses aventadas para a busca de fundamentos que justifiquem a diferença de tratamento, e que o juiz poderá levar em conta, no estudo de cada caso específico, sem desconsiderar os princípios norteadores do art. 5º da LICC e também do art. 5º do Código de Menores, se for o caso, aplicáveis por extensão mesmo em matéria de alimentos.

14.6 Lugar da prisão

Revestindo-se a prisão do alimentante de caráter coercitivo ao cumprimento do dever alimentar, têm a doutrina e a jurisprudência demonstrado que essa pena deve ser executada na forma regular.

Assim, julgou a 1ª Câmara Cível do Tribunal de Justiça de São Paulo, em 17 de fevereiro de 1987, por unanimidade, sendo relator o Des. Roque Komatsu[91], ressaltando a inadmissibilidade de conversão dessa prisão para regime-albergue.

---

89. *RT* 490/373.
90. Op. cit., p. 30-31.
91. *RJTSP-Lex* 108/333.

Nesse mesmo julgado, alinha-se o entendimento de vários doutrinadores[92], acentuando essa inadmissibilidade. Do mesmo modo, são ali citados vários acórdãos, reafirmando essa posição[93].

O alimentante inadimplente poderá ser mantido em prisão especial ou em quartéis, se o devedor for diplomado por escola superior da República, conforme permite o art. 295, VII, do Código de Processo Penal, não em prisão domiciliar ou em liberdade vigiada. Assim decidiu a 1ª Turma do Supremo Tribunal Federal, por unanimidade, em 30 de outubro de 1984, sendo relator o Min. Soares Muñoz[94].

O § 4º do art. 528 do Código de Processo Civil manda que a prisão seja cumprida em regime fechado, devendo o preso ficar separado dos presos comuns.

14.7 Prisão civil de terceiro

A prisão civil, como é óbvio, não pode atingir terceiros, mormente porque vinculados por outra relação jurídica, que escapa à natureza do débito alimentar.

Destaque-se, nesta feita, decisão da 2ª Câmara Cível do Tribunal de Justiça de São Paulo, por unanimidade, em 21 de março de 1986, sendo relator o Des. Ary Belfort[95], em que se reconheceu inadmissível o decreto de prisão contra quem figurava como fiador do débito alimentar. Também, porque essa obrigação assumida por terceiro apresenta-se com caráter contratual.

Observe-se, ainda, que a pena de prisão "atinge, apenas, ao devedor de alimento", segundo o art. 733, § 1º, do Código de Processo Civil de 1973[96]. Hoje, art. 528.

Por seu turno, prevê, entretanto, o art. 22 de Lei de Alimentos (Lei n. 5.478/68), que constitui crime contra a administração da Justiça deixar o empregador ou funcionário público de prestar ao juízo competente as informações necessárias à realização processual, que fixe pensão alimentícia. A pena, para esse crime, é de seis meses a um ano, sem prejuízo da pena acessória de suspensão do emprego de 30 a 90 dias. Nas mesmas penas desse artigo, assenta seu parágrafo único, incidem as pessoas que ajudarem o devedor a eximir-se ao pagamento alimentar judicialmente convencionado, fixado ou majorado, ou que se recusarem ou procrastinarem a execução ordenada pelo juiz.

---

92. CAHALI, Yussef Said. *Dos alimentos* cit., p. 660; CRUZ, João Claudino de Oliveira e. *Dos alimentos no direito de família*. Rio de Janeiro: Forense, 1956. p. 343; GOMES, Luiz Flávio. Prisão civil por dívida alimentar cit., p. 10; CARNEIRO, Athos Gusmão. Op. cit., p. 16.

93. *RT* 538/316, 552/413; *RJTJSP-Lex* 92/411.

94. *RTJ* 112/234 (o mesmo julgado in *JSTF-Lex* 76/428). No mesmo sentido, acórdão in *RTJ* 79/448, 98/685; *RJTJSP* 92/407, 43/328; *RT* 538/316. Em sentido contrário, decisão in *RJTJSP* 48/274.

95. *RJTJSP-Lex* 102/251.

96. *RT* 495/225.

14.8 Prisão do devedor de alimentos atualmente

Nos casos em que se admite a prisão do devedor de alimentos, atualmente, mantém-se ela, ante a não cogitação dessa espécie de prisão, sem qualquer proibição, no Pacto de San José da Costa Rica, tratado internacional de direitos humanos, do qual o Brasil é signatário.

Destaque-se, nesse ponto, ainda, que o Superior Tribunal de Justiça editou, a respeito, a Súmula 309, esclarecendo que: "O débito alimentar que autoriza a prisão civil do alimentante é o que compreende as três prestações anteriores ao ajuizamento da execução e as que vencerem no curso do processo" (com a redação determinada pela 2ª Seção, em 22 de março de 2006).

15 Direitos e deveres dos avós a alimentos

15.1 Dever alimentar dos avós

O Código Civil de 1916 já reconhecia, em seu art. 397, o direito à prestação de alimentos como "recíproco entre pais e filhos", e extensivo a todos os ascendentes, recaindo a obrigação nos mais próximos em grau, uns em falta de outros. Esse texto é reproduzido, integralmente, idêntico ao do art. 1.696 do atual Código Civil de 2002.

Na falta dos pais, a obrigação deve ser cumprida pelos avós, bisavós, trisavós etc.; uns em falta de outros. Desse modo, se existem vários ascendentes do mesmo grau, são obrigados todos em conjunto, em razão do que "a ação de alimentos deve ser exercida contra todos, e a quota alimentar é fixada de acordo com os recursos dos alimentantes e as necessidades do alimentário. Assim, intentada a ação, o ascendente (avó, bisavó etc.) pode opor que não foram chamados a prestar alimentos os outros ascendentes do mesmo grau. Se algum dos ascendentes não tem meios com que alimente o descendente, o outro dos ascendentes do mesmo grau os presta". Ante qualquer recebimento alimentar precário ou insuficiente, pode ser pedida complementação[97].

Pondera, assim, Yussef Said Cahali[98] que

> duas circunstâncias abrem oportunidade para a convocação do ascendente mais remoto à prestação alimentícia: a falta de ascendente em grau mais próximo ou a falta de condição econômica deste para fazê-lo; o grau mais próximo exclui aquele mais remoto, sendo o primeiro lugar na escala dos obrigados ocupado pelos genitores, apenas se faltam os genitores, ou se estes se encontram impossibilitados

---

97. PONTES DE MIRANDA, *Tratado de direito privado* cit., 2. ed., t. IX, § 1002, n. 9, p. 231.
98. *Dos alimentos* cit., p. 517.

financeiramente de fazê-lo, estende-se a obrigação de alimentos aos ulteriores ascendentes, respeitada a ordem de proximidade.

Destaque-se, nessa oportunidade, acórdão da Sétima Câmara Cível do Tribunal de Justiça do Estado do Rio Grande do Sul[99], sendo Relatora a Desembargadora Walda Maria Melo Pierro, em que se reconheceu que:

> A responsabilidade alimentar dos avós, por excepcional e subsidiária, só tem lugar mediante prova da impossibilidade financeira absoluta do genitor. Atrasos e relutância no pagamento não autorizam a transferência da obrigação, mormente quando esta se mostra em dia. Para fixação da obrigação, na forma da complementação, há de vir prova escorreita de que o valor alcançado pelo pai, somado ao valor propiciado pela mãe, é insuficiente, o que não ocorre no presente caso. Não se pode confundir dificuldades oriundas das modestas condições econômicas dos genitores, a que devem se adaptar os filhos, com incapacidade de sobrevivência. O padrão de vida dos avós não serve de parâmetro para tal fim.

Nesse decisório, foram citados outros julgados do mesmo Tribunal, que demonstraram o caráter subsidiário e excepcional da obrigação avoenga, salientando-se que o sustento dos filhos é primordialmente dos genitores, pai e mãe, somente sendo chamados os avós, quando demonstrada a incapacidade econômica dos pais (absoluta impossibilidade), não tendo o neto direito ao padrão de vida dos avós.

Outro julgado deve ser referido, da Oitava Câmara Cível do Tribunal da Justiça do Estado do Rio Grande do Sul[100], sendo relator o Desembargador Claudir Fidelis Faccenda, que admitiu que:

> Comprovado que o genitor não tem condições de suportar o encargo alimentar do filho menor, é cabível demandar o avô paterno para complementar os alimentos. A responsabilidade dos avós, por ser subsidiária e complementar, não é igual à dos pais, limitando-se a atender as necessidades básicas da criança.

Corroboram esses julgados o teor do art. 1.698 do Código Civil, que assenta:

> Se o parente, que deve alimentos em primeiro lugar, não estiver em condições de suportar totalmente o encargo, serão chamados a concorrer o de grau imediato; sendo várias as pessoas obrigadas a prestar alimentos, todos devem concorrer na proporção dos respectivos recursos, e intentada ação contra uma delas, poderão

---

99. Apel. Cív. 70.009.321.951-Santa Maria, j. 23-2-2005, provido por maioria.
100. Ap. Cív. 70.016.501.889-Sarandi, j. 21-9-2006, provido parcialmente.

as demais ser chamadas a integrar a lide (artigo sem correspondência no Código Civil de 1916).

Com fundamento em decisão do Tribunal de Justiça de São Paulo[101], Maria Berenice Dias[102] acentua que:

> é necessário, primeiro, buscar a obrigação alimentar do parente mais próximo. Nada impede, no entanto, intentar ação concomitante contra o pai e o avô. Constitui-se um litisconsórcio passivo sucessivo. Ainda que não disponha o autor de prova da impossibilidade do pai, o uso da mesma demanda atende ao princípio da economia processual. Na instrução é que, comprovada a ausência de condições do genitor, evidenciada a impossibilidade de ele adimplir a obrigação, será reconhecida a responsabilidade dos avós. A cumulação da ação contra pais e avós tem a vantagem de assegurar a obrigação desde a data da citação.

Reforça esse raciocínio essa jurista, em sequência, apoiando-se em julgado do Tribunal de Justiça do Distrito Federal[103], que assenta (com fundamento em Fátima Nancy Andrighi) que

> o fato de a lei fazer uso da palavra pais, no plural, ao lhes atribuir os deveres decorrentes do poder familiar, não quer dizer que está a se referir a ambos os pais, e sim a qualquer dos pais. A denominada paternidade responsável estendeu seus efeitos, alcançando os avós, que tendo condições, podem ser chamados a completar o pensionamento prestado pelo pai que não supre de modo satisfatório a necessidade do alimentado.

"O STJ[104] vem manifestando o entendimento de que a responsabilidade dos avós não é apenas sucessiva, mas complementar, podendo ser chamados a subsidiar a pensão prestada pelo pai, que não supre de modo satisfatório a necessidade dos alimentandos".

---

101. TJSP, AC 345.070-4/0, 6ª Câm. de Dir. Priv., rel. Des. Sebastião Carlos Garcia, j. 2-12-2004 – "Pleito contra genitor e o avô paterno – Admissibilidade. Demonstração da necessidade de suplementação dos alimentos pelo avô paterno, ante a impossibilidade de suprimento da totalidade das necessidades do alimentando pelos próprios pais. Inocorrência da sustentada ilegitimidade passiva *ad causam*. Apelo Improvido".
102. *Manual de direito das famílias* cit., 8. ed., p. 540-541, n. 27.12.
103. TJDF, AC 20050110342045, 2ª T. Civ., rel. Des. J. J. Costa Carvalho, j. 11-10-2006 – "Ação de Alimentos – Avós – Responsabilidade subsidiária. 1. A responsabilidade de os avós suportarem o pagamento de pensão alimentícia dos netos tem natureza subsidiária, decorrendo da incapacidade de o pai cumprir com a sua obrigação. 2. Para que seja acolhida pretensão exposta em ação de alimentos ajuizada diretamente contra os avós paternos, mister se faz comprovação de que o genitor, devedor originário, não tem condições de arcar com seu dever".
104. STJ, REsp 119.336/SP, 4ª T., rel. Min. Ruy Rosado Aguiar, *DJ* 10-3-2003, baseado em Procedentes; REsp 81.838/SP, 4ª T., rel. Min. Aldir Passarinho Junior, j. 6-6-2000; REsp 366.837/RJ, 4ª T., rel. p/ acórdão Min.

Relativamente aos precedentes do Superior Tribunal de Justiça, tem este admitido a responsabilidade dos avós de suplementarem (completarem) a pensão insuficientemente prestada aos netos, na medida das possibilidades desses ascendentes próximos (avós)[105].

15.2 Direito alimentar dos avós

Até esse ponto, venho referindo a existência do direito da personalidade dos netos, relativamente a seus ascendentes.

Aqui, também, está presente o dever destes nessa prestação alimentar.

Como já acentuei, existe reciprocidade desse direito, que, por isso, é direito – dever da personalidade. Os ascendentes também, pelo *ius sanguinis*, têm direito a alimentos junto a seus descendentes. Desse modo, o avô que tiver necessidade, quanto à sua subsistência, pode pedir alimentos a seus netos, que deverão prestá-los na medida de suas condições econômico-financeiras.

É o direito que nasce no trono ancestral de prestação de continuidade das famílias em sentido geral.

Destaca Pontes de Miranda[106], nesse passo, que:

> A obrigação à prestação de alimentos é recíproca no direito brasileiro, uma vez que se estende em toda a linha reta entre ascendentes e descendentes, e na colateral entre os irmãos, que são parentes recíprocos por sua natureza. E é razoável que assim seja. Se o pai, o avô e o bisavô têm o dever de sustentar o filho, neto ou bisneto, abastado, não fosse obrigado a alimentar o seu ascendente incapaz de manter-se *Iniquissum enim quis merito dixerit patrem egere, cum filius sit in facultatibus* (L. 5, § 13, D., de *agnoscendis et alendis libertis*, 25.3).

Desse modo, "ao direito de exigir alimentos corresponde o dever de prestá-los", lembra Silvio Rodrigues[107], afirmando:

Cesar Asfor Rocha, j. 19-12-2002 (obrigação "própria, complementar e/ou sucessiva, mas não solidária"); REsp 401.484/PB, 4ª T., rel. Min. Fernando Gonçalves, j. 7-10-2003 (responsabilidade complementar diluída entre avós paternos e maternos); REsp 658.139/RS, 4ª T., rel. Min. Fernando Gonçalves, j. 11-10-2005 (avós concorrem na proporção de seus recursos); também TJSP, Ap. 256.719, rel. Des. Azevedo Franceschini, *RT* 509/78; TJSP, MS 281.431, rel. Des. Toledo Piza, *RT* 531/67 (prestação insuficiente).

105. STJ, REsp 268.212/MG, 3ª T., rel. Min. Ari Pargendler, *DJ* de 27-11-2000 (ainda sob a vigência do CC de 1916); REsp 50.135-9/RJ, 4ª T., rel. Min. Barros Monteiro, j. 12-9-1994 ("o credor não está impedido de ajuizar a ação apenas contra um dos coobrigados...").

106. Op. cit., § 1006, n. 1, p. 236.

107. *Direito civil* cit., p. 380 e nota de rodapé 325. No mesmo sentido: DINIZ, Maria Helena. *Curso de direito civil brasileiro* cit., p. 649-661, letra F.

se por causa de idade ou moléstia a pessoa não pode prover a subsistência, deve reclamar alimentos de seu pai, avô etc. (art. 1.696), ou de seus filhos (art. 1.697). A estes, desde que o possam, incumbe fornecer os alimentos, ainda que haja netos, ou bisnetos, com recursos muito mais amplos. Não havendo filhos, são chamados os netos a prestar alimentos, e assim por diante, porque a existência de parentes mais próximos exclui os mais remotos da obrigação alimentícia.

A lei distribui em categorias os sujeitos de obrigação alimentar, sendo certo que:

Na primeira, encontram-se os ascendentes de primeiro grau, isto é, o pai e a mãe. Quem careça de alimentos deve reclamá-los, em primeiro lugar, dos pais. Na falta destes, a obrigação passa aos outros ascendentes, paternos ou maternos, recaindo nos mais próximos em graus, uns em falta de outros. Assim, ocupam o primeiro plano na segunda categoria, os avós; em seguida os bisavós, e assim sucessivamente. Na falta de ascendentes, cabe a obrigação aos descendentes, guardada a ordem da sucessão. Em primeiro lugar os filhos; em segundo os netos, e assim sucessivamente.

Faltando os descendentes, a obrigação incumbe aos irmãos, germanos ou unilaterais[108].

15.3 Prisão civil dos avós. E a prisão civil dos netos?

15.3.1 Conceito e natureza jurídica

Estudamos, atrás, o conceito e a natureza jurídica da prisão civil por débito alimentar, como meio coativo para forçar o recebimento do crédito alimentar.

Vimos que o art. 1.694 atual alargou bastante o reconhecimento desse direito recíproco aos parentes, cônjuges e conviventes.

A Súmula 379 do Supremo Tribunal Federal proibia a renúncia do direito a alimentos no acordo da separação judicial.

Eu sempre fui contrário a esse entendimento, como esclareci anteriormente, já que os alimentos entre parentes nascem com a pessoa e integram o sentido de sua existência, ao passo que os alimentos que nascem do contrato (de casamento ou de união estável) não se encontram entre os direitos *ex iure sanguinis* e podem sofrer alterações, com separações culposas etc.

Entretanto, ante o atual Código, não restam dúvidas de que admitiu ele esse entendimento sumular, pois assenta, em seu art. 1.707: "pode o credor não exercer, porém lhe é vedado renunciar o direito a alimentos, sendo o respectivo crédito insuscetível de cessão, compensação ou penhora".

---

108. GOMES, Orlando. *Direito de família* cit., p. 436, n. 263.

Mesmo tendo esse Código Civil admitido o direito recíproco a alimentos entre cônjuges e conviventes, para "viver de modo compatível com a condição social, inclusive para atender às necessidades de sua educação" (art. 1.694, *caput*), não foram eles considerados parentes.

Os direitos adquiridos com o nascimento nascem como direitos da personalidade, com todas as características desses direitos da personalidade, sendo, portanto, imprescritíveis. O direito a alimentos, por seu turno, quando entre cônjuges ou conviventes, pode ser perdido em razão de decreto judicial na separação do casal; não é inato.

Só o descumprimento do dever alimentar entre consanguíneos é que pode levar ao decreto da prisão civil, no meu entender, ainda com o advento do atual Código.

Uma coisa é ser devida e irrenunciável a pensão alimentícia, outra é possibilitar a prisão por seu descumprimento.

Principalmente, ante o atual Código, que possibilita o pensionamento alimentício a credor culpado, caso em que os alimentos devem ser, apenas, "os indispensáveis à subsistência" (§ 2º do art. 1.694).

Com essa conceituação, por mim justificada, pela qual a prisão do devedor de alimentos só se admite com o pressuposto de relação entre parentes, analiso a natureza desse modo de constrangimento pessoal.

15.3.2 Prisão reiterada, prazo e lugar da prisão

Quanto à prisão reiterada e o prazo da prisão, já estudadas anteriormente, aplica-se essa matéria aos avós.

Também quanto ao lugar da prisão, a matéria já foi estudada anteriormente, contudo, merece destaque nessa oportunidade, elogiável decisão do Superior Tribunal de Justiça[109] que garantiu prisão domiciliar a idoso devedor de pensão, com 73 anos de idade e portador de vários problemas graves de saúde.

15.3.3 Prisão civil dos avós

O mesmo acontece com a prisão civil dos avós, que são pessoas idosas e, geralmente, com problemas de saúde e que precisam ser preservados.

Cite-se, nessa feita, acórdão do Tribunal de Justiça do Rio Grande do Sul, sendo relator o Des. Antonio Carlos Stangler Pereira[110], em que se decidiu, em ação de execução de alimentos, contra avós paternos, que sendo, "a obrigação dos avós de natureza subsi-

---

109. HC 35.171/RS-Capão da Canoa, 3ª T., rel. Min. Humberto Gomes de Barros, *Revista Consultor Jurídico*, de 4-8-2004.

110. AI 70.010.420.057, 8ª Câm. Civ., rel. Des. Antonio Carlos Stangler Pereira, publ. em 27-4-2005.

diária, além do que demonstrada nos autos a precariedade de suas situações financeiras, tratando-se, portanto, de impagamento involuntário e escusável", não se justificaria o decreto da sua prisão.

Esse acórdão preservou a dignidade da pessoa dos avós e sua vida, honrando a proteção desses estampada na Lei Complementar ao art. 230[111] da Constituição de nossa República Federativa, e presente na Lei n. 10.741, de 1º de outubro de 2003 (Estatuto do Idoso)[112].

Outra decisão do Tribunal de Justiça do Rio Grande do Sul, por sua 7ª Câmara Civil, sendo relator o Des. Luiz Felipe Brasil Santos[113], em um caso em que foi decretada a prisão civil da mãe (poderia ter sido da avó), por não prestar a obrigação alimentar a filho menor, julgou que a pena deveria ser cumprida em regime aberto para tornar possível o exercício do trabalho. Nesse caso, não havia possibilidade de recolhimento em albergue, no mesmo município da residência das partes. Aplicou-se, analogicamente, o art. 117, III, da Lei n. 7.210/84 (Lei de Execução Penal), dado que, não sendo desse modo, o maior prejudicado seria o menor, com afastamento da mãe, para cumprimento da medida em outra comarca. Nessa situação era inevitável a proteção do menor pelo Estado.

A prisão civil, assim, não pode ser meio de aniquilamento do ser humano, principalmente tratando-se de decreto contra avós.

Tenha-se, ainda, presente que o Tribunal de Justiça de São Paulo[114] entendeu de não decretar a prisão em ação proposta contra os avós paternos, ante interrupção dos pagamentos das pensões, quando o pai perdeu o emprego. Nesse caso, o devedor efetuara o pagamento "das três últimas prestações da prisão". Entendeu que "a execução de pensões em atraso" deveria ser feita por rito diferente, em separado e "sem necessidade de distribuição". E, mais, que: "A pensão obtida na ação que moveram aos avós paternos não é substitutiva e sim complementar àquela devida pelo pai". Em outra decisão, desse mesmo Tribunal[115], foi afastada ameaça de prisão ilegal contra avós paternos, sem ter sido reconhecida judicialmente a impossibilidade de os pais alimentarem a exequente, sua filha. Esta havia desistido da ação promovida contra seu pai por não ter sido encontrado o mesmo pelo oficial de justiça.

---

111. "Art. 230. A família, a Sociedade e o Estado têm o dever de amparar as pessoas idosas, assegurando sua participação na comunidade, defendendo sua dignidade e bem-estar e garantindo-lhes o direito à vida".

112. "Art. 10. É obrigação do Estado e da sociedade assegurar à pessoa idosa a liberdade, o respeito, e a dignidade, como pessoa humana e sujeito de direitos civis, políticos, individuais e sociais, garantidos na Constituição e nas Leis".

113. AI 70.014.615.637, j. 3-5-2006, v.u.

114. AI 493.849-4/0-00-Santos, 2ª Câm. de Dir. Privado, rel. Des. Morato de Andrade.

115. HC 449.789-4-9-00-Limeira, rel. Des. Ary Bauer. Inteligência do art. 1.698 do Código Civil: "Se o parente, que deve alimentos em primeiro lugar, não estiver em condições de suportar totalmente o encargo, serão chamados a concorrer os de grau imediato [...]". No mesmo sentido, do mesmo relator, Apelação 452.615.4/3-00-Piracicaba. "A má vontade do pai dos menores em assisti-los convenientemente não pode ser equiparada à sua falta, em termos de devolver a obrigação ao avô". Ver, ainda, TJSP, Apel. 2.390-1, citada nesse julgamento.

Outra situação é a de que os avós "só podem ser obrigados a alimentar o neto se a situação econômica deles permitir que garantam a subsistência do neto sem prejuízo de seu próprio sustento"[116].

A tendência dos tribunais é a de continuar condenando os avós, quando for o caso, decretando-lhes a prisão civil, embora com alguma relutância, quando as circunstâncias do caso assim o permitirem. Mas também tende a Jurisprudência ao decreto de prisão civil pelo sistema aberto, domiciliar, para preservar a dignidade dos idosos.

Lembre-se, nesse caso, de que o Superior Tribunal de Justiça[117] garantiu prisão domiciliar a idoso devedor de pensão, pela primeira vez, levando em consideração, nesse caso, o preenchimento de dois requisitos, para cumprimento de pena em regime domiciliar: o devedor tinha 73 anos (mais de 70) e era portador de doença grave, já anteriormente citado.

Embora esse caso não seja de prisão domiciliar por prisão de avô, o certo é que, geralmente, este tem problemas de idade e de saúde.

Como situação agravante, nesse caso, todas as noites, o aposentado deveria recolher-se à cadeia da cidade vizinha (mais de 70 quilômetros) da sua cidade, que não tinha unidade carcerária. Daí a acertada decisão.

Por outro lado, decretou-se prisão de avó, que, "inobstante seu vasto patrimônio, do qual é meeira, insiste, sem qualquer razão, no inadimplemento". Essa decisão foi atacada por *habeas corpus*, denegado[118].

Três acórdãos recentes do Superior Tribunal de Justiça reconheceram o caráter complementar e subsidiário da prestação de alimentos avoengos e não admitiram a prisão[119].

15.3.4 Prisão civil dos netos?

Sendo a obrigação alimentar entre avôs e netos, direito-dever da personalidade, porque é recíproco entre eles e nas categorias ligadas pelo *ius sanguinis*, seria de indagar-se, nessa feita, que, assim como existe ação alimentar dos avôs em face de seus netos, seriam estes, também, obrigados a esse pagamento sob pena de prisão?

Deve causar preocupação uma tal ordem generalizada de prisões desse tipo, pois o direito à prestação alimentar entre consanguíneos, nos moldes dos arts. 1.696 ("recíproco entre pais e filhos, e extensivo a todos os ascendentes"...) e 1.697 (na falta destes "cabe a obrigação aos descendentes guardada a ordem de sucessão"... até os "irmãos,

---

116. TJSP, Apel. Civ. 421.583-4-00-Jales, rel. Des. Ary Bauer.
117. HC 35.171, já citado.
118. TJSP, 3ª Câm. de Direito Privado, rel. Des. Jesus Lofrano, j. 5-3-2013.
119. HC 416.886/SP, rel. Min. Nancy Andrighi; Ag. Int. no REsp 740.032/BA, rel. Min. Marco Aurélio Bellizze; HC 46.949/SP, rel. Min. Carlos Alberto Menezes Direito; todos do STJ, 3ª Turma.

assim germanos como unilaterais"), traz uma gama enorme de credores e de devedores que devem preservar a continuidade da família. Assim, tudo bem; mas com risco de prisão civil?

No caso dos netos, por exemplo, não podem eles furtar-se ao amparo de seus avós, se tiverem condições econômicas de sustentá-los, em sua velhice, se necessitados.

O Código de Processo Civil, cuidando da execução de prestação alimentícia, não distingue, em seus arts. 528 e 911, entre categorias de consanguíneos, refere-se a "devedor" dos alimentos. Se este não pagar, estará sujeito à prisão civil.

15.3.5 Minha posição

Quanto à prisão em razão de débito alimentar, sou, em princípio, contrário a ela[120].

Veja-se, inicialmente, que os Tribunais[121] admitem que devem ser exauridos todos os meios compulsórios, antes do decreto de prisão.

Destaque-se, ainda, a decisão da 2ª Câmara Cível do Tribunal de Justiça de São Paulo, em 26 de abril de 1988, por maioria de votos, sendo relator o então Des. Cezar Peluso[122], que reconheceu que "não se justifica a modalidade extrema da prisão civil do devedor de alimentos que possui disponibilidades suscetíveis de arresto e penhora cuja efetivação garante a satisfação imediata do credor. Tal modalidade coercitiva só é cabível em caso de frustração de execução pelo devedor". No mesmo sentido, quando o alimentante age com má-fé e recalcitrância, sendo solvente[123].

Por seu turno, o art. 5º, LXVII, da Constituição de nossa República Federativa, de 5 de outubro de 1988, ao admitir a exceção ao princípio de que "não haverá prisão civil por dívida", ressalva a "do responsável pelo inadimplemento voluntário e inescusável de obrigação alimentícia".

Assim, é necessário comprovar-se que o devedor de alimentos não quer pagar, não fazendo qualquer empenho, nesse sentido; depois, deve somar-se a essa situação a inescusabilidade desse cumprimento obrigacional. Essas ressalvas não existiam anteriormente, bastando confrontar o texto atual com o do § 17 do art. 153 da Constituição de 24 de janeiro de 1967, após a Emenda Constitucional n. 1, de 17 de outubro de 1969.

Ninguém nega que os pais devam, em primeiro lugar, cumprir sua obrigação alimentar junto a seus filhos; quando esse descumprimento assume caráter grave, é possível a

---

120. AZEVEDO, Álvaro Villaça. *Prisão civil por dívida*. 3. ed. São Paulo: Atlas, 2012, em especial p. 111-144.
121. *RT* 452/332, 454/325 e 337, 456/368, 468/297, 471/305, 473/295, 474/284, 477/114, 485/277, 489/295, 508/322, 516/285, 529/301, 534/307, 535/275, 544/348, 554/66, 562/67, 563/68, 576/219, 590/94; *RJTJSP* 11/405, 25/418 e 422, 32/221 e 240, 33/215, 36/245, 48/277, 56/291 e 305, 59/337, 60/323 e 318, 97/389, 114/467; *RSTJ* 24/166, entre muitos outros.
122. *RT* 631/115. Em sentido contrário, acórdão in *RT* 670/132.
123. *RT* 535/275.

instauração de procedimento criminal por abandono material de filho, conforme o *caput* do art. 244 do Código Penal (com a redação determinada pela Lei n. 10.741/2003 – Estatuto do Idoso):

> Deixar, sem justa causa, de prover a subsistência do cônjuge, ou de filho menor de 18 (dezoito) anos ou inapto para o trabalho, ou de ascendente inválido ou maior de 60 (sessenta) anos, não lhes proporcionando os recursos necessários ou faltando ao pagamento de pensão alimentícia judicialmente acordada, fixada ou majorada; deixar, sem justa causa, de socorrer descendente ou ascendente, gravemente enfermo: Pena-detenção, de 1 (um) a 4 (quatro) anos, e multa, de uma a dez vezes o maior salário-mínimo vigente no País.

A prisão em decorrência desse ilícito penal é indiscutível e deveria ser a regra de atuação dos lesados em prestação alimentar. Aí, sim, a prisão é cabível.

O inadmissível é considerar o simples não pagamento de pensão alimentar como ilícito civil capaz de causar a prisão do devedor. A não ser que este aja com dolo, opondo obstáculos, para frustrar o pagamento alimentício, tendo condições de fazê-lo.

Poder-se-ia, por outro lado, admitir a prisão administrativa, não civil, quando o devedor de alimentos declarasse falsamente, perante o Poder Judiciário, não ter patrimônio suficiente ao pagamento da pensão, enganando o juiz. Essa falsa declaração perante o juiz poderia acarretar a prisão do declarante, por crime contra a administração da justiça, e que nada tem a ver com a prisão civil por dívida.

Nos Estados Unidos da América do Norte, essa matéria é passível de prisão por crime inafiançável contra a administração da justiça. Aqui, estaria presente a omissão dolosa de ocultação de recursos ao seu parente, colocando-o, até, em risco de vida.

16 BEM DE FAMÍLIA[1]

1 Proteção ampla e profícua da família

O ser humano, em vivência social, depende, em primeiro lugar, da célula familiar, onde ele forma seu espírito com preceitos morais e religiosos, como se, desde criança, como argila informe, fosse recebendo a moldagem psíquica pelos cuidados de seus pais.

Assim, embora a pessoa humana nasça com algumas tendências, como que gravadas em seu interior, ela sofre um processo de aformoseamento, condicionado, primeiramente, ao ambiente familial, onde os pais devem desempenhar papel de verdadeiros artistas.

Entretanto, as temperanças dos seres humanos os fazem instáveis, dúcteis, e, no mais das vezes, remontando a posições atávicas, até imprevisíveis. Certas reações surgem surpreendentes em determinadas ocasiões, que, somadas, retratam um complexo de imperfeições, que atestam, a cada dia, principalmente pelo insucesso das programações, a relatividade humana.

Veja-se que já nesse primeiro estágio, onde o ser humano se aninha sob o teto de sua morada, sente ele os primeiros impactos da vida, a mais e mais, quando começa a sentir as manifestações sociais além da porta de seu lar. Lá fora, parece que tudo é agressivo, desconhecido, como se a humanidade vivesse em eterna luta pela sobrevivência.

Talvez indague um espírito de criança: para que lutar e conseguir pela força, se pode a pessoa construir pelo bom senso? Para que destruir o próximo, se melhor seria construí-lo num somatório de atividades? Quem dá recebe, quem recebe se ilumina, quem se ilumina inicia a viagem ao absoluto, em tentativa de desprendimento.

Mas o certo é que nessa marcante relatividade, que mostra dentro de si laivos raríssimos de desprendimento humano, de crescimento espiritual, mais no segundo estágio, fora do lar, fora do teto, fora do abrigo da família, o ser humano desempenha grande parte dos atos de sua vida.

Para não me alongar, é mister que sintamos nesse quadro de participação de vida humana, a pessoa dentro e fora de casa, a pessoa que batalha na sociedade e que busca o agasalho da família para aquecer-se um pouco ante a generalizada frieza daquela.

Aqui, o ponto nevrálgico que deve realçar-se. É preciso que a Ciência do Direito, que regulamenta esse viver humano, fortaleça cada vez mais a cidadela da família, impedindo

---

1. AZEVEDO, Álvaro Villaça. *Bem de família* cit.

que os reveses havidos fora do lar venham, com sua poeira, asfixiar o que há de mais sagrado na vivência: a tranquilidade com esperanças de felicidade.

Seria de dizer-se que no mar de impurezas da vida, alguém pode ser feliz um pouco, colhendo alguns sorrisos no canteiro familiar, principalmente os das crianças, que por estarem mais aconchegadas, não conhecem ainda as rudezas da existência.

Todo ser vivente, desde os animais, necessita de um mínimo necessário para viver.

Quanto ao ser humano, de que valeria todo um sistema legislativo a regulamentar suas ações, se ele não fosse sensível, não recebesse a proteção para antes existir? Todavia, o existir humano necessita de impregnar-se de carinho, de cuidados especiais, pois que sua marginalização resulta, no mais das vezes, de um excesso de desproteção.

O espírito humano é sensível, mais do que seu corpo, e vai, como um filme, gravando impressões que se avolumam, que se agigantam e o levam à condição de teratoide, revelando o ser humano como um animal ferido.

Não pode a lei proteger a partir de um estágio; isso não seria válido na família. Ela necessita de amparar o ser antes do embate, mostrar a ele que após a luta, um local de amor o espera.

De que adianta a lei proteger por um bem imóvel? De que serve essa proteção aos que o não possuem? É como se fosse dado a alguém água depois de saciada a sede.

Pouquíssimas são as famílias proprietárias de imóveis, o que nos leva a admitir reste a maioria delas sem a devida proteção.

Sem nos enveredarmos aos excessos, sem adotarmos o pensamento daqueles que querem publicizar de tal forma o Direito de Família, a ponto de retirá-lo do Direito Privado, propugno pela tese de que o Estado deverá, regulando os interesses familiares, estatuir normas mais diretas para defesa da família, respeitando o entendimento do *homo medius*, escudando o ser humano em seu lar, para que não seja este invadido por interesses externos, para que, até certo ponto, possa o ardor egoístico da pessoa parar à porta da casa de seu semelhante. A violação do lar é a quebra da última proteção humana; o aniquilamento de uma família é a incineração do próprio amor, amor da casa, amor da rua, amor de um semelhante por outro, em uma palavra: amor.

A maior missão do Estado é a de preservar o organismo familial sobre que repousam suas bases. Cada família que se desprotege, cada família que se vê despojada, a ponto de insegurar-se quanto à sua própria preservação, causa, ou pelo menos deve causar ao Estado, um sentimento de responsabilidade, fazendo-o despertar a uma realidade que clama por uma recuperação. O dever de proteção geral aos indivíduos cabe ao mesmo Estado que deve intervir, sempre, para coibir os excessos, para impedir a colisão de interesses, acentuando a salvaguarda dos coletivos mais do que dos particulares, para limitar uma liberdade de ação para que ela não fira a alheia, ainda mais quando for letal esse ferimento de quebra de uma estrutura de que dependem todos.

Daí a necessidade de uma reestruturação completa do instituto do bem da família, dizia eu em 1972, com a criação de uma nova espécie de bem de família, que garantisse a esta, indistintamente, para impedir a completa desarticulação familiar em caso de reveses de execução patrimonial.

2 Nascimento do bem de família

O bem de família nasceu na então República do Texas, em 1839, com o nome de *homestead* (*home* = lar; *stead* = local) antes da incorporação desse território texano aos Estados Unidos da América do Norte, que só ocorreu em 1845.

A lei que regulamentou o bem de família, no Texas, foi editada em 26 de janeiro de 1839 (Homestead *exemption act*) e implicava a proteção de pequena propriedade agrícola, residencial, da família, consagrada à sua proteção, limitada em suas dimensões (cinquenta acres de terra), ou de terreno na cidade e melhorias, no valor máximo de quinhentos dólares, com mobiliário e utensílios domésticos, no valor máximo de duzentos dólares, e todos os instrumentos de lavoura, no valor máximo de cinquenta dólares, bem como ferramentas, aparatos e livros pertencentes ao comércio ou profissão de qualquer cidadão, cinco vacas de leite, uma junta de bois para o trabalho ou um cavalo, vinte porcos e provisões para um ano. Todos esses bens, tornaram-se por essa lei impenhoráveis e inalienáveis, com o objetivo de fixar o homem à terra, objetivando o desenvolvimento de uma civilização cujos cidadãos tivessem o mínimo necessário a uma vida decente e humana.

3 Breves antecedentes históricos

É necessário que se sintam os antecedentes históricos que motivaram o surgimento dessa lei, mesmo que sucintamente, para que se tenha melhor noção do instituto sob cogitação. Saídos do jugo da Inglaterra, os Estados Unidos eram um território pobre, uma vasta área de terra no aguardo de uma civilização. Dada a fértil condição do solo americano, desenvolveu-se a agricultura e o comércio de forma vertiginosa, pelo árduo trabalho desse povo. Em face desse grande desenvolvimento, os bancos da Europa fixaram-se naquela promissora região, possibilitando operações bancárias, reunindo os pequenos capitais americanos, prestando inestimáveis serviços à economia americana, com o desenvolvimento cada vez maior da agricultura, do comércio e da indústria. Por volta de 1830, com a especulação sem peias, com desmesurados pedidos de empréstimos de grandes capitais e com descontrole de emissão de dinheiro, este não mais representava o lastro ouro, o capital efetivo das casas de crédito.

Ao lado dos grandes benefícios criados pelos empréstimos, como escolas, hospitais, canais, estradas, fábricas etc., criou-se a ilusão dourada do lucro fácil que levou o povo a ultrapassar os limites da realidade, abusando desses empréstimos e do elevadíssimo nível de vida no prisma econômico-financeiro. Viria, como consequência, a grande crise entre os anos de 1837 a 1839, iniciando-se, entre outros fatores, com a falência de um banco de grande expressão de Nova Iorque, em 10 de maio de 1837, que foi o estopim do desencadeamento de uma verdadeira explosão no campo econômico e financeiro que viria a conturbar toda a civilização americana e para gravar em seus anais o retrato de uma de suas mais adversas épocas.

Como consequência, os papéis bancários deixaram de circular ao par e perderam de dez a vinte, e mesmo oitenta por cento, de seu valor, conforme a solvabilidade do estabelecimento emissor, tendo o câmbio chegado a vinte e dois por cento sobre o da França e da Inglaterra, os metais desapareceram de circulação e os preços de todas as mercadorias, sobretudo do algodão, aviltaram-se. Para fazer-se uma ideia da extensão do desastre: 959 bancos fecharam suas portas, somente no ano de 1839, e, durante a crise, entre os anos de 1837 a 1839, ocorreram 33.000 falências e uma perda de 440 milhões de dólares, ou seja, perto de dois bilhões e trezentos milhões de francos, à época[2].

Os credores realizaram penhoras em massa nos bens dos devedores, nesse amargo momento, em que era nula qualquer pretensão a obtenção de crédito, tendo estes que sofrer essa execução por preços irrisórios, resumindo-se um patrimônio, composto de terra, animais e instrumentos agrícolas, em quase nada, ante o exorbitante valor por eles pago antes da crise.

As quebras contínuas e inumeráveis foram inevitáveis e atingiram profundamente a família americana, de uma hora para a outra, em completo desabrigo econômico e financeiro.

Foram, nessa época, após veemente movimento democrático dos trabalhadores em geral, editadas inúmeras leis protegendo-os, surgindo, em 1833, a que aboliu a prisão por dívidas, princípio hoje consagrado nas Constituições dos povos civilizados.

A lei do *homestead* trouxe ao lado da impenhorabilidade dos bens domésticos móveis, que foram, primeiramente, objeto de proteção, também a dos bens imóveis. Daí residir, nesta última característica, a originalidade do instituto e o objeto central de sua abrangência.

4   Bem de família no Código Civil de 1916

Embora não tenha o projeto de Código Civil de Clóvis Beviláqua tratado do bem de família, tentativas houve para sua implantação no Brasil, que frutificaram.

O instituto do bem de família foi proposto por emenda do Senador maranhense Fernando Mendes de Almeida, publicada no órgão oficial em 5 de dezembro de 1912. Primeiramente, inserido no Livro das Pessoas, depois transferido para o Livro dos Bens, ambos da Parte Geral do então Projeto.

No atual Código Civil coloca-se, com melhor técnica, o bem de família no Livro do Direito de Família.

No Código Civil de 1916, o bem de família era regulado nos arts. 70 a 73, apresentando, após a Constituição de 5 de outubro de 1988, os seguintes elementos, que, integrados, oferecem a noção desse instituto: os cônjuges ou os conviventes, por si ou individualmente, podem constituí-lo, por imóvel, de propriedade do instituidor, que deve ser destinado ao domicílio familiar, de modo imutável, ficando inalienável, sem o consentimento dos interessados, quando possível, e isento de execução por dívidas

---

2. BUREAU, Paul. *Le Homestead ou l'nsaissibilité de la petite proprieté fonciere*. Paris: Ed. Arthur Roussean, 1895. p. 45.

posteriores à sua instituição, com exceção dos impostos que recaírem sobre o mesmo prédio; o instituidor deve estar solvente no momento da instituição; devendo, ainda, ser dada publicidade à criação do bem de família, nos moldes rituais e solenes estabelecidos na legislação vigente.

É o que se infere da leitura dos arts. 70 a 73 do Código Civil de 1916, que, procurando mostrar que determinado imóvel, gravado com a cláusula de inalienabilidade, pode garantir o domicílio familiar, tornando-o incólume aos reveses da própria vida, acaba por deixar patente que não andou bem o legislador. Realmente, o bem de família traz, no íntimo, o sentido da proteção da célula familial, alicerce sobre o qual se edifica o Estado. Ora, não é de aplaudir-se quando, no caso *sub examine*, o próprio Estado, por força desses dispositivos de lei, transfere ao particular (cônjuges ou conviventes) encargo de tamanho realce, como se a vontade e o cuidado particulares se confundissem com os do Poder Público.

Ao Estado deve competir a defesa da família, em última análise.

5 Minha antiga proposta doutrinária

Ao defender minha tese de doutoramento, na Faculdade de Direito da Universidade de São Paulo, com a monografia sobre Bem de Família, em 18 de outubro de 1972, tinha em mente a completa reestruturação desse instituto jurídico, oferecendo, então, o esboço de anteprojeto, transcrito, ao final dessa obra.

Naquela oportunidade, enfrentei o deficiente tratamento do bem de família, por nosso Código Civil de 1916, que foi corrigido, em parte, pelo projeto de reforma desse mesmo Código, cujo texto foi aprovado como do atual Código Civil, sem, contudo, operar-se a sempre esperada, ampla e profícua, proteção da família brasileira.

Ao cogitar, naquela época, das espécies de bem de família, que devem existir, o modelo texano, escolhido pelo legislador de 1916, já nascera velho, pois procurou defender a família proprietária de bem imóvel, que existe em pequeno número. Mesmo no Texas, em que nasceu o instituto *homestead*, em 1839, viveu-se, lá, exemplo peculiaríssimo, jamais experimentado em nosso País e nos países que o seguiram.

Como, sempre, evidenciei, nunca fui contrário a essa espécie de bem de família, que chamo de voluntário imóvel; todavia, ante sua insuficiência, propugnei pelas espécies de bem de família voluntário móvel (cogitado, também, ainda que de modo incompleto, no atual Código Civil, adiante analisado) e do bem de família involuntário ou legal, criado por norma de ordem pública, com a proteção patrimonial, assim, de todas as famílias.

A Lei n. 8.009/90, dispondo sobre a impenhorabilidade do imóvel residencial e de bens móveis, em algumas circunstâncias, acabou por acolher, em parte, minha proposta doutrinária de criação de um bem de família legal, por imposição do próprio Estado.

Embora incompleta, como disse, essa Lei n. 8.009/90 surgiu em boa hora, em que a Nação brasileira atravessava séria crise, principalmente, de ordem econômica, e da qual ainda não se livrou.

6 Bem de família no Código Civil de 2002

O Projeto que resultou no Código Civil atual procurou acalorar, com melhor tratamento, o instituto jurídico do bem de família, superando o Código de 1916 e o Projeto de Orlando Gomes de 1965, não tendo, contudo, propugnado pela solução esperada.

Realmente, parecia-me que, já em 1972, pelo exaustivo estudo, que fiz a seu respeito, não podia o bem de família oferecer utilidade prática ao povo brasileiro ou a outro que seja, se não fosse criado, paralelamente à esquemática legislativa atual, o bem de família legal, com as conotações explicitadas naquele trabalho. Certamente, ouvindo esse clamor, quase vinte anos, após essa tese, o legislador criou, a seu modo, é bem verdade, pela Lei n. 8.009/90, espécies de bem de família legal, imóvel e móvel.

O Projeto cujo texto foi aprovado como do Código Civil brasileiro atual, seguiu, de perto, a orientação traçada pelo Código Civil italiano, no que tange à espécie de bem de família conhecida, hoje, nos países que o adotaram, merecendo, por isso, aprovação, uma vez que a legislação italiana apreciou, com certa felicidade, a matéria.

O Código Civil sistematizou as regras atinentes ao bem de família no título referente ao direito patrimonial da família, dos arts. 1.711 a 1.722.

Analiso, em seguida, em linhas gerais, os aludidos artigos que cuidam do bem de família, que chamo de voluntário, por nascer da iniciativa privada.

O art. 1.711 possibilita aos cônjuges ou à entidade familiar a constituição do bem de família, por meio de escritura pública ou testamento, não podendo seu valor exceder de um terço o patrimônio líquido do instituidor, existente ao tempo da instituição.

Lembrava Zeno Veloso[3], ao analisar o Projeto de Novo Código Civil, em 1985, que ele tratava do assunto no então art. 1.740, que assentava: "Podem os cônjuges, mediante escritura pública ou testamento, destinar parte de seu patrimônio para instituir bem de família, desde que não ultrapasse um terço do patrimônio líquido existente ao tempo da instituição, até o limite máximo de mil vezes o maior salário mínimo vigente no País".

> Se ficar como está, o bem de família só poderá ser utilizado pelos abastados, pelos ricos, pelos que forem donos de muitos prédios, pois, o que for instituído como bem de família não pode ultrapassar um terço do patrimônio líquido. Quem possuir apenas um imóvel não poderá instituí-lo como bem de família. Nem mesmo poderá fazê-lo quem possuir dois, de valores equivalentes. Quem tiver três prédios, não poderá instituir o de maior valor. A não ser que possua uma fortuna em valores mobiliários. Penso que o bem de família é um instituto de proteção, um meio de se prevenir dos percalços, de um desastre econômico, garantindo-se, na hora da adversidade, um teto e um abrigo para a família. Também os remediados e mesmo os pobres podem e devem ter o direito de utilizar esse benefício. Que se

---

3. *Emendas ao Projeto de Código Civil.* Belém: Ed. Grafisa, 1985. p. 105-106.

estabeleça um valor máximo para o prédio a ser instituído como bem de família, ainda admito, mas prever-se que o imóvel não deve ultrapassar de um terço do patrimônio líquido parece-me sem razão, pelo que, nesta emenda, proponho a supressão de tal exigência.

O atual legislador estabeleceu um limite, nessa aparente liberdade, pois, no art. 1.711, atrás comentado, estabelece-se que a parte do patrimônio destinado ao bem de família voluntário não pode ultrapassar "um terço do patrimônio líquido" existente no momento da instituição. Essa limitação, certamente, é criada por norma de ordem pública ("não ultrapasse um terço"); o mandamento legal é imperativo. Tal situação legal, como demonstrado, atrás, pelo argumento de Zeno Veloso, é extremamente injusta e deverá, de futuro, ser suprimida, como por ele sugerido.

Admita-se que, por testamento, os cônjuges ou os conviventes destinem parte de seu patrimônio, a servir como bem de família; falecendo os testadores, além de restarem beneficiados seus filhos com a herança, com esta protegidos, nada impede aos credores dos falecidos de habilitarem seus créditos no inventário destes, pois serão, sempre, anteriores à constituição que, por testamento, se concretiza a partir do falecimento. Realmente, os efeitos do negócio jurídico, realizado por testamento, começam a fluir depois da abertura sucessória. Melhor seria que o artigo citado mencionasse, tão só, a constituição do bem de família pelos cônjuges ou pela entidade familiar, por meio de escritura pública, a qualquer momento.

O parágrafo único do artigo sob análise confere ao terceiro a possibilidade de instituição do bem de família, por testamento ou por doação, consentindo, expressamente, ambos os cônjuges beneficiados ou a entidade familiar beneficiada, não tendo aludido, entretanto, à reserva da propriedade do imóvel ao instituidor em caso de extinção do bem de família.

Nem poderia imaginar-se que essa faculdade já estivesse expressa pelo *caput* do art. 547 do Projeto aprovado como no Código Civil, que é reprodução do art. 1.174 do Código Civil de 1916, onde se vê que o doador pode estipular que os bens doados voltem a ele se sobreviver ao donatário, pois que as causas de extinção do bem de família são outras, previstas na lei.

O art. 1.712 admite que o bem de família se constitua em imóvel urbano ou rural, "com suas pertenças e acessórios", devendo, sempre, destinar-se ao domicílio familial. Aqui, tipicamente, o bem de família voluntário, constituído por imóvel, uma vez que os móveis, "pertenças e acessórios", integram esse mesmo prédio.

Por outro lado, a parte final desse mesmo dispositivo admite que podem ser abrangidos pelo bem de família "valores mobiliários", contudo, menciona que a renda destes aplicar-se-á "na conservação do imóvel e no sustento da família", o que vincula o bem de família móvel ao imóvel. Isto quer dizer que os valores mobiliários, instituídos em bem de família, não podem existir isoladamente, sendo expresso o art. 1.712 ao mencionar que esses mesmos valores, que se destinam à finalidade prevista no art. 1.713, "não poderão exceder o valor do prédio instituído em bem de família, à época de sua instituição".

Após essa disposição do *caput* do art. 1.713, seguem-se seus três parágrafos, que não deixam dúvidas quanto a essa ideia de que não pode existir bem de família por valores mobiliários sem bem imóvel. Assim, o § 1º, referido, menciona que "os valores mobiliários deverão ser devidamente individualizados no instrumento de instituição do bem de família".

O § 2º situa a hipótese da instituição por títulos nominativos, caso em que deverá constar essa mesma constituição nos livros de registro competentes, sempre sob a mesma diretriz do art. 1.713, que demonstra a possibilidade de criação do bem de família mobiliário, tendo como ponto de referência o bem imóvel, em que aquele se integra.

O § 3º do mesmo artigo possibilita que o instituidor determine que a administração dos valores mobiliários seja confiada a instituição financeira, bem como estabeleça a forma de pagamento da respectiva renda aos beneficiários, devendo a responsabilidade dos administradores obedecer as regras do contrato de depósito. Neste ponto, possibilita-se que a administração do bem de família se faça por terceira pessoa, a referida instituição financeira, restando seus administradores como depositários dos bens administrados.

Quando o bem de família for instituído pelos cônjuges (eu incluiria: e pela entidade familiar) deve ser feita a inscrição do título no Registro de Imóveis e a respectiva "transcrição" quando instituído por terceiro, diz o art. 1.714 do atual Código Civil.

Como já acentuado, ele contém norma procedimental, já existente, em parte, no art. 73 do Código Civil de 1916 e no art. 261 da Lei de Registros Públicos (Lei n. 6.015/73). A novidade está em poder o bem de família ser instituído por terceiro.

Por seu turno, o art. 1.715 apresenta-se, com parte do texto do *caput* do art. 70 do Código de 1916. Esclarece o atual dispositivo que a isenção de execução é por dívidas "posteriores à sua instituição" e inova quando inclui, como ressalvado, a possibilidade de execução, além do crédito tributário relativo ao imóvel instituído, "de despesas de condomínio". Esta inclusão é elogiável, pois a despesa de condomínio é obrigação de natureza *propter rem*, que é gerada pela própria coisa.

Essa despesa é benfeitoria, quando aprovada pela assembleia de condôminos não podendo deixar de ser paga, sob pena de execução do bem que a gerou, ainda que, seja bem de família. Essa exceção é inevitável, pois todos os condôminos têm de pagar as despesas condominiais, sob pena de um locupletar-se à custa do outro.

Inclui-se, ainda, nesse comentado art. 1.715, um parágrafo único que determina que o saldo apurado nessa execução seja aplicado em outro imóvel, como bem de família, ou em títulos da dívida pública, para sustento familiar, ressalvando que, havendo motivos relevantes, pode o juiz, a seu critério dar outra solução, que, certamente, seja de melhor proveito aos beneficiários. Entendo de grande valia essa participação do juiz, porque, no mais das vezes, a aplicação desse saldo, como determinado em lei, pode não corresponder à verdadeira defesa da família, que é, realmente, o escopo maior do instituto sob estudo.

A isenção de que trata o art. 1.715, completa o art. 1.716, durará enquanto viver um dos cônjuges (ou conviventes) ou, na falta destes, até que os filhos completem a maioridade. Este preceito, de redação melhor, é o que consta do parágrafo único do art. 70 do Código de 1916.

Melhorando o texto do art. 72 do Código de 1916, o art. 1.717 estabelece que não só o imóvel, mas os valores mobiliários, constituídos em bem de família, devem sempre ligar-se à destinação residencial, pois o prédio deve ser o domicílio familiar, conforme o art. 1.712 do Código Civil. Também não podem esses bens ser alienados sem o consentimento dos interessados ou de seus representantes legais, ouvido, sempre, o Ministério Público.

Assegura o Código Civil, por seu art. 1.718, que qualquer forma de liquidação da empresa administradora (conforme mencionado no art. 1.713) não atingirá os valores a ela confiados, devendo, por ordenação judicial, ser transferidos a outra entidade semelhante. No caso de falência dessa empresa os bens a ela confiados devem ser objeto de pedido de restituição.

Quando ocorrer impossibilidade de manutenção do bem de família, poderá o juiz, a pedido dos interessados, extingui-lo ou autorizar sua sub-rogação em outros, devendo ser ouvidos, sempre, o instituidor e o Ministério Público (art. 1.719).

Outra novidade do Código Civil é seu art. 1.720, que assenta que a administração do bem de família compete a "ambos os cônjuges" (eu acrescento: ou aos conviventes), devendo o juiz resolver em caso de divergência. Todavia, essa disposição não é de ordem pública, pois possibilita que se disponha em contrário no ato de instituição. O parágrafo único estabelece que, falecendo ambos os cônjuges (ou conviventes) a administração passe à responsabilidade do filho mais velho, se for maior, e, do contrário, a seu tutor.

Também, seria melhor, por outro lado, que o art. 1.722, regulando a extinção do bem de família quanto à maioridade dos filhos, na falta de seus pais, tivesse preferido como causa extintiva do instituto o complemento dos dezoito anos de idade pelo filho mais moço, desde que não sujeitos a curatela, uma vez que várias outras causas existem pelas quais a menoridade cessa, por exemplo, a emancipação. Tudo para que existisse maior uniformidade da matéria.

Veja-se, mais, que iníqua se torna a asserção constante do art. 1.721, *caput*, pela qual "a dissolução da sociedade conjugal" não opera a extinção do bem de família, principalmente porque o art. 1.716, já menciona que o bem de família durará enquanto forem vivos os cônjuges. Falta aqui, mais uma vez, a referência aos conviventes, que se incluem, também, nessa regra.

Também o princípio, contido nesse art. 1.716, é quebrado pelo disposto no parágrafo único do art. 1.721, só pelo fato de existir um só bem pertencente ao casal. Não é certo, assim, que se deva admitir possa o cônjuge sobrevivente provocar a extinção do bem de família, quando for este "o único bem do casal", pois restarão, seriamente, prejudicados os filhos menores.

Poderia, ainda, dizia eu, na discussão do Projeto n. 634/75, existir um artigo que estabelecesse: O bem de família legal continua a ser regulado por lei própria (atualmente, Lei n. 8.009/90).

Essa proposta foi acolhida com a inclusão do texto final do art. 1.711, *verbis*: "... mantidas as regras sobre a impenhorabilidade do imóvel residencial estabelecida em lei especial".

Propus, então, desde 1972, a par da adoção do bem de família legal, o voluntário, de acordo com o sistema esboçado na citada monografia. Só, assim, poderia o instituto surtir o efeito desejado, amparando, realmente, não só a família brasileira, como no mundo inteiro, se, por suas legislações, for dessa forma regulamentado.

Repito, nesse passo, que a Lei n. 8.009/90, criando duas espécies de bem de família legal, imóvel e móvel, acolheu parte de minha proposição.

7   Bem de família na Lei n. 8.009/90

O bem de família, como estruturado na Lei n. 8.009/90, é o imóvel residencial, urbano ou rural, próprio do casal ou da entidade familiar, e/ou móveis da residência, impenhoráveis por determinação legal.

Como resta evidente, nesse conceito, o instituidor é o próprio Estado, que impõe o bem de família, por norma de ordem pública, em defesa da célula familial. Nessa lei emergencial, não fica a família à mercê de proteção, por seus integrantes, mas é defendida pelo próprio Estado, de que é fundamento.

O objeto do bem de família é o imóvel, urbano ou rural, destinado à moradia da família, não importando a forma de constituição desta, bem como os móveis, que guarnecem a residência do seu proprietário ou locatário (melhor, possuidor).

A grande inovação da lei é que o imóvel pode não ser de propriedade do casal ou da entidade familiar, sendo protegida, nesse caso, a residência em imóvel alheio, e os bens móveis que a guarnecem.

Como faço ver[4], o atual bem de família, criado pela Lei n. 8.009/90, é completamente diverso do modelo do Código Civil de 1916 e do atual, malgrado as inovações por este cuidadas.

Nos Códigos de 1916 e atual, o bem de família é imóvel, como o cogitado no art. 1º da Lei n. 8.009/90, somente que, naqueles, a instituição depende de iniciativa de seu proprietário, e do cumprimento de uma série enorme de formalidades, com os inconvenientes mostrados; neste, a constituição do bem de família é imediata e *ex lege*, desde que ocorram as hipóteses previstas no dispositivo de emergência, incluídos, ainda, bens móveis.

Ressalte-se, neste passo, que o novo bem de família ora cogitado é criado por norma de ordem pública, cuja arguição deve ser apreciada e decidida, realizando-se, quando for necessário, prova para demonstrar os requisitos protetores desse instituto jurídico. A nulidade absoluta pode ser invocada a qualquer tempo e decidida.

No Código Civil de 1916, ou no atual, o bem de família, além de provocar a impenhorabilidade do imóvel instituído, acarreta sua inalienabilidade, o que o coloca fora de livre disposição de seu proprietário, risco que este tem procurado evitar.

---

4.   AZEVEDO, Álvaro Villaça. *Bem de família* cit. p. 186 e s.

8 Espécies de bem de família hoje existentes

Nesse passo, já alertava em 1972, cumpre notar que a espécie de bem de família tratada no Código Civil, de 1916 como nos Códigos Civis de legislações alienígenas, fundada na instituição de uma coisa imóvel, não tem, por si, qualquer subsistência, pois não resolve o sério problema, qual seja o de descoberta de instituto, capaz de pôr a salvo o patrimônio familiar. Essa espécie de bem imóvel de família assenta suas bases na determinação, atualmente, dos cônjuges e dos conviventes.

Propus, então, primeiramente, a criação de duas novas espécies de bem de família: uma voluntária móvel, a par da então existente (imóvel), e outra involuntária ou legal móvel e imóvel.

Em razão dessas novas espécies de bem de família, hoje existentes, posso, agora, classificá-lo em duas grandes categorias: voluntário, ou decorrente da vontade dos interessados, com instituição, nesse regime, de bem móvel ou imóvel, e involuntário ou legal, que, por não depender da manifestação da vontade do instituidor, resulta de estipulação legal, por norma de ordem pública, objetivando bem móvel ou imóvel.

A Lei n. 8.009/90 criou o bem de família imóvel, legal, pela simples residência. O proprietário, residindo no imóvel, está protegido no bem de família, impenhorável.

Essa mesma lei criou, também, o bem de família móvel, legal, tornando impenhoráveis os móveis que guarnecem a residência do proprietário ou do possuidor.

Como podemos observar, o bem de família voluntário, móvel ou imóvel, nasce pela vontade do instituidor, pela própria vontade individual, nos moldes preestabelecidos na lei; o bem de família involuntário ou legal institui-se por determinação da lei, pela vontade soberana do Estado, garantidora de um mínimo necessário à sobrevivência da família.

A proposição das duas mencionadas categorias de bem de família, o voluntário (mobiliário ou imobiliário) e o involuntário ou legal (mobiliário ou imobiliário), longe de uma inovação inútil, destina-se a uma solução preliminar nesta matéria, que deverá aperfeiçoar-se, cada vez mais, com a contribuição dos que se dedicaram ao tema. Destaque-se, neste ponto, que a Lei n. 8.009/90, como evidenciei, acatou parte de minha posição doutrinária, ao criar, por norma de ordem pública, o bem de família involuntário ou legal, móvel e imóvel.

Valha, pois, essa tentativa, como arroubo inicial, como propulsão primeira, pois está provado que o ser humano, em sua pequenez, não pode, como o criador, criar. Entretanto, este o inspira, a cada instante, pelos exemplos que ministrou ao ser humano, a mostrar que este, somando ideais com outros seres humanos, contribuindo todos, relativamente, podem melhorar a vivência, espiritualizando-a, para que, assim, com a mensagem construtiva, possam sentir em si uma mensagem divina.

É preciso evidenciar que o bem de família é o patrimônio, a propriedade, num sentido protetivo do núcleo familiar, devendo, por isso, apresentar-se com maiores limitações, além das normais.

Visualize-se a matéria no quadro adiante.

```
                              ┌─ voluntário      ┌─ móvel
                              │                  │  ou
                              │                  └─ imóvel
BEM DE FAMÍLIA ──┤
                              │  involuntário    ┌─ móvel
                              │  (ou legal)      │  ou
                              └─                 └─ imóvel
```

Esse sonho que plantei em 1972 transformou-se em realidade.

Em capítulo autônomo será estudado o bem de família involuntário ou legal, móvel ou imóvel, regido pela Lei n. 8.009/90.

17   BEM DE FAMÍLIA LEGAL NA LEI N. 8.009/90[1]

1 Novo bem de família

Cuida-se, nesse passo, da criação de uma nova espécie de bem de família, como já ressaltei, completamente diversa da contemplada pelos arts. 70 a 73 do Código Civil de 1916 e pelos arts. 1.711 a 1.722 do atual Código Civil.

No Código Civil, o bem de família é imóvel, como o cogitado no art. 1º sob exame, somente que, naquele, a instituição depende de iniciativa de seu proprietário, por isso que é voluntário, e do cumprimento de uma série enorme de formalidades, com os inconvenientes até aqui mostrados; neste, a constituição do bem de família é imediata e *ex lege*, desde que ocorram as hipóteses previstas no dispositivo de emergência, incluídos, ainda, bens móveis.

Ressalte-se, nesse passo, que o novo bem de família ora cogitado é criado por norma de ordem pública, cuja arguição deve ser apreciada e decidida, realizando-se, quando for necessário, prova para demonstrar os requisitos protetores desse instituto jurídico. A nulidade absoluta pode ser invocada a qualquer tempo e decidida[2].

No Código Civil, o bem de família, além de provocar a impenhorabilidade do imóvel instituído, acarreta sua inalienabilidade, o que o coloca fora de livre disposição de seu proprietário, risco que este tem procurado evitar (art. 1.717 do atual CC e art. 72 do CC de 1916).

2 Propriedade do casal ou da entidade familiar

No *caput* do artigo sob análise, o legislador ressalta que o objeto da impenhorabilidade, é, principalmente, imóvel residencial próprio do casal ou da entidade familiar.

A palavra *casal* implica, no texto, o sentido de cônjuges, sendo certo que a locução *entidade familiar* tem o significado, que se estampa nos §§ 3º e 4º do art. 226 da Constituição da República.

Realmente, entidade familiar tanto pode ser a união estável, protegida como forma de constituição de família, como a comunidade formada por qualquer dos pais e de seus descendentes.

---

1. Consulte-se, nesse passo, AZEVEDO, Álvaro Villaça. *Bem de família* cit., p. 186-242.
2. Nesse sentido, o acórdão *JTACSP Lex* 159/47 (4ª Câmara, v.u., 5-4-1995, rel. Juiz Carlos Bittar).

Entendo, ainda, que nesse conceito se insere toda entidade de caráter familiar.

Todavia, essa enumeração de formas de constituição de família não é, nem poderia ser, taxativa; primeiramente, porque não é a lei que escolhe o modo de constituir família; depois, porque as enunciadas não esgotam essas formas de constituição. A família nasce espontaneamente, como uma instituição social que é.

Assim, pode ocorrer que, com a separação conjugal ou dos conviventes, na união estável, um deles passe a residir com os filhos e o outro com seus pais, ou com outros parentes, em imóvel próprio. Teríamos, também, nesta última hipótese, uma entidade familiar.

Um dos requisitos a que se constitua em bem de família esse mesmo imóvel é que deva ser de propriedade do casal, ou da entidade familiar, diz o dispositivo legal sob estudo. Todavia, nada impede que esse imóvel seja de propriedade de um dos cônjuges, se, por exemplo, não forem casados pelo regime de comunhão de bens. O mesmo pode acontecer com um casal de conviventes, na união estável, ou com os integrantes de outra entidade familiar, sendo um só deles proprietário do imóvel residencial em que vivem.

Basta, assim, que um dos integrantes do lar seja proprietário do imóvel residencial, a constituir-se em bem de família.

Destaque-se, nessa feita, decisão da 3ª Câmara do 1º Tribunal de Alçada Civil do Estado de São Paulo, em 14 de setembro de 1993, por votação unânime, sendo Relator o Juiz Aloísio de Toledo César,[3] que reconheceu legitimidade à concubina, para, por meio de embargos de terceiro, excluir a penhora de imóvel residencial do casal. Provou-se, nesse caso, que a embargante vivia maritalmente com o codevedor, desde 1974, possuindo, com ele, filha de 14 anos de idade.

Por seu turno, o Superior Tribunal de Justiça, por sua 3ª Turma, em 25 de março de 1997, por votação unânime, sendo relator o Min. Carlos Alberto Menezes Direito[4], entendeu que, confirmada a união estável, deve aplicar-se a Lei n. 8.009/90, daí por que só não ficaram os bens dos conviventes, que guarneciam sua residência, livres da penhora, porque não provaram estarem eles quitados, aplicando-se, também, nesse caso, a Súmula 7 do Superior Tribunal de Justiça.

Pode acontecer, entretanto, que a penhora incida sobre parte ideal do imóvel, como no caso julgado pela 2ª Câmara do 1º Tribunal de Alçada Civil do Estado de São Paulo, por votação unânime, em 27 de março de 1996, sendo relator o Juiz Alberto Tedesco[5], entendendo que, se o donatário, que recebeu 50% do imóvel doado, nele residir, tem ele a prote-

---

3. *Boletim da AASP* 1.820, de 10 a 16-11-1993, p. 475 (Apel. 531.988/SP).

4. *JSTJ* e *TRF Lex* 99/191. A prova da propriedade do imóvel é indispensável (decidiu a 2ª Turma do TRF da 5ª Região, por maioria, rel. Juiz Araken Mariz, *JSTJ* e *TRF Lex* 104/594). Deve tratar-se de imóvel residencial próprio (*JTJ Lex* 191/14, TJSP, 1ª Câmara de Direito Privado, rel. Des. Roque Mesquita, v.u., j. 4-3-1997; 199/133, TJSP, 15ª Câmara Civil, rel. Des. Quaglia Barbosa, maioria de votos, j. 25-2-1997).

5. *RT* 733/248. No mesmo sentido, julgado, *Boletim da AASP* 2.076, de 12 a 18-10-1998, p. 744-j, 1º TACSP, 11ª Câmara, rel. Juiz Antonio Marson, v.u., j. 11-4-1997. Não tendo havido desmembramento de imóveis, como terreno ou cômodo nos fundos de outro, há decisões admitindo essa cogitação de integralidade, de unificação de imóveis a justificar a existência do bem de família sobre o todo (*Boletim da AASP* 1.832, de 2 a 8-2-1994, p. 2, 1º TACSP, 6ª Câmara, Rel. Juiz Carlos Roberto Gonçalves, v.u., j. 10-8-1993, *Boletim* 67 (o

ção da lei, sob estudo, que instituiu o bem de família, pois ela "protege o imóvel residencial na sua integralidade" e "com maior razão protege a parte ideal do todo". Julgou-se, entretanto, que o "detentor de 25% da nua-propriedade" de um imóvel recebido por doação de seus pais, feita a ele e a seus três irmãos, em partes iguais, com reserva de usufruto, não tem o "direito ao uso sequer de sua parte no imóvel".[6] Por outro lado, entendeu-se inadmissível, por questão processual, a arguição de impenhorabilidade de direito real de usufruto, pelos nus-proprietários, em nome próprio (ausência de legitimidade para tanto)[7].

No tocante às garagens, devem ser consideradas em três categorias: autônomas, em condomínios de garagens; em vagas indiscriminadas na garagem coletiva e unidades autônomas, em condomínios habitacionais. A vaga autônoma, em condomínio de garagens, em nada se relaciona com habitação, podendo ser objeto de penhora, por não configurar bem de família. Por seu turno, as vagas individuais e coletivas, em garagens de condomínios habitacionais, são unidades autônomas desses mesmos condomínios.[8] Formam um complexo indivisível.

3 Residência

Outro requisito indispensável, além da propriedade do imóvel, é que os membros da família nele residam.

O imóvel é residencial quando servir de local em que se estabeleça uma família, centralizando suas atividades. Ele é, propriamente, o domicílio familiar, em que existe a residência de seus integrantes, em um lugar (elemento objetivo), e o ânimo de permanecer (elemento subjetivo), de estar nesse local, em caráter definitivo.

Destaque-se, nesse particular, julgado da 2ª Turma do Tribunal Regional Federal da 3ª Região, por votação unânime, em 16 de fevereiro de 1993, sendo Relator o Juiz Aricê Amaral[9], segundo o qual: "Não habitando o executado o imóvel de sua propriedade e

---

mesmo caso, *JTACSP Lex* 144/23) e 2.055, de 18 a 24-5-1998, p. 122-e, 1º TACSP, 2ª Câmara Extraordinária "A", rel. Juiz Alvaro Torres Júnior, v.u., j. 27-5-1997.

6. *JTACSP Lex* 168/31, 3ª Câmara, 1º TAC, rel. Juiz Carlos Paulo Travain, v.u., j. 27-5-1997.

7. *JTACSP Lex* 162/588, STJ, 4ª T., rel. Min. Barros Monteiro, v.u., j. 20-7-1995.

8. A 12ª Câmara, do 1º TACSP, sendo relator o Juiz Paulo Eduardo Razuk, por votação unânime, julgou, em 10-4-1997, que a vaga de garagem é "unidade indissolúvel com o apartamento, ambos com a mesma matrícula no registro imobiliário", caracterizando-se, assim, como bem de família (*Boletim da AASP* 2054, de 11 a 17-5-1998, p. 120-e, n. 11). *Em sentido contrário*, o acórdão da 2ª Câmara de Direito Privado do TJSP, v.u., j. 15-4-1997, rel. Des. J. Roberto Bedran: garagem e depósito-despensa de condômino de edifício de apartamentos. Bens que constituem unidades autônomas, com individualidade e matrículas próprias (*JTJ Lex* 201/152); também, nesse sentido, os acórdãos constantes da *RT* 711/204 (STJ, 1ª T., rel. Min. Milton Luiz Pereira, v.u., j. 31-8-1994) e da *JTACSP Lex* 167/151 (3ª Câmara, 1º TAC, rel. Juiz Luiz Antonio de Godoy, v.u., j. 29-4-1997) e 153/36 (3ª Câmara, 1º TAC, rel. Juiz Aloísio de Toledo César, v.u., j. 6-6-1995).

9. *JSTJ* e *TRF Lex* 47/462. *No mesmo sentido*, julgados reconhecendo que o devedor deve residir no imóvel: REsp 113.110/RS, sendo relator o Min. Carlos Alberto Menezes Direito, 3ª Turma do STJ, por votação unânime; *JTACSP Lex* 168/215, 9ª Câmara Extraordinária "A", do 1º TAC, Rel. Juiz Roberto Caldeira Barioni, v.u., j. 9-4-1997; *JTACSP Lex* 161/177, 4ª Câmara do 1º TAC, rel. Juiz Luiz Sabbato, v.u., j. 29-5-1996; *Boletim da*

tendo-o destinado à locação residencial, exsurge sua descaracterização como bem de família, a teor da Lei 8.009/90". E ainda: "Diante da ausência de requisito indispensável à configuração da impenhorabilidade a benefício do executado, era de rigor se manter subsistente a penhora incidente sobre o imóvel". Escuda-se esse decisório, ainda, em outro do Tribunal de Justiça do Distrito Federal, no Agravo de Instrumento 3.440, sendo relator o Des. Deocleciano Queiroga[10], com a seguinte ementa: "Para que se caracterize o bem de família, segundo os delineamentos da Lei 8.009/90, indispensável que o executado resida no bem de sua propriedade. Ausente esse requisito, não é invocável o benefício dessa lei com o fim de desconstituir-se a penhora do imóvel".

Esse requisito de manter residência no imóvel é tão importante que basta que nele resida o pai ou seus filhos, para ser a impenhorabilidade automática, mesmo que não exista registro desse mesmo imóvel, na Circunscrição Imobiliária[11].

Mencione-se, nesse passo, decisão do 1º Tribunal de Alçada Civil do Estado de São Paulo, por sua 10ª Câmara Especial, por unanimidade, em 8 de agosto de 1995, sendo relator o Juiz Antonio de Pádua Ferraz Nogueira[12], que objetivou destinação mista do imóvel constituído em bem de família, comercial e residencial da entidade familiar, prevalecendo a destinação de moradia.

AASP 2.067, de 10 a 16-8-1998, p. 140-e, 5ª Câmara Extraordinária "B", do 1º TAC, rel. Juiz Cunha Garcia, v.u., j. 6-3-1997; *RT* 753/264, 10ª Câmara, 1º TAC, rel. Juiz Antonio de Pádua Ferraz Nogueira, v.u., j, em 16.12.1997; *JTJ Lex* 153/49, 7ª Câmara Civil de Férias do TJSP, rel. Des. Ruy Camilo, v.u., j. 4-2-1994; 159/123, 6ª Câmara Civil de Férias do TJSP, rel. Des. A. C. Mathias Coltro, v.u., j. 23-2-1994; *JSTJ* e *TRF Lex* 60/288, 3ª Turma do STJ, rel. Min. Nilson Naves, v.u., j. 8-3-1994; *JTACSP Lex* 152/370, 4ª Câmara do 2º TAC, rel. Juiz Mariano Siqueira, v.u., j. 3-5-1994 (falta de prova de residência e penhora do imóvel objeto de escritório do devedor); e 152/20, 10ª Câmara do 1º TAC, rel. Juiz Edgard Jorge Lauand, maioria, j. 7-2-1995 (com voto vencido do Juiz Ferraz Nogueira). Protegendo o bem de família, a entidade familiar, basta que residam no imóvel um dos cônjuges e os filhos (*JTJ Lex* 172/123, 16ª Câmara do TJSP, rel. Des. Nelson Schiesari, v.u., j. 14-3-1995). Mesmo passando os devedores "a residir no local após o ajuizamento da ação" (*JTACSP Lex* 167/203, 10ª Câmara Extraordinária do 1º TAC, rel. Juiz Cristiano Ferreira Leite, v.u., j. 17-9-1997). Merece referência acórdão da 12ª Câmara Extraordinária "B", do 1º TAC, de 11-9-1997, v.u., sendo rel. o Juiz Maia da Cunha, em que se entendeu que, mesmo não residindo os executados em seu único imóvel, locado, não se descaracteriza o bem de família, ante o fato do aluguel ser destinado à manutenção de imóvel em outro domicílio, onde os mesmos executados passaram a residir, em razão de trabalho (*JTACSP Lex* 168/212).

10. Publicado no *DJU* de 1-7-1992, p. 20012.

11. *RT* 697/164 (2ª Câmara Especializada do Tribunal de Justiça do Estado do Piauí, sendo relator o Des. Antonio de Freitas Rezende, j. 19-4-1993, v.u.). No mesmo sentido, julgado do 1º Tribunal de Alçada Civil do Estado de São Paulo, *JTACSP Lex* 161/133, de 8-8-1995, relator Juiz Roberto Caldeira Barioni, em que se acentua que imóveis de lazer não são abrangidos pela proteção da Lei n. 8.009/90. O requisito da residência vem acentuado, ainda, em vários acórdãos (*JSTJ* e *TRF Lex* 93/519; *JTJ Lex* 188/232; *JTACSP Lex* 157/96 e 267, 163/67 e 69; *JSTJ* e *TRF Lex* 89/531).

12. *Boletim da AASP* 1.942, de 13 a 19-3-1996, p. 88-j; o mesmo julgado, *JTACSP* 154/102; o mesmo julgado, ainda, *RT* 721/149. Acórdão, com entendimento semelhante, *Boletim da AASP* 2.075, de 5 a 11-10-1998, p. 152-e, 9ª Câmara do 1º TAC, rel. Juiz Hélio Lobo Júnior, v.u., j. 2-12-1997 (construção conjunta, residencial e comercial; impossibilidade de desmembramento). Há, entretanto, julgado em sentido contrário, pois entendeu a 7ª Câmara do 2º TAC que o imóvel destinado a locação mista não pode ser reconhecido como bem de família, dada sua natureza e finalidade. Nesse caso, acresceu o fato de ter sido esse imóvel indicado, em garantia, pelos próprios devedores (*JTACSP Lex* 149/244, rel. Juiz Antonio Marcato, v.u., j. 29-7-1993).

Destaque-se, ainda, que a 2ª Câmara do 1º Tribunal de Alçada Civil do Estado de São Paulo, em 28 de abril de 1993, sendo relator o Juiz Sena Rebouças[13], entendeu que, existindo dois apartamentos, unidos em um só, não tendo sido registrada essa união na Circunscrição Imobiliária, consideram-se duas unidades autônomas, podendo ser penhorada uma delas.

Ainda no tocante à necessidade do devedor residir no imóvel, bem de família, o que a lei objetiva é a proteção da família do devedor e não o devedor propriamente.

Por essa razão, decidiu o Superior Tribunal de Justiça, por sua 4ª Turma, em 29 de agosto de 1995, por maioria de votos, sendo Relator o Ministro Sálvio de Figueiredo[14], que a impenhorabilidade abrange o imóvel do casal ou da entidade familiar, não favorecendo o devedor solteiro, que reside solitariamente.

Entendo diferentemente desse posicionamento contrário à proteção do solteiro ou do que vive solitariamente. Eles não podem ser alijados da proteção da lei, porque cada pessoa, ainda que vivendo sozinha, deve ser considerada como família, em sentido mais restrito, já que o homem, fora da sociedade, deve buscar um ninho, um lar, para proteger-se das violências, das agruras e dos revezes que existem na sociedade.

Assim, o bem de família unipessoal protege a pessoa que vive solitariamente. Todo ser humano necessita de proteção, no seu lar, não podendo ficar excluído porque optou por viver sozinho.

Nesse sentido, existe jurisprudência que leva a proteção do bem de família a qualquer pessoa.

Destaque-se, nesse passo, julgamento da 6ª Turma do Superior Tribunal de Justiça, em 19 de agosto de 1999, sendo relator o Min. Luiz Vicente Cernicchiaro[15], que entendeu:

> a Lei 8.009/90 não está dirigida a número de pessoas. Ao contrário – à pessoa. Solteira, casada, viúva, desquitada, divorciada, pouco importa. O sentido social da norma busca garantir um teto para cada pessoa. Só essa finalidade, *data venia*, põe sobre a mesa a exata extensão da lei. Caso contrário, sacrificar-se-á a interpretação teleológica para prevalecer a insuficiente interpretação literal.

Também se caracterizou bem de família, incidindo sobre imóvel, domicílio de irmãos solteiros em execução de dívida assumida por um deles, sendo reconhecida a impenhorabilidade[16].

---

13. *JTACSP Lex* 141/174.
14. *Boletim da AASP* 1.952, de 22 a 28-5-1996, p. 40-e; no mesmo sentido, *Boletim da AASP* 1.961, de 24 a 30-7-1996, p. 58; STJ, REsp 67.112/RJ, 4ª T., rel. Min. Barros Monteiro, j. 29-8-1995, maioria de votos; *RT* 753/288, 8ª Câmara do 2º TAC, rel. Juiz Narciso Orlandi, v.u., j. 19-2-1998; *JTJ Lex* 172/124, 13ª Câmara do TJSP, rel. Des. Corrêa Vianna, v.u., 13-6-1995.
15. REsp 182.223/SP, publ. no *DJ* em 10-5-1999, republ. no *DJ* em 20-9-1999, v.u.
16. *JTACSP Lex* 174/615, STJ, REsp 159.851/SP, 4ª T., rel. Min. Ruy Rosado de Aguiar, j. 19-3-1998, com precedente da mesma Turma. No mesmo sentido, julgado, *EJSTJ*, Brasília, n. 26, 213-258, jan./abr. 2000, STJ, REsp 230.991-0/SP, 5ª T., rel. Min. Gilson Dipp, *DJ* de 28-2-2000.

Por outro lado, a 4ª Turma do Superior Tribunal de Justiça, em 11 de abril de 1995, por votação unânime, sendo Relator o Ministro Fontes de Alencar[17], entendeu que, ao imóvel que serve de moradia a irmãs solteiras, estende-se a impenhorabilidade concedida pela Lei n. 8.009/90. A entidade familiar, referida no § 4º do art. 226 da Constituição Federal e no art. 1º da aludida lei, pode constituir-se do pai, da mãe e dos respectivos descendentes, ainda que não casados ou que estejam separados.

Do mesmo modo, quando a usuária é a mãe do executado, fazendo parte, portanto, da entidade familiar, sem demonstração de que o devedor possua outro imóvel residencial, essa situação não altera a condição de bem de família, não havendo exigência de que o devedor resida no imóvel[18].

Por outro lado, do Tribunal de Alçada Civil do Estado de São Paulo existe decisão de sua 2ª Câmara Especial, em 20 de agosto de 1996, por unanimidade, sendo Relator o Juiz Alberto Tedesco[19], reconhecendo incidência de penhora sobre parte ideal de um imóvel, pelo fato de o executado nele não residir com sua família considerada em sentido estrito (mulher e filhos), embora nesse imóvel residisse a mãe desse devedor, que morava em casa alugada.

No mesmo sentido, de não residir o devedor no imóvel, considerou-se bem de família, impenhorável, o único imóvel residencial do devedor, ainda que habitado por seu pai, que faleceu no curso do processo, o que não afastou a incidência de norma protetiva[20].

Também se reconheceu que, tendo a família um único imóvel residencial, ainda que locado a terceiro, subsiste a garantia da impenhorabilidade, que garante a moradia familiar[21]. O mesmo acontece se a renda do aluguel não for lucrativa[22]; sendo, portanto, essa renda de subsistência da família (único imóvel residencial do casal ou da entidade familiar)[23]. Único imóvel locado, cuja renda serve para pagamento de outro em que o devedor reside com a entidade familiar, é bem de família[24]. Em sentido contrário, se o devedor desaloja inquilino de sua propriedade para aparentar ser esse imóvel de residência de sua família[25].

Mesmo se o devedor possuir terrenos sem qualquer edificação, permanece sua residência como bem de família; mesmo "Estando o imóvel residencial do casal locado para

---

17. *RSTJ* 81/306.
18. *Boletim da AASP* 1.833, de 9 a 15-2-1994, p. 6 (1º TACSP, Ag 520.270-Catanduva, 8ª Câmara, rel. Juiz Toledo Silva, j. 14-10-1992, v.u., *Boletim* 37).
19. *JTACSP Lex* 163/73.
20. 1º TACCivSP, Agr. Inst. 1.081.924-4, 1ª Câm., rel. Juiz Plínio Tadeu do Amaral Malheiros, j. 13-5-2002, *RT* 808/281.
21. 1º TACivSP, Ag. 748.690-2, 3ª Câm., rel. Juiz Carvalho Viana, j. 7-10-1997, *RT* 752/223.
22. Mesmo Tribunal *retro*, Apel. 747.929-4, 10ª Câm., rel. Juiz Antonio de Pádua Ferraz Nogueira, j. 16-12--1997, *RT* 753/264.
23. TJRJ, Agr. 11.863/99, 18ª Câm., rel. Des. Jorge Luiz Habib, *DORJ* de 6-4-2000, *RT* 779/339.
24. 1º TACivSP, Agr. Inst. 1.014.490-4, 9ª Câm., rel. Juiz Hélio Lobo Júnior, j. 21-8-2001, *RT* 796/291.
25. 1º TACivSP, EI 895.610/01, 1ª Câm., rel. Juiz Ademir Benedito, j. 9-9-2002, *RT* 814/229.

servir como fonte de subsistência da família em condições condignas, prevalece sua impenhorabilidade de acordo com a finalidade social da Lei 8.009/90"[26].

Também, ressalte-se que imóvel pertencente a empresa não se considera bem de família, embora de caráter residencial. É preciso que o imóvel seja próprio do casal ou da entidade familiar[27].

4 Impenhorabilidade e sua extensão

Assenta-se no dispositivo legal sob estudo que, estando o proprietário de um imóvel a residir nele com seus familiares, constitui-se, por força de lei, esse mesmo objeto em bem de família impenhorável e, portanto, não respondendo por qualquer tipo de débito civil, comercial, fiscal, previdenciário ou de outra natureza contraído pelos "cônjuges" ou conviventes, "pais ou filhos".

Ora, só poderá haver cobrança de crédito contra o devedor. Somente este responderá pela dívida com seu patrimônio, exceto no tocante ao que se considerar bem de família. Desse modo, por exemplo, se o devedor reside com seu pai, ainda que em imóvel não constituído em bem de família, não pode ser esse mesmo imóvel penhorado, porque não pertence ao devedor.

A execução só fica obstada se o débito for do proprietário do bem de família.

O texto foi por demais casuístico, pois, quanto aos tipos de dívida que nele se mencionam – civil, comercial etc. –, bastaria que se usasse só a última expressão, ou seja, o aludido imóvel "é impenhorável por dívida de qualquer natureza", ressalvadas, tão somente, as situações previstas na lei sob exame.

Por outro lado, assenta o parágrafo único do mesmo art. 1º que a impenhorabilidade compreende não só o imóvel residencial, urbano ou rural, em que se assentam a construção, as plantações e as benfeitorias de qualquer natureza, mas também todos os equipamentos, inclusive os destinados ao uso profissional.

Portanto, são impenhoráveis, sob o presente enfoque, o terreno e a construção sobre ele edificada e as demais acessões, como me parecem, além das plantações, também as semeaduras. Inclui, ainda, o legislador de emergência as benfeitorias de qualquer natureza, o que implica entender que estariam cogitadas todas elas, desde as necessárias, as úteis, até as voluptuárias. Desse modo, por exemplo, uma casa com piscina e aparelhos de sauna.

---

26. TJMGS, Ag. 54.694-3, 1ª T., rel. Des. Hildebrando Coelho Neto, j. 16-9-1997, *RT* 749/376.
27. *JTACSP Lex* 157/272 (2º TAC, 2ª Câm., rel. Juiz Vianna Cotrim, j. 16-10-1995). Com fundamento no art. 1º, em análise, decidiu a 5ª Câmara do 1º TAC, rel. Juiz Nivaldo Balzano, v.u., em 1º-10-1997 (*JTACSP Lex* 167/47), que, "se o art. 1º, da Lei 8.009, de 1990, assegura a impenhorabilidade do imóvel residencial próprio que não responde por dívidas civis, por maior força de razão jurídica fica livre de qualquer ato de alienação aquele ora defendido que garantiu apenas responsabilidade sem obrigação, ou sem dívida. O imóvel tornou-se impenhorável no curso do processo, motivo pelo qual o ato constritivo não deve subsistir. Reconhecida agora a impenhorabilidade superveniente, prove-se o agravo para liberar da constrição a unidade condominial defendida".

O Superior Tribunal de Justiça, por sua 2ª Seção, sendo relator o Min. Waldemar Zveiter[28], julgou, em 9 de fevereiro de 1994, por votação unânime, que a impenhorabilidade da lei sob estudo "compreende o imóvel sobre o qual se assentam a construção, as plantações, as benfeitorias de qualquer natureza e todos os equipamentos, inclusive de uso profissional, ou móveis que guarnecem a casa, mas não abrange outras áreas da extensa edificação, quando esta é passível de desmembramento sem prejuízo da parte residencial".

São impenhoráveis, mais, "todos os equipamentos", como arados e tratores especiais e seus acessórios, em um imóvel rural; bem como os de "uso profissional", como livros, máquinas, utensílios e instrumentos necessários ou úteis ao exercício de qualquer profissão (como também estabelecem os arts. 832 e 833, V, do CPC).

Aliás, no tocante à pequena propriedade rural, tal qual conceituada em lei, ela é também impenhorável, quando trabalhada pela família, não respondendo por débitos oriundos de sua atividade produtiva, como assegura o inciso XXVI do art. 5º da Constituição da República.

É certo ainda que nesse aludido parágrafo único restam impenhoráveis também os "móveis que guarnecem a casa, desde que quitados". A palavra *casa* está mal utilizada. Melhor seria que se dissesse *residência*, ou seja, móveis que guarnecem a residência, que pode ser um apartamento.

Também a expressão *desde que quitados* não é das mais felizes; pois, não sendo os móveis de propriedade de qualquer dos integrantes da família, não podem ser penhorados, por débitos deles; podendo, ainda, estar sendo adquiridos por eles, em prestações, devendo quitar-se, após algum tempo.

A lei refere-se, genericamente, a móveis que guarnecem a residência, deixando ao intérprete, em cada caso, estabelecer o sentido do que seja bem supérfluo e que possa ser excluído da execução, nos moldes do art. 2º, adiante analisado.

5 Bens excluídos da impenhorabilidade e a interpretação jurisprudencial

O *caput* do art. 2º, sob análise, cria exceções, quanto a certos bens móveis, que escapam, assim, da impenhorabilidade, quais sejam, veículos de transporte, obras de arte e adornos suntuosos.

Julgando sobre a matéria, entendeu a 9ª Câmara Civil do Tribunal de Justiça do Estado de São Paulo, em 19 de setembro de 1991, por unanimidade, sendo relator o Des. Accioli Freire[29], que a Lei n. 8.009/90 excluiu da impenhorabilidade, apenas, "os veículos

---

28. *JSTJ* e *TRF Lex* 59/107 (Reclamação 196-2/PR). No mesmo sentido outro julgado (*JTACSP Lex* 152/32, 1º TAC, 3ª Câm., rel. Juiz Carvalho Viana, v.u., j. 20-12-1994), determinando que recaísse a penhora sobre a parte ideal do imóvel residencial urbano, preservado para residência o percentual correspondente a 500 m².

29. *RJTJESP Lex* 134/318.

de transporte, obras de arte e adornos suntuosos", não sendo, portanto, penhoráveis os aparelhos eletrodomésticos.

Todavia, a 4ª Câmara Civil do Tribunal de Alçada do Estado do Rio Grande do Sul, em 19 de dezembro de 1991, por unanimidade, sendo relator o Juiz Jauro Duarte Gehlen[30], considerou penhoráveis aparelhos elétricos e eletrônicos "sofisticados que mais se aproximam da suntuosidade e da ostentação". Concluíram esses doutos magistrados que a lei, sob cogitação, objetiva "resguardar a dignidade da família, não a suntuosidade ou a ostentação".

Tenha-se presente, ainda, com relação a aparelho de televisão, que há acórdão do Tribunal de Justiça do Estado de São Paulo, da 9ª Câmara Civil, de 12 de dezembro de 1991, que, por unanimidade, sendo relator o Des. Dias Tatit[31], considerou-o supérfluo; passível, portanto, esse objeto de penhora. Com suporte no meu conceito genérico de bem de família, como consistindo na separação de um patrimônio, móvel ou imóvel, capaz de garantir a sobrevivência da família, concluiu essa mesma Câmara que o bem supérfluo é desnecessário para a garantia dessa sobrevivência. No mesmo sentido, destaque-se julgado[32] em que, além do televisor, foi considerado penhorável direito de uso de linha telefônica. Também o Superior Tribunal de Justiça, por sua 4ª Turma, por votação unânime, sendo Relator o Min. Sálvio de Figueiredo[33], entendeu que: "A Lei 8.009/90 não impede a penhora de linha telefônica"[34].

Todavia, em face do texto da Lei n. 8.009/90, que ampliou, consideravelmente, a proteção ao bem de família, de que cuida, tornando impenhorável a residência da família e os móveis que a guarnecem, não me parece suscetível de penhora o televisor, por apresentar-se sem as características exigidas pelo *caput* do art. 2º ora analisado. Não se enquadra ele, portanto, como adorno suntuoso.

Aliás, assim decidiu o Tribunal de Justiça do Estado de São Paulo, por sua 1ª Câmara Civil, por unanimidade, em 24 de setembro de 1992, sendo relator o Des. Itamar

---

30. *RT* 680/184; no mesmo sentido, *JTACSP Lex* 146/239, 2º TAC, 5ª Câm., rel. Juiz Alves Bevilacqua, v.u., j. 18-8-1993. Acórdão do Superior Tribunal de Justiça mostra que a finalidade da Lei n. 8.009/90 é "garantir o uso de bens considerados de uso generalizado na sociedade, especialmente, na classe social do executado". O importante é a utilidade do bem, o que não se confunde com o fato de ele ser supérfluo e suntuoso (*RSTJ* 96/439, 6ª Turma, rel. Min. Luiz Vicente Cernicchiaro, v.u., j. 22-4-1997).

31. *RJTJESP Lex* 135/293. No mesmo sentido, outros julgados (*JTACSP Lex* 152/159, 1º TAC, 7ª Câm., rel. Juiz Ariovaldo Santini Teodoro, v.u., j. 27-9-1994, citando texto genérico de meu artigo Tentativa de Reestruturação do Bem de Família, *Boletim IOB de Jurisprudência*, 2ª quinzena de agosto/90, n. 1.690; e texto específico de Joaquim de Almeida Baptista (*A impenhorabilidade do bem de família vista pelos tribunais*. Edipro, 1993. p. 53, 110 e 166)); e *JTACSP Lex* 144/24, 4ª Câmara do 1º TAC, rel. Juiz Octaviano Santos Lobo, maioria de votos, j. 9-6-1993, escudando-se em texto genérico do meu livro, Bem de Família, citado.

32. *RT* 669/161. Veja-se, ainda, decisão do Superior Tribunal de Justiça, que considera televisores, vídeos e aparelhos de som como bens voluntários destinados ao lazer, escapando à proteção da lei sob cogitação (REsp 31.930-8/SP, 1ª T., rel. Min. Milton Luiz Pereira, v.u., j. 14-12-1994, *RSTJ* 75/303).

33. Decisão publicada no *DJU* de 22-6-1992, p. 8.766, 1ª col., ementário.

34. No mesmo sentido, julgado in *JTACSP Lex* 153/149, 4ª Câmara do 1º TAC, rel. Juiz Luiz Sabbato, v.u., j. 24-5-1995. Em sentido contrário: REsp 64.629/SP, 3ª T., rel. Min. Eduardo Ribeiro, *DJ* de 25-9-1995, em que se a considerou impenhorável.

Gaino[35], *verbis*: "Sendo o televisor, nos tempos atuais, um bem necessário a um conforto mínimo, não pode ser enquadrado no conceito de supérfluo, para fins de penhora". E acrescenta: "Até a família mais pobre possui esse aparelho. Não se pode imaginar que o legislador" (referindo-se à Lei n. 8.009/90) "tenha querido proporcionar à família, através do instituto em pauta, condições miseráveis de vida".

O Superior Tribunal de Justiça vem considerando impenhoráveis televisores, ainda que a cores, e aparelhos de som, não os enquadrando na exceção do art. 2º da lei sob análise[36], já que esses bens fazem parte normalmente das residências, sem características de suntuosidade. Com o mesmo entendimento, existem alguns julgados de Tribunais locais, além dos já citados atrás[37].

---

35. *JTJ Lex* 141/247. Também pela impenhorabilidade do aparelho de televisão, as decisões in *JTACSP Lex* 152/33, 9ª Câmara do 1º TAC, rel. Juiz Opice Blum, v.u., j. 30-8-1994; e 149/49, 4ª Câmara do 1º TAC, rel. Juiz Térsio José Negrato, v.u., j. 13-4-1994 (bem como de geladeira, toca-fitas e guarda-roupa); e 144/28, 3ª Câmara do 1º TAC, rel. designado Juiz Antonio de Pádua Ferraz Nogueira, maioria, j. 5-10-1993. Do mesmo Tribunal paulista, decisão no sentido de que, havendo dois aparelhos de televisão na residência, um deles pode ser penhorado, in *JTJ Lex* 164/135, 9ª Câmara, rel. Des. Accioli Freire, v.u., j. 1º-9-1994.

36. *RSTJ* 103/401 (rel. Min. Willian Patterson, j. 22-4-1997), 103/209 (rel. Min. Carlos Alberto Menezes Direito, j. 26-6-1997), sendo citados outros acórdãos, neste último julgado (REsp 68.213/SP, 4ª T., rel. Min. Ruy Rosado de Aguiar, *DJ* de 18-12-1995; REsp 68.724/SP, 3ª T., rel. Min. Nilson Naves, *DJ* de 30-10-1995; REsp 50.313-2, rel. Min. Waldemar Zveiter; REsp 57.226, rel. Min. Carlos Alberto Menezes Direito). Ainda na *RSTJ* 97/294 (rel. Min. Ruy Rosado de Aguiar, j. 15-10-1996), em que se citam outras decisões pela impenhorabilidade (REsp 70.745/SP, rel. Min. Barros Monteiro, *DJU* de 5-2-1996; REsp 57.226/RJ, rel. Min. Eduardo Ribeiro, *DJU* de 15-5-1995). Citam-se, nesse mesmo julgado, só para demonstrar a divergência no STJ, outros acórdãos que admitem a penhora dos aparelhos de televisão (REsp 61.145-8/SP, rel. Min. Demócrito Reinaldo, *DJU* de 19-6-1995; REsp 60.993-3/SP, rel. Min. Humberto Gomes de Barros, *DJU* de 5-6-1995). Também reconhecendo a impenhorabilidade de aparelho de televisão, os julgados, na *RSTJ* 95/184 (rel. Min. Hélio Mosimann, j. 20-2-1997), na *RSTJ* 84/273 (rel. Min. Fontes de Alencar, j. 22-4-1996) e no *Boletim da AASP* 2.066, em. de 3 a 9-8-1998, p. 137-e, n. 4 (STJ, Corte Especial, REsp 109.351/RS, rel. Min. Humberto Gomes de Barros, j. 1º-7-1997, v.u.: "Se existem, na residência, vários aparelhos de televisão, a impenhorabilidade protege apenas um deles").

37. Do 1º Tribunal de Alçada do Estado de São Paulo: *Boletim da AASP* 1.832, de 2 a 8-2-1994, p. 9 (Agravo 542.183-4-São Joaquim da Barra, 4ª Câm., rel. Juiz Octaviano Santos Lobo, maioria de votos, j. 9-6-1993, *Boletim* 61; Agravo 544.075-5-Araraquara, 3ª Câm., rel. Juiz Aloísio de Toledo César, v.u., j. 10-8-1993, *Boletim* 62); *JTACSP Lex* 154/98 (6ª Câm., rel. Juiz Evaldo Veríssimo, v.u., j. 6-6-1995); do 2º Tribunal de Alçada do Estado de São Paulo, admitindo penhora sobre televisor (*JTACSP Lex* 164/574, 2º TAC, 3ª Câmara, rel. Juiz Milton Sanseverino, j. 3-12-1996, em que se citam, *no mesmo sentido*: Ap. c/ Rev. 344.164, 1ª Câm., rel. Juiz Magno Araújo, j. 14-6-1993; Ap. c/ Rev. 374.003, 6ª Câm., rel. Juiz Paulo Hungria, j. 9-3-1994; Ap. c/ Rev. 389.052, 4ª Câm., rel. Juiz Carlos Stroppa, j. 22-3-1994; Ap. c/ Rev. 432.022, 9ª Câm., rel. Juiz Francisco Casconi, j. 17-5-1995; Ap. s/ Rev. 432.362, 9ª Câm., rel. Juiz Claret de Almeida, j. 24-5-1995; Ap. c/ Rev. 436.717, 1ª Câm., rel. Juiz Magno Araújo, j. 28-6-1995; EI c/ Rev. 426.561, 2ª Câm., rel. Juiz Diogo de Salles, j. 7-8-1995; AI 438.043, 2ª Câm., rel. Juiz Norival Oliva, j. 18-9-1995; Ap. c/ Rev. 444.595, 10ª Câm., rel. Juiz Euclides de Oliveira, j. 19-12-1995; Ap. s/ Rev. 472.411, 10ª Câm., rel. Juiz Amaral Vieira, j. 17-12-1996. *Em sentido contrário*: AI 381.947, 1ª Câm., rel. Juiz Souza Aranha, j. 19-4-1993; Ap. c/ Rev. 379.455, 7ª Câm., rel. Juiz Demóstenes Braga, j. 8-3-1994; AI 394.625, 9ª Câm., rel. Juiz Ribeiro da Silva, j. 13-4-1994; AI 406.381, 8ª Câm., rel. Juiz Cintra Pereira, j. 26-5-1994; AI 411.302, 7ª Câm., rel. Juiz Luiz Henrique, j. 28-6-1994; Ap. c/ Rev. 408.423, 8ª Câm., rel. Juiz Narciso Orlandi, j. 18-8-1994; Ap. c/ Rev. 414.442, 11ª Câm., rel. Juiz Clóvis Castelo, j. 18-8--1994; do TJSP: *JTJ Lex* 200/129 (7ª Câmara de Direito Público, rel. Des. Jovino de Sylos, v.u., j. 18-8-1997); do Tribunal de Alçada do Estado do Paraná: *RT* 744/375 (2ª Câmara, rel. Juiz Cristo Pereira, v.u., j. 19-2-1997,

Sobre a impenhorabilidade do direito ao uso de terminal telefônico, decidiu o Superior Tribunal de Justiça, por sua 4ª Turma, unanimemente, em 17 de junho de 1997, sendo relator o Min. Fontes de Alencar. Esse julgado afastou da constrição judicial uma das três linhas telefônicas penhoradas. Há inúmeras decisões em sentido contrário, pela impenhorabilidade de linha telefônica[38].

Destaquem-se, especificamente, outras decisões, que consideram indispensáveis ao lar a geladeira[39] e a máquina de lavar roupas[40].

Tenha-se presente, ainda, importante decisão da 2ª Câmara Extraordinária A do 1º Tribunal de Alçada Civil do Estado de São Paulo, sendo relator o Juiz Álvaro Torres Júnior,

---

excluindo da incidência de penhora, também, videocassete e *freezer*). *Em sentido contrário*: admitindo penhora sobre aparelhos eletrodomésticos, televisor e máquina de lavar roupa, o julgado do Tribunal de Justiça do Estado de São Paulo, na *JTJ Lex* 195/136 (6ª Câmara de Direito Público, rel. designado Des. Ferreira Conti, maioria de votos, j. 3-3-1997). Admitindo penhora de *freezer* e não de máquina de lavar roupas, cite-se julgado do Tribunal de Justiça de São Paulo (*JTJ Lex* 199/122, 6ª Câmara de Direito Privado, rel. Des. Mohamed Amaro, v.u., j. 18-9-1997); ainda admitindo penhora de *freezer* (*JTACSP Lex* 157/128, 1º TAC, 12ª Câm., rel. Juiz Matheus Fontes, v.u., j. 1º-6-1995). Com citação de texto genérico do meu livro, *Bem de família*, citado, o 1º TAC admitiu a penhorabilidade de televisor, de lavadora de roupas e de *freezer* (*JTACSP Lex* 163/185, 7ª Câm., rel. Juiz Ariovaldo Santini Teodoro, v.u., j. 26-11-1996). Citando texto genérico do livro, Bem de Família, citado, o 1º Tribunal de Alçada Civil do Estado de São Paulo decidiu pela "penhorabilidade de televisor, videocassete, mesa de centro, estofado, lava-louças, forno de micro-ondas, jogo de jantar, com mesa de madeira e tampo de vidro com oito cadeiras, almofadadas, bar pequeno etc." (1ª Câm., rel. Juiz Correia Lima, maioria de votos, j. 12-8-1996).

38. *RSTJ* 102/377. *No mesmo sentido* são citados outros acórdãos (REsp 64.629, rel. Min. Eduardo Ribeiro e REsp 74.163, rel. Min. Fontes de Alencar); ainda, pela impenhorabilidade de linha telefônica, ressaltem-se outros julgados (*JTJ Lex* 181/86, 5ª Câmara de Direito Público, rel. Des. Alberto Gentil, v.u., j. 7-3-1996; *Boletim da AASP* 2.047, em. de 23 a 29-3-1998, p. 109-e, TJSP, 3ª Câm. de Direito Público, rel. Des. Viseu Júnior, maioria de votos, j. 9-12-1997; *JTACSP Lex* 156/333, 2º TAC, 1ª Câm., rel. designado Juiz Souza Aranha, maioria de votos, j. 5-6-1995). *Em sentido contrário*, possibilitando a penhora sobre linha telefônica, outros julgados existem (*JTACSP Lex* 143/387, 2º TAC, 3ª Câm., rel. Juiz Oswaldo Breviglieri, v.u., j. 9-3-1993; *JTACSP Lex* 163/194, 1º TAC, 12ª Câm., rel. Juiz Roberto Bedaque, v.u., j. 28-11-1996; *JTACSP Lex* 164/573, 2º TAC, 11ª Câm., rel. Juiz Mendes Gomes, j. 5-8-1996, quando "o executado é detentor de igual direito sobre outra linha telefônica instalada no mesmo local"). Há julgado, no sentido de que a penhora não incide sobre linha telefônica, quando é "própria e indispensável à atividade profissional" do executado (*JTACSP Lex* 164/573, 2º TAC, 3ª Câm., rel. Juiz Teixeira de Andrade, j. 10-12-1996, em que são citadas outras decisões do mesmo Tribunal, nesse sentido: *JTACSP Lex* 143/387; *JTA Saraiva*, 71/214; MS 362.041, 8ª Câm., rel. Juiz Cintra Pereira, j. 19-11-1992; Ap. c/ Rev. 392.580, 6ª Câm., rel. Juiz Soares Lima, j. 3-8-1994; Ap. c/ Rev. 421.766, 12ª Câm., rel. Juiz Luís de Carvalho, j. 17-11-1994; AI 430.951, 7ª Câm., rel. Juiz Demóstenes Braga, j. 4-4-1995; Ap. c/ Rev. 434.065, 6ª Câm., rel. Juiz Gamaliel Costa, j. 8-11-1995; Ap. s/ Rev. 440.372, 1ª Câm., rel. Juiz Magno Araújo, j. 29-1-1996); cite-se, ainda, o julgado in *JTACSP Lex* 144/31, 8ª Câmara do 1º TAC, rel. Juiz Raphael Salvador, v.u., j. 10-10-1993. Contrariamente, pela exclusão da linha telefônica, por não ser considerada essencial, manifestou-se, por maioria de votos, a 3ª Câmara do Tribunal de Justiça do Estado do Rio de Janeiro (*RT* 742/404, rel. Juiz Nametala Jorge). Também contrários à isenção de penhora sobre linha telefônica outros julgados (*Boletim da AASP* 1.828, de 5 a 11-1-1994, p. 4-j, no AI 555.770/SP, j. 10-11-1993, v.u., 8ª Câmara, 1º TAC, rel. Juiz Raphael Salvador, já atrás referido, onde é citado, entre outros acórdãos, o do STJ, no REsp 20.101/PR, j. 19-5-1992, rel. Min. Sálvio de Figueiredo; *JTJ Lex* 177/249 (com voto vencido); *JTACSP Lex* 157/315.

39. *JTJ Lex* 164/136 (11ª Câmara do TJSP, rel. Des. Pinheiro Franco, v.u., j. 13-10-1994).

40. *JTACSP Lex* 149/298 (8ª Câmara do 2º TAC, rel. Juiz Milton Gordo, v.u., j. 16-12-1993).

por votação unânime, em 27 de maio de 1997, que caracterizou como bem supérfluo o aparelho "radioamador", "mesmo quando utilizado por advogado ou por quem comprovadamente não exerce aquele mister"[41].

Por outro lado, quando a lei alude a veículos de transporte, não faz distinção entre suas várias categorias.

Lembra José Stábile Filho[42] que existem, atualmente,

> em várias regiões do País, veículos de transporte que são absolutamente necessários à exploração da atividade proporcionadora da manutenção da família ou da entidade familiar e até necessárias à sobrevida, que não foram excepcionados e que não se constituem em equipamentos: o barco de pequeno porte, nas regiões ribeirinhas; a carroça nas pequenas propriedades rurais; a charrete para o transporte de passageiros ou somente da própria família; o carro de bois. A questão se agrava no referente aos veículos de transporte de tração animal. É que a lei não excluiu das execuções os semoventes em geral, não fazendo mesmo qualquer distinção ou reserva entre os de montaria ou de tiro.

Entendendo essa justa preocupação, ressalto que esses bens móveis, por natureza, por exemplo, uma carroça destinada à entrega da produção de leite e de queijo, são intencionalmente empregados na exploração do bem principal, tornando-se, por força do disposto no art. 43, III, do Código Civil de 1916, imóveis, por determinação legal (art. 79 do atual Código).

Comentando esse modo de imobilização de bens, por destinação do proprietário, por acessão intelectual, Maria Helena Diniz[43] ensina que ele ocorre quando a coisa for colocada "a serviço do imóvel e não da pessoa. Tal imobilização é uma ficção legal, para evitar que certos bens móveis, acessórios do imóvel, sejam separados deste, havendo, então, uma afetação do móvel ao imóvel".

6 Impenhorabilidade dos bens móveis da residência do possuidor

Grande passo deu esse mesmo legislador quando, primeiramente, isentou de penhora os bens móveis da residência própria, da família (como no analisado parágrafo único do

---

41. *JTACSP Lex* 168/120.
42. Bem de Família e Execução, *RT* 669/69-76, especialmente p. 71.
43. *Curso de direito civil*: teoria geral de direito civil. 29. ed. São Paulo: Saraiva, 2012. v. 1, p. 371. Por isso que a 3ª Turma do STJ, sendo relator o Ministro Carlos Alberto Menezes Direito, por votação unânime, em 15-12-1997, excluiu do benefício da Lei n. 8.009/90 o "veículo de passeio", porque ele se vincula à pessoa e não ao imóvel, tenho certo. A ementa específica menciona: "O veículo de transporte referido na Lei 8.009/90 alcança, por inteiro, o bem penhorado, assim um veículo de passeio" (*JSTJ* e *TRF Lex* 107/194).

art. 1º); e no parágrafo único do art. 2º ora estudado, os móveis da residência do locatário. Protegeu a este, só pelo bem móvel próprio, ainda que guarnecendo imóvel alheio. Aqui, a presença do bem de família móvel legal, pois constituído pela lei, independentemente da vontade do favorecido. Entendo que essa norma, como as demais dessa lei de emergência, é de ordem pública, tornando-se inoperante contra ela a vontade do beneficiário.

Relativamente a esse texto, depõe Munir Karam[44], reconhecendo que,

> na prática, sempre causou certo constrangimento a penhora dos móveis que guarneciam a casa do devedor. De um modo geral, bens usados e sem valor comercial. Era apenas uma forma de coagir o devedor ao pagamento da dívida. Daí recorrerem certos devedores ao expediente de se tornarem *comodatários* dos seus móveis e utensílios. Penso que a lei teve o aspecto positivo de livrar os devedores desta situação vexatória e de quase nenhum proveito à execução.

De ressaltar-se, entretanto, que não foi completa a proteção do possuidor de imóvel alheio; pois, aparentemente, referindo-se o texto analisado a "imóvel locado", parece limitar a isenção de penhora a esses móveis só quando forem de propriedade do locatário e quando guarnecerem a residência pelo mesmo possuída.

Como ficam, por seu turno, os outros possuidores de bens imóveis alheios, mas ornados com seus móveis? O comodatário, o compromissário comprador do imóvel e o usufrutuário, por exemplo, que são possuidores diretos, podem ser mencionados como casos típicos.

A intenção do legislador foi, sem dúvida, a de proteger a família, não cabendo, pois, entendimento de que só o fez com relação à do locatário. Caso contrário, não teria sentido o texto da lei, discriminando e criando diferenças em situações iguais, quando identificadas pelo instituto da posse. Ou existe o direito de possuir (*ius possidendi*), do proprietário; ou o direito de posse (*ius possessionis*), do possuidor direto do imóvel, em que se localiza sua residência, com seus móveis próprios. Em ambas as situações, os móveis residenciais estão protegidos contra penhora.

7 Oponibilidade aos credores

O art. 3º, sob análise, em seu *caput*, declara a impenhorabilidade oponível aos credores, em qualquer espécie e processo de execução, embora relativamente; porque estabelece, como adiante veremos, algumas exceções.

O mesmo dispositivo legal enumera, casuisticamente, que essa impenhorabilidade opõe-se, em qualquer processo de execução, seja civil, fiscal, previdenciária ou trabalhista. Em seguida, completa: "ou de outra natureza". Bastaria, como visto, que dissesse o

---

44. Da nova impenhorabilidade dos bens residenciais. *RT* 659, p. 232-234, especialmente p. 233.

legislador: "em qualquer processo de execução", ou, ainda, "em processo de execução de qualquer natureza".

A norma, de natureza processual, impede que os bens constituídos, como de família, por força da lei sob exame, fiquem sujeitos a penhora.

No tocante aos créditos tributários, dispõe, primeiramente, o art. 184 do Código Tributário Nacional[45] que:

> Sem prejuízo dos privilégios especiais sobre determinados bens, que sejam previstos em lei, responde pelo pagamento do crédito tributário a totalidade dos bens e das rendas, de qualquer origem ou natureza, do sujeito passivo, seu espólio ou sua massa falida, inclusive os gravados por ônus real ou cláusula de inalienabilidade ou impenhorabilidade, seja qual for a data da constituição do ônus ou da cláusula, excetuados unicamente os bens e rendas que a lei declare absolutamente impenhoráveis.

Também, na Lei n. 6.830/80, conhecida como Lei de Execução Fiscal, seu art. 3º reproduz o citado art. 184, assentando, em seu art. 10, que: "Não ocorrendo o pagamento, nem a garantia da execução de que trata o art. 9º, a penhora poderá recair em qualquer bem do executado, exceto os que a lei declara absolutamente impenhoráveis".

Nenhuma dúvida pode pairar, portanto, relativamente à impenhorabilidade do bem de família, seja o previsto no Código Civil, seja o regulado pela Lei n. 8.009/90.

Analisando, cuidadosamente, a matéria enfocada, nesse art. 184, pondera o saudoso Min. Aliomar Baleeiro[46] que "qualquer lei ordinária, de caráter processual da União, poderá declarar absolutamente impenhoráveis outros bens e rendas, afastando deles a penhora em execução fiscal".

8 Exceções de impenhorabilidade

A lei brasileira exclui da impenhorabilidade os veículos de transporte, as obras de arte e os adornos suntuosos.

8.1 Crédito de trabalhadores

Em primeiro lugar, como exceção ao princípio formulado no *caput* do art. 3º, apresentavam-se créditos de trabalhadores da própria residência e de suas respectivas contribuições previdenciárias (inciso I), que eram, assim, penhoráveis.

---

45. A Lei n. 5.172/66, que dispõe sobre o sistema tributário nacional, publicada no *DOU* do dia 27, seguinte, retificada em 31-10-1966, passou a denominar-se Código Tributário Nacional, em razão do disposto no art. 7º do Ato Complementar n. 36/67.
46. *Direito tributário brasileiro*. 10. ed. Rio de Janeiro: Forense. p. 604.

Refere-se o dispositivo sob análise aos empregados domésticos e aos trabalhadores em geral, que prestam serviços na residência, instituída em bem de família, por exemplo, pedreiros, marceneiros, eletricistas que promovam, com seu trabalho, com ou sem fornecimento de materiais, benfeitorias no mesmo imóvel.

Essa matéria não há mais que dela cogitar-se ante a revogação desse inc. I do art. 3º da Lei sob estudo, por força da Lei Complementar n. 150, de 2015.

8.2 Crédito para construção ou aquisição do imóvel

Também pode ser penhorado, excepcionalmente, o crédito decorrente de financiamento, que seja destinado à construção ou aquisição do imóvel, com as limitações estabelecidas no contrato (inciso II).

8.3 Crédito de alimentos

O bem de família pode ser, também, executado pelo não pagamento de débito alimentar (inciso III), porque, à guisa de defender-se a célula familiar, não pode ser negada a proteção existencial do próprio integrante dela. Primeiro, deve sobreviver o membro da família e, depois, esta, como fortalecimento da Sociedade e do próprio Estado.

Esse inc. III recebeu a seguinte redação, dada pela Lei n. 13.144, de 2015: III – o bem é penhorável "pelo credor da pensão alimentícia, resguardados os direitos, sobre o bem, do seu coproprietário que, com o devedor, integre união estável ou conjugal, observadas as hipóteses em que ambos responderão pela dívida".

8.4 Créditos tributários, contribuições e obrigações *propter rem*

É passível de execução, ainda, o bem de família, em razão de débitos derivados de impostos, predial ou territorial, taxas e contribuições dele oriundos (inciso IV).

Assim, o bem de família pode ser penhorado por débitos relativos: ao imposto sobre propriedade territorial urbana e rural (IPTU e IPTR); ao imposto sobre serviço (ISS), em caso de construção civil, em que o proprietário do imóvel, na maioria das vezes, é responsável, solidariamente, por seu pagamento; à contribuição previdenciária, para o Instituto Nacional da Seguridade Social (INSS), na mesma situação anterior; e às taxas decorrentes do poder de polícia (conforme dispõe o art. 77 do CTN, incidentes sobre o imóvel).

Tenha-se presente, assim, que não se incluem, nessas exceções, os demais tributos devidos pelo titular do bem de família, como o imposto sobre a renda, o imposto sobre serviços, em razão do exercício de sua profissão etc., não podendo, em caso de inadimplemento deles, ser penhorado o bem de família, com o qual esses tributos não apresentam qualquer relação.

Incluem-se, também, nesse item, as obrigações *propter rem*, que são geradas pela própria coisa. Tal acontece, por exemplo, como a construção de muro divisório e de benfeitorias no bem de família. Uma dessas benfeitorias, desses gastos oriundos da coisa, é o pagamento das despesas condominiais.

8.5 Crédito hipotecário

Por seu turno, mostra-se correta, a meu ver, a possibilidade de penhora de bem de família, para execução de hipoteca sobre ele instituída, em razão de oferecimento do mesmo como garantia, pelo casal ou pelos conviventes (inciso V).

Ora, se a situação de bem de família não retira de seu titular a possibilidade de aliená-lo, porque esse imóvel é, somente, impenhorável, nada impede que seja o mesmo oferecido como garantia hipotecária. Não seria justo, entretanto, que, favorecendo esse mesmo titular, devedor hipotecário, não pudesse o credor satisfazer-se de seu crédito, sobre o objeto da garantia ofertada.

Seja essa hipoteca constituída antes ou depois de transformar-se o imóvel em moradia permanente do devedor hipotecário, não importa; pois, por ela, existirá sempre um direito real, oponível *erga omnes*.

Destaque-se, nessa feita, ratificando esse posicionamento do legislador, o acórdão da 1ª Câmara, do 1º Tribunal de Alçada Civil do Estado de São Paulo, sendo Relator Elliot Akel[47], por votação unânime, julgado em 17 de março de 1997, em que se reconheceu a possibilidade de execução de imóvel oferecido como garantia hipotecária pelos executados.

8.6 Aquisição criminosa

Considere-se, mais, que, sendo o bem de família adquirido com produto de crime ou para execução da sentença penal condenatória a ressarcimento, indenização ou perdimento de bens (inciso VI do mesmo art. 3º), deverá ser executado; pois, em verdade, ele não pertence ao que dele se intitula proprietário. Se a lei salvaguardasse esse bem, estaria ela, indiretamente, acobertando e incentivando a prática delitual.

De ver-se que a antiga Parte Geral do Código Penal (Decreto-lei n. 2.848/40) já cuidava dos efeitos gerais da condenação, estabelecendo, em seu art. 74, II, *a* e *b*, que implicam "a perda, em favor da União, ressalvado o direito do lesado ou de terceiro de boa-fé",

---

[47]. *JTACSP Lex* 166/90. Do mesmo modo, desaparece a impenhorabilidade, se os bens protegidos foram ofertados à penhora pelo próprio devedor (*RT* 724/379, 2ª TAC, 8ª Câm., rel. Juiz Narciso Orlandi, v.u., j. 9-3-1995). No mesmo sentido a decisão da 4ª Turma do Superior Tribunal de Justiça, no REsp 54.740-7/SP, rel. Min. Ruy Rosado de Aguiar, j. 6-12-1994; *JTJ Lex* 178/20, 7ª Câm., TJSP, rel. Des. Benini Cabral, v.u., j. 13-9-1995; *JTACSP Lex* 161/179, 11ª Câm., 1º TAC, rel. Juiz Maia da Cunha, v.u., j. 15-8-1996.

"dos instrumentos do crime, desde que consistam em coisas cujo fabrico, alienação, uso, porte ou detenção constitua fato ilícito", e "do produto de crime ou de qualquer bem ou valor que constitua proveito auferido pelo agente com prática de fato criminoso".

No Código Penal, atualizado em sua Parte Geral, pela Lei n. 7.209/84, em seu art. 91, II, *a* e *b*, reproduz-se, sem qualquer alteração do sentido do texto, atrás mencionado, aludido dispositivo legal do Código anterior.

Desse modo, desde que o bem de família seja instrumento de crime ou produto dele, nos moldes legais declinados, perde a característica da impenhorabilidade, sujeitando seu titular à perda do mesmo, em favor da União, e aos procedimentos penais adequados.

Conclua-se, pois, que não deverá ocorrer perda da propriedade imóvel se o seu proprietário não se houver com culpa.

8.7 Crédito de fiança locatícia

Veja-se, mais, que ao art. 3º ora em foco foi acrescentado o inciso VII pelo art. 82 da Lei n. 8.245/91, que regula a locação de imóveis urbanos, com a seguinte redação: "por obrigação decorrente de fiança concedida em contrato de locação", não há exceção de impenhorabilidade.

Tal exceção, como posta, poderia parecer verdadeira incongruência; pois, tendo o inquilino como impenhoráveis os bens que guarnecem sua residência, poderia seu fiador sofrer execução de seu bem de família, sua residência.

Assistimos, nesse caso, a execução do patrimônio do fiador, sem possibilidade de exercer o benefício de ordem; a execução do acessório sem a possibilidade de executar-se o principal.

Acresce, ainda, que tal preceito leva a que seja executado o responsável (fiador), sem a possibilidade de execução do devedor (o locatário, afiançado); e, mais, que sendo executado o primeiro, não possa ele exercer seu direito de regresso contra o segundo.

Escudado nesse entendimento[48] o então Tribunal de Alçada Civil de São Paulo, por sua 4ª Câmara, sendo Relator o, à época, Juiz Neves Amorim[49], decidiu pela possibilidade de penhora do imóvel residencial do fiador, em razão de fiança em contrato locatício.

Tudo parece incrível ante o instituto da fiança, como garantia fidejussória, de natureza pessoal, sem vincular bem específico do fiador. Nesse caso, realmente, não poderia existir penhora, a não ser em bem disponível; jamais sobre bem de família.

Todavia, como visto, não basta que a aludida fiança se mostre somente fidejussória; é preciso que adquira natureza de direito real sobre o bem dado em garantia.

---

48. AZEVEDO, Álvaro Villaça. *Bem de família* cit., p. 198.
49. Apel. sem Revisão 660.407-0/0, j. 17-12-2002, v.u.

Daí a necessidade de registro do ato de garantia, nos apontados Cartório de Títulos e Documentos ou Registro Imobiliário, conforme seja móvel ou imóvel o objeto onerado.

Também seria procedimento de alta má-fé que o proprietário de um bem o conferisse em garantia de uma relação jurídica, para não cumprir o avençado ou já sabendo da impossibilidade de fazê-lo. O direito não pode suportar procedimento de má-fé, ou de quem alegue nulidade a que tenha dado causa.

Quem viola a norma não pode invocá-la em seu benefício (*Nemo auditur turpitudinem suam allegans*).

9 Direito à moradia

A moradia está assegurada pela Constituição no *caput* de seu art. 6º, como um direito social do cidadão, entre outros, com a redação dada pela EC n. 26/2000.

Todo cidadão, em princípio, tem o direito subjetivo público de pedir ao Estado um mínimo ético (*minimum eticum*) para existir, ensina Georg Jellinek[50]. É o direito à vida, que precede todos os demais. Existindo o ser humano, tem sua dignidade de viver da melhor maneira possível, sob um teto.

O Estado deve, assim, desenvolver projetos de construção de habitações populares, que possam ser adquiridas pelos cidadãos de baixa renda.

Acontece que o direito à moradia vai muito além do direito de propriedade, pois só pequena parcela da população é proprietária de imóveis, como também não tem condição financeira para adquiri-los.

A grande maioria dos cidadãos vive em imóveis alugados, quando tem o privilégio de poder pagar aluguel.

Grande contingente populacional vive em favelas.

A esses não proprietários é que, em geral, destina-se a proteção do direito à moradia, que deve ser sanado pelo Estado, à medida do possível, assegurando esse direito com o tempo.

Quem tem propriedade imóvel já está, em princípio, assegurado, podendo negociar, nos moldes que entender.

Muito se tem discutido sobre alegada inconstitucionalidade do inciso VII do art. 3º da Lei n. 8.009/90, nela inserido pela Lei n. 8.245/91, que admite a penhora de bem de família em caso de fiança em contrato locatício. Discutiu-se que poderia prevalecer, nesse caso, o citado direito à moradia; entretanto, como visto, uma coisa é o direito à moradia, outra o bem de família. O primeiro está nas relações do cidadão com o Estado, na área do Direito Público; o segundo nas relações dos cidadãos, entre si, no âmbito do Direito Privado.

---

50. *Sistema dei Diritti Pubblici Subbiettivi.* Trad. ital. da 2. ed. alemã, revista e com notas de Gaetano Vitagliano, com prefácio de Vittorio Emanuelle Orlando. Milano: Società Editrice Libraria, 1912.

10 Aquisição de má-fé de imóvel mais valioso

Nesse passo, o legislador pune o adquirente de má-fé, de imóvel mais valioso, por estar em estado de insolvência, desfazendo-se, ou não, de sua residência antiga, transferindo-a a esse imóvel de maior valor.

Assiste-se a preocupação do legislador de evitar verdadeira fraude contra credores. Esse adquirente de má-fé, insolvente, procura resguardar-se, sob o manto protetor de imóvel mais valioso, como bem de família, alienando, ou não, o antigo.

Pelo disposto no § 1º desse mesmo art. 4º, ao juiz é facultado (pois a lei estatui: "poderá o juiz"), na ação movida pelo credor: (a) transferir a impenhorabilidade para a residência familiar anterior, caso esta não tenha sido vendida ou, por qualquer modo, alienada, liberando o imóvel mais valioso para sofrer a execução ou concurso creditório; (b) ou, então, anular a venda do imóvel da antiga residência, que restará com a mesma impenhorabilidade anterior, liberando-se o imóvel de maior valor à aludida execução ou concurso de credores.

Na primeira hipótese, não existe fraude contra credores, pois, não tendo sido alienado o imóvel da residência anterior, com a aquisição de novo, mais valioso, isso implicará aumento do patrimônio do devedor, ainda que insolvente. A fraude, por outro lado, leva à diminuição do patrimônio executável do devedor.

Assim, retornando à impenhorabilidade a residência antiga, em nada se modifica a situação anterior.

Na segunda hipótese, em que o imóvel antigo foi alienado, em seu lugar existe outro mais valioso, continuando, desse modo, protegidos os credores, com o aumento patrimonial. Não existe, também, aqui, fraude contra credores. O que ocorre é a tentativa de aumentar a proteção da residência, porque mais valiosa.

Todavia, a solução do legislador, nesse caso, é complicadíssima, pois não há necessidade de anular a alienação do primitivo bem de família, se o novo é mais valioso do que o antigo. Basta, isso sim, permitir a execução do novo imóvel, além do valor que ultrapassar o do antigo, restando esse valor antigo impenhorável, ainda que contido no imóvel mais valioso.

Em caso de execução do imóvel mais valioso ou de ser objeto de concurso de credores, pelo aludido saldo, o incômodo de ter, com esse valor restante, de comprar novo imóvel, no mesmo valor do antigo, é do mencionado adquirente de má-fé. Tudo para que se evite anular a alienação anterior, realizada a terceiro de boa-fé, no mais das vezes.

Nem se diga que esse terceiro estaria sujeito à mesma anulação; pois, sendo comprador ou permutante, dinheiro ou bem seu, substituiu, no patrimônio do alienante, o valor do imóvel por esse terceiro adquirido. Aliás, como visto, nos casos analisados, existe acréscimo no patrimônio do alienante, o que não se coaduna com a ideia de fraude.

11 Imóvel rural como bem de família

Cuidando do bem de família rural, na primeira parte do § 2º do comentado art. 4º, o legislador o fez do mesmo modo como tratou do bem de família urbano, protegendo, contra penhora, "a sede de moradia, com os respectivos bens móveis", ou seja, o imóvel, os bens móveis que guarnecem a residência, as máquinas e implementos agrícolas, como tratores, esteiras, carroças, arados, trituradores, máquinas e aparelhos extrativos etc.

Na segunda parte desse mesmo § 2º, sob exame, inclui-se a já protegida "pequena propriedade rural", nos moldes do art. 5º, XXVI, da Constituição Federal, desde que trabalhada pela família. Essa propriedade, mais extensa, em sua área, deve ser definida em lei, como menciona o texto constitucional, e que disponha, também, essa lei, sobre os meios de financiar seu desenvolvimento. O proprietário dessa pequena área rural fica isento também de desapropriação para fins de reforma agrária, desde que não possua outra (art. 185, I, da CF).

Todavia, a própria Constituição Federal, por seu art. 191, estabelece certos parâmetros, a mostrar delineamentos conceituais da pequena propriedade rural, quando cuida do usucapião especial, constitucional ou *pro labore*, limitando-a a, no máximo, 50 hectares, não podendo o usucapiente possuir outro imóvel rural ou urbano, tornando-a produtiva por seu trabalho ou de sua família e fazendo dela sua moradia.

12 Único imóvel residencial

> Art. 5º Para os efeitos de impenhorabilidade, de que trata esta Lei, considera-se residência um único imóvel utilizado pelo casal ou pela entidade familiar, para moradia permanente.
>
> Parágrafo único. Na hipótese de o casal, ou entidade familiar, ser possuidor de vários imóveis utilizados como residência, a impenhorabilidade recairá sobre o de menor valor, salvo se outro tiver sido registrado, para esse fim, no Registro de Imóveis e na forma do art. 70 do Código Civil.

12.1 Reforço da ideia de residência

O *caput* do art. 5º, sob estudo, reforça o requisito da indispensabilidade da fixação de residência, no imóvel instituído como bem de família, previsto, principalmente, no *caput* do art. 1º e no art. 4º da lei ora examinada.

O dispositivo analisado deixa claro que os efeitos da impenhorabilidade beneficiam somente um imóvel, desde que utilizado como "moradia permanente" do casal ou da entidade familiar.

O examinado artigo justifica-se, com essa reprise de entendimento, porque quis o legislador enfrentar, em seu parágrafo único, a questão da pluralidade de domicílios ou de residências, admitida pelo art. 71 do Código Civil, *verbis*: "Se, porém, a pessoa natural tiver diversas residências, onde, alternadamente, viva, considerar-se-á domicílio seu qualquer delas".

Para efeito de proteção, como bem de família, entretanto, estabelece o legislador de emergência, no parágrafo único do art. 5º sob cogitação, que, possuindo o casal ou entidade familiar vários imóveis, utilizados como residência ou como domicílio, o benefício de isenção de penhora recairá, tão somente, sobre o imóvel de menor valor, a não ser que, voluntariamente, tenha sido criado bem de família, sob o modelo do art. 1.711 do Código Civil, com a observância, então, de todas as formalidades exigidas legalmente para a existência do mesmo. Aí, então, este será o bem de família imobiliário e voluntário, deixando consequentemente de existir o instituído pela Lei n. 8.009/90 ora estudada.

Entendo, todavia, que, se o instrumento de instituição desse bem de família, voluntário e imóvel, não previr como impenhoráveis os bens móveis que guarneçam a residência do instituidor, ficarão eles a salvo de penhora, com aplicação conjunta do bem de família legal, instituído pela Lei n. 8.009/90, cujo preceito é de ordem pública.

13 Bem de família de homossexuais

Assim como antigamente se reconhecia, diante do art. 1.363 do Código Civil de 1916, que a sociedade de fato entre conviventes de sexo diverso e, depois, do mesmo sexo, gera direitos e deveres entre os sócios, também o art. 981 do Código de 2002 mantém esse preceito de origem aristotélico-tomista reconhecendo que a sociedade é a união moral dos seres humanos que somam esforços e/ou recursos para a obtenção de fins comuns.

Nossa sociedade assiste, presentemente, ao fenômeno da convivência, sob o mesmo teto, ou não, de pessoas do mesmo sexo, por tempo duradouro.

Muitos países já admitem o casamento entre pessoas do mesmo sexo; a título de exemplo, dos países escandinavos, só a Finlândia não aderiu à legislação da união registrada de pessoas do mesmo sexo[51].

Nossos Tribunais vêm reconhecendo essa sociedade de fato entre homossexuais, que cresce, a cada dia, e que, mesmo que não seja considerada como apta à constituição de família, está a merecer um tratamento legislativo. Enquanto isso não ocorre, os parceiros devem acautelar-se com realização de contratos escritos, que elucidem a respeito de seu patrimônio, adquirido onerosamente, durante sua união, principalmente demonstrando os bens que existem, ou venham a existir, por exemplo, em regime de condomínio, com os percentuais estabelecidos ou não, no contrato ou no título aquisitivo. Se for o caso, para que suas convenções não ofendam os direitos sucessórios de seus herdeiros, devem fazer testamentos esclarecedores de suas verdadeiras intenções. Podem, ainda, os parceiros adquirir bens em nome de ambos, o que importará a existência de condomínio, em partes iguais (no silêncio da convenção) ou em percentuais diversos se marcados no documento de aquisição patrimonial.

---

51. Ver AZEVEDO, Álvaro Villaça. *Estatuto da família de fato* cit., 3. ed., p. 429-455, especialmente cap. 31 – União homossexual.

No Projeto de Lei n. 1.151/95, da então Deputada Federal Marta Suplicy, que objetivou disciplinar a união civil entre pessoas do mesmo sexo, tentou-se acolher o bem de família entre homossexuais.

Destaque-se o art. 9º do Substitutivo do aludido Projeto (art. 10), que procurou instituir, como bem de família, o imóvel próprio e comum dos contratantes de parceria civil registrada, tornando-o impenhorável, nos moldes da Lei n. 8.009/90.

É certo que essa Lei n. 8.009/90 só considera bem de família o "imóvel residencial próprio do casal ou da entidade familiar". Todavia, nada impede que esse imóvel seja de propriedade de um dos cônjuges, se, por exemplo, não forem casados pelo regime de comunhão de bens. O mesmo pode acontecer com um casal de conviventes, na união estável, ou com os integrantes de outra entidade familiar, sendo um só deles proprietário do imóvel residencial, em que vivem. Basta, assim, que um dos integrantes do lar seja proprietário do imóvel residencial, a se constituir em bem de família.

Como resta evidente, entendi[52] que tal dispositivo de pré-legislação desvirtuaria a lei analisada, pois na parceria civil registrada não existe intuito de constituição de família, não existe lar, o que impediria a existência do bem de família.

Todavia, está sendo admitida, atualmente, a família de fato homossexual ou homoafetiva. Não podemos fugir da realidade. Assim, poderia ser admitido o bem de família de homossexuais, independentemente de serem considerados conviventes (união estável) em face da Lei n. 8.009/90, já que a jurisprudência acolhe a instituição desse bem por pessoas solteiras, como o celibatário.

Desse modo, se uma pessoa homossexual residir em um imóvel seu ou de terceiro terá a proteção dessa lei e quem residir com ela, quer seja ou não considerada integrante de família de fato, terá a mesma proteção. O parceiro ou a parceira estarão também protegidos, sob o teto.

14 Bem de família internacional (possibilidade de unificação legislativa)

Pela pesquisa, que venho fazendo[53], no âmbito internacional, o instituto do bem de família, com caráter mais social do que jurídico, não andou, até o presente, bem regulamentado nas leis dos povos que o adotaram.

A sua inutilidade, quase que completa, decorre da infelicidade de seu tratamento jurídico-social, como já evidenciado.

O grupo vivente familial clama por uma programática protetiva mais simples, no sentido, pelo menos, da preservação da sua sobrevivência.

---

52. *Estatuto da família de fato* cit., 3. ed., p. 446-447.
53. AZEVEDO, Álvaro Villaça. Bem de família internacional (necessidade de unificação). *RT* 782, p. 11-19, especialmente p. 15-16.

É certo que cada povo apresenta uma peculiaridade sociológica, política, econômica e jurídica; entretanto, há certos pontos fundamentais que se identificam.

Quanto ao instituto em causa, as legislações todas insistem em arraizá-lo, como se o imóvel, tornando-se inalienável, ou com providências excessivas e formalismos, fosse sua única forma de defesa contra os reverses da existência. Não deixa de ser demagógica a ideia, pois poucas são as famílias detentoras de patrimônio imobiliário.

Daí a possibilidade de uma legislação uniforme, no plano internacional, com fundamento na impenhorabilidade do imóvel e dos móveis que o guarnecem, pela simples fixação, nesse imóvel, da residência de seu proprietário ou de seu possuidor, com sua família, ou ainda, de seu locatário ou comodatário, com a consequente impenhorabilidade dos móveis no imóvel existentes.

18 TUTELA

1 Tutela e curatela no Direito Romano

A tutela e a curatela são institutos jurídicos protetivos dos incapazes, que não podem praticar, por si ou sem alguma assistência, conforme o caso, atos da vida civil, objetivando, por isso, o suprimento dessas incapacidades de fato.

No Direito Romano, a tutela e a curatela são institutos relativos aos atos patrimoniais, não à vigilância da pessoa, sendo limitada a capacidade de agir da pessoa sob tutela (pupilo) e sob curatela, ensina Pietro Bonfante[1].

No Direito Romano antigo, tutela e curatela aparecem distintas, sendo a tutela mais arcaica. A tutela é estritamente familiar e mais limitada em sua aplicação. A curatela, por seu turno, aplica-se a situações mais variadas, transcendendo ao âmbito do Direito Familiar e ao do Direito Privado. A tutela tende involutivamente, não se amplia. A curatela tem tendência evolutiva, tendo, mesmo no Direito de Família, tomado, em muitos casos, o lugar da tutela. A tutela aparece como um poder e um direito antes que uma função exercitada no interesse do pupilo (*manus, potestas, ius*). A curatela nasce como um simples instituto protetivo e destinada, por assim dizer, desde sua origem, a fins altruísticos.

E continua o mesmo romanista, informando que a função essencial e primordial do tutor, no direito clássico, é a *auctoritas*, que consiste em integrar a vontade do pupilo com a própria intervenção ao ato.

No direito pré-clássico e clássico distinguiam-se, perfeitamente, os institutos da tutela e da curatela: a tutela aplicava-se a incapazes por fato normal, nas questões de idade (impúberes) e de sexo (mulheres); a curatela era aplicada por causa anormal, quando se tratasse de doenças mentais (*furiosi, dementes*) e de prodigalidade (pródigos). Na tutela, o tutor podia administrar os bens do pupilo de duas maneiras distintas: como representante indireto (*negotium gerere*) ou integrando a vontade do incapaz (*auctoritas inter positio*); já a curatela, o único modo de administração, pelo curador, era o primeiro mencionado (*negotium gerere*). Assim, a curatela objetivava a gestão do patrimônio do incapaz; a tutela, também, visava, além dessa administração, a assistência pessoal do tutor aos atos do tutelado[2].

---

1. *Corso di diritto romano* cit., p. 551-555.
2. ALVES, José Carlos Moreira. *Direito romano.* 6. ed. Rio de Janeiro: Forense, 1998. v. 2, p. 325 e nota de rodapé 11; Digesto, Livro 36, Tít. 2, Leis 12 a 14, e Digesto, Livro 40, Tít. 1, Lei n. 13; em razão disso, a máxima: *tutor datur personae, curator rei* (o tutor dá-se à pessoa, o curador, à coisa).

A antítese da tutela e da curatela, acentua Pietro Bonfante[3], representa-se no adágio, muito equívoco, e até falso ao pé da letra, *tutor datur personae, curator rei*, já que o tutor e o curador constituídos com relação à pessoa não importavam cuidados pessoais, mas de caráter jurídico e patrimonial.

Destaque-se, entretanto, como ficou dito, que a tutela objetivava não só cuidados com o patrimônio do pupilo, mas também com sua pessoa, sendo a curatela mais ligada à aludida gestão patrimonial.

Talvez, por isso, justifique-se o mencionado adágio atrás referido e a expressão de Marciano[4]: "Quia personae, non rei velcausae datur" ("por que se nomeia tutor para a pessoa, não para uma coisa ou litígio").

Ao lado da tutela dos impúberes, que terminava quando os pupilos atingissem a puberdade, em respeito à sua imaturidade, havia a tutela das mulheres (*sui iuris e solteiras*), púberes ou impúberes, que tinha caráter perpétuo, porque então eram consideradas débeis relativamente ao sexo e por ignorarem as coisas próprias do foro.

Considera-se, mais, que a tutela, no Direito clássico, passou a proteger o próprio menor[5].

O conceito de tutela encontra-se no Digesto[6], nesses termos: "A tutela é, como define Sérvio, a força e o poder sobre pessoa livre, dados e permitidos pelo direito civil, para proteger a quem, por sua idade, não pode defender-se por si só. Mas são tutores os que têm essa força e esse poder, daqueles que tomaram o nome; e assim se chamam tutores, como protetores e defensores, como se chamam edis (templários) aos que cuidam dos edifícios", dos templos ("Tutela est, ut Servius definit, vis ac potestas in capite libero, ad tuendum eum qui propter aetatem suam sponte se defendere nequit, iure civile data ac permissa. Tutores autem sunt, qui eam vim ac potestatem habent: exque re ipsa nomem ceperunt: itaque appellantur tutores, quasi tutores, ataque defensores: sicut aeditui dicuntur, qui aedes tuentur").

Quanto à tutela das mulheres (*tutela mulierum*), apresenta um aspecto decadente, já ao início da República. O hermetismo da antiga comunidade familiar desaparece nesse período; o poder marital converte-se, de regra, em exceção, e a mulher começa

---

3. *Corso di diritto romano* cit., p. 555, n. 3.
4. Digesto, Livro 26, Tít. 2, Lei n. 14, lib. 2 Institutionum.
5. ZANNINI, Pierluigi. *Studi Sulla tutela mulierum*: Profili Funzionali, I. Torino: Ed. Giappichelli, 1976. p. 11-13 e 43-44; MIGUENS, Nina Ponssa de la Vega de. *Reglas de Ulpiano*. Córdoba-Buenos Aires: Ed. Lerner, 1970. p. 68; Ulpiano, *Liber singularis regularum de tutelis*, Tít. XI, 1: "Tutores constituuntur tam masculis quam feminis; sed masculis quidem impuberibus dumtaxat propter aetatis infirmitatem; feminis autem tam impuberibus quam puberibus et propter sexus infirmitatem et propter forensium rerum ignorantiam".
6. Digesto, Livro 26, Tít. 1, 1 par., e § 1º, De Tutelis, Paulo, Comentário ao Edito, Livro 38. Tutores, em latim, significa protetores. Pasquale Voci (*Istituzioni di diritto romano*. 4. ed. Milano: Giuffrè, 1994. p. 92) prefere a locução *ius ac potestas* em lugar de *vis ac potestas*; a primeira usada nas Institutas de Justiniano e a segunda no Digesto. Ver Institutas do Imperador Justiniano 1.13.1. A definição é de Sérvio Sulpicio Rufo, referida por Paulo.

a agir livremente na vida econômica. Tudo se fez para que a tutela das mulheres fosse sentida como uma pesada carga que interessava suprimir. Daí a involução desse instituto, como informam P. Jörs e W. Kunkel[7]. Essa decadência do instituto começou na época imperial.

A presença do tutor, na tutela da mulher, era necessária, nos seguintes negócios: quando ela atuava em virtude da lei ou em juízo legítimo; quando contraísse uma obrigação ou gerindo matéria civil; quando permitia o contubérnio de sua liberta com escravo alheio ou quando alienasse uma coisa *mancipi*. Para os pupilos a situação era mais ampla, sendo necessária a atuação do tutor na alienação, também, das coisas *nec mancipi*, esclarece Nina Ponssa de la Vega de Miguens[8], com fundamento em textos das Institutas de Gaio e de Justiniano.

Houve outras espécies de tutela, no Direito Romano, como a testamentária, a legítima e a dativa, quanto aos impúberes (entre 12 anos de idade para as mulheres e 14 anos de idade para os homens, segundo, quanto a estes, a tese proculiana).

A tutela testamentária nascia por designação do *pater familias*, no testamento, que nomeava tutor, para o próprio filho, para protegê-lo. Assim, com a morte do testador, o *pater familias* morto era substituído pelo tutor por ele nomeado.

A tutela legítima, na falta de nomeação testamentária de tutor, dava-se pela Lei das XII Tábuas[9] (daí o adjetivo *legitimus*, a, um, que descende de *lex, legis* – lei). A tábua V, lei 7, dispondo sobre heranças e tutelas, assentava: "Se o pai de família morre sem testamento, deixando um herdeiro seu impúbere, o agnado mais próximo assume a tutela" ("Si pater familias intestato moritur, cui impubes suus extabit heres, agnatus proximus tutelam nancitor"). Na falta do agnado, assumiam os *gentiles*.

A tutela dativa teve fundamento na Lei Atília, conhecida como *de tutore dando*, de 210 a.C., que atribui ao pretor o poder de nomear tutor, na falta de tutela testamentária e da legítima. Essa tutela dativa era conhecida, também, por honorária ou atiliana.

Como leciona Matteo Marrone[10]

> A tutela dos impúberes (*tutela impuberum*) era um instituto ao mesmo tempo potestativo e protetivo: neste sentido, que sobre o pupilo o tutor exercitava um poder no interesse da família (*communi iure*), para a boa conservação do

---

7. JÖRS, Paul. *Derecho Privado Romano*. Trad. da 2. ed. alemã por Pietro Castro. Barcelona: Ed. Labor, 1937. p. 430, § 192. Reimpressão em 1965, edição totalmente refundida por Wolfgang Kunkel.

8. *Reglas de Ulpiano* cit., p. 79, n. 27.

9. Existem variações de textos e de numerações dos fragmentos contidos na tábua V, embora mantendo o mesmo sentido. Esclareço que me estou valendo dos fragmentos divulgados por Pothier, com fundamento na obra de J. Godefroy, p. 147-152, especialmente p. 149, em latim, e p. 167-175, especialmente p. 170, em português, do Livro de Sílvio A. B. Meira (*A Lei das XII Tábuas*: fonte do direito público e privado. 3. ed. Rio de Janeiro: Forense, 1972).

10. *Istituzioni di diritto romano*. Palermo: Ed. Palumbo, 1993. p. 348-349.

patrimônio familiar; e ao mesmo tempo o tutor cumpria um dever, assegurando ao pupilo assistência e proteção. O do tutor era, portanto, um "poder-dever".

Esclarece, em seguida, que:

> [...] primeiramente era muito acentuado o caráter potestativo; mais tarde, após a instituição da tutela dativa, começou-se a afirmar a ideia de que a tutela fosse sobretudo um dever, um *munus*, um *officium*. Mas os antigos caracteres mais potestativos do que protetivos, ainda nas fontes clássicas, são reconhecíveis em alguns pontos do regime das mais antigas formas de tutela: a legítima e a testamentária.

Os curadores, por seu turno, eram legítimos, quando estabelecidos pela Lei da XII Tábuas, ou eram honorários, quando designados pelos pretores.

A Lei das XII Tábuas[11], por sua tábua V, lei 8, estabelecia: "Se alguém torna-se louco ou pródigo e não tem curador (custos), cuidem de sua pessoa e de seus bens, seus agnados e, na falta destes, seus gentis" ("Si furiosus aut prodigus existat, ast ei custos nec escit: agnatorum gentiliumque in eo pecunia – Ejus potestas esto").

2 Conceito e natureza jurídica de tutela

A tutela é um instituto jurídico que se caracteriza pela proteção dos menores, cujos pais faleceram ou que estão impedidos de exercer o poder familiar, seja por incapacidade, seja por terem sido dele destituídos ou terem perdido esse poder.

Desse modo, afora a morte dos pais que dá ao órfão menor o direito à tutela, podem os pais do menor, estando vivos, estar impedidos do exercício do poder familiar, como os que se tornam incapazes por insanidade mental ou toxicomania, por exemplo: os que estão impossibilitados de fazê-lo porque portadores de doenças contagiosas incuráveis ou fatais; os que decaíram do poder familiar, por exemplo, por aplicarem castigos imoderados e violentos contra seus filhos; os pais que sofreram a perda desse poder, por adoção de seus filhos. A tutela é *munus*, encargo público conferido ao tutor, para proteger o menor, o tutelado, o pupilo, e para administrar seus bens, quando o menor não estiver sujeito ao poder familiar, aos poderes paterno e materno.

Como a tutela é um instituto de proteção e de representação de menores, não submetidos ao poder de seus pais, é preciso que o tutor, para exercê-la, seja investido de vários poderes, assemelhados aos dos pais, mas que com estes, entretanto, não se confundem, quer nos pressupostos, quer na extensão, quer na maneira de exercê-los. De sua natureza, resulta que os *munus* é obrigatório, gratuito e indivisível[12], conforme será mais bem estudado na seguinte análise dos artigos sobre a tutela.

---

11. Conforme mencionado, na obra de Sílvio A. B. Meira (*A Lei das XII Tábuas* cit., p. 149 e 170).
12. GOMES, Orlando. *Direito de família* cit., p. 404-405.

No dizer de Clóvis Beviláqua[13]: "A tutela é o encargo civil, conferido a alguém pela lei, ou em virtude de suas disposições, para que administre os bens, proteja e dirija a pessoa do menor, que não se acha sob a autoridade de seu pai ou de sua mãe".

Esse encargo civil tem natureza obrigatória e indelegável.

3 Espécies de tutela

Como no Direito Romano, são três as espécies de tutela: a testamentária, a legítima e a dativa.

A tutela testamentária ou por ato de última vontade é instituída pela nomeação do tutor, por meio de testamento; a tutela legítima realiza-se nos moldes e preferentemente na ordem legal, quando não houver tutor testamentário, sendo deferida aos parentes consanguíneos do menor; e a tutela dativa (dada) é a conferida pelo juiz a pessoa idônea, de sua confiança, quando não existirem tutor testamentário e legítimo, ou quando estes não puderem exercer a tutela por que excluídos, escusados ou removidos.

4 Tutela dos órfãos e por ausência dos pais

Com o falecimento dos pais, os filhos tornam-se órfãos e necessitam de substituto daqueles para cuidar de sua pessoa e de seus bens. Esse substituto dos pais é o tutor.

Essa é a situação prevista na primeira parte do inciso do art. 1.728 do atual Código Civil (inciso I do art. 406 do Código de 1916).

O Código Civil de 1916, bem como o atual, não conceituou a respeito da morte natural, o que fica a cargo do médico, que deve atestá-la. As questões relacionadas com a medicina encontram alguns problemas, cujas peculiaridades não podem constar de um Código Civil.

Daí as tormentosas situações, como a morte cerebral, a vida neurovegetativa, em máquina, a eutanásia, entre outras.

O art. 6º do atual Código Civil (art. 10 do Código de 1916) estabelece que a existência da pessoa natural termina com a morte e que esta se presume, quanto aos ausentes, nos casos em que a lei autoriza a abertura da sucessão definitiva.

É bom frisar que, em certos momentos, em que a atenção dos pais não possa dirigir-se a seus filhos, seja porque a vida deles ou de um deles (por exemplo, de um viúvo) exista artificialmente, ou em caso de ausência, quando se encontrem em lugar desconhecido, é de nomear-se tutor. E isso em qualquer situação que impossibilite o exercício do poder familiar.

A ausência, como cogitada no Código, é a morte presumida. Assim, nada impede que, enquanto ela perdurar, nenhum dos pais podendo exercer seu poder familiar, a

---

13. *Código Civil comentado* cit., p. 310.

tutela substitua o cuidado dos pais. Se, de futuro, cessar a ausência, será restabelecido o poder familiar.

Em matéria de morte presumida foi inovador o atual Código Civil, que prevê a possibilidade de sua declaração, independentemente da decretação de ausência, nas hipóteses constantes dos incisos I e II de seu art. 7º: quando for "extremamente provável a morte de quem estava em perigo de vida", como o passageiro de um avião, certamente embarcado, tendo a aeronave explodido em pleno voo; ou quando alguém, "desaparecido em campanha ou feito prisioneiro, não foi encontrado até dois anos após o término da guerra". O mesmo pode acontecer em incêndio de um edifício em que alguém penetrou e desapareceu, não tendo sido identificados os cadáveres.

É certo, diz o parágrafo único desse artigo, que não deverá existir declaração de morte presumida, nesses casos, sem que sejam feitas buscas e averiguações, até que estas sejam consideradas esgotadas. A sentença deverá fixar a data provável da morte.

5 Tutela em caso de perda ou suspensão do poder familiar

Há certas situações graves, em que os pais, conjunta ou isoladamente, perdem o poder familiar, quando o filho é castigado imoderadamente; ou quando o filho é abandonado ou deixado em situação de perigo; ou quando contra o filho praticam atos contrários à moral e aos bons costumes.

O Estatuto da Criança e do Adolescente (Lei n. 8.069/90) prevê, em seu art. 24, várias hipóteses de perda ou de suspensão do poder familiar, que devem ser decretadas judicialmente, em procedimento contraditório, nos casos previstos na legislação civil, como também quando houver descumprimento injustificado dos deveres e obrigações previstos no art. 22. Os deveres fundamentais dos pais são os de sustento, guarda e educação dos filhos menores.

Decretada a perda ou suspensão do poder familiar, deverá ser deferida a tutela, nos moldes da lei civil, em favor do menor até dezoito anos, implicando necessariamente o dever de guarda (art. 36, *caput* e parágrafo único, do ECA).

Ainda pode ser citado o art. 163 do atual Código Civil (art. 394 do Código de 1916) que declara a possibilidade de o juiz suspender o exercício do poder familiar quando o pai ou a mãe abusar de sua autoridade, descumprindo seus deveres ou arruinando os bens dos filhos.

Nesses casos de suspensão do poder familiar, certamente será nomeado tutor para o período em que aquele poder não for exercido, sendo a nomeação definitiva em caso de perda desse poder.

A mesma nomeação de tutor faz-se necessária em caso de incapacidade, por exemplo, em caso de insanidade mental que acometa um ou ambos os pais, ficando, no primeiro caso, o outro também impossibilitado do exercício do poder parental, como no caso do viúvo.

6 Nomeação de tutor na tutela testamentária

Não resta dúvida de que o art. 1.729 cogita do direito de nomeação de tutor na tutela testamentária. Assim, pelo atual Código Civil, essa nomeação cabe aos pais, em conjunto, que sejam titulares do poder familiar.

Nem poderia ser diferente, pois essa nomeação recai em pessoa de confiança dos pais, para que, na sua falta, sejam substituídos por essa pessoa em que confiam.

Existindo, por exemplo, nomeação de tutor por um só dos pais, entretanto, na morte de ambos, entendo que essa nomeação deve ser considerada válida, pois é melhor a indicação de um dos pais, do que a que vem estipulada em lei ou dada judicialmente.

Todavia, pode acontecer que ambos os pais nomeiem tutores diversos, por meio de dois documentos. Nesse caso, ocorrendo a morte dos pais, surge a dúvida de qual tutor deve ser admitido: o nomeado pelo pai ou o nomeado pela mãe? Nesse caso, entendo que ao juiz competirá decidir entre qual desses tutores deve ser nomeado, atentando, sempre, ao interesse do tutelado. Por outro lado, não existindo comoriência, melhor que se considere a nomeação de tutor pelo que faleceu por último.

Resta claro que a nomeação será válida se os pais, à época do falecimento do último, sempre estiveram no exercício do poder familiar. Sim, porque essa nomeação só produz efeitos a partir do falecimento de ambos os pais. Enquanto existir poder familiar, não tem lugar a tutela.

7 Tutela a termo ou sob condição

É possível a nomeação testamentária de tutor a termo ou sob condição.

Dá-nos conta disso Pontes de Miranda[14], mostrando que essa nomeação pode ser feita: a) pura e simplesmente (pure), que se realiza sem qualquer acréscimo; b) *ad certum tempus* ou *ad diem*, quando deva durar por certo tempo, como a que se realiza por quatro anos, por exemplo, ou até que o menor complete treze anos; c) *ex certo tempore*, ou seja, a partir de certo tempo ou dia (*a die*), quando, por exemplo, a investidura na tutela deva ser a partir do complemento dos quatro anos ou a partir de um dia determinado; d) *sub condicione*, sob condição, subordinando o efeito da nomeação a acontecimento futuro e incerto, tal ocorrendo, por exemplo, quando só puder exercer a tutela o tutor nomeado se estiver casado, ou quando for o caso de perder a tutela se enviuvar.

A lei não proíbe essa atuação e, entendo, nem poderia proibir, por que muitas hipóteses seriam retiradas na opção dessa nomeação.

---

14. *Tratado de direito privado* cit., p. 271, § 1.014, n. 3; do mesmo modo, SANTOS, J. M. de Carvalho. *Código Civil brasileiro interpretado*. 5. ed. Rio de Janeiro: Ed. Freitas Bastos, 1952. v. 6, p. 213-217, n. 4.

8 Ineficácia de nomeação de tutor

Com melhor redação o art. 1.730 do atual Código reedita o texto do art. 408 do Código de 1916.

No atual Código consta o verbo no tempo imperfeito: "não tinha", substituindo o tempo presente do subjuntivo: "não tenha".

Melhor entendo que o verbo devesse estar no futuro do subjuntivo: não tiver, pois só não valerá a nomeação tutelar se o instituidor da tutela não tiver, no momento de sua morte, o poder familiar.

O art. 1.730 do Código fala em nulidade da nomeação de tutor testamentário, se à época da morte do instituidor da tutela não for titular do poder familiar.

Nesse caso, não se cuida, propriamente, de nulidade, pois, no momento da nomeação, o instituidor da tutela tem plena capacidade exercendo seu poder familiar. Trata-se de ineficácia, ou seja, de um negócio válido, que, no momento da morte do instituidor, deve produzir seus efeitos, ficando, na hipótese prevista, obstado dessa produção, por que o mesmo instituidor não exerce, mais, seu poder familiar, requisito básico para a nomeação da tutela. Daí tornar-se ineficaz essa nomeação.

9 Suspensão do poder familiar

Em caso de suspensão do poder familiar, existente ao tempo da morte do nomeante, cogita-se sobre a eficácia da nomeação.

Destaque-se, primeiramente, que suspensão não implica perda do aludido poder.

Em caso de suspensão do poder familiar, não é ele irremediável e definitivo, pois o pai ou a mãe que sofreu a limitação, tem direito de recorrer no sentido de que lhe seja restituído o exercício desse poder[15].

Assim, a suspensão do poder familiar, que é provisória, temporária, em face de um obstáculo, que pode ser removido, não ocasiona a impossibilidade de nomeação de tutor. Embora os pais fiquem impedidos de exercitar esse poder, durante algum tempo, nada obsta que, nesse período, eles nomeiem tutor. Entendo que, nesse caso, essa suspensão não se revista de fato grave, que possa levar à perda desse poder.

10 Tutela legítima

Na falta de nomeação de tutor por testamento ou por documento autêntico, ou seja, não havendo tutela testamentária (nomeação pelos pais), a tutela incumbe aos parentes consanguíneos do menor.

---

15. PLANIOL, Marcel. *Traité Élémentaire de Droit Civil* cit., t. 1, p. 559, n. 1.746.

O art. 1.731 do Código estabelece uma ordem de nomeação. Cuida-se, nesse passo, de tutela legítima, estabelecida por lei, como já visto. O atual Código, já em seu Anteprojeto, revisto em 1973, utilizava-se das expressões: ascendentes e colaterais (art. 1.920).

Todavia, inclui-se, no inciso II do art. 1.731, sob foco, a expressão: "em qualquer dos casos, o juiz escolherá entre eles o mais apto a exercer a tutela em benefício do menor".

Essa posição apresenta-se com cunho de modernidade, também acolhendo o reclamo da lei, da doutrina e da jurisprudência, que acenavam com a necessidade de buscar-se o melhor ambiente e cuidado com o menor.

O interesse do menor deve sempre prevalecer.

Embora o Estatuto da Criança e do Adolescente estabeleça que a tutela será deferida nos termos da lei civil (art. 36), determina ainda que a tutela pressupõe a prévia decretação da perda ou da suspensão do poder familiar, implicando necessariamente o dever de guarda (art. 36, parágrafo único).

Ora, a guarda sempre deve ser deferida a quem puder dar ao menor as melhores condições de vida, podendo o juiz, até com o auxílio de psicólogos e de assistentes sociais, investigar o ambiente em que esse menor vive e aqueles que frequenta. Desse modo, a ideia egoística da guarda, que pautava a situação de estar o menor com este ou aquele dos pais, separados, por exemplo, em razão de culpa ou inocência deles, e, também, com este ou aquele tutor, em razão de ordem estabelecida em lei, cedeu lugar à posição de que o menor é a figura central desse relacionamento. É a partir dele que devem ser feitas as indagações e pesquisas que melhor possam atender aos seus interesses e as suas necessidades, de ordem moral e material.

Daí a jurisprudência que já vinha entendendo que a ordem de nomeação da tutela não tem que ser seguida à risca; não é taxativa.

Cite-se, nesse passo, a concessão da tutela do filho de uma cantora, recém-falecida, à companheira homossexual desta, que já cuidava dessa criança carinhosamente, como se fosse sua mãe.

Viu-se, nesse caso, ao conceder-se essa tutela provisória, o interesse do menor.

Destaque-se que o aludido acréscimo de expressão, no final do inciso II do art. 1.731, sob análise, deveria constar de um inciso III, autonomamente, ou de um parágrafo único, pois ele se relaciona com as duas hipóteses constantes dos incisos I e II. Atente-se ao texto acrescido: "em qualquer dos casos", quer dizer, em qualquer das situações em que a ordem legal de chamamento à tutela se estabelece.

11 Tutela dativa

Reproduzindo o art. 410 do Código Civil de 1916, o art. 1.732 do atual Código cuida da tutela dativa.

Ocorrendo qualquer das hipóteses constantes dos três incisos do artigo sob comentário, o juiz deverá nomear tutor idôneo, de sua inteira confiança (tutor dativo), que esteja perto do tutelado, ou seja, residindo no mesmo domicílio deste.

Um dos requisitos da tutela dativa é a de que o tutor resida no domicílio do menor.

O texto confunde domicílio com residência. Naquele é que existe concentração de atividades e ânimo de permanecer, duradouramente; na residência, existe o elemento objetivo de alguém estar em um lugar, mas sem ânimo definitivo, de modo passageiro ou esporádico.

O tutor, assim, é que deve ter seu domicílio, que coincida com o do menor.

É certo que diz o art. 1.732, *caput*, sob estudo, que o juiz deverá nomear o tutor que tenha domicílio no mesmo local em que exista o domicílio do menor. Assim, não se cuida de mera residência do tutor, por que ele deve estar sempre próximo do tutelado, sob a fiscalização do juiz.

Pode, entretanto, após sua nomeação, o tutor necessitar de mudar seu domicílio; aí surge o problema de saber-se se o menor deve, ou não, acompanhá-lo.

Nesse caso, entendo que deva o juiz ser comunicado dessa mudança domiciliar, para que ele julgue se é, ou não, conveniente manter a tutela com o menor tutelado acompanhando seu tutor.

Todavia, no mais das vezes, o juiz poderá entender que o pupilo não pode deixar suas raízes. O menor fica muito vinculado ao local, principalmente em razão de seus estudos: sua escola, seu professor, seus amigos etc.

Se o juiz julgar conveniente que o menor permaneça em seu domicílio, será caso de destituição e consequente nomeação de tutor.

Nesse caso, novamente, o juiz estará considerando os interesses do menor. Desse modo, toda a vez que o juiz puder ouvir o menor tutelado, deverá fazê-lo.

Outras hipóteses de tutela dativa são: a de exclusão ou de aceitação de escusa da tutela pelo tutor testamentário ou legítimo.

Quanto à exclusão ou destituição de tutor, será ela estudada com a análise ao art. 1.766. No tocante à escusa da tutela, será ela objeto de comentário, quando forem analisados os arts. 1.736 e 1.739. No caso de remoção, será ela considerada no estudo do art. 1.764.

12 Única tutela a irmãos órfãos

O art. 1.733 do Código Civil reedita, com melhor texto e técnica legislativa, embora com quase idêntica redação, e com idêntico significado, o texto do art. 411 do Código de 1916.

Por esse texto comentado, somente um tutor será dado aos irmãos órfãos, na tutela legítima e na dativa, no intuito de que estes tenham uma proteção igualada, facilitando, assim, a tarefa do tutor.

É certo, por outro lado, que pode haver, na tutela testamentária, nomeação de mais de um tutor, não devendo valer qualquer cláusula que autorize o exercício conjunto dessa tutela. Assim, será ineficaz essa regra, devendo cada tutor servir pela ordem em que foram nomeados, a começar do primeiro, portanto. Por exemplo, em caso de morte, incapacidade, escusa, destituição ou qualquer outro impedimento do primeiro, como determinado expressamente no § 1º do art. 1.733, será chamado o seguinte e assim sucessivamente.

13 Curador especial

No § 2º do art. 1.733, prevê o legislador do atual Código que alguém queira instituir um menor seu herdeiro ou legatário. Nesse caso, para cuidar dos bens que forem deixados a esse menor, deverá o testador nomear curador especial (não tutor), para administrar esse patrimônio.

Essa curadoria especial nada tem que ver com o poder familiar e a tutela, por essa razão pode com esses institutos conviver.

Ela só atinge os bens que forem deixados ao menor pelo instituidor da herança ou do legado.

14 Tutela dos menores abandonados

O art. 1.734 apresenta-se com idêntico texto do art. 412 do Código de 1916.

O pai ou a mãe que deixar seu filho em abandono, perderá, por ato judicial, o poder familiar (art. 1.638, II, do atual Código e art. 395, II, do Código de 1916).

Menores abandonados, portanto, são os expostos, aqueles cujos pais, "incógnitos ou conhecidos, deles não curam, ou os deixam a vagar, à mercê da caridade pública, e ainda aqueles cujos pais os levam à prática de atos imorais (art. 395)", do Código de 1916 (arts. 1.635, V, e 1.638 do atual Código)[16].

Os pais que praticam atos imorais, como o lenocínio, ou contrários aos bons costumes, como a embriaguez habitual, ou criminoso, como a aplicação de castigos imoderados contra seu filho, não podem exercer, às vezes temporariamente, outras vezes, definitivamente, o poder familiar. Assim, conforme o caso, podem ser suspensos ou destituídos desse poder.

Essas atitudes colocam marginalizados os menores, que ficam abandonados por seus pais e, no mais das vezes, sujeitos a um aprendizado nocivo, que compromete sua formação.

15 Recolhimento a estabelecimento público

A opção do juiz, criada na lei, é a de nomear tutor ao abandonado ou a de determinar sua internação em estabelecimento público, destinado a cuidar desses menores abandonados.

Como visto, o juiz, não podendo deixar esses menores abandonados sob a maléfica influência de seus pais, deverá tudo fazer para nomear-lhes tutor, o que nem sempre é

---

16. BEVILÁQUA, Clóvis. *Código Civil comentado* cit., p. 317.

possível. A presença de alguém mais próximo do menor abandonado, que possa orientá-lo e lhe dar certo carinho, substitui, com vantagem, os cuidados coletivos que se concedem no estabelecimento público. Só em último caso deve este ser buscado.

Todavia, em grande número de situações o juiz não vê outro caminho, outra solução, no interesse do menor.

Às vezes, fica o juiz em verdadeiro dilema, pois, na falta desse estabelecimento, que já não seria a melhor solução, vê-se, novamente, em face da necessidade de nomear tutor ao menor abandonado, como determina a segunda parte do *caput* do estudado art. 1.734. Nesse caso, os tutores nomeados devem exercer a tutela voluntária e gratuitamente, encarregando-se da criação do menor abandonado.

A menção na lei a esse exercício voluntário do poder tutelar retira qualquer hipótese de poder o juiz nomear o tutor sem que este consinta. Na quase totalidade dos casos, assim, veem-se as pessoas impossibilitadas de tutelar menores abandonados, já tendo suas famílias bastante oneradas.

Nesse caso, o juiz deverá internar o menor abandonado em estabelecimento público de outra localidade ou obrigar o Estado a tomar providências rápidas e enérgicas na construção de maior número desses estabelecimentos, tomando medidas, provisoriamente (em outra localidade), no aguardo das ditas providências.

16 Incapazes, ilegitimados e impedidos de exercer a tutela

O art. 1.735 do Código Civil reedita o art. 413 do Código de 1916.

Embora essa Seção do Código, composta desse único art. 1.735, refira-se a incapazes de exercer a tutela, na verdade, misturam-se nela casos de incapacidade com situações de ilegitimidade e de impedimentos no exercício da tutela.

Todas as hipóteses contempladas no art. 1.735, sob análise, revelam casos de invalidade de atuação tutelar. O legislador é imperativo ao afirmar que as pessoas mencionadas nesse dispositivo legal não podem ser tutoras e, se o forem, serão exoneradas da tutela.

Assim, quem não tem a livre administração de seus bens, não pode cuidar de pupilo e de seu patrimônio. Enquadram-se, nessa categoria, por exemplo, os interditos, os que se encontram sob tutela ou curatela; incluem-se, portanto, os absoluta e os relativamente incapazes, mencionados nos arts. 3º e 4º do Código Civil (inciso I). E são eles, por razão de idade, os menores de 16 e de 18 anos (absoluta e relativamente capazes); os portadores de enfermidade ou deficiência mental, sem o discernimento necessário à prática de atos ou de negócios jurídicos; os que não puderem manifestar sua vontade, ainda que por causa transitória (absolutamente incapazes); e, finalmente, os ébrios habituais, os toxicômanos ou que tenham, por deficiência mental, discernimento reduzido; os excepcionais sem desenvolvimento mental completo e os pródigos (relativamente incapazes)[17].

---

17. Considerar as revogações dos arts. 3º e 4º do CC pela LBI – Lei Brasileira de Inclusão (Lei n. 13.146/2015).

É preciso, portanto, para desempenhar a tutela, que o tutor tenha plena capacidade, em razão da idade (maiores de 18 anos) e quanto ao pleno conhecimento e discernimento relativos à prática dos atos e dos negócios jurídicos.

Há casos, ainda, de pessoas capazes, mas que não estão legitimadas ao exercício da tutela, como é o caso daqueles que, no momento de assumirem esse encargo, estiverem "constituídos em obrigação para com o menor" ou em via de fazer valer direitos contra esse futuro pupilo, podendo ajuizar ações contra ele, ou aqueles cujos pais, filhos ou cônjuges estiverem promovendo ações contra esse menor. Vê-se nítida a preocupação do legislador de envolvimento próximo de interesses entre o que vai ser tutelado e seu futuro tutor (inciso II). A redação desse inciso II está muito casuística, devendo o juiz, no momento da nomeação do tutor, verificar se está ele, de qualquer modo, com seus interesses ou de pessoas que lhe são próximas, de seu relacionamento, envolvido com os interesses do menor.

Não podem ser, também, tutores, no casuísmo do elenco do art. 1.735, os inimigos do menor ou de seus pais ou que tiverem sido, por estes, expressamente excluídos da tutela (inciso III). Esse inciso III elenca pessoas impedidas do exercício da tutela.

Do mesmo modo, não podem ser tutores os condenados por crime de furto, roubo, estelionato, falsidade contra a família ou aos costumes, tenham ou não cumprido pena. Aqui o legislador quer resguardar o menor dos agentes de crimes contra o patrimônio, de crimes contra os costumes e dos falsários. Nesse ponto, mais um relacionamento casuístico em defesa do menor. São pessoas também impedidas por terem procedido criminosamente, antes de sua investidura na tutoria (inciso IV).

Também ficam impedidas de exercer a tutela as pessoas de mau procedimento ou falhas em probidade, bem como as culpadas de abuso em tutorias anteriores (inciso IV). Mais especificações entre as já enumeradas nos incisos anteriores estão ligadas mais à ordem moral.

Finalmente, aparecem aqueles que exercem função pública incompatível com a boa administração da tutela (inciso VI).

Nesse ponto, quer isso dizer que só será possível aquilatar essa incompatibilidade com o exercício de ditos cargos; sendo má a administração da tutela, tal fato justificaria a exoneração do tutor.

Lembre-se, nesse passo, do preceituado no art. 29 do Estatuto da Criança e do Adolescente (Lei n. 8.069/90), do teor seguinte: "Não se deferirá colocação em família substituta a pessoa que revele, por qualquer modo, incompatibilidade com a natureza da medida ou não ofereça ambiente familiar adequado".

17   Escusa dos tutores

O Código, como se nota pela simples leitura do art. 1.736 em foco, procura dificultar a recusa à tutela, considerando-a, como é, um *munus* público.

Por que é obrigatória a tutela, com esse caráter de *munus* público, não pode o tutor recusá-la, nem renunciá-la, a não ser nos casos estabelecidos em lei. Esses casos estão previstos no art. 1.736, sob comentário.

Assim, podem escusar-se da tutela as mulheres casadas (inciso I). O Código de 1916 possibilitava a toda e qualquer mulher, qual fosse seu estado civil, escusar-se da tutela. O art. 414, I, já favorecia a mulher, o que vinha de resquício de sua excessiva proteção no Direito Romano, a que estava sempre sujeita a tutela (*tutela mulierum*).

Destaque-se, aqui, que nem as mulheres casadas, nem as solteiras, estão proibidas de exercer a tutela, tanto que aquelas podem escusar-se diante desse encargo público.

Tal inciso I deveria ter sido extirpado do art. 1.736, porque agravou, ainda mais, a situação, ao possibilitar a escusa à mulher casada, que está com seus direitos e deveres igualada, completamente, ao homem casado, pelo § 5º do art. 226 da Constituição Federal de 1988.

Desse modo, embora o dispositivo em estudo seja de caráter especial, não se podendo falar em inconstitucionalidade, ele acaba sendo discriminatório, pois o casamento traz os mesmos direitos e obrigações aos cônjuges, podendo, também, o homem casado escusar-se de exercer a tutela, já que os encargos matrimoniais podem torná-lo assoberbado a tal ponto de não poder ser tutor.

Também podem escusar-se da tutela os maiores de sessenta anos de idade (inciso II). A lei presume que, a partir dessa idade, fique cada vez mais difícil o exercício da tutela, mormente se o futuro tutor não estiver em boas condições de saúde, econômico--financeiras, entre outros gravames.

Por outro lado, pode ainda escusar-se a ser tutor quem possua mais de três filhos (inciso III).

O Código anterior isentava de tutela quem tivesse mais de cinco filhos.

O que é importante nesse caso, parece-me, não é só o número de filhos, mas os encargos que pesam sobre o futuro tutor, que pode ter ou não condições econômicas ou financeiras para suportar a tutela. Principalmente, ante o fato de ser a tutela gratuita por natureza. Como diz o povo, com sabedoria, "não se pode vestir um santo para despir outro". A tutela, portanto, não pode prejudicar a vida do futuro tutor e de sua família; por isso que deve ser ele, no mais das vezes, escolhido pelo juiz entre parentes do pupilo. Sim, porque a consanguinidade traz, em si, essa responsabilidade de que se cuidem os parentes, mutuamente, para preservação de sua família. Aqui residem os verdadeiros encargos, que encontram apoio no Direito natural.

Mais do que justo, também, que os enfermos devem ser poupados de encargos, como o exercício da função tutelar (inciso IV), bem como os que habitarem longe do lugar desse exercício (inciso V).

Também podem escusar-se da tutela ou da curatela os que já as exercerem (inciso VI), mesmo porque eventual nomeação de tutor poderia prejudicar o exercício de tutela ou de curatela existente.

Em princípio, é melhor que o *munus* seja dividido, quanto a seus encargos, entre aqueles que tenham possibilidade de exercer essa alta função, sem se sobrecarregarem os cidadãos.

Os militares, em serviço, podem também recusar o exercício da tutela (inciso VII). Deve o militar, para escusar-se, estar em serviço, porque o legislador entende, em princípio, que o militar da ativa pode ser mobilizado de um lugar para outro, em prejuízo do pupilo. Todavia, esse serviço pode ser estável, em determinado lugar, o que possibilitaria o exercício da tutela. Aqui, mais uma vez, o casuísmo.

Há profissões, por exemplo, a de caixeiro viajante que impossibilita o bom exercício da tutela, pois, embora esse profissional resida em determinado local, passa ele a maior parte de sua vida vendendo mercadorias, de cidade em cidade.

De lembrar-se, nesse passo, de que, embora a função tutelar, como *munus* público, seja por sua natureza gratuita, nada impede que ao tutor seja paga uma gratificação, não se tratando de menor abandonado ou de menor que não tenha rendimento. A essa matéria tornarei ao comentar o art. 1.752 do atual Código (art. 431 do Código de 1916).

18 Tutela prioritária para parente

O art. 1.737 do Código Civil, transcrevendo o art. 415 do Código de 1916, consagra o princípio, segundo o qual os parentes consanguíneos ou os afins são, primeiramente, os destinatários da tutela.

Injustiça existe, nesse dispositivo legal em foco, "quanto aos afins aos quais não dá o Código direito de reclamar alimentos nem chama à sucessão. No Projeto primitivo e no Revisto, os dispositivos eram harmônicos, porque aos afins se impunha o dever de prestar, e se reconhecia o direito de reclamar alimentos"[18].

A afinidade que existe entre um cônjuge e os parentes do outro cônjuge não é parentesco, não sendo mesmo justo que os afins se coloquem em igualdade com os parentes (consanguíneos).

Ainda que o parente consanguíneo seja chamado ao exercício da tutela, antes do afim, entendo também que é injusta a vocação deste como obrigatória, pelos motivos apontados.

Acrescente-se, ainda, que "o benefício de ordem em favor do estranho não pode ser, validamente, invocado, se o parente existente residir em lugar diferente daquele em que se abre a tutela, se for incapaz ou se prevalecer de escusa legal"[19].

19 Procedimento da escusa da tutela

O art. 1.738 do Código Civil pouco modifica o art. 416 do Código de 1916, ao cuidar do procedimento do pedido de escusa, junto ao juiz da designação tutelar.

Esse art. 416 do Código de 1916 já estava modificado pelo art. 1.192 e incisos do Código de Processo Civil de 1973.

---

18. BEVILÁQUA, Clóvis. *Código Civil comentado* cit., p. 322. O Projeto primitivo e sua Revisão é o do Código Civil de 1916.

19. *Código Civil comentado* cit., p. 322.

O atual art. 760 e seus dois incisos do Código Processual estabelece o prazo de 5 dias para o tutor ou curador eximir-se do encargo apresentando escusa ao juiz. Esse prazo que era de 10 dias no art. 416 do Código Civil anterior, permanece de 10 dias no art. 1.738 sob comentário.

A contagem desse prazo tem início com a designação da tutela. O Código Civil anterior e o Processual falavam em contagem a partir da intimação do nomeado, que tem de prestar compromisso de bem servir no exercício da tutela.

Entendo melhor esse critério da intimação pessoal, pois o futuro tutor, nomeado, pode não ter tido ciência de sua nomeação e já estaria correndo o prazo de dez dias. Portanto, sendo designado o tutor, sem ter tomado conhecimento desse fato, não entendo que possa iniciar prazo para apresentação de escusa, nem para prestar compromisso que, pelo Código de Processo Civil, continua sendo em prazo de 5 dias (art. 759). Melhor que o juiz conceda o prazo de 10 dias para que seja prestado esse compromisso e feita eventual escusa.

O que não pode é admitir-se a fluência de um prazo sem intimação daquele que deve exercitar direito dentro dele. A assim ser, poderia ocorrer a decadência de um direito sem que seu titular tivesse tido a possibilidade de exercê-lo.

O prazo de 10 dias para oferecimento do pedido de escusa é de natureza decadencial. O não exercício desse pedido implica a decadência, a caducidade do direito do tutor de escusar-se da tutela.

Dizem o Código Civil de 1916 (art. 416), o Código de Processo Civil de 1973 (art. 1.192, parágrafo único) e o atual Código Civil (art. 1.738) que a não apresentação de escusa implica renúncia, a não ser, por exemplo, que o tutor nomeado renuncie, expressamente, a esse direito de escusar-se. O que ocorre é a extinção de seu direito por falta de exercício no aludido prazo; extingue-se por decadência.

Se o motivo da escusa surgir depois de aceita a tutela, abre-se novo prazo de dez dias para exercício dessa escusa, a contar do fato superveniente.

Desse modo, é possível que o tutor esteja exercendo a tutela, por exemplo, antes de completar sessenta anos de idade. Completando esse estágio etário, poderá, nos dez dias subsequentes ao complemento dos sessenta anos, escusar-se para não mais exercer a tutela.

20 Recurso contra a não admissão da escusa

O art. 1.739 do Código transcreve o art. 417 do Código de 1916.

Como no art. 1.738, o art. 1.739, sob comentário, cuida de matéria processual. Se o juiz não admitir a escusa, poderá o tutor nomeado recorrer dessa decisão à Superior Instância.

O Código de Processo Civil estabelece, em seu art. 760, § 2º, que o juiz deverá decidir de plano o pedido de escusa. Não sendo admitido, "exercerá o nomeado a tutela ou curatela enquanto não for dispensado por sentença transitada em julgado".

Assim, deverá exercer a tutela enquanto não for julgado o recurso, porque a premência é muito grande de que assuma logo a tutela o que foi designado, ante a possibilidade de causação de danos ao menor.

Nesse caso de pender recurso, essa assunção assume o caráter de provisória.

Quanto à locução "responderá desde logo pelas perdas e danos", constante do art. 417 do Código de 1916 e do art. 1.739 sob estudo, ela é muito rigorosa e não significa que não possa a tutela ficar vaga, por algum momento.

Não seria possível imaginar que quem está exercendo seu direito de recusar a tutela ficasse obstado de exercê-lo no prazo, permanecendo, desde logo, ou seja, imediatamente após sua designação, como tutor responsável por prejuízos junto ao menor.

O recurso cabível da decisão do juiz que não admitir o pedido de escusa é o agravo de instrumento, que somente terá efeito devolutivo, pois, enquanto não for decidido, deverá o tutor recorrente continuar exercendo sua função.

21 Deveres do tutor à pessoa do menor

É sabido que o tutor do menor é o substituto dos pais deste, tendo deveres junto à pessoa do pupilo e de administração de seus bens.

Agora, vamos objetivar o estudo dos deveres de caráter pessoal do tutelado.

No Direito Romano, a tutela *impuberum* (tutela dos impúberes) era instituto do *ius civile*, pelo qual o tutor ocupava o lugar do pai (*pater famílias*).

Com as devidas diferenças entre a família romana e a atual, ainda hoje são acentuados os deveres de guardião, de protetor e de defensor do menor.

O dever do tutor resume-se na assistência ao menor, seja imaterial, seja material.

Os cuidados pessoais que o bom pai de família deve a seu filho são devidos também pelo tutor, embora com as diferenças que se impõem por lei.

Entre essas diferenças está o exercício da função de tutor sob fiscalização do juiz, intervindo, mesmo, o Poder Judiciário, em algumas situações, na atividade tutelar.

Destaca Caio Mário da Silva Pereira[20], escudado em Clóvis Beviláqua e em Pontes de Miranda, que "a doutrina salienta que a obrigação mais importante da tutela é a assistência, a educação, a direção moral do pupilo". E acrescenta: "Cabe ao tutor dar-lhe instrução primária obrigatoriamente e também a habilitação profissional no sentido de prepará-lo para a vida. A instrução em grau médio e superior depende de suas condições econômicas e sociais".

O inciso I do art. 1.740 estabelece as primeiras incumbências do tutor, quanto à pessoa do menor, quais a de dirigir-lhe a educação, de defendê-lo e de prestar-lhe alimentos, conforme os seus haveres e condição social.

---

20. *Instituições de direito civil*: direito de família. 11. ed. rev. e atual. por Tânia da Silva Pereira. Rio de Janeiro: Forense, 1996. v. V, p. 255, n. 122.

Assim, além da educação, o tutor deve defender, em juízo ou fora dele, o menor, procurando afastar dele todos os transtornos e perigos que possam ameaçar sua segurança, quer física, quer moral, e que possam comprometer sua formação. Deve, também, o tutor prestar alimentos ao seu pupilo, quando este necessitar, e de acordo com sua possibilidade e condição de vida, caso o menor não tenha parente que possa arcar com esse ônus.

Deve, ainda, o tutor, no exercício de seu dever corretivo, reclamar ao juiz que o possibilite usar de meios para corrigir o menor.

É certo que o menor tem que respeitar, considerar e obedecer seu tutor; entretanto, este não tem, em sua atividade inerente, o poder de punir. Não pode o tutor castigar fisicamente o pupilo, devendo, em última análise, recorrer ao juiz.

Os poderes do tutor, como restou evidenciado são bem menos extensos que os dos pais.

No inciso III do art. 1.740, sob análise, encontra-se, sem correspondência no Código anterior, o dever geral do tutor de cumprir os demais deveres atribuídos normalmente aos pais, ouvindo-se o menor se este já contar com doze anos de idade.

Esse preceito inovador dá condições ao juiz de conhecer a vontade do menor, a partir de seus doze anos de idade, o que deverá fazê-lo com auxílio de psicólogos e de assistentes sociais, conforme o caso. O dispositivo coloca-se em clima de modernidade, em que tudo se faz tendo em vista o interesse do menor. Na maioria dos casos, ouvindo o menor, o juiz terá conhecimento de rejeições, próprias das crianças, que sentem, pela própria natureza, o que melhor lhes convém. A intransigência, a maldade ou falsidade dos adultos são sentidas, muitas vezes, pelo espírito franco e puro das crianças, que sabem sob que guarda e cuidados querem ficar.

22 Administração dos bens do tutelado

O art. 1.741 do Código foi mais sistemático do que o art. 422 do Código de 1916. Este último voltava a falar em "reger a pessoa do menor" e "velar por ele", repetindo o preceituado no art. 424 do antigo Código, que cuidava da atuação tutelar "quanto à pessoa do menor".

Por isso o atual preceito, contido no art. 1.741, sob foco, cuida somente da incumbência do tutor relativamente à administração dos bens do tutelado, em proveito deste, e sempre sob a fiscalização do juiz.

Tendo o tutelado bens de natureza material, deve ser esse patrimônio administrado pelo tutor, sob a fiscalização judicial.

A norma geral, quanto às obrigações exercidas no curso da tutela, é a de que deve o tutor administrar esses bens do tutelado como um bom pai de família. O tutor não tem somente o poder, mas ainda o dever de gerir os bens do pupilo. Se ele agir negligentemente, nessa administração, será responsável, sem que seja admitido a escusar-se, alegando que seu pupilo tem capacidade de praticar atos conservatórios e de administração, que fazem parte igualmente desses poderes[21].

Administração implica conservação e gestão dos bens do pupilo, com cuidados especiais; pois não se trata de simples administração patrimonial, mas de resguardar os interesses do menor.

Deve-se ter em conta que essa administração tem por objetivo conservar o patrimônio administrado, obter seus frutos, produtos e rendimentos, e, se possível, sua valorização.

Analisarei outros artigos, adiante, que destacam outros casos de administração tutelar dos bens do menor, sempre com muito rigor da lei e fiscalização judicial, que, praticamente, impossibilitam uma administração normal, como se realizam costumeiramente nos negócios.

Desse modo, fica o tutor obstado de praticar uma livre administração. Mesmo que seja administração pura e simples, conservando os bens do menor e impedindo sua deterioração, pode, eventualmente, o tutor receber aluguéis e realizar benfeitorias necessárias.

Todavia, para alugar ou arrendar um bem imóvel, não poderá o tutor fixar o valor do aluguel a não ser mediante preço conveniente, diz o inciso V do art. 1.747 do atual Código. Melhor, nesse caso, que seja consultado o juiz. Pode acontecer às vezes, ou por desconhecimento de valores locatícios, ou para favorecer a um amigo, ou para tirar alguma vantagem, que o tutor alugue ou arrende por aluguel baixo, ou por tempo muito longo, ou por condições contratuais desfavoráveis ao interesse do menor.

A administração do tutor pode também objetivar corte de despesas desnecessárias ou outras medidas de economia, que não prejudiquem o bem-estar do menor e não importem restrições de seus gastos essenciais, como educação, alimentação, saúde e o seu estado social.

Destaque-se bem, finalmente, o sentido da expressão do art. 1.741, em exame: "sob a inspeção do juiz".

Na verdade, a atuação do juiz, na tutela, é mais do que a de um simples observador, que assiste a prática de atos do tutor, vendo se tudo está conforme a lei. Ele intervém de tal modo na administração tutelar que, às vezes, confunde-se com a figura do menor contratante, tomando decisões e realizando negócios que ele tem que autorizar. O juiz participa, indiretamente, dos atos ou dos negócios, até mesmo, como visto, no âmbito social, na orientação de como corrigir o menor tutelado.

O tutor deverá, sempre, cumprir seus deveres com zelo e boa-fé, devendo agir como um bom pai de família e como se estivesse fazendo o melhor para si próprio. Por seu turno, a boa-fé que a lei exige do tutor é objetiva, é boa-fé de comportamento, agindo sempre com probidade e no interesse do menor, nos limites do lícito.

A responsabilidade do tutor será analisada adiante, ante a análise do art. 1.752 do Código Civil.

---

21. VOIRIN, Pierre; GOUBEAUX, Gilles. *Manuel de Droit Civil*. 18. ed. Paris: R. Pichon et R. Durand-Auzias, 1974. t. 1, p. 166-167, n. 354.

23 Nomeação de protutor

O art. 1.742 do Código Civil e o art. 1.752, § 1º, adiante analisado, introduzem no Direito Civil brasileiro a figura do protutor, que constitui um órgão complementar da tutela, nomeado pelo juiz para fiscalizar os atos do tutor, mediante gratificação módica arbitrada judicialmente. O único órgão ativo da tutela, portanto, é o tutor[22].

A figura do protutor apresenta-se, agora, incluída na nossa legislação, guardando influência direta do Código Napoleônico, que, por sua vez, captou essa figura do direito consuetudinário francês, que reconhecia outros organismos, como o protutor, com funções limitadas à administração dos bens do pupilo existentes nas colônias. Também reconheceu as figuras do cotutor e do tutor sub-rogado, que equivale ao atual protutor. Outros doutrinadores preferem admitir que o protutor existe sob influência do Código português, apoiando-se nos escritos de Afonso Martínez[23].

24 Exercício parcial da tutela

O art. 1.743 do Código Civil introduz inovação no sistema jurídico brasileiro, criando exceção ao princípio da unidade, da indivisibilidade e da indelegabilidade do poder tutelar.

Em princípio, a atuação do tutor existe numa unidade de concentração de providências junto à pessoa do pupilo e junto ao seu patrimônio. Por essa razão, também em regra, é indivisível essa atividade, que deve ser concentrada em uma pessoa, para que não sofra enfraquecimento ou variedade de interpretações. Também é indelegável, consequentemente, por que essa função tem que ser exercida por um só tutor.

O art. 1.743 traz, entretanto, em seu texto, a quebra desses princípios, pois autoriza, nos casos que menciona, a delegação do exercício parcial da tutela a outras pessoas, físicas ou jurídicas, desde que exista autorização do juiz.

Resta evidente que essa exceção só pode ocorrer com relação aos bens e interesses administrativos do tutelado.

Nesse mister, seria desumano exigir do tutor conhecimentos técnicos complexos ou que tivesse ele de atuar em lugares distantes do seu domicílio. Nesse caso, nem seria propriamente exercício parcial de tutela, pois o tutor continua a ser o mesmo.

O que ocorre é que, diante das dificuldades apontadas no artigo, deve ser nomeado pelo juiz, a pedido do tutor, um representante para atuar em face dos conhecimentos técnicos e complexos, bem como fora da área de atuação do tutor.

Aqui se supre, propriamente, uma situação de impossibilidade.

---

22. GOMES, Orlando. *Direito de família* cit., p. 405-406, n. 240; DINIZ, Maria Helena. *Curso de direito civil brasileiro*: direito de família. 17. ed. São Paulo: Saraiva, 2002. v. 5, p. 503.
23. Apud PEÑA, Federico Puig. *Compendio de derecho civil español*. 2. ed. Pamplona-Espanha: Ed. Aranzadi, 1972. t. 5, p. 750 e 759.

25 Responsabilidade do juiz

O art. 1.744 do atual Código Civil cuida da responsabilidade do juiz, quanto à nomeação de tutor.

Não ocorrendo culpa ou dolo do magistrado, no exercício de suas funções judicantes, o Estado responderá pelo ressarcimento dos danos, sendo, nesse caso, pura sua responsabilidade, pois não terá contra quem exercer direito de regresso.

Se ocorrer culpa ou dolo do juiz, o Estado não fica indene de indenizar; todavia, sua responsabilidade será impura, porque, então, terá como exercitar seu direito de regresso contra o culpado.

Daí constar no art. 1.744, sob análise, e no seu inciso I, que a responsabilidade do juiz, no caso de que cuida, é direta e pessoal, pois ao magistrado cabe, indiscutivelmente, nomear tutor, quando necessário, e no momento oportuno. É um dever fundamental seu.

No inciso II do mesmo art. 1.744, com o casuísmo nele apresentado, está presente a responsabilidade subsidiária do juiz quando não tiver exigido garantia legal do tutor nem o removido em caso de sua suspeição. Ora, nesses casos, a comprovar-se a negligência do magistrado, estaremos diante de ato ilícito seu, que não justifica o benefício de ordem que lhe dá esse dispositivo legal. Portanto, sua responsabilidade deveria ser solidária e não subsidiária.

Essa negligência pode chegar às raias de culpa grave, comparada ao dolo, por exemplo, quando existem provas indiscutíveis de comportamento suspeito do tutor, não sendo ele removido pelo juiz.

26 Termo de entrega de bens

O *caput* do art. 1.745 do Código Civil, com melhor redação, reproduz quase integralmente o art. 423 do Código Civil de 1916.

O parágrafo único desse mesmo art. 1.745 é inovação do atual Código Civil e será, adiante, comentado.

Para garantir o menor, determina o Código Civil (atual e antigo) que o tutor, ao receber bens do tutelado para administrá-los, assine, nos autos, termo especificado dessa entrega, onde devem ser discriminados esses bens, com seus respectivos valores.

Esse termo deve ser lavrado no processo em que houver a nomeação do tutor.

É importante que essa especificação de bens seja a mais completa possível, com a descrição de cada coisa, com dimensões, estado em que se encontra, local de sua existência etc., participando desse levantamento ou inventário, diretamente, o tutor que poderá impugnar e propor alterações desse elenco e de seu valor, junto ao juiz do processo.

Esse termo deve ser feito, mesmo que conste, expressamente, que os pais do menor o dispensaram. Tal dispensa pode ocorrer, por exemplo, em um testamento, em que os pais indiquem o tutor e sua dispensa.

27 Prestação de caução

Ao abolir a hipoteca legal entre as garantias da atuação tutelar, muito rigorosa, existente no Código Civil de 1916, o art. 2.040 das Disposições Finais e Transitórias do atual Código Civil possibilita o cancelamento de hipoteca legal, inscrita nos moldes do inciso IV do art. 827 do Código Civil anterior, obedecendo ao disposto no parágrafo único do art. 1.745 em estudo.

Esse parágrafo único, sob exame, possibilita ao juiz condicionar o exercício da tutela à prestação de caução bastante, se o patrimônio do menor for de valor muito alto, podendo o magistrado até dispensá-la se o tutor for de reconhecida idoneidade.

Pelo visto, o cancelamento da hipoteca legal, anteriormente feita, pode ser total, sem outra medida assecuratória diante do exercício da tutela, se o tutor for idôneo.

Para que se aplique esse dispositivo legal às novas situações, é preciso que, primeiramente, exista esse muito valioso patrimônio do pupilo; então será faculdade do juiz (poderá o juiz...) condicionar o exercício da tutela à prestação de caução suficiente a que essa garantia ocorra. Em segundo lugar, pode ainda o juiz dispensar essa garantia (caução), se estiver plenamente reconhecida a idoneidade do tutor. Mormente tendo-se em conta as restrições que a lei estabelece quanto à administração tutelar.

Como se nota, esse último dispositivo dá ao juiz maior condição de avaliar as situações de cada caso, determinando, ou não, a necessidade de caução.

28 Bens do menor e seu sustento

O art. 1.746 do Código, incorporando, com melhor redação, o art. 425 do Código Civil de 1916, considera a possibilidade do autossustento e educação do menor, com o próprio rendimento de seus bens.

Desse modo, se o tutelado tiver bens, não é justo que o tutor tenha dispêndio em sustentá-lo e educá-lo. O juiz decidirá, em cada caso, de acordo com as circunstâncias.

Pode acontecer que o menor tutelado não tenha bens para seu sustento e educação; nesse caso, para não arcar o tutor com esses encargos, pode pedi-los aos parentes do tutelado.

Como os consanguíneos próximos devem-se, mutuamente, alimentos, em sentido genérico, por força do Direito natural e do art. 1.694 do atual Código Civil (art. 396 do Código de 1916), o tutor, ao pedir esses alimentos, deverá escudar-se no aludido preceito legal.

Se os parentes do menor também não possuírem bens, ou não existirem esses parentes consanguíneos até o quarto grau (art. 1.839 do atual CC), deverá ser o tutor sobrecarregado o mínimo possível, sem riscos, principalmente ao sustento e à educação do tutelado, devendo, neste caso, o menor ser matriculado em escola pública em que possa instruir-se e aprender profissão, que lhe possa propiciar o indispensável para uma vida digna.

O tutor e o juiz deverão considerar, sempre, as melhores condições de educação e de trabalho ao menor tutelado. Em última análise, deve ser a internação deste em estabelecimento público, da categoria asilo, pois o convívio dos habitantes desses lugares fica ao desabrigo, no mais das vezes, de um carinho próximo, que possa lembrar-lhes o aconchego do lar.

29 Arbitramento das despesas do menor

O art. 1.746 sob exame estabelece que o juiz deverá arbitrar as despesas do tutelado, quando este tiver bens, e na proporção destes, no sentido de sustentá-lo e de educá-lo.

O mesmo poderá dizer-se de terceiro, quando deixa, por testamento, legado a órfão, com direito de fixar quantias que deverão ser utilizadas no sustento e educação deste, fixação que também fica sujeita à revisão e à apreciação do juiz, que, a final, é o árbitro decisivo sobre o assunto[24].

Arremata Carvalho Santos, com fundamento em acórdão do Tribunal de Justiça de São Paulo, de 14 de dezembro de 1931[25]: "Presume-se que o tutor dispensa qualquer remuneração pelo encargo de criar e educar o órfão se se trata de parente próximo e deixa o tutor de requerer o arbitramento da quantia necessária para esse fim, durante anos seguidos, máxime se o tutelado lhe presta serviços".

Mas, em assim sendo, também não pode o tutelado exigir qualquer salário pelos serviços prestados, por isso que aí, em tal caso, os seus salários constituem uma compensação dos trabalhos e despesas que a sua educação e criação acarretaram ao tutor.

30 Outras atribuições do tutor

O art. 1.747 aproveita o texto do art. 426 do Código Civil de 1916, com seus quatro incisos, e acrescenta o inciso V, que é o inciso V do art. 427 do Código anterior. Tudo com melhor redação.

Pondero, inicialmente, que o art. 1.740 do Código, já comentado, refere-se a cuidados quanto ao menor, à pessoa.

Destaco, ainda, que o também já comentado art. 1.741 cuida do exercício, pelo tutor, da administração dos bens do tutelado, que deve ocorrer, "sob a inspeção do juiz". Cuidados, portanto, com o patrimônio do tutelado.

No art. 1.747 do Código, volta este a mostrar a competência do tutor ("Compete mais..."), de ordem pessoal e patrimonial.

Quanto à atuação do tutor, como substituto do pai e da mãe do menor, de ordem pessoal, acrescenta-se (inciso I) que o menor absolutamente incapaz, ou seja, menor de

---

24. SANTOS, J. M. de Carvalho. *Código Civil brasileiro interpretado* cit., v. 6, p. 294-295.
25. *RT* 81/246.

dezesseis anos, será representado; e que o menor relativamente incapaz, até o complemento dos dezoito anos de idade, será assistido pelo tutor.

No inciso II desse mesmo artigo, fica o tutor incumbido de receber as rendas e pensões do menor, e, ainda, as importâncias a ele devidas. Neste caso, portanto, está o tutor autorizado a dar quitação pelo recebimento.

Cuida esse art. 1.747, ainda, no seu inciso III, de autorizar o tutor a realizar despesas de subsistência e de educação do tutelado, justamente para que ele possa incumbir-se da educação do tutelado, de sua defesa e de seu sustento, como se declara no inciso I do art. 1.740. O tutor fica, ainda, pelo mesmo inciso III, autorizado a realizar despesas com a administração, conservação e melhoramentos no patrimônio do tutelado, para cumprir o disposto no art. 1.741 do atual Código.

Já acentuei, ao comentar o art. 1.741, que a administração dos bens do tutelado está sujeita "a inspeção do juiz". Aliás, essa exigência é legal.

Poderia parecer que, no inciso III do art. 1.747, este preceito estaria em choque com o do art. 1.741, pois naquele a administração estaria fiscalizada e neste não. É preciso atentar que a administração de bens do tutelado, constante do art. 1.741, é de caráter geral. Já quanto à administração prevista no aludido inciso III, sob foco, o legislador refere-se à criação de despesas que possibilitem os atos de administração, conservação e melhoramentos (certamente, aqui, as benfeitorias necessárias e, em alguns casos, úteis).

Todavia, o inciso IV dá ao tutor certa independência quanto à alienação dos bens do menor, destinados à venda. Aqui, sem dúvida, enquadrar-se-ia, por exemplo, a venda dos produtos de uma fazenda: frutas, colheitas etc. Entretanto, não sendo atos de simples administração, entendo de prudência que se submeta a negociação à "inspeção judicial", obtendo-se autorização para essa venda, mormente se for de grande valor o bem a ser alienado.

De qualquer modo, esses bens destinados à venda são, na verdade, produtos; não se referindo o legislador, desde o Código de 1916, aos bens que compõem o patrimônio do menor, ou seja, a sua fonte de renda. Refere-se o Código, assim, aos bens que, já sendo produtos, precisam ser vendidos para serem convertidos em dinheiro, com certa brevidade, para que não se deteriorem, com prejuízos ao tutelado[26].

Causa estranheza, entretanto, a inclusão do inciso V no art. 1.747, ora comentado, com a simplificação do texto que constava no art. 427 do Código de 1916. É certo que este texto era um tanto retrógrado, pois exigia que o arrendamento dos bens de raiz do tutelado fosse feito "mediante praça pública". Esta expressão necessitava, mesmo, de ser eliminada. Contudo, o *caput* do art. 427 do Código de 1916 determinava a necessidade de que os atos do tutor, nele desfilados, fossem sempre precedidos de autorização judicial.

Nesse ponto, parece existir aparente contradição com o texto do art. 1.741, em que a administração deva existir "sob inspeção do juiz". No ato de administrar está

---

26. SANTOS, J. M. de Carvalho. *Código Civil brasileiro interpretado* cit., v. 6, p. 299.

certamente o de arrendar e de receber aluguéis; daí o texto anterior exigir a aludida "autorização do juiz", que eu entendo ainda existente, pois, como disse ao comentar o aludido art. 1.741, pode o tutor alugar por preço muito baixo, ou por tempo muito longo, prejudicial ao menor, em um regime inflacionário em que vivemos, ou ainda para favorecer um amigo. Tanto é verdade que no inciso V do artigo sob estudo está a frase do legislador: promover o arrendamento de bens de raiz, "mediante preço conveniente". Ora, se o preço ou aluguel não for do interesse do menor, não for conveniente, ele será ineficaz, correndo esse risco também o arrendatário, que ficaria sujeito a uma revisão no valor locacional. Daí ser mais fácil pedir ao juiz que autorize a contração, segundo a proposta do arrendatário e a concordância do tutor com seus termos e condições do negócio.

31 Competência do tutor com autorização judicial

O art. 1.748 do Código aproveita-se, parcialmente, de textos do art. 427 do Código de 1916, com acréscimo do parágrafo único.

Os incisos I, II (primeira parte) e V do art. 427 do Código anterior foram deslocados ao art. 1.747, já comentado.

O legislador do atual Código Civil cuida, no art. 1.748, de hipóteses de atuação tutelar, de muita importância e risco para o menor tutelado e que possa a ele ocorrer prejuízo. Daí, nesses casos, dever estar presente o juiz, para uma fiscalização mais direta; devendo ser consultado, antes, pelo tutor, para que lhe seja dada, ou não, autorização judicial, para a prática de determinado ato ou negócio jurídico.

Assim, não pode o tutor, sem autorização judicial, pagar as dívidas do menor (inciso I). O juiz precisa verificar se a dívida é legítima e se está correto o seu montante. Não pode, também, o tutor contrair dívida, nem empréstimo, em nome do tutelado, e muito menos gravar o patrimônio do pupilo, sem a mesma autorização judicial. No caso de empréstimo deve o juiz decidir sobre os ônus criados para o menor, por exemplo, correção do valor mutuado, taxa de juros e prazo para pagamento, e principalmente as condições do menor arcar com a obrigação de restituir o bem mutuado.

Se o gravame for estabelecido por iniciativa do tutor, sem essa autorização o ato será anulável. Mesmo nesse caso, não poderá o menor locupletar-se, sem causa; nem pode, em face da anulabilidade, tirar vantagem da situação criada ou apropriar-se do alheio.

Por outro lado, é imprescindível também autorização judicial para que possa o tutor aceitar, pelo tutelado, heranças, legados ou doações, ainda que com encargos (inciso II). Aqui a proibição de aceitar o tutor qualquer liberalidade em favor do menor, sem a devida autorização, pois podem existir nesses atos ou negócios posições desfavoráveis ao beneficiário, que, em certos casos, pode assumir, indiretamente, encargos que pesem sobre o bem da liberalidade, muito superiores ao seu valor, por exemplo, imóvel de difícil acesso, com impostos em atraso etc.

Do mesmo modo a transação (inciso III), pois implica ela concessões recíprocas, que podem acarretar desvantagens e até prejuízos ao transator tutelado. Na transação podem ocorrer disposições, alienações patrimoniais ou renúncias que implicam perda patrimonial ou de direito.

Considere-se, ainda, que a transação, por conter "concessões mútuas" (art. 840 do atual Código; art. 1.025 do Código de 1916), por determinação do art. 848 do atual Código (art. 1.026 do antigo) será nula, se for nula qualquer de suas cláusulas. Por tal razão, é indivisível a transação, vale como um todo, não podendo fracionar-se.

A lei quis tornar indivisível a transação porque ela implica renúncias que não podem valer senão no seu todo, para que não seja instrumento de injustiças.

O parágrafo único desse artigo admite a validade isolada de uma transação, quando existirem outras, embora nulas, mas porque aí cogita o legislador de várias transações autônomas, completamente independentes entre si (nos dois Códigos Civis)[27].

No inciso IV, cuida o legislador da venda de bens móveis, cuja conservação não seja mais conveniente, e de bens imóveis, nos casos permitidos.

Há casos em que a manutenção de coisa móvel é dispendiosa, chegando a causar danos ao tutelado. É o caso, por exemplo, de um boi de raça, que participa de competições e que não tem valor como reprodutor, com custeio muito oneroso.

Outras vezes, não convém a manutenção de imóveis de conservação dispendiosa, de difícil possibilidade de uma arrecadação vantajosa e, por serem antigos, encontram-se em fase de deterioração.

Nesse caso de venda de imóveis, deve ser observado o disposto no art. 1.750, adiante comentado, em que consta essa possibilidade de venda dos mesmos, desde que exista "manifesta vantagem" do tutelado.

Também é vedada ao tutor, salvo se devidamente autorizado pelo juiz, a propositura de ações judiciais ou nelas assistir o tutelado, promovendo todas as diligências em seu interesse, bem como defendendo-o nas ações que lhe forem contrárias.

Tenha-se presente o parágrafo único desse art. 1.748, sob comentário, que possibilita a confirmação ou ratificação ulterior, pelo juiz, quando o ato do tutor não for precedido de sua autorização.

Isso quer dizer que a falta desta não implica a nulidade do ato do tutor, mas sua anulabilidade, caso não exista a mencionada confirmação ou aprovação posterior.

32 Atuações nulas do tutor

O art. 1.749 do Código, com melhor redação e simplificação, acolheu o texto do art. 428 do Código de 1916, cuidando de proibições à atuação do tutor, sob pena de nulidade.

No artigo em análise, as vedações nele apontadas apresentam-se com caráter absoluto de invalidade, ainda que o juiz autorize a prática das hipóteses ali configuradas. A

---

27. Ver, a propósito, AZEVEDO, Álvaro Villaça. *Curso de direito civil*: teoria geral das obrigações. 8. ed. São Paulo: Revista dos Tribunais, 2000. p. 191-199, especialmente p. 194.

proibição está imperativamente mostrada, indene de dúvida, na expressão: "Ainda com a autorização judicial, não pode o tutor...".

A proibição, contida no inciso I, evita que o tutor abuse de sua posição, para enriquecer-se com o patrimônio do tutelado, simulando aquisições onerosas, afastando interessados do praceamento dos bens do menor etc.

Pelo inciso II, não pode o tutor, em qualquer situação, ainda que autorizado judicialmente, dispor dos bens do menor, gratuitamente.

Ora, é normal tal regra, pois somente o titular do direito de propriedade pode, com o que é seu, doar, ceder gratuitamente, renunciar créditos ou recebimentos. O tutor tem poderes que não excedem o de simples administrador.

Por sua vez, finalmente, estabelece-se, no inciso III, que o tutor não pode constituir-se cessionário de crédito ou de direito contra o menor, pois estaria obtendo vantagem própria em detrimento do tutelado.

Todos esses negócios ou atos serão absolutamente nulos, pois se enquadram na categoria dos ilícitos (art. 166 do novo Código; art. 145 do Código de 1916).

O art. 1.750 do Código Civil incorporou o art. 429 do Código Civil de 1916, eliminando a última expressão deste último ("e sempre em hasta pública").

Destaca-se, no artigo sob estudo, que os imóveis dos menores sob tutela somente podem ser vendidos quando houver manifesta vantagem ao tutelado.

Se o imóvel pertencer em parte ao menor, como no caso do condomínio, não se pode negar a possibilidade da venda dessa cota ideal ao tutelado. Deve-se, entretanto, aplicar o regramento do condomínio, em especial o art. 504, que atine ao direito de preferência.

O importante é deixar claro, nessa feita, que é indispensável a existência do exercício desse direito de preferência, na coisa indivisível, observando-se, inicialmente, o preceituado no art. 1.322 do atual Código Civil (art. 632 do Código antigo, que não continha o parágrafo único do art. 1.322 do Código atual):

> Quando a coisa for indivisível e os consortes não quiserem adjudicá-la a um só, indenizando os outros, será vendida e repartido o apurado, preferindo-se, na venda, em condições iguais de oferta, o condômino ao estranho, e entre os condôminos aquele que tiver na coisa benfeitorias mais valiosas, e, não as havendo, o de quinhão maior. Parágrafo único. Se nenhum dos condôminos tem benfeitorias na coisa comum e participam todos do condomínio em partes iguais, realizar-se-á licitação entre estranhos e, antes de adjudicada a coisa àquele que ofereceu maior lanço, proceder-se-á à licitação entre os condôminos, a fim de que a coisa seja adjudicada a quem afinal oferecer melhor lanço, preferindo, em condições iguais, o condômino ao estranho.

O direito de preferência cogitado será aplicado no caso de ser vendida cota dessa coisa indivisível.

33 Débito do menor ao tutor anterior à tutela

O art. 1.751 do Código incorpora o texto do art. 430 do Código de 1916.

Por esse art. 1.751 (antigo art. 430), o tutor deve declinar o que o menor lhe deve, não podendo exercer seu direito de cobrança enquanto estiver na função de tutoria.

A cobrança desse crédito, portanto, fica neutralizada nesse período. Não haverá renúncia ao crédito, mas suspensão temporária de seu exercício. Esta me parece a melhor interpretação.

Se o futuro tutor não declarar esse crédito, individuadamente (origem, condições de pagamento, vencimentos e montante, por exemplo), e iniciar o exercício da tutela, sabendo da existência dessa dívida do menor, estará praticando ato ilícito, sofrendo todas as consequências do mesmo.

34 Responsabilidade civil do tutor e reembolso por despesas

O art. 1.752 do Código Civil inovou, em grande parte. Tomou o texto do art. 431 do Código de 1916, alterando sua redação e na parte final do caput incluindo melhor texto e mais justo.

Substituiu-se o parágrafo único por dois parágrafos em que se introduziu a figura do protutor com gratificação ao tutor e ao protutor, fixando-se a responsabilidade solidária do protutor e de outras pessoas incumbidas de fiscalizar sua atividade.

Tornando o texto com melhor redação, o art. 1.752 cuida da responsabilidade civil do tutor, quando praticar ato ilícito, seja culposo, seja doloso, causando ao tutelado prejuízo. Esse preceito nem precisaria estar reeditado nessa situação da tutela, pois é de caráter geral, pois todo aquele que comete ato ilícito (art. 186 do atual Código e art. 159 do Código de 1916) ou abusivo (art. 187 do atual Código) deve indenizar os danos decorrentes de natureza material e moral. Remeto ao que ali comentado.

O tutor, que deve empregar no exercício da tutela toda diligência e cuidado de um bom pai de família, pode responder civilmente, também, perante terceiros, pelos atos ilícitos de seu tutelado, quando este estiver em sua guarda e companhia. Realmente, reza o art. 932 e inciso II do atual Código Civil (art. 1.521, *caput* e II, do Código de 1916) que são responsáveis pela reparação civil o tutor e o curador, pelos pupilos curatelados, que estiverem sob sua autoridade e em sua companhia. O tutor, assim, está obrigado a vigiar o tutelado, atuando com *culpa in vigilando* se não o fizer.

Ao lado da responsabilidade do tutor pelos prejuízos que possa causar ao tutelado, embora sem ter direito de usufruto sobre os bens do tutelado, tem ele direito de ser reembolsado pelas despesas que fizer no exercício da tutela, a não ser no caso de tutoria de menores abandonados, que, se não recolhidos a estabelecimento público, ficarão sob tutela de voluntários e que exerçam essa função gratuitamente, sendo encarregados da educação do menor (art. 1.734 do atual Código; art. 412 do Código de 1916).

Veja-se, mais, como mostrei ao comentar o art. 1.744 do atual Código (art. 421 do Código de 1916), que o juiz pode, também, ser responsabilizado quando não atender as exigências desse dispositivo legal. Remeto ao que ali comentado.

35 Remuneração do tutor e do protutor

No final do *caput* do art. 1.752, cuidou o legislador do atual Código Civil da remuneração do tutor, não se utilizando da expressão "gratificação por seu trabalho", como constava do art. 431 do Código de 1916, mas, de modo mais justo, atribuindo ao tutor remuneração proporcional ao valor dos bens administrados.

Chama-se vintena essa gratificação, por ser a vigésima parte dos rendimentos do menor.

Em algumas legislações estrangeiras, a tutela é gratuita. No Brasil ela é remunerada, devendo o juiz fixar o seu valor, de acordo com os rendimentos do tutelado. Todavia, sendo pobre este, a tutoria deverá ser gratuita.

Essa fixação de gratificação, que prefiro chamar de remuneração, será judicial, se os pais do menor não a tiverem fixado. Ela deve ser proporcional ao valor dos bens do menor, acentua a parte final do *caput* do art. 1.752.

Por seu turno, o protutor, admitido no atual Código Civil em seu art. 1.742, já analisado, terá, também, arbitrada, em seu favor, uma "gratificação módica", para fiscalizar os atos do tutor (§ 1º do art. 1.752 do atual Código).

A responsabilidade é solidária dos envolvidos no prejuízo (§ 2º do art. 1.752)

36 Bens do tutelado em poder do tutor

O Código Civil de 1916, em seus arts. 432 e 433, cuidava dos bens dos órfãos. O atual Código trata dos bens do tutelado, utilizando-se de expressão mais adequada.

O art. 1.753 do Código, reproduzindo grande parte do art. 432 do Código de 1916, guarda, praticamente, o sentido deste último.

Por outro lado, seu texto é muito mais adaptado às condições de vida atual, como adiante demonstrado.

Em garantia do tutelado, os tutores não podem conservar dinheiro deste em seu poder, a não ser o que for indispensável ao pagamento das despesas normais com o sustento e a educação do mesmo tutelado e a administração de seus bens; é o que reza o *caput* do art. 1.753.

Esse texto tem em mira evitar que o tutor se aproveite de dinheiro do tutelado, utilizando-se dele em proveito próprio ou fazendo aplicações etc.

O tutor deverá ter soma em dinheiro que baste para as aludidas despesas essenciais do pupilo, devendo utilizá-la logo, sob pena de dever aplicá-la, com rendimento ao tutelado, para que se evite o fenômeno da inflação sempre ocorrente. Por essa razão que os depósitos dos tutelados devem ser feitos em contas correntes especiais, que rendam juros e correção monetária, nos mencionados estabelecimentos bancários oficiais.

Como as despesas de sustento, de educação e de administração são previsíveis quanto à época de seu pagamento, é conveniente que sejam orçadas pelo tutor, para que este possa obter autorização judicial para pagamento desses valores, a seu tempo, sem riscos ao tutelado.

O casuísmo toma conta desse dispositivo legal, em seu § 1º, apegando-se a fórmulas do passado, completamente ultrapassadas.

Fala-se em necessidade de venda de objetos de ouro e prata (e não se fala em outros metais preciosos, como a platina etc.).

Fala-se, ainda, em pedras preciosas e móveis... Bastaria ao artigo referir-se a objetos de valor.

Nesse caso, só é aconselhável a venda de qualquer desses objetos, estritamente em caso de necessidade, para que tanto quanto possível se preserve essa reserva de bens, tão rara em nossos dias.

Qualquer outra importância em dinheiro, que vier a receber o tutelado, deverá ser objeto do depósito previsto no parágrafo anterior, assenta o § 2º.

Ao tutor é bom manter o dinheiro do tutelado, em seu poder, sempre que possível em conta corrente com aplicação, para salvaguardar-se da acusação de enriquecimento ilícito ou indevido.

Isso porque são os tutores responsáveis civilmente, caso não apliquem os mencionados valores. Sua responsabilidade será pela presumida utilização do dinheiro do tutelado. O § 3º do artigo em análise é categórico em afirmar essa responsabilidade pela simples demora nessa aplicação.

Mesmo que o tutor comprove que não utilizou esse dinheiro, tal prova é despicienda, pois o que visa a lei não é relativo ao tutor, se agiu ou não em seu proveito, mas é a falta de rendimento, pelo tutelado, pela ausência de referida aplicação.

O prejuízo do menor, pela falta de aplicação de seu dinheiro, corresponde à desvalorização deste e à perda dos juros legais.

37 Conversão em títulos, obrigações ou letras

Entendo que, a par da cautela de vender bens do menor em casos de extrema necessidade, a conversão do produto dessa venda em títulos, obrigações e letras de responsabilidade direta ou indireta da União e dos Estados, atendendo-se preferencialmente sua rentabilidade, é um tanto arriscada. Também arriscada é a aplicação em Bolsas de Valores ou de mercadorias.

Esses títulos podem dar rendimentos até de alto valor, porém sofrem oscilações, às vezes, muito fortes, levando ao risco, ao lotérico, o patrimônio do menor. Assim, podem ocorrer crises governamentais, sociais ou empresariais. Em certas ocasiões, nem ações de grandes empresas resistem a esses embates econômico-financeiros, quando isso também ocorre em razão de desfalques e de más gestões.

Nesse caso, embora o § 1º do art. 1.753 recomende venda de "objetos de ouro e prata, pedras preciosas...", entendo que esses bens devem ser alienados, em extrema situação de necessidade do menor, porque são eles os que menos sofrem riscos de desvalorização. O que não tem cabimento é vender ditos bens para converter seus valores em títulos, papéis, que não merecem a mesma confiabilidade.

38 Retirada de valores depositados oficialmente

O art. 1.754 do Código Civil reedita, com melhor redação, o art. 433 do Código de 1916.

Para que os valores depositados nos aludidos estabelecimentos bancários oficiais, em nome do tutelado, sejam levantados, total ou parcialmente, é necessária ordem judicial (autorização).

O inciso I do art. 1.754 refere-se ao levantamento das despesas necessárias, para que o tutor possa providenciar o sustento, a educação do tutelado e a administração de seus bens. Nem seria possível que tal não se desse, pois, como comentei, anteriormente, essas despesas são vitais à pessoa do menor e indispensáveis à manutenção de seu patrimônio, conforme o caso.

Nessa situação, o juiz deverá analisar as circunstâncias do momento da realização desse pedido tutelar.

O mesmo acontece na hipótese do inciso II, na compra de imóveis, títulos, obrigações ou letras, nas condições mencionadas no § 1º do art. 1.753.

Nesse ponto, entendo não taxativa a enumeração constante desse inciso, pois são inúmeras as compras que podem ser realizadas no interesse do menor, sempre com a máxima segurança na salvaguarda dos interesses do tutelado.

Já a hipótese do inciso III é específica, devendo o tutor cumprir a vontade do doador ou do testador, que, respectivamente, doaram ou testaram, em favor do menor, com expressas determinações. É o caso, por exemplo, de quem doa ou testa ao menor dinheiro para que ele realize um curso, uma pesquisa, ou alguma outra atividade etc. Pode, ainda, essa doação ou deixa, por exemplo, objetivar a aquisição de um bem ou de um serviço, em benefício do menor.

Na hipótese do inciso IV cuida-se de casos de cessação da tutela. É lógico que, cessada esta, todos os bens do menor têm de lhe ser entregues. Assim, quando o menor é emancipado, entre os 16 e 18 anos, quando completar sua maioridade aos 18 anos, ou, ainda, quando morto o tutelado, seus bens devem ser entregues aos seus sucessores (herdeiros), cumpridas as exigências da lei.

Nesses casos, de emancipação e de complemento de maioridade, o próprio ex--tutelado pode ter acesso direto à sua conta corrente, junto à instituição bancária. No caso de sua morte, terá de ser aberto seu inventário, para que os bens sejam devidamente partilhados aos seus sucessores. Não se cuida, propriamente, de entrega de bens, como resta evidente.

39 Prestação de contas do tutor

O art. 1.755 do Código aproveita o texto do art. 434 do Código de 1916, com ligeira alteração simplesmente redacional.

Esse dever de prestar contas é inarredável. A norma constante desse art. 1.755, como a do art. 434 do Código anterior, é imperativa, cogente, de ordem pública. Desse modo, nem o juiz poderá dispensar esse dever, por mais correto que tenha sido o tutor no desempenho de sua função.

Pela prestação de contas poderá o juiz detectar irregularidades em detrimento do tutelado, podendo responsabilizar o tutor.

A prestação de contas deve ser apresentada pela forma mercantil.

Deve descrever o ativo e o passivo, fazendo as comprovações documentais possíveis, justificando-as, se necessário.

Também quanto à prestação de contas, o art. 1.757 do Código reproduz, quase integralmente, o art. 436 do Código de 1916.

Por esse artigo, o tutor é obrigado a prestar contas de dois em dois anos. Cuida-se, nele, da prestação propriamente dita, que deve ser apresentada pelo tutor, cumprindo todos os requisitos legais e nos moldes como demonstrei atrás, nos comentários ao art. 1.755 do Código Civil, a que reporto o leitor.

Devendo, como visto, as contas ser apresentadas sob forma mercantil, contabilmente, descrevendo-se o ativo e o passivo, justificando-se este com o aporte documental comprobatório das atividades do tutor, dos créditos apresentados, dos débitos evidenciados, essa prestação de contas deve obedecer aos procedimentos traçados nos arts. 550 e seguintes do Código de Processo Civil.

Essa ação compete não só a quem tem o direito de exigir a prestação de contas, como a quem tem obrigação de prestá-las.

Mostra, mais o art. 1.758: "Finda a tutela pela emancipação ou maioridade, a quitação do menor não produzirá efeito antes de aprovadas as contas pelo juiz, subsistindo inteira, até então, a responsabilidade do tutor".

A responsabilidade do tutor, portanto, vai até a última aprovação de suas contas ou enquanto pender recurso de sua aprovação.

É certo que cessa a incapacidade do menor, por emancipação, que pode ocorrer nos casos previstos em lei, entre os 16 e 18 anos de idade, ou por complemento da maioridade, aos 18 anos de idade. Com isso, torna-se o tutelado, plenamente, habilitado a todos os atos da vida civil (art. 5º do atual Código).

Por sua vez, o art. 1.759 do Código Civil incorpora, integralmente, o texto do art. 438 do Código de 1916. Cuida ele da prestação de contas em caso de morte, ausência ou interdição do tutor.

Em se tratando de ausência do tutor, não se tem certeza de que ocorreu sua morte, daí por que, não havendo herdeiros, a ele é nomeado curador (de ausente). Esse curador, assumindo a administração patrimonial do tutor ausente, estará responsável, por este, à aludida prestação de contas.

Como o ausente presume-se morto, porque desapareceu de seu domicílio sem que dele se tenham notícias, é possível que ele retorne reinvestindo-se em sua função. É o caso de alguém que é dado como morto, por trabalhar em um edifício que se incendiou, e que, tendo feito uma viagem, sem ingressar nesse edifício, retorna, um mês depois, a seu domicílio, voltando dessa viagem de que ninguém teve notícias.

Eu, pessoalmente, entendo que, em matéria de ausência, não há que se falar em incapacidade, mas de impossibilidade da prática de atos. O ausente pode estar morto e, assim, não poderá ser considerado incapaz; pode o ausente, por outro lado, ter perdido a memória e estar em outro local, praticando atos e negócios jurídicos válidos, pelo que não poderá também ser considerado incapaz.

Nesse caso, cuida-se de impossibilidade jurídica de atuação.

Sendo declarado interdito o tutor, torna-se ele incapaz, devendo a ele ser nomeado curador, a quem incumbirá a responsabilidade de prestar contas ao tutelado (curatelado).

Todas essas providências devem ser tomadas, para suprimento das impossibilidades ou incapacidades existentes, com a máxima urgência possível, para que não sofra prejuízo o tutelado. O juiz deve decidir o que for melhor ao interesse do menor, evitando solução de continuidade na administração dos negócios deste, por exemplo, determinando que se pague dívida próxima de seu vencimento, para evitar prejuízos, como pagamento de juros, correção monetária, multa etc.

O tutor deve incluir em sua prestação de contas seu alcance (sua dívida) e saldo devedor do tutelado que são considerados, pelo art. 1.762 do atual Código, dívidas de valor, que vencem juros desde o julgamento definitivo das contas.

Sendo débitos vencidos, da mesma natureza (dinheiro), reciprocamente entre tutor e tutelado, entendo que podem ser compensados.

O art. 1.762, sob estudo, inseriu importante locução, para declarar os aludidos débitos recíprocos, do tutor junto ao tutelado e deste junto àquele, como de valor.

Tive[28] oportunidade de diferenciar o que seja dívida em dinheiro e dívida de valor. Dívida de valor é o pagamento de soma de dinheiro, que representa determinado valor, pois esse dinheiro não é, por sua valia nominal, o objeto da prestação, mas sim o meio de medi-lo, de valorá-lo.

Dívida em dinheiro é a que se representa pela moeda considerada em seu valor nominal, ou seja, pelo importe econômico nela consignado.

Na primeira, o dinheiro valora o objeto; na segunda, esse objeto é o próprio dinheiro.

Acrescentem-se a esse rol de despesas essenciais as relativas à saúde do tutelado.

---

28. AZEVEDO, Álvaro Villaça. *Curso de direito civil*: teoria geral das obrigações e responsabilidade civil. 12. ed. São Paulo: Atlas, 2011. p. 121-122.

O texto do art. 1.761 do Código Civil é o mesmo do art. 440 do Código de 1916. Consta nesse artigo que o tutelado deve arcar com as despesas com a prestação de contas de seu tutor.

O maior interessado na prestação de contas, em razão da tutela, é o tutelado. Não seria justo, para satisfazer uma imposição legal, no exclusivo interesse do menor, que tivesse ele que pagar as despesas com essa providência tutelar.

40 Balanço anual

O art. 1.756 do Código Civil apresenta o mesmo texto do art. 435 do Código de 1916.

O balanço anual no artigo ora cogitado não é a prestação de contas, propriamente dita, com as formalidades exigidas no art. 1.757 do atual Código Civil (art. 436 do Código anterior). É, sim, um simples resumo da receita e da despesa da atividade tutelar, nesse período, para que possa o juiz ir acompanhando, com regularidade, a administração dos bens do tutelado[29].

A expressão balanço anual é como se fosse uma prestação de contas resumida ou, no dizer de Pontes de Miranda[30], preparatória.

41 Despesas proveitosas ao menor

O art. 1.760 do Código Civil apresenta a mesma redação do art. 439 do Código de 1916, cuidando das despesas que são feitas pelo tutor, sem autorização do juiz.

Realmente, em certas ocasiões de emergência, muitas vezes o tutor tem que pagar despesas inadiáveis do menor, como pagamento de hospital, pronto socorro, em feriado, sábado ou domingo, em razão de acidente com o menor, entre outros gastos.

Nesses casos, justificadas essas despesas junto ao juízo da tutela, o juiz, reconhecendo-as de proveito, de utilidade e de interesse do menor tutelado, autorizará o respectivo crédito ao tutor, ou se tiverem essas despesas sido pagas com dinheiro deste, o reembolso das mesmas.

Todas essas despesas devem ser comprovadas por recibos, por documentos ou por outro meio de prova admissível. As pequenas despesas sem recibo podem ser facilmente arbitradas, sempre em valores módicos.

42 Cessação da tutela

O art. 1.763 do Código Civil aproveita, quase integralmente, o texto do art. 442 do Código de 1916, abrindo uma sequência de quatro artigos que cuidam da cessação da tutela.

---

29. PONTES DE MIRANDA, Francisco Cavalcanti. *Tratado de direito privado* cit., t. 9, p. 306, § 1.028, n. 2.
30. BEVILÁQUA, Clóvis. Op. cit., p. 342.

Ocorre a cessação da tutela em duas situações: uma, relativa ao tutelado, que será examinada no artigo ora estudado; outra, atinente às funções do tutor, que será comentada, em seguida, ante o art. 1.764.

Com a morte, cessa a tutela, não só para o tutelado como para o tutor, pois, como se enuncia no brocardo, a morte resolve tudo (*mors omnia solvit*).

Por outro lado, as causas extintivas referentes à maioridade, à emancipação, foram analisadas nos comentários já feitos ao art. 1.758 do atual Código Civil, sob o prisma da ineficácia da quitação dada pelo menor em face delas.

Realmente, nada mais há que fazer o tutor, a partir da maioridade do tutelado, que adquire plena capacidade para a prática dos atos da vida civil, a não ser prestar contas de sua gestão.

Portanto, quando o menor atinge 18 anos de idade (maioridade) ou é emancipado entre 16 e 18 anos de idade (emancipação) cessa sua incapacidade, não necessitando, mais, de cuidados tutelares.

Distingue-se, assim, a maioridade da emancipação. A primeira tem termo certo, que é o dia do complemento dos 18 anos (art. 5º, *caput*). Já a emancipação pode resultar de outorga do pai ou da mãe, ou de ambos, ou, ainda, da ocorrência de algumas das hipóteses previstas nos incisos I a V do art. 5º do atual Código Civil. Assim, a emancipação pelo casamento, pelo exercício de emprego público efetivo, pela colação de grau em curso de ensino superior e pelo estabelecimento civil ou comercial, pela relação de emprego, em que o menor com 16 anos completos tenha economia própria.

No regime dos Códigos, de 1916 e do atual, basta a escritura de emancipação (entre 18 e 21 anos e 16 e 18 anos de idade, respectivamente), pelo pai ou pela mãe, ou por ambos, no exercício do poder familiar, averbada no registro de nascimento, para aquisição da capacidade civil.

Além da maioridade e da emancipação, é causa extintiva da tutela cair o menor sob o poder familiar, no caso de reconhecimento ou de adoção.

O poder familiar é incompatível com a tutela, pois os tutores são, por assim dizer, os substitutos dos pais. Todavia, às vezes, a tutela existe quando há suspensão ou perda do exercício do poder familiar. O que quero dizer é que não podem esses institutos, tutela e poder familiar, funcionar juntos. Não existindo exercício do poder familiar, supre essa inexistência a tutela.

Se, entretanto, o menor sob tutela é reconhecido por seus pais, voltam estes a exercer o poder familiar, deixando de existir a tutela.

O mesmo acontece quando um tutelado vem a ser adotado, ganhando, assim, pais adotivos, que vão exercer o poder familiar, obtido *ex iure*, deixando de existir a tutela.

No art. 1.764 cuida o Código, com três causas, da cessação das funções do tutor, nos mesmos moldes que o art. 443 do Código Civil de 1916, com ligeira alteração redacional.

Nesse ponto, trata-se do término das funções do tutor e não da tutela, que permanece.

Desse modo, ocorrendo uma das três hipóteses elencadas nesse art. 1.764 termina a relação tutelar (*ex parte tutoris*), verificando-se, apenas, uma vaga, que será ocupada pelo substituto nomeado.

Sendo a tutela um *munus* público, geralmente gratuito, porque nem sempre o tutelado tem patrimônio de que possa obter meios necessários para a administração tutelar, com remuneração ao tutor, traz em si incômodos na vida do tutor. Daí o tempo, fixado pelo legislador, de dois anos de duração da tutela, conforme art. 1.765 do Código Civil. Esse é o prazo de duração da tutela.

Pode acontecer, entretanto, malgrado o vencimento dos dois anos, que o tutor queira continuar exercendo suas funções; concordando o juiz, poderá fazê-lo. Em complemento destes comentários ao inciso II do art. 1.764, devem ser examinados os já feitos ao art. 1.736 do atual Código (art. 414 do Código de 1916).

Cessam, também, as funções do tutor, se ele for removido.

A remoção ocorre nas hipóteses constantes dos incisos do art. 1.735 e do art. 1.766 do atual Código (respectivamente, incisos do art. 413 e art. 445 do Código de 1916), comentados neste volume.

Assim, a exoneração tutelar ocorre se o tutor, estando incapacitado ou impedido, exercer a tutela. Como visto, quando da análise do art. 1.735 do Código Civil, embora enunciadas hipóteses de incapacidade, em verdade, só a constante do inciso I o é, pois as dos outros incisos são casos de ilegitimidade.

43 Gestão do tutor após a cessação da tutela

Nos casos em que cessar a tutela, como com a maioridade ou a emancipação do pupilo, deverá o tutor cessar sua gestão, fazendo a devida prestação de contas.

Lembra, a esse propósito, Marcel Planiol[31] que, chegada ao fim a tutela, "o tutor deve cessar imediatamente suas funções. Ele não tem mais qualidade para agir, já que não há mais pupilo". Se ele continuar sua gestão, será responsável por esses seus atos e/ou negócios posteriores, devendo deles prestar contas, não mais, porém, na condição de tutor. Entendo que, nesse caso, pode o tutor, em algumas circunstâncias, como pode um mandatário, praticar alguns atos terminativos de negócios ou de situações anteriores, inadiáveis e que não teria condições de praticar o ex-tutelado. Tudo, no sentido de evitar prejuízos a este.

44 Destituição do tutor

O art. 1.766 do Código Civil, com idêntico texto do art. 445 do Código de 1916, trata da destituição do tutor, mencionando três hipóteses causadoras dessa drástica providência: quando negligente, prevaricador ou incapaz.

---

31. *Traité Élémentaire de Droit Civil* cit., t. 1, p. 620, n. 1967.

O tutor, seja de que espécie for, deverá cumprir seus deveres sob inspeção do juiz, em proveito do tutelado, com zelo e boa-fé (art. 1.741 do Código). Assim, deverá o tutor ser diligente, cuidadoso, e comportar-se como um bom pai de família, zelando pelo tutelado e pelo seu patrimônio, como se fosse em benefício de seu próprio filho. Na gestão tutelar, portanto, deve estar presente a probidade e a boa-fé, não só objetiva, comportando-se o tutor corretamente, nos moldes da lei e com boas intenções, mas também subjetiva, em que se encontre o tutor, sempre, no estado de espírito de estar fazendo o melhor ao tutelado.

O art. 1.735 do Código Civil elenca em seus incisos os que não podem ser tutores, sob pena de, exercendo a tutela, serem exonerados (também o art. 413 do Código de 1916). Desse modo, nesse dispositivo legal cogita-se de exoneração.

Por outro lado, o art. 1.764 do Código assenta que cessam as funções do tutor, quando o mesmo é removido (inciso III).

Tanto no art. 1.766, ora estudado, como no art. 445 do Código anterior, fala-se em destituição.

São três verbos: exonerar, remover e destituir, que encontram, nos textos, um significado comum: demitir, retirar, privar de cargo ou de honraria.

A exoneração e a destituição implicam medidas de reprovação ao tutor, que não cumpriu seus deveres ou fê-lo inadequadamente.

A remoção nem sempre existe ante ato ilícito. O Código Civil, pelos artigos indicados, como mostrei em seus comentários, não foi muito fiel ao significado dessas palavras, ora confundindo casos de incapacidade com casos de ilegitimidade e com casos de iliceidade.

Na hipótese prevista no art. 1.766, estudado, o mesmo ocorre, pois negligência e prevaricação são atos reprováveis, ilícitos, e incapacidade é situação de quem não está apto ao exercício da tutela e da prática de atos da vida civil.

No caso de negligência, de simples culpa, tecnicamente utilizado o termo, deveriam considerar-se somente atos ilícitos do tutor.

No tocante à prevaricação do tutor, nenhuma dúvida pode existir quanto à presença do ilícito, nessa atitude, inclusive penal, se for o caso.

A destituição, portanto, no caso de negligência ou de prevaricação do tutor é uma penalidade, que pode levar o tutor tanto à responsabilidade civil como penal.

A remoção, como é de interesse geral, pode ser requerida ao juiz da tutela, por qualquer pessoa interessada, mediante representação do Ministério Público, ou por qualquer interessado que se dirija ao mesmo juízo, denunciando a causa da remoção do tutor, pois, em última análise, cabe ao juiz, quando conhecedor de qualquer irregularidade no exercício tutelar, até *ex officio*, suspender provisoriamente a atuação do tutor e, conforme a prova da irregularidade, destituí-lo, *ad nutum*. Salvaguardando o interesse do menor, ante iminente risco, deverá ser dado ao tutor amplo direito de defesa.

Pode acontecer também de o tutor incorrer em incapacidade, situação prevista no inciso I do art. 1.735 do atual Código Civil (inciso I do art. 413 do Código de 1916), já comentado. Como visto, junto com a hipótese de incapacidade, estão as de ilegitimidade, nos incisos seguintes, todas tratadas como incapacidade do exercício da tutela.

No Direito do Trabalho podem ocorrer também causas de destituição da tutela, por exemplo, se o tutor permite ao menor trabalhar no período noturno (entre 22 e 5 horas), em locais e serviços perigosos, insalubres ou prejudiciais à sua moralidade[32] (arts. 404 e 405 da CLT e art. 7º, XXXIII, da CF).

O art. 403 da Consolidação das Leis do Trabalho, com a redação dada pela Lei n. 10.097, de 2000, proíbe qualquer trabalho de menores de 16 anos de idade, a não ser como aprendiz, a partir dos 14 anos.

Seu parágrafo único estabelece que o trabalho do menor "não poderá ser realizado em locais prejudiciais à sua formação, ao seu desenvolvimento físico, psíquico, moral e social e em horários e locais que impossibilitem sua frequência à escola".

Realmente, o responsável legal do menor empregado não pode deixar de cumprir os deveres de zelar pelo seu bem-estar.

---

32. Lembra VIANNA, Marco Aurélio. *Curso de direito civil*: direito de família. Belo Horizonte: Del Rey, 1993. v. 2, p. 230.

19 CURATELA

1 Conceito de curatela

Embora o conceito de curatela seja muito abrangente, condensa-o Clóvis Beviláqua[1], como "o encargo público, conferido por leis a alguém, para dirigir a pessoa e administrar os bens dos maiores, que por si não possam fazê-lo".

Lembra, ainda, que

> a curatela difere da tutela, porque recai aquela sobre pessoas maiores ou ainda não nascidas, ou se refere, somente, aos bens. A curatela sofre modificações, ante suas diversas modalidades, conforme a necessidade de proteção devida ao curatelado.
>
> A função do curador é a de integrar uma capacidade de agir que a lei ou o juiz, simplesmente, limitou mas não suprimiu. Por isso, diz-se que o curador intervém para integrar a vontade do incapaz[2].

Algumas diferenças, outras, são mencionadas, como faz ver Alberto Trabucchi[3]: "O tutor representa o menor, o curador o assiste; o curador intervém para alguns atos, o tutor sempre; o curador intervém, de regra, somente para relações patrimoniais, o tutor desempenha também funções de caráter pessoal (*tutor datur personae, curator bonis*)".

A curatela procura proteger e defender o incapaz, cuja incapacidade não resulta da idade, mas de outras situações.

2 Espécies de curatela

Classificam-se as diversas espécies de curatela, segundo as pessoas a que esta estejam sujeitas, em três espécies: a curatela dos adultos incapazes; as curatelas destacadas do regime legal do instituto, conforme suas peculiaridades; e as curadorias especiais[4].

---

1. *Código Civil comentado* cit., p. 349.
2. MAZZONI, Cosimo Marco. I Soggetti. In: BESSONE, Mário (coord.). *Istituzioni di diritto privato*. Torino: Ed. Giappichelli. p. 89-122, especialmente p. 103.
3. *Istituzioni di Diritto Civile*. 39. ed. Padova: Cedam, 1999. p. 89.
4. Vários autores, entre os quais DINIZ, Maria Helena. *Curso de direito civil brasileiro* cit., p. 704-712, especialmente p. 704, escudada em Orlando Gomes.

A curatela dos adultos incapazes abrange: 1) a curatela dos psicopatas, alienados mentais e excepcionais, sem completo desenvolvimento mental; 2) a curatela dos toxicômanos; 3) a curatela dos ébrios habituais; 4) a curatela dos que não podem exprimir a sua vontade; e 5) a curatela dos pródigos.

Por outro lado, as curatelas destacadas da disciplina legal do instituto, por suas particularidades, classificam-se em: 1) curatela do nascituro; e 2) curatela do ausente.

As curadorias especiais ou oficiais, por sua vez, distinguem-se por sua finalidade específica[5].

As espécies de curadoria tratadas no atual Código Civil: curatela dos interditos, curatela do nascituro e do enfermo ou portador de deficiência física, e o exercício da curatela serão estudados adiante, quando comentar os arts. 1.767 a 1.783.

3 Pessoas sujeitas a curatela (art. 1.767)

O art. 1.767 do Código Civil escalona as pessoas sujeitas a curatela.

Esse artigo sofreu radical modificação pelo Estatuto da Pessoa com Deficiência (Lei n. 13.146/2015).

Assim, o inciso I desse art. 1.767 determina que se sujeitam a curatela "aquelas (pessoas) que, por causa transitória ou permanente, não puderem exprimir sua vontade", ficando, consequentemente, revogados o inciso II, passando seu texto ao inciso I, e o inciso IV.

Nesse caso, como vimos, cuidam-se de atos ou negócios inexistentes (e não nulos), devendo a curatela processar-se pelo modo da interdição prevista no atual Código de Processo Civil.

Vimos que, saindo do casuísmo do Código Civil, na verdade o que se exige é que o curatelado não tenha condições de manifestar sua vontade.

O surdo-mudo, portanto, só estará sob curatela se não tiver sido educado, apropriadamente, para o fim da manifestação correta de sua vontade. Nem todo surdo-mudo é passível de curatela, não tendo justificativa, assim, se a pessoa não é totalmente surda, capaz de manter conversação com entendimento.

No inciso III, revogado em parte por essa legislação de emergência, retirou-se a expressão "deficientes mentais" e ficou, tão somente, a referente aos ébrios habituais (alcoólatras) e aos viciados em tóxico (toxicômanos), as vezes absolutamente incapazes, conforme laudos médicos, ante o adiantamento do vício.

O inciso IV foi também revogado, retirando da proteção curatelar os excepcionais sem completo desenvolvimento mental que podem também considerar-se incapazes absolutamente.

Nesse caso, ficaram sem proteção curatelar os portadores da Síndrome de Down.

---

5. DINIZ, Maria Helena. *Curso de direito civil brasileiro* cit., p. 704-712.

A meu ver, essa proteção deve ser dada, como visto, na situação de relativamente incapazes.

Por seu turno, permanece o inciso V, que protege os pródigos, que, por sua vez, podem estar em incapacidade absoluta.

Nesses apontados casos, provada medicamente, a incapacidade absoluta, haverá carência de vontade, sem a qual o ato ou negócio será considerado inexistente. Em todos eles a necessidade de processo de interdição, de acordo com o atual CPC.

3.1 Impossibilidade de manifestação da vontade

A Lei n. 13.146/2015 revogou o inciso II desse art. 1.767, passando seu texto para o inciso I, com a seguinte redação: que se sujeitem a curatela "aqueles que por causa transitória ou permanente, não puderem exprimir sua vontade".

Nesse caso, mais do que nulo, o ato ou negócio praticado por esse incapaz é inexistente, pois não existe nele sua parte essencial que é a manifestação da vontade, conforme o inciso I do art. 1.767.

Por outro lado, veja-se que, saindo do casuísmo do Código Civil, na verdade o que se exige é que o curatelado não tenha condições de manifestar sua vontade. O surdo-mudo, portanto, só estará sob curatela se não tiver sido educado, apropriadamente, para o fim da manifestação correta de sua vontade. Nem todo surdo-mudo é passível de curatela, não tendo justificativa, assim, se a pessoa não é totalmente surda, capaz de manter conversação com entendimento.

3.2 Ébrios habituais

Ébrios habituais, objeto de curatela, são aqueles que têm seu entendimento profundamente afetado pelo uso descontrolado de bebida alcoólica (alcoólatras). Por isso, devem ser protegidos pelo instituto de curatela, já que, conforme o discernimento dos fatos, podem ser levados da relativa à absoluta incapacidade. Chegam os ébrios habituais a ter alucinações, que os tornam irresponsáveis por seus atos ou negócios. Assim, quando acometidos de *delirium tremens*, que

> é uma psicose aguda, condicionada pelo alcoolismo, mas que costuma ser desencadeada por múltiplos fatores, tais como traumatismo, intervenções cirúrgicas, infecções, intoxicações alimentares; também desempenha papel importante a carência vitamínica B. Mas sempre é necessário que o organismo esteja sob a ação do alcoolismo crônico, após excessos ou orgias prolongadas. Surge após os 30 anos, depois de três ou quatro anos de alcoolismo crônico[6].

---

6. GARCIA, J. Alves. *Compêndio de psiquiatria*. 3. ed. Rio de Janeiro: Livr. Atheneu, 1954. p. 363 e 362, respectivamente.

3.3 Viciados em tóxicos (toxicômanos)

Quanto à curatela dos toxicômanos, a matéria vem sendo regulada desde o advento do Decreto n. 4.294/21. O toxicômano ficou, então, equiparado ao psicopata, para efeito de sua interdição.

Entretanto, ressalta J. M. de Carvalho Santos[7] que a curatela dos toxicômanos inclui-se entre as interdições variáveis ou limitadas, sendo equiparada à dos surdos-mudos.

Também os atos e negócios desses incapazes podem variar entre a anulabilidade e a nulidade, conforme a natureza da incapacidade, respectivamente relativa ou absoluta.

3.4 Excepcionais sem completo desenvolvimento mental

Dependendo do laudo médico, também, penso que o fraco da mente pode considerar-se, conforme o caso, um excepcional, com desenvolvimento mental incompleto.

Em cada caso, com apoio em trabalho médico, o juiz poderá graduar o estado de desenvolvimento mental do paciente.

Nesse caso, com a revogação do inciso IV do artigo sob estudo, pelo Estatuto da Pessoa com Deficiência, essa categoria não é atualmente passível de proteção cautelar. É o caso do portador da Síndrome de Down.

3.5 Pródigos

A curatela dos pródigos, prevista no inciso V do art. 1.767 do Código Civil (inciso III do art. 446 do Código de 1916), protege aqueles que dissipam, imoderadamente, seu patrimônio, colocando em risco os seus interesses e os de sua família.

O pródigo, em regra, é relativamente incapaz, só sendo impedido de praticar atos de alienação de bens, sem a presença do curador, devidamente autorizado pelo juiz. Pessoalmente, pode ele viver normalmente, sem qualquer restrição, casando-se, exercendo profissão, sendo testemunha etc. Ele é interditado como relativamente incapaz.

Entretanto, em muitos casos, a prodigalidade resulta de estado de insanidade mental do pródigo, devendo, nesse caso, ser interditado como absolutamente incapaz.

De mencionar-se, nesse ponto, caso julgado em 23 de julho de 1945, pela 1ª Câmara Civil do Tribunal de Justiça de São Paulo[8], com a seguinte ementa:

> É válido o contrato feito pelo interdito por prodigalidade se para tanto recebeu procuração do curador seu cônjuge, que assim o assistiu, tornando o ato inatacável sob o aspecto da capacidade do contratante. Ainda quando sobrevenha interdição

---

7. *Código Civil brasileiro interpretado* cit., p. 366-367, n. 7.
8. *RT* 163/656, rel. Des. V. Penteado.

por loucura, o ato é somente anulável provado que ao tempo do contrato já existia a insanidade mental notória ou conhecida de quem contratou com o incapaz. E assim é porque, em tal matéria, a sentença produz efeitos desde a data da prolação, e não da em que se inicia o processo porque ela é modificativa do estado da pessoa e não declarativa de um direito.

A aparência de normalidade, à época da negociação, também, assegura a boa-fé de quem contratou com o interdito.

Os pródigos continuam protegidos pelo Estatuto da Pessoa com Deficiência (Lei n. 13.146/2015) que preservou esse inciso V do art. 1.767 do Código Civil.

3.6 Outras causas de curatela de maiores incapazes

A doutrina tem entendido que a enumeração dos casos de curatela, primeiramente no art. 446 do Código de 1916, atualmente no art. 1.767 do Código Civil, é taxativa, em *numerus clausus*. Também a Jurisprudência acompanha esse entendimento.

Confira-se em caso julgado em 10 de setembro de 1963, pela 1ª Câmara do Tribunal de Justiça do Estado de São Paulo[9], que entendeu, por maioria de votos, ser taxativa a enumeração do citado art. 446, concluindo que nela "não se inclui a velhice, e qualquer debilidade ou insuficiência física ou mental decorrente da mesma". É certo que a velhice, por si só, não é causa para interdição.

Esse o verdadeiro sentido protetivo da curatela, e dos outros institutos, como o poder familiar e a tutela. Prevalece, sempre, o interesse do mais fraco, daquele que necessita de proteção para que não sofra risco de arruinar-se patrimonialmente.

Já à época, Eduardo Espínola Filho antevia a necessidade de alargamento das hipóteses previstas na lei[10].

Realmente, a classificação dessas causas é de ordem médica e não jurídica. O juiz baseia-se em perícia médica em que o médico dirá das condições de serem praticados atos ou negócios da vida civil, por determinadas pessoas, sem que exista risco, principalmente a seus interesses e a seus bens.

Se o paciente tem a sua faculdade de discernir tolhida, mostrando-se sugestionável, impõe-se a sua interdição[11].

---

9. *RT* 354/265, rel. Des. Carvalho Pinto. No mesmo sentido, acórdão na *RT* 441/105, TJSP, 1ª Câm., rel. Des. Carlos Ortiz, v.u., j. 25-4-1972 (arteriosclerose, como deficiência mental, considerada isoladamente, não é causa de interdição). Por outro lado, "pessoa com arteriosclerose adiantada e perda de memória" entendeu--se como incapacitada para reger os próprios bens (*RT* 325/165, TJSP, 4ª Câm., rel. Des. Andrade Junqueira, v.u., j. 25-9-1961).

10. Curatela. In: Verbete "Curatela". In: SANTOS, J. M. de Carvalho. *Repertório enciclopédico do direito brasileiro*. Coadjuvado por José de Aguiar Dias. Rio de Janeiro: Ed. Borsoi. v. 14. p. 128-198, especialmente p. 132-133.

11. *RT* 176/280, TJSP, 5ª Câm. Civ., rel. Des. Camargo Aranha, maioria, j. 6-8-1948.

Diante do atual Código Civil, ante a generalidade das situações que admitem a curatela, como analisado, o médico poderá enquadrar, mais facilmente, o estado de incapacidade do interditando, nas categorias mencionadas nos itens I, III e V (atualmente) do art. 1.767, sob estudo.

Portanto, a ocorrência de um caso de velhice agravada com esclerose pode levar à curatela desse incapaz, por decisão médica, para que possa ele ser protegido. Nesse caso, pode até cuidar-se de negócio inexistente, se o incapaz o pratica, sem ter noção do que está fazendo. Mais que nulo, portanto, esse negócio.

4 Interdição. Promoção da curatela pelo Ministério Público (arts. 1.768 e 1.769)

Cuidando de interdição, mencionava o art. 1.768 quem pode promovê-la; portanto, que pessoas podiam ser seu sujeito ativo.

Atualmente, após o Estatuto da Pessoa com Deficiência (Lei n. 13.146/2015), passa ele a enunciar que "o processo que define os termos da curatela deve ser promovido: I – pelos pais ou tutores; II – pelo cônjuge (ou companheiro) ou por qualquer parente; III – pelo Ministério Público; IV pela própria pessoa (este último incluído pela aludida lei emergencial".

Segundo lição de Clóvis Beviláqua[12],

> Interdição é o ato pelo qual o juiz retira, ao alienado, ao surdo-mudo ou ao pródigo, a administração e a livre disposição de seus bens. Deve ser decretada por sentença, depois de verificada a necessidade da medida (art. 450). Na mesma sentença, em que decretar a interdição, deverá o juiz nomear o curador, que represente o interdito e lhe administre os bens. [Art. 450 do Código Civil de 1916.]

O complemento da maioridade dá a presunção jurídica, mas não a demonstração da capacidade civil, assevera V. M. Palmieri[13].

O Código (referindo-se ao italiano) contempla também a possibilidade de que esta possa ser total ou parcialmente "anulada", pela falta dos pressupostos de sua existência. A "anulação" total da capacidade civil toma o nome de interdição; a parcial chama-se inabilitação.

Lembre-se de que o art. 1.768 até o art. 1.773 do Código Civil foram revogados pelo Código de Processo Civil de 2015 (art. 1.072, II).

Se for constatada incapacidade absoluta, entretanto, por falta de manifestação da vontade, o processo será de interdição.

---

12. *Código Civil comentado* cit., p. 356.
13. *Medicina forense*: dottrina. 7. ed. Napoli: Ed. Morano. v. 1, p. 271.

5 Processo de curatela

A interdição só pode ser decretada em processo próprio, nos moldes do procedimento contido nos arts. 747 a 756 do Código de Processo Civil. Todavia, embora não se admita esse procedimento fora do processo de interdição, é possível a declaração da incapacidade em outros processos e da consequente invalidade do ato ou do negócio praticado pelo incapaz.

Reconhecida a incapacidade, como na ação de anulação de testamento ou de compra e venda, por exemplo, invalida-se o negócio, mas não se decreta a interdição, cujo reconhecimento depende de instauração de processo específico[14].

5.1 Legitimidade para requerer a interdição

O art. 1.768, sob estudo, assenta que a interdição deve ser requerida na ordem taxativa que estabelece: pelos pais ou pelos tutores, pelo cônjuge ou por qualquer parente e pelo Ministério Público. Entendo que deva compreender-se, junto ao cônjuge, também o companheiro, vivendo em união estável ou em outra união familiar.

Essa propositura não deve, em princípio, ser encarada como uma agressão moral ao interditando, pois ela existe para sua proteção. Isso, a não ser que existam interesses ilícitos pelo requerente, quando objetiva tirar vantagem desse ato.

Os pais exercem o poder familiar sobre seus filhos (antigo pátrio poder) enquanto menores; mas exercerão, também, esse poder sobre seus filhos maiores, se houver causa determinante da interdição destes. Nesse caso, a curatela sobre filhos maiores ganha a mesma situação de direitos e de deveres concernentes ao poder familiar.

Contudo, desde o advento da Constituição Federal de 1988, está consagrada a igualdade dos homens e das mulheres, em direitos e obrigações (art. 5º, I), bem como entre cônjuges (art. 226, § 5º).

Desse modo, existindo pai e mãe não casados ou casados, seus direitos e obrigações devem ser exercidos igualmente.

Implica daí a situação de poderem, ou não, os pais, ante a moderna redação do inciso I do art. 1.768 do Código Civil, requerer a curatela. Entendo que qualquer um dos dois poderá fazê-lo. O atual Código, certamente, concedeu essa legitimidade ativa em conjunto ou isoladamente.

Desse modo, tanto os pais não casados, vivendo ou não em união estável, ou casados, podem pedir, isoladamente, a interdição de seu filho, se for o caso, podendo o outro, se não concordar, ingressar no processo, impugnando a pretensão do requerente.

A mesma situação ocorre no exercício do poder familiar; nesse como no da curatela, exercem-se conjuntamente, ainda que vivam separados seus titulares, tendo um deles

---

14. MONTEIRO, Washington de Barros. *Curso de direito civil* cit., p. 335.

a guarda do incapaz. O poder familiar é indivisível e também a curatela pelos pais, que é continuidade daquele.

Por outro lado, o tutor, substituto dos pais, porque a tutela é de menores, pode pedir a interdição do tutelado caso este venha a sofrer uma das causas que justifiquem a curatela.

O cônjuge também pode, por sua vez, promover o processo de interdição.

Cuida-se, no caso, de saber quem pode requerer a curatela e não de quem pode ser curador.

No meu entender, para que o separado judicialmente requeira esse processo de interdição é preciso que ele demonstre seu interesse, por exemplo, se ainda não se formalizou a partilha dos bens do casal. Nesse caso, ficará o cônjuge que promove a interdição incerto sobre até que ponto será válida eventual partilha.

Às vezes acontece a separação judicial e um dos cônjuges continua administrando os bens comuns, com procuração do outro.

Assim, a matéria deve ser analisada de caso para caso.

Entendo, ainda, que, nesse inciso II, ora analisado, deveria constar expressamente o companheiro, na união estável, como um dos que podem requerer a interdição do outro, nos mesmos moldes já expostos para o cônjuge, depois da admissão, pelo texto constitucional (art. 226, III, da CF/88), de sua regulamentação pelas Leis n. 8.971/94 e n. 9.278/96, e com a ratificação do atual Código Civil (arts. 1.723 a 1.727, antes estudados, neste volume).

O atual Código Civil ampliou o rol constante do inciso II, substituindo a expressão "algum parente próximo", do Código de 1916, para "qualquer parente". Portanto, qualquer parente pode pedir a interdição de outro parente.

Lembre-se de que afim não é parente e que este é, sempre, consanguíneo. O que se pode é entender que sejam interessados os parentes sucessíveis.

Essa é a regra geral, e a ordem, como visto, taxativa. Entretanto, só poderá ser quebrada em benefício do curatelado; havendo, por exemplo, atuação ou omissão ilícita, culposa ou dolosa, de quem deveria providenciar a interdição, não o fazendo.

Como o Código não estabelece ordem hierárquica entre os parentes, entendo que deve ser adotado pelo juiz o critério de que o grau mais próximo exclui o mais remoto.

Na falta dos requerentes, anteriormente enunciados, nos incisos I e II do art. 1.768 sob análise, pode o Ministério Público pedir a interdição, cumpridas as exigências do art. 1.769, adiante comentado.

5.2 Outros interessados na interdição

Existindo outros interessados em requerer a interdição, como o credor do alienado, não poderá fazê-lo, ante a enumeração taxativa do artigo sob análise[15].

---

15. SANTOS, J. M. de Carvalho. *Código Civil brasileiro interpretado* cit., p. 385-386, n. 8.

Ante qualquer risco, deverá ser procurado o Ministério Público, para que este, em seu poder de defesa dos interesses sociais, possa agir[16].

Nem o juiz poderá decretar a interdição, de ofício; só poderá, em cada caso concreto, decretar a nulidade ou anulabilidade de ato ou de fato, conforme a incapacidade de quem o praticou.

No art. 1.769, o legislador volta a corroborar a mesma situação, pois o Ministério Público só poderá promover a interdição se não existir alguma das pessoas mencionadas no art. 1.768 (pais, tutores, cônjuges, e eu incluo companheiro, ou qualquer parente sucessível) ou, se existir, for incapaz (menor ou incapaz por outra causa diversa da menoridade).

Mesmo assim, destaca o inciso I do artigo em cogitação, o poder ministerial será exercido se for caso de "doença mental grave". Esta expressão "doença mental grave" ampliou o sentido da anterior, que se referia à "loucura furiosa".

Como sempre dito, a questão de insanidades mentais, se graves ou não, depende da avaliação médica, do seu diagnóstico.

Por outro lado, quanto aos pais, tutores, cônjuges, companheiros ou qualquer parente (incisos I e II do art. 1.768), que, nessa ordem, devem promover o pedido de interdição, se não tomarem essa providência ou não existindo, ou sendo incapazes, a responsabilidade dessa providência é do Ministério Público.

Como resta evidente, ou referidas pessoas não existem, ou existem incapazes, sem possibilidade de exercício da curatela, ou existem e são, pelo menos, negligentes por faltarem ao cumprimento de seu dever legal.

Reporto-me, nesse passo, aos comentários ao art. 1.768.

5.3 Curador à lide

O Ministério Público deve participar obrigatoriamente do processo de interdição: ou é promovente da medida ou é defensor do interditando. Sendo ele o promovente, o juiz nomeará outro defensor. Decidiu-se, assim, que "o Ministério Público será sempre parte no processo de interdição, ou como requerente, ou como defensor do interditando (*RJ* 63/332) (CPC anotado, Alexandre de Paula)"[17].

O processo de interdição é, como visto, judicial, não sendo, nesse caso, admitido outro de qualquer natureza, ainda que administrativo.

5.4 Exame pessoal do interditando (fase processual)

O art. 1.771 do atual Código Civil, mantendo o entendimento de dispositivos legais da Jurisprudência e da Doutrina, existentes à sua edição, determina ao juiz o exame

---

16. ALMEIDA, Estevam de. *Manual do Código Civil brasileiro* cit., p. 515, n. 412ª.
17. MACHADO, Antônio Cláudio da Costa. *Código de Processo Civil anotado jurisprudencialmente*. São Paulo: Saraiva, 1996. p. 1.354.

preliminar do interditando, assistido de especialistas, devendo interrogá-lo, também, nos moldes do citado art. 751 do Código de Processo Civil.

Alguns aspectos do procedimento processual devem ser destacados, nesse momento. Primeiramente, a competência é da Vara de Família e Sucessões, em São Paulo; se no Rio de Janeiro, da Vara de Órfãos e Sucessões.

Na petição inicial, quem promover a interdição deverá provar sua legitimidade, especificando os fatos reveladores da anomalia psíquica e assinalando a incapacidade do interditando para reger a sua pessoa e administrar os seus bens (art. 749 do Código Processual).

No processo de curatela, pelo art. 1.771 do Código Civil, antes de se pronunciar a respeito dela, o juiz deverá ser assistido por equipe multidisciplinar, entrevistando pessoalmente o interditando.

Vê-se, pelo texto atual, que ele se refere a "curatela", e não a "interdição", embora, em seu final, a "interditando", em vez de "curatelado".

O certo é que, se se tratar de incapaz absolutamente, o processo será de interdição, como tenho demonstrado.

Por outro lado, a assistência por equipe multidisciplinar é obrigatória ("deverá"...). A norma é de ordem pública.

Sendo citado o interditando, deve comparecer perante o juiz, no dia e hora designados para submeter-se a exame pessoal e a interrogatório minuciosos sobre fatos de sua vida, atos, negócios, bens e de tudo o mais que entender o juiz necessário para aquilatar seu estado mental (art. 1.181 do Código Processual). Acrescenta o art. 751 do atual Código, como o fazia o art. 450 do Código de 1916, a necessidade de que o juiz seja assistido por especialistas, por profissionais. Esses profissionais devem ser médicos.

As partes, requerente e interditando, poderão nomear assistentes técnicos especialistas, que devem ser também médicos versados em psiquiatria. A lei determina que sejam dois ou mais desses "especialistas", já que usa a palavra no plural.

O interrogatório do interditando, como visto, é exigência legal.

5.5 Limites da curatela

O juiz, então, deverá, também, determinar os limites da curatela, de acordo com as potencialidades da pessoa, observando as circunstâncias do caso, indicando curador. O juiz deverá levar em conta na escolha do curador, a vontade e as preferências do curatelado ("interditando")?, sempre no interesse deste (art. 1.772).

No art. 1.775-A, o Estatuto inclui a figura da curatela compartilhada, podendo, assim, o juiz na nomeação de curador para a pessoa com deficiência, estabelecer pluralidade de curadores que se auxiliem.

Por seu turno, determina o art. 1.777 que as pessoas referidas no inciso I do art. 1.767 ("aqueles que, por causa transitória ou permanente, não poderiam exprimir sua vontade", a meu ver absolutamente incapazes, como visto) deverão receber todo o apoio necessário para ter preservado o direito à convivência familiar e comunitária, sendo evitado o seu recolhimento em estabelecimento que os afaste desse convívio.

Na sentença em que for pronunciada a interdição, devem ser traçados os limites da curatela, ou seja, dos poderes do curador, conforme a graduação de capacidade jurídica do interdito.

Esses limites dependem da situação do interditando, se absoluta ou relativamente capaz, o que causa, respectivamente, a nulidade ou anulabilidade de seus atos ou negócios, quando não representados ou não assistidos por seu curador.

Ao estabelecer os limites da curatela, em face do desenvolvimento mental do interdito, o juiz deverá especificar os atos e negócios jurídicos que este pode praticar, em caso de relativa incapacidade, ou proibir toda e qualquer prática de atos ou de negócios jurídicos; ou, variavelmente, a atuação que pode ou não verificar-se.

5.6 Efeitos da sentença de interdição

A sentença que declara a interdição, como assentado no art. 1.773 do atual Código Civil, reproduzindo o Código de 1916, produz efeitos, a partir do momento em que é prolatada, mesmo que penda recurso.

Isto se deve à necessidade imediata, urgente, dos cuidados e do tratamento do interditado.

O art. 1.773 do atual Código Civil (como o art. 452 do Código anterior) reconhece a sentença de interdição como declaratória de uma situação de incapacidade a ela preexistente, malgrado constitua ela uma situação jurídica nova de restrições à pessoa e aos bens do interditado, acautelando interesses de terceiros.

Sendo julgada procedente, a natureza principal da sentença há de ser constitutiva, porque, antes de tudo ela modifica o estado da pessoa, embora declare a insanidade.

A ação de interdição está regulada pelo Código de Processo Civil, por seus arts. 1.177 a 1.198, que vêm sendo analisados em confronto com os dispositivos legais ora comentados.

Desse modo, a sentença de interdição produz efeitos imediatamente, não dependendo para tanto de sua publicação ou de sua inscrição no registro público competente.

5.7 Registro da sentença de interdição

O art. 755 do Código de Processo Civil repete o texto do art. 452 do Código Civil de 1916 (art. 1.773 do atual Código), segundo o qual a sentença de interdição produz efeito desde logo, imediatamente, embora sujeita a apelação; todavia, determina que esse decisório deve ser inscrito no Registro de Pessoas Naturais e publicado pela imprensa local e pelo órgão oficial, por três vezes, com intervalo de dez dias, constando do edital os nomes do interdito e do curador, a causa da interdição e os limites da curatela.

Também o art. 9º, III, do atual Código Civil (de modo menos casuístico do que o inciso III do art. 12 do Código de 1916, que falava em loucos, surdos-mudos e pródigos) declara que será registrada em registro público, entre outros atos, a interdição "por incapacidade absoluta ou relativa".

O atual Código Civil utiliza o vocábulo correto: registro da interdição e não inscrição, como o Código de 1916 e o Código de Processo Civil, pois se cuida, na espécie, de um novo estado civil, o do interdito.

Daí, também, corretamente, a Lei de Registros Públicos (Lei n. 6.015/73), mencionar, em seu art. 29, que serão "registrados no Registro Civil de Pessoas Naturais", entre outros atos: "V – as interdições".

5.8 Aplicação à curatela das disposições atinentes à tutela

O art. 1.774 do atual Código apresenta-se com redação diversa da do art. 453 do Código de 1916, embora guarde o mesmo sentido.

Por seu turno, o art. 1.781, adiante analisado, mostra alguma semelhança com o art. 453 do Código de 1916.

O Código de Processo Civil tem um capítulo titulado: "Das disposições comuns à tutela e à curatela", arts. 759 a 763, que regulamenta essas mesmas disposições. Esses artigos são comentados, em outro volume, em confronto com os do atual Código Civil.

No que couber, esses artigos serão aplicáveis à curatela, já tendo eles sido estudados, anteriormente, quando cuidei do instituto da tutela. Destaque-se que, quando o curador for o cônjuge, deve ser observado o que consta do art. 1.783 do atual Código Civil, que será adiante analisado.

5.9 Curatela legítima do cônjuge ou do companheiro

O art. 1.775 do atual Código adapta-se à legislação vigente sobre a situação do companheiro, incluindo-o em seu texto, que se mostra quase com a redação do art. 454 do Código de 1916.

Outra adaptação foi a eliminação da precedência do pai sobre a mãe, existindo no texto do atual Código, sob análise, a expressão: "o pai ou a mãe".

Constitui direito e dever de um cônjuge ou companheiro, respectivamente, não separado judicialmente ou de fato, ser chamado, em primeiro plano, para assumir a curatela do outro cônjuge ou companheiro insano mental. Entendo, também, que a separação de fato, entre cônjuges, pode levar ao juiz o fundamento de uma decisão justa de não deferir a um cônjuge a curatela do outro, por aquele abandonado.

A lei dá antes importância à família, pois aos membros desta, primeiramente os cônjuges ou conviventes, incumbe cuidar dessa célula.

Qualquer ato de hostilidade entre cônjuges ou companheiros, entendo, inibe o culpado do exercício da curatela.

Certamente, que após as referidas leis os companheiros ou conviventes passaram à condição de integrantes da família, equiparando-se os companheiros aos cônjuges.

Pelo art. 1.775 do Código Civil, ora estudado, não resta qualquer dúvida quanto ao direito dos companheiros, na situação ali estabelecida, de ser um o curador do outro.

Cogita-se, nesse ponto, de que ainda não tenha sido decretada a separação judicial ou o divórcio do casal; formalmente ainda não estão separados judicialmente; todavia, estando a lide entre eles já deduzida em juízo, no meu entender, contrariando outras posições doutrinárias respeitáveis, não vejo como possa ser deferida a curatela ao cônjuge litigante!

5.10 Curatela legítima dos pais

Na falta ou na impossibilidade de ser curador de seu respectivo cônjuge ou companheiro, serão curadores destes os seus pais.

Atualmente, não se poderia falar em pai, na falta a mãe, por que a Constituição Federal de 1988, de 5 de outubro, igualou os direitos e os deveres dos cônjuges, no § 5º de seu art. 226. Assim, se os pais forem casados, o homem não terá preferência ao exercício de seus direitos, que devem ser, com os da mulher, exercidos igualmente. O mesmo acontece no contrato de convivência, ou na filiação decorrente de mera relação sexual, pois a Constituição Federal, ao enfatizar, em seu art. 5º, *caput*, que todos são iguais perante a lei, corrobora no inciso I do mesmo dispositivo legal que "homens e mulheres são iguais em direitos e obrigações", nos termos constitucionais. Elimina, portanto, de nossa legislação ordinária todo e qualquer machismo.

Nesse ponto, deve imperar o bom senso do juiz, cumprindo o princípio da proteção do mais fraco, no caso o interdito, procurando o melhor interesse deste, nomeando, em razão disso, seu curador.

Os pais são convocados ao exercício da curatela, nas mesmas condições em que ao poder familiar. É dever dos pais, portanto, não só exercer o poder familiar, como proteger seu filho com enfermidade ou insanidade mental.

Do mesmo modo, perde o pai o direito à curatela do próprio filho interdito, por exemplo, se ele deixou de pagar-lhe alimentos.

5.11 Curatela legítima do descendente

Não existindo pais, ou não podendo eles exercer a curatela, esta será deferida ao descendente que se demonstrar mais apto ao exercício da curatela. Esta situação será avaliada pelo juiz de direito, tendo em conta o melhor interesse do curatelado.

Sendo vários os descendentes, o mais próximo exclui o mais remoto. Entretanto, como venho mostrando, não existe um direito inquestionável nessa ordem de vocação à curatela, como ocorre com a tutela, quando se perquirir sobre o que atende melhor o interesse do interdito. Assim, chamam-se, normalmente: os filhos; depois os netos; em seguida os bisnetos etc.

Até o § 2º do art. 1.775 do atual Código, como visto, cuida da curatela legítima decorrente da lei (*caput* do mesmo artigo e §§ 1º e 2º).

5.12 Curatela dativa

Pelo § 3º desse art. 1.775, sob análise, não existindo as pessoas mencionadas no *caput*, ou nos §§ 1º e 2º do mesmo artigo, ou estando impossibilitadas de exercer a curatela, o juiz deverá escolher o curador (dativo).

Como resta evidente, a lei não estabeleceu critérios para a referida escolha desse curador, ficando aos cuidados do juiz escolher o melhor ao curatelado. O curador, assim como o tutor, deve residir no domicílio do curatelado e ser idôneo.

5.13 Ordem de nomeação do curador

A ordem estabelecida no art. 1.775 do atual Código, como acontecia relativamente ao art. 454 do Código de 1916, não é taxativa, não é absoluta, como tive oportunidade de demonstrar.

5.14 Recolhimento a estabelecimentos adequados

O Decreto n. 24.559/34 tratou, entre outros pontos, dos estabelecimentos psiquiátricos. Embora revogado referido decreto, os parâmetros por ele traçados, quanto aos citados estabelecimentos e tratamento psiquiátrico do interdito, podem ser aproveitados.

O *caput* do art. 14 desse Decreto n. 24.559/34 assenta que,

> nos casos urgentes, em que se tornar necessário, em benefício do paciente ou como medida de segurança pública, poderá ele ser recolhido, sem demora, a estabelecimento psiquiátrico, mediante simples atestação médica, em que se declare quais os distúrbios mentais justificativos da internação imediata.

Assim, não só os interditos recuperáveis devem ser internados nesses estabelecimentos ou em outros mais apropriados, como também os interditos referidos nos incisos I, III e IV do art. 1.767, já comentados, tais os enfermos ou deficientes mentais, sem o necessário discernimento à prática dos atos da vida civil, os deficientes mentais em geral, os ébrios habituais, os viciados em tóxicos, bem como os excepcionais sem completo desenvolvimento mental (art. 1.777 do CC).

5.15 Extensão da autoridade do curador

A autoridade do curador dedicada ao curatelado deve, também, estender-se aos filhos deste e a seus bens, para que se mantenha unidade de tratamento sob a cura de uma só pessoa.

Todavia, essa autoridade não se estende de modo indiscriminado aos filhos do interdito, mas tão somente aos que se encontrem sujeitos ao poder familiar pela menoridade.

5.16 Curatela do nascituro em nosso sistema atual

No sentido de assegurar e de resguardar os direitos do nascituro, o atual Código Civil, em seu art. 1.779, concede curador ao nascituro, se o seu pai falecer, estando grávida sua mulher e não tendo o poder familiar.

Nomeia-se curador ao nascituro quando ele for titular de direito de recebimento de herança, legado ou doação. Assim, nascendo com vida, estarão esses direitos resguardados. Entendo que esses direitos do nascituro existem, desde sua constituição, no período da concepção.

5.17 Aplicação à curatela dos preceitos da tutela

O art. 1.781 do Código Civil, para não repetir inutilmente, o que seria desnecessário, quanto ao exercício da curatela, assenta que a ela se aplicam as mesmas regras quanto ao exercício da tutela.

Por outro lado, o atual Código aboliu, corretamente, a garantia da tutela, que constava nos arts. 418 a 421 do Código de 1916. Se o tutor ou curador já têm encargo de tanta responsabilidade, absurdo seria continuar a exigir deles, ainda, essa garantia.

Entretanto, diz o art. 1.781, sob exame, que deve ser observada a restrição do art. 1.772 e as da seção relativa à curatela, restrições essas já estudadas. A constante do art. 1.772 do atual Código corresponde à do art. 451 do Código de 1916, sendo relativa aos limites que devem ser fixados pelo juiz, na curatela.

5.18 Proteção do pródigo

A proteção que se dá ao pródigo é de natureza patrimonial, para que ele não aniquile seus bens, em razão de seu desequilíbrio em gastar sem limites o que lhe pertence, tendendo à ruína total, à miséria.

Afora essa atuação ruinosa, o pródigo vive normalmente em sociedade, como um cidadão comum, praticando atos sociais.

O art. 1.782 do atual Código Civil, bem como o art. 459 do Código de 1916, estabelece a proteção do pródigo, relativamente, aos atos ou negócios que importem alienação de seu patrimônio.

Desse modo, sem a assistência de seu curador, não pode o pródigo emprestar, transigir, dar quitação, alienar, hipotecar, demandar ou ser demandado e praticar, em geral, os atos que não sejam de mera administração.

Como resta evidente, a enumeração desses atos ou negócios jurídicos vetados ao pródigo, quando não assistido por seu curador, é meramente enunciativa, não é taxativa ou em *numerus clausus*.

5.19 Prestação de contas entre cônjuges

O art. 1.783 do atual Código Civil adota parte do texto do art. 455 do Código de 1916, guardando o mesmo sentido fundamental, quanto à obrigatoriedade de prestação de contas.

Eliminou-se, entretanto, a casuística constante dos §§ 1º a 3º do art. 455 do Código anterior.

Os curadores, como os tutores (art. 1.756 do atual Código; art. 435 do Código de 1916), têm o dever de apresentar balanço (prestação de contas) ao final de cada ano, submetendo-o ao juiz do processo em que foram nomeados. Se o curador for o cônjuge, e sendo o regime de bens de seu casamento o da comunhão, estará dispensado de apresentá-lo, salvo se o mesmo juiz determinar em sentido contrário. Isso porque, na comunhão de bens, são os próprios cônjuges que administram o patrimônio comum. Quando existe comunhão, ainda que parcial, como a comunhão parcial de bens, os que forem comuns serão assim administrados.

Pode acontecer, entretanto, que perceba o juiz que o cônjuge curador esteja aproveitando-se, tirando vantagem indevida do patrimônio do casal; poderá, então, exigir a prestação de contas. O mesmo ocorrerá na união estável, quanto aos bens que tiverem em condomínio. Como é de notar-se, a interdição de um cônjuge implica que o outro assuma, sozinho, a administração da sociedade conjugal ou de fato.

Se o regime não for o da comunhão de bens ou do condomínio, deverá sempre o cônjuge, ou o companheiro, prestar contas de sua gestão.

5.20 Curatela (arts. 84 e 116 do Estatuto da Pessoa com Deficiência)

Destaque-se, agora, o art. 84 da Lei n. 13.146/2015 (Estatuto da Pessoa com Deficiência).

Ele cuida que a pessoa com deficiência tem assegurado o direito ao exercício de sua capacidade legal em igualdade de condições com as demais pessoas (*caput*). Em certas ocasiões, quando necessário, essa pessoa será submetida à curatela, conforme a lei (§ 1º), sendo facultado a ela a adoção de processo de tomada de decisão apoiada (§ 2º).

Aliás, o art. 116 dessa Lei n. 13.146/2015 acrescentou um capítulo (III) no Título IV do Código Civil, para cuidar da Tomada de Decisão Apoiada, por regulamentação do art. 1.783-A do Código Civil.

Essa Tomada auxilia a pessoa com deficiência, que elege duas pessoas idôneas, com as quais mantenha vínculos e que gozem de sua confiança, para prestar-lhe apoio na tomada de decisão sobre sua atuação civil, fornecendo-lhes os elementos e informações necessários ao exercício de sua capacidade (*caput*).

Essa assistência ocorre, conforme o caso com a atuação do Ministério Público e do Juiz, com a máxima segurança ao deficiente.

Essa medida é protetiva extraordinária, proporcional às necessidades e às circunstâncias de cada caso, durante o menor tempo possível (§ 3º), devendo os curadores prestar anualmente contas de sua administração ao juiz apresentando o balanço do respectivo ano (§ 4º).

A curatela afetará tão somente atos relacionados aos direitos de natureza patrimonial e negocial (art. 85, *caput*). A definição da curatela não alcança o direito ao próprio corpo, à sexualidade, ao matrimônio, à privacidade, à educação, à saúde, ao trabalho e ao voto (§ 1º).

Sendo medida extraordinária a curatela, devem constar suas razões e motivações da sentença, preservados sempre os direitos do curatelado (§ 2º), devendo o juiz, ao nomear o curador, dar preferência a pessoa que tenha vínculo familiar, afetivo ou de caráter comunitário com o curatelado (§ 3º).

A nomeação de curador, como atrás mencionado, deve ocorrer em uma das hipóteses previstas no novo art. 4º do Código Civil, que cuidam dos relativamente capazes, regida pela curatela do Estatuto.

A meu ver, ressalto, mais uma vez, que os constantes no item IV desse mesmo art. 4º (alterado), ou seja, os que "por causa transitória ou permanente, não puderam exprimir sua vontade (sem vontade) são absolutamente incapazes, sujeitos a processo de interdição.

Também com relação aos direitos de natureza pessoal deve-se tomar cuidado em defesa do curatelado, como por exemplo, como já disse que ele sofra envolvimento, no regime de bens do casamento, quanto ao conhecido como "golpe do baú". É um efeito patrimonial (regime de bens) no Direito de Família.

Quanto ao matrimônio deveria a norma, quanto ao regime de bens, por exemplo, estabelecer que ele seja o da mais completa separação de bens, como regime obrigatório.

5.21 Tomada de Decisão Apoiada (art. 1.783-A)

Como visto, o art. 116 da Lei n. 13.146/2015 acrescentou um Capítulo III ao Título IV do Código Civil, para regular sobre a Tomada de Decisão Apoiada, com art. 1.783-A, específico.

Por esse artigo (*caput*), essa tomada de decisão apoiada é o processo pelo qual a pessoa com deficiência elege, por sua vontade, pelo menos duas pessoas idôneas, com as quais mantenha vínculos e que fazem de sua confiança, para prestar-lhe apoio na tomada de decisão sobre atos da vida civil, fornecendo-lhes os elementos e informações necessários para que possa exercer sua capacidade.

O deficiente como pessoa capaz, pode pedir esse apoio, esse auxílio, ao curador, para poder tomar decisão segura em sua atividade civil, ante sua deficiência.

Para formular pedido de tomada de decisão apoiada, a pessoa com deficiência e os apoiadores devem apresentar termo em que constem os limites do apoio a ser oferecido e os compromissos dos apoiadores, com prazo de vigência do acordo e o respeito à vontade, aos interesses da pessoa que devem apoiar (§ 1º).

Destaque-se, aí, a vontade do apoiado.

Esse pedido de apoio deve ser requerido pelo apoiado, com indicação expressa das pessoas aptas a apoiarem, nos moldes do *caput* desse artigo (§ 2º)

O juiz, antes de decidir, fará assistir-se por equipe multidisciplinar, depois de ouvido o Ministério Público, devendo ouvir, pessoalmente o requerente e os apoiadores (§ 3º).

A decisão que for tomada pelo apoiado terá validade e efeitos sobre terceiros, sem restrições, desde de que conforme os limites do apoio (§ 4º).

O terceiro que se relacione com o apoiado pode solicitar que os apoiadores contra-assinem o contrato ou acordo, especificando por escrito, sua função em relação ao apoiado (§ 5º).

Em caso de negócio jurídico que possa causar risco ou prejuízo relevante, havendo divergência de opiniões entre o apoiado e um dos apoiadores, o juiz, ouvido o Ministério Público, deverá decidir sobre a questão (§ 6º). Inclusive, como visto, sobre o que deva significar o *standard* jurídico: "prejuízo relevante".

Se o apoiador agir com negligência, exercer pressão indevida ou não cumprir suas obrigações, poderá o apoiado ou qualquer outra pessoa, oferecer denúncia ao Ministério Público ou ao juiz (§ 7º). Se for procedente essa denúncia, o juiz destituirá o apoiador, nomeando outra pessoa, em seu lugar, ouvido o apoiado e se for de seu interesse (§ 8º).

A pessoa apoiada pode, a qualquer tempo, solicitar o término do acordo, desligando-se desse processo de apoio (§ 9º).

Também o apoiador pode pedir ao juiz seu desligamento (sua exclusão) de participação desse processo, condicionado ao pronunciamento judicial (§ 10).

À tomada de decisão apoiada aplicam-se, no que couber, as disposições referentes à prestação de contas na curatela (§ 11).

REFERÊNCIAS BIBLIOGRÁFICAS

AHRENS, Henri. *Cours de Droit Natural ou de Philosophie du Droit*. 8. ed. Leipzig: F.A. Brockhaus, 1982. t. 2.

ALLEN, Isaac. *Comparisons between talmudic and American law*. Tel Aviv – New York, 1960.

ALMADA, Ney de Mello. *Direito de família*. São Paulo: Brasiliense, 1987.

_____. *Manual de direito de família*. São Paulo: Hemeron, 1978.

ALMEIDA, Estevam de. *Manual do Código Civil brasileiro*: direito de família. Rio de Janeiro: Jacintho Ribeiro dos Santos, 1925. v. 6.

ALMEIDA, Silmara J. A. Chinelatto e. *Tribuna do Direito*, jun. 1996.

ALVES, João Luiz. *Código Civil da República dos Estados Unidos do Brasil*. Anotado, revisto e atualizado por Ebert Chamoun. 3. ed. Rio de Janeiro: Ed. Borsoi, 1957. v. 2.

ALVES, José Carlos Moreira. *Direito romano*. 6. ed. Rio de Janeiro: Forense, 1998. v. 2.

AMORIM, Sebastião Luiz. A execução da prestação alimentícia e alimentos provisionais – Prisão do devedor. *RT* 558/28.

ANTA, Marcelino Cabreros, ver DOMÍNGUEZ, Lorenzo Miguélez e outro.

ARGÜELLO, Luis Rodolfo, ver GUSMÁN, Luis Alberto Pena.

ARRUDA, João. *Do casamento*. São Paulo: Typ. C. Manderbach & Comp, 1911.

ASHERI, Michael. *O judaísmo vivo*. Rio de Janeiro: Imago, 1985.

AZEVEDO, Álvaro Villaça. Barriga de aluguel: inadmissibilidade. *Carta Forense*, p. B 26, dez. 2009.

_____. *Bem de família*. 6. ed. São Paulo: Atlas, 2010.

_____. Bem de família internacional (necessidade de unificação). *RT* 782, p. 11-19.

_____. *Código Civil comentado*. Coord. Álvaro Villaça Azevedo. São Paulo: Atlas, 2007. v. 1.

_____. *Contratos inominados ou atípicos*. São Paulo: José Bushatsky Editor, 1975. (Coleção Jurídica TB)

_____. *Curso de direito civil*: teoria geral das obrigações. 8. ed. São Paulo: Revista dos Tribunais, 2000.

_____. *Curso de direito civil*: teoria geral das obrigações e responsabilidade civil. 12. ed. São Paulo: Atlas, 2011.

_____. *Curso de direito civil*: teoria geral do direito civil. Parte geral. São Paulo: Atlas, 2012.

_____. *Dever de coabitação* – inadimplemento. 2. ed. São Paulo: Atlas, 2009.

_____. *Do concubinato ao casamento de fato*. Belém: Cejup, 1986.

_____. *Do concubinato ao casamento de fato*. 2. ed. Belém: Cejup, 1987.

_____. *Estatuto da Família de fato*. 2. ed. São Paulo: Atlas, 2002.

_____. *Estatuto da Família de fato*. 3. ed. São Paulo: Atlas, 2011.

_____. Ética, direito e reprodução assistida. In: DINIZ, Maria Helena; LISBOA, Roberto Senise (coord.). *O direito civil no século XXI*. São Paulo: Saraiva, 2003.

_____. Parecer sobre inconstitucionalidade do art. 377 do revogado Código Civil de 1916, não publicado.

_____. *Prisão civil por dívida*. 3. ed. São Paulo: Atlas, 2012.

_____. *Teoria geral do direito civil*: parte geral. São Paulo: Atlas, 2012.

_____. *Teoria geral dos contratos típicos e atípicos*. 3. ed. São Paulo: Atlas, 2009.

_____. União homoafetiva. *Revista FAAP-Juris*, n. 5.

_____. Verbete "Sociedade concubinária". *Enciclopédia Saraiva do Direito*. São Paulo: Saraiva, 1982. v. 70.

_____; SANTOS, Regina Beatriz Tavares da Silva Papa dos (com pensamento contrário). Sugestões ao Projeto de Código Civil – Direito de Família (quando tramitava sob o n. 118 no Senado Federal). 1ª parte. *RT* 730, p. 11-47, especialmente p. 14-15.

BAILLY, A. *Dictionnaire Grec-Francais*. Paris: Ed-Libr. Hachette, 1950.

BALEEIRO, Aliomar. *Direito tributário brasileiro*. 10. ed. Rio de Janeiro: Forense.

BAPTISTA, Joaquim de Almeida. *A impenhorabilidade do bem de família vista pelos tribunais*. Edipro, 1993.

BEUCHER, Jean. *La notion actuelle du concubinage: des effects à l'égard de tiers*. Tese de Doutorado. Paris: Ed. Sirey, 1932.

BEVILÁQUA, Clóvis. *Código Civil comentado*. 11. ed. atual. por Achilles Beviláqua. Rio de Janeiro: Livraria Francisco Alves; São Paulo: Ed. Paulo de Azevedo, 1956. v. II.

_____. *Direito da família*. 8. ed. atual. por Isaías Beviláqua. Rio de Janeiro: Ed. Livr. Freitas Bastos.

_____. Projeto de Código Civil e o Sr. Dr. Coelho Rodrigues. *Projeto de Código Civil Brasileiro*. Trabalho da Comissão Especial da Câmara dos Deputados. Rio de Janeiro: Imprensa Nacional, 1902. v. 2, Pareceres e Emendas.

BITTENCOURT, Edgard de Moura. *Alimentos*. 4. ed. São Paulo: Ed. Leud, 1979.

_____. *Família*. Rio de Janeiro: Ed. Alba.

_____. *O concubinato no direito*. Rio de Janeiro-São Paulo: Ed. Jurídica e Universitária, 1969. v. 1.

BONFANTE, Pietro. *Corso di Diritto Romano* – Diritto di Famiglia. Milano: Dott A. Giuffrè, 1963. v. 1.

_____. *Istituzioni di Diritto Romano*. 4. ed. Mialno: Casa Editrice Dott Francesco Vallardi, 1907.

BORDA, Guillermo A. *Manual de Derecho de Familia*. 6. ed. Buenos Aires: Editorial Perrot, 1972.

BOUCAULT, Carlos Eduardo Abreu. Institutos de Direito de família no sistema muçulmano e seu reconhecimento perante o STF do Brasil. *Revista da Associação Paulista do Ministério Público*, São Paulo, n. 11, out. 1997.

BROMLEY, P. M. *Family law*. Londres: Ed. Butterworths, 1981.

BRUTAU, José Puig. *Fundamentos de Derecho Civil*. El Matrimonio y el Régimen Matrimonial de Bienes. Barcelona: Bosch, Casa Editorial, 1967. t. IV, v. I.

BURDESE, Alberto. *Manuale di Diritto Privato Romano*. 4. ed. Torino: UTET, 1993.

BUREAU, Paul. *Le Homestead ou l'nsaissibilité de la petite proprieté fonciere*. Paris: Ed. Arthur Roussean, 1895.

CABRALII, F. Emmanuelis Pinii; Ramalii, Joseph Antonii. *Magnum Lexicon Novissimum Latinum et Lusitanum*. Paris, 1873.

CAHALI, Yussef Said. *Adultério e desquite*. São Paulo: Lex, 1972.

_____. *Dos alimentos*. São Paulo: Revista dos Tribunais, 1984.

_____. *Dos alimentos*. 2. ed. São Paulo: Revista dos Tribunais, 1993.

_____. *O casamento putativo*. 2. ed. São Paulo: Revista dos Tribunais, 1982.

_____. Verbete "Casamento religioso". *Enciclopédia Saraiva do Direito*. São Paulo: Saraiva, 1978. v. 13.

CALAMARI, Mario. Il Favor Matrimonii nel processo matrimoniale canonico e civile. In: CALAMANDREI, Piero (dir.). *Studi di Diritto Processuale*. Padova: Casa Editrice Dott. Antonio Milani – Cedam, 1932.

CAMPOS, Wania Andréa Luciana Chagas Duarte de Figueiredo. O direito à busca da origem genética na relação familiar socioafetiva. In: PEREIRA, Tânia da Silva; PEREIRA, Rodrigo da Cunha (coord.). *A Ética da convivência Familiar e sua Efetividade no Cotidiano dos Tribunais*. Rio de Janeiro: Forense, 2006.

CANTON, A. Bernardez. *Las Causas Canónicas de Separación Conyugal*. Madrid: Editorial Tecnos, 1961.

CARBONNIER, Jean. *Droit Civil*. 8. ed. Paris: Presses Universitaires de France, 1969. v. 2.

CARNEIRO, Athos Gusmão. Ação de alimentos e prisão civil. *RT* 516/14.

_____. Ação de alimentos e prisão civil. *Revista Brasileira de Direito Processual*, Rio de Janeiro: Forense, v. 16, p. 59, 1978.

CARUSI, Evaristo. *Effetti Civili dell' Annullamento del Matrimonio Canonico Preconcordatario*. Roma: Athenaeum, 1931.

CARVALHO FILHO, Paulo Martins de. Lei n. 9.278 (de 10 de maio de 1996). A união estável. *RT* 734, p. 13-39.

CASTRO, Amilcar de. *Comentários ao Código de Processo Civil*. São Paulo: Revista dos Tribunais, 1974. v. 8.

CHAMOUN, Ebert. *Instituições de direito romano*. 4. ed. Rio de Janeiro: Forense, 1962.

CHAMPCOMMUNAL, J. *Le droit des personnes au pays des soviets*. Paris: LGDJ, 1927.

CHAVES, Antônio. *Lições de direito civil*: direito de família. São Paulo: Revista dos Tribunais, 1975. v. 3.

_____. Verbete "Casamento religioso". *Enciclopédia Saraiva do Direito*. São Paulo: Saraiva, 1978. v. 13.

CLÉRIGO, Luis Fernandez. *El derecho de familia en la legislación comparada*. México: Unión Tipográfica Editorial Hispano-Americana – Uteha, 1947.

CLIVE, Eric M. *The Law of husband and wife in Scotland*. 2. ed. Ed. W. Green & Son, 1982.

COELHO, Vicente de Faria. *Desquite e anulação de casamento*. 2. ed. São Paulo: Ed. Universitária de Direito, 1972.

_____. *Nulidade e anulação do casamento*. 2. ed. Rio de Janeiro-São Paulo: Livr. Freitas Bastos, 1962.

COGLIOLO, Pietro. *Filosofia del Diritto Privato*. Firenze: Ed. G. Barbèra, 1888.

COLE, Charles D. *Common law marriage in the United States legal culture*. Palestra realizada em 26-10-1998 no Salão Nobre da Faculdade de Direito da Universidade de São Paulo (USP), com Álvaro Villaça Azevedo discorrendo sobre o tema, conforme *paper* a mim enviado.

CORNU, Gérard. *Les Régimes Matrimoniaux*. Paris: Presses Universitaires de France, 1974. (Col. Thémis)

CORREIA, Alexandre; SCIASCIA, Gaetano. *Manual de direito romano*. Rio de Janeiro: Sedegra Sociedade Editora e Gráfica, s.d. (Série Cadernos Didáticos)

COVELLO, Sérgio Carlos. *Ação de alimentos*. São Paulo: Ed. Universitária de Direito, 1987.

CRAELEY, John B. Is the honeymoon over for *common law marriage*: a consideration of the continued viability of the *common law marriage*. *Cumberland Law Review*, Samford University, v. 29, n. 2, p. 399-425, 1998 e 1999.

CRETELLA JÚNIOR, José. *Curso de direito romano*. 5. ed. Rio de Janeiro: Forense, 1973.

_____. *Curso de direito romano*. 22. ed. Rio de Janeiro: Forense, 1999.

CRUZ, João Claudino de Oliveira e. *Dos alimentos no direito de família*. Rio de Janeiro: Forense, 1956.

CZAJKOWSKI, Rainer. Reflexos jurídicos das uniões homossexuais. Jurisprudência Brasileira, Juruá, 1995, Separação e Divórcio II, 176/95-107.

DARWIN, Charles, ver COGLIOLO, Pietro.

DE MATTIA, Fábio Maria. Modificações introduzidas no direito de família pela Lei n. 6.515. *Justitia* 101/75.

DEGNI, Francesco. *Il Diritto di Famiglia nel nuovo Codice Civile Italiano*. Padova: Cedam, 1943.

DIAS, Maria Berenice. *Divórcio já*. São Paulo: Revista dos Tribunais, 2010.

_____. *Manual de direito das famílias*. 5. ed. São Paulo: Revista dos Tribunais, 2009.

_____. *Manual de direito das famílias*. 8. ed. São Paulo: Revista dos Tribunais, 2011.

_____. *União homossexual*: o preconceito e a justiça. Porto Alegre: Livraria do Advogado, 2000. n. 8.

DINIZ, Maria Helena. *Curso de direito civil brasileiro*: direito de família. 17. ed. São Paulo: Saraiva, 2002. v. 5.

_____. *Curso de direito civil brasileiro*: direito de família. 27. ed. São Paulo: Saraiva, 2012. v. 5.

_____. *Curso de direito civil*: teoria geral de direito civil. 29. ed. São Paulo: Saraiva, 2012. v. 1.

_____. Impacto do regime matrimonial de bens nas relações empresariais. *Direito de família no novo milênio*: estudos em homenagem ao Professor Álvaro Villaça Azevedo.

DOMINGUEZ, Lorenzo Miguélez; MORAN, Sabino Alonso; ANTA, Marcelino Cabreros de. *Código de Derecho Canónico y legislación complementária*. 9. ed. Madrid: Biblioteca de Autores Cristianos, 1974.

ELIACHEVITCH, Basile; NOLDE, Boris; TAGER, Paul. *Traité de droit civil e commercial des soviets*. Paris: LGDJ, 1930. t. 3.

ESPÍNOLA FILHO, Eduardo. Verbete "Curatela". In: SANTOS, J. M. de Carvalho. *Repertório enciclopédico do direito brasileiro*. Coadjuvado por José de Aguiar Dias. Rio de Janeiro: Ed. Borsoi. v. 14.

ESPÍNOLA, Eduardo. *A família no direito brasileiro*. Rio de Janeiro: Ed. Conquista, 1957.

FABRÍCIO, Adroaldo Furtado. A legislação processual extravagante em face do novo Código de Processo Civil. *Ajuris*, Porto Alegre, v. 3, p. 85.

FACHIN, Luiz Edson. Aspectos jurídicos da união de pessoas do mesmo sexo. *RT* 732, p. 47-54.

_____. *Comentários ao novo Código Civil*. Coord. Sálvio de Figueiredo Teixeira. Rio de Janeiro: Forense, 2003 e 2008. v. XVIII.

_____. Elementos críticos do direito de família. *Curso de direito civil*. Rio de Janeiro: Renovar, 1999.

FALCO, Mário. *Corso di Diritto Ecclesiastico*. 2. ed. Padova: Casa Editrice Dott. Antonio Milani – Cedam, 1935. v. 1.

FALK, Ze' Ev W. *Curso de introdução ao direito talmúdico*. Aula 1. Promovido pela Associação Universitária de cultura judaica (apostila não publicada).

FARIA, Cristiano Chaves de. Um alento ao futuro: novo tratamento da coisa julgada nas ações relativas à filiação. *Revista Brasileira do Direito de Família*, n. 13.

FAYER, Carla. *La familia romana*. 1ª Parte. Roma: Ed. L'Erma do Bretschneider, 1994.

FERNANDES, Benedita. *Casamento e família*. SOS família. Diversos espíritos. Obra psicografada por Divaldo Pereira Franco. Salvador: Ed. Espírita Alvorada, 1994.

FERREIRA, Emmanuelis Josephi. *Magnum Lexicon Novissimum Latinum et Lusitanum*. Paris: Vam J. P. Aillaud, Guillard, 1873.

FERREIRA, Pinto. *Investigação de paternidade, concubinato e alimentos*. São Paulo: Saraiva, 1980.

FERREIRA, Waldemar Martins. *O casamento religioso de efeitos civis*. São Paulo: Typ. Siqueira – Salles Oliveira, 1935.

FIGUEIREDO, Amazonas de. *Tratado de direito romano*. Rio de Janeiro: Livr. Ed. Freitas Bastos, 1930.

FINOCHIÀRO, Francesco. *Il Matrimonio nel Diritto Canonico*. Bolonha: Ed. Il Mulino, 1989.

FLORENTINO, D. Livro XXIII, tít. I, frag. 1 (3 inst.).

FONSECA, Priscila M. P. Corrêa da, ver WALD, Arnoldo.

FRAGOSO, Heleno Cláudio. *Lições de direito penal*. 2. ed. São Paulo: Ed. Bushatsky, 1965. v. 4.

FRANÇA, Rubens Limongi. *Manual de direito civil*. São Paulo: Revista dos Tribunais, 1972. v. 2, t. I.

_____. *Manual de direito civil*. 3. ed. São Paulo: Revista dos Tribunais, 1975. v. 1.

FRANCESCHINI, J. L. V. de Azevedo; OLIVEIRA, Antonio de Salles. *Direito de família e jurisprudência*. São Paulo: Revista dos Tribunais, 1973. v. I e II.

FRESQUET, R. de. *Traité Élémentaire de Droit Romain*. Paris: A. Marescq et Dujardin, Libraires e Étienne Giraud, Libraire. t. 1.

GAFFIOT, Félix. *Dictionaire Illustré Latin-Français*. Paris: Ed. Hachette, 1934.

GAGLIANO, Pablo Stolze; PAMPLONA FILHO, Rodolfo. *O novo divórcio*. 1. ed. 2. tir. São Paulo: Saraiva, 2010.

GAIO, Institutas, 1, 111.

GAIO, Institutas, trad., notas e introdução por Alfredo Di Pietro, Ediciones Libreria Juridica, La Plata, 1967.

GALBIATI, Glória de Fátima Manuel. *Os efeitos civis do casamento religioso*. Dissertação (Mestrado) – Faculdade de Direito da Universidade de São Paulo, São Paulo, 2000.

GARCIA, J. Alves. *Compêndio de psiquiatria*. 3. ed. Rio de Janeiro: Livr. Atheneu, 1954.

GATTI, Hugo E. *Contratación entre cónyuges*. Buenos Aires: Ed. Abeledo Perrot.

GAUDEMET, Jean. *Institution de l'antiquité*. Paris: Ed. Sirey, 1967.

GIL, Federico R. Aznar. Las uniones homosexuales ante la legislacion eclesiástica – Legislación europea. *Revista Española de Derecho Canonico*, Universidad Pontificia de Salamanca, n. 138, v. 52, jan.-jun. 1995.

GILISSEN, John. *Introdução histórica ao direito*. Lisboa: Fundação Calouste Gulbenkian, 1986.

GIUDICE, Vincenzo del. "Error Condicionis" e Fini del Matrimonio. *Ius Canonicum, Revista de La Facultad de Derecho Canónico del Estudio General de Navarra*, Pamplona, v. II, 1962.

GOLBEAUX, Gilles ver VOIRIN, Pierre.

GOLDSTEIN, Mateo. *Derecho hebreo, a través de La Biblia y el Talmud*. Buenos Aires: Ed. Atalaya, 1947.

GOMES, Luiz Flávio. Prisão civil por dívida alimentar (alguns aspectos controvertidos). *RT* 582, p. 10-11.

GOMES, Orlando. *A reforma do Código Civil*. Salvador: Publicações da Universidade da Bahia, 1965. Anteprojeto de Código Civil de 1963, Projeto em 1965.

_____. *Direito de família*. 14. ed. rev. e atual. por Humberto Theodoro Júnior. Rio de Janeiro: Forense, 2002.

GONÇALVES, Carlos Roberto. *Direito civil brasileiro*: direito de família. 7. ed. São Paulo: Saraiva, São Paulo, 2010. v. 6.

GORDIANO, L. 4C. De crim. exp. her. 9,32.

GREGÓRIO IX, Decretais, de 1234.

GUIJARRO, Enrique Diaz de. *Tratado de Derecho de Familia*. Buenos Aires: Tipográfica Editora, 1953. v. I.

GUZMÁN, Luis Alberto Peña; ARGÜELLO, Luis Rodolfo. *Derecho Romano*. 2. ed. Buenos Aires: Tea-Tipografia Editora Argentina, 1966. v. II.

HIRONAKA, Giselda Maria Fernandes. Direito ao pai: dano decorrente de abandono afetivo na relação paterno-filial. *Boletim IBDFAM*, jul.-ago. 2005, p. 3.

HOENING, Samuel N. *The essence of talmudic law and thought*. New Jersey: Northvale; Londres: Jason Aronson, 1993.

HÓLDER, E. *Istituzioni di Diritto Romano*. Trad. do alemão por Dante Caporali. Torino: Ed. Fratelli Bocca, 1887.

HORTAL, Padre Jesus S. *Código de Direito Canônico*. Edições Loyola, 1983. nota de rodapé ao Cânon 1055.

_____. Código de Direito Canônico. *Codex Iuris Canonici*. Promulgado por João Paulo II, Papa. São Paulo: Editora Loyola, 1983.

HUNGRIA, Nelson. *Comentários ao Código Penal*. Rio de Janeiro: Forense, 1958. v. 9.

IHERING, Rudolf von. *L'Esprit du Droit Romain*. Trad. da 3. ed. alemã por O. de Meulenaere. 2. ed. Paris: A. Marescq, Aîné, Éditeur, 1880. t. II.

JAEGER, Werner. *Paideia*: a formação do homem grego. Trad. do grego por Artur M. Parreira. 4. ed. São Paulo: Martins Fontes, 2001.

JAVOLENO, D, L.34, tít. 1, lei 6.

JELLINEK, Georg. *Sistema dei Diritti Pubblici Subbiettivi*. Trad. ital. da 2. ed. alemã, revista e com notas de Gaetano Vitagliano, com prefácio de Vittorio Emanuelle Orlando. Milano: Società Editrice Libraria, 1912.

JEMOLO, Arturo Carlos. Il Matrimonio. In: VASSALI, Filippo (dir.). *Trattato di Diritto Civile Italiano*. Torino: Unione Tipografico – Editrice Torinese – Utet, 1961. v. 3, t. 1, fascículo 1.

JORDÃO, A. J. Novaes, ver LEITE, J. F. Marques.

JÖRS, Paul. *Derecho Privado Romano*. Trad. da 2. ed. alemã por Pietro Castro. Barcelona: Ed. Labor, 1937. Reimpressão em 1965, edição totalmente refundida por Wolfgang Kunkel.

JUSTINIANO, Institutas, 1, 9, 1.

JUSTINIANO, Institutas, 1.13.1.

KARAM, Munir. Da nova impenhorabilidade dos bens residenciais. *RT* 659, p. 232-234.

KARDEC, Allan. *Livro dos espíritos*. Trad. de J. Herculano Pires. 3. ed. São Paulo: Feesp, 1987.

_____. *O evangelho segundo o espiritismo*. Trad. de J. Herculano Pires. 11. ed. São Paulo: Feesp. Cap. XXII.

KASER, Max. *Derecho Romano Privado*. Trad. da 5. ed. alemã por José Santa Cruz Teijeiro. Madrid: Instituto Editorial Reus, 1968.

LACERDA, Galeno de. *Direito de família, ações de paternidade*.

LAGRASTA NETO, Caetano. Processo de família 5. *Direito de família*, com outros autores. São Paulo: Atlas, 2011.

LAVAGGI, Giuseppe. Verbete "Alimenti". *Enciclopedia del Diritto*. Milano: Giuffrè, 1958. t. II.

LEÃO, Sinaida De Gregorio. *A influência da lei hebraica no direito brasileiro*: casamento e divórcio. Rio de Janeiro: Lumen Juris, 1998.

LEITE, J. F. Marques; JORDÃO, A. J. Novaes. *Dicionário latino vernáculo*. 2. ed. Rio de Janeiro: Ed. Lux, 1956.

LEME, Lino de Morais. *Direito civil comparado*. São Paulo: Revista dos Tribunais, 1962.

LIMA, Domingos Sávio Brandão de. *Alimentos do cônjuge na separação judicial e no divórcio*. Cuiabá: Universidade Federal de Mato Grosso, 1983.

_____. O casamento romano e canônico. *Revista de Direito Civil*, São Paulo: Revista dos Tribunais, v. 39, jan.-mar. 1987.

LIMA, Frederico Henrique Viegas de. E por que não casar? (Um aspecto registral do Estatuto dos Concubinos). *Registro de imóveis*: estudos de direito registral imobiliário. Porto Alegre: Sergio Antonio Fabris, 1997.

LÔBO, Paulo Luiz Neto. *Divórcio*. Disponível em: <http://www.ibdfam.org.br/? artigo & artigo= 629>. Acesso em: 17 fev. 2010.

_____. Paternidade socioafetiva e o retrocesso da Súmula n. 301/STJ. In: PEREIRA, Rodrigo da Cunha (coord.). Família e dignidade humana. *Anais do V Congresso Brasileiro de Direito de Família*. São Paulo: Instituto Brasileiro de Direito de Família – IBDFAM, 2006.

MACHADO, Antônio Cláudio da Costa. *Código de Processo Civil anotado jurisprudencialmente*. São Paulo: Saraiva, 1996.

MACHADO, José Pedro. *Dicionário etimológico da língua portuguesa*. Lisboa: Ed. Confluencia, 1952.

MACKELDEY, F. *Manuel de Droit Romain, Contenant la théorie des Institutes*. Trad. da 10. ed. alemã por Jules Beving. Bruxelles: Société Typographique Belge, 1837.

MAGALHÃES, Bruno de Almeida. *Do casamento religioso no Brasil*. Rio de Janeiro: Ed. A. Coelho Branco Filho, 1937.

MALHEIROS FILHO, Fernando. *A união estável, sua configuração e efeitos*. Porto Alegre: Ed. Síntese, 1996.

MANENTI, C. *Dell'inapponibilità di condizioni ai negozi giuridico e in specie delle condizioni apposte al matrimonio*. Siena, 1889.

MARCIANO, Digesto L48, tít. 9, lei 5 (livro 14, institutionum).

MARCIANO, Digesto, L 26, tít. 2, lei 14 (livro 2, institutionum).

MARRONE, Matteo. *Istituzioni di diritto romano*. Palermo: Ed. Palumbo, 1993.

MARTINDALE-HUBBELL. *Law*: directory. 114. ed. New Jersey: Summit, 1982. v. 8, p. 50--2974.

MARTY, Gabriel; RAYNAU, Pierre. *Droit Civil*: Les Personnes. 2. ed. Paris: Ed. Sirey, 1967. v. 2, t. I.

MAYNS, Charles. *Cours de Droit Romain*. 5. ed. Bruxelles: Bruylant-Christophe & Cie; Paris: A. Durand & Pedone-Lauriel, 1891. t. 2 e 3.

MAZZONI, Cosimo Marco. I Soggetti. In: BESSONE, Mário (coord.). *Istituzioni di diritto privato*. Torino: Ed. Giappichelli.

MEIRA, Silvio A. B. *A Lei das XII Tábuas*: fonte do direito público e privado. 3. ed. Rio de Janeiro: Forense, 1972.

_____. *Instituições de direito romano*. 4. ed. São Paulo: Max Limonad. v. 1.

MENASCE, Giovanni Cattani de. Persona e Famiglia. *Quaderni di Iustitia*, Roma: Giuffrè, v. 17, 1966.

MIGUENS, Nina Ponssa de la Vega de. *Reglas de Ulpiano*. Córdoba-Buenos Aires: Ed. Lerner, 1970.

MODESTINO, Digesto, livro 23, título 2, frag. 1 e 5.

MONTEIRO, Washington de Barros. *Curso de direito civil* – direito de família. 36. ed. atual. por Ana Cristina de Barros Monteiro França Pinto. São Paulo: Saraiva, 2001.

MORÁN, Sabino Alonso, ver DOMÍNGUEZ, Lorenzo Miguélez e outro.

NAMUR, P. *Cours d' Institutes et d' Histoire Du Droit Romain*. 4. ed. Bruxelles: Bruylant – Christophe & Cie. Éditeurs; Paris: Librairie A. Maresqc Aîné, 1888. t. 1.

NAPPI, Giambattista. *Tratato di Diritto Matrimoniale Concordatario e Civile*: Parte Generale e Diritto Concordatario. Milano: Società Editrice Libraria, 1940. v. 1.

NICOLAU, Gustavo Rene, v. AZEVEDO, Álvaro Villaça.

NICOLÒ, Angela Maria Punzi. *Studi per La Revisione Del Concordato*. Aos cuidados da cátedra de Direito Eclesiástico da Universidade de Roma. Pubblicazioni dell'Istituto di Diritto Pubblico della Facoltà di Giurisprudenza. Università degli Studi di Roma, série III, v. 12. Padova: Casa Editrice Dott. Antonio Milani – Cedam, 1970.

NÓBREGA, Vandick Londres da. *Compêndio de direito romano*. 5. ed. Rio de Janeiro-São Paulo: Livraria Freitas Bastos, 1969. v. II.

NOLDE, Boris, ver ELIACHEVITCH, Basile e outro.

OLIVEIRA, Antônio de Salles, ver FRACESCHINI, J. L.V. de Azevedo.

OLIVEIRA, Eduardo Alberto de Moraes. A prisão civil na ação de alimentos. *RT* 514/20.

OLIVEIRA, Euclides Benedito de. Direito de herança entre homossexuais causa equívoco. *Jornal Tribuna do Direito*, abr. 1998.

ORTIZ URQUIDI, Raul. *Matrimonio por comportamiento*. México: Ed. Stylo, 1955.

PALMIERI, V. M. *Medicina forense*: dottrina. 7. ed. Napoli: Ed. Morano. v. 1.

PAMPLONA FILHO, Rodolfo, ver GAGLIANO, Pablo Stolze.

PATIÑO, Ana Paula. Regime de bens: a participação final nos aquestos. In: CHINELLATO, Silmara Juny de Abreu; SIMÃO, José Fernando; FUJITA, Jorge Shiguemitsu; ZUCCHI, Maria Cristina (org.). *Direito de família no novo milênio*: estudos em homenagem ao Professor Álvaro Villaça Azevedo. São Paulo: Atlas, 2010.

PAULO, D. L. 25, tít. 3, lei 4.

PAULO, D.L. 26, tít. 1 par.

PEDROTTI, Irineu Antonio. *Concubinato* – união estável. São Paulo: Ed. Universitária de Direito, 1994.

PEÑA, Federico Puig. *Compendio de derecho civil español*. 2. ed. Pamplona-Espanha: Ed. Aranzadi, 1972. t. 5.

PEREIRA, Caio Mário da Silva. *Instituições de direito civil*: direito de família. 11. ed. rev. e atual. por Tânia da Silva Pereira. Rio de Janeiro: Forense, 1996. v. V.

_____. *Instituições de direito civil*: direito de família. 16. ed. rev. e atual. por Tânia da Silva Pereira. Rio de Janeiro: Forense, 2006. v. V.

PEREIRA, Lafayette Rodrigues. *Direitos de família*. Rio de Janeiro: Ed. Freitas Bastos, 1956.

_____. *Direitos de família*. 2. ed. Rio de Janeiro: Tip da Tribuna Liberal, 1889.

PEREIRA, Rodrigo da Cunha. *Divórcio*. São Paulo: Saraiva, 2012.

PEREIRA, Sérgio Gischkow. Alimentos e prisão. *Ajuris*, Porto Alegre, v. 10/35.

PEREIRA, Tânia da Silva. *Direito da criança e do adolescente*: uma proposta interdisciplinar. Rio de Janeiro: Renovar, 1996.

PEREIRA, Virgílio de Sá. *Direito de família*: lições. Rio de Janeiro: Ed. Litho – Typographia Fluminense, 1923.

_____. *Direito de família*. 2. ed. Rio de Janeiro: Ed. Freitas Bastos, 1959.

_____. *Direito de família*: lições. Ed. histórica. 3. ed. atual. Rio de Janeiro: Forense, 2008.

PINTO, Narcizo A. Teixeira. Jurisprudência brasileira cível e comercial. *União Livre*, Curitiba: Juruá, n. 173, 1994.

PISAPIA, Giandomenico. Les Obligations familiales alimentaires et leurs sanctions pénales. *Journées Juridique*, v. 1.

PLANIOL, Marcel. *Traité Élémentaire de Droit Civil*. 4. ed. Paris: Libr. Générale de Droit & de Jurisprudence, 1906. t. 1º.

PLATÃO. *O banquete*. Trad. do alemão por Donaldo Schüler, reimpressão da 1. ed. de agosto de 2009. Porto Alegre: L&PM Pocket, 2011.

PONTES DE MIRANDA, Francisco Cavalcanti. *Comentários ao Código de Processo Civil*. Rio de Janeiro: Forense, 1976. t. X.

_____. *Tratado de direito de família*: direito matrimonial. 3. ed. São Paulo: Max Limonad, 1947. v. 1.

_____. *Tratado de direito privado*. 2. ed. Rio de Janeiro: Ed. Borsoi, 1956. t. VII e IX.

PRADER, Giuseppe. *Il matrimonio nel mondo*. Padova: Cedam, 1970.

PROENÇA, José João Gonçalves de. *Relevância do direito matrimonial canónico no ordenamento estadual*: problemas de direito concordatário. Constituição do estado de casado. Coimbra: Livraria Atlântida, 1955. v. I.

PRUNES, Lourenço Mário. *Anulação do casamento* – erro essencial. 2. ed. São Paulo: Ed. Sugestões Literárias, 1968.

RAMALII, Joseph Antonii ver CABRALII, F. Emmanuelis Pinii.

RAMOS, J. Arias. *Derecho Romano*. 11. ed. Madrid: Editorial Revista de Derecho Privado, 1969. v. II.

RAYNAU, Pierre ver MARTY, Gabriel.

RIZZARDO, Arnaldo. *Direito de família*. 2. ed. Rio de Janeiro: Forense, 2004.

RODRIGUES, Silvio. *Direito civil*: direito de família. 28. ed. rev. e atual. por Francisco José Cahali. São Paulo: Saraiva, 2004. v. 6.

SALLES, Oliveira Antonio de, ver FRANCESCHINI, J. L. V. de Azevedo.

SANTOS, J. M. de Carvalho. *Código Civil brasileiro interpretado*. 5. ed. Rio de Janeiro: Ed. Freitas Bastos, 1952. v. 2 e 6.

SANTOS, Regina Beatriz Tavares da Silva Papa dos. *Dever de assistência imaterial entre cônjuges*. Rio de Janeiro: Forense Universitária, 1990.

SARAIVA, F. R. dos Santos. *Novíssimo dicionário latino – português*. 7. ed. Rio de Janeiro-Paris: Ed. H. Garnier.

SCARDULLA, Francesco. *La Separazione Personale dei Coniugi*. Milano: Giuffrè, 1967.

SCIASCIA, Gaetano, ver CORREIA, Alexandre.

SILVEIRA, Alípio. O fato sexual na anulação do casamento. *Revista Forense*, Rio de Janeiro: Forense, v. 111, p. 336.

SILVEIRA, Valdemar César da. *Dicionário de direito romano*. São Paulo: Ed. José Bushatsky, 1957. v. 1 e 2.

SIMÃO, José Fernando, ver TARTUCE, Flávio.

STÁBILE FILHO, José. Bem de família e execução. *RT* 669, p. 69-76.

STEINSALTZ, Adin. *The essential Talmud*. New York: Batam Books, 1976.

SUPLICY, Marta. O sol e a peneira. Manchete, Rio de Janeiro, Bloch, 6 jul. 1996.

TAGER, Paul, ver ELIACHEVITCH, Basile e outro.

TARTUCE, Flávio; SIMÃO, José Fernando. *Direito civil*: direito de família. 6. ed. São Paulo: Método, 2011. v. 5.

_____; _____. *Direito civil*: direito de família. 7. ed. São Paulo: Método, 2012. v. 5.

TRABUCCHI, Alberto. *Istituzioni di Diritto Civile*. 15. ed. Padova: Cedam, 1966.

_____. *Istituzioni di Diritto Civile*. 39. ed. Padova: Cedam, 1999.

TROPLONG, M. *Le Droit Civil expliqué* – Du Contrat de Mariage. Bruxelles: Ed. Meline, Cans et Compagnie, 1850. t. 1.

ULPIANO, D. 2, 15, 8, § 10.

ULPIANO, D. 23, 3, fr. 39, § 1º.

ULPIANO, D. 24, 1, 32, 13.

ULPIANO, D. 50, 16, 43.

ULPIANO, D. 50, 17, 30.

ULPIANO, D. 50, tít. 16, lei 43.

ULPIANO, Regras, Liber singularis regularum tutelis, Tít. XI, 1.

VELOSO, Zeno. *Emendas ao Projeto de Código Civil*. Belém: Ed. Grafisa, 1985.

_____. Regimes matrimoniais de bens. In: PEREIRA, Rodrigo da Cunha (coord.). *Direito de família contemporâneo*. Belo Horizonte: Del Rey, 1997.

VIANNA, Marco Aurélio. *Curso de direito civil*: direito de família. Belo Horizonte: Del Rey, 1993. v. 2.

VIEIRA, Tereza Rodrigues. O casamento entre pessoas do mesmo sexo, no direito brasileiro e no direito comparado. *Repertório IOB de Jurisprudência*, n. 14/96, 3/12240, p. 250-55, jul. 1996.

VILLELA, João Baptista. Desbiologização da paternidade. *Revista da Faculdade de Direito da Universidade Federal de Minas Gerais*, Belo Horizonte, ano XXVII, n. 21, maio 1979; e *Revista Forense Comemorativa – 100 anos*, tomo IV, Direito de Família e Sucessório; Coord. Eduardo de Oliveira Leite e José da Silva Pacheco, Ed. Forense, Rio de Janeiro, 2006.

VOCI, Pasquale. *Istituzioni di diritto romano*. 4. ed. Milano: Giuffrè, 1994.

VOIRIN, Pierre; GOUBEAUX, Gilles. *Manuel de Droit Civil*. 18. ed. Paris: R. Pichon et R. Durand-Auzias, 1974. t. 1.

VOLTERRA, Edoardo. Matrimonio, Diritto Romano. *Novissimum Digesto Italiano*. 3. ed. Torino: Unione Tipografico – Editore Torinese – Utet, 1957.

WALD, Arnoldo. *O novo direito de família*. 13. ed., com a colaboração de Luiz Murillo Fábregas e Priscila M. P. Corrêa da Fonseca. São Paulo: Saraiva, 2000.

_____; FONSECA, Priscila M. P. Corrêa da. *Direito civil*: direito de família. 17. ed. reformulada, com a colaboração de Ana Elizabeth Lapa Wanderley Cavalcanti. São Paulo: Saraiva, 2009. v. 5.

ZACHARIAE, K.-S. *Le Droit Civil Francais*. Trad. da 5. ed. alemã por G. Massé e Ch. Vergé. Ed. Auguste Durand, 1854. t. 1º.

ZANNINI, Pierluigi. *Studi Sulla tutela mulierum*: Profili Funzionali, I. Torino: Ed. Giappichelli, 1976.

ZULIANI, Ênio Santorelli. Direito de família e responsabilidade civil. *Revista Magister de Direito Civil e Processual Civil*, Porto Alegre: Magister Editora, v. 45, nov.-dez. 2011.

REVISTA DOS TRIBUNAIS (RT)

RT 296/336; 301/647; 299/642; 360/163; 352/95; 327/198; 531/258; 436/230; 510/231; 623/152; 116/139; 427/238; 435/195; 619/202; 542/55; 540/219; 698/73; 757/172; 767/198; 746/339; 756/313; 28/35; 393/161; 464/77; 289/309; 297/222; 334/104; 311/219; 307/299 a 302; 203/228; 204/188; 287/270; 303/148; 323/233; 328/189; 329/250; 341/183; 368/387; 386/131; 390/211; 402/372; 437/88; 438/80; 441/77; 128/257; 146/717; 154/768; 168/620; 177/626; 182/250 e 742; 186/102; 191/188; 192/266; 196/97; 201/88 e 276; 204/188; 212/237; 213/214; 219/140; 233/253; 242/146; 254/237; 270/248 e 253; 275/324, 342 e 343; 284/351; 287/270; 293/602; 296/282; 297/713; 306/237; 307/299; 320/148; 359/183; 363/110 e 113; 364/94; 389/213 e 347; 397/318; 417/154; 430/55 e 60; 20/271; 212/237; 285/287; 313/203; 282/297; 435/55; 153/200; 168/620; 185/185; 189/806; 195/198; 201/222; 233/253; 265/449; 284/351; 334/104; 351/639; 385/116; 405/213; 455/225; 442/283 a 287; 189/806; 172/626; 198/294; 242/147; 278/321; 348/156; 558/205; 593/233; 619/74; 778/335; 347/194; 182/250; 734/13; 732/47-54; 742/393; 756/117; 849/379; 812/220; 646/124; 595/125; 557/323; 634/21; 317/266; 148/282; 516/14; 404/369; 441/143; 452/332; 468/297; 497/289; 463/317; 435/280; 567/226; 477/115; 480/287; 486/258; 489/439; 491/81; 521/350; 527/93 e 450; 542/314; 567/226; 585/261; 491/81; 515/348; 443/413; 534/300; 536/273; 591/116; 466/313; 476/325; 489/311; 541/367 e 462; 552/325; 554/66; 569/48; 597/367; 645/201; 473/291; 491/294; 510/353; 520/349; 525/352; 490/287; 529/301; 456/368; 452/332; 454/325 e 337; 456/368; 468/297; 471/305; 473/295; 474/284; 477/114; 485/277; 489/295; 508/322; 516/285; 529/301; 534/307; 535/275; 544/348; 554/66; 562/67; 563/68; 576/219; 590/94; 631/115; 670/132; 535/275; 582/10; 558/28; 490/277; 489/439; 646/124; 468/175; 418/180; 564/235; 527/91; 574/282; 670/132; 645/201; 562/66; 594/225; 454/338; 491/267; 509/332; 524/323; 525/310; 526/428; 529/306; 531/293; 535/276; 539/351; 552/325; 553/75; 559/64; 578/58; 590/94; 670/132; 136/155; 473/291; 479/291; 489/306; 601/107; 577/65; 602/240; 585/261; 545/347; 556/358; 559/71; 560/220; 601/107; 541/367; 576/219; 490/373; 538/316; 552/413; 495/225; 509/78; 531/67; 452/332; 454/325 e 337; 456/368; 468/297; 471/305; 473/295; 474/284; 477/114; 485/277; 489/295; 508/322; 516/285; 529/301; 534/307; 535/275; 544/348; 554/66; 562/67; 563/68; 576/219; 590/94; 631/115; 670/132; 535/275; 733/248; 711/204; 753/264; 697/164; 721/149; 753/288; 808/281; 752/223; 779/339; 796/291; 814/229; 749/376; 680/184; 669/161; 744/375; 742/404; 669/69; 659/232; 724/379; 81/246; 163/656; 354/265; 441/105; 325/165; 176/280

REVISTA FORENSE

RF 204/185; 168/218; 232/172; 201/159; 103/96; 146/353; 192/266; 87/420; 120/115, 159 e 165; 134/159; 137/500; 168/222; 108/96; 87/420; 137/500; 154/275; 158/302; 162/231; 192/202; 201/159; 126/149; 214/71; 124/531; 102/155; 116/173; 269/50

ARQUIVO JUDICIÁRIO (AJ)

67/47; 91/439; 94/424; 90/466; 91/366

PARANÁ JUDICIÁRIO (PJ)

49/306; 90/466; 91/366

REVISTA TRIMESTRAL DE JURISPRUDÊNCIA DO PARANÁ (RTJPR)

67/142 e 130

JURISPRUDÊNCIA DO SUPERIOR TRIBUNAL DE JUSTIÇA E TRF-LEX

JSTJ 123/243; 99/191; 104/594; 47/462; 60/288; 93/519; 89/531; 59/107

RBD FAM

31/92; 10/167

JURISPRUDÊNCIA DO SUPREMO TRIBUNAL FEDERAL (JSTF)

JSTF-Lex 1/240; 88/27; 83/339; 18/310; 17/289; 21/295; 130/333; 112/337; 100/330; 74/438; 74/442; 51/363; 18/310; 41/344; 87...; 108/171; 76/428; 107/194

BOLETIM IBDFAM

Nov./dez./2008, Jurisprudência e Nota, p. 11, com voto vencido do Des. Sérgio Fernando de Vasconcelos Chaves.

Maio/junho de 2011, p. 6.

Julho/agosto de 2005, p. 3, entrevista com Giselda Maria Fernandes Novaes Hironaka.

http://www.ibdfam.org.br/?noticias &noticia=2636, em 4-9-2008.

O ESTADO DE SÃO PAULO (jornal)

Notícia por Mariangela Gallucci, edição de 22 de agosto de 2009 (sábado), A 28, item Vida & Sociedade.

Notícia por Adriana Fernandes, Economia & Negócios. http:// economia.estadao.com.br/noticias/not29873.htm, em 3 de agosto de 2010.

Notícia, reportagem de Felipe Recondo, em 26 de outubro de 2011, Vida, p. A19.

JORNAL DA TARDE (jornal)

JT Cidade, de 03 de maio de 2012, Reportagem de Mariangela Gallucci, p. 9A, julgamento do STJ, 3ª T., no REsp 1.159.242.

TRIBUNA DO DIREITO (jornal)

Direito de Família I, Notícia, nov./2011, p. 18; REsp 1.183.378.

AJURIS

13/61; 3/85

REVISTA DO SUPERIOR TRIBUNAL DE JUSTIÇA (RSTJ)

RSTJ 95/184; 84/273; 102/377;4/1477, 109/203, 110/313, 108/235, 24/121; 24/166; 81/306; 96/439; 75/303; 103/401 e 209; 97/294

JURISPRUDÊNCIA BRASILEIRA CÍVEL E COMERCIAL

Juruá, Curitiba, União Livre, 1994, n. 173.

BOLETIM DA AASP

1.961, de 24 a 30.1996

1.833, de 9 a 15-2-1994

2.066, de 3 a 9-8-1998

1.832, de 2 a 8-2-1994

2.047, em., de 23 a 29-3-1998

1.828, de 5 a 11-1-1994

1.766, de 28-10 a 3-11-1992

1.765, de 21 a 27-10-1992

1.820, de 10 a 16-11-1993

2.076, de 12 a 18-10-1998

1.832, de 2 a 8-2-1994

2.055, de 18 a 24-5-1988

2.054, de 11 a 17-5-1998

2.067, de 10 a 16-8-1998

1.942, de 13 a 19-3-1996

2.075, de 5 a 11-10-1998

1.952, de 22 a 28-5-1996

REVISTA LITERÁRIA DE DIREITO (Ed. Brasiliense)

4/27

REVJUR

332/113

REVISTA TRIMESTRAL DE JURISPRUDÊNCIA (RTJ) (STF)

RTJ 115/1.151; 112/234; 79/448; 98/685; 79/448; 115/1.150; 104/137; 69/252; 82/697; 94/147; 122/117; 79/877; 108/1.351; 101/179; 125/326; 121/553; 111/1.048; 41/49; 90/540 (rel. Min. Moreira Alves, j. 18-6-1978); 97/738; 91/223; 84/130; 47/106; 87/1.025; 86/126; 87/67; 102/602; 104/137; 108/171; 76/116

REVISTA TRIMESTRAL DE JURISPRUDÊNCIA DO TRIBUNAL DE JUSTIÇA DO ESTADO DE SÃO PAULO (RTJESP)

35/417

REVISTA DE JURISPRUDÊNCIA DO TRIBUNAL DE JUSTIÇA DE SÃO PAULO (RJTJSP-LEX)

36/245; 49/286; 108/333; 11/405; 25/418 e 422; 32/221 e 240; 33/215; 36/245; 48/277; 56/291 e 305; 59/337; 60/323 e 318; 97/389; 114/467; 134/318; 135/293; 92/411; 102/251; 92/407; 43/328; 48/274; 102/251; 14/62; 120/38; 18/313; 24/384; 25/418; 37/139; 59/337; 61/380; 63/307; 99/289; 122/442; 113/369; 11/405; 25/418 e 422; 32/221 e 240; 33/215; 36/245; 48/277; 56/291 e 305; 60/323 e 318; 97/389; 114/467

JURISPRUDÊNCIA DO TRIBUNAL DE JUSTIÇA (LEX) (SP)

141/454; 196/158; 193/36; 198/121; 191/14; 199/133; 201/152; 153/49; 159/123; 172/123; 188/232; 172/124; 141/247; 164/135; 200/129; 195/136; 199/122; 181/86; 177/249; 164/136; 178/20

REVISTA DE JURISPRUDÊNCIA DO TRIBUNAL DE JUSTIÇA DO RIO GRANDE DO SUL (RJTJRS)

57/146; 59/218; 61/144; 63/160 e 206

REVISTA JUSTITIA

101/75

REVISTA CONSULTOR JURÍDICO

De 14 de junho de 2004.

JURISPRUDÊNCIA DO TRIBUNAL DE ALÇADA CIVIL DE SÃO PAULO (LEX)

159/47; 144/23; 168/31; 162/588; 167/151; 153/36; 168/215; 161/177; 152/370; 152/20; 167/203; 168/212; 161/133; 157/96 e 267; 163/67 e 69; 154/102; 149/244; 141/174; 174/615; 163/73; 157/272; 167/47; 152/32; 146/239; 152/159; 144/24; 153/149; 152/33; 149/49; 144/28; 154/98; 164/574; 157/128; 163/185; 156/333; 143/387; 163/194; 164/573; 144/31; 157/315; 149/298; 168/120; 166/90; 161/179

JURISPRUDÊNCIA DO TRIBUNAL DE ALÇADA (SARAIVA) (SP)

71/214

BOLETIM IOB DE JURISPRUDÊNCIA

1.690 – 2ª quinzena de agosto/90

JULGADOS NÃO PUBLICADOS

JSP, Apel. Cív. 421.583-4-00/Jales, rel. Des. Ary Bauer.

SP, Apel. 2.390-1.

STF, Ação Rescisória 1.811/PB, iniciado o julgamento em 16 de junho de 2010, rel. Min. Eros Grau, ver votos do Min. Cezar Peluso e do Min. Ayres Britto, Recivil, Informativo do STF-AR: Filho Adotivo e direito de suceder antes da CF-88 Internet.

STF, Origem Pet. 1.984/RS, rel. Min. Marco Aurélio, j. 10-2-2003, *DJ* de 20-2-2003.

STJ, 4ª T., rel. Min. Sálvio de Figueiredo, *DJU* de 22-6-1992, p. 8.766, 1ª col. Ementário.

STJ, Ag. Reg. no Ag. 971.466/SP, 3ª T., rel. Min. Ari Pargendler, j. 2-9-2008.

STJ, AgRg em Medida Cautelar 15.097/MG, 3ª T., rel. Min. Massami Uyeda, j. 5-3-2009.

STJ, HC 35.171/RS-Capão da Canoa, 3ª T., rel. Min. Humberto Gomes de Barros, *Revista Consultor Jurídico*, de 4-8-2004.

STJ, REsp 20.101/PR, rel. Min. Sálvio de Figueiredo.

STJ, REsp 50.135-9/RJ, 4ª T., rel. Min Barros Monteiro, j. 12-9-1994.

STJ, REsp 50.313-2, rel. Min. Waldemar Zveiter.

STJ, REsp 54.740-7/SP, 4ª T., rel. Min. Ruy Rosado de Aguiar, j. 6-12-1994.

STJ, REsp 55.226, rel. Min. Carlos Alberto Menezes Direito.

STJ, REsp 57.226/RJ, rel. Min Eduardo Ribeiro, *DJU* de 15-5-1995.

STJ, REsp 60.993-3/SP, rel. Min. Humberto Gomes de Barros, *DJU* de 5-6-1995.

STJ, REsp 61.145-8/SP, rel. Min. Demócrito Reinaldo, *DJU* de 19-6-1995.

STJ, REsp 64.629/SP, rel. Min. Eduardo Ribeiro, *DJ* de 25-9-1995.

STJ, REsp 67.112/RJ, 4ª T., rel. Min. Barros Monteiro, j. 29-8-1995, maioria de votos.

STJ, REsp 68.213/SP, 4ª T., rel. Min. Ruy Rosado de Aguiar, *DJ* de 18-12-1995.

STJ, REsp 68.724/SP, 3ª T., rel. Min. Nilson Naves, *DJ* de 30-10-1995.

STJ, REsp 70.745/SP, rel. Min. Barros Monteiro, *DJU* de 5-2-1996.

STJ, REsp 74.163, rel. Min. Fontes de Alencar.

STJ, REsp 81.838/SP, 4ª T., rel. Min. Aldir Passarinho Júnior, j. 6-6-2000.

STJ, REsp 113.110/RS, 3ª T., rel. Min. Carlos Alberto Menezes Direito, v.u.

STJ, REsp 119.336/SP, 4ª T., rel. Min. Ruy Rosado Aguiar, *DJ* de 10-3-2003.

STJ, REsp 148.897, rel. Min. Ruy Rosado Aguiar, de 1998.

STJ, REsp 159.851/SP, 4ª T., rel. Min. Ruy Rosado de Aguiar, j. 19-3-1998.

STJ, REsp 182.223/SP, publ. no *DJ* de 10-5-1990, republ. no *DJ* de 20-9-1999, v.u.

STJ, REsp 225.436/PR, 4ª T., rel. Min. Sálvio de Figueiredo Teixeira, 28-6-2001.

STJ, REsp 230.991-0/SP, 5ª T., rel. Min. Gilson Dipp, EJSTJ, Brasília n. 26, p. 213-258, jan.-abr. 2000, *DJ* de 28-2-2000.

STJ, REsp 234.833/MG, 4ª T., rel. Min. Hélio Quaglia Barbosa, j. 25-9-2007, *DJ* de 22-10-2007, p. 276.

STJ, REsp 268.212/MG, 3ª T., rel. Min. Ari Pargendler, *DJ* de 27-11-2000 (na vigência do CC de 1916).

STJ, REsp 275.839/SP, rel. Min. Ari Pargendler, rel. para o acórdão Min. Nancy Andrighi, j. 2-10-2008, DJe de 23-10-2008.

STJ, REsp 361/RJ, 4ª T., rel. Min. Fontes de Alencar, *DJ* de 30-10-1989.

STJ, REsp 366.837/RJ, 4ª T., rel. p/ acórdão Min. Cesar Asfor Rocha, j. 19-12-2002.

STJ, REsp 395.904/RS, 6ª T., rel. Min. Hélio Qualia Barbosa, j. 13-12-2005, *DJ* de 6-2-2006.

STJ, REsp 397.013/MG, 3ª T., rel. Min. Nancy Andrighi, j. 11-11-2003.

STJ, REsp 399.028, 4ª T., rel. Min. Salvio de Figueiredo Teixeira, j. 26-2-2002.

STJ, REsp 401.484/PB, 4ª T., rel. Min. Fernando Gonçalves, j. 7-10-2003.

STJ, REsp 450.886/MG, 4ª T., rel. Min. Hélio Quaglia Barbosa, j. 4-12-2007, *DJ* 17-12-2007, p. 173.

STJ, REsp 658.139/RS, 4ª T., rel. Min. Fernando Gonçalves, j. 11-10-2005.

STJ, REsp 773.136, rel. Min. Humberto Gomes de Barros.

STJ, REsp 773.136, 3ª T., rel. Min. Nancy Andrighi, j. 10-10-2006, *DJ* de 13-11-2006, p. 259 (esforço comum).

STJ, REsp 820.475/RJ, 4ª T., rel. Min. Antôni de Pádua Ribeiro, rel. p/ acórdão Min. Luis Felipe Salomão, j. 2-9-2008.

STJ, REsp 837.324/RS, 3ª T., rel. Min. Humberto Gomes de Barros, j. 18-10-2007.

STJ, REsp 889.852/RS, rel. Min. Luiz Felipe Salomão, j. 27-4-2010.

STJ, REsp 1.000.356/SP, 3ª T., rel. Min. Nancy Andrighi, j. 25-5-2010, *DJe* de 7-6-2010.

STJ, REsp 1.026.981/RJ, rel. Min. Nancy Andrighi, j. 4-2-2010.

STJ, REsp 1.159.242, 3ª T., rel. Min. Nancy Andrighi.

STJ, REsp 1.172.067/MG, 3ª T., rel. Min. Massami Uyeda, j. 18-3-2010.

TACSP, Apel. s/ Rev. 660.407-0/0, rel. Juiz Neves Amorim, j. 17-12-2002, v.u.

TACMG, AC. 408.550-5, 7ª Câm. Cív., rel. Juiz Unias Silva, de 1º-4.2004, Relato de Luiz Felipe Brasil Santos, *COAD/ADV*, Seleções Jurídicas, fev. 2005.

TACSP, 1ª Câm., rel. Juiz Correia Lima, maioria de votos, j. 12-8-1996.

TACSP, Agr. 542.183-4/São Joaquim da Barra, 4ª Câm., rel. Juiz Octaviano Santos Lobo, maioria de votos, j. 9-6-1993, *Boletim* 61.

TACSP, Agr. 544.075-5-Araraquara, 3ª Câm., rel. Juiz Aloísio de Toledo César, j. 10-8-1993, v.u., *Boletim* 62.

TACSP, AI 381.947, 1ª Câm., rel. Juiz Souza Aranha, j. 19-4-1993.

TACSP, AI 394.625, 9ª Câm., rel. Juiz Ribeiro da Silva, j. 13-4-1994.

TACSP, AI 406.381, 8ª Câm., rel. Juiz Cintra Pereira, j. 26-5-1994.

TACSP, AI 411.302, 7ª Câm., rel. Juiz Luiz Henrique, j. 28-6-1994.

TACSP, AI 430.951, 7ª Câm., rel. Juiz Demóstenes Braga, j. 4-4-1995.

TACSP, AI 438.043, 2ª Câm., rel. Juiz Norival Oliva, j. 18-9-1995.

TACSP, Ap. c/ Rev. 344.164, 1ª Câm., rel. Juiz Magno Araújo, j. 14-6-1993.

TACSP, Ap. c/ Rev. 374.003, rel. Juiz Paulo Hungria, j. 9-3-1994.

TACSP, Ap. c/ Rev. 379.455, 7ª Câm., rel. Juiz Demóstenes Braga, j. 8-3-1994.

TACSP, Ap. c/ Rev. 389.052, 4ª Câm., rel. Juiz Carlos Stroppa, j. 22-3-1994.

TACSP, Ap. c/ Rev. 392.580, 6ª Câm., rel. Juiz Soares Lima, j. 3-8-1994.

TACSP, Ap. c/ Rev. 408.423, 8ª Câm., rel. Juiz Narciso Orlandi, j. 18-8-1994.

TACSP, Ap. c/ Rev. 414.442, 11ª Câm., rel. Juiz Clóvis Castelo, j. 18-8-1994.

TACSP, Ap. c/ Rev. 421.766, 12ª Câm., rel. Juiz Luis de Carvalho, j. 17-11-1994.

TACSP, Ap. c/ Rev. 432.022, 9ª Câm., rel. Juiz Francisco Casconi, j. 15-5-1995.

TACSP, Ap. c/ Rev. 432.362, 9ª Câm., rel. Juiz Claret de Almeida, j. 24-5-1995.

TACSP, Ap. c/ Rev. 434.065, 6ª Câm., rel. Juiz Gamaliel Costa, j. 8-11-1995.

TACSP, Ap. c/ Rev. 436.717, 1ª Câm., rel. Juiz Magno Araujo, j. 28-6-1995.

TACSP, Ap. c/ Rev. 444.595, 10ª Câm., rel. Juiz Euclides de Oliviera, j. 19-12-1995.

TACSP, Ap. s/ Rev. 440.372, 1ª Câm., rel. Juiz Magno Araújo, j. 29-1-1996.

TACSP, Ap. s/ Rev. 472.411, 10ª Câm., rel. Juiz Amaral Vieira, j. 12-12-1996.

TACSP, EI c/ Rev. 426.561, 2ª Câm., j. rel. Juiz Diogo de Salles, 7-8-1995.

TACSP, MS 362.041, 8ª Câm., rel. Juiz Cintra Pereira, j. 19-11-1992.

TJAM, Apel. 20110002228/AM, 3ª Câm. Cív., rel. Des. Aristóteles Lima Thuoy, publ. em 18--8-2011.

TJCE, Apel. Cív. 116.242.00080601761, Fortaleza, 6ª Câm. Cív., rel. Des. Sérgio Maria Mendonça Miranda, reg. em 21-7-2010, citado pela mesma relatora na Apel. Cív. 59402--26.2007.8.06.001/1, j. 9-9-2011.

TJCE, Apel. Cív. 59402-26.2007.8.06.0001/1, 6ª Câm. Cív., rel. Des. José Mário dos Martins Coelho, j. 9-9-2011.

TJDF, AC 20050110342045, 2ª T. Civ., rel. Des. J. J. Costa Carvalho, j. 11-10-2006.

TJDF, Apel. Cív. 375077920078070001/DF, 6ª T. Cív., rel. Des. José Devino de Oliveira, publ. em 24-6-2009.

TJDFT, Apel. Cív. 2600-03.1.021821-3, 5ª T. Cív., rel. Des. Donizete Aparecido, j. 5-8-2009, *DJ* de 15-10-2009, p. 92.

TJGO, CNC 994-3/194 (2007 01327426), Goiânia, 2ª Seção Cív., rel. Des. Carlos Escher, *DJE* de 29-10-2007.

TJMG, ACi com Rec. Nec. 1.0024.06.930324-6/001/BH, 7ª Câm. Cív., rel. Des. Heloisa Combat, j. 22-5-2007, v.u.

TJMG, AC 408.550-5, 7ª Câm. Cív., *DJMG* de 24-4-2004, em que foi advogado Rodrigo da Cunha Pereira.

TJMG, Ap. 000.151.088-2/00, 2ª Câm. Cív., rel. Des. Abreu Leite, j. 15-2-2000.

TJMG, Ap. 232.043-0/00, 5ª Câm. Cív., rel. Des. Hugo Bengtssom, *DJMG* de 28-9-2001.

TJMG, Processo 1.0024.04.537121-8/002, 12ª Câm. Cív., rel. Des. Domingos Coelho, j. 24.05.

TJRJ, 6ª Câm. Cív., rel. Des. Enéas Marzano, v.u., j. 30-12-1986.

TJRJ, Apel. 10.704/2000, 3ª Câm., rel. Des. Anonio Eduardo F. Duarte, j. 7-11-2000, *DORJ* de 3-5-2001.

TJRJ, Apel. 0019757-79.2013.8.19.0208, 22ª Câm. Cív., rel. Des. Marcelo Lima Buhatem, j. 27-1-2015, matéria sujeita a Agr. em REsp 1.174.178/SP, em que foi dado provimento no STJ, para conversão em REsp pelo Min. Luis Felipe Salomão em 16-10-2017.

TJRJ, Apel. Cív. 1999.001.01187, 7ª Câm. Cív., rel. Des. Luiz Roldão Gomes, j. 25-5-1999.

TJRJ, Apel. Cív. 2005.001.34933, 8ª Câm. Cív., rel. Des. Letícia Sardas, j. 21-3-2006.

TJRJ, Apel. Cív. 2005.001.44730, 2ª Câm. Cív., rel. Des. Jessé Torres, j. 23-11-2005.

TJRJ, Apel. Cív. 2007.001.04634, 16ª Câm. Cív., rel. Des. Marcos Alcino A. Torres, j. 24-4-2007.

TJRS, Ação Rescisória 70026560961, 4º G. de Câm. Cív., rel. Des. Rui Portanova, j. 11-12-2009.

TJRS, Agr. Instr. 70010420057/Santo Augusto, 8ª Câm. Civ., rel. Des. Antonio Carlos Stangler Pereira, publ. em 27-4-2005.

TJRS, Agr. Instr. 70014615637, 7ª Câm. Civ., rel. Des. Luiz Felipe Brasil Santos, j. 3-5-2006, v.u.

TJRS, Ap. 70.005.902.408, 7ª Câm. Cív., rel. Des. Vasconcellos Chaves, *DOERS* de 27-5-2003.

TJRS, Ap. 70.003.380.201, 7ª Câm. Cív., rel. Des. Vasconcellos Chaves, *DOERS* de 29-4-2002.

TJRS, Apel. Cív. 70.021.908.587, 7ª Câm. Cív., rel. Des. Ricardo Raupp Ruschel, j. 5-12-2007.

TJRS, Apel. Cív. 7000 9321951/Santa Maria, rel. Des. Walda Maria Melo Pierro, j. 23-2-2005, provido por maioria.

TJRS, Apel. Cív. 70016501889/Sarandi, rel. Des. Claudir Fidelis Faccenda j. 21-9-2006, provido parcialmente.

TJRS, Apel. Cív. 70013801592, 7ª Câm. Cív., rel. Des. Luiz Felipe Brasil Santos, j. 5-4-2006.

TJRS, Apel. Cív. 70009550070, 7ª Câm. Cív., j. 17-11-2004.

TJRS, Apel. Cív. 70012836755, 7ª Câm Cív., rel. Des. Maria Berenice Dias, j. 21-12-2005.

TJRS, Apel. Cív. 70005345418, 7ª Câm. Cív., rel. Des. José Carlos Teixeira Giorgis, j. 17-12--2003.

TJRS, Ap. Cív. 70.026.584.698, 7ª Câm. Cív., rel. Des. José Conrado de Souza Júnior, *DO* de 5-6-2009.

TJRS, Apel. Cív. 70040230336, 7ª Câm. Cív., rel. Des. André Luiz Planella Villarinho, j. 25-5--2001.

TJRS, Apel. Cív. 70039342936, rel. Des. Rui Portanova, j. 26-5-2011.

TJRS, Apel. Cív. 70013801592-Bagé, 7ª Câm. Cív., rel. Des. Luiz Felipe Brasil Santos.

TJRS, Apel. Cív. 70023877798, 7ª Câm. Cív., rel. Des. Ricardo Raupp Ruschel, j. 27-8-2008, *DJ* de 12-6-2008.

TJRS, Apel. Cív. 70022895072, 8ª Câm. Cív., rel. Des. José Ataídes Siqueira Trindade, j. 5-6--2008, *DJ* de 12-6-2008.

TJRS, Apel. Cív. 70.023.812.423, 8ª Câm. Cív., rel. Des. Rui Portanova, j. 2-10-2008.

TJRS, Apel. Cív. 70004131520, rel. Des. Sérgio Fernando de Vasconcellos Chaves, j. 22-5-2002.

TJRS, Emb. Infr. 70006984348, 4º Grupo de Câm. Cív., rel. Des. Maria Berenice Dias, j. 14--11-2003.

TJRS, HC 24.453, 1ª Câm. Cív., rel. Des. Oscar Gomes Nunes, j. 24-6-1975.

TJRS, HC 28.515, 1ª Câm. Cív., rel. Des. Athos Gusmão Carneiro, j. 9-8-1977.

TJRS, Proc. 1.030.012.032-0, 2ª Vara de Capão da Canoa (RS), Juiz Mário Romano Maggioni, de agosto de 2003.

TJSC, Apel. Cív. 2003.001101/Criciúma, 4ª Câm. de Dir. Civ., rel. Des. Ronaldo Moritz Martins da Silva, j. 7-12-2009.

TJSP, 3ª Câm. de Dir. Privado, rel. Des. Jesus Lofrano j. 5-3-2013.

TJSP, 3ª Câm. de Dir. Público, rel. Des. Viseu Júnior, maioria de votos, j. 9-12-1997.

TJSP, AC 345.070-4/0, 6ª Câm. de Dir. Priv., rel. Des. Sebastião Carlos Garcia, j. 2-12-2004.

TJSP, Agr. Instr. 493.849-4/0-00-Santos, 2ª Câm. de Dir. Priv., rel. Des. Morato de Andrade.

TJSP, AI 6.337.424.100/SP, 4ª Câm. de Dir. Priv., rel. Des. Teixeira Leite, j. 25-6-2009.

TJSP, Ap. 256.719, rel. Des. Azevedo Franceschini, *RT* 509/78.

TJSP, Ap. 431.748.4/6.00 – Nova Granada, 5ª Câm. de Dir. Priv., rel. Des. Encinas Manfre, j. 17-5-2006.

TJSP, Ap. Cív. 70.005.488, 812, rel. Des. José Carlos Teixeira Giorgis, j. 25-6-2003.

TJSP, Ap. Cív. 478.576-4/4, rel. Des. Ênio Santarelli Zuliani, j. 1º-2-2007.

TJSP, Ap. Cív. 994.093.422.625 – Americana, 7ª Câm. de Dir. Priv., rel. Des. Luiz Antônio Costa, j. 16-12-2009.

TJSP, Ap. Cív. com Revisão 582.905-4/0-00-Praia Grande, 2ª Câmara de Direito Privado, rel. Des. Morato de Andrade, j. 21-10-2008.

TJSP, Apel. 452.615.4/3-00-Piracicaba, rel. Des. Ary Bauer.

TJSP, Apel. 1000398-81.2015.8.26.0008, 5ª Câm. de Dir. Priv., rel. Des. J. L. Mônaco da Silva.

TJSP, Apel. Cív. 527.250-4/8-00, 9ª Câm. de Dir. Privado, rel. Des. José Luiz Gavião de Almeida, j. 29-7-2008.

TJSP, Apel. c/ Rev. 534.955-4/1-00, 8ª Câm. de Dir. Privado, rel. Des. Joaquim Garcia, j. 8-10-2008.

TJSP, CC 0026423-07.2017,8.26.0000/SP, Câm. Especial, rel. Des. Issa Ahmed, j. 4-12-2017.

TJSP, CC 170.046.0/6, AC 3571525/SP, Câm. Esp., rel. Des. Maria Olívia Alves, j. 16-3-2009, *DJESP* de 30-6-2009.

TJSP, HC 449.789-4-9-00-Limeira, rel. Des. Ary Bauer.

TJSP, MS 281.431, rel. Des. Toledo Piza, *RT* 531/67.

TJSP, Proc. 01.36747-0, 31ª Vara Cível de São Paulo, Juiz Luís Fernando Cirillo.

TRF-4ª Reg., decisão de 20 de agosto de 1998, 3ª T., rel. Juíza Marga Inge Barth Tessler, v.u., *DJU* de 20-11-1998, p. 585.

CORREGEDORIA-GERAL DA JUSTIÇA (SP)

Provimento n. 10/96: "Cria subseção à seção V, do Capítulo XVII, das Normas de Serviço desta Corregedoria-Geral da Justiça e, neste mesmo capítulo, dá nova redação ao item 1, acrescentando a alínea l, bem como acresce os subitens 57.1 e 57.2 ao item 57, suprime o item 90, com a consequente renumeração dos itens 91 e 92 para 90 e 91, dá nova redação ao item 92 e a ele acrescenta subitens". Sobre registro da conversão da união estável em casamento (Lei n. 9.278/96).

SENADO FRANCÊS

Le Contrat d' Union Civile et Sociale, Rapport de Législation Comparée, Divisão de Estudos de Legislação Comparada do Serviço dos Negócios Europeus do Senado francês, publicação do Senado francês, outubro de 1997, com 16 páginas.

CTN

Código Tributário Nacional, Lei n. 5.172 de 25.10.1966. Ver art. 7º do Ato Complementar 36, de 13-3-1967.

ENCÍCLICAS

Encíclica do Papa Pio XI, Casti connubii.

Colección de Encíclicas y Documentos Pontificios, tradução para o espanhol pelo Mons. Pascual Galindo, Publicaciones de La Junta Técnica Nacional, Madrid, 4. ed., 1955.

DECRETAIS DE GREGÓRIO IX, DE 1.234

EMENDA CONSTITUCIONAL

Emenda Constitucional n. 45, de 8 de dezembro de 2004.

CONVENÇÃO DE SÃO JOSÉ DA COSTA RICA

Pacto Internacional dos Direitos Civis e Políticos, aprovado na Convenção Americana sobre Direitos Humanos de São José da Costa Rica, de 22 de novembro de 1969.

COMISSÃO ESPECIAL DA CÂMARA DOS DEPUTADOS

Parecer no Projeto de Lei n. 1.151, de 1995.

SÚMULAS

Vinculante do STF, n. 25, aprovada em 16-12-2009.

N. 309 do STJ, em 22 de março de 2006.

N. 419 do STJ, aprovada em março de 2010.

N. 149 do STF.

ORDENAÇÕES DO REINO DE PORTUGAL

Ordenações do Rei d. Manuel, Casa Juan Cronberguer, Sevilha, 1539.

Ordenações do Senhor Rei D. Affonso V, Ed. da Universidade de Coimbra, 1792. Reprodução *fac simile* pela Editora da Fundação Calouste Gulbenkian, Lisboa, 1984.

Ordenações e Leis do Reino de Portugal: recompiladas pelo Rei D. Felipe o primeiro, Ed. Real Imprensa da Universidade de Coimbra, Coimbra, 1824, 9. ed.

CONSOLIDAÇÃO DAS LEIS CIVIS DE AUGUSTO TEIXEIRA DE FREITAS

Consolidação das Leis Civis, Ed. B.L. Garnier, Rio de Janeiro, 1876, 3. ed., publicação autorizada pelo Governo imperial.

TEXTOS ROMANOS

Corpus Juris Civilis Academicum Parisiense, com notas de C.M. Galisset, Imprimerie Capiomont et V. Renault, Paris, 10. ed., 1878.

El digesto de Justiniano, trad. castelhana de A. D'Ors, F. Hernandez – Tejèro, P. Fuenteseca, M. Garcia Garrido e V. Burillo, Ed. Aranzadi, Pamplona, 1972, t. II.

Las Instituciones de Justiniano, trad. castelhana de F. Hernandez – Tejèro, Jorge, publ. da Universidade de Madrid – Faculdade de Direito, Madrid, 1961.

Vocabularium Iurisprudentiae Romanae iussu Instituti Savigniani compositum – In Memoriam Theodori Mommsen, Ed. Berolini, Typis et Impensis Georgii Reimeri, 1903, tomo 1.

BÍBLIA

Pentateuco, Gênesis, 1, 27 e 28; 2, 20 a 24.

NOVO TESTAMENTO

Evangelho Segundo São Mateus, 19, 3 a 9.

Epístola aos Efésios, São Paulo, 5, 31 a 33.

INSTRUÇÃO NORMATIVA DO INSS/DC

N. 25, de 7 de junho de 2000.

ESTATUTO DA CRIANÇA E DO ADOLESCENTE (ECA)

PROJETO DE CÓDIGO CIVIL

Projeto de Código Civil Brasileiro, projeto de Código Civil e o Sr. Dr. Coelho Rodrigues. *Trabalhos da Comissão Especial da Câmara dos Deputados*. Rio de Janeiro: Imprensa Nacional, 1902. v. 2. Pareceres e Emendas.

CONSELHO FEDERAL DE MEDICINA

Resolução n. 1.957, de 2010.